THE PARTNERSHIP
THE MAKING OF GOLDMAN SACHS

# 高盛帝国

[美]查尔斯·埃利斯 著

卢青 张玲 束宇 译

中信出版集团·CHINACITICPRESS·北京

图书在版编目（CIP）数据

高盛帝国／（美）埃利斯著；卢青，张玲，束宇译.—2版.—北京：中信出版社，2015.6（2025.10重印）
书名原文：The Partnership: The Making of Goldman Sachs
ISBN 978-7-5086-5145-3
I.高… II.①埃… ②卢… ③张… ④束… III.①投资银行－美国－通俗读物 IV.①F837.123-49
中国版本图书馆CIP数据核字（2015）第086981号

THE PARTNERSHIP: The Making of Goldman Sachs
Copyright © 2008 Charles D. Ellis
Simplified Chinese translation edition © 2015 by CITIC Press Corporation
ALL RIGHTS RESERVED.
本书仅限中国地区发行销售

**高盛帝国**
著　　者：[美]查尔斯·埃利斯
译　　者：卢青　张玲　束宇
策划推广：中信出版社（China CITIC Press）
出版发行：中信出版集团股份有限公司
　　　　　（北京市朝阳区东三环北路27号嘉铭中心　邮编　100020）
　　　　　（CITIC Publishing Group）
承印者：河北鹏润印刷有限公司

开　　本：880mm×1230mm　1/32　印　张：22　字　数：675千字
版　　次：2015年6月第2版　　印　次：2025年10月第28次印刷
京权图字：01-2013-8897
书　　号：ISBN 978-7-5086-5145-3／F·3372
定　　价：69.00元

版权所有·侵权必究
凡购本社图书，如有缺页、倒页、脱页，由发行公司负责退换。
服务热线：010-84849555　　服务传真：010-84849000
投稿邮箱：author@citicpub.com

**高盛**——即便是在巨鳄遍地的华尔街，它也是最耀眼的"明珠"！本书为你展现的就是有着钢铁般意志的高盛帝国最恢宏的篇章……

献给我的孙子、孙女们——杰德、摩根、查尔斯和雷

目 录

中文版序 XIII
专家推荐 XVII
前言 XXI

## 1 白手起家 1

在高盛的历史上,特定的收益或损失总是能引导合伙人做出新的战略决策。既然被排挤在主要铁路债市场之外,亨利·戈德曼选择了开展当时并不被看好的工业融资业务。

## 2 深陷泥潭:高盛交易公司的失败 19

沃尔特·萨克斯接任了高盛交易公司的总裁一职,毋庸置疑,他不得不面对一群又一群愤怒的股东,还要伤精费神地在法庭上应对股东的起诉。卡钦斯得到了一笔25万美元的买断费,他的资金账户亏空由其他所有合伙人一起填平。

## 3 回归路漫漫 33

温伯格早年被人称为"天才少年",到了晚年的时候被人们尊称为"华尔街先生"。他曾经很不在意地说:"我只不过是一个来自公立十三小学的辍学者而恰好又结识了很多生意人。"

## 4 福特：最大一单首次公开发行　59

论身材，温伯格确实可能是华尔街上最不起眼的人，但是这一点无关紧要，因为他的个人权力和业内地位都达到了顶峰。高盛或许还只能算作一家二流小公司，在联合承销的操作方面还欠缺经验，但是这些也无关紧要，因为这是由西德尼·温伯格领导的公司。

## 5 过渡时期　71

高盛于1969年庆祝公司百年诞辰。在经过一番计划之后，公司将庆典的地点由合伙人开办年度圣诞派对的"21"俱乐部挪到了一个更宽敞的地点，这样一来就可以让合伙人偕夫人参加，这也是高盛有史以来第一次邀请夫人们参加聚会。

## 6 格斯·利维　81

一位大宗交易的竞争对手说："70年代大多数公司的上班时间是早上9点，很多公司也可能在8点半上班，只有一小部分会在8点就开始工作。唯独高盛，所有人都会在7点早早到岗，因为他们是真正想做事的人。这也使得他们有着不同于其他公司的自我认同感，他们认为自己就是与众不同。格斯的标准就是要确保在每天最早上班的人当中有自己的身影。"

## 7 收拾宾州中铁破产残局　107

约翰·怀特黑德后来承认："宾州中铁真的伤害了我们，对高盛的名声危害甚深。毋庸置疑，我们加强了内控来预防此类事件再次发生，同时将信用评估和客户服务两个领域清晰地划分开来。"

## 8 销售渐入佳境　129

创建高效的销售队伍不仅是高盛为了更贴近客户而采取的一个战略措施，也是为了向客户说明高盛积极的业务态度，更是一个向客户展示高盛业务能力的绝佳渠道。

## 9　大宗交易：气势磅礴的风险业务　149

大宗交易中，时间就是金钱。如果公司A不能快速完成交易，公司B或公司C或D会赶超它们。高额的佣金是按照固定比率提取的，所以总额十分诱人。

## 10　投行业务的变革　169

由于将关系管理从观念上提升到与执行交易同一高度，怀特黑德能够招聘到业务能力强的员工，以有效地寻找业务机会和分销新产品的思路。这给了高盛超越华尔街其他投行的决定性竞争优势，同时还带来了日益增长的在企业界和客户群中的强大能力和专注的好名声。

## 11　业务原则　197

"我们究竟怎样才能把信息传递给所有新加入高盛的员工，使得他们理解并接受我们的核心价值观，让公司的价值观成为他们自己的价值观，从而体现在他们每天做的每件事情当中呢？"怀特黑德曾为这一难题绞尽脑汁。

## 12　同名双雄　207

高盛拥有相对扁平的组织架构，几乎没有什么层级制度。公司非常强调团队协作、互动以及迅速广泛的部门间交流沟通。给新入职员工上的第一堂课就是告诉大家如何"发布"消息。

## 13　债券业务：起始时期　229

弗里德曼和鲁宾都坚信高盛可以在债券市场上赚大钱，而实现这个目标的最佳方式就是以公司自己的户头进行自营交易，而且投入一定要可观，这些观念都与迅速变化的债券市场相互印证。

## 14 建立私人客户服务业务 247

一旦一个城市里的某些有钱人尝试过高盛一流的服务,并且获得了稳定的投资回报,他们就会非常乐意将高盛介绍给他们有钱的朋友们。这给了高盛一个建立个人投资者业务的大好机会。有些新客户又成为高盛其他业务的客户,这就形成了良性循环。

## 15 丑小鸭杰润 265

还不到一年,杰润的高利润就缩减了一半,一年之后,就出现了亏损。随着高盛合伙人上千万美元的资本冻结在这一桩收购里,在公司高赢利的自营业务中不能使用这笔钱而增加的机会成本每年超过3 000万美元。

## 16 收购防御:一条魔毯 283

弗里德曼给他们打电话问:"我能帮忙吗?""我们不需要帮忙,谢谢。我们自己可以办。"一天之后他再打电话:"需要帮忙吗?""不用了,谢谢。"再等一天他再打。在被告知"不用,谢谢"20次之后,回答变为"好吧,过来吧"。

## 17 善用与滥用 297

高盛自己培养分析师的成功使得高盛成为那些希望招聘具有丰富经验的分析师的公司挖人的目标。在20世纪90年代,整个行业出现一个重大的问题:最高效的分析师开始转向对冲基金。对冲基金的待遇高不少,将分析师个人从庞大的机构中解脱出来,而且更重要的是不再需要花大量时间出差和应付客户。

## 18 约翰·温伯格 309

约翰·温伯格一向刻意低调行事。他开着一辆旧福特汽车,穿着短袜,以便能很轻松地挠到他的小腿,夏天则穿着短袖衬衫。在接受《纽约时报》采访时他说道:"我不让自我挡道。"

## 19  傻子出国记  329

对工作的投入和长时间的工作使得高盛脱颖而出。一个美国人上午7点在伦敦沙威酒店坐上一辆出租车并将地址递给司机,司机转过去问另一位出租车司机:"这位先生说要去金融城。你知道那儿吗?"答案是显而易见的:去高盛吃早餐。

## 20  先破后立  355

大投行关注的永恒主题是保护传统的主业,这是公司高管最熟悉也最擅长的业务领域。这一业务也往往是企业历史上最赢利的业务,已经成为企业的传奇。但是一种商业模式不会永远有效。

## 21  为何BP险些成为干井  365

劳森拒绝了他们的要求,而且撒切尔夫人也支持他。当时艾伦·格林斯潘任美联储主席仅两个月,而他的前任保罗·沃尔克被要求给那4家美国承销商打电话向他们保证美联储会向银行系统注入流动性。

## 22  换岗  381

新来的董事,特别是那些有着很多商业经验特别是并购经验的董事们发火了:"年轻人,年轻人就是没有经验,我都不明白你在说什么。你根本什么都不懂。这是桩好买卖。我们应该接受这个出价,马上!"

## 23  转型  405

尽管有些数量专家是冲着高盛的优厚待遇来的,但是大部分人来到华尔街的原因都是因为他们在那里发现了最有趣和最深刻的金融行为。数年间,上百名数量学专家对他们的假设和创新进行思考和分析,并将成果应用于高盛的发展之中并深刻地改变了高盛。

## 24　投资管理遭遇滑铁卢　419

温伯格不为所动："你和谁开玩笑啊？你有一只庞大的对冲基金，某一天可能决定做空我们投行客户的股票。这里面可能会有大问题，而你永远无法辩解。"

## 25　罗伯特·马克斯韦尔——来自地狱的客户　439

公司迅速壮大，在不同国家做着各种各样的业务，而且也越来越正规化和系统化。高盛的状况已经不同往日了：公司正在经历全方位的变革，迅速摆脱了当年利维创立的和希因伯格熟知并喜爱的家庭式运作模式。

## 26　套利业务　465

套利者被认为是华尔街最出色的人才，而真正让他们与众不同的是他们非常有威严。杰出的人才在普通的组织架构中一起努力工作。事实胜于一切。你可以从一切能够得到的事实出发，进行推理或者论证，只有这个时候，你才能形成一个观点。

## 27　指控　481

高盛的员工开始感到疑惑。在高盛，也是无风不起浪。不到一个月，7月3日，公司按揭支持证券部的一名31岁的律师和副总裁戴维·布朗通过其律师向高盛递交了辞呈。

## 28　打造全球业务　513

从美国业务开始，高盛的业务发展战略环环相扣，如帮欧洲公司收购美国公司，发行商业票据，或者将欧洲股票或债券出售给美国投资者。下一轮扩张集中于帮助德国、法国或荷兰公司在欧洲以外的国家发展业务。

## 29　史蒂夫辞职！　535

然后弗里德曼说："这件事情必须保密到下周——下周一是谜底揭晓之时。下周一，是合伙人的第十二次月度会议。每个人都必须参加，这样每个合伙人都会同时得知这一信息。从现在开始到下周，必须严格保密。"

## 30　网罗最优秀的人才　553

一位朋友告诉她："到华尔街去！"她给纽约信息中心打电话询问她在一本杂志上看到的顶级投资银行的电话。所罗门兄弟公司的接线员将她转接到人事部门。"对不起，今年的招聘已经结束了，你明年再打过来吧。"她打电话的第二家公司就是高盛。

## 31　乔恩·科尔津　567

当他到会议室的时候，科尔津发现年轻的合伙人们已经准备好了他们的反对词。他们一个接着一个起身发言，反对IPO。一个小时后，科尔津走到主席台，抛出了他和纽斯坦因商量好的措辞："我们不准备IPO。以后不再讨论IPO的事情。结束了！"

## 32　长期资本管理公司　583

高盛越来越依赖资本运营，进行大规模的资本投资，使用复杂的计算机模型管理各种各样的风险——许多之前未知的风险——从全球金融市场中赚取风险可控交易的利润。

## 33　政变　607

得知这一消息时，科尔津的眼泪在眼圈中打转，但是他依然表现得非常像一个男子汉，他打电话给关键的客户及纽约联邦储备银行总裁威廉·麦克康纳，说他决定辞去公司CEO职务，但是依然会担任公司联席主席。

## 34 正确的投资管理　617

让人惊讶的是,公司的管理层花了整整10年的时间才理解投资管理的精髓。高盛资产管理公司的发展历史生动地体现了高盛的格言,"尝试,尝试,再尝试"。

## 35 保尔森的原则　639

保尔森的高度自律使其成为硕果累累的投资银行关系家。保尔森经常会出于对客户公司利益的考虑而呼吁他们采取行动,客户会被保尔森的真诚和他不屈不挠的逻辑逼到角落里,对此他们非常吃惊。

## 36 风险控制部主管劳埃德·布兰克费恩　665

高盛将自己转型成为广泛独立的金融机构——不依赖于某一种或两种业务,不依赖于单一市场,不依赖于单个公司或者机构的声誉,也不依赖于单项科技。

## 译后记　677

## 中文版序

中信证券股份有限公司董事长／王东明

2008年是金融危机席卷全球的一年，先是贝尔斯登倒闭，随后雷曼兄弟破产，大批金融机构陷入流动性危机，高盛也在当年转型为银行控股金融公司。当时，从美国来的朋友给我带了一本书，这就是在华尔街刚一问世就十分抢手的《The Partnership》。我拿起书随手一翻，就被里面的内容深深吸引，欲罢不能。

当听说公司的几个年轻人决定把这本书翻译成中文时，我非常高兴，也非常支持他们的决定。在该书中文版出版之前，他们邀请我为这本中文名为"高盛帝国"的翻译版写序，我很愿意谈谈自己的看法。

投行业务是一项非常复杂的业务。与我国的投资银行不同，国外的投资银行现在面对着比较宽松的监管和激烈的市场竞争，其对赢利点的关注也从传统的经纪业务逐渐淡出，商品交易、房地产、衍生品交易、大宗交易、并购咨询、资产管理等创新产品和业务逐渐成为投行赢利的主业。华尔街独立投资银行业发展的历程并不算很长，但其发展的速度在全球是首屈一指的，而近几十年来，华尔街的投资银行在全球一直处于霸主地位。研究全球的投资银行业，其中最重要的部分就是研究华尔街的投资银行。华尔街五大投行中最引人注目的可以说是将合伙人制度的优势发挥到极致并坚持到最后才上市的高盛。

在我国的经济建设过程中,上市融资往往被各企业,包括投行当作最终的目标。但是,我们应该认识到,企业存在的各种组织形式在其发展的历史时期都有其合理性,而这些形态各异的组织形式对于各种企业发展的促进效果不见得就比上市运作要差。即使是在现代,欧美发达国家中仍然存在不少家族式公司,不论是全球闻名的咨询公司麦肯锡还是法律行业神奇圈(Magic Circle)的几大律所(富而德、高伟绅等)都仍然采用合伙制。而作为投行的领军者,高盛的合伙人制度也同样对该公司的发展起到了极大的促进作用。

本书是继《高盛文化》一书之后对高盛的合伙人历程进行细致描写的又一部佳作。作为金融业知名咨询公司——格林尼治公司的创始合伙人,作者埃利斯对于高盛的发展可谓了如指掌,而他的叙述也使得高盛的合伙人形象跃然纸上:精明而又积极进取的萨克斯家族成员、圆滑而又左右逢源的约翰·温伯格、态度强硬和狂热而且不知疲倦地工作的格斯·利维、谦逊随和而又按照既定计划坚持前进的乔恩·科尔津……而埃利斯通过对高盛不同业务线发展历程的梳理,使我们非常清楚地看出其发展的脉络:为公司带来大量赢利的私人服务、为公司带来大量客户和良好声誉的并购业务、让公司陷入困境的研究业务等。

精通投资银行业务的埃利斯凭借其敏锐的洞察力,以深入浅出的方式娓娓道来,使得书中提及的投资银行专业业务不再枯燥,复杂的项目运作变得简单易懂。本书中讲述了多个具体的事例,例如高盛在收购商品交易商杰润的过程中涉及的各国储备的金条借用业务、牵涉诸多参与方的并购抵御业务等。这对我国投资银行的高管、前台人员、后台人员都有很好的借鉴作用。作者由于具有丰富的实践经验和与高盛数十年的合作往来,写出来的故事个个都引人入胜,从管理角度、业务操作角度翔实地记录了高盛由一个小票据商行发展成为投行巨擘的过程。书中也穿插描述了合伙人之间的冲突、斗争、家庭故事,甚至牵涉到谋杀、情报机构等，增强了本书的可读性。对与同行业的竞争、与监管机构的磨合、与客户的周旋等的描述，都使我们能够感受到这个投行巨人在其发展过程中所经历的点点滴滴。

需要指出的是，在20世纪70年代，高盛仍然是以经营美国本土业务为主的投行，但是在合伙人的正确决策和带领之下，高盛抓住了英国大变革的契机，在欧洲建立了坚实的业务基础，并且在与老牌投行，例如摩根士丹利、所罗门兄弟以及华宝的斗法中屡占上风。同时，随着其国际化业务的发展，高盛在商品业务、并购业务、资产管理等各项投行业务中都独领风骚，在短短的数十年间就发展成为全球金融行业的领军者。这对于我国尚处于成长阶段的投资银行而言具有很强的现实借鉴意义。

合伙人制度究竟对高盛意味着什么？是合伙人制度与生俱来的一荣俱荣、一损俱损的集体凝聚力？还是个人利益与集体利益融合之后带来的强大动力？抑或是合伙体制带来的灵活应变及低调务实的态度？读完这本书之后，相信每个人对于这些问题都会有自己的答案。

尽管华尔街独立投行已经不复存在，但这并不能说明投资银行这个行业走到了末路。我认为这只能被看作华尔街投行或者美国式监管制度的自我调适和自我纠正。高盛的转型的确发人深省。不过，应当看到，高盛的发家史中也有过多次大起大落，它一次次地度过了诸如滥用研究报告、马克斯韦尔危机、宾州中铁破产等令人心惊胆战的阶段，越战越强，越战越勇，这些都为这家百年公司积淀了丰富的经验和强大的自我修复能力，也磨炼出高盛强大的自我提升能力。谁能预言今天的高盛经过自身的调整之后不会再站上投行业务的制高点，甚至将其模式进行复制并在金融控股集团占有重要的一席之地？

当然，在领会高盛成功秘诀的同时也一定要对其经验去芜存菁。高盛的合伙人制度在其发展过程中也走过一些弯路，而且由于不同时期的董事合伙人对于业务的兴趣点不同、对风险的理解和承受能力不同，以及个人素质和魅力存在差异，都直接对公司的发展起到了相当大的影响，而合伙人制度的局限性以及对于高盛是否上市的争议，在本书的描述中也显露无遗。

  总的说来，本书既是一本关于国际投行业发展的生动教科书，也是华尔街投行和不少国际金融机构发展的缩影。里面的种种情形看起来距离我们非常遥远，这主要是因为我们的投行还没有发展到那个阶段。因此，对于中国的投行人士而言，高盛过去经历过的东西很可能就是我们将要经历的。因此，不论是对于投行从业人员还是监管者，甚至仅仅是希望对投行这个行业有简单了解的人，这本书都值得一读。

**专家推荐**

易凯资本有限公司创始人、首席执行官／王冉

记得十五六年前的一个早晨，我6点钟就从酒店出门，打车到位于香港中环的花旗广场。大厦里空无一人。走出电梯，我发现我要去的公司大门紧闭。于是我虽然穿着西服，也顾不了那么多，干脆就在走廊找个地方坐了下来。大约40分钟后，随着电梯的一声响，一位头发斑白的长者出现在我面前。

他主动和我握手，问："你是新来的？"简单寒暄后，他用卡刷了一下，门自动打开。那是我去高盛上班的第一天，那位长者就是当时高盛亚洲的董事长曾国泰，那也是我关于高盛最早的一段记忆。

## 我拿这本书给员工做培训

大约半年前，我召集我们易凯资本的全体同事做了一次特殊的"内部培训"。其实所谓"培训"，就是讲了一晚上关于高盛的段子。这些故事绝大多数并非我自己的亲身经历，而是来自您现在手里的这本书。时至今日，我仍然认为那是我给同事们做过的最重要的一次"培训"。

后来，我又在新浪博客上专门推荐过这本书。推荐的方式也很简单，

仍然是把其中的一些我认为比较有意思并且对我自己很有启发的故事讲出来。因为我始终认为，故事本身的力量和魅力会远远大于任何对它们的归纳与总结。

今天，如果再去问我的同事们是否还记得那天晚上我讲的那些故事，恐怕绝大多数人只能回忆起一两个，顶多两三个来。不过没关系，因为中信出版社的中文译本出来后，我会让公司的全体员工人手一册。以前我一直觉得滥用职权把任何一本书变成"人手一册"都很"事儿"、很"做作"，但这一次我愿意这么"事儿"一次。

我希望，这本书能给我们这个日趋浮躁的行业里的每个人带来一点点沉淀。哪怕只有一点点。

就我个人而言，读完这本书，给我留下印象最深的其实也就那么几件事。譬如（下面提到的故事只有读完这本书的读者才能明白）：

故事一：我们来买单，把好客户变成更好的客户

沉淀：把客户的利益放在第一位不是嘴皮一动随便说说的。能否把这一点融化在自己的血液和基因里，决定了一家服务性公司是否有机会走向伟大。

故事二：晚上打车去买第二天的《纽约时报》

沉淀：很多时候，平庸和卓越的差距就是那么一点点，魔鬼全在细节中。

故事三：当然是去斯坦福了

沉淀：正像高盛的"14条原则"说的那样，投资银行最重要的资产是自己的声誉；而声誉是靠每个同事在那些或大或小的困难和挑战面前用他们的行动一点一点、一分一分建立起来的。因此，对一个投行的CEO（首席执行官）来说，最重要的工作只有一个——人。

就在我写这篇推荐序的时候，高盛又一次成为媒体瞩目的焦点。这一次，是因为在无数人遭遇财富缩水、很多人丢掉工作、那场差一点儿摧毁了全球经济的华尔街风暴刚刚接近平息的时候，高盛竟然在2009年前9个月预提了167亿美元作为公司员工该年度的待发奖金。

无论是否有金融风暴，高盛恐怕都会一直生活在风口浪尖上。不过，它对此似乎已经习以为常了。虽然在这个节骨眼儿上公布巨额奖金的消息有点儿冒天下之大不韪，不过我们也别忘了，正是高盛独特的基因与力量让它在经历了一次又一次的风暴之后反而越来越坚不可摧，越来越鹤立鸡群。

## 不打破IPO审批制，中国就出不了高盛

随着中国经济总量超过日本并且很可能在未来20年间超越美国成为全球第一大经济实体，中国的资本市场一定会水涨船高地成为全球最主流的资本市场，对此，我毫不怀疑。

但是，中国证券市场成为全球主流资本市场并不意味着中国就能自动顺势产生一批具有全球影响力和竞争力的投资银行，更不用说马上在中国再造一个高盛了。其中最主要的问题就是由于监管方面的原因，中国投行在最为重要的本土资本市场一直没有足够多的机会在金融技术与金融产品上得到高度市场化的历练；它们太多的精力没有花在研究企业、产品、市场和机构投资人身上，而是花在了北京西城区那条著名的金融街上。只有在中国现行的IPO（首次公开募股）审批制度和轨道制度被彻底打破之后，中国的投资银行才有可能在博弈供需关系的市场风雨中茁壮成长。

我们期待着这一天早日到来。但是，直到那一天真的来临，我们这些中国投资银行业的从业者们仍然可以继续向高盛这个并不完美的老师学习。这也正是我推荐这本书的原因。从字面上读懂这本书很容易，但是要真正读懂高盛的故事并且在中国今天的环境中把这些故事的指向用一种近乎迂腐和执拗的方式付诸行动，则需要超乎寻常的定力和坚如磐石的价值观。

# 前 言

在写这本书的过程中,我曾多次想过放弃。1963年冬天,即将从哈佛商学院毕业的我和所有其他同学一样正在找工作。贝克图书馆布告栏上的黄色平面广告吸引了我的注意。广告的左上角印着"沟通机会",右边则是"高盛"的名字。作为一名波士顿证券业的律师,我父亲对这家公司非常敬重,因此我开始阅读对这个工作的具体描述,但是当我看到年薪只有5 800美元时,我就没有再继续读下去了。

后来成为我妻子的"她"当时刚从韦尔斯利女子学院[①]毕业,她是Phi Beta Kappa[②]的成员、女高音独唱歌手,上学期间申请了助学贷款。我必须帮她偿还银行贷款,所以我想我的收入不能低于6 000美元。由于当时未曾考虑过还有分红和加薪,我太过天真地"知道"我每年赚的钱不会超过5 800美元,所以高盛不太适合我。如果当时像其他人一样在高盛发展自己的事业,那么我肯定不会写这本关于内部人士如何看待高盛的书了。

---

① 韦尔斯利女子学院,美国最有名的女子学院之一,希拉里、宋美龄等皆毕业于此。——译者注
② Phi Beta Kappa,美国高等学府里面优秀学生组成的团体。——译者注

20世纪70年代初，在向潜在合伙人承诺我们会将羽翼未丰的咨询事务所——格林尼治（Greenwich Associates）发展成为超级专业的事务所时，我就自嘲地说："你是个傻瓜。做了承诺，连你自己都不知道这个超级专业的事务所到底该是什么样的，也不知道怎么才能达到那个目标。你甚至从来没有为一家那样的事务所工作过。你最好快点儿学。"从那时起，一有机会我就向我在法律、咨询、投资、投行等行业工作的朋友和熟人咨询他们认为哪家公司在其所在行业做得最好，以及它做得最好的原因是什么。我一次又一次坚持探索同样的问题，很自然，雏形出来了。

一家真正的专业大型公司有某些特质：那些最能干的专业人士认同这是他们最想加入的公司，同时该公司招募并留住那些最好的人才；那些最挑剔的大客户则认可该公司能够持续地提供最好的服务；这家公司在以前和今后的很长一段时间里被其竞争对手看作行业的领军者；有些挑战者可能偶尔通过一两次杰出服务暂时超越，但是它们都无法长期维持卓越水准。

各个行业保持其卓越水准的因素是多种多样的，但是有些特定的因素对于每家伟大的公司都是重要的，即：长期服务和投入的"仆人式领导"，精英的报酬机制和权威性，不计得失的客户服务，高度专业和杰出的道德水准，持续强化专业水准的企业文化，拥有长远的价值、政策、观念和行为以持续保证其抓住短期"机会"。每个伟大的组织都是具有持续多年跨地域和跨业务实现价值、实务和文化一致性的"One-Firm公司"①。所有伟大的企业都是"偏执狂"——对竞争对手总是保持高度的警惕和忧虑。但是，它们很少向竞争者学习，因为它们认为自己独一无二。不过，就像在各项比赛中表现突出的奥运选手一样，这些公司很大程度上都是一样的。

基于格林尼治公司深入的资产管理研究，以及作为战略咨询顾问与

---

① One-Firm企业文化概念是1985年戴维·梅斯特发表于《斯隆管理评论》的名为"The One-Firm"的文章中提出的观点。One-Firm企业文化是一种被大家认可的在机构内部创造忠诚度和团队精神的战略（http://davidmaister.com/articles/1/101/）。——译者注

各大主要证券公司密切合作的工作经验,我能够从独特的角度来比较相互竞争的公司,并从多个客户评价的标准来进行对比,包括在不同市场、不同年份,特别是持续跟踪一段时间的对比。在过去这些年里,我相信我的研究成果启迪了一部分人士,特别是那些渴望取得卓越成就的人士,那些提供最好服务的专业人士,以及那些愿意为专业公司奉献毕生职业生涯的人士。有一个发现让我很吃惊:在每个行业中,都有某一家公司被业界人士公认为"最佳公司"——如投资行业中的资本集团公司,咨询业中的麦肯锡公司,法律界的克维斯律所(后来被达维律所及世达律所超越),医药行业中的美国梅奥诊所(后来被约翰·霍普金斯医院超越)。而在证券行业也有这样一家公司,那就是——高盛公司。

10年或20年前,也许还有人认为证券行业中有其他公司比高盛更优秀,但是现在不会了。(更早之前,几乎没有人认为高盛是行业的领军者。)多年以来,我一直很清楚高盛具有无可比拟的优势:与竞争对手相比,高盛员工更为公司着想;他们拥有共同的信念,或者"文化"意识更强烈;高盛的每一级领导者都更认真,更深谋远虑,更注重从长期的角度来改善公司的点点滴滴;他们放眼长远利益,同时注重细节;他们更了解员工,更关心员工;他们加倍努力工作,而且非常谦逊;他们知识渊博,又求知若渴;他们总是致力于寻找改善的方法,并改善良多;他们的抱负不是想成为什么,而是要做成什么。

60年前,高盛还只是一家三流的美国东部商业票据交易商,拥有不到300名员工,它从依赖信用度低的小客户投资银行业务起家,发展成为全球投资银行界的主宰者,先后经历了从小代理商到大代理商再到重要合作伙伴这一系列发展过程,最后将自己成功地塑造成为金融领域最重要的投资者。它拥有的优势是其他公司无法超越的:它在投资的任何金融市场中,可以自由决定条款、选择合适的规模、挑选有利时机、选择感兴趣的合作伙伴,完全没有任何外部限制。

高盛现有3万名员工,而本书中提到的高盛员工的名字不到其总数的0.5%,但是高盛的伟大故事正是由这少数人创造出来的——是这些最初加入公司的前辈们，通过努力打造了今日的高盛。高盛采用的是合伙人制度，于成立100年后实现了公开上市，这一法律事实对律师和投资者的意义深远，但是实际上，高盛的合伙人制度已经渗透到每一个角落：公司员工的合作方式、员工对公司以及员工之间的了解，甚至已成为主宰员工信仰的强大的精神力量。

高盛现任及未来的领导者将会面临更加艰巨的挑战。作为行业领导者，特别是面对内部和外部追求卓越的永无休止的需求，高盛将始终站在竞争性创新的前沿。

有兴趣的读者会立刻提出三个重要的问题：为什么高盛在许多方面如此强大？公司如何取得现有的领导地位，并展示其卓越？高盛未来将怎样再续辉煌？

本书下面的章节将试图回答以上三个问题。

查尔斯·埃利斯
于康涅狄格州纽黑文
2008年6月

# 1
# 白手起家

1907年11月16日，年仅16岁的西德尼·温伯格（Sidney Weinberg）为了求职而重返华尔街，这件本不起眼的小事却为高盛日后的崛起埋下了重要的伏笔。这片地界对他而言并不算陌生。更小的时候，温伯格曾经在这里每周为商家运送女士花边帽，一周能赚到两美元。曾有一段时间，他同时为三家零售券商做信使——直到每家券商都意识到他同时在为其他两家券商做一模一样的工作时，才被三家雇主扫地出门。

1907年的早些时候，温伯格在往返于布鲁克林与曼哈顿的渡轮上听一位好友说起华尔街正在发生恐慌。后来回忆起这个小插曲的时候，温伯格承认"当时这样的消息对我而言没有任何意义"。那一场恐慌引发了针对美国信托公司（Trust Company of America）的挤兑，但同时也给温伯格创造了更多赚钱的机会——每天最多可以赚到5美元——他所要做的就是在前来取钱的焦躁不安的储户中排队。等他排到银行门口的时候，就可以把这个位置卖给后来的急着取钱的人。然后，他又回到队伍的最后，重复做着这个买卖位置的小生意。为了赚钱，他干脆也不去上学了，就这样耍了一个星期的小聪明之后，学校也把他扫地出门了。这时他才意识到真的需要找一份像样的工作来养活自己。

他的父亲平卡斯·温伯格是一名生活在社会底层的波兰裔酒水批发商，有时候还干些见不得人的走私勾当。作为11个孩子的单身父亲，在西德尼从学校辍学的这个时候他又给孩子们找到了继母。但是他的新妻子不愿意抚养家里排行老三的孩子——这个孩子在她的眼中太放肆无礼——于是西德尼只好自己出去打拼。作为从七年级中途辍学的孩子，他比同龄人只多了一点优势——一封由他的一位老师签名的言辞模糊的介绍信。信中说："相关负责人：我很乐意为持信人西德尼·温伯格的经商能力提供证明。他只有在忙得脚不点地的时候最开心，并且他也总是愿意按照您的指令行事。我们相信任何雇用他的人都会对他能提供的服务感到满意。"

五短身材，口音浓重，而且布鲁克林区犹太人平卷舌音不分的毛病学了全套，温伯格就带着这些特征踏上了求职之路，当时任何一份正当的工作都能满足他。不过他还是决定从曼哈顿下城的金融区开始尝试，于是就有了他在各个高楼大厦中求职的身影。他后来也曾讲述过他在华尔街第一次取得成功的经历："当时为了找一份正当的工作，我在早上8点钟的时候走进了交易广场43号。选择这栋楼开始没有什么特殊的原因，只不过从外面看它是那么高大而光鲜。我坐电梯直达23层，从顶层开始，每个办公区我都走进去，用最谦卑的语调问：'你们还招人吗？'到下午6点，我已经走到了3层，但是仍然没有找到工作。高盛的办公区就在那一层，但是那天他们已经准备下班了。柜台上的一位员工告诉我没有什么职位可以给我的，但是我可以回来试试运气。第二天早上，我仍然在8点准时走进大楼，准备从昨天暂停的地方接着再来。"

温伯格当时坚定地说他是被请回来的。"柜员莫里西先生召来了大堂清洁工贾维斯，问他：'你需不需要一个助手？'贾维斯当然乐意多个帮手，于是我就以5美元一周的薪水被聘为清洁工贾维斯的助手。"他最初的工作是很被人看不起的清理痰盂之类的活儿。①虽然感觉这份工作卑贱，但好歹是个起步。

温伯格在这项工作上也没干太长时间。有一次，他被指派用购物小推车送一根8英尺长的旗杆到曼哈顿上城去——"你用购物小车运过旗杆吗？那还真是一个不错的差使！"温伯格送货的地点是保罗·萨克斯（Paul Sachs）的家，给他开门的竟然不是管家而是萨克斯本人，保罗·萨克斯是高盛公司首位初级合伙人的儿子。温伯格充分发挥了他最擅长的与贵人交友的本事，他的活力与聪敏给萨克斯先生留下了不俗的印象，以至于萨克斯将他留在家中吃饭——不过当然只是和仆人们同桌。温伯格很快成了传达室的领班，并且他对传达室日常工作的重新规划引起了保罗·萨克斯的关注，这也许是保罗·萨克斯成为他日后在高盛的诸多合伙人中唯一的"教父"的最初原因。

萨克斯决定送温伯格到位于布鲁克林的布朗商学院（Browne's Business College）学习文案课程，同时还让他学习在华尔街工作必备的数学知识。萨克斯为他垫付了50美元的学费，指导他如何在高盛内部取得进步，并且一直关心呵护着他。"直到他把我当作自己的学生之前，我都是一个无可救药的孩子——粗野且倔强。保罗·萨克斯多给了我25美元，让我到纽约大学去再学一门课。他并没有指定选哪门课。在那之前我根本就没有听说过纽约大学，但我还是把事情办成了。很多可选的课程都不能唤起我的兴趣，除了一门叫作投资银行学的课。我知道雇我的公司做的就是投资银行业务，所以就选修了这一门。现在想来这门课真的让我获益良多。"

---

① 直到1969年去世之前，温伯格一直把一个号称是他做第一份工作时替贾维斯清理的铜制痰盂保留在自己的办公室内。他保留的东西里还有一件，是他在尼亚加拉大瀑布旅游时被一个巧舌如簧的骗子诱骗而买下的小布口袋。当时那个人对他说："你看上去是一位非常有前途的年轻人。你知不知道这个瀑布底下蕴藏了丰富的钻石矿，迄今为止只有我一个人下去过，我这个小袋子里就装着一些钻石，我现在愿意出让给你。""那你要多少钱？"那人回答说："1美元。""我身上没那么多钱，我一共就有50美分。""你看起来是位前途无量的小伙子，50美分就50美分。"温伯格就这样用50美分买了一个小破口袋，里面装的不过是再平常不过的鹅卵石。他一生都保留着这些鹅卵石就是要提醒自己不要再当傻子。

就温伯格的教育背景而言，他还上了另外一门课："加入公司一段时间之后，他们曾经考虑把我调到国外事务部门去。于是我到哥伦比亚大学学习了与外汇相关的知识。"与此同时，他也不断提升自己的办公技能。"那个年代，商业本票的单据都是用复写纸批量印制的。我后来在复写操作上练得非常纯熟，1911年纽约商业展会（New York Business Show）期间我还被评为最熟练的全美商业设备公司复写机操作员，获得了100美元的奖金。"

温伯格性格中一直有一种唯我独尊的特质，就算当年进入高盛后，他也花了一段时间来培养沉稳的性格："我当时野心勃勃，经常在老板们回家之后跑到他们那宽大的办公桌后面坐着，点上一支50美分的雪茄，当然拥有这些雪茄的人后来都成了我的合伙人。"当时在公司内谋求升职的艰难使他有一种非常大的挫败感，1917年温伯格离开公司加入了美国海军。由于近视眼、身材矮小、性格好斗，他哄骗着兵役官把他编制为舰上的助理厨师，虽然没过多久他就被调到弗吉尼亚州诺福克县的海军情报处，但这个厨师的头衔成了他日后津津乐道的光辉历史。

温伯格的一位好友透露了一次他作为J·P·摩根的座上宾时发生的对话："温伯格先生，我听说您曾在上一次世界大战中服过役？"

"是的，您的消息很准——我在海军服过役。"

"您是什么兵种？"

"厨子，副的。"

摩根先生一下子就被逗乐了。

用当时华尔街的标准来衡量的话，温伯格于1907年加入的这家公司根本就无足轻重——虽然后来温伯格将其从金融灾难中挽救回来并将其打造成了华尔街一流的机构——但是这家公司当时也有40多年的经营历史了。这只金融巨鳄的起点其实只是一个没有雇员、几乎没有资本的欧洲移民的毫不起眼的个人生意。马库斯·戈德曼原本只是德国巴伐利亚施韦因富特镇上一个牧牛人的儿子，他于1848年欧洲保守派发动的反革命浪潮中离开家乡时年仅27岁。与其他下定决心背井离乡的欧洲人一样，他先教了几年书攒够了横渡大西洋所用的旅费，然后经历长达6周的海上航行，成为第一次犹太人移民美国大潮中的一员。

在美国工业化的进程中，库恩家族（the Kuhns）、雷曼家族（the Lehmans）、勒布家族（the Loebs）、塞利格曼家族（the Seligmans）以及其他欧洲移民都抱团儿并自称"我们这群人"，不断充实着德裔犹太银行业的实力并逐步壮大起来。但是戈德曼与这些家族没有什么联系，他自食其力从新泽西州开始启动了作为流动商贩的小生意。他在新泽西认识了伯莎·戈德曼并娶她为妻，虽然伯莎家也来自德国北部，但是两家人并无亲缘。他们在费城定居，并于1869年举家迁徙到了纽约。

美国南北战争之后银行信贷利率维持在一个很高的水平上，戈德曼在这一时期开发了一项小型的商业流通证券业务，其额度由2 500美元起。当时的商业银行基本上没有什么分支机构，所以一般都是坐等客户找上门来，这个空间给戈德曼这类有商业头脑的人提供了结识更多商人并直接评估这些商人的信用程度的机会，同时也让他成了小额贷款人和机构放款人的中介。戈德曼的客户一般是曼哈顿下城仕女巷上的珠宝批发商以及大量聚集在约翰大街上的皮革商。这两类商人都只依靠极少量的原始资本在经营，在他们中间放贷或开展"贴现票据"（note shaving）业务对于戈德曼这样兢兢业业的商人来说都是有利可图的。他要么以每年8%~9%的折扣利率从商人手上收购商业票据，要么收取0.5个百分点的手续费，如此一来，只要资金周转够快，他就能赚到很多钱。

"一开始的时候，（戈德曼）确实是以最不起眼的手段经营着最不起眼的生意，但是每单生意都做得精益求精。"[①]每天早上在小商贩中收完票据之后，戈德曼都会把它们集中收放在他那顶绅士帽里，然后搭上一辆马车来到位于钱伯斯大街与约翰大街交会处的商业银行会聚地，他可以在这里以很低的赢利将票据都出售给商业银行。虽然150多年后，在他这种商

---

① 此处为沃尔特·萨克斯的评论。

业精神的指引下，这个本不起眼的小公司将成长为世界领军的证券机构，但是1870年已经49岁的马库斯·戈德曼仍处在金融食物链的最末端。不过在1870年年底，他的赢利状况已经可以允许他雇用一位兼职的财会人员和一名普通职员了。他自己则身着当时相当体面的长大衣，戴着绅士帽，自我介绍时总是高调地称自己为"银行家及经纪人马库斯·戈德曼"。

1882年是戈德曼独立经营的第13个年头，这一年他的税前年收入已经达到了约5万美元。或许是觉得手头宽裕了，这一年他决定提升塞缪尔·萨克斯，也就是他的小女儿路易莎·戈德曼的丈夫为公司的初级合伙人，并且把公司更名为戈德曼–萨克斯公司（M. Goldman and Sachs）。

马库斯·戈德曼夫妇与塞缪尔的父母约瑟夫和索菲娅·萨克斯是亲密的朋友。萨克斯家的大儿子朱利叶斯娶了戈德曼家的女儿罗莎，这次联姻是两家的母亲都十分赞同的。由此两位亲家母认为再一次联姻能进一步加深感情，于是就有了塞缪尔和路易莎的婚姻。塞缪尔从15岁开始就在公司做财会工作，才能自然受到认同。

马库斯·戈德曼贷给塞缪尔·萨克斯1.5万美元用于清算他当时正在从事的干货生意，借此保证塞缪尔能够心无旁骛地参与到新公司的合伙经营中来。这项贷款分三年还清，三张本票的面额均为5 000美元。塞缪尔和路易莎的第三个儿子来到人世的时候，塞缪尔已经偿还了三张本票中的两张，马库斯借外孙到来的时机，用他传统的德国字体给女婿撰写了一封正式的信函，免除了塞缪尔最后一张本票的清偿义务。这一方面是为了肯定塞缪尔为公司发展投入的精力，同时也是为了肯定他作为公司合伙人的能力，当然也有小外孙沃尔特降生的影响。这个小插曲使得日后沃尔特·萨克斯在回忆时能自豪地说："现在想起来，我出生的第一天就做成了我在高盛的第一笔生意。"①

路易莎·戈德曼·萨克斯是位多愁善感的女性，她父亲当年写的这封信、那张被免除债务的本票，同时还有小儿子的一绺金色卷发和一颗乳

---

① 沃尔特于1908年开始正式大量参与公司的工作，一直任职到1980年去世，享年96岁。

牙都被她稳妥地收藏在保险箱里。

1888年，公司更名为高盛（Goldman, Saches & Co.）。在之后的50年间，公司的合伙人几乎都是家族姻亲，所有的业务都是在取得合伙人一致同意之后才开展的。19世纪90年代，高盛已经成为全美最大的商业本票交易商。营业收入由1890年的3 100万美元倍增至1894年的6 700万美元，两年之后成为纽约证券交易所成员。为了将公司的业务拓展到纽约市之外的地区，亨利·戈德曼开始定期拜访芝加哥、圣路易斯、圣保罗以及堪萨斯城等商业城市，同时也走访普罗维登斯、哈特福德、波士顿以及费城等金融中心。

1897年，塞缪尔·萨克斯为了扩大公司的经营范围而出访英国。他当时拿着英国咖啡业领军人物赫尔曼·西尔肯（Herman Sielcken）的介绍信来到了位于伦敦平地教堂街20号的克兰沃特父子公司（Kleinwort, Sons & Co.）。克兰沃特家族最早于1792年在古巴发家，随后在1830年将家族财富转移回伦敦并开始从事商业银行业务。当塞缪尔来拜访时，他们家族已经是本地有名的银行家，不仅接受支票以及世界范围内的各种汇票，同时由于其长期以来的良好资质，也享受着别人拿不到的最优利率。赫尔曼与亚历山大·克兰沃特（Alexander Kleinwort）正在寻找比现有的美国代理人[①]更富有进取精神的合作伙伴，塞缪尔·萨克斯便借此机会详细介绍了高盛在纽约的经营情况，并描绘了在纽约与伦敦两个不同市场之间进行诱人的外汇交易及套利业务的前景。

尽管萨克斯带来的业务十分诱人，克兰沃特家族仍本着英国式的保守传统，十分谨慎地对待与他们根本没有耳闻的美国公司开展联合经营一事。他们首先通过纽约的著名犹太银行家奥古斯·贝尔蒙（August Belmont）以及N. M. 罗斯柴尔德（N. M. Rothschild）在纽约的代理人调查了高盛的营业能力、诚信状况以及商业热情。在确认没有找到一星半点儿的问题之后，克兰沃特父子公司才接受了高盛关于成立合资公司的请求，这家合

---

① 在接触高盛之前，他们的代理人是Winter & Smillie公司。

资公司成功经营了多年，而且合作双方一直没有订立过书面合同。

商务上的往来并不是总如一般社会交往一样简单。合作之后不久，克兰沃特一家就经常邀请萨克斯家的人到他们的乡间别墅做客。虽然他们也觉得这些不谙世故的美国人很有趣，但是他们也不得不学得很谨慎，只要是萨克斯家的人参加的场合，克兰沃特家必定要慎重决定邀请哪些富有而又有修养的英国人前来做客。沃尔特·萨克斯15岁那一年去拜访克兰沃特家，曾主动和克兰沃特家的管家握手并热情地问好。后来沃尔特在接受管理培训时也曾冒失地对亚历山大·克兰沃特说市场上有不少人正在担忧他们两家联合运作的本票的数量。克兰沃特当时听了这话脸色铁青，一言不发。直到几个星期之后，才有人私下指点萨克斯的言辞不当之处：作为违背商务礼仪的一种，萨克斯的话在克兰沃特听来是影射了别人对他的诚信度的质疑，而只要是在伦敦商界稍有头脸的人，都知道克兰沃特先生的信用记录是无可挑剔的。

在与克兰沃特家族合作成功之后，高盛与欧洲大陆上的商业银行间的代理业务也逐步开展起来。高盛初期的业务局限在能迅速变现的交易上，借此达到控制资金风险的目的，同时他们的境外业务部门的收益也于1906年增长到50万美元。利润增长主要来自外汇套利，因为伦敦市场的货币利率远低于纽约市场，就算加上合资公司对90天本票收取的0.5%的佣金，投资者仍有利可图。在欧洲金融市场上的信誉建立之后，高盛小规模地将业务推向了南美及远东地区。

马库斯·戈德曼直到1909年去世之前都是高盛的合伙人之一。塞缪尔和哈里·萨克斯继续经营着公司最重要的业务：商业本票。哈里·萨克斯曾告诫过他的儿子："永远不要忽视我们的专长。"与此同时，与塞缪尔·萨克斯一样具有扩张精神的亨利·戈德曼小心翼翼地开发着一项本土证券业务，也就是面对纽约及新英格兰各州的商业银行发行铁路债券。

19世纪90年代中期，高盛在松树街9号大楼的二层仅租用了两间办公室，大约20名员工每天早上8点半上班，下午5点下班，一周工作6天。1897年，公司迁到了拿骚街31号。为了推动商业本票业务的进一步开展，高盛于1900年在芝加哥设立了第一家分支机构，随后一个仅有一名员工的办公室也在波士顿运作起来。归功于商业本票业务的迅速扩张，1904年高盛的资本达到了100万美元，同年，公司搬到了更为宽敞的交易广场。

高盛的业务蒸蒸日上，公司的合伙人们在亨利·戈德曼的领导下树立了更远大的理想：投资银行业务。

高盛当时已经无法打入20世纪早期证券业的核心业务——铁路建设及运营的飞速增长注定了铁路行业对资金的巨大需求，承销铁路债及铁路行业股票是当时最赚钱的生意。摩根大通、库恩–勒布以及施派尔公司（Speyer & Company）已经形成了一个事实上的承销垄断集团，这些行业寡头垄断者们都对亨利·戈德曼发出警告，他们宣称绝对不会让这个后起的公司在这个利润丰厚的市场中分一杯羹。戈德曼并没有被吓倒，他只是感到非常愤怒并且坚持寻找市场的入口，但是这个入口确实无处可寻。他唯一的选择就是退出这个市场另谋生机。塞翁失马，焉知非福：如果当时这个垄断集团给他开了个口子，高盛可能要花多年的精力在这个当时已达巅峰的市场中来打拼出自己的地盘，然而当时的市场其实已经出现颓势，最终导致了多家企业的破产倒闭。

唯一一次打入铁路债承销业务的尝试在高盛自己的历史中被称作"那份不幸的埃尔顿合约"（Alton deal）。按照这一纸合约，高盛应承销一家美国中西部铁路公司发行的1 000万美元的债券。虽然最早预期能赚取0.5%的联合承销费，但是利率的突然暴增导致高盛和其他联合承销商根本来不及将自己的份额出售给投资者就损失了一大笔钱。

与此相类似，在高盛的历史上，特定的收益或损失总是能引导合伙人做出新的战略决策。既然被排挤在主要铁路债市场之外，亨利·戈德曼选择了开展当时并不被看好的工业融资业务。当时的很多工业生产厂商都还是小规模的独立经营者，只有极少数成规模的企业会寻求厂主和商业银行所能提供的资金之外的投资。高盛最早的业务从雪茄生产商开始做起。能和雪茄生产商做生意，后来还扩展到零售商领域，高盛至少得感谢宗教信仰的帮忙。因为当时领军的两家金融机构——摩根大通和乔治·F·贝克尔公司（George F. Baker，现在的花旗集团）是不与"犹太公司"做生意的，高盛这样的"犹太企业"由此获得了这些业务机会。

进入20世纪之后，这家家族企业的合伙人在亨利·戈德曼的领导下更加专注于保增长、促扩张。1906年，高盛捕捉到一次业务机会，三家中小规模的雪茄生产商合并成立了联合雪茄（United Cigarette，后更名为通用雪茄）。高盛曾与合并前的几家公司都有商业本票的业务往来，新成立公司的CEO杰克·沃特海姆（Jake Wertheim）与亨利·戈德曼是好友，两人都迫不及待地想做生意。但是当时要进入公开证券市场，不论是债券还是股票，都要基于融资企业的负债表和固定资产总值做出评价——这也正是铁路企业成为金融公司重要客户的主要原因。为了拓展生存空间，联合雪茄需要长期的注资。其财务特点如同一般的"商务"或交易公司——有着良好的赢利，却很难提供客观的资产证明。在与联合雪茄的六位大股东商谈之后，亨利·戈德曼再次施展了他在金融领域的卓越创新才能：他提出了一个全新的概念，即商务型公司，如批发商和零售商——只要能与普通融资过程一样，以合并后的资产作为抵押贷款的附属担保——理应按照他们的商业特质获得相应的融资，而这种特质指的就是这些公司的赢利能力。

很幸运，在业务扩张的同时由于私人朋友的关系，更多的良好资源也得到了更广泛的运用。在亨利·戈德曼的介绍下，当时仅仅是一家棉花及咖啡商的雷曼兄弟及其老板菲利普·雷曼（Philip Lehman）开始与联合雪茄商谈合作事宜。菲利普·雷曼是五位抱负远大的兄弟之一，很有才干而且富有竞争精神。他的家人谈起他时曾说："只要他做的事情，他必定要争取胜利。"菲利普·雷曼下定决心要让自己的公司进入纽约证券承销业务的圈子，并且经常和亨利·戈德曼讨论各种业务机会。塞缪尔·萨克斯在新泽西州埃尔伯龙的度假别墅和雷曼家的房子正好背靠背，他们要谈生意实在很方便，开会都可以不出家门，隔着后院的篱笆就谈成了。

富有的雷曼家族正在寻找投资机会，身为资本充裕的家族，他们完全有资格成为承销团里的一股重要力量。当时证券的承销与发行——从发行人手中买走证券再将其转手售卖给投资者——缺乏一套成型的业务模式，更谈不上日后形成的完善便捷的业务流程。出售一家不知名的公司的证券可能要花很长时间，拖上三个月也并非稀奇——因此承销商的名声及资金充裕程度对证券销售起着至关重要的支持作用。在这种公司与公司的合伙机制成长过程中，高盛带来客户，雷曼家族则提供资金支持。两家公司间的合作模式一直持续到1926年。

联合雪茄公司普通股的销售"势必长期进行"，但最终还是取得了成功。投资银行家们按约定购买了该公司4.5万股优先股，外加3万股普通股，总计450万美元。经过持续多月的营销，这些股票最终以560万美元的价格出售给了投资者，合计赚取了约24%的利润。除此之外，高盛保留了7 500股原始股作为补偿，这又为其增加了30万美元左右的收入。更为重要的是，这种创新的融资模式——以公司的赢利能力取代固定资产总值作为衡量标准，为高盛开创了新的业务机会。之后他们以同样的模式又成功地为沃辛顿泵业公司（Worthington Pump）进行了债券承销。

另一次重大的融资业务，同时也是一段重要人际关系的开端，是从承担传统家庭责任开始的。在进入20世纪之前，塞缪尔·萨克斯的妹妹埃米莉娅·哈默斯劳[①]和她的丈夫很不情愿地收留了一名宿客。虽然他们平时也不怎么理会他，但是他毕竟是来自德国的远亲，此人看上去就是粗鲁和没修养的典型代表。这位宿客的名字叫朱利叶斯·罗森瓦尔德，他很快就去了美国西部并认识了理查德·西尔斯，前者通过将自己的罗森瓦尔德–威尔公司（Rosenwald & Weil）与后者的邮购业务合并之后，掌握了西尔斯公司（Sears Roebuck）1/3的所有权。他们通力合作经营着邮购业务并最终将他们的公司打造成了全美知名的企业，但是在1897年，他们的资产总值仅为25万美元，他们急切需要资金来维持从纽约购来的存货。

---

[①] 埃米莉娅·哈默斯劳，她的丈夫是塞缪尔·哈默斯劳，是罗森瓦尔德的叔父，以经营男子服饰用品为生。传说，他的主顾中有一位来自伊利诺伊州的因身材高大而买不到合适裤子的人，此人就是亚伯拉罕·林肯。

显然罗森瓦尔德对他在萨克斯家不受欢迎的程度毫无知觉，但是他知道埃米莉娅的哥哥塞缪尔的公司就是专门帮人筹钱的，而且他们还在不断地寻找业务机会。罗森瓦尔德以公司财务官的身份向高盛出售商业本票。高盛为其安排了7 500万美元的本票融资，从此与这家爆发式增长的零售商挂上了钩，获得了一位几乎可以称为贪得无厌的融资客户。

之后还不到10年的时间，由于业务的增长和对未来成长的预期，西尔斯和罗森瓦尔德需要一笔500万美元的融资在芝加哥建立一个专门的邮购中心。罗森瓦尔德当然又找到塞缪尔·萨克斯的公司，他原本只打算筹一笔钱，但是亨利·戈德曼却提出一项更大更好的计划：公开发行价值1 000万美元的股票，由雷曼兄弟和高盛联合承销。

由于在此之前从来没有邮购公司的股票上市流通的先例，也就没有人能说清楚投资者对这样的公开发行会有怎样的反应。在此前提下进行股票发行不得不说是勇气可嘉。再一次，金融创新家亨利·戈德曼提出套用联合雪茄"公式"：优先股将以有形资产作为支撑，而客户对西尔斯赢利能力，即公司的商业特质的认同，将作为发行普通股的基础。西尔斯的承销有大量股票是通过克兰沃特在欧洲发行，虽然最终还是取得了成功，但是此前艰难地进行了9个月——是完成联合雪茄承销所用的90天的整整3倍。

截至1910年，高盛已有三位高级合伙人和三位初级合伙人。西尔斯公司的股票市值已经翻倍，而且正处在下一次翻倍的过程当中。为了保护投资者的利益，同时也是因为在当时的情况下投资者对投资银行家的熟悉程度通常高于他们承销的公司，亨利·戈德曼和菲利普·雷曼共同加入了西尔斯及联合雪茄两家公司的董事会。这种作为公司监督人的角色使得沃尔特·萨克斯继亨利·戈德曼之后成了西尔斯的董事之一，也为日后西德尼·温伯格继承沃尔特的衣钵奠定了基础，这种继承制度后来成为高盛内部一种不成文的传统。

高盛与雷曼兄弟不仅从西尔斯的合作中得到了一个高速增长的客户，他们也从此联合开创了为零售商及新兴工业生产企业融资的全新业务模式。雷曼兄弟和高盛日后联合承销了多家企业首次公开发行的股票，其中包括五月百货公司（May Department Store）、安德伍德打字机公司（Underwood Typewriter）、斯蒂贝克汽车公司（Studebaker）、B·F·百路驰（B. F. Goodrich）、布朗鞋业（Brown Shoe）、克鲁特·皮博迪（Cluett Peabody）、大陆罐装公司（Continental Can）、珠宝茶具百货公司（Jewel Tea）、S·H·克雷斯百货（S. H. Kress）及F·W·伍尔沃斯超市连锁（F. W. Woolworth）等公司。1909年，西尔斯的市值已经增长了250%，高盛组织了出资900万美元的承销团收购了理查德·西尔斯个人在公司内的所有股份。

沃尔特·萨克斯在哈佛大学读书时曾与富兰克林·D·罗斯福共同担当《红刊》（Crimson）的编辑，1907年毕业之后他直接加入了公司——同年西德尼·温伯格成为公司的助理清洁工。萨克斯最早做的就是商业本票的销售，他的职责范围包括哈特福德和费城等地的客户。没过几年他就调任到芝加哥，为阿穆尔公司（Armour & Co.）的J·奥格登·阿穆尔开立了一个账户。因为高盛能通过其与克兰沃特的联系在伦敦低成本的货币市场获利，所以阿穆尔最早开立的账户数额很大：50万美元。

亨利·戈德曼与菲利普·雷曼之间形成了一种与众不同的合作模式：雷曼兄弟与高盛各自继续从事自己的专长——雷曼兄弟经营商品交易，高盛从事商业本票交易，同时两家的合资公司从事证券承销，利润五五分成。发展到一定的阶段之后，他们的业务所需的资本终于超过了自己所能提供的范围，于是他们联合克兰沃特父子公司成立了承销团，这样就获得了更多的资金。

高盛与F·W·伍尔沃斯的生意充分展示了亨利·戈德曼的经商动力。由于业务规模小而且被人讥讽为"两元店"，F·W·伍尔沃斯在许多承销商处都因为名声不响而碰了一鼻子灰，弗兰克·伍尔沃斯（Frank Woolworth）在多方碰壁的情况下找到了高盛。伍尔沃斯本人是个精力充沛、想象力丰富的商人，他通过兼并收购其他公司扩展自己的规模，现在他又想通过开设分店来进一步扩张。高盛为其设计了相当强势的融资计划，现在高盛人回忆起这项计划都还充满自豪。沃尔特多年后评价当时的计划说："我们公司（比别的公司）更大胆，也更富有创造力，不过最大胆的还是当时这份融资计划。要为这份计划找到合适的支撑，需要超越普通保守主义理念的乐观精神。"

萨克斯并非夸大其词。伍尔沃斯一单的销售总额最终达到了6 000万美元，而其净资产仅1 500万美元。发行的1 500万美元优先股与其净资产等值，其5 000万美元的普通股都是基于其信誉发行的，当时预测其销售会迅速崛起，将收益提升到540万美元——这当中还十分确定地预加了对未来收益的期望值。

十分幸运的是，投资者对这只股票热情很高。伍尔沃斯的优先股和普通股都迅速产生了溢价。首次发行时每股价格为55美元，普通股在首个交易日即报收在80美元。1923年，优先股退市时的结算价格为每股125美元。

有了西尔斯与伍尔沃斯这样成功的先例，高盛迅速由一家犹太人经营的，总是艰难地完成其承销业务的圈外公司成长为一家在公司内外都以敢创新、有效率、高赢利而被认可的公司。1913年4月24日，也就是伍尔沃斯股票成功发行一周年之际，位于曼哈顿下城的伍尔沃斯大厦竣工——这是时至今日也让人叹服的标志性摩天大楼，其投入使用之日还专门举办了庆祝晚宴。弗兰克·伍尔沃斯作为宴请的主人，身旁一侧是建筑设计师卡斯·吉尔伯特，另一侧是他的银行家塞缪尔·萨克斯。伍尔沃斯在介绍这二人时说："没有这二位就没有这座大楼。"

直到从高盛退休之日，阿瑟·萨克斯一直身兼伍尔沃斯的董事，让人们不解的是，伍尔沃斯并没有从公司内部选派一位继任的董事。在后来的40年间，高盛与伍尔沃斯并没有什么实质的业务往来。但是，从沃尔特·萨克斯到斯坦利·米勒都坚持开发与伍尔沃斯的新业务。终于在60年代的时候，高盛发行了伍尔沃斯的本票并促成了从布朗鞋业手中收购金尼制鞋公司（Kinney Shoe Co.）的交易。这些交易在沃尔特·萨克斯看来都是极好的例证："我确实找不出比这些例子更好的证据来说明维持老客户关系的重要性。"或许有些人会质疑这项努力了40年才得来的唯一一次业务的价值——特别是当这单业务完全可以不经过40年的积累就轻松获得的情况下，但是在萨克斯担任公司领导的日子里，客户服务被提升到了相当重要的地位，因为新客户几乎绝迹了。高盛与雷曼兄弟借此赚得了好的名声，他们被视为优质企业的承销商——特别是在零售行业，他们承销的股票都表现良好。合伙人开始自豪地说，经过这两家承销的企业肯定都已经通过了"质量验证"。

与伍尔沃斯首发大约同一个时候，高盛也招揽了其第一位全职的新业务掮客：内德·阿登·弗勒德上校。此人"十分有趣，仪表堂堂，举止得当。弗勒德穿着入时，谈吐不俗，当然免不了总是带着文明棍"。虽然从来不曾成为公司的正式雇员，但是弗勒德总能从那些经他介绍而做成的生意中获得提成。他在为公司带来新客户方面做得非常出色——包括斯蒂贝克和克鲁特·皮博迪，因此，6年之后他就功成身退了。弗勒德离开之后，开发新业务的任务就落在了新一代的合伙人以及分支机构经理们的身上。当然，现在看来这是一点儿进取精神和创造力都没有的活计。在那个时代以及在之后半个世纪中，华尔街一流企业之间——存在竞争关系的公司之间从不互相征询新业务。就是那么简单的事实，却从来没人去做。

"回顾当年那些日子，"沃尔特·萨克斯日后回忆道，"交易总是进行得有条不紊，总是能平稳地向前推进。"但是高盛内部平静的家族关系——戈德曼家的两姐妹嫁给了萨克斯家的两兄弟，公司所有的合伙人都是两个家族的成员，却在阿斯特酒店进行的一次晚宴上，由于对海外业务的看法存有分歧而被打破。这次分歧使得两家人决裂，也导致了公司的分裂。两家人的疏远也必然引发高盛与雷曼兄弟一度成功的合作归于分裂。

1914年8月，德国对俄国宣战，一天之后即对法国和英国宣战。大战爆发后不久，沃尔特·萨克斯就从英国回到了美国，他期望公司合伙人都支持盟军——这也是他对克兰沃特一家做过保证的，却失望地发现亨利·戈德曼自豪且强烈地表示了对德国的同情，而且不断地发表支持德国的言论。当他的合伙人和姐妹们都劝说他修改言辞，至少淡化他的观点时，他断然地拒绝了。他在公众场合的发言越来越频繁，也越来越令人惶惶不安。亨利·戈德曼对普鲁士主义崇敬有加，只要有听众的地方他就大谈尼采的哲学。

戈德曼家与萨克斯家的分歧在1915年达到巅峰，当年摩根大通公开承销了总价5亿美元的英法战争贷款债券。华尔街主要的券商基本都参与了这项承销，但是高盛由于亨利·戈德曼的反对而未能加入。沃尔特·萨克斯后来对错失这个机会的解释是："公司当时有一条成型多年的规定，开展任何业务都必须经过所有合伙人的一致同意。"恼羞成怒的萨克斯两兄弟亲自跑到J·P·摩根的办公室，以个人名义每人认购了12.5万美元的债券。

甚至当美国于1917年参战之后，亨利·戈德曼也没有停止他的"不当言论和反动演说"。后来公司内发生的一系列事情都没能制止他，其中包括霍华德·萨克斯（Howard Sachs）参加第二十六师服役海外、保罗·萨克斯参与红十字会的战地服务，以及公司的其他成员发行自由债券（Liberty Bond）。国外，克兰沃特家警告他高盛有可能在伦敦被禁，英国央行禁止克兰沃特帮助高盛开展任何外汇交易等也都没能对他造成任何影响。公司内的分裂迅速恶化。最终亨利·戈德曼意识到他与公司其他合伙人已经完全分道扬镳，他只得在公司开始为美国政府发行自由债券的第一天从这个他服务了35年的企业辞职。戈德曼在公司的办公室还是保留了一段时间，但是"战争年代的亢奋使得他即使只是在公司露面也会引来麻烦"，所以他只得搬到了上城。亨利·戈德曼的离去使公司的人手显得捉襟见肘，因为他可以称得上是所有高利润实业融资业务的核心人物。

离开公司的时候，亨利·戈德曼也同时撤走了他可观的资金，使公司陷入了巨大的融资困境，公司的承销业务失去了他那种盛气凌人的决策者。两家人的决裂也使得高盛在公众眼中变成了一家"德国公司"，这理所当然地影响了生意。亨利·戈德曼与塞缪尔·萨克斯自此之后再也没有说过话。他们的私人恩怨传到了他们的下一代，时至今日也很少发现有哪个戈德曼家的人和哪个萨克斯家的人能聊到一块儿去。

第一次世界大战之后，西德尼·温伯格回到了高盛，但是他以前的工作已经不复存在。有人告诉他，如果他想在这儿工作的话，他就得创造出一个职位来。他确实做到了，就是债券交易员。1920年，他娶了海伦·利文斯顿，一位美丽又有教养的业余钢琴师，也是一位裙装制造商的女儿。很快，他在定价以及根据对市场的判断做出投资推荐等方面就获得了认可。温伯格还一手创建了场外股票交易业务。1925年4月，他以10.4万美元的价格在纽约证券交易所购买了一个席位。温伯格自豪地称购买席位的钱都来自他的个人收入："这些钱里没有一分是从买卖股票中来的。我从来没有买卖过股票，我是投资银行家。我从不放无的之矢。如果我是一个投机者而且对我所知加以利用的话，我肯定已经赚到了5倍于现在所有的钱了。"

他在1927年成了高盛的一名合伙人——有史以来第二位来自两个创始家族之外的合伙人。"我的同事们总是促使我前进，并且在许多公司元老之前将我晋升为合伙人。他们说这都是由我的性格、勤奋工作的态度、健康的身体决定的——当然还有正直和富有个性这两条。"他成了高级合伙人沃迪尔·卡钦斯（Waddill Catchings）的首席助理。作为高盛交易公司(Goldman Sachs Trading Corporation)的助理财务主管，温伯格丰富了自己的知识并充分了解了公司的每一项投资业务。在日后的危机当中，这些知识进一步将他塑造成了在公司内承担更多责任，同时也享有更高权威的人物。

# 2

# 深陷泥潭：高盛交易公司的失败

尽管亨利·戈德曼和菲利普·雷曼的个人交情曾在一系列交易中把两家公司紧密地结合在了一起——他们共同为56家发行人进行过114次承销——但是两家公司间一直存在竞争关系并且从来没有彻底地信任过对方。高盛的合伙人认为，既然多数业务机会都是他们开发出来的，那么原来五五分成的约定就应该相应地改一改。雷曼的合伙人则认为，高盛这种想法纯粹是贪得无厌。

出于缓和这些矛盾的目的，雷曼兄弟和高盛的合伙人在20世纪20年代保持了一种每天中午都在戴尔莫尼科餐馆共进午餐的习惯，这是华尔街上一家奢华的专供德国高档菜的餐厅。曾有一天，饭吃到一半的时候，高盛的一位合伙人突然从位子上跳了起来，高呼："我忘了锁保险柜！"

"别急，"雷曼的一位合伙人环视了自己的同伴一圈，干练地回应道，"我们的人都在这儿呢。"

随着亨利·戈德曼离开高盛，由他与菲利普·雷曼一手开创、发展、维护的高盛与雷曼兄弟之间的密切关系注定要发生变化。两家公司间的分歧越来越多，争吵也越来越频繁，特别是针对利润分成的口角最多。雷曼一方质问，为什么在双方合作并且是由雷曼提供资金的业务中总是使用高盛的名号做广告，最后所有的好名声也都归给高盛？高盛则质问，雷曼凭什么在由高盛开发并管理运营的业务中也要分一半的钱？争论经常会恶化成谩骂。正如一位银行家指出的那样:"一山不容二虎,双方都强势的婚姻必定无法长久。"

但是事情远非表面上看起来那么简单。长久看来,双方的分裂实际上对每一方都有好处——对雷曼兄弟更是如此。决裂迫使雷曼家的人真正投身到投资银行业务中脚踏实地地干起来,而不再拄着高盛这根拐棍儿。"雷曼兄弟一直都有充裕的资本,但这和在开发新业务上的强大实力是有天壤之别的,"一位高盛的合伙人多年后评价道,"自从分裂之后,他们才变成了有上进心的人。"与此同时,分裂也使高盛面临亲自筹措资金的挑战。

20世纪20年代晚期,两家公司召开了一系列会议,重新界定相互间的商业关系。"几代人以来(公司内部的权力制衡)发生了相当大的变化",其中沃迪尔·卡钦斯执掌了高盛实际的运营管理权,罗伯特·"鲍比"·雷曼(Robert "Bobby" Lehman)、保罗·梅热(Paul Mazur)及约翰·汉考克(John Hancock)等人则掌控了雷曼兄弟。西德尼·温伯格正是迫不及待地想要割断与雷曼关系的人之一。会议形成了一份为分家起草的正式备忘录,详细罗列了60家当初由他们联合承销的公司。双方根据各自在这些公司内所占的主要权益份额各分走一些公司:高盛得到了其中的41家,雷曼兄弟得到了19家。他们约定不得从对方分得的既有客户中拉生意。

雷曼的经营秉承了菲利普的原则,即主要承销其他投行看不上眼的股票发行。这些当初不起眼的股票发行包括航空公司、电子设备生产商、电影制片商以及酒类厂商等,它们带来的利润最终使得《财富》杂志将其定性为"业内最赚钱的公司之一——甚至独步天下,没有敌手"。雷曼家族喜欢把自己称作以钱生钱的商人,是在想做实业却没钱和有钱但是没事做的人中间牵线搭桥的行家里手。

后来的事实证明,弥补由亨利·戈德曼的离任造成的资金短缺,对于高盛来说还可以圆满地解决;但是要找到合适的人选补上亨利·戈德曼的职位却不是那么容易的——用人不当导致的恶劣后果直到多年之后才被察觉。

## 2 深陷泥潭：高盛交易公司的失败

承销是华尔街上知名金融企业的主营业务，也是一家金融公司在业内口碑好坏的衡量标准，戈德曼的离任使得高盛一下子在这个领域失去了具有远见卓识的领袖。尽管在承销零售行业公司的股票上有不俗的表现，用业内的标准衡量的话，高盛仍是一家无足轻重的公司。萨克斯家族取得了公司的实际运营权，但是公司中没有任何一位雇员能为公司贡献出果敢、高效的领导才能，这也是高盛无法重整旗鼓，恢复战前在投行领域的风光景象的主要原因之一。

终于在1918年，高盛寻觅到一位新的继任者沃迪尔·卡钦斯，邀请他加入公司领导承销业务。卡钦斯出生于密西西比州，从资历上看，他是继承这个职位的不二人选。身为阿瑟·萨克斯在哈佛的好友，他毕业于哈佛法学院，曾在高盛以后将要聘用的律师事务所苏利文-克伦威尔（Sullivan & Cromwell）供职。在这家事务所供职期间，中央信托公司（Central Trust Company）的总裁詹姆斯·华莱士（James Wallace）看中了他，多次盛情邀请他领导重组后的新公司：梅里坎兄弟（Millikan Brothers）、中央铸造厂（Central Foundry）以及斯洛斯·谢菲尔德钢铁公司（Sloss Sheffield）等。这些阅历使得卡钦斯在工业领域有了丰富的经验。战争年代，他供职于爱德华·R·斯特蒂纽斯（Edward R. Stettinius）领导下的摩根大通的一家子公司，专门为盟军采购前线所需物资。在战争接近尾声时，卡钦斯获得了接触高盛的机会，也同时熟识了高盛的客户和相关业务。他在社会上的历练使得大家都认为他是填补公司这个重要职位的最佳人选。除去外部因素，卡钦斯天资过人，很有个人魅力，容貌英俊，受过良好的教育，并且在华尔街上有着不错的人缘。

但是谁也不曾想到，在短短10年的时间里卡钦斯差点儿搞垮了整个公司，再一次证明在金融杠杆的撬动下，由早年的成功吹嘘出来的盲目乐观主义，可能变得相当有破坏力。

基德尔-皮博迪（Kidder Peabody）多年的老领导艾伯特·戈登（Albert Gordon）是从高盛起家的，他在评价卡钦斯时说："沃迪尔·卡钦斯高大英俊，并且具有众望所归的领导气质。更为重要的是，他不仅仅是一名律师，也不仅仅是苏利文·克伦威尔律师事务所的一名合伙人，他还是在实业管理领域真正锻炼过的人。他对待雇员和善大方。举例来讲，曾经有一次他要带我去见一位潜在客户的老板，但是当他知道我那个周末要去打野鸭时，他直截了当地给对方的老板打电话，说原来的时间不方便，希望能重新安排见面的时间。他的为人就是这样。"他对自己的社会地位和才干过分自信，潜移默化中这种态度演化成了傲慢。

卡钦斯曾撰写过一套散文集一般的书籍，极为乐观地描绘了美国未来的经济前景。在他写的预言式的，曾上过畅销书榜的《通向财富之路》(The Road to Plenty)中，他这样表述自己的见解："不论社会环境如何，如果生意想要不断做大，生产就得保持高速增长。"他天真地认为商业周期已经不再是一种威胁，美国的经济发展真的是前途无量。卡钦斯认为，哈佛的教授们对可持续发展经济的讨论过于理论化，同时社会中大部分人过分地关注眼前的效益，只有他自己才懂得中庸之道，是唯一能够把理论和实践结合在一起的人。他的目的就是把自己塑造为美国的一位思想领袖，而且公众也真的给予了他足够的注意力。

卡钦斯精力充沛的领导方式也使得高盛内部的信心高涨，公司再一次走上了前进的道路，也就在此时迈入了另一段活跃的实业融资时期。高盛在战后的第一单承销是于1919年为制鞋商恩迪科特·约翰逊（Endicott Johnson）进行的。战后生意如雨后春笋般增长，整个20年代业务量持续增长，高盛在此时期从事了大量的并购业务，也在这一领域扮演着越来越重要的角色。

随着取得一次又一次的成功，卡钦斯变得越来越自负并且坚持索要更多的公司股权。截至1929年，他已经成为所有合伙人中个人持股最多的人，摇身一变成为高盛内部拥有一票否决权的大老板。

但是雷曼兄弟的领导人菲利普·雷曼对卡钦斯的表现并不看好。他认为卡钦斯不懂得制衡，过分激进且过于乐观。但是雷曼家族的担忧并不能唤醒卡钦斯的合伙人。就连卡钦斯的哈佛同学阿瑟·萨克斯也曾发出过警示。但是高盛的合伙人铁了心地要弥补亨利·戈德曼留下的空白，对这

## 2 深陷泥潭：高盛交易公司的失败

样一位勇于进取的领导赞赏有加，卡钦斯算是占尽了天时地利人和。

贯穿整个20世纪20年代的经济高速增长"新时代"让美国在世界范围内获得了更多的认可，这一时期新科技发明猛增，股票市场蒸蒸日上，个人投资者参与证券市场的程度不断加深。在炒股成为一种普通民众也能广泛参与的投资方式之前，个人投资者所能获得的投资机会被局限在铁路债和独栋私人住宅的抵押贷款上。卡钦斯在此时对公司的交易业务产生了浓厚的兴趣。他成功地组织了几个集合交易账户，在他自己的办公室单独安装了一台股票报价机，并且大力推动在外汇交易业务上的扩张。当时美国那种举国浮躁的气氛在通用汽车的首席财务官约翰·J·拉斯科布（John J. Raskob）撰写的一篇题为"人人都该做富翁"的文章中得到了最好的印证，文章鼓励人们套用"一个简单而谨慎的计划"，凭保证金额度逐步向日益成长起来的股票市场投资。（但是最终拉斯科布自己卖出了手头的通用汽车股票，15万股中仅留下了3 000股。）

在这种容易让人辨不清方向的大环境里，卡钦斯激情澎湃的乐观主义决策以及实际行动中的冒进都使得公司承担了巨大的社会责任，也终于引发了一次大规模的失败。卡钦斯极力推崇成立一家"（经营管理其他）公司的公司"，也就是一家控股公司或者信托投资公司，其他的证券公司之前已经有了类似的尝试。在他的构想之中，一个真正具有活力的商业机构应该能及时从赢利能力下滑的业务中抽身，迅速转投新兴而充满活力的市场或产品。对于通过投资成为企业主的人来说，利润是唯一重要的目标，也就是要从投入的资金上实现收入最大化，开发产品或开拓市场仅是实现这一目标的手段。所以，一位真正现代意义上的商业领袖就应该有能力运作一家单纯的信托投资公司——所有的注意力都集中在如何通过单纯的资金运作来实现利润最大化上。

信托投资公司通常都是以控股公司的形式出现的，其主营业务就是向其他公司注资，控股，并行使运营管理的职责。在很多情况下，这些控股公司都集中在同一个行业内，特别是保险业和银行业，比如A·P·吉安尼尼（A. P. Giannini）的泛美银行（Transamerica），它其实就是从意大利银行衍生出来的一家机构，后更名为美洲银行；此外还有城市公用事业建设行业，比如后来由塞缪尔·英萨尔（Samuel Insull）一手创建的帝国。在企业合并的过程中，通过管理、创新和融资获得的收益一次又一次得到验证，最好的例证就有通用汽车、通用电气、通用食品以及国际收割机（International Harvester）等公司。

卡钦斯认为，他卓有远见的策略不应被限制在单一行业内。何不建立一些既能利用现代化的鼓舞人心的融资及管理方法，又能在前景广阔的各行各业中自由进出的公司呢？如此一来，金融专家就能运用现代化的管理和融资手段为投资者创造最大的利益！

信托投资公司的资金运作是基于对美国企业必将长期增长的预测上的，当然很多人都认为长期的增长肯定是不言而喻的。与后来20世纪60年代出现的企业集团一样，它们的专长就是"金融工程"，同时还专注于为股东实现利润最大化。信托公司通常都会用借贷的资金或运用一些"高级"融资手段——如优先股、可转债、可转优先股或附认股权债——筹措资金之后买下其运营的下属公司的控股权。它们收购的下属公司有可能是其他更小规模的控股公司。就这样一层套一层的公司控股关系深不见底，由此带来的金融杠杆同样也看不见底。通过信托投资公司形成的企业金字塔结构在都市连锁商贸（Metropolitan Chain Store）的例子中最为明显，其分红要经过8层控股公司往下传递；最终付给个人投资者的红利仅仅是付清所有法定优先股红利及利息之后剩下的部分。当时看来，创设信托投资公司为金融创新开拓了疆域，打造了在美国企业新时代资金运作的新模式。

眼看着其他公司在创设信托投资公司上取得的不俗收益，高盛的合伙人也变得越来越有热情。沃尔特·萨克斯回想起这事时后悔地说："如果公司能严格遵循多年以来形成的成熟的业务模式，而不涉足其他业务的话，什么麻烦都不会有。"艾伯特·戈登也记得当时的情况："卡钦斯在20年代的时候曾经对公司的利润增长速度相当担忧，而且一度变得相当悲观。然而也就是在这个最不合适的时点，他却十分自信地预测了这个国家美好的未来。他在最不恰当的时候做出了牛气冲天的预测……时值1929年的春天。"

随着计划逐步推进，信托投资公司的规模也迅速扩大，从最初的2 500万美元翻倍到5 000万美元，最终定在了1亿美元（约合现在的12亿美元）。公司最终定名为高盛交易公司，凸显了当时"信托概念"在人们心目中日益重要的地位。作为发起人，高盛的合伙人共购买了首发时10%的股票，出资的1 000万美元相当于公司当时资金总额的一半。虽然信托公司还没有开始运转，剩余的首发股票就已经被公众投资者热捧，公司仅在原始股上就赚取了300万美元的利润，这使得大家对信托投资公司的期望值进一步攀高。除了其控股的部分之外，高盛还将通过对公司的运营管理获得信托公司年净利中的20%作为回报。首次公开发行后不久，高盛交易公司的股价飙升——两个月内，股价由104美元的首发价上升到了226美元，两倍于其账面价格。

此时，经验丰富并急于扩张的卡钦斯撮合了交易公司与金融实业集团（Financial & Industrial Corporation）的合并，后者控制着制造业信托公司（Manufacturers Trust Company）和多家保险公司。这一合并使得高盛交易公司的资产达到了2.44亿美元，此时距离其首次公开发行仅三个月的时间。

沃尔特·萨克斯称高盛交易公司的成长超越了流星的速度。信托公司控股的资产很快超过了15亿美元。萨克斯这样评论："1929年，信托投资公司股票在市场上的飙升使人们产生了更浮夸的要收购银行的念头，当然高盛交易公司也是随大流的一员。"高盛交易公司在纽约、费城、芝加哥、洛杉矶及旧金山等地的银行中都获得了控股权，同时还涉足了一些保险公司和实业公司。

成功不断，波澜不惊，卡钦斯与高盛完全浸没在举国亢奋的气氛当中，并且进一步提高杠杆率——刚好是在最不应该的时候。尽管股价虚高，高盛交易公司还是回购了价值5 700万美元的股票。后来，他们与哈里森·威廉斯（Harrison Williams）联手，借助其当时也正在扩张公用事业帝国的时机，1929年夏天启动了两家新的公司谢南多厄（Shenandoah）与蓝山（Blue Ridge），然后通过这两家新公司向多家控股公司投资，其中包括中央州电力公司（Central States Electric）、北美公司（North American Company）以及美国城市供电照明公司（American Cities Power & Light）。除了5 000万美元的优先股之外，谢南多厄还以17.80美元每股的价格向公众发售了100万股普通股。其中有400万股被推荐人以12.50美元每股的价格认购：推荐人就是高盛交易公司和中央州电力公司。两家公司虽然做得显山露水，但是头脑发热的投资者们并不在意。谢南多厄的股票被超额认购达7倍，第一个交易日即报收于36美元。谢南多厄不仅被超额认购，同时也通过可转优先股超额融资4 250万美元，超出其总资本的1/3。（与债券一样，优先股较普通股享有优先权，与债券分红时一样，优先股先于普通股获得红利。）一个月之后，蓝山公司也开始运作。它在融资方面做得更过分：发行了5 800万美元的优先股，相当于其1.31亿美元总资本的44%。两家公司发行的优先股每年合计应付红利高达600万美元。高盛交易公司持有谢南多厄公司40%的股份，高盛的合伙人满心欢喜地认为这次他们终于创造了一台永动印钞机。

　　高盛的合伙人向公司的员工施加了强大的压力，要求他们以两倍于最初购买高盛交易公司的量向新成立的信托投资公司投资。有一名年轻的员工婉拒了公司向所有员工发出的投资谢南多厄股票的"邀请"，西德尼·温伯格当时是高盛交易公司的二号人物，他严词责难这位不领情的员工："这么做对你以后在这里的前途没有任何好处。"

　　高盛交易公司及其新成立的两家下属信托投资公司极大地延伸了高盛在金融领域的触角。尽管总资本还不到2 500万美元，但是它成功地掌控着5亿美元的投资——约合现在的60亿美元。这种经营模式对于一家积极活跃而且专注于业务的华尔街公司来说实在是再便利不过。高盛交易公司控股了多家银行和保险公司，这些下属正好可以去购买高盛承销的新发股票，与此同时被高盛控股的公司也不断地为其创造新的投行业务机会。现在投行业务的收入反而显得不是特别重要，这三家新组建的信托投资公司带来的收入，以及由控股带来的分红才是公司的主要收入来源。

但是后来沃尔特·萨克斯评价道："整个收入结构变得头重脚轻，摊子铺得太大反而不能推行简单而明智的管理模式。"高盛交易公司的收入来源过分集中：一旦其下属的子公司停止支付红利，信托投资公司就是一座纸牌搭的塔，风吹就倒。怕什么就来什么，位于旧金山的美国信托公司——当时占高盛交易公司资产组合50%的份额——于1929年7月停止了向母公司支付红利。谢南多厄与蓝山控股的一家名为北美公司的公用事业控股公司从未向母公司支付过红利。

1929年早期，高盛交易公司曾以130美元每股的价格购买了守望者集团（Guardian Group）3万股股票，当时的市场价仅为120美元。这项交易很快就回本获利。但是守望者希望能自主经营，于是要求西德尼·温伯格让他们回购公司的股票。由于准确地预测到该股升值的潜力，温伯格断然拒绝了这一请求。但是到了1929年10月，该股的股价由300多美元下跌至220美元，此时守望者的经营者们再次找到了正急于筹资的温伯格，于是很快就促成了一项以184美元每股的价格回购2.5万股的交易。温伯格在这笔交易里还是捡了便宜：因为当守望者想要再次转卖其股份时，它仅仅脱手了7 000股。同年11月，为了不被世人耻笑，守望者的领导者们，包括埃兹尔·福特（Edsel Ford）——公司创始人之一，曾出资120万美元——咬着牙买下了高盛交易公司手中持有的剩余股份，成交价仍为184美元每股，而当时该股的市场价格已经跌至每股120美元。

1929年夏天，沃尔特与阿瑟·萨克斯正在周游欧洲各国。他们在意大利听说卡钦斯正在独断专行地从事这些业务，沃尔特·萨克斯对这种情况深感不安。刚回到纽约，他就直奔卡钦斯位于广场酒店的公寓提示他需要更加谨慎。但是当时已经完全淹没在牛市狂热气氛中的卡钦斯对他的警告置若罔闻。他甚至反过来教训沃尔特："你这个人最大的毛病就是毫无想象力。"

1929年，道琼斯工业平均指数以300点开盘，之后的5个月当中都在300~320点之间上下波动,随后突然在价格和交易量上都出现了飙升。大盘于9月3日登顶381点的高位:相当于1929年每股收益的3倍,账面价值的4倍,而且创造了2.5%的红利——在当时那个年代,这样的数字足以让人叹为观止。利好消息无处不在——纽约国民城市银行(National City Bank of New York)的股票以120倍的市盈率交易,还有许多其他公司,包括国际镍业(International Nickel),都以10倍于账面价值的价格出售。新的普通股的发行在1929年由每年5亿美元的规模增长到了51亿美元,是原来的足足10倍还多,而这个过程中正是信托投资公司发挥了巨大的作用。

10月23日,道琼斯指数跌回了1月305点的水平。在短短两个月的时间里跌去20%的巨变致使整个市场都开始增收保证金,卖盘的迅速增长也无可避免。10月24日周四这一天,纽约证券交易所要求所有1 100家成员都参与当天早上10点的开盘仪式。①股价迅速大跌,开盘后仅半个小时,报价器的纸带就已经产生了16分钟的延迟。到下午1点,延迟高达92分钟,下午3点半的收盘价直到晚上7点35分才出来。当天的交易量达到了12 894 650股——差不多是正常交易量的3倍。第二天,增加保证金压力下的卖出、欧洲卖盘的扩大以及一些小的经纪人为了偿还短期融资而加急卖出的行为,共形成了1 640万股的交易量。大量的卖盘造成主要股票价格下跌了20%~30%,这一天直到现在还被称为黑色星期五。(股价曾于11月14日止跌回升,5个交易日内回升了25%——随后还微涨了6%。当年道琼斯指数收于248点。)

随着10月股市的崩溃,曾一度被认为是伟大创举的高盛交易公司迅速沦为骇人听闻的败笔。这也是交易公司的股票第一次由326美元的高位暴跌——崩盘后最终价格为1.75美元每股,还不到其发行价的2%,甚至低于最高市场价的1%。虽然其他信托投资公司也在这次危机中蒙受损失,但是高盛交易公司——因为过度膨胀、过度融资,更因为卡钦斯把鸡蛋都

---

① 当天温斯顿·丘吉尔以观摩者身份参加了开盘仪式。

放到了一个篮子里——变成了20世纪规模最大、损失最快，也是最彻头彻尾的一次金融灾难。因为公众投资者并不区分高盛与高盛交易公司，所以信托公司的坏名声自然而然地落到了高盛的头上。

在股市崩盘的紧要关口，沃迪尔·卡钦斯其实并在不高盛的办公区：他离开纽约出差去了美国西部，一方面是去视察高盛交易公司在美国西部的投资，一方面也是去办理和他妻子离婚的手续。1930年早期，股市貌似重新走上了正轨，卡钦斯从加州给与他关系密切的温伯格打来电话，大谈特谈他在太平洋沿岸看到的"极好的"机遇。当时高盛交易公司的欠债及未付红利相加约合2 000万美元。因为固执地看好西部市场，卡钦斯提出要发行5 000万美元的可转债来填补现有债务并为他下一步的鲁莽计划做准备："偿债后剩余的3 000万美元可以用于注资泰勒公司（Taylor），通过这家公司我们可以赚个盆满钵满。"

西德尼·温伯格和沃尔特·萨克斯在这件事情上达成了一致，他们认为发行这些债券将是只亏不赚，于是否决了卡钦斯的要求。他们从这个时候起也开始重新审视卡钦斯的为人。第二天，沃尔特·萨克斯向阿瑟致歉，他说："一直以来你对卡钦斯的判断都是正确的，我错了。我只怕他是永远也学不乖了。"沃尔特·萨克斯随即动身前往芝加哥，在大学俱乐部与卡钦斯长谈数小时。"我明确地告诉他，之后如果要采取任何行动都必须征得所有合伙人的一致同意。"但是萨克斯的决定来得太晚了。

当时市场仍处于下跌态势中，而且高盛交易公司的大部分投资流动性都还非常差，即使如此，公司还是很守原则地开始了艰难的清偿债务的程序。卡钦斯回到了纽约，然后在温伯格的提议及其他合伙人的压力下，于5月辞去了高盛交易公司总裁一职，同时也从该公司所有的控股子公司辞职，最终于1930年年底辞去高盛合伙人的职务。在最后的光辉岁月里，卡钦斯邀约了一个投机商人的投资团购买克莱斯勒的股票。这笔交易于1929年10月至1930年7月间共损失了160万美元。

在西德尼·温伯格的运作指挥之下，高盛交易公司稳步退市，最后被弗洛伊德·欧德伦（Floyd Odlum）掌控下的阿特拉斯公司（Atlas Corporation）收购，这家公司专门以低于被收购方净值很多的股价收购其股权。截至1932年，阿特拉斯共收购了18家信托投资公司，其自身的每股账面价值逆市攀升，而且在市场上的交易价还高于其账面价值，而同时期的其他股票都在折价抛售。这次事件让高盛花天价学费买了一次教训。祸不单行，在这次事件中，高盛不仅没有赚到原来预期的财富，反而蒙受了巨大的损失，其多年积累的资金一夜回到了30年前的水平，整整一代人努力得来的成果化为泡影。建立高盛交易公司之后，高盛从未出售过其所持的原始股，因此在清算之后亏掉了1 200多万美元。由于意识到这次失败给新进的合伙人造成了巨大的伤害，萨克斯家族宣布将用家族资产弥补合伙人的损失。随着大萧条的深入，公司逐一调查了员工用于生计必需的工资额——之后他们领到的就是正好的工资，一分多余的都没有。

沃尔特·萨克斯接任了高盛交易公司的总裁一职，毋庸置疑，他不得不面对一群又一群愤怒的股东，还得伤精费神地在法庭上应对股东的起诉。卡钦斯得到了一笔25万美元的买断费，他的资金账户亏空由其他所有合伙人一起填平。他移居加州，又撰写了一本书——《经济学家真懂商业吗？》（*Do Economists Understand Business?*），而且还经常上广播节目。沃尔特·萨克斯评价卡钦斯时这样说："多数人都能经受厄运的考验，只有极少数人能经得起成功的考验。很可惜他并不是后者中的一员。他……曾经一贫如洗，但他突然觉得自己身价倍增。他曾是账面上的富翁。就在他暴富的那一年——一切都发生在短短12个月时间里——他又回到了一文不名的境况。或许我们当年没有足够的才智应对危机——或许是我们太贪婪了——但是最大的问题是我们没能及时收手。"

1931年，高盛交易公司一家亏损的资金超过了其他所有信托投资公司损失的总额。华尔街排名前14位的信托公司累计亏损1.725亿美元，高盛交易公司一家就亏了1.214亿美元，占70%，亏损远远高于排在损失榜单第二位的雷曼公司，雷曼当时损失了800万美元。

## 2 深陷泥潭：高盛交易公司的失败

由于其70%的资产与谢南多厄和美国信托公司捆绑在一起，且这两家公司都无力分红，所以高盛交易公司的收入由1930年的500万美元减少到1932年的50万美元。它根本无法支付600万美元的红利，甚至连100万美元的债券利息都拿不出来。

对骄傲的萨克斯家族来说，高盛交易公司的失败简直是奇耻大辱。1932年，艾迪·坎特（Eddie Cantor）作为4.2万名高盛交易公司的个人投资者之一将高盛告上了法庭，要求法庭判决1亿美元的赔偿金。艾迪·坎特是一位知名的喜剧演员，他经常在嬉笑怒骂的幽默剧中讥讽高盛。有一则笑话是这么说的："他们说为了我以后养老一定得买他们的股票……这计划简直太完美了……买了股票才6个月，我就感觉自己半截身子已经埋进土里了！"

萨克斯家族承受的压力以及苦恼越来越深，随后信托公司的第三大投资项目——制造业企业信托公司，一家主要为犹太人的制衣厂贷款的银行——终止了分红并且引发了挤兑。最好的出路就是让银行加入纽约清算中心（New York Clearing House），因为其会员能相互提供存款保证。但是加入的代价很大：该银行必须从高盛交易公司分离出来并且只能任用非犹太裔的CEO。这条残酷的消息清晰地反映了当时社会的反犹太偏见，这也是多年来一直困扰高盛的问题。

对于萨克斯家族来说，最大的伤害莫过于对他们家族企业名声的伤害，他们一家为高盛的成长倾注了无法计数的时间和精力。在塞缪尔·萨克斯人生中的最后几年里，每次他儿子去看他时，这位亲自见证了公司由名不见经传的小不点儿成长为业内知名企业的老人家"只对一个方面的问题感兴趣：公司的名声怎么样"。塞缪尔·萨克斯于1934年去世，享年84岁。

高盛交易公司在1933年4月底取消了其与高盛的管理合约，并更名为东太平洋公司（Pacific Eastern Corporation）。同年9月，弗洛伊德·欧德伦再次购买了501 000股，由此获得了对该信托公司控制下的许多小规模股票超过50%的控股权，然而这些小股票在日后市场回升的过程中也并未见有好的表现。

因为对沃迪尔·卡钦斯之前供职的公司都有了解,温伯格被选定为他的继任,这些公司包括西尔斯、大陆罐装公司、全国乳制品公司、B·F·百路驰以及通用食品等。同时,温伯格领导公司走上了重塑华尔街一流公司形象的艰难道路。

事情其实可能更糟,因为高盛差点儿就失去了注定是其领袖的人物。在亨利·戈德曼因为支持独裁者而被迫辞职10年之后,西德尼·温伯格亲自上门请他出山。温伯格说他认为萨克斯家的人不具备足够的商业头脑。他的原话是:"我给您打下手,因为您才是真正有商业谋略的人。"亨利·戈德曼拒绝了他的邀请:"我在这家公司已经干不出什么来了,还是你留在高盛继续干吧。"

# 3
## 回归路漫漫

整个大萧条时期以及第二次世界大战期间高盛都在死亡边缘挣扎，从1929年股市崩盘到第二次世界大战结束的16年间，高盛只有一半的年份是赢利的。许多合伙人都反过来欠着公司的钱，因为他们从合伙制中得到的收入还抵消不了他们为维持家族生活而"支取"的费用。现在人们很少需要华尔街上的公司提供的金融服务，更不用说还是一家中等规模的犹太人公司，再加上交易公司一事对其名声的糟践，高盛的日子确实难过。[①]在20世纪30年代早期，高盛没有独立进行过承销，甚至连联合承销都没有做过，只有在1935年的时候接过三单债券融资业务，总额也没有超过1 500万美元。借用沃尔特·萨克斯打的一个比方，这段时期就是高盛历史上采取"防御行动"的阶段，所有的合伙人都致力于解决由高盛交易公司引发的遗留问题，大家都"勇敢地为维护公司的企业关系而战斗着"。萨克斯在谈到这次重大失败时总是用"交易公司"的简称——明显地不愿提及"高盛"的名字。

萨克斯家族对于挽救高盛起到了至关重要的作用，但是他们采取了不同寻常的措施：他们给别人让开了路。霍华德和沃尔特·萨克斯深知作为已经在财富、名誉、文化和安逸中浸淫了多年的人，他们已经没有能力

---

[①] 温伯格在任时期，高盛的雇员仅有三四百人。2007年最新的统计数据显示，高盛有超过3万名员工。

在复兴公司的沙石路上摸爬滚打了。他们确实不行了。于是他们让温伯格领导公司，而自己退居二线，因为他们觉得温伯格更有头脑，也能把复兴公司所需做的事情付诸实施。阿瑟·萨克斯当时与他的第二任法籍妻子生活在海外，他也认可了这样的安排；他从公司的领导位置上退了下来，当然最终也撤走了属于他的资金。温伯格本人也是被逼上梁山，因为萨克斯家族同意免除他因交易公司的失败而亏损的100万美元债务。

温伯格的长子吉姆·温伯格（Jim Weinberg）对萨克斯家族在持续支持公司的作用上给予了很高的评价："1927~1947年的20年间，高盛赚了700万美元——同时损失了1 400万美元。萨克斯家族长期以来在无数事情上都对公司的发展做出了重大贡献，但是他们最大的贡献就是对公司的耐心与毅力，在这20年间对公司不离不弃，弥补其他人造成的亏空，从不对有损公司价值观的做法有任何的妥协。"

与萨克斯家族的高雅、有教养以及高品位对比，温伯格显得爱耍小聪明，脾气倔强，并且盛气凌人。"我们学会了以华尔街的标准求生存：你所做的一切都只允许是正确的——不能有一丁点儿错误，"温伯格回想当年他做报童时就曾与人打架在背上留下了刀伤时这样说，"我们不会从任何一个生意上或任何一个客户面前败退下来。"基德尔·皮博迪日后的一位高级合伙人艾伯特·戈登对温伯格20年代的强势态度直到70年后还记忆犹新。高盛与雷曼兄弟当时正在准备联合承销一次大规模的发债——全国乳制品公司5 000万美元的债券。戈登当时代表高盛与大陆保险公司（Continental Insurance）的萨姆纳·派克（Sumner Pike）进行了商谈，他坚信市场低估了全国乳制品公司的信用程度。出于他自己的观点，当然也是基于一定的分析，戈登极力推荐派克投资全国乳制品公司的债券。为了表示感谢，派克在公司董事会中还有雷曼家族的人任职的情况下坚持将其中的200万美元购债合约给了高盛。大陆保险的一份订单——在那一次发债中最大的单笔交易，同时也是高盛有史以来最大的一单——给高盛带来了7万美元的佣金收入（相当于现在的80多万美元）。戈登理所当然地认为这是他一个人的功劳，但是温伯格作为主管发行业务的合伙人把功劳全都记在了自己名下。这可不是他们之间唯一的一次冲突。

戈登后来回忆道:"他是以做交易见长的人,而且一手创建了公司的场外交易业务,高盛与所罗门兄弟和阿谢尔公司(Asiel)都是20世纪20年代知名的经纪公司。温伯格争强好胜,以铁腕掌控着高盛。他想让我过去帮他干,但是我却主动要求调到商业本票及创新业务部门去。他一次又一次地想拉我加入他的业务,但是我就是不为所动。他过于强势的经营风格我无法接受。"

温伯格比较熟悉当时的市场,并且对数据、人物、市场的变动都非常敏感。举例来说,有一次公司要为西尔斯发债定价,公司最精于数字的斯坦利·米勒赶制了一份可观的报表,表的一侧详列了各种可测的利率水平,另一侧对应地列着到期的年份。为了这份报表,他没日没夜地坐在庞大的NCR加法机前低头做着算术。就当米勒正要展示他的成果之时,温伯格举重若轻地说该次债券应该以票面价附加4.375%的息券出售——事实证明他的定价分毫不差。

温伯格看人的本事也很值得称道,而且有一次确实是凭借这个本事避免了巨额亏损。时任纽约证券交易所主席的理查德·惠特尼(Richard Whitney)有一个很不好的习惯,他经常在交易所内堂而皇之地向成员们以个人名义借贷,有的时候一次就能开口借数十万美元而且从不提供任何质押。理查德·惠特尼当时在公众面前的身份还包括摩根证券的经纪人,摩根大通银行的高级合伙人之一乔治·惠特尼(George Whitney)的兄弟。他身材高大,衣着光鲜,而且态度强硬。能有如此身份的人开口借钱似乎是他看得起你的表现——但是他却很傲慢地把温伯格的名字错叫成了"温斯坦"(Weinstein)——况且这次惠特尼向温伯格借钱的总数比之前的人少很多了,仅5万美元。温伯格当时对惠特尼说他要考虑考虑,回到办公室之后,他马上给惠特尼打过电话去说这笔钱他不能借。后来一位同事问他为什么不当面回绝惠特尼,温伯格面带羞涩地说:"我偶尔也要做一次绅士。"

温伯格并不是一毛不拔的铁公鸡,他有的时候也相当大方,小

E·J·卡恩（E. J. Kahn Jr.）在1956年《纽约客》的人物简介中记述道："当听说他之前的一位竞争对手遭遇了巨大困境的时候，温伯格亲自给对方打去电话，当确证了对方的悲惨境遇之后，他果断地答应为对方提供每周100美元的生活费直到其去世。"当B·F·百路驰的董事会于1931年在阿克伦开会时，当地银行开始出现挤兑的现象，也就意味着百路驰面临着一段艰难的时光，其数千雇员也前途难测。温伯格自告奋勇去当地帮助他们，花了整整10天的时间查看银行的账册。在确信只要有足够的钱就能帮助该银行摆脱困境的前提下，温伯格给纽约的多位银行家致电并说服他们向这家银行注资。阿克伦本地银行重获生机，百路驰的资金及雇员都未受影响，温伯格回到了纽约，对他而言这样的事情都不值一提。

高盛当时正处于一个敏感的"内部运营权力交接"时期，公司内部急不可耐地盼望生意能早日好起来。时任高盛五位合伙人之一的欧内斯特·洛夫曼（Ernest Loveman）乐观地指出："我们的未来肯定不错，因为我们不可能比现在做得更糟了。"也就是从这个"不可能更糟"的基础上，温伯格领导着公司稳固了自身在华尔街上的地位。1937年，《财富》曾把高盛的复兴评论为"近10年来最引人注目的投行复生记"。公司依然信心坚定地扩张业务领域，借用沃尔特·萨克斯的话说，"我们后来的25年都在急剧扩张业务领域"，而扩张带来的利润直到40年代中期才得以体现出来。

温伯格在公司内的领导地位日益巩固，很快就出现了把公司称为"西德尼·温伯格的公司"的说法。虽然高盛是一家家族企业，但是他对萨克斯家的人并没有给太多情面。为了向所有人昭示萨克斯家的人在公司里做不了主，他在合伙人的餐厅里放了一张圆桌，这样一来就无须让萨克斯家的人坐到上席。温伯格在公司内的升迁非常迅速，而且其为人处世一直非常强势。他在高盛合伙人体系内的股份百分比由1927年的9.5%增长到了1937年的30%。苏利文·克伦威尔重新起草了高盛的合伙人合约，规定公司的定名权归属于一个由极少数人组成的托管组织；当另外两位托管人去世之后，"高盛"这个名号实际上完全落在了温伯格一个人的手上。温伯格自己说，成功的秘诀在于"热爱工作，不惧怕直面问题——而且干一行爱一行"。他从没有说过要到处施威，但是公司里其他的人绝对忘不了这一点。

艰难的时势不仅会创造业务机会，也会揭开伤疤，高盛也不免同时经历了两种境况。当温伯格去拜访其他公司的高管时，有几家的领导者拒绝与他见面，这有可能是因为他的公司无足轻重，也有可能是因为高盛交易公司的失败糟蹋了公司的名声。而这一时期的业务机会在商业本票上。1932年，当别的公司还在这一业务领域苦苦挣扎的时候，高盛通过兼并其在这一领域的主要对手哈撒韦公司（Hathaway & Company），积极拓展了业务领域，使得公司在美国中西部地区也有了足够的影响。① 几年之后，位于波士顿的韦尔-麦凯公司（Weil McKay & Company）分裂成了两家公司，麦凯兄弟把他们南方纺织厂的本票业务也给了高盛。随着经济的复苏，商业本票市场也有了相当的增长，除了一般商业银行之外，其他的金融机构和实体企业也介入了这个市场。当时各家机构"开展这些业务的利润率已经相差无几"，但是因为总量相当可观，所以还是可以把它当作一个稳定的收入来源。更重要的是，这项业务也是高盛在未来与其他很多公司开展合作的契机。

1935年，西德尼·温伯格被卷入了一场信用危机，多家报纸头条报道了这条新闻：麦凯森-罗宾斯公司（McKesson & Robbins）——温伯格出任该公司董事，而且是"来自外部"的独立董事，以维护投资者利益为己任——突然宣布破产，而之前很长一段时间内这家公司的报表都显示其在赢利。这不是一个意外的破产：其实当中存在的财务诈骗已经隐藏了很久。麦凯森·罗宾斯最早是康涅狄格州的一家制药商，实际运营这家公司的人叫F·唐纳德·考斯特（F. Donald Coster），温伯格是在度假的时候偶然结识了他。考斯特习惯在南塔基特附近玩游艇，而温伯格也正好在这

---

① 该项合并是通过高盛的一位合伙人欧内斯特·洛夫曼促成的，此人当时与对手公司的主管们有不错的个人交情。

个区域有度假别墅，考斯特理所当然地要请温伯格去看看他那艘134英尺长的游艇。温伯格划着一艘老旧的小船出海，没想到划得筋疲力尽才靠近游艇，还被游艇掀起的浪头打翻了——直到考斯特把他捞了起来。

考斯特当时的理念是在全美范围内收购药品批发商，以此来建立一个覆盖全美的药品产销一体化网络。考斯特和麦凯森的其他领导者伪造了提供给普华永道的库存"证据"，即公司在加拿大一所大库房里存有大量成药的证明，并说服普华永道接受了这类证据，借此发布了公司高额"赢利"的虚假信息。麦凯森的破产对温伯格确实是当头一棒，但是其实整件事情都是可以避免的。随着事情的逐渐明朗，考斯特的真实身份也被揭露出来，他真实的名字是菲利普·穆西卡（Philip Musica），而这个名字其实高盛以前就接触过。沃尔特·萨克斯的父亲在早年就曾做过一张信用记录表，其中就以红笔明确地勾去了穆西卡的名字，因为这个人曾被美国海关多次稽查出违规事项。而且多年之前沃尔特·萨克斯本人就曾拒绝过此人以"考斯特"的名字提出的由高盛为其组织几百万美元的债券发行业务，当时据称这笔融资也是用于公司的再发展的。温伯格后悔地说："我所知道的就是账面上的成药数量，仅仅按照书面上的数字判断，这家公司确实在同行中算是佼佼者了。"他就此事给自己下了个判断："看来我真的不太聪明。"在麦凯森领导层召开的紧急会议上，大家听说穆西卡自杀了，温伯格这次不会再被骗了。他不失幽默地说："由于他罪恶多端，我们解雇他吧！"

显然温伯格在此事上确实有了不少心得。高盛后来的一位合伙人乔治·多蒂曾这样说："西德尼能敏锐地发现干坏事的家伙。西德尼·温伯格最中意的一个词就是'正直'。他差点儿就把这个词供在了神坛上，还有这个词的寓意——诚信并且以维护投资者的利益为重——错误是可以原谅的，但是欺诈却绝不能宽恕。温伯格和他的正直教条无处不在。只要人们后来谈起道德问题，都会被称为'西德尼·温伯格问题'。"

"高盛的文化源自西德尼·温伯格，"阿尔·费尔德（Al Feld）作为一位在高盛任职50年的老员工做出了这样的评述，"他坚定地引导着公司沿着一条笔直却狭窄的道德路线前进——真正的情谊贯穿其中。高盛是一个真正的精英群体。温伯格先生不能容忍任何发生在其他公司里的那些特别伤人的明争暗斗。高盛内部不存在权力争斗完全得益于西德尼·温伯格的全能,他不仅性格坚毅而且精力过人。"

他运用强权迫使合伙人接受较低的收入,作为补偿的是让他们在公司内认购股份。"西德尼·温伯格的政策就是奉行严格的资金保留制度,"合伙人之一彼得·萨瑟多特这样说,"这对公司的好处就是每个人都把公司看作一个整体,每个人都在为公司的利益而努力。对个人的好处就是保证了每个合伙人的资金量都比较适当。这样你就不会养成一些奢侈的消费习惯,因为你根本拿不出钱来去消费。"

温伯格不仅兢兢业业地重塑着高盛,他也为整个华尔街的改革付出了巨大的努力——除了高盛的事务之外,他还多方涉及美国政治改革及多家大型公司的运营管理事务。当30年代纽约证券交易所步入重组阶段时,温伯格加入了一个力促改革的组织,并从幕后操纵,说服了大陆罐装公司的卡尔·康威(Carl Conway)和全国乳制品公司的托马斯·麦金纳尼(Thomas McInnerny)出面领导纽约证券交易所的重组委员会,这个委员会日后被人们称为康威委员会。温伯格日后也曾出任纽约证券交易所的董事。1940年他婉拒了继任下一届董事的请求,并成功地促成了纽约证券交易所史上第一位拿工资的主席小威廉·麦克切斯尼·马丁(William McChesney Martin Jr.)的到任(此人后来成为美联储历史上任职时间最长的主席)。第二次世界大战之后,他一手策划将基思·芬斯顿(Keith Funston)推上了主席的位置,基思是早年就被温伯格招至战时生产委员会旗下的人。

1932年,在富兰克林·D·罗斯福竞选总统时成立的民主党全国竞选筹资委员会中,温伯格第一次体验了从政的魅力。他是委员会中筹措资金最多的委员,自此之后,他与多位美国总统都建立了不错的交情,这种与政治人物的联系一直维持了35年。华尔街上的人几乎都没有给罗斯福投票,他们不信任这个候选人,有的甚至公开表示对他的厌恶。对温伯格而言,这正好是一个与对手们对着干的机会,也是接近总统的最好机会,他当然不会轻易放过。1933年,在总统的授意下,温伯格出面组织了商务顾问及策划委员会,公司的经营者们通过这个委员会提交给政府的议案百分之百能得到一次听证的机会。突然之间,他的身份发生了变化——从一个华尔街上无足轻重的犹太企业中走出来的犹太人,摇身一变成为能发出最值钱的商务请柬的人:因为一旦成为能够提交议案的企业家,就意味着能与政府的高层说上话,说出来的话也能代表美国商务圈的观点。

这个委员会成了罗斯福新政期间商界与政府沟通的桥梁,不仅协调了政府与企业之间的关系,消除了误会,同时也重塑了信心。温伯格巩固了自己在委员会内的地位,他既是唯一能决定邀请谁的决策者,同时也是委员会内唯一的投资银行家,这样的身份使他真正变成了寓言中那只守着鸡群的狐狸。高超的交际技巧以及健谈的风格使得他在这一类事务上就像一位电影明星,所有的人都很快认识了他。他也深谙将人际关系变现的套路。随着之后在战时生产委员会供职,他迅速上升为美国商界和美国政府共同追捧的人物。

罗斯福总统曾赠给他"政治家"这样一个称号,考虑到赠与称号的人本身就是一位卓越的政治家,可见温伯格在总统眼中的分量。由于赏识其平稳有效地解决棘手问题的能力,罗斯福也给予了温伯格多项联邦政府的任命——其中还包括内阁的职位,差一点儿就把他送进了新的股票市场委员会任职,这个委员会就是美国证券交易委员会(Securities and Exchange Commission)的前身。当时曾有报道称:"经纪人们最担心的就是无人愿意出任美国证券交易委员会的官员,因为这个职位的年薪仅1万美元,而且要求委员们不得从事任何商业交易。在所有候选人中,有IBM(美国国际商业机器公司)的T·J·沃森(T. J. Watson)和西尔斯的罗伯特·E·伍德(Robert E. Wood)这样的人物,但是众望所归还是对股市了解最深的温伯格先生。"1938年,他接受非正式的任命而出任美国驻苏联大使。虽然事前美国政府也试探过苏联的态度并且苏联也接纳了温伯格,但是当他意识到反犹太主义正在苏联抬头时，他非常礼貌地放弃了这个位置。他的借口很简单："我又不会说俄语，我跟谁谈话去啊？"[①]总统专门为此事给他去了一封表示遗憾的书信，温伯格将这封信和其他所有被他称为"我的纪念品"的东西一起陈列在他的办公室里。

1939年，温伯格又从总统处接到另一项任务，这次是为罗斯福做一份详尽的投资银行业研究报告，重点关注证券的批发和零售业务。温伯格曾不止一次地声称"为政府工作是履行公民义务的最高形式"，第二次世界大战爆发之后，他全职参与政府工作。"和平年代我是绝对不会到政府闲养的，但是战时我愿意承担任何工作。"

1941年，温伯格积极筹划成立行业顾问委员会，最初他在西尔斯前副总裁唐纳德·纳尔逊（Donald Nelson）手下担任负责采购的副主任，纳尔逊当时是战时生产委员会的主席。温伯格的实际工作其实是帮纳尔逊挑选战时可用的最佳人才。他的另一个工作是给纳尔逊找美女——印第安纳小姐和俄亥俄小姐是纳尔逊垂涎已久的美色，联邦调查局甚至担心一旦德国人得知了纳尔逊好色的毛病，有可能把德国女间谍安插在他的卧房里。温伯格也是在这一时期结识了亨利·福特并获得了他的信任，同时也建立起了一条重要人际关系。

他后来升迁为清算总行（Bureau of Clearances）的主管，当时仅拿到战时爱国主义者象征性的1美元年薪。1942年1月26日，温伯格就任战时生产委员会主席助理，通用汽车的查尔斯·E·威尔逊（Charles E. Wilson）对他在这个位子上的表现评价说："他广泛且有影响力的人际关系对我们简直是无价的，许多杰出的人物都在他的介绍下来到华盛顿参与我们的工作。"这样的说法远不足以描述他所付出的实际努力。温伯格奉行一贯的强硬作风，为了寻找美国各大型企业内的拔尖新秀，亲自走访各家企业，与各位CEO面谈。他对自己造访的原因解释得清晰明了且斩钉

---

[①] 温伯格当时还提出过另一个正当理由：他的妻子和孩子不愿意去，因为一旦出任此职就意味着孩子们得辍学。

截铁："我们的国家陷入了危机，美国正需要大批年轻的人才共同为组织大规模的战备生产而努力。总统派我来的目的就是帮你挑选公司里最杰出的人才。我们只选择贵公司脑袋最好使的年轻人，你可别用老头子和二流货色来充数。我从每家公司挑人都是秉承同一个标准，而且我在日后也会盯着这批人的表现，会时时把他们和别的公司选来的人做个比较。你必须选最棒的人给我，要是你不这么做的话，总统和我都永远不会饶恕你。"

罗斯福亲切地称温伯格为"抓壮丁的"，因为他对温伯格与CEO们的高效会面感到非常满意，而温伯格自己也捞到别的投资银行家无法企及的好处：他亲身接触了大量优秀的美国企业的青年才俊，近距离观察着这些人的工作效率，并且深入了解这群人中每一个人的专长，还可以事先知道他们和哪些人能合作得比较顺利。战后，这几百位年轻的后起之秀回到各自的公司并且都担任了领导角色，其中大多数人都一致决定选择西德尼·温伯格作为他们的投资银行家。也有很多日后成为CEO的人，在他们选择继任的时候把握的标准都是要找到办事最有效率的人，通常也就是别的曾经担任过CEO的人。温伯格认识的CEO比其他任何人都多，而且他对某个人在某个公司能否发挥作用有着相当准确的判断。他又干上了"媒人"的兼职，他手头的人脉广，级别高，办事平稳有效，这个新的行当他也干得相当成功。除此之外，温伯格在战争年代积累起来的势力和地位，再加上他和美国众多高级经理人之间熟稔的关系和他对这些人的能力及个性的全面了解，无一不推动着西德尼·温伯格的崛起。

出于感恩戴德，很多经过温伯格介绍而身居高位的人都成了高盛的客户，或者应该反过来说，他们是西德尼·温伯格的私人客户，当然也是他控制之中的高盛的客户。无数的经理人都希望温伯格能在他们的公司内兼任董事职务，因为他在这类事情上也做得不错。随着名气的增长，他对各个公司细致入微的认识使得他身兼西尔斯、大陆罐装公司、全国乳制品公司、B·F·百路驰及通用食品等多家公司的董事。（1953年美国司法部提起公诉，要求温伯格终止在百路驰与西尔斯两家的兼职，因为这两家公司都是当时在机动车轮胎制造业内的知名大企业。）在参加每个公司的董事会之前，温伯格的助手纳特·鲍文会帮他熟悉关于这个公司之前的所有数据及相关的会议纪要，然后把所有相关细节都整理在一本编排有方的小笔记本里以供查看，再在温伯格出席会议之前详细地做一次汇报。准备充分得当的温伯格在会议上经常能提出尖锐深刻的问题，这也体现出他作为一位领导者的才干。对于其任职的公司，温伯格基本上要掌握所有的信息，他会亲自到每一个工厂走访了解，把每个公司都当作钟表一样，细致入微地观察钟表运转的情况。他成为大家公认的第一位专业的"外部"董事，专门代表普通股东的利益。与当时社会上的共识相悖，温伯格坚称董事的职责就是维护股东权益，因此他们也应该对所有可能影响公司运营的信息尽到保密义务。他把这些观点整理在一篇文章中并发表在《哈佛商业评论》上，文章中提出的许多给董事会的建议在当时看来非常新鲜，但是之后还是被全社会广泛接纳。温伯格名声大噪，作为一名独立董事的能力也随着高盛与其他很多大公司合作关系的建立而得到了充分的肯定——这些企业关系对一家从事投行业务的公司来说可谓是无价之宝。

温伯格还具有常人难以企及的获得他人信任的本领，他那种令人愉悦的性格使得来自社会各个阶层的人都会非常喜欢他。在通用食品的一次董事会上，发言人的发言冗长枯燥，纯粹是在念数据。在这么一个严肃而高级别的场合，温伯格抓住了一个发言人实在念不动而停下来喘口气的机会，抓着手里的报表跳起来高喊："够了！"

温伯格早年被人称为"天才少年"，到了晚年的时候被人们尊称为"华尔街先生"。他曾经很不在意地说："我只不过是一个来自公立十三小学的辍学者而恰好又结识了很多生意人。"这句话被《商业周刊》援引为他成功经验的佐证，而且强调这样的说法远远低估了他为了成功而付出的艰苦努力。不过从这句话也能看出他的率直总是能被人接受的原因，一方面是因为他处事客观，不与人结仇，有时"让你对他额外的友善感到惊异"。虽然他为人骄傲且说话尖酸刻薄，但是他总是能和来自任何社会阶层的人打得火热。

按常理，温伯格这样身份的人不应该轻率地对待各公司的经理人，更不会直接调侃一个公司的商誉，但是温伯格就是一个与众不同的敢于这样做的人。在他被选任为通用电气的董事之后,通用电气的董事长菲利普·D·里德(Philip D. Reed)亲自请他给一群公司高管讲话。在介绍温伯格时,里德说他很相信温伯格的能力,他一定能对通用电气提出一些有趣且深入的意见;他同时希望温伯格能和他一样感受到通用电气是美国最具前景的产业内最卓越的企业。温伯格马上站起来回应道:"我同意你们董事长关于电子电气行业是最具前景的产业的说法,但是现在就让我承认通用电气是业内最卓越的企业却万万不能,我要是在没有全面考察这家企业之前就说出这番话来是不客观的。"他坐下之后全场响起了热烈的掌声,大家都为他的简练和勇气所打动。

1946年,通用电气准备开展一项数亿美元的增资扩容计划,但是当时的总裁查尔斯·E·威尔逊——常被称为"电气查理"(Electric Charlie),以与通用汽车的"引擎查理"(Engine Charlie)相区别——拿不准董事会会做出怎样的反应。他的疑虑直到温伯格用实实在在的数据表示了支持之后才被打消。威尔逊说:"西德尼认真履行了职责,我所需要的就是这样的工作。"

温伯格的直率有些时候令人感到难以接受,但是他的聪明才智经常能使他的听众觉得他的言辞当中并没有不敬的意思。"只有西德尼一个人敢在董事会进行到一半的时候跟我说'你今天脑袋不灵光',而他也是唯一一个能说出这话还让我觉得是在奉承我的人。"这是通用食品总裁查尔斯·莫蒂默(Charles Mortimer)的评论。在一个完全正式场合对总裁做出如此坦率的评论,足以让人感到温伯格的个人魅力。温伯格对自己的与众不同也有着认识:"我没有什么家族背景,更没有贵族血脉。我的血管里流淌的也是鲜红的血液!但是这在华尔街看来就是大问题。普通人没有机会。华尔街上这些陈规旧俗裹得人透不过气来。"他曾获得三一学院(Trinity College)的荣誉学位,而且他兴奋地发现他是唯一一位在主教派教会学校中获得荣誉学位的犹太人,同时,他还身兼长老教会医院(Presbyterian Hospital)的理事长达23年之久。

斯科特纸业(Scott Paper)的CEO在60岁那一年举办了一次半正式的

晚宴，他向宾客们敬酒时把温伯格称为"我最要好的朋友"。温伯格调侃的回答不仅表现了他努力寻求新业务的态度，同时也取悦了在场的人。他说："咱们要真是铁哥们儿，那你干吗不用我们的投行服务呢？"藐视一切的精神让他取得了不止一次胜利。有一次在与雷曼兄弟共同会见客户的过程中，雷曼的CEO带上了他那位受人尊敬的州长父亲赫伯特·雷曼，此人同时也是一位知名的金融家，雷曼就是想要借这位德高望重的老人来给潜在客户们留下一个好的印象。温伯格事前就得到了消息，他匆匆赶赴会议现场并迅速将局面扭转到了有利于自己的一方："各位，我很抱歉地告诉大家，我的父亲已经去世了。但是我在布鲁克林有位做裁缝的叔叔跟他长得很像，如果长辈们对今天的生意能起到任何影响的话，我很乐意把他带过来！"公司的董事们都会心大笑，高盛顺理成章地拿到了这一单承销。

罗伯特·E·伍德将军是西尔斯最严肃、对人要求最高的CEO，而且也是众所周知的反犹太主义者和美国利益中心主义者，他曾到高盛拜访。如果换成别的公司，接待伍德将军这样的人是非常重要的事件，也许还要有点儿仪式，但是西德尼·温伯格掌控下的高盛可没有那一套。温伯格一见到他就大声地喊起来："将军，来啦！"伍德不仅没有感到受辱，而且温伯格不拘礼的态度让他觉得这个人很可爱。还有一次，温伯格就坐在伍德旁边，他一脸严肃地说："我说，你都那么大岁数了，也活不了几年了吧，干脆把你用不完的钱——留给我怎么样？"

"温伯格先生也很会挑选客户公司，他选中了很多日后注定要取得成功并能多年保持增长的企业——其中就有3M和通用电气，"高盛的合伙人鲍勃·门舍尔（Bob Menschel）评论道，"他有很高的品位和选择能力。从内心来讲，他一直以摩根银行为标准，他对高盛合伙人的要求就是摩根大通一贯的作风——以一流的水平开展一流的业务。他多次明确表示，如果在接纳了一位客户并致力于为其工作之后你却悄悄降低了工作水准，那这些高端的客户一定会发现——他们也会头也不回地走人。"温伯格对于与二流企业开展业务有着相当通俗的比喻："如果你和狗躺在一起，那注定招来一身跳蚤。"

在工作中，温伯格制造了无数的恶作剧，这也是他与生俱来的无法抑制的幽默感的集中表现。刚刚成为公司新员工的时候，他就会在别的低级别员工椅子上悄悄地放上小糕点，看着别人不知情地坐上去，并以此为乐。曾有一次，他在报纸上登了一则广告，说百老汇将上演由塞缪尔·萨克斯担任制片的音乐剧，现在开始招募演员，有意者需到萨克斯位于华尔街的办公室面试。广告招来的年轻舞者让老萨克斯十分尴尬，但是却让公司里其他所有人都觉得十分搞笑。

后来在这个国家的首都，温伯格搞恶作剧的对象范围不断扩大，档次也逐步提高。20世纪20年代，保罗·卡伯特和温伯格才刚认识不久就谈得很投机，根本没有考虑二者地位的不同，前者是受过哈佛教育的波士顿社会名流，后者则是从布鲁克林一所小学里辍学的犹太人。卡伯特和温伯格一样，言语尖酸刻薄，而且两个人都热衷于搞恶作剧。两人很快就成了亲密的好友。

卡伯特有"贵族气质"，但也以其直率的性格而出名。他与通用汽车的著名领袖艾尔弗雷德·P·斯隆（Alfred P. Sloan）共同担任摩根大通的董事，有一次卡伯特向斯隆询问通用汽车的运营情况。斯隆先生自然很细致地给他讲解通用汽车运作的委员会制度，但是卡伯特很不耐烦地打断了他："我其实只想知道你到底什么时候才能真正赚大钱？"卡伯特当时兼任道富研究及管理公司（State Street Research & Management）的经营合伙人，同时也是哈佛大学的财务总监，负责监管社会向哈佛的捐助。他最知名的观点就是大学里所有的学院或系所都应该自筹经费，而非永远依赖大学的拨款。他的原话是："每个澡盆都应该有自己的盆底。"尽管要他掌控所有的学院是项"完全不可能"的任务，但他还是把这种权威的意见推行了下去。

30年代，温伯格一手操持把卡伯特安插在了多家大公司的董事会里，其中包括福特、B·F·百路驰、全国乳制品公司以及大陆罐装公司，所以当日后温伯格敦促卡伯特到华盛顿来帮忙且只接受1美元的年薪时，卡伯特义不容辞地答应了。

温伯格想给卡伯特一个下马威,在战争时期安排他去管理一群毫无章法的废品处理商。温伯格以为卡伯特会被打个措手不及,马上就会求援。但是他错了,卡伯特把所有废品商都管理得井井有条。他们的业务开展得如此之好,以至于在战争结束后,他们向卡伯特赠送了一个雕刻了他们所有人署名的金盘。卡伯特心知肚明把他这样一位波士顿贵族和一帮下层小商贩放到一起是温伯格个性使然——只不过是一次恶作剧,然而这和他之后耍的把戏远不可相提并论。

霍普金斯会(Hopkins Institute)是战争早期华盛顿地区臭名昭著的妓院之一,最终在哥伦比亚特区警察局的清剿下关张。几周之后,卡伯特夫妇决定在战时搬到华盛顿来居住,温伯格又开始借题发挥:因为在战争时期,全美国的电话业务都是受限的,一户人家一旦分到一个电话之后很难再申请一个新号。温伯格正是利用这一事实作为支点,再利用霍普金斯会的名声为杠杆来撬动卡伯特家平静的生活。

他找人印制了一批精美的标准广告卡,上面的内容是霍普金斯会应社会的巨大需求而"盛大重张",他又雇了几个打扮得很乖巧的帅小伙子站在路边向士兵、水手以及平民游客散发小广告——只要是对霍普金斯会有耳闻的人都有可能成为新的顾客,也就是他们主要的广告散发对象。他们一共发出了数百张卡,卡上都告诉这些潜在的顾客们打一个特定的号码去咨询新开张的霍普金斯会的新地址——当然,这个特定的号码就是卡伯特的住宅电话。咨询的电话从下午4点左右开始打进来,直到半夜电话量仍一直稳中有增,最后直到清晨才逐渐消停了。很多欲火难耐、醉意十足的"客人"不断打进骚扰电话——日复一日,周而复始。

随着这次恶作剧的展开,他们两人之间的恶作剧之战也拉开了帷幕,这种没有硝烟的战争一直持续到真刀真枪的战争结束之后。温伯格和卡伯特两人都是极富想象力的,只要一有机会他们必定给对方下套。在华盛顿体验了几周炎炎夏日的卡伯特正准备回波士顿和家人团聚几天,他很费了些周折才搞到了机票。温伯格听说之后假装突然有急事要处理,他打电话给卡伯特，说战时生产委员会的办公室主任威廉·S·努森要召集一次紧急会议，讨论战备物资生产流程重组的问题。温伯格明知机票不可能再订到了，他还鼓动卡伯特最好把票给退了。幸运的是，卡伯特事前听到了风声，知道这是温伯格的又一次恶作剧，他没有退票，但是却打电话跟温伯格说已经把票退了。这次轮到温伯格着急了，他给所有航空公司打电话订票，想要补回那张票来——随便什么票都比没有好。但是怎么可能还订得到呢？绝望中的温伯格又想起来冒充努森给卡伯特打电话，因为这两人从没见过面，所以应该能骗卡伯特，说会议取消了。温伯格只是希望这样一来卡伯特还能把原来的机票要回来。卡伯特这时候乐了，票就装在自己口袋里，他幸灾乐祸地看着温伯格折腾自己。当电话打进来的时候，卡伯特吩咐他的秘书说他正忙。但是秘书说："努森先生坚持要和您通话。"卡伯特接了电话，毫不怀疑那一定是温伯格装的。电话里传来的一定是温伯格捏着脖子装出的瑞典口音，而且电话那头的人还让卡伯特到努森的办公室走一趟。仍然坚信自己手里握着王牌的卡伯特对着电话里大骂："去死吧，你也不撒泡尿照照自己是谁！"很不幸，来电的正是努森本人，他的电话在温伯格之前被接了进来。终于意识到打电话的人确实是努森本人，卡伯特急忙跑到他的办公室去道歉。努森对温伯格的这些恶作剧也习以为常了，所以他们只是一起开怀大笑——卡伯特最终还是登上了去和家人度周末的班机。

　　卡伯特对他这位朋友的评价是："他看人很准，能准确地判断谁很诚实，谁说话留一手。而且他这个人有非同一般的幽默感。"温伯格在第二次世界大战期间鼓捣恶作剧最厉害的一次恐怕是在达兰将军（Admiral Darlan）访问美国期间。达兰是法国维希政权的海军军官，很有政治势力，为人高傲，野心很大，而且还是个同情纳粹的人。当时白宫为其准备了相当高级别的接待，其实完全是出于为盟军服务的政治目的。在宾客准备离开时，温伯格从裤兜里摸出一枚硬币，冲着站在门口身着盛装的将军说："嘿，给我叫辆车来。"

　　卡伯特把温伯格介绍给了他的贵族朋友们，温伯格和他们也是打得火热，经常和他们一起到缅因州之外的水域航行。虽然曾在海军服役，温伯格对航海几乎一无所知，甚至连游泳都没有学会。有一次，他被迫下水——因为至少每人每天都得下水一次，温伯格小心翼翼地在自己腰上系一条粗绳，另一端牢牢拴在桅杆上，然后顺着软梯慢慢下到海水里。卡伯特一看到他入水就把桅杆一头的绳子解开并扔进海里，幸灾乐祸地看着温伯格凭着一个臃肿的救生圈在水里挣扎。

卡伯特和温伯格两人都喜欢讲黄色笑话，而且两人经常在电话上交流心得。他们晚年的时候听力都不太好了，卡伯特那位为人正派的波士顿秘书因为每每听到他们在电话里高声讲黄色笑话而气愤不已。她要求卡伯特在温伯格来电时把办公室门关上。为了满足秘书的这个小小的要求，同时又因为温伯格这种电话实在频繁，他只得在办公桌下装了一个脚踏板，只要踩下去就能自动关上办公室的门。

卡伯特后来也意识到，尽管温伯格广受人们的尊敬和爱戴，但是社会上反犹太主义的潮流还是让他遭受了不少歧视。有一天早上，卡伯特在曼哈顿的精英俱乐部——布鲁克吃早餐时，俱乐部经理上前来跟他说他"昨晚的行为实在是不得体"。卡伯特昨晚和两位客人一起吃饭，其中一位就是西德尼·温伯格。聪明的卡伯特马上就明白了经理的意思，他却假装不知道经理的潜台词，问道："我们吵到别人了？"

"噢，不，我指的不是那个，而是你的客人不是很体面。"

"你到底什么意思？"

"你知道布鲁克的规矩是不接待犹太人的。"

"我看过你们的俱乐部规章，其中没有关于不得请犹太人吃饭的规定。"卡伯特此时已不再调侃，"如果你们的俱乐部真的要这么办，我今早就可以办理退会。"

其他有些时候，针对犹太人的歧视也会在不经意间表现出来。曾有一次摩根士丹利的高级合伙人佩里·霍尔（Perry Hall）给温伯格打来电话，兴高采烈地说："我们刚刚任命了有史以来第一位犹太合伙人！"温伯格很不屑地说："佩里，这算不得什么。我们这儿的犹太合伙人制度可已经有些年头了!"

战后,温伯格从所有政府职务上退了下来,他的解释是:"对我而言,可做的工作已经越来越少了。去年冬天,我每天看重要的文件都得看到晚上8点。到了春天的时候,我每天在下午3点就能干完。等我每天早上10点就能看完文件的时候,我知道是时候离开华盛顿回纽约去了。"

但是他仍然担当着民主党竞选筹资人的职责。1940年,温伯格选择放弃"新政"和"公平政策",转而支持温德尔·威尔基(Wendell Willkie)。他个人的意见是,总统连任两届已经足够了。1952年,他在总统竞选中通过艾森豪威尔商人后援团这个组织发挥了重要的作用。很多社会上有头有脸的人物听到温伯格这个名号时都会说:"我和他的私交不错。"温伯格的筹资技巧——很多情况下都是他操着布鲁克林口音和熟人谈判——有时显得突兀却很有效。根据他的一位朋友约翰·海·惠特尼(John Hay Whitney)说:"西德尼是我认识的人中最会赚钱的一个。他要参加无数的董事会议——通用食品、通用电气,或者随便一个什么通用公司,他都会毫不犹豫地告诉所有董事他想要什么。然后他会追问:'伙计们,别犹豫了:东西呢?'当然,他总是能得到他要的东西。"在艾森豪威尔的任期内,温伯格成功地推荐了如下的任命:乔治·汉弗莱(George Humphrey)出任财政部长,通用汽车的查尔斯·威尔逊出任国防部长,罗伯特·斯蒂芬斯(Robert Stevens)出任陆军部长。在之后与其他总统的联系中,温伯格在为约翰·F·肯尼迪组建卫星通信集团(Communications Satellite Corporation,简称Comsat)的过程中起到了重要的作用,随后还在支持约翰逊-汉弗莱竞选委员会中任职。1964年,他出面帮忙组建了一个约翰逊总统竞选支援团,并向总统推荐了约翰·康纳(John Connor)和亨利·H·福勒(Henry H. Fowler)。康纳后来成为商务部部长,福勒则被任命为财政部部长。

1968年休伯特·汉弗莱(Hubert Humphrey)与理查德·尼克松对台竞选总统的时候,温伯格意外地给高盛的一位合伙人L·杰伊·特南鲍姆打去电话。他问："杰伊，交易所里汉弗莱对尼克松的赔率是多少？"特南鲍姆答应尽快询问，然后给交易所内的专家邦尼·拉斯克打去电话，对方告诉他现在是以7∶5的赔率赌尼克松赢。"别开玩笑了，"特南鲍姆说，"这可是西德尼·温伯格让我代问的。"拉斯克不留情面地回答说："要是西德尼·温伯格敢下5万的注我就敢跟他7万！"温伯格听到这样的答复当然觉得不可思议："这家伙不知道乔治·鲍尔（George Ball）在力挺汉弗莱吗？"特南鲍姆这时候也终于忍不住了，他想都没想就跟温伯格说："拉斯克知道鲍尔站在汉弗莱那一边，但除非他再找一个这样的后台，否则他别想沾到白宫的边儿。"挂了这头的电话，特南鲍姆马上找到拉斯克，他说："这件事你可得帮我担着。"但是拉斯克只是高兴得大笑，说："这事儿我可得告诉尼克松！"

曾于1976~1984年间担任高盛联席最高领导人的约翰·怀特黑德（John Whitehead）日后回忆起温伯格的一个小故事："他有浓重的布鲁克林口音，没法假装成一个受过哈佛教育的人，所以他下定决心要拿顶着哈佛光环的人开玩笑。"他向布鲁克林地区的典当铺发出邀请，只要收到Phi Beta Kappa（PBK）的标志性钥匙就可以直接拿来卖给他，然后他把这些钥匙串成一串收在自己的一个办公桌的抽屉里。如果有自命不凡的人在他面前夸夸其谈，他就会把那一串PBK钥匙拿出来晃一晃，对人家说："你实在太聪明了，要不要我给你发一把钥匙。"他自己后来说："曾有一名科学家批评我撼动了PBK作为一个精英社团的基石，但是我回击他说别忘了是谁先让这些钥匙沦为典当行的处理货的。"温伯格策划了一个"反Phi Beta Kappa"组织，名字叫"Kappa Beta Phi"，而且同样铸造了有代表性的钥匙，他自己的手表链上一直都挂着一把。他的新组织也每年召开年会招收新人，年会的主要内容都是低俗表演，有不少全裸美女登场。

温伯格盛气凌人的妄为态度在艾迪·坎特起诉高盛一事上达到了顶峰。艾迪·坎特是百老汇知名的娱乐演员，也是当初投资高盛交易公司的受害者，他的诉讼要求是高盛向其支付高达1亿美元的赔偿款。这桩案子正好在温伯格前去参加投资银行家协会年会的那一天成了《纽约时报》的头版,当时华尔街的巨头们都同乘一列火车前往华盛顿。换做是别的银行家,面对这么大的丑闻,躲都来不及。但西德尼·温伯格可不是一般人。他一个个车厢地拜访,逢人便用这桩丑闻打趣,他敦促车上所有人代表的金融机构都联合起来加入这场诉讼。

温伯格从未忘记他的布鲁克林背景,以及住在这里的老一辈人教会他的勤俭节约的品德。他坐地铁上班,以此提醒他周围的人这样每周能省下5美元:"你坐地铁可以观察芸芸众生,还可以从地铁广告里发现商机,这远比坐在轿车后排成天盯着司机的后脑勺要强得多。"节约带来的收入不仅仅是这一种形式。曾有一位继承了父辈零售业生意的富豪在温伯格家做客,这位客人饭后早早就去休息了。由于温伯格家唯一的佣人就是厨师,温伯格夫妇亲自收拾杯盘碗盏,随后温伯格发现客人把西服和鞋子都放在了卧室门外。温伯格觉得很好笑,但他还是拿着西服和鞋子到厨房,认认真真地擦了皮鞋,刷干净了西服,再把它们送回客人门外。第二天客人离开之前递给温伯格5美元,嘱咐他要把钱交到那位替他好好整理了衣物的管家。温伯格好好感谢了这位客人一番,然后把钱装进了自己的腰包。

虽然温伯格时时在人前展露自信,但是他有些时候还是对自己在某些方面的能力没有那么放心。他知道自己的文化水平低,所以总是认真地撰写每一封寄给客户的信——通常都用粗笔尖钢笔,写在土黄色稿纸上,然后还要找一位在哈佛念过书的手下员工帮忙:"请你帮我念念。这样写妥当吗?"吉姆·马库斯(Jim Marcus)也是高盛的合伙人之一,他后来回忆这些事情时说:"你可以给他提上一两个无关紧要的修改建议,而且他总会对提建议的人感恩戴德,但是通常情况下你也找不出什么可以修改的地方。"马库斯还补充说:"西德尼平时是一个很有趣的人,他的臭脾气只有在想干的事情干不成的时候才会爆发。"

温伯格一辈子就有一样东西学不会,那就是计算尺,除此之外他学什么都很快。约翰·怀特黑德日后说:"西德尼会叫我去他办公室,然后把门关上不让人知道我们在干啥。他从书桌里拿出一把很大且设计精美的计算尺，然后对我说：'约翰，你现在得再教教我这玩意儿到底怎么使。'我只得绕到他身后，从他肩头上伸手握住计算尺，边解释说：'你把1放这头，正对着下面的2，然后拉动塑料滑块，直到滑块上的竖线和另外这个2对准，然后再看这条特殊线指着的数字，不就得到4了吗？'你可以清楚地感受到他两眼盯着尺子，一头雾水，心里越来越窝火。最终他大骂了一句：'都去死吧，我不用这玩意儿也知道2乘2等于4！干吗要这玩意儿！'他之后把尺子丢回抽屉里一锁就是至少一年。我教他用尺子，但他从没有超过这个水平。"

温伯格最重视的品质是忠诚。他吃穿用度涉及的东西都来自"他的"公司——奶酪必须是卡夫食品的，咖啡必须是麦士威尔的，开的车必须是福特的，诸如此类。曾有一名年轻的经理人要由福特跳槽到高盛工作，他还必须事前征得西德尼·温伯格作为福特的董事的认可。约翰·怀特黑德对他有这样的评价："他对客户的保护意识——甚至是控制欲非常强。我记得唯一一次他对我大发雷霆是因为亨利·福特找不到他而让我带个口信。当我把口信带到时，西德尼明确告诉我以后不希望见到我再和亨利有任何接触。我当然可以随便和福特的任何人交流，但是和亨利的联络一定由他出面。我那时候很懊恼，但是他的这种命令随着时间的推移渐渐淡化了，我注意到如同其他所有出名的人一样，他对自己始终有不确信的疑虑。"

1949年，美国司法部提起了一桩反托拉斯诉讼，指控17家高端银行金融机构及投资银行家协会联合操纵市场价格。温伯格听到这个消息后相当失望，因为"（司法部）完全忘记了这些高端银行金融机构在战争及和平时期对这个国家的经济做出的巨大贡献"。温伯格坚信他的公司在政府的这一行为中必定受到了严重的威胁，他下定决心要对抗到底。不过，被算在这17家的名单里比没有被算进去要好一些。[①]温伯格看着那份名单觉得很痛苦，因为这份在业内被奉为权威排名的名单上，高盛是最后一位。温伯格明白，和高盛存在竞争关系的其他投行必定会在温伯格寻找客

---

[①] 其他16家被告银行业机构包括摩根士丹利、所罗门美邦、雷曼兄弟、第一波士顿等。

户的过程中大肆渲染高盛在名单上的最末排名。

投行结成的联盟终于在1953年赢得了诉讼，高盛在哈罗德·梅迪纳法官长达400页的结案报告中获得了这样一段称赞："自世纪之初到本案立案，高盛一直秉承其企业行为特质，这种特质只能用'积极进取'这样一个词来概括。高盛甚至在其有限的人力物力的支持下，在其积极开拓争取业务机会的过程中展现出强大的竞争力，这是其他投行所没有的。"虽然得了这么一段好评，但是公司还是为诉讼付出了沉重的代价：所有与法律事务相关的支出高达750万美元。但是这些钱花得值。

虽然公司打个擦边球挤进了华尔街高端企业的行列，但是它还有很长的路要走。温伯格才不愿意仅仅作为这个精英俱乐部的普通一员而存在：他的理念是要做就做最重要的那一个。"所有重要的客户都不是冲着高盛公司的名头来的，他们都应该算作西德尼·温伯格的个人客户，"阿尔·费尔德这样说，"并且他带来的都是核心客户。举个例子来讲，高盛要想挤入别的公司的联合承销，靠的就是我们能在别人想要挤进我们的联合承销时做个交换——无论怎么算，这些都可以称为温伯格先生个人带来的联合承销。温伯格先生带来的生意一定得是'他的'生意，这一点他容不得别人掺和。他在这方面态度强硬而且深谙压制他人的法门。他曾在西尔斯的董事会上向众多董事发出最后通牒，这是别人无法做到的。因为当时他对雷曼兄弟的所作所为非常看不过去，所以他直言不讳地说：'要么他们滚，要么我走！'结果当然是雷曼的人退出了竞争。"

1930~1969年是温伯格的时代，他完全掌控着高盛，凭借的是个人的意志与个性、他在公司内的地位、他在公司外的影响力，特别是在华盛顿的各种关系。此外，他是占有最大份额的合伙人，是唯一一个能决定谁加入合伙关系的董事，同时也是唯一一个能决定每个合伙人所占份额的决策者。（某一年斯坦利·米勒看了合伙人份额表，发现自己竟然不在名单上。在确认米勒确实不在名单上之后，温伯格从自己的份额里分出了一部分给他。）另外一个很重要的原因是，温伯格在其他多家大公司或其子公司的董事会任职。随着公司的发展，温伯格担任了多达40多家公司的董事。"西德尼·温伯格俨然就是高盛先生,"合伙人之一雷·杨(Ray Young)评论说,"曾有人给'住在华尔道夫酒店的高盛先生'发电报,旅馆的侍者毫不犹豫地把电报递给了温伯格,因为他就是高盛先生。"

"温伯格先生对于控制媒体上关于高盛的报道也十分注意,"鲍勃·门舍尔说,"他不想给自己制造竞争的紧张气氛,而且严令我们不许在其他场合谈及我们手头正在做的事情。他的原话是,'如果你觉得那样做会对你有帮助的话,你是在自欺欺人。真正关心你到底能干什么的人是完全有本事从各种渠道了解你的。如果你只是想满足一下自己的虚荣心,那我也不拦着。不过你得记住一点:只在你得势时才表扬你的媒体必定也是在你失势时贬你贬得最厉害的一个。'"温伯格对人的评判不是说说就算了。门舍尔证实说:"在这方面犯一次错你会被狠狠地修理一次,第二次再犯错那你就走人吧。"

温伯格还有一个专长,就是撮合不仅仅是有利益冲突的集团,有时甚至是敌对的双方。艾伯特·戈登曾回忆说:"西德尼·温伯格在撮合有分歧的人方面非常有效率——这些人通常都是来自不同背景的意见完全相左的人,他能说服双方不仅坐下来谈判,而且还能通力合作。"温伯格的"布道式撮合"非常有名,很多人都能在他的调和下就他们从来都不愿考虑的问题进行讨论。在别人眼里什么复杂的问题,温伯格都能直击问题的核心,然后提出最合乎情理的解决方案,并根据方案采取迅速果断的措施。

在他的"布道"经历中,帮助欧文斯-康宁玻璃纤维集团(Owens-Corning Fiberglas Corporation)完成上市被当时的人们评论为"企业上市史上最成功的公开发行"。康宁和欧文斯-伊利诺伊(Owens-Illinois)是该公司的大股东,两家一共持有集团公司84.5%的股份,而根据反托拉斯法的规定,两家都不能再向合资公司注入更多的资金,而且两家都不愿意出让自己所持的股份。根据纽约证券交易所的规定,公司股票要上市必须达到公众可持股50%的标准。西德尼·温伯格这个时候以专业的和事老的身份出现,因为他在这方面有人际关系的优势。

他既认识三家公司的CEO也认识纽约证券交易所的主席基思·芬斯顿，所以他能撮合四方都接受最终的解决方案。最终的方案就是纽约证券交易所将上市公众持股比例下调至20%，两家母公司通过出售其所持的部分股份以达到这个上市所需的最低标准。

还有一次，温伯格听说一家正在和他谈生意的公司因为一些细枝末节的问题正和摩根担保信托公司（Morgan Guaranty Trust）较劲，他马上拿起电话让他的秘书接通当时摩根的CEO亨利·克雷·亚历山大（Henry Clay Alexander）。虽然高盛与摩根有生意上的往来，但是对亚历山大先生这样一位德高望重的人物来说，怎么可能因为这么点儿小事去打扰他呢？

温伯格的同事们都惊呼："你不能因为这点儿小事就给亚历山大先生打电话！"

温伯格则反问："凭什么不能？如果你的朋友在你做错事的时候不给你指出来那还有谁会呢？"就这样问题很圆满地解决了。

温伯格的个人生活很简朴。他在斯卡斯戴尔的别墅与他和妻子1923年时定居的房子是同一格局，仅12个房间。那种格局是在他们结婚后三年，也就是他成为高盛合伙人之前四年就出现了。①20世纪50年代，温伯格在老朋友弗洛伊德·欧德伦的一再催促下才购买了一张《睡衣游戏》（*The Pajama Game*）的唱片。那张唱片当时非常流行，而他后来表现得有点儿后悔花了一笔不必花的钱。曾有一次当别人给他送来最近的投资回报的支票时，他乐呵呵地对来客说："钱啊钱！一刻不停地朝我来，但是这什么问题都说明不了。"正如他所说的那样，他太忙了，根本没有时间为自己赚到最多的钱。他并没有开玩笑。温伯格去世时，他的个人财富仅为500万美元左右。

在公众眼中，当然西德尼·温伯格自己也知道，他是比高盛这个公司更为重要的人物，而他戴着这顶高帽也心安理得。"西德尼·温伯格——我

---

① 温伯格的妻子于1967年去世。财政部长亨利·福勒特地从希腊飞回纽约参加她的葬礼，在葬礼结束后又飞回希腊继续开会。

们都尊称温伯格先生——有着强大的领导才能,也是一位天才的生意人。"阿尔·费尔德评价说,"很多曾经与温伯格共事过的职业经理人到头来都觉得西德尼·温伯格是他们实现企业及人生目标不可或缺的关键人物,这也正是他本人和高盛能不断获得投资银行业务的原因。如果不是因为这样的原因,谁能解释为什么亨利·福特二世在有着无数其他选择的情况下偏偏选中了西德尼·温伯格和高盛来为他筹划历史上最大一单承销呢?"

# 4
## 福特：最大一单首次公开发行

　　高盛历史上最重要的一次交易，是通过私人关系获得的。因为当时世界最大规模的私营企业的年轻CEO和高盛的一位高级合伙人交情甚笃。两人之间的交情听起来简直让人觉得不可思议：他们在年龄、宗教信仰、财富状况、社会地位以及个人价值观等方面都存在巨大的差异。但由于两人曾在战时在华盛顿共事，而且西德尼·温伯格熟识上至政客下至舞娘的诸多人物，所以他自然知道怎样在二人间建立联系。

　　福特汽车公司是由亨利·福特一手创建的极富成长潜力、规模庞大的独资企业。亨利·福特虽然是一位成功的企业家，却是一名臭名昭著的反犹太分子，他从不曾考虑过将自己公司的金融业务交给一家犹太公司。亨利·福特死后，其子埃兹尔继任公司的CEO，但是埃兹尔半年之后就去世了，这个职位顺理成章地落到了埃兹尔35岁的儿子亨利·福特二世的身上。

　　年轻的福特当时最为人所知的名声莫过于雇用"枪手"为其撰写期末论文，并且在"枪手"开出的发票还夹在论文里的情况下就把论文交了上去，他这种对待学术极不认真的态度导致了被耶鲁大学开除学籍的结果。在耶鲁上学的时候，福特每次买西装都是一打一打地买，有专人送到他宿舍，如果送货的人说衣柜已经挂满了衣服，他就会告诉人家："你需要放多少套新的进去就拿出多少套旧的来——拿出来的就随你处置吧。"

如此看来，年轻的福特在成为公司的CEO之前所做的唯一可以称得上有好处的事情就是在战时生产委员会结识了比他大25岁而且了解他为人处世方法的重要人物：西德尼·温伯格。

年轻的福特成为CEO的时候，正值福特进入战后转型的艰难时期。首先，福特要从一家战时生产装甲车和坦克的企业转型为生产民用车的企业，然后还得打破哈里·贝内特（Harry Bennett）对公司土匪般的控制。此人当时完全操纵了位于鲁日河的工厂的运作，有一群流氓荷枪实弹地维护着他在工厂里的淫威，最后还是借助联邦调查局底特律分部前主任的帮助才铲除了他的势力。此外，福特需要组建一支精干的管理团队，把在战时的摊子铺得太开、运营不善的独资企业重整为一家经营有方的企业集团。为了完成第三个艰巨的任务，福特聘用了泰克斯·桑顿（Tex Thornton）领导的空军"神童队"（Air Force Whiz Kids），其中就有日后成为福特的总裁、后任肯尼迪政府国防部长的罗伯特·麦克纳马拉（Robert McNamara）。除此之外，福特还得到了被罗斯福总统称为"抓壮丁的高手"的西德尼·温伯格的鼎力相助。在温伯格的帮助下，福特以高薪招揽了一干强将——本迪克斯（Bendix）前主席厄尼·布里奇（Ernie Breech）任总裁，比尔·格西特（Bill Gussett）任总顾问，泰德·英特马（Ted Yntema）任首席财务官，当然还少不了众多年轻有干劲儿的经理人，也就是这些人在日后把福特的企业融资管理得井井有条。当然，西德尼·温伯格也在这个过程中成了在福特公司内部十分有影响力的人物。

约翰·怀特黑德还是温伯格的助手时，曾经问过："你觉得福特有朝一日能上市吗？"

"完全不可能，"温伯格当时的回答是，"如果福特能上市，我们的社会传统就完全颠覆了。"两人当时都没有意识到，这么一个简单的意见交换将会促成华尔街历史上最重要的一笔交易。

福特一直以来都是一家高度私有化的公司，其财务状况保密程度非常高。但是怀特黑德正是在这种情况下开始思考总有什么办法能摸清这家公司的财务状况，他于是多方搜集相关的资料。办法总是有的，马萨诸塞州的法律规定，凡是州内的工业生产企业都必须注册，而且必须向州商务部提供资产负债表，这样才能保证想与这些公司开展业务的其他公司能获得一定的信息。由于福特是马萨诸塞州的公司，自然不能例外，也就是说可以找到其提交的资产负债表。

怀特黑德搭火车去了波士顿，从一堆文件中找出了福特那份仅有一页的资产负债表。但就是这一页，温伯格和怀特黑德认认真真地看了很久。福特公司的规模不是一个"大"字可以形容。从其资产总值来看，完全可以用"超级庞大"来形容它，而且当时它没有什么债务。确实可以毫不夸张地说，福特是当时世界上最大的私营企业。但是温伯格和怀特黑德后来从福特家族——并非公司——向其展示的财务状况中发现，尽管总值很高，但是公司的赢利非常低。

福特家族很早就吃惊地发现老福特临死之前为了合法减免不动产遗产税，用福特公司88%的普通股成立了福特基金会。其他有2%的股权控制在公司董事、管理层、雇员手中，仅剩下10%的份额留给了福特家族，但是这10%的股份仍代表公司100%的决策权，所以福特家族仍对整个公司保持绝对的控制。

福特基金会融资委员会——由温伯格的另一位好友，通用电气的总裁查尔斯·E·威尔逊兼任主席——当时已经快要撑不住了：福特的股份不能带来任何分红，基金会毫无作为。同样重要的问题是，委员们一致认为最精明的决定无疑是把福特基金会的资产管理多元化，所以他们决定让公众出售所持的大部分福特股份，并推动福特在纽约证券交易所上市。但是根据交易所的规则，所有上市股份都必须具有决策权且支付红利——这一点遭到了福特家族的强烈反对。家族成员从福特得到的收入已经相当可观，他们完全没有必要追求分红带来的那点儿额外收入。由于巨大分歧的存在，美国国税局不得不通过一项特别的规定，即该家族由放弃绝对控制权而获得的利润——基本上是由增发股份获得的部分——不向政府纳税。否则该家族是完全没有可能同意这样的交易的。很快双方又发现了一个潜在的问题：基金会和家族成员都想将西德尼·温伯格这样一位专家留在自己这一边。

论身材，温伯格确实可能是华尔街上最不起眼的人，但是这一点无关紧要，因为他的个人权力和业内地位都达到了顶峰。高盛或许还只能算作一家二流小公司，在联合承销的操作方面还欠缺经验，但是这些也无关紧要，因为这是由西德尼·温伯格领导的公司。唯一的问题是温伯格到底会代表福特基金会还是福特家族的利益。

基金会的融资委员会认为，就这样一项规模庞大、操作复杂的交易来说，至少应该聘用一位专家级的顾问。在多年的从商经历中，查尔斯·E·威尔逊认识了全美境内无数精明的金融家，但是就聘请专家顾问一事，他毫无顾虑地说："我就只要西德尼·温伯格。"小亨利·福特是基金会的董事会主席，当听说威尔逊有意聘用温伯格时，他斩钉截铁地说："你别想了。西德尼只能担任我们家族的财务顾问。"当然，福特家族得到了温伯格，基金会另外找到了三位顾问。

E·J·卡恩在《纽约客》上发表过对温伯格的评价，其中涉及福特一事时是这样说的：

> 当时国内最大的一次股票公开发行涉及的当事双方都极力征求同一位顾问的专业意见，这件事对熟悉这位顾问的人来说并不奇怪——时年65岁的预言家西德尼·温伯格是这个国家最受欢迎的财务顾问，他的专业意见是业内最受追捧的商品。他身兼数职，既是受业内同行崇拜的高盛高级合伙人，多年以来还担任无数美国大公司的董事。他曾任职的公司的数量远比其他任何美国人都多，而且他还是一位最专业的财务顾问，他的意见不仅仅被企业家们采纳，连多位美国总统都严肃对待他的意见。温伯格虽然是一个出了华尔街就没人认识的人，但他却是这个国家最有影响力的公民……换句话说，他就是幕后听政的太上皇。

福特于1953年10月1日正式任命温伯格为此次首发的顾问。温伯格立刻接受了任命，根本就没有考虑这项业务会占用他多少时间，多少精力。最后算来，在整整两年时间里，这一项业务占了他日常工作一半的时

## 4 福特：最大一单首次公开发行

间。"最大的问题就是要在核心问题的分歧上求得各方的一致，也就是福特家族向基金会将要出售的股份赋予决策权之后能以此换取多少新的股份。虽然所有各方都参与了整个过程中的各种谈判事宜，但是重组福特公司财务结构的重担完全压在了温伯格一人身上。"

在之后的两年间，温伯格和怀特黑德在舍曼-斯特林公司（Sherman & Sterling）的帮助下起草了56套不尽相同且都相当复杂的重组方案——当然一切都是秘密进行的。为了保密，温伯格在整个过程中从未让人代写过任何信件、纪要或备忘录。任何必须白纸黑字记录下来的东西都是他亲自书写的，福特的名字从未在文书中出现过：相关的地方都是用"X"替代。

为了避免引起公众的注意，他们的会面都是在最不令人起疑的地方进行的，有的时候就在埃兹尔·福特的遗孀的漂亮别墅里举行。埃兹尔的遗孀已经和欧内斯特·坎斯勒（Ernest Kanzler）再婚，这位夫人也是福特公司运营管理层的一员，而且在战时曾领导过战时生产委员会。坎斯勒夫人通常都是会议的主持人，参会的人员都是她的子女，包括亨利、本森、比尔以及约瑟芬。会议绝对是秘密进行的。为了避免人们因为温伯格频繁造访该家族的别墅而起疑，他的往来都乘私人飞机。亨利·福特去欧洲度假期间，温伯格给了他一张代号表，用以解读他发出的电报。电报中用的代号有：公司被称为"Agnes"，亨利叫"Alice"，他的兄弟们分别被称为"Ann"和"Audrey"，家族的律师被称为"Meg"，基金会被称作"Grace"，温伯格自称为"Edith"。怀特黑德和温伯格用代号拍出的电报读起来就像小说《小妇人》，但是他们俩非常喜欢这些名字中潜藏的双关意义。

1955年，温伯格和怀特黑德都拿到了一本可以给任何读者都留下深刻印象的出版物，同时也是一份绝密文件。这是为福特公司制作的完整版年报，内容加上了插图，文字说明全面到位，财务数据清晰准确，甚至还在必要处加上了脚注。这只是事前的练兵，为的是检验在经历了这么多年严格保密的筹备之后，公司能否按照证券交易委员会的要求迅速整理并汇报相关的数据。在以上市为目的所做的准备中，这份年报样稿在每个方面

63

都针对其主要竞争对手通用汽车，力争不在任何细节上输给对方。而且样稿中仅有一份离开过福特总部大楼，也就是交由西德尼·温伯格保管的那一份。

曾有一次，前去参加福特家族的秘密会议时，温伯格差点儿毁掉了全盘事业。他们到达底特律机场的时间比通常早了15分钟，温伯格和怀特黑德要在轿车来接他们去总部之前打发15分钟的时间，所以他们走到一个报摊前买了份本地报纸。温伯格顺手把他那个装有福特最敏感的机密文件的皮革公文夹放在一旁，然后从衣服内侧口袋里掏零钱，当时公文夹里装的就是公司完整的经过审计的财务报告。他边掏零钱边和怀特黑德逐项核对当天开会所要涉及并完成的商谈事项，付完报纸钱他们就走到一旁的咖啡屋去喝咖啡了。当轿车司机来到时，温伯格为了保证不迟到，匆匆付过咖啡钱起身就走，直到上了车还一直和怀特黑德谈当天会议所要涉及的内容。车就这么朝着福特位于迪尔伯恩的总部开去，突然，温伯格一言不发，他惊恐地看着怀特黑德，以接近怒吼的声音叫道："约翰！约翰！你把我的公文夹放哪儿了？"

温伯格心知肚明怀特黑德没拿他的公文夹，他知道是自己把文件弄丢了。但是日后怀特黑德回忆时说："他本性使然，就是对别人总是那么霸道。这才是我认识的西德尼。"当然，温伯格立马让司机掉头，一到机场两人就跳下车飞奔到咖啡屋和报摊去找那个能要命的公文夹。如果当时有人捡到了公文夹并把里面装的福特的财务数据公之于众的话，那么他们这两年的工作以及温伯格过去40年积累的名声都将受到极大的威胁。幸运的是，公文夹好好地躺在报摊那儿，就在温伯格顺手放下的地方。看着两个跑得气喘吁吁的人，报摊摊主说："如果你们没回头来找的话，我就把这些东西扔进垃圾箱了。"

差点儿丢失文件确实极有可能让这个秘密曝光，但是福特与温伯格在密谋一项大动作的消息真正走漏风声还是在1955年3月的时候，事情出在亨利·福特一家人和温伯格共同出席的棕榈滩慈善晚宴上。两人在忙碌一天之后，准备在晚宴上好好放松放松，其间福特让温伯格与温莎公爵夫妇同桌，这样一个安排让一位社会专栏作家看破了两人间的密切关系。温伯格后来说："在当时的情形下，谁能保守住秘密呢？"

福特的股票发行注定是战后华尔街最重要的一次承销业务，每家投行都想在其中扮演主要角色。温伯格很精明地把自己安排在了控制承销团内份额分配的角色上，其实这一角色应当由基金会方面的财务顾问出任，而且名义上的主承销商是当时知名的布莱斯公司（Blyth & Co.）。

更为重要的是，在他的精心安排下，大家都明白了一个潜规则，也就是只有他本人才是能够决定哪些特定的公司能在主承销团内获得可观份额的人。他本来不想让太多人参与其中，但是福特坚持要人多一些，所以折中之后温伯格决定由7家投行组成主承销团。这是一个精英团队，其中当然少不了高盛的身影。当时整个承销团内有100多家其他的小公司。虽然7家主承销商中也有人认为7家的数量太多了，但是他们明白，如果温伯格听到一点儿抱怨的声音，那么他是不会讲任何情面的，他们所在的公司——不管是哪一家——肯定连这块蛋糕的味儿都闻不到。

很快，所有承销商都明白了温伯格在这次首发中有两个主要目的：其一，集合最强大的承销团，让福特家族及基金会能享受到最优的价格；其二，在承销团中树立高盛的优势地位。随着安排各个主承销商所占有的高利润份额的过程不断推进，温伯格也让其他公司的领导者明白了他们的这个业务机会到底是从哪儿来的，而且也让他们为日后回报高盛做好准备。

在经历一夜漫长的谈判后，筋疲力尽的各方都要离开福特总部了。亨利·福特和西德尼·温伯格正好都要去纽约拉瓜迪亚机场，所以福特让温伯格和怀特黑德坐他的私人飞机一起走。机上的飞行员问："福特先生，需要我安排车来接您吗？"福特转问："西德尼，你要去曼哈顿吗？"结果温伯格要去的是雪莉-荷兰酒店，而福特去的是丽晶酒店。他们住的酒店相隔不远，所以其实可以两人同搭一车，怀特黑德出于好心想帮帮他们，主动说："我有车停在机场了。我去新泽西反正也得穿过曼哈顿区，很方便把你们送到酒店门口。"当怀特黑德把他的车开到机场的私人停机坪时，福特惊呼："哦！你怎么能让我坐一辆该死的雪佛兰！人们会怎么评价我啊?"

温伯格也学着吃惊的样子说:"约翰,你看看你都干了些什么?怎么能让福特的老板坐雪佛兰的车!简直就是世界末日!"

然后福特问温伯格:"西德尼,你是不是不肯给员工多发钱,让他们连辆好车都买不起?"

临时换车已经来不及了,他们只能尽可能做到保密。严重受挫并且下定决心不能被人看见的福特指示怀特黑德:"如果你这车有遮光帘的话就全拉上!"然后他把衣领高高竖起,整个人蜷缩在低于车窗的位置,希望没人能看到他。他们到曼哈顿之后,福特对怀特黑德说:"让我在两个街区以外的拐角处下车,我自己走到酒店去,我会让门童来取包的。"

不管怎样掩饰,亨利·福特这位大老板在纽约坐雪佛兰游城的消息还是很快传遍了整个底特律。

1956年1月,福特的首发对温伯格来说是个人素质及专业水平的双重胜利,也是高盛在业务领域的巨大成功。温伯格起草的方案使得福特家族获得了超出预料的控股权,而且不用纳税。以当时的价格计算,福特首发确实是有史以来最大一单:以64.50美元一股的价格发行了1 020万股,总价约合7亿多美元(相当于现在的50多亿美元)。这一项首发使得之前所有的股票发行都相形见绌,同时它还吸引了50万名散户投资者。《纽约时报》发表了对此事的评论文章,西德尼·温伯格的光辉形象也出现在了杂志封面上。

从筹划之初,亨利·福特就问温伯格他个人想要的报酬是多少,温伯格一直不肯给一个明确的数字;他自愿就此事以每年1美元的报酬工作,直到事情了结,然后由福特家族决定他的劳动到底值多少钱。除了真金白银的报酬之外,温伯格总说他最珍视的其实是福特亲笔给他写的一封真诚的感谢信,信中除了对他的个人才能大加赞赏之外,还说"如果没有你,就没有我们的今天"。温伯格把这封信装裱在镜框里,挂在他办公室的墙上,每次有客人来他总是会自豪地指给人看,他说:"就我个人而言,这是最好的回报。"他的言辞凿凿远比客人们能体会的要深。最后应该支付给他的货币报酬约合当时的100万美元。而实际上他的收获远没有达到这个数目：两年辛辛苦苦的工作和一次前所未有的成功，仅为这个不可或缺的关键人物带来了25万美元的个人收入。对此深感失望的西德尼·温伯格以后从未对人提起过这个数字。

事实上，真正的回报还是超过了账面上的收入。温伯格成了福特汽车公司的董事之一，并且他把自己的好友保罗·卡伯特拉入了董事会。在之后近半个世纪的时间里，福特一直都是高盛最重要的投行业务客户。更重要的是，西德尼·温伯格利用福特的首发，将他的公司一举推上了华尔街一流投行的位置，高盛自此之后成为一家受人尊敬并且需要与之搞好关系的公司。在此之后，福特多年的融资需求成为高盛能够保持自己一流投行身份的最坚实的业务保证。

福特首发虽然对温伯格和他的公司来讲是一次巨大的成功，但是对很多投资者来说却是一次失败。股票上市价为64.50美元一股，首个交易日报收70美元，这是显著的胜利。但是在之后的几个月时间里，股价一路下跌至40美元附近。这些问题的产生，包括前期的猛涨和后期的持续下跌，都是因为福特坚持要将10%的股票分配给福特自己的经纪商。在首发引发的狂热中，许多经纪商争相购买它的股票。但是后来意识到福特为了维护其成品车库存而背负着大量银行债务时，许多经纪商都感到不得不抛售其股票的压力，由此引发了股价下跌，恶性循环之下致使更多的经纪商抛售其股票。温伯格一直坚信保护投资者利益对发行人来讲是最好的策略，所以福特之后通过发行债券融资1亿美元，并且将债券利率设定在市场通行利率水平之上，这样做的原因也是不想再看到福特在金融市场上有不好的表现。

在福特股票承销业务后不久，温伯格又做了一次大型的债券承销业务——为西尔斯承销3.5亿美元的债券。这也是当年最大的一次面向公众发行的企业债。当时的债券市场需求疲软，很多专业人士都质疑这些债券能不能卖掉，但是事实证明这次债券承销是非常成功的。西尔斯的债券承销完成之后，高盛又接到了通用电气约3亿美元的债券承销，这次是和摩根士丹利联合承销。高盛明显取得了进步,完全有理由为它在华尔街前十名中争得一席之地。

福特在此后多年一直都是高盛最重要的客户,但这是从客户的社会地位来讲,而非从其带来的业务量做出的评价。首发之后,福特并没有进行长期融资,因为亨利·福特完全依赖西德尼·温伯格的财务顾问意见,温伯格坚信利率会不断下调,所以亨利·福特也坚决反对发行任何形式的长期债券。当时的借贷都要通过商业本票完成。不过,温伯格对市场利率的判断出现了失误。由于他在任时期过分干预福特的财务状况,福特那位精明的首席财务官爱德·伦迪十分恼火,在温伯格去世后,福特的经理们巴不得一脚踹开高盛。格斯·利维、约翰·怀特黑德和唐·甘特在温伯格在世时都是管理福特账户的合伙人,他们接到来自福特的警告,说日后他们也要参与竞争才有可能拿到福特的业务,而且他们参与竞争的起跑线位于别的公司之后。虽然甘特后来成功重建了两家公司间的良好关系,但是由于福特在20世纪五六十年代经营状况良好,企业蒸蒸日上,高盛所提供的金融服务在这一时期并没有什么市场。

承销业务并不是温伯格为高盛设定的唯一业务领域。他在企业并购领域也有不少创新的点子。后来约翰·怀特黑德回忆起温伯格的创新精神时不无崇敬之情:"高盛第一次在并购业务中收取顾问费对所有人来说都是新鲜事。自然而然,这肯定又是西德尼·温伯格带来的生意。他人际关系广,认识了杰里·兰伯特(Jerry Lambert)和威廉·华纳(William Warner),这也使得他能够促成两人领导的公司合并为华纳-兰伯特制药公司(Warner-Lambert Pharmaceuticals)。当时高盛收取的顾问费相当可观。那个年代,投行仅仅从股票和债券的承销业务中获得利润,对于兼并和收购业务提供的咨询意见从不收费。但是这次西德尼·温伯格赚了大钱:100万美元!"

温伯格征收的百万美元顾问费不得不说开了华尔街的先河,也为后来华尔街的发展开拓了新的方向——许多并购案例由此开始。但是温伯格并不是企业并购的先锋。1969年,曾有两家美国中西部的零售商哈德逊

(Hudson)和戴顿（Dayton）商谈兼并事宜，高盛为两家公司提供了最不可思议的服务。温伯格和鲍勃·霍顿（Bob Horton）代表哈德逊，而约翰·怀特黑德则代表戴顿。温伯格问："戴顿为什么那么急于扩张？这能给他们带来什么好处？"怀特黑德只是对他翻了翻白眼。并购业务正处在在华尔街取得重要地位的阶段，也是高盛自我提升的一个战略轨迹。温伯格的远见卓识使他完全超越了同时代的其他人。

# 5

# 过渡时期

　　福特首发虽然可以算作西德尼·温伯格个人的完胜，但事实证明这是一次偶然的、不可复制的事件，对高盛在同业内的竞争力成长没有产生任何长远的影响。这种情形是温伯格所不能接受的。他总是在寻找新的机会，而且一旦发现好机会就能迅速加以利用，并从中获益。他铁了心要让自己的公司在投行业内取得更高的地位。

　　除了他本人善于招揽生意的才能和广为人知的声誉外，温伯格为高盛带来的业务才是起到实际作用的。他一身兼任20多家大公司的董事，从而确保了高盛能从这些公司获得业务。作为这些大公司上市的主承销商，高盛以允许其他投行参与由它发起的承销团作为交换条件，保证自己能够参与到其他承销商组织的承销团当中。

　　温伯格的成功很多时候都是因为他能针对特定的人或特定的事采取最直接有效的行动，而他面对的人通常都是公司的CEO们。约翰·怀特黑德对他这种处事方式的解释是："每家公司的组织结构很大程度上是受其客户的影响而设置的，既然西德尼·温伯格能有效地控制他的客户，他也就能成功地掌控整个公司。"约翰·温伯格回忆说："他是绝对的资深合伙人，总之，他就是块当老板的料！我曾经在一次合伙人会议上听过他说这样的话：'你们的意见我都听到了，我也认真仔细地考虑过所有人的观点。但是我现在明确地告诉各位，民主决策到此为止。'然后，他就会宣布自己独断的决定。"

正如与他同时期的华尔街其他企业家一样,温伯格对公司的内部运营毫无兴趣。温伯格在这方面留给儿子的建议是:"不要在公司内部运营上浪费时间。如果他们遇到棘手的问题,他们会带着问题来找你。"约翰后来回忆说:"他对公司的内部运营不感兴趣,他喜欢的是投资银行业务,所以他雇用别人来帮他打理公司。"

唯一一个例外是在公司的人事招聘上。他只在两个层面寻找新人。在最高层面上,他希望找到一位能接他的班,继续打造高盛在投行业领军地位的领导型人物。他觉得当时公司内没有人能担当此重任,所以他招揽了查尔斯·萨尔茨曼(Charles Saltzman)和斯坦利·米勒作为继任的候选。米勒在华尔街历练过,在纽约及全美境内都有广泛的商务联系。萨尔茨曼也有不错的社会关系,身为罗兹学者(Rhodes Scholar),身兼陆军将军及国防部副部长的职务,地位仅次于乔治·马歇尔。可不论这两人的才干如何,高盛的其他合伙人都不接受他们中的任何一人出任公司领导者。其实这也可以说是歪打正着,公司里就空出一个重要职位,等待着日后由格斯·利维担当。利维在任期间带领公司在交易业务方面取得了突飞猛进的发展,一直从20世纪40年代持续到60年代。

在新手层面,温伯格招聘了许多从哈佛毕业的MBA(工商管理硕士),这些人都成为投资银行业务的初级经理人。约翰·怀特黑德也是通过这个层面的招聘于1947年加入高盛的。

怀特黑德出生于伊利诺伊州的埃文斯顿,生于1922年4月2日。他成长在新泽西州,他的父亲曾是新泽西电话局的线路维护人员,后来转到了人事部门。高中毕业之后,约翰被哈弗福德学院录取,在上大学的时候他因为上选修课结识了埃德蒙·斯滕尼斯(Edmund Stennis)。斯滕尼斯因为希特勒掌权的缘故抛弃了他在德国富裕的家庭。在宾夕法尼亚州的哈弗福德落户之后,该学院的院长请他前去任教。他和年轻的怀特黑德建立了特殊的友情。怀特黑德回忆起与这位老师的友谊时说:"是斯滕尼斯帮助我拓展了全球化视野,他让我对欧洲乃至更广阔的世界范围有了认识,这也是日后我对高盛业务必须向全球拓展的信心的来源。"怀特黑德勤奋努力地修完了在哈弗福德的课程,然后在第二次世界大战期间参加了海军。他曾在一艘攻击型运输舰上服役,参加过诺曼底战役、法国南部解放战役、日本硫磺岛及冲绳岛战役等。之后他在哈佛商学院获得了MBA学位(以优异成绩毕业)。此前海军曾指派他在商学院任战时教官,所以怀特黑德有着从老师变成学生的特殊经历。

1947年毕业之后,怀特黑德加入了高盛。当时他只想作为其300多名雇员中的一员,平稳地在这个家族企业中度过一个转型时期:"我当时的设想是在华尔街先经历一段学业结束之后的实际业务培训,通过这个途径最大限度地了解美国的商业圈,最后稳定地进入一个企业管理职位工作,但是稳定下来之前必须多看、多了解一些企业和公司。"在拒绝杜邦(DuPont)财务部门的一份工作之后,怀特黑德接受了他接到的唯一一份投资银行职位,这也是高盛当年招聘的唯一一个此类职位。"坦白地说,我之前根本没有听说过这家公司。"当时他的年薪仅为3 600美元。

20世纪50年代晚期,高盛显然已经成了西德尼·温伯格一个人的公司,约翰·怀特黑德就是他的左膀右臂。"作为西德尼·温伯格的手下,我为他效力,"怀特黑德说,"自然而然地参与了福特股票发行中所有日常的冗杂事务。我被他从众多员工中挑选出来,因为我年轻,不聒噪,而且还不是合伙人。福特股票发行过后不久,我就发现自己又投入了通用电气3亿美元的债券发行业务。在当时那个年代,这是有史以来最大的一单企业债。回想起当年的岁月来,真可谓鼓舞人心啊。"

怀特黑德对高盛位于松树街30号的办公区的第一印象就非常失望。"高盛公司"的招牌用大大的金字嵌在了那幢窄长的20层建筑物的门口,办公楼一侧是一座相比之下高出很多的大厦,另一侧是一家小旅馆。而且办公楼还不是高盛的房产,其产权人是N-L地产公司。其中的N代表"奈丽·萨克斯"(Nellie Sachs),L代表公司当时两位高级合伙人霍华德和沃尔特已经过世的母亲"路易莎·戈德曼·萨克斯"(Louisa Goldman

Sachs)。虽然合伙人们位于17层的红木装饰的办公室让人觉得十分高档,但是怀特黑德办公的地方却是20层一个由壁球场改装的办公区,他和其他6名员工共用一张金属桌。虽然同一办公区内的其他人也都是大学毕业生,但是几乎没人上过商学院。这个原来的壁球场只能通过一个"舷窗"通风,而且窗户还得用一根长竿子才能捅开,所以整个办公区冬冷夏热。怀特黑德追忆当年的情景时说,"不管天气如何,我们都得穿着笔挺的三件套西装",而且必须是羊毛质地的。这就是高盛的风格。

"我第一年还是勉强应付过去了,但是到第二年盛夏酷暑的时节,我觉得怎么也可以在着装上换个风格了,于是我就给自己添置了一身很帅气的泡泡纱衣服。第二天早上,我一身清爽的打扮走进高盛的办公楼,阔步朝电梯走去,心里想着可以在那个可以把人烤熟的办公区里舒服地待上一天了。可正当电梯要往上走的时候,沃尔特·萨克斯跟了进来。身为公司创始人之一的后代,他是公司内最有威望的人之一。矮壮的身材,白色的胡须,他让我一下子就感到很不自在,甚至可以说是一种惊惧,让我那天早上穿着这套西装觉得自己坐也不是站也不是。沃尔特·萨克斯是那种只能你记住他,他可不一定能记住你的人。虽然我们在之前的几个月已经被引荐过很多次了,但是他明显记不得我是谁。'年轻人,'他以一种令人胆寒的语调问我,'你在高盛上班吗?'

"'是的,先生,我是高盛的员工。'我以很自豪的声音回答他。但是他马上就拉长了脸,脸色阴森恐怖。

"'如果是的话,我建议你现在马上回家去把你这身睡衣给我换了。'"

尽管在选择着装上出现了重大的失误,怀特黑德在职业道路上的晋升还是来得很快。他有着不同于常人的远见,并且能够朝着一个目标无怨无悔地工作。怀特黑德就这样很快在公司内获得了晋升,也使得西德尼·温伯格对他刮目相看。

但是在高盛供职数年之后,怀特黑德对自己在公司的发展前景产生了疑问,而且如果在这里止步不前的话,他日后更难有任何大的发展。1954年全年,高盛仅完成一单承销业务。生意越来越萧条,以至于公司的合伙人迈尔斯·克鲁克香克（Myles Cruickshank）在他们那片办公区的角落里放置了一个废纸篓，这样年轻的投行员工们能有些事情做——比赛往篓里投硬币，以此来提起他们工作的兴趣。不过之后情况逐步出现好转，业务机会逐渐多了起来。

但是，怀特黑德还是意识到公司的发展过分依赖于一个人了，而且此人已经达到，甚至超过了其事业的巅峰时期。就算西德尼·温伯格曾经是华尔街上最会拉生意的人，但是怀特黑德仍然无法打消自己的顾虑："西德尼拉来生意，我们精明强干的青年人团队把生意做好，但是我仍然认为一家投行要取得发展和成功，收入来源不能完全依赖一个人。"

就在怀特黑德担忧自己在高盛的前途时，他也不断接到来自其他公司的任职邀请。1956年早期，J·H·惠特尼公司为他提供了成为合伙人的机会，这是一家风险投资公司，由乔克·惠特尼（Jock Whitney）出全资组建，并且承诺普通雇员也可以参与公司赢利的分配。"高盛当时没有什么员工评价体系，所以在你还年轻而且比较有实力的时候，你总是不自主地思索你到底要站在哪一边。我当时已经在高盛任职8年了，而从没有人说起过让我成为一名合伙人，所以我对J·H·惠特尼的任职邀请当然十分感兴趣。"

后来怀特黑德直接找到温伯格，告诉他虽然自己很喜欢为他及高盛服务，但是J·H·惠特尼给了他一份更好的工作，是一份能让他成为合伙人的工作。温伯格用相当坚决的口吻回绝了他："哦，不行，约翰，你不能这么做，也不会这么做。你还得在这儿继续工作下去，只能在高盛。"温伯格立刻拿起电话打给惠特尼，直截了当地对他说："乔克，你的公司想拉约翰·怀特黑德入伙。现在我可以明确地告诉你我们也需要他。他在高盛所做的工作至关重要，他也是我的得力助手。你真的不能抢走他，我们才真正需要他。我没法放他走，所以我请你收回你发出的任职邀请。"惠特尼听从了温伯格的安排，此事就此作罢。当年年底，怀特黑德就成了高盛的合伙人。

为了给公司积累资金，温伯格推行了一套资金存留政策，以使所有人全心全意地为公司的最高利益而奋斗。由此一来，高盛保管了所有合伙人的年收入。结果就是，一旦成为高盛的合伙人之一，个人可支配收入就会突然减少。

L·杰伊·特南鲍姆（L. Jay Tenenbaum）是于1959年成为公司合伙人的，他最初的合伙份额仅为1.5%。他是当时公司名列第二的销售员，仅仅落后于杰里·麦克纳马拉，但是他仍然走在成为高盛的几位主要合伙人之一的道路上。由于有当时资金存留政策的限制，特南鲍姆的可支配收入仅有4万美元——对于他这样一位有家有业的成功人士，并且是生活在纽约的生意人来说，这点儿收入捉襟见肘。事实上，特南鲍姆还得向他父亲借钱才能保证日常的开销。特南鲍姆的处境和其他勤奋工作且抱负远大的年轻合伙人是一样的，他们中的大多数人都是手头很紧，但是工作动力却很足。促使他们努力工作的重要原因，就是他们为公司的成功付出的越多，日后获得的回报也就越多。所以每到两年一次的合伙人贡献评估时，很多人都是心提到嗓子眼儿了。

1962年，特南鲍姆在对公司的贡献已经从单一的销售业务扩展到了套利业务，而且表现不俗。温伯格严肃地对他这位年轻的合伙人说："杰伊，你过去两年干得不错。你和你那一层级的另外四位合伙人都对公司做出了贡献。我觉得是时候认可你们的贡献了，所以我要提升你在合伙制中的份额。从今天起，你的份额由原来的1.5%增长到2%！"温伯格原本以为特南鲍姆会对他感恩戴德，他悠闲地躺在躺椅上等着一个回应："怎么样，年轻人，感觉不错吧？"

在短暂的沉默之后，他得到了一个干脆直接的回答："温伯格先生，我和他们不一样。我要么比别人为高盛付出的更多，要么就做得不如别人好。但是我从不觉得自己和其他什么人在同一个'层级'里。我们是不一样的。"

特南鲍姆这一句话把他们两个人都置于尴尬境地，而且是面对这个能决定他在高盛的前途的人。在一阵长时间的对视之后，温伯格还是终结了这次讨论。但是他也认可了特南鲍姆一番话的核心意思，他说："你专心地再干两年,再为高盛干出些成绩来,到那时候我们再说。"

1968年,温伯格决定提升一位年轻的投资银行家迈克·考尔斯(Mike Cowles)作为公司的合伙人,他亲自给对方打去电话。当考尔斯接起电话时,他听到对方说"西德尼·温伯格",但是温伯格在电话里的声音听起来完全不像本人,而且他平时说话总习惯在最后一个音节用升调,所以每句话听起来都像是在提问。

考尔斯从来不曾想西德尼·温伯格会亲自给他打电话,因为温伯格之前从没有给他打过电话,也没有当面说过话。所以,考尔斯想当然地以为这个电话是打给西德尼·温伯格的,他于是以非常礼貌的态度向对方解释说自己不是温伯格先生。这番解释让电话另一头的人十分恼火,"我知道你不是西德尼·温伯格",然后恼怒地挂了电话。

但是对考尔斯而言最幸运的是温伯格再次打来电话:"是迈克·考尔斯吗?"

"是的。"

"我想任命你做新的合伙人。"

这一次考尔斯以为温伯格是在拿自己开玩笑,而自己坚决不能上钩。他到公司才7年,而通常要10年才能做到合伙人,所以他很花了一点儿时间才反应过来。后来考尔斯懊恼地回忆说:"这个在我职业道路上最重要的第一通电话真是接得十分糟糕啊!"

考尔斯和约翰·贾米森(John Jamison),也就是后来在宝洁收购高乐氏(Clorox)过程中为高盛赢得一大笔收入的人,并被称为"温伯格的嫡系",后来两人都成了高盛的合伙人,格斯·利维也在后来把他的"嫡系"罗伯特·鲁宾(Robert Rubin)安排了进来。

温伯格还有一个让众人折服的本事,就是他能在暗中把事情高效地办成,很多情况下他的强势态度能隐藏得很好。曾经有位投资银行家说过这么一个案例:

一位专门从事企业并购的生意人在把自己的企业弄上市之后，想用首发赚得的钱收购当时价格低廉的鲍德温联合公司（Baldwin United）的股票。他想以高出市场价的报价收购该公司剩余的全部股份。由于当时这家公司的创始家族所持的股份已经交由一家银行托管，这位收购专家知道在这样有利可图的报价之下，银行受托人肯定会顶不住压力而抛售股份。

反收购是高盛的专长之一，所以这家公司向其求助。没有人知道要怎么干，温伯格自然而然就成了他们求助的对象。最初，他也不知道该怎么办。但是之后不久，他就让一位年轻的投行业务员给一个老熟人打电话，在布鲁克林区的一家意大利餐馆安排了一次会面。

温伯格的这位老熟人身着黑色西服、黑色衬衫，打着一条黑色领带，径直坐在饭桌旁就说：“我出面的原因仅仅是因为欠温伯格一个人情。”听取了事情的原委之后，黑衣人只说了他会尽力而为。过了一周他没有给出任何消息，两周之后也没有什么动静。最后，他终于打来电话：“我可以把他摆平了。你就付100美元吧——50美元给摄影师，另外50美元给酒店门童。这家伙在城中的酒店里召妓呢。”

一周之后，这位黑衣人出现在当初想要强势收购鲍德温的企业并购专家的办公室，以礼貌的口气对他说：“你坚信这是一个自由的国度，我也是这么认为的。既然是一个自由的国度，任何人就可以随时买到任何想要的东西。”然后他把酒店里偷拍的相片在此人的桌上一溜排开，接着说：“你几乎可以买到所有的东西。别再想着收购鲍德温，不然你就等着在《纽约邮报》上看照片吧。”说完他就转身走人。之后鲍德温联合企业确实没有被收购，当然照片也没有见诸报端。

"西德尼·温伯格是一个敢于直面挑战的人。"这是乔治·多蒂对他的评价，"他总是能在谈判中针锋相对并且毫不退让。举个例子来说，我曾经为他准备过一份房屋租赁的计划。他说库珀斯-莱布兰德（Coopers & Lybrand）的收费太高。我说这是市场公允价格，而且人家做的工作确实不错。他直瞪着我说：'只要你说的费用是合理的我都会给。但是如果你坚持我付那么多钱的话，我以后就再也不会和你或者你的公司有任何业务往来。'我默默地坚持了该笔费用，他也一声不吭地付了钱。此后我们再也没有说过这件事，双方都默默地做着自己该做的事情。"

温伯格其实也懂得权力的制衡。当他于1969年把格斯·利维提升为公司的董事合伙人时，他就把自己的办公地点搬到了城边的西格兰大厦，这样就为利维管理公司腾出了空间。但是他还是把决定合伙人份额的最高权力牢牢掌握在自己手里，这是合伙人制度中最核心的权力。

最能说明利维和温伯格之间的关系的，莫过于公司合伙人在曼哈顿中城的"21"俱乐部举办的年会上的一次表演。晚宴时，利维起身致辞，他代表所有合伙人以极为谦恭的语气说："温伯格先生，您现在去了上城办公，而我们还在中城，实在已经没法每天都看到您了，我们只想让您知道我们无时无刻不挂念着您，我们为您现在还能活跃在商界而感到欣慰，我们也想让您知道每一天我们都想念您，也想让您体会到您在我们心目中是如何受尊崇。无论何时何地，高盛与您同在——您也永远与高盛同在。"

话音刚落，掌声四起，说明利维的发言代表了所有合伙人的一致意见。温伯格起身回敬。"格斯，你这番话说得很好，我很高兴你们所说、所想、所为都是一致的。"但是他的态度突然从感谢转变成了命令的口气，"但是你永远也别忘了一点，格斯。不论我在哪儿，我永远是高盛最资深的合伙人，我才是真正掌控这家公司的人！"温伯格话尽，自己坐下了。整个屋子一片肃静，这只能说明一个问题：格斯·利维的决策还是要向西德尼·温伯格汇报。

20世纪60年代，西德尼·温伯格已经到了功成身退的年纪。他对妻子说："如果我明天就死了，我不希望任何人来悼念我，因为我这一辈子每一天都比前一天活得更好。"他于30年代的危机中挽救了高盛，在四五十年代凭借在政府的任职和多家企业的董事任职资格塑造了公司的高端形象，并且为高盛订立了一系列核心政策：资金存留，强势竞争，诚实守信，对高调办事或装腔作势的不屑，以及艰苦奋斗等。高盛在他的手上发生了永久性的转变，但是温伯格老了，逐渐跟不上潮流了。

高盛于1969年庆祝公司百年诞辰。在经过一番计划之后，公司将庆典的地点由合伙人开办年度圣诞派对的"21"俱乐部挪到了一个更宽敞的地点，这样一来就可以让合伙人偕夫人参加，这也是高盛有史以来第一次邀请夫人们参加聚会。在这次聚会上，温伯格向大家介绍了一位重要的新的合伙人。亨利·福勒是前财政部长，一直是战时生产委员会最重要的成员之一，在此之后他成了高盛国际的董事长。

当温伯格的常规致辞结束后，特鲁迪·福勒（Trudye Fowler）走到长桌的顶头，想要谈几句感想。温伯格将麦克递给她，她说："一年之前，我们夫妇二人曾受总统和约翰逊夫人之邀在白宫做客，当时出席的都是美国的领袖人物——那当然是一个令人兴奋不已的场合。但是今晚的聚会与之相比更令人振奋，因为今晚是高盛所有合伙人的妻子们第一次受邀。这样一个举措不仅构思奇妙，更让我们都了解到高盛是一个怎样的公司。"然后她回头对温伯格报以一个感恩的微笑，接着说："所以西德尼·温伯格，我要真诚地对你说：谢谢您！"

温伯格接回了麦克，他补充道："特鲁迪，很感谢你说了这么一番感人肺腑的话。我很感动。明天，我就让管理委员会把邀请夫人们参与聚会也定成公司的新规矩……当然我现在就可以邀请各位夫人前来参加今年的圣诞聚会……也希望你们能回来参加高盛200周年纪念会。"

数十年以来，温伯格都坚持董事们应该最多任职到70岁的原则，之后就该给年轻人腾地方，但是后来他自己破了例："我和其他老家伙们可不一样——那些坐轮椅的家伙——他们甚至开会过程中都能睡着。我绝不会那样！"温伯格直到77岁去世前的1969年都一直担任福特的董事。

# 6 格斯·利维

格斯·利维出生并成长在新奥尔良，所以他一直以来说话都带着路易斯安那州特有的含混口音。他的父亲西格蒙·利维是一位包装箱生产商，他的母亲名叫贝拉·雷曼·利维。1923年父亲去世时他才刚刚12岁，而且他是家里唯一的男孩儿。之后的童年时代，格斯跟随母亲和两位姐姐迁到了巴黎。他上了当地的美国人学校，但是他声称自己当年多数时光"只是到处乱晃"度过的。回到路易斯安那州之后，他上了杜兰大学，但是仅几个月之后就退学并前往纽约。在纽约时，他租住在希伯来青年会位于第92街的一间宿舍里，随后在纽伯格公司（Newborg & Company）的套汇业务上成为一名助理交易员。有时候，他下班之后会去中央公园的酒吧跳跳舞。

1933年，在朋友的推荐下，格斯·利维进入了高盛，年薪仅1 500美元。他先是从事国外债券业务，然后是套汇业务，在这项业务上他当时还是跟随埃德加·巴鲁克（Edgar Baruc）学习的实习生。巴鲁克是个总是西装笔挺，连小胡须都要打蜡的人。巴鲁克也是萨克斯家族的好友，但是他从来没有成为高盛的合伙人，因为萨克斯家族认为任何曾在破产倒闭企业供过职的人都会给高盛的合伙人制度造成不利的影响。因为他早年曾与一家破产的公司有关系，所以巴鲁克实际上一直是利维的下属。他们齐心协力在沃尔特·萨克斯的领导下工作，沃尔特说，他们为公司

"贡献了宝贵的意见，在最暗淡的年头里为公司创造了相当可观的财富"。

格斯·利维后来在60年代及70年代早期成为华尔街最有影响力的人物之一，他的头衔包括：纽约证券交易所主席、西奈山医院院长、共和党实力人物、多家企业评选出来的"最佳"外部董事、纽约慈善筹款事业的中心人物、企业融资市场的核心，当然，还是高盛无可争议的领袖。但是利维刚进入高盛时离权力和名誉还相距甚远，因为当时高盛还没能走出高盛交易公司造成的丑闻。

利维喜欢评价自己是"在股市崩盘时亏得最少的几个人之一，因为我当时根本没什么钱去赔"。他搬离第92街希伯来青年会的宿舍时还欠着2美元的房租。（他后来成为这家组织的母公司犹太慈善联盟的主要赞助商，他的理由是："他们在我最需要的时候给我带来了友谊和信心。"）到30年代末，利维已经赚到了他的首个百万美元。在高盛重整旗鼓的年头里，虽然他还带着浓重的地方口音，但是凭借自己在数学方面的天赋、过人的记忆力、善于交友的性格，以及能长时间集中精力工作等优点，他在公司内的地位稳步攀升。

随着世界大战的临近，自恃身材魁梧的利维下定决心要参战。他临行前只给妻子珍妮特留下了一句再简单不过的话："我要去了。"然后他通过华尔街一位朋友的介绍成了一名军人，从1941年开始负责导航及通信等任务。1942年他加入陆军时仅仅是名一等兵，之后他去了后备军官学校参加训练，加入空军第八师之后他参与了登陆法国的战役，晋升为少校，退伍时已经是中校了。1945年，他以合伙人的身份回到高盛，与巴鲁克一起将高盛的套汇业务不断向前推进，"使其成了华尔街上最活跃的场外交易部门"。

利维靠套汇业务起家，还涉足对因大型公用事业公司分裂而产生的鱼龙混杂的各类型证券进行分析和交易的业务，之后参与了无数铁路公司的重组业务。虽然当时美国的铁路行业受战时客货运输巨大需求的拉动出现了迅速的发展，但是在战后萧条期内也陷入了不可避免的长期衰退。

根据1937年《公用事业控股公司法案》的规定，像塞缪尔·英萨尔的公用事业帝国这样被债务压得不能翻身的集团公司也可以在重组之后重新上市，但是前提是承诺控股公司仅可以保留那些服务范围在地域上高度临近的实体公司，地理上相距太远的资产按规定应从母公司剥离出来。这些新独立出来的实体公司的股票如果要上市交易，其控股公司重组方案必须得到证券交易委员会批准，而"是否批准以及何时批准"都是未知数。所以当大型的控股公司被强行打破之后，投资者就必须对每家实体公司的市场价值进行独立的评估，以此决定日后的投资方向。

在这种市场状况下，投资者和公用事业公司都急需精明的风险套利专家为其筹措巨额资金，提前为这些"可能发行"的证券做市。套利业务一般是在非流通股上进行大规模的多头或卖空操作。这样的市场需求无疑为利维提供了良好的业务机会。他能直接筹措到大量资金，而且作为一位老交易员，他多年来从事的就是以现有证券交换新证券，然后在"可能发行"的基础上买卖新证券的交易——这种交易的利润来源是批发和零售间的价差以及价差的浮动。要从事这种套利业务，就需要不断地锻炼自己的本领，学会收集看似毫无关联的大量信息，通过分析这些信息对其他人现在"没兴趣"的灰色领域做出估计。如果在恰当的时间以恰当的方式激活了这个灰色领域，那么这些原本静止的买卖交易就会活跃起来，而且有时还能带来十分可观的交易量。

市场对刚刚发行的不成熟的公用事业公司及铁路公司股票的判断有着很大的不确定性，因为这些公司都涉及很多法律及信用的问题，而正是这样的市场环境为利维这样目光敏锐且训练有素的套利高手提供了理想的业务机会。与他同时期的高盛合伙人阿尔·费尔德评价他时说："格斯非常聪明，而且十分有创新的才能。20世纪40年代，他通过充分发掘那些大型铁路公司及公用事业公司融资所发行的'可能上市'的股票交易业务，为高盛开辟了一条全新的财路。他在开创优质市场方面有良好的声誉，而且他开辟的都是大型市场。在风险控制方面，一旦需要他承担损失，他绝对会毫不犹豫地承担下来。"

1953年，巴鲁克突然辞世，利维接手他的工作，继续打造一个"高效且有战斗力的组织"。一旦公司出现连续两个月或三个月的运营亏损，萨克斯家族就会召集一次财务审计会议，通常会邀请莱布兰德·罗斯兄弟-蒙哥马利公司（Lybrand Ross Brothers & Montgomery，即后来的库珀斯-莱布兰德公司）的乔治·E·多蒂来进行联审。多蒂回忆说："格斯·利维培养了一小群十分忠于他并且口风很紧的下属，这些人仅向他汇报工作。他们完好地保管着为了铁路股票套利业务所需的复杂冗长的记录。他们的原则非常简单：'什么都不知道，什么都不说。'"

为了增加交易量并拉动需求的增长，利维总是在电话上和他的客户长时间交谈，向不同的机构推销新证券。在推销证券的过程中，利维可能会说，"如果你需要卖掉别的股票为我们的交易筹资的话，我很乐意购买你想要出售的任何东西"，或者追问，"如果你不想购买密苏里太平洋铁路的话，你可以考虑买点儿别的"。这是高盛最早开始和机构投资者商谈关于交易的业务，而不再仅仅商谈投资的事项。当然，他们的起点很低。当时股票交易部门的办公桌上仅有三位员工。利维后来说："我们当时没有任何电子报价设备，所以我们还是得紧盯着报价机的纸带，随时掌握销售的情况及市场动向。"

开展套利业务的标准很高：首先，需要不断增长的交易量；其次，需要不断有新的资金注入，以保证交易顺利进行；再次，需要有果断的决策来把握转瞬即逝的机会；最后，当然还需要能够严守秘密的职业素养。这些业务领域的变化很大程度上反映了经纪业务的固有特点也在发生变化，而这些变化很大程度上是由机构投资者越来越活跃的市场参与程度决定的。市场的变化为格斯·利维这样有头脑、有决心的人创造了机会。

50年代中期，华尔街的气氛开始出现转变。很多曾在大萧条时期经历过种种困难的人都到了退休年龄，开始大批地离开华尔街，也把遭遇另一个大萧条的恐惧和担忧远远地抛在了脑后。年轻人怀着美好愿望和对未来的憧憬大量涌入这个商业圈。但是，最早预示市场氛围将出现变化的因素十分不起眼，很容易被人们忽视。1956年，高盛所有"与机构相关的业务"总额不过30万美元。这点儿业务量在那些家庭富庶、已经过上舒适的生活、在华尔街知名大公司任高级合伙人的经理人眼中根本不值一提。这些逢人便自称为投资银行家的人中间有一种默契，即开展经纪业务或股票交易业务只是为了在股票承销团中占有一席之地，根本谈不上赚什么钱。但是对致力于不断前进的人来说，就算是微不足道的小业务也昭示着未来不可限量的发展机会。

因为高盛的多数员工并没有什么显赫的身世，他们深知只有通过艰苦努力才能创造属于自己的财富，而且很多其他公司都视高盛为圈外人，所以他们也可以毫无顾忌地冒着风险开展许多新业务，而不怕被其他人看作"异类"。在高盛介入机构大宗交易业务的过程中，纽约证券交易所的一位场内专家鲍勃·门舍尔起到了重要的作用。在此类业务诞生之初，他就说服利维把他充沛的精力中的一部分投入这个新生业务。门舍尔后来回忆说："当时，交易所内一片寂静。我们想方设法为公司寻找更多的生意机会，而且都是从我们任职的公司所从事的、我们熟悉的业务入手。"曾有一次，由于市场业务的活跃程度不断增加，西德尼·温伯格当时任董事的一家公司将要开展一次兼并业务，这就是日后门舍尔能够直接给温伯格写信联络的契机。一年之后，门舍尔致信温伯格，简要回顾他们之前曾经见过面。他在信中介绍并详细解释了他发现的一些市场上有趣的新动向：交易量为1 000股，5 000股，有时甚至是10 000股的交易正成为机构投资者的新选择。"我注意到了这样的新现象，而且我觉得这样的趋势会发展成为日后相当重要的业务种类，特别利于与保险公司及其他机构开展合作。5 000股或10 000股这样大量的交易对于交易所内单枪匹马的交易员而言实在是无法驾驭，因为他们通常处理的都是100股或200股的交易，他们手头不可能有那么多资金去处理大宗交易。"

温伯格之后把信交给利维并附上了一张便条："我想不起来是不是见过他，但是你一定得见一见。"利维是个对新业务非常敏感的人，而凑巧的是，他当时正在接待这位交易员。他看了信之后说："不论5万股还是10万股，我肯定参与你的交易。"两人正式会面之后，对市场将发生新的变化达成了一致意见，然后利维安排高盛的8位合伙人对他进行了面试。6个月之后，门舍尔加入了高盛。"我的叔叔怒火万丈，他根本没想到我会放弃在交易所的工作。高盛的很多合伙人也觉得不可思议：和华尔街上许多商人一样，他们一辈子的梦想就是在事业的巅峰时期能拥有一个（交易所内的）位置。但是我当时确实对交易所内的工作感到百无聊赖。你要想在交易所内打发一整天时间，就得学会和其他交易员打扑克，可惜我不会。"

利维和高盛在套利业务上久经历练，他们对做市的时间和风险有了新的认识。同一时期，业内其他公司都对"本金"交易产生的损益当天计算。对场外做市业务进行当天统计是有意义的，因为这些交易都是独立的，一宗交易与另外一宗不会产生任何联系。但是这种在零售交易当中执行得不错的规则，却引发了机构大宗交易中严重的错误决策，因为大宗交易的成交靠的完全是关系，都是由回头客带来的循环交易。除此之外，场外交易员的首要任务是保护企业股东的资金，同时避免由员工犯错带来的损失。高盛当时的状况是，承担风险的资金全都是合伙人的自有资金，合伙人同时也是前台做业务的一线业务员，也就是说员工和股东是同一批人。他们熟悉这些操作自己户头的人，因为他们每天抬头不见低头见。为了给高盛创造利润，他们的首要目的不是避免亏损，而是为公司开发有利可图的商务联系，从而为公司长期赢利的前景开创一个好的局面。他们以公司负责人的长远眼光把股票交易业务定位为一项能够长期赢利的业务。把一流的服务和风险投资资金结合在一起，交易类业务也能被打造成有长期成长力的生意。要从事大宗交易就要承受业务开展的艰难，面对强烈的竞争，也要求业务员具有良好的素质，更需要敢于承担风险的勇气。高盛就是秉承了以上这些优点，在利维的领导下与业内其他几个竞争对手一起，把交易业务打造成了一种凭借广泛的企业关系才能取得成功的业务。从事这项业务就像骑着一匹野马，只有以长远的眼光来驾驭它才可能获得充分的回报。

大宗交易业务从不同的方面来说都取得了进步。首先是大宗交易的单数明显增加，其次是大宗交易的量在稳步上升，此外，参与大宗交易的机构数量也明显增加。随着交易量的翻倍，获得的利润和由此带来的竞争也自然而然地翻倍。利维决心要独占这项数量可观、飞速发展的业务，因为他知道，最大的利润总是由业内最顶尖的公司获得，所以高盛必须成为这个领域的领头羊。"格斯总是以百分之百的精力投入这项业务，他的全情投入有时让人胆寒，有时也能激发人最大的潜力。"这是门舍尔对他的评价，"他对于拿到每一单生意是如此在意，一旦我们丢了一单他就差不多要抓狂。格斯会揪住我们的一次失败在公司里大发脾气：'我们要出局了！我们在市场里无足轻重了！我们错过了这个机会！我们的竞争力都哪儿去了！'为了开发新的业务，我们不得不千方百计寻找能使格斯平静下来的机会，至少不要让他冲到我们面前来。"

门舍尔认为，"开发一单业务就如同钓鱼一样，需要高度的耐心和默默的坚持才能钓到大鱼"。他根据大宗交易的整体情况编制了一份量化表，记录了交易的单数，成交的股票数，以及每一宗的量，由此向利维证明公司在这个业务领域的表现是相当好的。（也就是在这个阶段，利维开始佩戴一位希腊朋友赠送给他的排忧念珠。）最后，鲍勃·门舍尔和L·杰伊·特南鲍姆都决定不再干这项业务了，因为利维对他们施加的压力实在太大，甚至能让他们丢掉性命。但是，也正是因为利维这种推动才使得公司有了很好的回报：截至60年代末，利维领导的交易业务所带来的利润约占公司总利润的一半。利维个人事业达到顶峰时持有公司10%的股份，也成为公认的高盛最高领导人。

利维永远不会忘记他第一次意识到自己已经成为一个重要人物时的情形：西德尼·温伯格私下问他愿不愿意在合伙人年度晚宴上坐在自己旁边。当1969年温伯格不得不将权力交给一位继任者时，利维责无旁贷地成了高盛的董事合伙人。作为在公司内有着大批忠实下属且可以呼风唤雨的人物，他是最顺理成章的继任者。而且公司做出这种决定的原因很简单，也很有根据：他当时已经是事实上的决策者了。约翰·温伯格后来对这件事的看法是："如果格斯让我做什么事情，我肯定照办，随时候命！"

西德尼·温伯格对利维为公司带来的投资银行业务十分赞赏，也对利维个人的赢利能力和领导才能十分肯定，但是他对利维通过大宗交易带来的"不像样的"杂牌公司的投行业务却不屑一顾。利维总是想方设法要把这些小生意做成，但是这却成了西德尼·温伯格担忧的一件事。他对利维的业务对象忧心忡忡，这些人当中就有吉米·林（Jimmy Ling）、诺顿·西蒙（Norton Simon）以及默奇森家族（Murchisons）这些追名逐利的人。但是当时也就是这些人才能带来业务，利维自然而然地朝着业务就去了。约翰·怀特黑德对利维的评价是："他这个人只有一个念头：我要更多！格斯可以把任何人当作他的客户。就如同他极力避免坐在17层那些有着独立窗户的办公室里，而选择坐在13层的交易室里一样，他选择生意伙伴都是看对方是不是实干，而非通过层级选人。"虽然温伯格对利维强大的商业开发能力及卓越的工作才能欣赏有加，但他还是不能放心地让一个凭着交易员的直觉去工作的人处于不受限制的公司领导职位上。温伯格对利维的要求很严，利维对温伯格的儿子约翰抱怨说："我迟早得离开这家公司！"

就在利维成为公司的董事合伙人之前，温伯格已经意识到自己离退休不远了。他召集了一次管理委员会会议，参加会议的都是忠于他的公司合伙人，他要借助这群人的力量对利维形成牵制，也是为了防止利维把公司由银行业公司转型为交易型公司，贝尔斯登（Bear Stearns）正是在利维的好友西·刘易斯的强势领导下才发生了这样的转变。作为公司的董事合伙人，利维拥有49%的投票权，所以正如乔治·多蒂解释的那样："如果想制止格斯，你必须征得其他所有合伙人的一致意见，但是如果格斯想要做成一件事情，只需要拉一票就可以了。"在利维成为董事合伙人的头几年里，温伯格知道管理委员会会忠实地履行作为他的眼线的职责，任何重大的决策都会汇报给他，最终按照他的示意投票。但是哪怕就算有这样一个制衡的机构，温伯格还是不太放心，所以他一直担任着高级合伙人的职务，并且一直掌控着合伙人份额的决策权。

虽然一直对温伯格保持尊敬，但利维仅仅认可了委员会存在的形式，对其职能丝毫没有放在心上。委员会每周都会举行例会，但是这些会议通常只有15分钟，大家也没有什么讨论，没有会议议程，没有会议纪要，甚至委员们都没有椅子坐下。他们在利维的办公室碰头,不仅站着说话,而且利维经常在会议过程中接电话,以示他对这个委员会的存在毫不重视。约翰·温伯格承认:"格斯对于每次行动都要经过委员会的安排恨得牙痒痒。"约翰·怀特黑德也注意到:"格斯内心没有安全感,他总是觉得自己可能接不了西德尼·温伯格的班。"

多蒂后来回忆说:"西德尼和格斯在很多方面都是不同的。举例来讲,西德尼会认认真真地听完你的汇报,但是最后完全不予采纳。格斯也会听,边听边打断而且还时不时争论上几句,但是他如果觉得建议好就会记在心里,最后也会落实到行动上。"

利维要求,最后呈送到他面前的决定一定要简单,简要地说明事情的原委,并明确要采取的行动。文字必须经过认真的揣摩,最后落到纸上通常只有四五行。如果超出了这个长度,利维一定会认为你还没有做好行动的准备。当然,开展每一项业务之前公司内都会进行广泛的调查和咨询,但是一旦形成了决议,那么之前所做的功课都没有必要大费周章地在决议中进行重复。利维在收到文件后24小时内通常就会给出回复。合伙人彼得·萨瑟多特说:"要想和格斯约时间是相当困难的,但是只要他看到你的文件总会及时给你个回复。"利维对于公司内部的电话总是当天回复,很多情况下都是在一个小时内就回复。不过他的通话总是简明扼要。

利维在讨论过程中只要形成了决定就会停止讨论,他的性格就是这样具有决断力。约翰·怀特黑德对他的评价是:"格斯总是孜孜不倦地工作,从来不浪费时间。格斯谈话从来没有废话。"当利维提问的时候,他期待的答案必须简短直接,并且有针对性。他最厌恶模棱两可和不确定性。曾有一位同事这样回答他的问题:"我们或许(may)可以采取一些可能(may)有帮助的行动。"利维当即打断他说:"May(可译为"5月"或"或许")这个词代表的是4月和6月中间那个时段。它在高盛没有其他任何意思。"

"有些情况下,你可以促使格斯采取你建议的行动,只要你能想办法占用他尽量多的时间去讨论你提出的行动方案。"这是多蒂的评论,"(合伙人)沃尔特·布莱恩是个非常正统的人,他谈论起方案来总是长篇大论。有时候,格斯采取布莱恩提出的方案,并不是由于两人达成了一致,而是因为格斯认为为了形成一个决定而听布莱恩事无巨细地陈述半天实在是不值得。格斯的决策通常比他给出的理由要明智得多。他的直觉很准,而且思辨也很快。"合伙人雷·杨的评价是:"格斯头脑灵活,对数字尤其敏感。他唯一的缺点是:他极少,甚至从没有对别人做得成功的事情提出过表扬。"有时候他可能很早或很晚给家人打去电话,也极少听到他和家人开个玩笑。

有些无须经过格斯做决定的事自然要交给别人去做。一位负责银行业务的合伙人说:"如果他信任你的话,他会很明确地给你分工。但有时他也会全程参与到你的决策过程中来。"利维有着常人不及的决断力和判断力。一位与他同时期的合伙人注意到:"他绝对算不上世界上最聪明的人,最多也就是华尔街的平庸之辈,但是当你和他认识之后就会觉得这是一个精明的家伙。人们并不会对他的聪明才智感到吃惊,但总是相信格斯是个可以成事的人。"利维兼具多项优点,他对什么事可干的直觉很准,对行动时机的把握不错,他也十分了解市场存在的风险,同时还有着挑战风险、完成任务的毅力。他通过不断谈判寻求全新的业务机会,同时瞄准优势地位。

"格斯与人沟通很有技巧,无论和公司内还是公司外的人面对面的谈话都很注意细节。"这是多蒂后来做出的评价,"他会在谈话中给我造成一种某某事已经由某某人做出决定的印象,潜台词就是他在此事上无能为力,他和公司都只能听之任之。好几回他都用这种方法把我给'打发'了。如果你拒绝接受他这种说辞,你很快就会惊奇地发现,你们继续谈的结果还是他的决策方案。"

利维能把别人"摆平",但是他绝对不想让任何人把他摆平。这也是后来"两张包厢票"成为高盛历史上最危险的一句话的原因。故事是这样的,曾有一名不是十分具有竞争力的销售业务员(此人后来被裁员时还将公司告上了法庭,起诉公司存在年龄歧视)买到了1972年NBA总决赛尼克斯队对凯尔特人队比赛的两张包厢票——这可是当时篮球史上最受追捧的比赛之一。亨利·福特想去看这场比赛。他打电话问格斯·利维能不能弄到票。当时这位销售员是唯一一个还有两张票的人,所以利维问他能不能为了公司最重要的客户割爱一次。这名销售员当时就拒绝了,他说:"格斯,我说出去的话就是我定的契约。我已经把票承诺给我的一位客户了。就算是亨利·福特和格斯您本人要这个票,我也不能撤销我对客户的承诺。"尽管十分不情愿,利维还是接受了这样的理由,因为他也是一个坚信承诺必须履行,对待客户必须真诚的人。但是随着观众们潮水般涌入麦迪逊花园广场,有人看到那名销售员在叫卖他的那两张票,都是"红色"包厢区的座位。他就站在台阶最上面叫卖。"嘿!两张包厢票!买我的票了啊!抓紧时间了!我有你最需要的票:两张红色包厢票!"对他而言最幸运的事就是他当时叫卖的话没有传到利维耳朵里。

利维几乎不会错过任何机会,并且能够处理诸多事务都是靠他有过人的自律性。每天的事务他都安排得井井有条,并密切监控着公司采取的任何一个措施。他常用一个法律文书标准页大小的黄纸本罗列出自己一天要做的事情,通常一行就是一件事。他每天早上5点半起床,在自己的脚踏车上运动一会儿,再做做祈祷,7点钟准时开始工作。他对照黄纸本逐个逐个地打电话。利维是位难得的执行者。孟山都公司的CEO曾讲过一个这样的故事:"格斯有可能一大早就给我打来电话,给我把许多股票的价钱都报一遍。这样的做法没有什么理由,然后他会说,'我只不过觉得你可能会感兴趣',然后就挂了。"他日复一日地像这样打着电话,每天要打出去十多个。他总是一副令人愉快的态度,而且每通电话不会超过30秒。然后利维就会开始接到客户给他打来的回电,他总是亲自接听这些电话。而且在他的影响下,高盛的所有销售人员都是亲自接电话的。利维并不需要在他和客户之间隔上一位秘书。那样做只会造成客户与销售人员的"分离",白白浪费宝贵的时间。高强度的工作对利维而言非常重要。

多蒂回忆说:"如果他在某个星期一给我打来电话安排业务,我会告诉他干这件事情需要多久,比如说我们需要三个星期,但是他绝对等不到三个星期。第二个星期一他肯定会打电话催问事情做完没有。我只得再次向他从头解释为什么一定要三个星期才能完成任务,也会提醒他我们之前已经就三个星期的时间达成了共识。但是我们之间的火药味肯定也会因此越来越浓,他一定会想方设法逼着我尽快做完事情,至少不能晚于之前同意的时间。"有一天傍晚,利维用他的车送一位竞争对手回家。这位商业对手注意到当时利维手头有不止一页的记事,每一行都记录着一位当天给他来电却没来得及回复的人或没处理的事情。当时天色已晚,这位乘客就说这些都是明天的麻烦事了。但是利维毫不迟疑地说:"午夜之前一定给所有人回完电话。"

一位在伦敦供职的销售人员对利维的勤奋有切身的体会。"从欧洲飞抵纽约之后的头一夜我因为时差的关系早早就醒来,而且再也睡不着了,所以我决定不要浪费时间,还是早一点儿到办公室里去。我记得走进办公楼电梯的时候是早上7点差10分,正准备往上走时却发现另一个人跟了进来,正是格斯·利维。两周之后,我又出差到纽约,还是睡不着觉,这次也决定早点儿去办公室。当时是早上7点差一刻,我又遇上了格斯。在我看来,领导者起到的这种带头作用就是为整个公司订立标准的最好方式,也是让下面的人忠于企业的最重要原因。"利维雇用了两位非常有效率的秘书——伊内兹·索拉米和贝蒂·桑福德,他们日常工作繁忙而且总是7点准时上班。合伙人吉姆·戈特回忆说:"格斯·利维是一位实干的人,总是7点之前就到办公室,工作得比狗还勤奋!格斯以自己对公司的奉献树立了一个榜样——他希望其他人都能效仿他的勤奋。"退休后的合伙人都一致认为,高盛那种既强调个人表现又看中团队协作的企业文化就是起源于格斯·利维。

"公司内部的工作作风是区分公司好坏的重要标准,"一位大宗交易的竞争对手说,"70年代大多数公司的上班时间是早上9点,很多公司也可能在8点半上班,只有一小部分会在8点就开始工作。唯独高盛,所有人都会在7点早早到岗,因为他们是真正想做事的人。这也使得他们有着不同于其他公司的自我认同感，他们认为自己就是与众不同。格斯的标准就是要确保在每天最早上班的人当中有自己的身影。"

就像利维自己说的那样，"我们精神百倍地上班。我们热衷于抢着做业务。我们从中获利，也从中获得乐趣。我们并不想剥夺任何人与家人共享天伦的生活，但是我们的工作确实需要员工投入整天整天的时间。我们想让高盛在每位员工心目中仅次于他的妻子和家庭，是紧随其后的第二位"。弗雷德·韦因茨回忆说："格斯在公司内部有令人敬畏的地位。他曾经有一次对自己的投入程度开玩笑说：'你只要塞给我把扫帚，我就乐意为公司扫地！'"

利维通常一晚上至少排两个晚宴，而且肯定有一个安排在"21"俱乐部。花旗银行的沃尔特·里斯顿说："每晚6点左右，总会有两个格斯·利维同时出现的场景，肯定都是身着燕尾服去参加曼哈顿的某个酒宴，而且两个身影都行色匆匆。"和许多他的华尔街前辈和后来者一样，利维总有很多要忙的地方。利维在政坛和慈善事业上也有不少成绩，同时兼任21家企业的董事。约翰·怀特黑德不无羡慕地说："（他任董事的公司的）CEO们无不称赞格斯·利维是他们见过的最好的外部董事。让一家公司的老板称赞你是一位好的外部董事很容易，但是要让所有你任职的公司都承认你是一位好董事却是一件几乎不可能的事。但人们都是这样称赞利维的。"除了商务圈之外，他还多方参与非营利组织的活动，尤其是在西奈山医院中，他担任了多年的CEO和执行院长。他当然也参加过无数筹措善款的活动和无数政治活动。他还兼任林肯中心的财务总监、现代艺术博物馆以及肯尼迪中心的理事、纽约及新泽西港务局的委员，还曾三次担任犹太联合组织（United Jewish Appeal）的财务主任。

在里茨集团朗万-查尔斯公司（Lanvin-Charles of the Ritz）的董事会任职时，他与其他董事们完全不在一条道上，而且与该公司那位世俗老练的CEO理查德·所罗门更是毫无共同点。他毫不掩饰自己不在所谓高雅之流。举例来说，当别的董事都端坐在同一张桌前时，利维独坐在角落里，一边关注董事们的讨论，一边在电话上跟一个又一个人通话。他言语粗鲁是出了名的,有时当着在座所有董事,他会冲着电话另一头的高盛员工高喊:"那个杂种以为他能在我面前撒野。他有狗屁本事跟我们对着干,告诉他死远点儿。"

"格斯是一位领导者,但绝对不是一位管理者。"L·杰伊·特南鲍姆说,"格斯从不做计划。所有的事情都是当天处理,甚至在更短的时间内了结,有的时候就是一桩一件地处理业务。他只会在发生危机的时候才出手解救。格斯最憎恶的事情莫过于发现公司业务出现没有做到位的地方。我甚至到现在还能听到他非常不高兴地冲着我喊:'杰伊!我们在期权上没有业务了!我们在期权业务上落后了!'他就是希望我马上为公司在期权业务上开拓出一块领地,他逼我的话我还记得,'我付你工资是干吗的?'如果你发现格斯没有抱怨你的工作,没有表现出对你工作的不满,或者没有对你大吼大叫的话,那你就知足吧,说明他觉得你的工作干得还不错。他不是一位称职的老师,从来不对我们解释什么事该怎么做,更不说为什么要做。格斯只是知道,电话如果由他亲自打,交易由他亲自过问,获得的结果可能更好,甚至好得多,而一切的前提都是他自己亲自去做。"

"在交易业务方面,'亲力亲为'真的很重要。"一位对高盛羡慕不已的竞争对手说,"高盛人总是为他们的客户'时刻准备着'。他们深谙承受这些个人小损失背后的大智慧,而且他们确实做出了不少牺牲。但是这样的做法保证了他们在大单子出现时总能抓住机会,由此也就可以通过做大生意赚大钱。在等待大生意出现的过程中,他们不会不屑于在众多的小机会中寻找可以获利的业务,可能在大宗交易出现之前他们还正在做几千股的小业务。这就是当年从事大宗交易的公司的特点。"

利维对其他人施加压力,也给自己施加同样甚至更大压力,塑造了整个公司办事有效率、内部极为协作的特点,而且员工对外都显得很有竞争力,一次又一次地为公司带来额外的生意和额外的利润。罗杰·默里是一家大机构投资者TIAA-CREF的投资组合经理。在经过仔细研究之后,他决定在某年的12月末调整投资组合,而且他认为调整的最佳时机必须在年末之前。高盛的合伙人之一基尼·默西回忆起此事来脸上还带着微笑:"罗杰从家里给我打来电话,当时已经是圣诞前夜了,他还在工作。他急切地说:'我们现在有一个大业务要做,而且现在就要做。其他公司都已经放圣诞节的假了,所以我只能请你们帮我完成一系列公用事业公司股票的大宗交易。'我们迅速查看了他们的投资组合,然后同意在收盘时帮他们完成交易。当窗外已经响起救世军的音乐时,罗杰同意了我们进行交易的请求,我们在纽约证券交易所当天收盘前一分钟内成交了占当天总量15%的交易。按照旧利率,我们一单就收取了42.5万美元的佣金。这就是'时刻准备着'的含义,哪怕在圣诞前夜也要做好接电话的准备。"

还有一次,纳瓦霍印第安人获得了联邦政府的巨额赔付,媒体在周四报道了该新闻。次周的周二,花旗银行的经理们就赶到了亚利桑那州,以为他们肯定是第一批和部落头人搭上线的人。当然后来他们的震惊也容易理解,因为他们听到的回答是:"我们已经有一位金融顾问了,格斯·利维上周六就来过。现在格斯·利维才是我们的投资银行家。"

另一次在孟菲斯,为了帮助合伙人罗伊·朱克伯格开创公司的个人投资者业务,利维突然变成了一个地地道道的美国南方人。在和一群本地商人谈判时,他从态度和言语上都刻意把自己和纽约、美国北部以及北方佬的形象逐渐拉开距离,同时他还亲切自然地把孟菲斯和自己的老家新奥尔良扯上关系。后来当他们重估这次会面时,朱克伯格委婉地批评说,利维没有对客户直截了当地说明他们想做这单业务。利维当时心里想着别的事情,所以没有认真听朱克伯格到底是什么意思。但是几个月之后在洛杉矶的一次会议上,当着在场20多位商界领袖和富翁,利维一开口就甩出了一张鲁莽的牌:"我们大老远从纽约来到洛杉矶为的就是抢你们的生意!"晚饭之后,格斯问道:"我表现得怎么样?"但是朱克伯格这次又暗示他可能做得有点儿太过直白了。利维当时翻脸:"罗伊,你得记住是你教我这么干的!"

利维为人称道的开拓业务的本领中一个重要的组成部分,就是他那张别人不可企及的人际关系网。乔治·多蒂是一位虔诚的天主教徒。他对教堂很舍得捐款,福特汉姆大学差不多成了他一个人赞助的教会学校。利维问多蒂:"乔治,你知道红衣主教是谁吗?"

"当然,格斯。主教姓斯佩尔曼。"

"但是,你认识他吗?你们交往过吗?"

"没有,格斯,这倒是从来没有过。"

"那你周三的时候和我一起来,我要和主教一起吃午饭。我给你们介绍一下,他肯定很乐意认识你。"

类似地,乔治·贝内特就是他在波士顿的主要联系人。贝内特是哈佛的财务总监,哈佛大学当时管理着全美最大规模的受赠教育基金。他还是道富研究及管理公司的董事合伙人,道富研究及管理公司是波士顿最大最好的机构客户。贝内特还兼任福特、惠普以及其他多家大企业的董事。每隔一年两年,利维就要到波士顿走访机构客户,道富研究及管理公司是其中一个主要的客户,贝内特又是一位强势人物,所以利维理所应当要去拜访他。他们一见面就互相拥抱——在他们的下属的眼里,这两人从来都不是会与人拥抱的类型——然后就走进贝内特的办公室,关上门,两人"严肃地"就政治、福特、哈佛、佛罗里达电力公司以及相关的人物促膝长谈。

史蒂夫·凯当时只是一名30岁左右的以交易员为自己客户的销售人员。对他从商而言最有帮助的——道富研究及管理公司的内部人员都知道——就是他与该公司的董事合伙人贝内特有着不错的关系。"史蒂夫,进来,让乔治认识一下高盛最优秀、成长最快的年轻专家。"中间利维一直不停地和他们谈论着每个人都希望从他那儿获得的内部消息,大家对这类消息最为重视,而利维正好就是那种什么都知道的人。

之后不久,利维电话授意凯,与他平时的电话风格一样干练:"我招呼贝内特的生意。你得马上去了解并结识史密斯这个人。"而这一句话也就是凯所需的全部信息,即使是道富研究及管理公司内部的人也是在一年之后才意识到:查尔斯·史密斯将成为乔治·贝内特在该公司的继任。这条来得很早的消息给凯留下了充足的时间去和平易近人的史密斯交朋友,史密斯其实对华尔街其他金融家对他的忽视耿耿于怀。凯抓住机会很快就和史密斯建立了牢固的关系——这比华尔街上其他人看到该公司内部权力交接的第一个线索已经早了太多，高盛自然而然成了道富研究及管理公司最重要的经纪人，高盛也从中获益颇丰，仅它一家就占据了15%的业务份额，而第二名仅得到10%还不到。其实其他公司也非常努力地在争取业务机会，但是相比之下，它们获得的利润少了很多。高盛与第二名之间的收入差约为100万美元。

随着管理企业养老基金业务的飞速发展，越来越多的华尔街公司都成立了"资产管理"部门来应对市场的需求。作为高盛在波士顿办公室的负责人，凯越来越感受到来自机构客户的强大压力，机构客户都不愿看到高盛插手这块肥得流油的业务。"不要和我们争，我们可是你们的客户——投资管理是我们的业务！"卢米斯-赛利斯公司（Loomis, Sayles & Company）对来自经纪商的竞争尤为在意，而且它有一条严格的规定：如果经纪商在这个业务上从它手里抢走一位既有客户，或者挖走任何一名员工，那么卢米斯-赛利斯公司绝对不再和这家经纪商开展任何业务。但是由于其老旧保守的风格，卢米斯-赛利斯公司的薪水并没有什么吸引力，所以它那些最好的年轻业务员还是不断地被挖走。当高盛从他们手上挖走第二个人时，迪克·霍洛韦代表卢米斯-赛利斯公司给史蒂夫·凯打来电话，告诉他这次他们公司的规定生效了，于是凯只得向利维汇报，说他们丢掉了一个大客户。"我想见一见他们的人"，利维只说了这么一句话，然后电话就挂断了。这让凯处在一个两难的境地：他当然不能拒绝利维，但是他又怎么才能说服卢米斯-赛利斯公司的人在高盛两次冒犯之后还愿意和他见面呢？

凯还是很尽职地给霍洛韦打电话，商量能不能安排一个短暂的会面。

霍洛韦惊叹道："格斯·利维要见我们？"然后他说这件事得上报公司CEO。之后不到一个小时，霍洛韦就打回电话："我们非常乐意和格斯·利维见面。不过，不用烦劳他到波士顿来，我们会去纽约见他。你看什么时候方便？"

卢米斯-赛利斯公司的客人和凯、利维以及高盛研究部主任鲍勃·丹福思在高盛的办公区共进午餐。利维显然一直在忙别的事情，在这次会面中基本没有发言。他的一位秘书伊内兹·索拉米进来告诉他："洛克菲勒州长希望把会面时间改在两点，地点也从波坎提科山改在罗斯福酒店，而且他指示您坐货梯上楼，以免被人看到。"（当时纽约市立医院正发生了罢工，洛克菲勒亲自参与了谈判，因为他担心一旦这家医院被迫关门将引发种族问题。）利维除此之外又接了两个电话——都是知名大企业的执行官打来的——然后才把精力集中在他面前的两位客人身上。"我知道我们的做法伤害了你们的利益，我对此深表歉意。我们当然愿意帮助你们。史蒂夫，看看我们现在能给我们的这些好客户帮点儿什么忙。我会亲自给福特的鲍勃·怀特打电话，把他们的养老金管理服务推荐给鲍勃——我听说吉米·林好像也需要类似的服务。"然后，他就以洛克菲勒州长的会面为由匆匆离开了。他或许都不知道他对面坐着的两位客户的名字，但是他只要知道怎么做生意就可以了。当他的客人们回到波士顿之后，卢米斯－赛利斯公司仍然把高盛列为自己最重要的经纪商。

由于每家共同基金都必须发布股权季报，所以只要成交了两三单大宗交易，就能看出谁在抛售。有一次出现了连续的大宗交易，身在波士顿的史蒂夫·凯知道是一只名为MFS的大型共同基金在卖出，而且该基金独占了所罗门兄弟的所有业务。伊内兹马上就打来电话："凯先生，利维先生想跟您说两句。"因为深知格斯·利维是从来不会打电话来说好话的，所以凯心平气和地等着电话另一头的声音，他明知利维只有一个目的：大骂一通。"你今天已经错过三单大宗交易了。你们波士顿的这班家伙到底知不知道怎么对付客户？"

"格斯最喜欢做业务。"这是80年代主导公司机构销售业务的卢·埃森伯格对他的评价。利维真正熟悉他的名字之前，埃森伯格一直都被称为"从哈特福德来的小子"，这并非是由于其出生地或家乡在那儿——他是芝加哥人——而是由于他最早的机构客户都集中在这个区域。在哈特福德的客户群中锻炼了几年之后，埃森伯格建议利维和他一起去哈特福德拜访旅行者保险公司（Travelers Insurance Company）的财务总监兼主管财务的副总裁。

在去哈特福德的飞机上，利维和埃森伯格的语言交流极其简短，回程的飞机上也没有任何交流。差不多一周之后，利维接到旅行者公司的电话，他们说作为客户一方，他们认为会面进行得不错，利维可以放心地让埃森伯格作为他们首笔大宗交易的销售业务员了，这也是首笔按照谈判约定利率成交的业务。这一单大宗交易成交了25万股，佣金仅为7.5万美元。然而，按照高盛平日里赚钱的积极态度，公司可以直接为交易找到买家从而形成交叉交易（即同时控制交易的买卖双方），那样的话佣金会自然加倍到15万美元。利维当然希望促成交叉交易，把15万美元收入囊中。

只要一进入高盛的交易室，利维就全情投入业务当中。他的办公桌置于交易室的正中央，四周围有单面透视玻璃幕，他从里面可以清晰地观察交易室里的一切，发现随时发生的事件。他可以一边查看各单大业务一边会见来客——通常都是有内幕消息的客人，而且一个小时最多能见10个人——他甚至在这种情况下还能分出精力来打电话，而且通常是两三个人的电话一起应答。他的窗户上有可以滑动的格窗，他经常会拉下窗户对着外面的员工大声地布置任务。"我为什么这么干？因为这是我的动力所在，我真的不知道最根本的原因是什么。这是我的本职工作——发挥你最大的能力。这不是为了谋求晋升，因为我已经做到最高了。我只是争取以这样的状态活下去。"

有人曾质问他为什么他会获得一个为人强硬的名声，利维承认："每当我从一单业务中获得我想要的结果时，我想我肯定兴奋异常，也会禁不住就说一些言不由衷的话。当然我的良心未泯，我会很快给受伤害的人道歉——尽管，说句实话，那是我最讨厌去做的一件事。"利维对自己的评价是过于开放而不够严厉："我想高盛的人肯定都知道向我进言的大门永远是敞开的。我有我自己的想法，但我总是觉得这些想法缺乏有利的支撑，所以我总是愿意听听别人的理由。"

"格斯是个不可多得的人才，"约翰·温伯格说，"他有强大的能力同时处理多项艰巨的任务,而且把这些任务都完成好。"利维通常在下午3点半离开高盛的办公室,在4点至6点间主持西奈山医院的执行委员会工作,然后再带一位高盛的客户去吃饭,通常都在"21"俱乐部。利维相交相识的都是有影响力的人物,不论对方从事的是慈善事业、金融业务,还是政治事务。"格斯·利维和纳尔逊·洛克菲勒为纽约共和党内的两位巨头,他们会和(纽约证券交易所的场内交易员)邦尼·拉斯克在一间小屋内碰面,互相交换小道消息,有时可能是讲低俗笑话,有时是议论政坛逸事,而有的时候则是谈论有权有势的人物。"

利维慨叹说:"我不得不承认自己是个不懂得拒绝别人的人。我一般不会回绝别人的请求,除非事情真的牵扯到我为人处世的基本原则。要想让我做出令人失望的业绩是不可能的。我情愿自己更强硬一些。温伯格先生曾说,如果我是一个女人的话,那我不知道会怀多少胎了。"利维不止一次向他的朋友们承诺,要给他们的孩子在高盛内部安排一个交易员或者与交易相关的职位,交易业务的主管雷·杨最后气愤地打电话向他抗议:"格斯,交易部门招人是我的工作职责,这是我负责的部门。你要是再不停止往我喉咙里塞毒药,我马上辞职。"

利维表面上看起来非常强硬,但是一旦公司里任何人遇到真正的危机,他都愿意伸出援手。哪怕是公司员工的个人问题,他也绝不会说个"不"字。曾经有一次,一位已经为公司服务多年的老信使的女儿在前往以色列的途中随飞机被劫持,利维马上给这位信使打去电话,让他到交易室面谈。这个可怜的老人去之前心惊胆战。但是当他去了之后,利维只说了他对老人的女儿被劫持感到非常担心,并且承诺会尽力帮忙。当然,这种便宜话谁都会说。但是利维直接拿起电话,说了一句"给我接比尔·罗杰斯(Bill Rogers)",当时威廉·罗杰斯(William Rogers)正担任国务卿。没过多久,他就和国务卿直接通上了话。利维在罗杰斯还在纽约担任律师的时候就认识他了,两人都对共和党的政务有着共同的兴趣,所以他直截了当地说明打电话的原因,然后说了一句"有新情况一定告诉我"就挂掉了电话。利维这通电话给那位老人以及公司里其他所有人都带来了可想而知的震撼。

利维是一位乐于学习、永不知足的人，他永远都在追求完美。"不用告诉我在哪些方面做得很好，我们在那些方面已经不会再有什么新的作为了。只要找出我们不足的地方，指出我们可以改进的地方，我们就会朝着这些方面去努力。"高盛就是在他这种理念的领导下越来越强，他的个人声望也逐步上升。

多蒂日后曾回忆道，"由于他对人，对数字，对行情都有惊人的记忆力，所以一旦出现状况他总能想起来给谁打电话求助，'我需要你在这件事情上帮帮我，而且这件事不会给你带来任何麻烦。'然后他把需要别人帮的忙仔细说明一番，最后他一定会得到他希望的结果。他年轻时曾在西部大荒野中闲游浪荡，时时算计着能干点儿什么小偷小摸的勾当，时时算计着怎么脱身。对西德尼而言，他有点儿过分'犹太化'。但是当他成为纽约证券交易所的主席，并且在全美国都有了一定的名声之后，不论我们在公司内发生多少口角，格斯都要致力于维护正常的流程和秩序。"

他的一位朋友塔比·伯纳姆曾说："格斯对于自己成为纽约证券交易所的第一位犹太人理事会主席十分自豪，他一生之中都十分珍视这个职位。但是，他并不是一位好主席，因为他总是不能明确区分为交易所所做的考虑和为他自己的公司所做的考虑。他总是把高盛的利益放在第一位。除了在这个最重要的董事会中的两年任期之外，他更重要的贡献是一手创建了纳斯达克全美交易系统。我知道这个事实，因为我参与了整个过程。1976年，证券交易委员会主席罗德·希尔斯（Rod Hills）给了我一个命令。当时我正担任证券业协会的主席。他的命令是：'塔比，我们需要给所有场外交易建立一套全国性的系统。你来负责这件事情，而且一定要快，不然证券交易委员会就要强制给你们制定一套系统。'

"'我们有多长时间准备这套系统？'

"'6个月。一般来讲，这么大的事情肯定需要更多的时间，但是这次你们就只有那么多时间。'

"'多谢了，伙计，真的多谢你了。'

"我一挂电话，立刻就给格斯打电话，因为他是最熟悉场外交易市场的人。他当时还在百慕大。'格斯，领导这个委员会的任务非你莫属，而且一定要弄出一套方案来。'而且我承诺给他招来任何他指定的人做助手。格斯领导的委员会当然开发出了一套系统，全国每个市场上的每位场外交易员，不论来自太平洋沿岸，芝加哥协会，还是其他任何市场，都必须通过同一台主机提交交易报价，而且按规定，交易双方都必须提供至少1 000股的最低保障量。这就是美国出现第一套全国性场外交易系统背后的故事，就是纳斯达克的历史，现在这个系统每天的成交量甚至超过了纽约证券交易所。"

利维特别欣赏强硬的人，如果是对手的话就尤为尊重，而他本人不论面对怎样的场合都能从容应对。有一个与纽约证券交易所相关的故事可以说明这一点，当时他已经是交易所内越来越有影响力的人物之一了。1970年，帝杰公司（Donaldson, Lufkin & Jenrette）的领导者丹·勒夫金以新会员的身份第一次与纽约证券交易所的董事会见面。会议就安排在那个专门为华尔街排头兵们专门设计的半圆剧场形的会议厅里。勒夫金随身携带了两个大箱子，箱子还用麻绳捆着，里面装的是刚从打印机上出来的材料。

其实在这之前的一天，勒夫金已经见过了他的朋友，日后成为纽约证券交易所主席的邦尼·拉斯克，并向他简要阐明了想要打破传统让帝杰公司上市的想法，还告诉他将会在第二天中午就把初期材料和"相关文件"提交给证券交易委员会。当董事会于下午3点半准时开始时，时任纽约证券交易所主席的罗伯特·哈克（Robert Haack）收到一条新闻，说帝杰公司刚刚宣布已经提交了上市申请。

拉斯克抓住这个机会向董事会宣布："我们今天有重大的新闻告知大家，这和我们所有人都息息相关——帝杰公司刚刚向证券交易委员会提交了上市申请。"勒夫金随即打开他带来的两个大箱子，找人帮他把里面装的初期材料分发给在座的人。他深呼吸了一下，以稳定自己的情绪，然后开始解释为什么希望把一家"新贵"企业，一家连15年历史都不到的公司推上市。可以想见，这样的做法震惊四座。董事们愤怒的情绪溢于言表。拉扎德公司（Lazard Freres）的费力克斯·罗哈廷（Felix Rohatyn）高声叫骂："你就是犹大！"他坚持纽约证券交易所目前唯一的选择就是将帝杰公司从会籍中除名。

那天晚上照例在布鲁克俱乐部举办了欢迎新理事、辞别老理事的晚宴。勒夫金明显受到众人排挤，独坐在吧台边喝闷酒。利维朝他走过来，他当时已经要离任。他说："我对你今天说的任何一句话都不同意，而且我也不喜欢你今天采取的行动。"

勒夫金马上反驳："我希望你很快就能用不同的视角来看问题……"

利维打断了他："我的话没说完。"然后他换了一种羡慕的口气说："但是我佩服你在发生了那件事情之后还敢来参加晚宴。"

"虽然格斯从骨子里是一个犹太人，但是他身上也有不少基督徒的美德，"乔治·多蒂说，"他乐善好施，让我明白了慈善事业的意义。他不仅捐出自己的金钱，还贡献大把时间。哪怕你请他为慈善晚宴的准备伸出援手，他也绝不会找借口推脱。他会马上打开他的日程本，如果有空余时段，他马上就给你安排上。格斯乐意为任何形式的慈善活动服务。这也是他能认识斯佩尔曼主教的原因：一位致力于天主教慈善事业的犹太人怎能不引人注目？"

"格斯·利维是第一个在筹资会上公开问'要多少钱'的人。"塔比·伯纳姆想起以前的事情时是这样解释其原因的。有一次，雷曼兄弟召集华尔街犹太人商业领袖集会——安德烈·梅耶（Andre Meyer）、乔·克林根斯坦（Joe Klingenstein）、鲍比·雷曼，以及其他多位曾经在二三十年代叱咤风云的人物在这批新兴的年轻人面前摆出了一个难题，他们要看看年轻一辈的犹太商人们怎样组织有一定规模的捐款。"我们肯定没有这些老一辈的钱多，所以格斯作为我们这一辈人的领袖决定要多方筹措，请社会上更多的人帮助我们，才有可能向更富有的老一辈领导者看齐。"

在下一次犹太慈善联合会的年度晚宴上，利维把住麦克风开始推行他那套全新的拉赞助的方法。不用带任何强加的语气或胁迫，他的方法是在众多客人面前直接点名道姓地指认他希望拉动的捐款人，然后在大家面前对此人、他的家庭以及他的公司在过去一年中所做的工作和善事大加赞赏一番——几乎把人家的家底都翻了一遍，然后开始总结："去年我记得你向慈善联合会捐赠了1 500美元，我们都想知道您今年又会认捐多少？"然后在几秒钟的沉默之后，那位被奉承了半天的人肯定碍于面子，只好说："我今年……捐2 000美元。"利维当然也会热烈地回应他："多好的礼物啊。我们很高兴看到捐款额的增长。真的十分感谢您。"

利维随后会把他的精力和观众的注意力转移到下一位捐款人身上。当然，他事前已经了解他的把戏的对象，而且知道他们有多大的捐款能力。他知道邀请这些人捐款的顺序，也知道如果要对付像查尔斯·雷夫森这样的人必须给他足够的奉承，而且他对认捐每个对象的时点都把握得很好。就那一晚上，格斯·利维筹措到了3倍于以前各年的善款。当然这种一开始就明确捐款人和捐款额的做法被沿用了下来，一直都发挥着很好的功效。现在这已经成为传统，但是一切都是格斯·利维开的头。

"格斯性格外向，喜欢热闹，而且非常慷慨。"彼得·萨瑟多蒂这样评论他，"曾有一年他向慈善联合会认捐了100万美元，在致辞时，他还说这没什么，比起他第一年在希伯来青年会住宿仅付1美元的胆大妄为实在是不足为奇。"除了捐出金钱之外，利维还付出了自己的时间。他每个工作日都为建设西奈山医院投入大量时间，在该医院的执行委员会做出了巨大的贡献，哪怕说这家医院是他一手打造的也不为过。医院后来为他颁发了终身成就奖。利维在麦克风前说了一番令人多年以来一直记忆犹新的话："我从没希望拿到这样一个奖。我觉得我也配不上它，但我永远会铭记这份荣誉。"

利维在个人生活上的繁忙程度丝毫不亚于他在高盛的工作强度，更不亚于他出席慈善活动的频繁程度。他的朋友伯纳姆回忆说："格斯和我从刚到纽约时就认识了。我们至少每天都要交谈一次，周末都要一起打高尔夫。有一个周五的晚上，格斯从加州给我打来电话：'夺命镰刀架在我

头上了，塔比。我心脏病又犯了。'

"'你看医生了吗，格斯？'

"'唉。我才不去看医生呢。我明天早上8点准时在开球台见面。提前告诉你，我可是红着眼来的。'

"第二天早上，不到8点，格斯就出现在了开球台。"

既往的成功经历和优秀的赢利能力使得格斯·利维被选任为董事合伙人。但是高盛内部的领导权威和实力是在一次又一次的挑战中不断积累起来的，就如同一头雄狮为了维护自己的雌狮而必须时时防御一样。格斯·利维懂得这个道理，但是他没有预料到，他遭受的最大挑战是突然从公司最成熟的业务——商业票据这项高盛已经从事了100多年的业务中出现的，高盛正是依托这项业务将自身塑造为市场最优秀的交易商。

# 7

# 收拾宾州中铁破产残局

  如果没有商业票据业务的话，高盛可能根本没法在现有的经过西德尼·温伯格开发的企业客户之外寻找到新的客户。就连现有的企业客户也会质问："如果没有温伯格，我们凭什么还要继续和一家仅能提供单一品种短期融资工具的二流企业合作？"

  20世纪70年代早期，企业债市场还没有兴起，国际债券即使偶尔有之也是少得可怜，例如GNMA之类由房产抵押和个人资产作保的债券也没有出现，高息债券、中期票据、浮动利率票据，以及现在人们熟悉的债券市场的众多其他内容都还没有出现。这个时期金融衍生品还未大量出现，电脑模型尚未把以上所有内容组织成一个庞大而复杂的统一债券资本市场，商业票据业务的重要性远远超出现在人们的想象。这是公司多年以来实力最强的基础业务，也是公司能够将业务范围扩大到货币市场工具，最终扩展到债券交易业务的基础。商业票据业务不仅仅是高盛开展时间最长的业务，也是其唯一一种处于业内领先水平的企业金融产品。日后约翰·怀特黑德在着力为高盛创造新的高赢利投资银行业务模式时，此项业务也发挥了重要的作用。

  到了五六十年代，商业票据的运用越来越广泛。随着市场利率水平的不断提高，越来越多的企业在银行贷款之外纷纷选择发行商业票据来进行融资。就算对某种特定类型的企业来说，目前发行商业票据还不合时宜，但是为长远打算也值得先做考虑，所以就此事与高盛的业务员多做接触也变成了理所应当的事情。商业票据在另一方面也成为诸多有剩余资金的企业短期投资的一种重要方式。商业票据是一种相对而言周转期短、获益较高的投资品种，因为按照当时美联储制定的Q条例，商业银行为了吸收长期存款而支付的利率是有限的；相比之下，商业票据的利率要高出很多。商业票据"特有的销售点"——无抵押短期借贷，比商业银行贷款利率更低，操作更灵活——使得这项业务魅力无穷。业务大门敞开之后，越来越多的公司纷至沓来，与高盛洽谈业务。没有商业票据这项业务，怀特黑德野心勃勃的投行业务扩张计划绝对无法成功，但是由于商业票据业务开展起来了，他就注定要成功，至少在当时看来这一点错不了。

对于格斯·利维而言，1970年早期的数据说明接下来将是非常不错的一年。他领导的机构大宗交易业务取得了巨大的成功，就算没有零售客户业务，高盛也在纽约证券交易所佣金榜上排行第三，而且赢利水平远远超过其他所有经纪商，在其四十五位合伙人总计5 000万美元的资本上有着40%的赢利。公司内部的信心稳步增长，对格斯·利维的领导水平毫不质疑，更不会对他给公司规划的发展方向提出任何疑问。

证券市场随时都在发生变化，变化就意味着新的机会诞生，对于强势的金融创新家们更是如此。那个年代业务机会遍地都是，当然风险也与之并存。利维的大部分时间都用于确保公司能够抓住每一单有利可图的生意。让每个人都保持对公司的奉献是保证公司不断进步的重要前提，也是对一家公司的领导者提出的巨大挑战，对于在西德尼·温伯格这样一位有控制力、有高效能的领导之后继任公司最高领导的利维而言更是如此。利维相信自己能成功迎接这个挑战，但是他也明白，领导者的工作要进行得有效，前提是他手下的员工都对公司有信心，有奉献精神。由于他所有的精力都投在了不断扩张公司业务上，他拿不出多余的精力来处理新生的麻烦。利维当然不会自找麻烦，但是麻烦会自己找上门来。

他被美国最大的铁路公司宾州中央铁路运输公司（Penn Central Transportation Company，简称宾州中铁）狠狠地打击了一次。

# 7 收拾宾州中铁破产残局

1970年6月21日,宾州中铁——当时全美位列第八位的大公司,同时也是规模最大的不动产持有者——根据《联邦破产法案》第77章的规定申请破产重组。当天下午5点45分,美国地方法院法官C·威廉·卡夫签署并批准了申请。这是当时美国历史上最大的破产案。

虽然宾州中铁的资产和账面价值仍然非常可观,但是其股价已经下跌至10美元——比两年前最高位时的86.50美元一股的价格已经跌去了88%。4月21日至5月8日,该公司到期的应付商业票据本息合计已经比其收入高出4 130万美元。而就在4月22日,它刚刚公布了第一季度亏损6 270万美元的数据(一年之前的一季度已经出现了1 280万美元的亏损)。至此,该公司累计亏空7 710万美元。六个星期之后,随着宾州中铁的破产,其发行的商业票据迅速贬值。由于高盛是宾州中铁商业票据的承销商,诸多高盛的客户也因此蒙受了巨额损失。

宾州中铁是格斯·利维通过个人关系开发的客户,由其带来的潜在赔付损失不仅超过以往任何一次失败,甚至远远超过了高盛自身的资产。

问题不止于此。接近300家由高盛担任承销商的商业票据发行人也遭遇了投资者大规模的债券赎回浪潮,也就是说原本发行商业票据的企业现在不得不向商业银行贷款以购回自己的债券。美联储也不得不采取迅速且大规模的行动,来确保美国银行业体系能够保持足够的流动性。标准普尔将宾州中铁的债券评级由BBB下调为Bb。根据标准普尔的评级说明,BBB级证券是"稳定的优质投资和可能受很多不确定因素影响的不稳定投资的分界线",而Bb级证券"基本不具备可投资前景"。

可以预见,通过高盛购买了宾州中铁商业票据的客户可能都要通过法律途径保护自己的权益了。最终共有40位投资者提出起诉,每家都提出了不同的赔偿要求,总计高达8 700万美元。当时合伙人们所有的资金加在一起仅有5 300万美元,高盛根本无力承担如此高额的赔偿。与宾州中铁相关的法律义务可能吞噬公司所有的资金,甚至让公司背上债务。

一想到可能让合伙人的资金化为乌有,哪怕是损失其中的一大部分,都是让人不寒而栗的事情。除了损失金钱之外,利维作为公司领导者的权威和能力恐怕也要随之烟消云散。因为当年跟随西德尼·温伯格的一批合伙人早就对利维开发的那些"不入流"的业务伙伴存有怨言,此时他们完全可以撤回他们对利维的支持。

利维和公司里的一部分人总是认为,像宾州中铁这样一个庞然大物肯定总是能筹措到相当可观的资金,至少在紧要关头可以通过出售其庞大的不动产中的一部分来缓解危机,况且他们对宾州中铁的首席财务官戴维·贝文也相当信任。但是他们万万没有想到,贝文不仅对利维撒了谎,他还欺骗了自己公司里的所有人,以及他所有的朋友。自从通过合并成立了宾州中铁以来,这家公司已经经历了无数不幸的遭遇。但即使如此,贝文还是一直挣扎着为这家资产庞大但是却根本不赚钱的企业创造一定的资产流动性,也正是在这个过程中,贝文自认为他身负的"崇高的义务"使他可以为拯救企业不择手段,至少为了将公司庞大的不动产转化为流动资产可以采用一切必要的措施。贝文当时脑子已经一团糨糊了,一心只想着怎么能跟上公司发展的步伐。约翰·怀特黑德后来指出:"戴维·贝文本来是个不错的人,但是由于宾州中铁的问题越来越严重,他终于黔驴技穷了。他已经不知道该采取怎样的措施,而他还是坚持要对得起公司和他的私人朋友们,因此就故意向这些人隐瞒了问题,其中被骗的就有格斯·利维。当然他这个做法是完全错了,但是,他这是典型的好心办坏事。"

贝文的摸爬滚打和错误决策导致了一系列重大失误。就在宣布破产前10天,宾州中铁任命了一位新的首席财务官,原因是贝文被提起了刑事诉讼。贝文曾利用自己的职权向一家他们的债券承销商下属的律师事务所施压,要求他们解雇一名律师,因为这名律师在为宾州中铁的一次债券发行工作中"对要求公司发布完整且未经修饰的数据不依不饶"。正是这位律师的坚持才促成了后来的审查,一查就揭露了多项违法行为:宾州中铁的管理层存在自利交易行为,母公司的过度开支被摊派到子公司头上,更不用说内幕交易的广泛存在。这些指控并非仅针对贝文个人。证券交易委员会的报告指控说,"整个董事会面对一次又一次明白无误的警告都没能采取任何有效的措施"。

## 7 收拾宾州中铁破产残局

贝文的个人失误可以说是宾州中铁全盘问题中一个特别显著的代表，宾州中铁的合并毫不夸张地说只是纸面文章。当初作为有史以来最大规模的合并案，纽约中铁和宾州铁路合并成立了一家运输及不动产行业的巨头，共拥有全美境内20 530英里的铁路。但是作为两家已经明争暗斗了一个世纪的对手，"纽铁"和"宾铁"之间的争斗从来没有停止。言语不合，甚至恶劣的争吵，常常爆发在"绿顶"和"红顶"两个阵营之间——这两种颜色分别代表合并之前两家公司的货车车厢顶盖的颜色。更糟糕的是，公司的总裁（原宾铁的斯图尔特·桑德斯）和主席（原纽铁的埃尔弗雷德·珀尔曼）甚至在董事会上互相指责，并且在合并两年之后还在为公司主要职位的人选争斗不休。最后珀尔曼主动放弃了主席职务，这样才重新从AT&T下属的西部电气公司（Western Electric）聘任了一位新的主席。两家的合并非但没能提升公司运营的有效性，反而造成了无穷无尽的混乱：货车经常失踪，变轨站经常堵塞，每天都有20~80列火车因为没有车头牵引而晚点，公司的电脑系统和人一样无法互相兼容，客货运输的客人怨声载道。公司的运营亏损与日俱增，年终分红一降再降，股价一路下跌。

就在这样的危机当中，宾州中铁管理层却只对外宣布乐观的数字：按照美国州际商务委员会的规定，货运价格将上升6%，将会带来约8 000万美元的额外收入；中转货运车厢的租金变化也将带来约1 600万美元的收入；由合并带来的成本节约约合3 400万美元，是之前测算的两倍；向合并投入的3 000万美元的运营成本也差不多到了该结算的时候；每年都亏损2 200万美元的康涅狄格客运线很快就会由州政府接管，政府将为现存的所有运营车辆支付1 100万美元的收购款，以后每年将支付400万美元的租金。除了以上这些，经理们都认为，如果宾州中铁有融资需求，它完全可以卖掉价值30亿美元的非铁路不动产中的一部分——大型的地产项目中就包含类似纽约麦迪逊和位于城市中心的公寓大楼等。

宾州中铁资产充裕但是没有现金。随着其内部运营的问题越来越多，其财务流动性更是迅速恶化。1968年夏天，宾州中铁公开宣布将发行一只房产抵押债券，这只债券将把合并之前两家公司约50只不同种类的债券全部整合在内。这次伞形发行计划总额肯定超过10亿美元,而且是以合并后铁路不动产及曼哈顿的诸多优质房地产作抵押的。宾州中铁同时还计划发行1亿美元的商业票据进行融资,作为大规模资产重组的资本。也就是这个时候,宾州中铁决定雇用高盛作为其商业票据发行的经销商。

但是,这些都是厄运到来的前兆。一位美国州际商务委员会的委员曾经提出过这些操作可能导致公司破产的警告。他说:"最让人泄气的事情就是公司的运营远远超出了其现有资金所能承受的范围,而且公司的财务赤字越来越大。如果宾州中铁进入破产清算程序,那么什么可怕的事情都会接踵而来。"其他人却对这种看法不以为然,他们嘲笑这种认为全国最大的铁路企业会破产的想法。"他们浑身上下没有一个地方不值钱,"这是当时一位联邦政府官员的说法,"唯一的问题就是看他们要多长时间才能把资产变现。他们可是全美境内最大的不动产控股公司。"

在一系列负面因素中,最致命的是:由于国防部采纳了议员赖特·帕特曼(Wright Patman)的意见,否决了为一项高达两亿美元的贷款提供保证(高盛早在2月的时候就从秘密途径得到了消息)。由于这个挫败,公司甚至无法以11.5%的利率推动一只总值1亿美元的债券在市场上流通。在这只未能成功发行的债券的初期项目说明书里,公司承认要大规模赎回其商业票据相当困难,而这些商业票据将在4月21日(也就是该公司宣布第一季度巨额运营亏损的前一天)至5月8日到期。公司孤注一掷,借贷了5 900万瑞士法郎——1年到期,借贷利率为10.1%,超出了市场平均水平。紧接着在1969年,公司共报亏5 630万美元,1970年仅第一季度又亏损6 270万美元。

合并之后,不论是维护铁路还是房地产都急需现金:1968年早些时候,宾州中铁每天运营所需的资金达到70万美元。两年之后,也就是1970年6月,宾州中铁终于破产了。

由于市场中存在这么多不确定因素——既有利好也有利空,证券承销商和评级机构对某只证券的评估应该建立在对该证券背后的企业的严格和长期的研究之上。但是，邓白氏公司（Dun & Bradstreet）下属的全国信用评级办公室的艾伦·罗杰斯作为一家主要商业本票业务评级机构的负责人并没有及时组织调查研究，没有发布自己独立的评估意见，而仅仅给高盛的合伙人杰克·沃格尔打了一个电话。这一天是1970年2月5日，罗杰斯只通过沃格尔了解了高盛目前对这家铁路公司的态度。沃格尔给他打了保票——虽然该公司收入令人失望，但是基于其庞大的资产规模，高盛仍然会继续为其销售商业票据。这样一句话就使得全国信用评级办公室保持了该证券的"最优"评级。但是沃格尔其实没有把事情的全貌讲清楚，高盛为了自保已经开始采取的措施更是只字未提。

在听说其一季度报亏的当天，高盛就要求向宾州中铁赎回高盛的价值约1 000万美元的本票。为了规避作为宾州中铁经销商持有过多其本票的风险，高盛将原本的发行方式调整为"美国国债式"发行。（这种发行方式使得高盛不会承担任何风险，因为它不再从宾州中铁手中购买本票，也不再存有宾州中铁2 000万美元的本票用于转卖。在新模式下，只有当有买方明确向高盛提出购买需求之后，高盛才会通知宾州中铁直接向客户出售本票。）高盛采取的这些自保措施从未见诸任何报告，当然也从未对全国信用评级办公室或高盛的任何客户提起。

作为行业巨头的宾州中铁的倒闭确实让人紧张。受到一家主要商业票据发行人倒闭的消息的影响，全国商业票据市场开始出现恐慌，市场需求急剧萎缩。经销商被迫赎回刚刚卖出的本票，最终约有30亿美元的本票被变现。7月的一周之内，美联储管辖下的各银行共以联邦基金的形式贷出17亿美元。利率还在一路攀升，市场流动性急剧恶化，因为全美境内的企业都在大规模向商业银行借贷以赎回自己的本票。美联储被迫直接干预市场，以确保银行业体系的流动性。

宾州中铁破产倒闭之后，关于其财务状况的消息可能对感兴趣的人而言还有可用之处，但是对真正投资商业票据的投资者们而言已经变得无关紧要了：他们已经在一项应该十分稳妥的投资上亏损了巨额资金。他们想要弄清的问题也很明确：高盛接下来会怎么做？高盛会代为偿付客户损失吗？高盛代销的其他300多家债券发行人是否也存在破产隐患？

随着宾州中铁的破产，其遗留的未付本票总额高达8 700万美元——现在全部成了烂账，高盛深刻体会到了公司面临的威胁。高盛最终会承担多大的损失呢？因为公司的资金都是合伙人的个人财富，损失不会由"企业法人"承担，不论损失多少都会算到个人头上，合伙人们由此感受到的个人伤痛以及由此可能引发的公司内的分歧将不可小视。高盛能化解这些危机吗？

根据多年从事大宗交易的经验，利维知道尽快给受损客户做出赔付承诺是非常重要的，不管承诺的赔付额有多低，也不管客户会不会接受，只有这样做了才能保持市场对高盛的信心。利维派遣约翰·温伯格到东南部去面见客户并给出一个初步的赔付方案：每1美元的投资赔付50美分。这位温伯格是西德尼·温伯格的儿子，此时已经成为公司的合伙人15年了，他会为人处世，并且兼任管理委员会的委员，但是他的身份对当时的情形毫无助益。没有人愿意就赔偿一事谈判，而且每位投资者都怒火万丈。这次出访没有带来任何好的消息。之前所有的发债和由此造成的损失只能放到法庭上去解决。

1970年11月17日，四家机构投资者——由铁锚集团（Anchor Corporation）及其所辖的共同基金核心投资者牵头提出起诉。这家机构投资者在1969年11月28日至12月8日之间购买了价值2 000万美元的商业票据，每张票据面额500万美元，一共4张。它向高盛提出了高达2 300万美元的赔偿要求，其他三家投资者分别是艾奥瓦州得梅因市的杨克兄弟（Younker Brothers）、俄克拉荷马城的C·R·安东尼公司（C. R. Anthony Company），以及葡萄汁制造商味奇食品公司（Welch's Foods）。这三家遭受的损失分别是50万美元、150万美元和100万美元。

原告们声称，高盛曾"为宾州中铁的美好前景做了郑重承诺，但是这些承诺都是没有任何事实依据来支撑的"，并且他们还做出了"完全虚假的陈述"。这几家公司提起诉讼，其实也有部分原因是出于对自身前景的担忧，他们害怕如果自己不起诉高盛的话，就会被自己的股东以不能保护股东利益为由告上法庭。原告们提出了多项控诉，其中有指控称高盛没有向投资者提供足够的数据以说明宾州中铁商业票据的质量，而其实上高盛是掌握相关情况的；再有，这只本票根本就"不值钱，至少比其标称的价格要低很多"，完全抵不上投资者为其投入的资金；另外，高盛没有尽职调查宾州中铁的财务状况，也没有进行定期评估，致使对该本票的实质没有形成准确的评估；当高盛与宾州中铁一起参与美国州际商务委员会为该公司发行商业票据而举行的听证会上，美国州际商务委员会明确表示"对宾州中铁严重依赖短期融资的行为深感担忧"，而高盛也没有引起重视；还有指控称高盛实际上就是宾州中铁"私底下的财务顾问"，或者就是"对宾州中铁负有重大责任，这些责任要求所尽的义务与高盛对所有原告应尽的义务完全相抵触"；最严重的指控是称高盛在销售宾州中铁本票的过程中出示了一系列伪造的事实欺骗投资者。在这些虚假陈述当中，最可恨的就是声称宾州中铁是一只应该获得"最优评级"的本票；高盛还声称"对宾州中铁的财务状况已经进行了全面的尽职调查并且履行定期复检的程序"；而且高盛曾承诺会"在原告提出请求时，赎回上述所指本票"。

在反驳这些指控的时候，高盛负责商业票据业务的合伙人罗伯特·G·威尔逊只不过是照本宣科地念了他们之前就准备好的稿子。威尔逊的声明中说："对高盛的这些指控纯粹是无稽之谈……在我们销售宾州中铁商业票据的整个过程中（从开始到该年5月中旬），我们对该公司的信用都十分有信心。公司的财务报表上表明，截至1969年12月31日，该公司账面盈余18亿美元……我们对该公司的偿债信心还有很多证据可以佐证，其中我们相信该公司可以筹措到的资金完全能够偿付其现有负债并且赎回将要到期的商业票据。"

核心投资者公司是此次诉讼中最大的索债人，约翰·海尔作为该公司的代表出面与高盛举行法庭外调解谈判。双方都明白作为市场中一家主要的共同基金和一家主要的证券销售商，其实双方可以搁置争议，以创新的思维模式开创更多的业务机会，海尔和利维本着这些理由达成了一项以525万美元现金，附加日后若有向其他投资者追加补偿时可以参与的凭证的调解方案，双方就该方案于1972年4月达成了一致。但是味奇食品公司中有合作权益的农户们在1970年遭遇了歉收，所以他们坚持追索100%的补偿。一同提起诉讼的另外两家中西部机构则坚持认为这是欺诈案件，所以就算从道义上讲也必须坚持追索全额赔偿。

如果所有投资者的损失都以票面价格的20%~25%进行赔偿的话，利维的公司将损失2 000万美元——虽然是沉重的一击，但是高盛却还能生存下去。最终，一共有46起追索赔偿的诉讼。1972年5月，一共有8桩与宾州中铁商业票据相关的诉讼以票面价格的20%达成和解，这8桩的赔偿额总计1 330万美元，和解同时规定获得赔偿的投资者立刻撤诉。这些和解之外剩下了持有5 000万美元面值的商业票据的投资者还未能达成和解。与此同时，联邦政府也继续调查此案。一旦政府的调查结束，追索赔偿的民事案件肯定也要随之而来。当然这些追索也是高盛需要承担的责任。

证券交易委员会对宾州中铁倒闭案进行的职员调查在1972年8月结束。在之后公布的一份长达800页的调查报告中罗列了200多位证人的证言，代表着150家金融机构对此案的看法。证券交易委员会的报告说，截至1972年5月15日，高盛仍然在向其客户出售该铁路公司的商业票据，而当时高盛其实已经收到了关于宾州中铁的运营问题达到"严重"程度的警告，而且高盛也明知道宾州中铁已经在美国境内无法获得融资，已经孤注一掷地向外国贷款人借款作为最后的救命稻草。"在此期间，高盛已经获得了足够的信息可以使其质疑该商业票据。其中许多非公开的信息……甚至对其客户都没有知会过。等到他们发出预警消息时已经来不及了。"报告还称高盛在之前就大幅度减持自己的宾州中铁商业票据储备，甚至到最后已经完全平仓，而且高盛在销售宾州中铁的商业票据的过程中遇到了很大的来自买方的销售阻力。

利维在向法庭作证时说，他在高盛的合伙人都向他一再地保证宾州中铁价值超过30亿美元的资产完全能在必要时为其筹措到足够清偿债务的资金。利维在证词中还说，他对宾州中铁的发展前景曾经是那么有信心，以至于他曾亲自通过一家信托公司为当时的美国驻英国大使沃尔特·安嫩伯格（Walter Annenberg）管理着价值高达900万美元的该公司股票。

  证券交易委员会的报告还称，宾州中铁商业票据的销售很大程度上还得益于全国信用评级办公室对其给予的"最优"评级。全国信用评级办公室一直给予宾州中铁商业票据最优评级，也就是其对商业票据的最高评级，直到6月1日，而此时距离该公司宣布破产仅三周的时间了。6月1日，全国信用评级办公室"暂停"了对宾州中铁的评级，意思就是该公司目前所处的情况使得市场很难对其做出判断，而直接的理由是宾州中铁正在"重新安排其融资方式"。证券交易委员会职员报告还称这种最优的评级是在没有对宾州中铁的实际财务状况做出尽职调查的情况下给出的，当时所有的实际情况都不可能支持做出这样一个评级的决定。

  根据证券交易委员会的报告，宾州中铁为了掩盖1968年及1969年由于合并而造成的岌岌可危的财务状况，曾人为杜撰了超过其实际收入的赢利数据。证券交易委员会提出的指控还有：宾州中铁的董事们曾批准在公司年亏损1.5亿美元并且需要大规模借贷才能保证公司资产流动性的情况下派发高达1亿美元的红利，为的只不过是在众多投资者面前描绘一副铁路投资有利可图的虚假画面。委员会的报告中还披露，为了宾州中铁及其母公司能够进一步"以不正常的增长额度预报赢利状况"，桑德斯和贝文没有把旗下控股子公司的消耗计算在宾州中铁的账上，这些公司中就有高原山谷铁路公司、纽约-纽黑文-哈特福德铁路公司以及公务航空公司等。宾州中铁这个庞大的综合体是只见钱出不见钱进，这就出现了为公司运营"掩盖真实情况的需要"，也使得公司内部的人极力搜寻新的会计方法，以期能提高宾州中铁赢利数据。

  证券交易委员会的报告继续说："高盛已经掌握了确凿的负面消息，一些来自公开渠道，另一些来自非公开渠道，所有信息都表明这家运输公司的财务状况不断恶化。高盛没有将这些信息传达给投资该商业票据的客户们，而它自己也没有开展全面的尽职调查。如果高盛曾认真留意这些预警信号并且对该公司再次进行评估的话，它肯定能发现其实际情况比公开的状况要差很多。"

在为该报告撰写的前言中,证券交易委员会主席威廉·凯西(William Casey)把该公司的行为描述为"一次次精心编造,一步步老谋深算……为了伪造收入增长甚至加速增长的假象而设计的骗局,该公司频繁改变控股股权关系,不断抛售资产,并且极力回避可能使其不得不报告亏损状况的交易"。证券交易委员会报告中称,"这些操作策略都是桑德斯一手制定的,并且他亲自监督公司的最高管理层坚持执行这些策略"。

1974年5月,证券交易委员会在费城和纽约两地同时提起民事诉讼,指控斯图尔特·桑德斯于1968年和1969年谎报赢利状况并且瞒报亏损实情;指控戴维·贝文不如实说明公司运行情况,并通过内幕交易以50~68美元不等的价格出售了1.5万股股票,所得利润被用于其个人期权交易,共计约65万美元;贝文还从企业基金中非法挪用400万美元;公司雇用毕马威会计师事务所为其编造了虚假财务报告。

证券交易委员会对高盛提出严厉批评,指责其未向客户提供关于该铁路公司财务状况恶化的消息,因而已经触犯了法律。证券交易委员会责成高盛要避免在未来业务中再次触犯法律,与此同时,高盛虽然否认了一切指控,但还是接受了一份同意令①,其中规定公司在日后开展的商业票据业务中不得再做出任何有误导性的或欺骗性的陈述,而且同意为保护购买商业票据的客户利益专门制定一套额外的审查流程。

在证券交易委员会的同意令下达后刚过了几个小时,高盛和证券交易委员会的律师之间就发生了严重的争执,因为高盛接受同意令的行为表明其承认有罪,但是所犯罪责的类型却是值得争议的。高盛聘请的外部律师迈克尔·M·梅尼指出,接受同意令的行为虽然符合《证券法》当中关于反欺诈的相关规定,但是公司所能接受的仅仅是因疏忽而未能及时向其

---

① 通常情况下,同意令是一种为了加速终结与联邦证券法相关的案件的审理而发布的行政命令。由于联邦法院在其中扮演一定的角色,所以被告必须遵守该命令,但是与法院判决不同,同意令的颁布不代表任何犯罪事实需要被证明或驳回。这种行政命令与无罪抗辩上诉的性质类似,但也不尽相同,因为在两种情况下都不需要明确定罪。颁布同意令的前提是被告一方提出庭外和解要求。

自身及客户传达宾州中铁真实财务状况的失职责任。另一方面，证券交易委员会的律师则坚持要将高盛的责任根据《证券法》当中跨州诈骗交易的条款定性为欺诈。

高盛内部法律顾问小罗伯特·G·克莱克纳就此事发表了声明："接受证券交易委员会同意令的决定是我们做出的商业决策。我们并没有违反任何法律法规，并且坚信在销售宾州中铁商业票据的整个过程中我们都一直秉承高度的诚信和责任感。"然后，明显是为了转移公众对这些指控的注意力，他在声明中加上了暗示性的陈述，说明高盛所做的交易完全符合行业规则。声明继续说："我们支持同意令中关于商业票据业务的所有原则性及实务性的规定。从我们多年的经验来看，商业票据业务总是要遵照这些规则来开展的。"

然而，此后事情急转直下。原来由三家投资者提起的诉讼——也就是味奇食品公司、C·R·安东尼公司以及杨克兄弟等提起的诉讼，原本还有核心投资者的参与，但是前三家拒绝了庭外调解——已经在法院排队候审4年了，现在终于到了开庭的时候。

苏利文－克伦威尔专业从事证券诉讼业务的高级律师马文·施瓦茨设想将目前收到的所有针对高盛的指控合并为一个统一的案件，然后作为宾州中铁破产案的一部分在费城同时接受审理。但是原告方由丹尼尔·A·波拉克牵头的律师团坚持将与商业票据相关的诉讼作为独立的案件，所以最终的庭审还在纽约市进行。戴维·贝文、斯图尔特·桑德斯以及其他33位证人，其中包括格斯·利维都被传唤到庭。

随着审理的推进，高盛决定更换一位新的代理人。马文·施瓦茨随即卸任，苏利文－克伦威尔律师事务所的另一位合伙人小威廉·皮尔于1974年9月23日接手了这个案子。他刚为福特赢得了一场反垄断诉讼，当时高盛的案子审理已经进行到第三周。他提出了几个新的论点：一是高盛的客户都是精明的投资者，完全有能力为其自己做出的投资决策负责；二是公司所尽的职责最大限度上只能算是为本票的交易提供了一个平台，而无须尽到任何对该本票进行评估的义务；三是鉴于宾州中铁在社会上的知名度，投资者完全有自己的渠道了解关于这家公司的信息；四是高盛在交易的特定阶段曾向客户传递过必要的消息。格斯·利维曾对一名记者说："这些指控都是毫无根据的，任何证据都不可能证明对我们的指控是真实的。原告都是专业的机构投资者，他们对宾州中铁的了解绝对不比我们少，甚至会更多。"

原告的代理律师波拉克的策略则是把整个案件简单化，明晰化，这样才能使得六位陪审团成员及两位候补陪审——都是蓝领阶层——能够完全明白这个案件的实质，并且能由此达成最终裁定。苏利文-克伦威尔的律师对波拉克的轻视反而帮助了原告一方，他们认为此人还只是一个从不知名的律所出来的未经世故的年轻人，却忽视了此人实际上是一位不屈不挠的十分有能力的律师，而且他下定决心要利用这桩被媒体广为报道的案子做垫脚石，推动自己的事业再上一个台阶。波拉克采取的第一阶段策略就是在陪审团面前重申所有证言，让陪审团成员有足够的时间熟悉商业票据业务的专业术语，对该行业的贸易往来有足够的把握，而不至于在庭审过程中被吓倒。这一阶段就花了整整30天。

波拉克经常当庭向陪审团宣读长篇的证言笔录，特别是格斯·利维的笔录：

> 问："你是否知道高盛在销售宾州中铁商业票据期间曾获得关于宾州中铁的非公开信息？"
>
> 利维："我知道高盛在销售该商业票据，但是我不知道公司是否——是的，是的，答案是肯定的。"
>
> 问："你对这种情况采取任何处置措施了吗？"
>
> 利维："是问我处理非公开信息了吗？"
>
> 问："是。"
>
> 利维："我没有采取任何措施，因为我不知道威尔逊到底和大家都说过什么。"

问:"你是否知道1970年2月5日,奥海伦曾知会威尔逊(两人都是高盛从事商业票据业务的负责人)宾州中铁可能无法筹措到1亿美元的准备金?"

利维:"是的,我知道。"

问:"这是否算作非公开信息?"

利维:"我想算是吧。"

问:"你是否要求过将当时的实际情况公开发布?"

利维:"我没有。"

问:"你是否知道1970年2月5日,威尔逊告诉奥海伦在未来高盛仅按照国债发售方式销售宾州中铁的本票,而且高盛自己不储备任何该本票?"

利维:"这些备忘录里写了,我自然看到过。"

问:"这算不算非公开信息?"

利维:"我想算是吧。"

问:"你是否要求过将当时的实际情况作公开发布?"

利维:"我没有。"

问:"你是否知道1970年2月5日,威尔逊要求宾州中铁从高盛的储备中回购1 000万美元的本票?"

利维:"这些也是写在备忘录里,我想应该算是看过的。"

问:"这算不算非公开信息?"

利维:"这绝对是非公开的。"

问:"你是否要求过将当时的实际情况公开发布?"

利维:"我没有。"

问:"你是否知道1970年2月5日,宾州中铁答应了从高盛的本票储备中回购1 000万美元的本票?"

利维:"这些我知道,也是写在备忘里的。"

问:"这算不算非公开信息?"

利维:"我想是的。"

问:"你是否要求过将当时的实际情况公开发布?"

利维:"我没有。"

在审理过程中,有人指出高盛内部对商业票据的研究报告一直是分两种:绿账本(由通过绿色复写纸誊写而得名)是最终要发到投资者手中的,蓝账本是高盛内部密参。更糟糕的是,威尔逊曾在一本内部密参上清楚地手书了一条"铁证如山"的批示:"我们坚决不储备宾州中铁的本票。"波拉克对陪审团解释说,公司可以简单地知会它的顾客:"我们将要把自己储备的宾州中铁本票回置(即卖回给宾州中铁),所以如果你们也想脱手的话就跟我们说一声。"他让陪审团都明白了采取这样的措施是多么简单的事情。

在盘问过程中,波拉克迫使利维承认了高盛未将自己掌握的重要信息传达给投资者

问:"利维先生,我根据您今早所做的证言归纳,就是说你承认高盛曾拥有关于宾州中铁的非公开信息。是这样吗?"

利维:"是的,先生。"

问:"你在1969年及1970年间都知道高盛拥有关于宾州中铁的非公开信息,是吗?"

利维:"是的。"

问:"你并没有下令向商业票据业务的投资者们披露这些信息,是这样吗?"

利维:"波拉克先生,我们公司的政策一向如此,我们不会把任何与发行人或者机构投资者相关的信息进行发布。"

波拉克:"法官大人,我要求证人对问题回答'是'或者'不是'。"

法官:"我认为你的问题要先更改措辞,将问题与本案的原告味奇食品公司、杨克兄弟以及C·R·安东尼公司紧密联系在一起。"

问:"利维先生,你并没有命令任何人向本案的原告味奇食品公司、杨克兄弟以及C·R·安东尼公司透露关于宾州中铁的信息,是吗?"

## 7 收拾宾州中铁破产残局

利维:"我没有,因为这不符合我们规定。"

波拉克:"法官大人,我请求法院对'我没有'之后的回答视为无效回答。"

法官:"同意。"

问:"另外一个问题,利维先生,你是否在1968年、1969年、1970年三年间都未曾对宾州中铁的信用状况形成过个人意见?"

利维:"确实,我主要听取威尔逊和他手下的信用调查员沃格尔的意见,但是在2月5日及6日,更多的是在6日,我跟进了解了信用备忘录,所以我形成了我的个人意见并且了解了很多。"

在另一次盘问中,约翰·温伯格作为公司负责商业票据业务的合伙人说,他曾收到多份绿账本和蓝账本的复本,但是他只是匆匆地扫了几眼,然后就顺手扔到办公室的废纸篓里了。作证时他还是一副理直气壮的样子,要是平时这会让人觉得他的话值得信任,但是这次却在陪审团面前起了反作用。他说:"我把这些东西都扔了,我可是个垃圾大王。"波拉克在总结陈词中利用了他的原话,对陪审团对此案的看法产生了很大的影响。

波拉克在总结陈词中开始便强调"此事是对基本诚信原则的考验:对待客户就要像对待自己一样"。然后他利用温伯格大意失言泄露的公司高层对业务监管不利的证词继续发难:"在监督和管理利润丰厚的商业票据业务的过程中,我们这位应该负起主要管理和监督职责的温伯格先生在哪里?让我们好好追究一下——用他自己的话说——'垃圾大王'藏到哪儿去了?"

他甚至为陪审团明确指出了达成最终裁决的方式:"评断此案的方向很明确:高盛是否知情,以及知情之后是否披露?如果你最终裁定他们是知情的,而且裁定他们没有告知自己的客户,那么这些客户就应当获得全额的偿付。"

在最后冗长的裁决书上,法院裁定确实存在大量"客观数据可以引导任何理智的投资者"发现宾州中铁的本票"并非最优"。法庭对高盛所谓该本票是经邓白氏下属的全国信用评级办公室评级的争辩不予采纳："由一家商业评级机构的分支所做出的个人决定对任何投资者或者本法庭都没有任何约束力。"法官还指出,此案当中存在一些证据证明评级过程中存在恶性循环:因为全国信用评级办公室的评级是建立在高盛继续销售该本票的基础上的,而且高盛也曾保证过宾州中铁的不动产资产没有问题。

1974年10月,由三名男士和三名女士组成的陪审团在经过长达月余的庭审之后一致裁定,高盛知道或应该知道该铁路公司陷入了财务困境,而这些问题能将其拖垮,因此高盛应该承担赔偿原告300万美元的责任,这笔钱就是几位原告在1970年1~4月间向宾州中铁本票付出的投资额,此外还应该追偿近100万美元的利息。

为了给高盛失败的庭审策略做掩护,一位合伙人狡辩称:"因为我们当初知道这位法官有反华尔街的倾向,所以我们才申请由陪审团裁定;因为苏利文-克伦威尔的律师向我们解释说《证券法》已经将商业票据排除在众多法律责任之外,所以严格来讲,商业票据不能算作一种证券。但是,这样细微的差别对陪审团而言实在太难分辨,所以高盛才输了官司。"

1975年3月,高盛与盖蒂石油公司(Getty Oil)就其起诉达成了一项140万美元的庭外和解协议。当初诉讼的请求是赔偿200万美元附加50万美元利息,而当时这家公司购买宾州中铁的商业票据才刚刚过了5个月。这项和解协议是以票面价格58%的价格附加利息达成的,差不多是之前任何由宾州中铁破产造成的协议赔偿的两倍。做出这样的决定完全是因为如果交由联邦法院裁定的话,就会与前次一样被判赔付100%本金并附加利息。至此,还剩下20起诉讼,总计约2 000万美元的赔偿要求待审。

1976年10月,高盛又输了另一场官司。纽约的联邦地区法院法官莫里斯·洛特判定高盛败诉,应偿付大学山基金会60万美元,该基金是专门为洛杉矶洛约拉大学筹款而设的。

1975年12月,经过9天庭审之后,联邦地区法院法官查尔斯·M·梅兹纳判定高盛赔付50万美元,即富兰克林储蓄银行(Franklin Savings

Bank）追索的全额。富兰克林储蓄银行的总裁于1970年3月16日向高盛提出购买请求，当时其提出要购买150万美元的本票，最终得到的是50万美元的宾州中铁本票和由另一家下属企业发行的100万美元商业票据，当时约定的到期日是1970年6月26日。法官判定高盛没有在富兰克林储蓄银行提出购买本票需求时，向其说明自己已经采取了自保措施。判定还说，虽然透漏这样的信息可能会有违高盛对宾州中铁的义务，但是高盛仍然负有不可推卸的责任。它应该要么公开信息，要么终止任何与其有关的交易，至少应该停止向投资者推荐该证券。

"我明白高盛十分不情愿背上扰乱整个国家经济秩序的罪名，"梅兹纳法官记述道，"除此之外，高盛和宾州中铁有着千丝万缕的联系，不论是业务联系也好，还是个人友情也好，它担心一旦宾州中铁倒闭，势必破坏这些关系。但也正是这些未能及时披露信息的行为……才是《证券法》中关于反欺诈的条款专门针对的犯罪行为。"法官还说，他相信"此次案件就是因为忽略了对必要信息的披露而未能做到诚信的典型案例。当高盛销售商业票据时，市场及投资者都认为它对这只商业票据的坚持态度就表明高盛对这家企业仍然具有较高信任度，由此对其商业票据仍然具有较高质量的默认。它未能向外披露的信息其实是相当关键的"。

1977年8月，另外一项判决——本来是对高盛有利的——被彻底地翻了过来。1976年6月，高盛曾赢得了一场由埃尔顿箱板公司（Alton Box Board Company）提起的诉讼，当时的联邦地区法院法官H·肯尼思·文格林认为原告并不是"诈骗案中唯一的受害人"，而是一家"精明的投资者"，因此驳回了其62.5万美元的诉讼请求。但是，联邦巡回上诉法院推翻了之前的裁决，并责令高盛赔偿599 186美元附加6%的利息，原因是高盛拥有关键的非公开信息而且没有向埃尔顿公开。而就在向埃尔顿出售本票之前8天，高盛已经听说了宾州中铁第一季度可能大额亏损的消息。

格斯·利维的一位朋友I·W·伯纳姆对最后的结果总结说："宾州中铁真的狠狠地伤害了格斯，而且离伤及高盛仅仅一步之遥。"如果所有投资宾州中铁商业票据的投资者都通过法律手段追讨，并且都得到像味奇食品公司、杨克兄弟以及C·R·安东尼公司这样的判决，高盛需要承担的赔付责任会远远超过其自有资金。由于败诉造成的损失使高盛背负了极差的公众名声，对于高盛交易公司失败之后多年重塑起来的声誉来讲又是一次沉重的打击。再加上1973~1974年股票市场大跌，整个公司的经营仅能维持收支平衡。对于一家合伙制企业来说，仅能维持收支平衡的经营状况，外加巨额的现金赔付需求，都可能给公司带来巨大的不稳定因素，高盛的历史完全有可能就在这个时候偏离正常轨道。

但是这样全盘皆输的情形并没有出现。公司在之后多年之间共赔付了不到3 000万美元。

乔治·多蒂在一片黑暗中看到了一线曙光："经历这些案件还是有好处的。所有的合伙人终于能够团结一致，在公司生死存亡的紧要关头携手合作。没有人掀起内讧，也没有人故意找碴儿。虽然面临前所未有的挑战，但是公司也在挑战面前成长起来。另外还有一项不是特别明显的好处：经历宾州中铁一事的历练，高盛的行为风格不再如同华尔街其他公司一样傲慢，事实证明傲慢就是真正伤害这些金融公司的罪魁祸首。"

约翰·怀特黑德后来承认："宾州中铁真的伤害了我们，对高盛的名声危害甚深。毋庸置疑，我们加强了内控来预防此类事件再次发生，同时将信用评估和客户服务两个领域清晰地划分开来。"之后的10年间，高盛都遵照证券交易委员会的同意令开展自己的业务。

高盛持有的优先债权后来以零成本转化成了对宾州中铁的控股权。由于公司所有的合伙人都在70%的应纳税人范围内，高盛蒙受的损失大部分通过保险获得了赔付，因此被抵充。多年之后，当资本收益税降到较低的25%的水平时，该股票重新抬头并且最终得以出售，高盛才从这次失败中彻底解脱。格斯·利维简洁地总结道："我们可能在这件事上弄到最后还赚了一点儿钱，但是我可以保证，这并不是当初就有预谋的。"

丹尼尔·波拉克不仅是纽约那次诉讼中为原告方争得胜利的律师，还是福斯特-格兰特公司（Foster Grant Corporation）的一名董事。格斯·利维当时也兼任这家公司的董事。在结案之后，有人私底下告知波拉克，他此届任满之后不会获得连任提名了。

之后大约不到10年的时间,高盛与接手宾州中铁铁路运营的联邦政府组织建立了重要的商业联系。1981年,高盛首席铁路行业分析师迈克·阿美利诺在《联邦公报》上公布了一份官方声明,说联合铁路公司(Consolidated Rail Corporation)可能会考虑上市。这项由政府机构向商业机构的大规模转型将涉及一系列复杂的交易,当然也会带来前所未有的赚钱机会——前提是一切进行得顺利,不论哪一家华尔街的企业作为主承销商都必定获益匪浅。除了宾州中铁商业票据的败笔之外,高盛并没有任何铁路行业融资的经验。阿美利诺认为,哪怕能在该公司上市之前争取到一个政府顾问的位置,高盛都有资历在日后的承销业务中争取份额。他撰写了一份内部备忘录,征询公司内是否有人可以帮忙。几天之后,他就收到了约翰·怀特黑德的回复,说他认识交通部部长德鲁·刘易斯,并且关系不错,他愿意为两人牵线搭桥。

高盛于1982年成了交通部的投资顾问,顾问组的成员有阿美利诺、唐·甘特和埃里克·多布金。后者曾说:"赢得生意?那是肯定的。这是我一生的使命。我生来就是要赢的!"

1986年晚期,摩根士丹利试图通过国会立法改变交通部的做法,使自己也能成为联席管理人。但是交通部简单地通过了之前的动议,选派高盛带领其他6家投资银行以均分的份额完成了联合铁路集团85%的股份,约合16亿美元的股票承销。这是当年最大的一笔承销,佣金总额高达8 000万美元。

虽然遭受了宾州中铁案的巨大打击,但是格斯·利维很快就重整旗鼓。"格斯真的是个不可限量的人,我从没有见到过他能力用尽的时候,而且他总是在不断进步。"这是怀特黑德对他的评价。多蒂也同意这样的评价:"格斯不断地在改变自己,也由此不断地取得进步。经历大案之后,他还是在不断地成长。他的判断力也跟着成长,当然他办事的效率更是不在话下。"

# 8
# 销售渐入佳境

20世纪60年代，高盛开始在其最具有竞争力的业务领域崭露头角。换句话说，它在各类证券销售业务中的高效性开始逐渐超越同行业的其他公司。但是在成为公司的优势业务之前，证券销售其实是一个最薄弱的环节。

虽然一直是纽约证券交易所的成员之一，但是在三四十年代，高盛从来没有一支强大的销售队伍。当时从事销售的人员只有五六位上了年纪的快要退休的人——在大萧条时期以及战争时期这些人都懒得换一个好点儿的工作，他们所能做的就是接一接市场内现有的订单，打发退休前的时间。鲍勃·门舍尔回忆说："当时机构投资者的交易并不活跃，只有一小队上了年纪的人在招呼着他们的生意，这些人虽然什么都得卖——包括股票、普通债券、可转债券以及地方债券等，但是他们推销的方法却没有什么有效性可言。"当时这个被称为证券零售的部门（后来更名为证券销售，再后来称为股票销售部）使得高盛的弱点暴露无遗，但这也为日后公司的发展提供了空间。合伙人欧内斯特·洛夫曼自嘲地说："我们在排名上如此落后，如果要在这方面做出变革，必须全力奋进。"

当时华尔街多数公司内部经营决策层的人不外乎几种构成，一种是"家族"成员，一种是"管钱"的人，再就是重要客户的后代。不论哪种情况，这些人都会围绕着自己的圈子形成一个特定的办公氛围，而且对任何新兴的变革都抵触。对于那些本来就没有什么积淀并且乐于进取的公司来说，哪怕再小的变革也预示着令人感兴趣的业务机会。作为所谓的圈外人，高盛就算承担起作为异类的风险也不会有什么特别大的损失。

因此在50年代，当雷·杨着手组建一支销售团队以应对高速增长的"机构"投资者业务时，这位在高盛内部被广泛认可的带头人没有遇到任何阻力。与此形成鲜明对比的是，很多其他经纪商雇用的零售业务员在面临变革的时期遭遇了公司内部阻力而止步不前，其实无非就是公司内部的利益集团为了维护自己的利益而争斗不休，而且这些内部的明争暗斗在一个时期内还远看不到平息的迹象。

根据传统，从经纪业务零售客户身上发掘的业务机会肯定不是由经纪商掌控的，更不会是经纪商"自有"的。每位经纪人都拼命地维护着由其开发、获利并带到他供职的公司来的客户的户头。每位经纪人从他开发的客户身上赚得的佣金都要与公司分账。具体到选择怎样的公司，就要看经纪人的判断了。判断的标准包括公司所提供的业务空间、数据统计、代管服务、综合运营以及档案记录等服务的质量，当然最重要的是看公司方面想以怎样的比例分账。当时的情况就是这样，不是公司选择经纪人，而是经纪人挑选公司。如果在目前供职的公司得不到理想的分账比例，经纪人就可以随时跳槽到满足他要求的公司去——当然也就会带走他开发的所有客户。

在已经具备相当规模的销售团队的公司里，一位"好的生产者"只会全心全意地为传统零售客户服务，其中包括医生、律师、企业主以及因继承遗产而暴富的人。这些公司的经纪人可能会有接触机构投资者的机会，也就是接触银行、保险公司或者其他类型的投资公司的机会。有这些机会的前提，是这位经纪人与这些机构中的某一位决策者有私人交情。即使在这样的情况下，机构投资者的户头是经纪人不可能随身带走的，而且当年的机构投资者也只希望从经纪人那里得到一些程式化的服务，没有什么特殊的要求。经纪人会明白一个道理：以个人之力是无法扩大机构投资者的交易量的。传统意义上的经纪人在为某家证券公司照顾机构投资者的过程中，并不会刻意追求扩大该机构投资者的交易量，以单个经纪人的身份和能力所能保证的，就是不要在过程中出任何失误。但是时代总是进步的。

机构投资者不仅规模越来越大，交易行为也越来越活跃，当然，由他们带来的佣金收入也越来越可观。也正是由于支付的佣金越来越多，机构也要求经纪人提供更加优质的服务，特别是要求经纪人能够为其提供对宏观经济、主要行业以及特定公司的研究服务。传统的个体经纪人无论是从研究能力上讲，还是从其所能提供的服务强度上讲，都已经无法和新出现的机构经纪人相竞争了。

市场激烈的竞争使以传统方式开展经纪业务的公司切实感受到了为参与新形势下的竞争而进行重组的必要性。但是，零售业务经纪人仍然会尽一切努力稳固自己的机构客户，就算他的这几个客户完全没有达到利润最大化也必须牢牢抓在手上，因为他们带来的生意哪怕是一小块也是很诱人的：经纪人能从公司获得的毛利润中获得30%~40%的分成。在市场发生变化之后的20年，还有一些主要的零售业务公司在为这些机构客户发生内讧。最后为这些利益争斗所做出的解决方案无一不是勉强地妥协，基本上都是为了能够在短时期内稳定公司的权力制衡机制而做出的决定，明显不为公司长期的业务生存能力而考虑。

高盛内部基本没有发生任何因某人"拥有"特定的机构客户而引发的内讧，因为公司内部的零售业务员基本没有被指定专门为某个客户服务。公司可以不受限制地按照雷·杨的思路来组织其机构销售业务，杨也借助这个机会充分发挥了他在这方面的创新才能。他要求公司内所有与机构相关的业务部门都向他汇报，包括研究部、研究销售部（即向机构推销高盛研究报告的部门）以及销售交易部（该部门的业务员通过与其他机构交易者建立联系而获得管理这些机构的订单的业务）。[①]约翰·温伯格赞叹地说："雷真的把我们都调动起来了。他既是一位招聘专家，也是一位培训高手。"除了格斯·利维（经常悄悄把朋友的孩子们安插到销售部门）

---

① 1960年，整个公司有550名员工，销售业务员占74名，这部分人中有36人已经年过半百。

之外，没有人敢挑战杨在人员任用方面的权威。杨在公司里一直就有态度强硬、为人耿直的声誉，而且在管理委员会这样一个最有权威的组织中也是如此。不论谁挑起争论，销售部门的人总是接受杨的最终判断。事实上，他们不得不接受他的裁决。杨一般情况下会说："我听到你的意见了，但是现在，你给我听好我们下一步该干什么。"如果某位参会人员的面部表情告诉他这个决定并没有被完全采纳，他会补充说："你们应该把及时并全盘接受我的决定看作自己能在这里继续供职的决定性条件。就这样。"

鲍勃·门舍尔的兄弟迪克也是公司的合伙人之一，据他回忆："雷·杨知道作为一家服务行业的公司，客户就是上帝。他总会提醒我们把客户放在第一位，因为从长远来看，不论对公司还是个人，这都是有利无害。雷很受人爱戴。他为人谨慎公平，在股票销售交易部门不偏向任何人。他在公司的管理委员会中是销售部门最强势的，也是最为人信任的代表，格斯和L·杰伊都对他非常尊重，大家都知道这一点。"

合伙人卢·埃森伯格回忆说："雷最关心的就是员工的正直和对客户的服务质量。他有一次揪着一个销售受训人员的衣领，把人拖到我办公桌前质问我：'这是你带的人吗？'我说是的，他就丢下一句话，'给你一个小时的时间决定他是去是留'，然后甩手就走了。原来这名培训生刚刚得到了联合化学公司（Allied Chemical）的一个不错的订单，他就禁不住在电梯里向另一名受训人员炫耀自己的成果。雷对员工都有令行禁止的规定，其中第一条就是不能对任何人在任何场合谈论自己的客户及客户的生意。半小时之后，我和这名受训人员也谈得差不多了，我告诉雷我决定留用这名受训人员。雷把我们两人都叫到楼下，粗暴地问那名受训人员：'明白做错什么了吗？'他的回答也让我们知道他确实明白自己错在了哪里：'先生，我知道从此之后不再乱讲话了。'这对雷来说还可以接受，但是仅此一次，下不为例。"

曾有一次，杨打电话给他手下一名销售人员埃里克·多布金，问："你今天中午约客户吃饭了吗？"

"没有，我自己吃。"

"跟我去吃吧，我在城里。"而就是通过这顿午饭，多布金得知自己被派到了芝加哥，一去就是整整6年。6年之后，杨再次给多布金打电话，问他有没有时间共进午餐。"因为我当时还在芝加哥，所以我想怎么也不会是今天的午餐，"多布金回忆道，"所以我问了一句，'明天怎么样？'于是我第二天搭飞机赶到纽约和雷、理查德·门舍尔以及吉姆·蒂蒙斯见了面，因为当时吉姆正在从事一项受证券法规144条限制的股票业务，但是他又要离开公司了。所以，他们想让我接吉姆的工作。我唯一想知道的就是我能不能接他的手做合伙人。他们给我的唯一答复是'那个位子已经有人坐了'，而我知道这么一点也就够了。"

杨很有决断力，这是所有的销售人员都十分欣赏的性格。他一手创建了一支有力的销售队伍，一方面是因为他对销售业务的熟悉，另一方面也是因为所有人都明白他任用人员的标准，即以员工对公司的忠诚度为标准，一切上上下下的调动都只有这一个标准。合伙人吉姆·考兹曾回忆起一个小插曲："我有一次想要炒一个销售员的鱿鱼，雷问我，'你自己被人炒过吗？'我说没有，雷又接着说，'我想你也没被人炒过。你总得记住这么一点，一个人只要被开除过一次，他永远都忘不了，一辈子都会耿耿于怀。'这些方面都体现出雷对销售人员心理的熟悉，也体现出他对销售业务管理的轻车熟路，当然也使得他能够成功地为公司的销售业务招揽来众多的MBA。"

创建高效的销售队伍不仅是高盛为了更贴近客户而采取的一个战略措施，也是为了向客户说明高盛积极的业务态度，更是一个向客户展示高盛业务能力的绝佳渠道。鲍勃·门舍尔对此事的说法是："如果我们能找到入手的地方，有一只脚已经迈进门里的话，我们就有机会向客户展示我们其实是正经生意人，和我们做生意不仅会很愉快，而且能获得业内最专业的服务。我们真的是与客户同生共长，这些客户包括多样化投资者服务公司（IDS）、富达投资（Fidelity）、资本研究公司（Capital Research）、德赖弗斯（Dreyfus）、摩根银行以及哈特福德的一些保险公司。我们一次又一次地提出，'给我们一次机会。别的公司没有一家能做你们的业务，但是我们相信我们公司可以。如果你手头有任何无法成交的大宗交易，我们非常愿意为您展示一下我们的能力。'很多与交易相关的线索需要靠人们一条一条地去寻找，最终串成一个整体之后才能很好地把事情做成。高盛当年没有几个分支机构，但是我们孜孜不倦地寻找着业务机会。我们把一群热情高涨的年轻人集合在一起，这是一群真正热爱证券业务，喜欢销售及交易，并且希望自己能最终成为专业人士的年轻人。我们手下的这群人不怕显得与众不同，而且他们排挤这个圈内'老'人的方式就是保证能在一年或两年之内达到甚至超过这些'老人'以前的业务总量。从此之后，我们的注意力才真正转移到塑造一个真正的交易业务模块上来，而整个过程中我们都知道必须显得与众不同才能取得成功。"

哈罗德·纽曼是一位绩效突出的优秀销售员，他补充说："在60年代的时候被招聘到当时称为证券销售业务线上的人员是一群与人们传统观念中的经纪人不一样的人。我们当时就被看作是一群有高标准的人，我们专注于业务创新，而且我们敢于实话实说。"

高盛最为成功之处，就在于其强大的销售团队有着良好的合作精神。对塑造这种良好文化有着重大贡献的一系列措施最早起始于1963年的一次拉斯韦加斯之旅。多年以来，同样是从事逐步走向成熟的证券销售业务的几位朋友会每年定期去两次拉斯韦加斯——3月带着家眷去度假，10月则是自己去开拓业务机会。这个小团体通常都会包括杨以及另外两名销售员哈罗德·纽曼和戴维·沃克曼。出于销售员的工作性质，纽曼建议杨让他们以团队的形式开展工作——办公室无论何时都要留一人接听客户的电话，另外一人则在外面争取新的业务机会，然后两人以合伙人的身份平分赚得的佣金。"戴维不喜欢守电话，但是我并不介意，"纽曼说，"但是我希望轮到我出去跑业务的时候总能有个人帮我接听我的客户打来的电话。所以我们提出的建议是，只要有一个人上街去跑业务了，另一个人就必须留在办公室里接电话。"

理查德·门舍尔知道，这样的安排会引发很多潜在的问题，他对此提议持完全反对的态度。"利益冲突肯定会很明显，你们不可能试行成功的。由于细枝末节的差异而引发的争议会毁掉你们的全盘生意。"但是杨就是有过人的胆识来尝试这种新模式。这项提议当然也符合格斯·利维关于既注重个人表现，也要注重团队合作的论述。试行下来，这种模式运作得相当好，因此更多销售人员以成对的方式加入进来，然后推行的范围越来越大，参与"合伙"的人数也迅速增加。

在此之前，每个销售员都是单打独斗，工作的方式都是"自己能逮到啥就吃啥"，公司只提供部分补助。鲍勃·门舍尔制定了一套新的团队合作激励机制，专门奖励在机构销售业务中有突出表现的人。首先，门舍尔征得公司董事会的同意，销售业务部门从公司获得的总佣金中提取15%作为应发奖金。然后，他说服每个组的成员同意将机构佣金汇总到一个奖金池当中，以年为单位计算，到年末时每位销售人员都能按照比例从奖金池中获得奖金，这个比例则由门舍尔根据市场状况每年进行调整。因为他明白很难在年初就预测到谁是本年度最佳销售员，所以门舍尔事前截留了奖金池中1/3的资金，然后在年终确定了谁为销售业务做出了最大贡献之后，以他的行政权力从1/3的资金中再提取奖金。后来，参与这种奖励机制中的销售人员约有40多名。随着这种新颖的奖励办法的推行，"每个人都把注意力集中在了一件事情上：怎样使公司的总佣金收入最大化"。鲍勃·门舍尔评价自己这套体系时说："我们所有人都能看到每一张票据的流转，因为销售人员和交易人员面对面坐在一起工作。对于真正有团队精神的销售人员来说，这样的机制其实为他们提供了不可限量的业务机会。"

鲍勃·门舍尔通过集合佣金的方式打造了一支机构销售业务的劲旅，与此同时，他的兄弟理查德·门舍尔把精力全部放到了组建高净值市场销售队伍的工作上。合伙人李·库珀曼（Lee Cooperman）回忆说："迪克·门舍尔（Dick Menschel）的构想是要在销售业务上有所专长。"门舍尔认为在竞争对手能够为特定的买方客户提供专人服务时，高盛也应该能够为专业的买方客户提供与研究、交易、可转债或优先股相关的专人服务。研究报告的销售与销售交易业务是相互分离的，上市证券的销售业务与场外交易的销售业务也是分离的。但是一旦出现五六名销售人员同时服务一位大客户时，他们赚得的佣金都会自愿放到奖金池里，然后按照事前约定的百分比分账。

以合伙人的身份集合佣金的做法逐渐成为高盛特立独行的一种制度。另外一个重要的制度就是，高盛销售人员获得的奖金数额本身就比其他公司高。他们坚信自己是与众不同的人，对自己的努力工作十分自豪，而且他们也明白自己比竞争对手工作的时间都要长，工作的强度比别人都要大。

埃森伯格回忆说，"我们的周转率很低"，在当时其他公司的周转率普遍超过20%的情况下，高盛仅维持了5%的周转率，"有人甚至称我们的周转率低得过分。"但是客户们从未对此提出过抱怨。他们喜欢与一群积极向上、有职业素养的销售人员保持长期合作，特别是当这些销售人员总能发掘新的方式来帮助自己时就更愿意依赖他们。当高盛的销售人员与客户间的关系已经成型，并且对双方来讲都能产生良好效益的时候，它的竞争者们在这个领域只能说是刚刚起步，或者也只是处于客户关系的"培养阶段"。高盛与竞争对手之间的差距已经拉开了。在当时，高盛已经成为众多机构投资者最信任的经纪商，这些客户中包括几乎当时所有规模大、活跃度高的机构。

"我们特别注重招聘头脑灵活的人，同时也看中一个人是否真的愿意成为一个团队的一员。"迪克·门舍尔说，"我们进行面试时都谈得非常彻底，一个人要想加入我们的团队要经过多次面试。既然我们都知道被接纳是多么困难，我们对每一个通过层层筛选的新员工都倍加尊敬。一个人要是能成功地通过所有面试，那么我们就能确定此人肯定属于高盛。我们都有着相同的非凡的耐久力。团队精神是最重要的因素。我们永远要互相扶持，我们必须像家人一样相亲相爱。我们拥有同样的对业务机会的追求，并从业务中获得无尽的快乐。"

门舍尔雇用销售人员的过程是很细致的。他的筛选标准一贯不变：候选人必须既有良好的形象，脑子也要好使。如果一名候选人能通过第一轮面试，那么下一次的判断标准就会集中在一个至关重要的因素上：这个人对业务的追求到底有多狂热，他要做到什么程度才会感到满足？拥有家庭经济背景在60年代仍然是华尔街主要大公司选人的首要标准，但这在高盛没有任何意义，甚至只会被看作影响候选者的负面因素。门舍尔只想招聘有潜在动力的人，因为这样的人选才能成为受他严格控制的销售团队的一员。

1968年，纽约证券交易所全天的成交量如果能达到1 000万股，就可以称得上是很好的交易量了，如果出现1万或2万股的交叉大宗交易，那肯定会成为当天人们热议的事。但是埃森伯格在这一年的某个交易日接到一位机构交易员的电话，交易员听上去非常兴奋，因为他供职的一家位于哈特福德的大型机构下了一个超大型的单子：要卖掉5万股美国氰胺（American Cyanamid）的股票！

埃森伯格、鲍勃·慕钦、雷·杨和格斯·利维迅速碰头，并且决定把该笔交易定价在比市场低半个百分点的水平。他们提交了竞价，而那位机构交易者明显对这样的定价很满意，直接回复说："出票吧。"等到报价机的纸带打印出交易价时，埃森伯格为自己的这次胜利感到前所未有的满足。没过几分钟，格斯·利维走过来轻轻地，很认可地拍了拍埃森伯格的后背。雷·杨决定请这位新诞生的英雄共进午餐，这也是难得一见的庆祝方式。

所有一切当时看来都让人满意，但是好事没能持续多久。

午餐之后，埃森伯格回到自己的办公室，见到桌上粘了20张纸条——都是那位机构交易员发来的消息。埃森伯格给他回电。那位交易员急切地说："你可能完全不能相信这样的事情会发生，我也肯定我这次要被炒鱿鱼了。那个单子被我完全搞混了，那不是要求卖出的单子，他们给我的指令是买入。如果你觉得这还不够糟的话，那继续听下面的事情：我多加了一个零。单子上写的是5 000股，不是5万股！"

埃森伯格直接从自己的座位上滑落到地上，哑口无言。他必须立刻向利维报告。但是又能报告什么呢？他一边向利维的座位走一边寻思，他知道只能实话实说。"格斯，出大问题了。那单大宗交易出现错误了。"

"谁犯的错？"

"对方机构的交易员。单子没有一个地方是对的。"

而这个时点上，该股票的市场价格已经攀升了1个点还多，也就是说股价涨了7.5万美元了。

"你对这个人的了解如何？他是傻子还是骗子？"

"格斯，我认为这个家伙就是粗心大意犯了一个不可原谅的大错——没有其他猫腻，但是确实是大错特错。"

"那好。我们就干脆把这个家伙变成我们的大客户。我们来承担这个错误，我们来承担所有可能的损失。"

埃森伯格自然觉得自己的饭碗没了，他正在想晚上回去怎么跟妻子交代。但是他的想法和实际发生的事情大相径庭。一周之内，那家机构的交易员和老板邀请埃森伯格共进午餐："您与高盛让我们真正体会到了什么样的服务才能被称为专业服务。为了表达我们的感谢，我们决定长期选用高盛作为我们的经纪商。"这家机构最终实现了他们的承诺。

阿尔·费尔德在评价利维、杨以及他们下属的销售团队时说："他们不是神，他们也是有血有肉的人。但是如果有压力让他们非得卖出什么东西，他们总是能采取正确的行动。"领导人最应该具备的两种特质：一种是发现人才，聘用人才，组织人才团结协作；另外一种是在岔路口上能够秉承一贯的原则做出决策。只有通过一个人在面临损失的时候做出的选择，你才能真正了解他坚守的信条，人也正是在个人信条的指引下才会坚信自己所采取的行动是正确的。

70年代雷·杨退休之后，迪克·门舍尔接手了公司的销售业务的管理。在销售业务方面公司不任命任何中层经理，所有销售人员直接向门舍尔汇报工作，门舍尔同时掌握了关于所有销售人员、他们的客户、他们与客户间的合作等信息。合伙人戈特说："门舍尔是一位很会激励下属的导师，他对每个细节的记忆都非常精准。他坚持公司的人撰写备忘时必须写清楚撰写人和收件人的中间名的首字母。这或许只是他管理员工的手段之一，但是我们都相信这是他对别人表示尊重的一种方式。"

当别的大公司都忙着撮合销售与交易部门尽全力协同工作，从而实现利润最大化的时候，高盛的证券销售业务和交易业务却是完全分离的，因为迪克·门舍尔和鲍勃·慕钦没法和平共处。他们无论是个人的性格还是工作方式都大相径庭。门舍尔特别讲究办事的程序，注重细节、数据以及准确性，而慕钦则是有一搭没一搭，时不时耍些让人容易上当的把戏。正如某位合伙人评论的那样："迪克从来不允许手下的人说脏话，更不能做不道德的事，而鲍勃自己有一间不对外开放的小屋子，一伙人经常聚在一起打牌，讲电影明星的低级笑话。"对于管理委员会的会议，门舍尔事前就会精心准备6~8个小时，然后带上一串关于公司运营细节方面的精彩问题参会；慕钦则会带着一叠没有打开过的准备材料来，或许专门就是为了嘲弄门舍尔，他会煞有介事地让在座的人都观看他第一次打开文件的表演。门舍尔对自己的私人支出都保留着记录，但是慕钦则可能把几张支票随手放在自己抽屉里就忘了去兑付，导致公司的会计无法对账。

20世纪70年代，迪克·门舍尔通过推行一套全面的培训计划使高盛的销售业务进一步与同业竞争对手拉开了距离。新入职的销售人员必须在全公司范围内轮岗进行在职培训，还必须每隔两周参加一次专门的销售业务培训。专业培训课程上既使用案例讨论，又使用角色扮演，所有的培训都被拍成影像资料。整个团队会对每一位销售人员在培训过程中的表现提出意见和建议。培训的过程虽然轻松有趣，但是却不失专业水准。新员工的培训大概要持续6~7个月，之后每5年要再参加一次全程培训。70年代起步时参与者只有十几名，80年代巅峰时期人数最多的时候能有将近40人。进入新世纪之后，由于市场变化造成需求的减少，参与的人数也回落到20人左右。这些培训课程总是安排在周五下午5点半至7点半，而且通常都会开始得很晚，有时会在6点或6点半开始，直到8点或8点半才结束。周五是纽约市惯例性的社交日，门舍尔当时是单身，所以他对于会议时间拖延毫不在意，但是别的销售人员要不是有家人在焦急地等待，要不就是与人有约。很多参与培训的学员认为课程延时是故意的，是专门为了检验销售人员为了追求业务机会到底下了多大决心的手段,同时也能看出一个人对公司的忠诚度。

有一次,合伙人罗伊·朱克伯格面对一大群培训生问:"你们怎么看市场走势,看涨还是看跌?"他在会议室里走了一圈,听培训生逐个回答他的问题,每个人都要回答。有人说看涨,有人说看跌——每个人都能自圆其说,有人给的解释还很有深度。最后,他走到一名刚从东京飞抵纽约的日籍培训生身边,这人因为长途飞行已经困得睁不开眼了,上着课都能睡过去。当他的邻座把他推醒的时候,朱克伯格质询的目光正落在他身上。这位脑袋还没完全清醒的培训生脱口而出:"我认为是看涨,我永远认为市场是看涨的。"

"很好!"朱克伯格大声地表扬他,"在证券行业只能有一种生存状态,就是只能看涨!永远都要牛气冲天。"

每周五培训的主要特色就是角色扮演,有时要做现场推介,有时要开发潜在客户,有时要服务既有客户,当然由门舍尔和朱克伯格扮演客户,给培训生们出各种各样难题。有的问题是难于搜集信息,有的问题是难于对上客户的胃口,有的问题是难于把握应该采取的策略,还有些问题是以上这些困难兼有。比尔·兰德里思回忆说:"就算门舍尔和朱克伯格真的是以虐待学员为乐,我想他们也不可能提出比现有问题更刁难人的问题了,当然也没有什么比这更具有教育意义了。"

一般培训结束时,门舍尔组织的结业测试也是一次角色扮演,他自己就扮演一名大型基金的经理。销售培训生来他的办公室拜访,向他推荐股票,然后就是一番巧舌如簧的推销。通常不过5分钟,一般的销售人员最多说了1/3的话,门舍尔就有可能打断对方,并问:"听起来都不错,很有意思。你的功课做得不错,我真的很感兴趣。你干吗不帮我代购1万股呢?"

如果这名培训生记下了这笔订单,然后还接着推销的话,不管他有多聪明或者多善辩,他肯定过不了关。为什么?因为他已经拿到订单了,如果在这种情况下还接着讲就有可能话说过头,甚至可能动摇客户已经下了的决心。如果事情变成这样,销售就泡汤了:话太多的销售员就真的会把自己谈成的生意"放飞"。

通常情况下,角色扮演都是由朱克伯格扮演一位客户,通过电话推销的场景来进行,所有培训生都要在现场听。有一晚,一位已经在项目中参训超过6个月的学员接到了一项新的任务,就是把朱克伯格扮演的潜在客户发展为公司的新客户。由于通常情况下一般人的培训都不会超过6个月,所以这名培训生感到压力很大,他觉得必须通过这次演习的"成功"来证明自己已经掌握了足够的技巧和竞争力,能够成功完成测试并走上真正的工作岗位。

朱克伯格模拟的潜在客户其实很典型:一名拥有一家规模小,但是赢利状况还不错的小公司的年近60岁的生意人。更具体地说,这次他扮演的是一位专门销售家用植物的老板。其实所需的推销也是传统的老一套:说明高盛是一家能够开展多项业务,且每项业务能力都卓越不凡的金融公司,证明高盛在业内享有很高的声誉,并且展示出高盛对帮助这位潜在客户通过投资来增加个人净资产非常感兴趣。公司总是要与客户建立密切的联系,所以销售人员必须懂得怎样在初始阶段为客户提供最好的帮助,以此为日后持续合作建立坚实的基础。

这位培训生下定决心要在这位潜在客户的生意上建立一个双赢的局面,他刚开始的几分钟谈得非常不错,所以朱克伯格决定加快速度,提高难度。

"年轻人,你说你是真心实意地想帮我把生意做得更好,是吧?"

"那是肯定的!高盛的员工都愿意与您一道为了您的事业而奋斗。我们希望能帮您把生意做好,而且是做到最好!"

"你知道我的生意就是给居家布景提供一些花草树木吧?"

"是的,先生。"

"而且你愿意,或者说你的公司愿意,帮我把生意做好。我没理解错吧?"

"是的,先生。我们愿意为您提供帮助。"

"那好,我正好知道你用什么样的方式能帮助我,不过其实你要明白这实际上是我在帮你。你对这种通过帮助我而最终达到帮助自己的提议感兴趣吗？"

"是的，先生！"

"好的，那我们订这样一个计划吧。你把你们公司高层的家庭住址和电话号码整理一份给我，然后我逐个给他们打电话，我会向他们展示我们怎样能把他们的家布置得最漂亮。这对他们而言是件好事，就像你说的那样，当然同时也能帮助我们。你觉得怎么样？"

"好的，先生！"

电话立马被挂断了！"你又失败了！你一句话都讲不对！你给潜在客户打电话只有一个目的——唯一的目的！你只能是去卖投资产品的！你这个蠢货，我不是让你去买东西的，更别说把公司合伙人的信息都免费送给一个该死的卖花草的人，你甚至连合伙人的家庭住址和电话号码都敢给人家！你想过你自己有多蠢吗？算了吧！"

60年代末期，特拉华管理公司（Delaware Management）是费城最大、最活跃的机构投资者之一，也是高盛在该地区最大的机构客户。埃里克·多布金在这个时期被派到费城去进一步开拓高盛与该机构的业务合作，目标就是增加高盛在该机构所有业务中所占的份额。多布金了解到特拉华管理公司对高盛的认可程度已经很高了，所以他必须找到一个特定的切入点才能撬动更大的参与份额，这也是他约见特拉华管理公司最高投资管理者约翰·德勒姆（John Durham）的原因。纽约证券交易所收盘之后，他开门见山地问德勒姆怎样才能获得该机构更多的生意，得到的回答是："你得告诉我你们目前研究推荐的最佳投资组合。"

"我会告诉你，而且不仅仅是随口说说，"多布金回答道，"我每天收盘时都会打电话给你，我会准备一份完整的，而且是独家的股票交易概要，市场上所有精明的基金经理的买卖记录都会完整地呈现给你。"

"你就打吧，秘书会把电话转给我的。"

多布金回忆说："那之后连续10天我都照办了。我每天都为德勒姆梳理一遍主要的机构都在从事哪些交易,但是无论我说什么对方都没有给过一个准确的回音。所以,为了推动工作的进展,我非常礼貌地问,'我最近做得怎么样?'

'还好。'

'约翰,你能说说你到底要这些材料干什么吗?'"

德勒姆一言不发直接挂掉了电话。

多布金继续回忆这段故事时说:"很明显,我是白费力气,最后什么也没捞到,我肯定得另谋出路。于是我认真分析了特拉华管理公司的招股说明书以及其持股状况的数据,从德勒姆的角度出发,试图猜出他到底在买卖哪些股票。"

多布金算计着,如果他能大概猜出德勒姆的买卖动向并且向慕钦解释清楚的话,慕钦或许能帮他组织起5 000~10 000股来帮他开展工作。一旦德勒姆咬钩,高盛就可以确实地知道德勒姆到底是买还是卖,然后他们就很容易找到相应的卖方或买方,从而促成可观的大宗交易。"我按照自己的最佳判断给慕钦提供关于德勒姆行动的信息。鲍勃本身也喜欢做这种围追堵截的游戏,很快我们和德勒姆的交易量就越来越大,经典的滚雪球现象(你从事的业务越多,找上门来的业务也就越多)也确实应验了,我们的佣金收入一夜腾飞。我们在大宗交易、期权、可转债方面的业务量直线上升,很快就成为德勒姆和特拉华管理公司的头号合作伙伴。"

还有一次,高盛为一家很少有人问津的中西部公用事业股"组织"了一次20万股的大宗交易——价值高达800多万美元——而他们只找到了一个愿意买那么多股的买方,就是特拉华管理公司。但是特拉华管理公司的交易员并不愿意按高盛的定价交易。格斯·利维坚信当时的定价是完全正确的。其实双方的差异只有1/8个点,但双方都在等对方先做出让步。基尼·默西和利维通了电话,很明显利维给他施加了很大的压力。默西最终决定冒着风险,越过交易员,直接和约翰·德勒姆谈话。

"约翰,我们俩在交易业务上合作也有好多年了。这些年以来,好多交易发生时,你寻求我的帮助我都全力支持你了。这对你来说算不算欠我一个人情?"

"算吧。"

"那好,约翰,我请你在那宗公用事业股大宗交易上提价1/8个点。"

短暂的沉默。

"成交。"

格斯·利维乐得差点儿没笑出声来,差点儿没管住自己的嘴。

1979年,慕钦和多布金共同开发了一种全新的面对利基市场的产品——债转股交易,而且从中获益颇丰。"我们发明了分期销售模式,后来这种模式成为公司的一项主营业务。当时短期资本收益的税率是49%,如果某项收购业务涉及以现金邀约收购股权,那么通过分期销售,出让股权的股东就可以拖延向美国国税局申报个人所得税的日期,因此也就可以获得较低的税率。这样的服务非常容易推销出去,而且我们基本上知道什么样的投资者愿意购买。我们到一流的律师事务所转了一遍,解释清楚我们的分期销售是一种怎样的业务模式,这样他们也就能把我们漏掉的客户带回来。我们在这个过程中认识了很多有趣的人,很多有趣的家族——当(前任国防部长)保罗·尼采(Paul Nitze)的家人决定出让私人滑雪场时我们就帮他'分期'卖掉了。我们最好的一年,分期销售带来的营业收入占公司总收入的3%,同时也为PCS(私人客户服务)部门带来了更多的业务。"

作为一名独立的经纪人,哪怕是市场上最知名的经纪人,都比不上成为一家大机构客户的首席经纪人。事实一次又一次地证明,机构投资者支付的佣金中,12%~13%归属其首席经纪人,大约10%归属第二名,只有8%能落到第三名的手里。如果高盛集中精力成为每一家客户的首席经纪人,而它的竞争对手一般只能做第三甚至第四时,高盛一年下来要比别人多出50%的业务份额,而且赢利比竞争对手要多,因为它的运营成本和对手差不多是一样的。在交易业务上,竞争者们都是半斤八两,所以即使是在世界上最开放、最有竞争性的市场中,任何一家公司都可以打造出为了保护自己，同时也是为了保证公司可持续发展所需的竞争优势。高盛在销售业务市场占比的持续性及其销售技巧的领先性使它成了很多大机构的首席经纪人，而这些大机构所管理的资产规模逐年增加，它们带来的佣金收入自然是越来越可观。与其他任何身处服务行业的公司一样，持续性和稳健的人际关系都是至关重要的。

然而这两条并非全部。高盛的合伙人们在80年代时决定开发超大型客户——世界上最大的100家机构客户。这个客户圈并不像表面数字看上去那么少。美国境内最大的50家机构客户的交易量占纽约证券交易所总量的50%，在芝加哥期权交易所同样庞大的总量中，按美元计算，也占有相当大的份额。这些超大型客户对于新发股票的承销业务来说也扮演着相当重要的角色。

并非所有的超大型客户都在美国，有一位就在中东。比尔·兰德里思曾在伦敦与科威特投资局的约翰·布克曼通电话，布克曼当时能听到背景声音里有慕钦的声音。

"比尔，在你旁边说话的是鲍勃吗？"

"我们正在一起筹划一个为通用电气销售的大单，一共要出手75万股。"

"比尔，是面向市场公开发售吗？"

"是的。"

"比尔，这一单我们全接下了。"

这就是传说中的完美交叉交易——高盛同时为买卖双方服务，从买卖双方都获得佣金收入。这意味着高盛一笔交易就能收获150万股带来的佣金。按照当时的市值计算，这是有史以来最大的一单，而且高盛没有掏一分钱，没有承担任何风险。真可谓天时，地利，人和。一切交易都在几分钟的时间内就达成了。对慕钦而言，钱多得有点儿让人难以接受。就算他这种性格沉稳的人也被震动了。他需要得到一个明确的交易认证："比尔，我一会儿用加密线路给你打电话。随时准备接。"

科威特投资局很快成为高盛的一个大客户。"他们是优秀的交易员，也是很好的买家。"兰德里思这样评价他们。当然他们也是很好的客户。科威特投资局帮助高盛化解了有可能是高盛历史上最尴尬的事件。当时兰德里思想要把英国一家出版商罗伯特·马克斯韦尔（Robert Maxwell）——一家交易量还算可以的公司——介绍给科威特投资局，但是科威特投资局的经理们毫不犹豫地拒绝了，态度非常坚决。"没门儿，比尔。我们不会和那个人或者是他的公司有任何往来。此事到此为止，永不再提。"再后来，科威特投资局在高盛因为承销英国石油的股票而陷入困境时，通过超大额认购的方式再次挽救了高盛。

1979年一天深夜，比尔·兰德里思接到一通电话，当时已经快到午夜了。"比尔，有大事发生了，非常非常重要的事情。你必须相信我，我现在发誓要绝对保密，什么都不能说，所以你直接穿上衣服马上来希斯罗机场。我会给你准确的地址。这是个没人知道的密室。还有，比尔，你自己一个人来。"

兰德里思起床穿衣，钻进自己的车，一路穿过伦敦无人的街道来到希斯罗机场附近，按照他拿到的地址找到了密室。密室四周都有保镖。有人指点兰德里思下车并引领他进入了一间更为隐秘的房间。这时一名身着精心裁剪的西服、身材不高的人从另一道门里进来，此人是伊朗国王的私人代表。"伊朗国王决定卖掉所有在美国股市中的投资——必须立刻用现金支付。相关票据证明都保管在一家知名的瑞士银行中。因为这次交易不同寻常，所以我们愿意以低于市场30%的价格成交。高盛愿不愿意接受这次'立刻变现'的交易？"

"您的问题我都听明白了，"兰德里思回答说，"但是要代表公司回答您的问题，我还是要和纽约的合伙人们商量一下。我能借用一部电话吗？"当时是纽约晚上7点，但是高盛的人员都还在交易室分析当天的交易情况，并为第二天的交易做准备。幸运的是，鲍勃·慕钦也还在办公室。

兰德里思和慕钦讨论了这件事。交易的诱人自不必讳言：按照30%的折后价，高盛可以购入价值1亿美元的蓝筹股投资组合，然后以大宗交易卖出，至少可以比第二天的开盘价高出40%。公司可以一举获利2 500万美元！

交易的回报很诱人，但所要承担的风险一样巨大。之后没有几天，伊朗国王就下台了。什叶派精神领袖霍梅尼成为伊朗的领导者，以他的实力完全可以造成更大的非金融风险——比如在高盛的办公室、人员的车子或者员工的家里引爆炸药。还有很多"类似"的风险。所以他们达成的最终决定是：放弃。这可能是高盛第一次也是唯一一次拒绝接受一项可以创纪录的交易。就算有别的公司最终接下了这单生意，也从来没有见诸报端。

在之后的八九十年代，股票销售交易部门一直都是公司收入的主要来源，但是随着市场竞争的加剧，佣金费率一再下调，成本增加，电子交易系统逐步侵吞现有交易市场份额等情况不断发生，这个部门的赢利能力逐渐弱化。但是无论如何，在机构经纪人的黄金年代，高盛已经充分利用了所有机会，做到了最好。

# 9
# 大宗交易：气势磅礴的风险业务

1976年1月的一天上午，鲍勃·慕钦接到一通有史以来任何大宗交易商都梦寐以求的最重要的电话：一份确立高盛在大宗交易业务领域领军地位的10亿美元的订单。高盛将受托执行前所未有的最大规模的大宗交易。

纽约市养老基金的负责人杰克·梅耶决定，把5亿美元普通股的投资组合转成一种具体的能折射股市走向的股权投资组合，即形成一家指数基金。这一重大转变需要卖出5亿美元股份，还要再买进5亿美元的股份。高盛必须以一个单一价格买进全部股票，并按照纽约市养老基金管理人的要求建立全新的投资组合。在此交易过程中，高盛不再担任中间人的角色，而是作为一名"需要承担风险的"当事人。

高盛将面临5亿美元的风险敞口。这样大规模的交易必须获得管理委员会的批准。于是，慕钦和团队成员为应答委员会的诸多问题做好了充分的准备。慕钦回忆说："他们只问了5个问题。每个问题都切中要害，都涉及某个关键的交易因素。回答完问题，大家沉默了一会儿，然后就全票通过。我们终于可以大显身手了！"

慕钦和团队成员整个周末都在用黄色的大记事本分析价格图表、近期的研究报告、历年来他们经手的交易以及所有相关的信息。他们把这些信息综合起来，确定每个主要的投资机构可能愿意买卖什么样的股份。"然后，执行计划就成型了。"

以1976年2月4日的收盘价为基点，高盛向养老基金保证实现近2 500万股交易的最大成本总共不会超过580万美元，其中已经预先计算了由于买入价高于或者卖出价低于2月4日收盘价的可能带来的损失。

慕钦说："华尔街是个很小的地方。一般来说，你有什么大动作别人都知道。这些大动作很显眼，就像世界职业棒球大赛到了第二局，如果所有人都突然离场，你能不注意到这样的变化吗？"为了避免别人发现，尤其是不被竞争对手发现，慕钦和团队成员制订了一份周全的计划。慕钦回忆："我们一致认为，不论发生什么都要保证每天交易的活跃程度，买进和卖出相差不超过500万美元。保密当然是很重要的，走漏一点儿风声，其他经纪人就会赶在我们前面。所以我们起了个代号：老鹰行动。我们每天都至少卖出一定量的持股，但是对于那些特别敏感的股票，高盛的交易是活跃一天就要沉寂两三天。33万股分成78组卖出，每组100股到1.3万股不等。5周时间，仅在老鹰行动之内，高盛持有的1 200万股分52次卖出，同时分231次买进了相关的其他股票。"

最后一笔交易完成后，慕钦拿起热线电话宣布："老鹰降落了。"3月中旬，纽约市养老基金宣布，高盛秘密完成了有史以来最大的股票买卖。这宗总值10亿美元的交易，纽约市养老基金支付的交易成本只有290万美元，不到交易总值的0.3%。这是有史以来规模最大、操作最复杂的交易之一，也完美展现了高盛在大宗交易上的专业水平。

大部分证券公司都回避大宗交易。实际上，出于种种原因，他们不理解，也不喜欢机构业务。最活跃的顶尖机构投资者们年轻、张狂、衣着光鲜、受过很好的教育。他们被看作华尔街的"新新人类"，令人羡慕。对他们眼中的老家伙们，对华尔街的传统等级结构，他们没有多少尊重。这些新人想得到与以往不同的服务，哪怕需要花大价钱也是如此。比如，他们就愿意花钱购买针对所有公司和产业的深入的投资研究。而且，他们希望证券公司的交易服务水准更高，而大部分证券公司不愿意提供这样的服务，尤其是这些刚刚出道的MBA们。在华尔街成名的证券公司看来，他们太年轻、太张狂、衣着太光鲜，而且薪水拿得太多。

## 9 大宗交易：气势磅礴的风险业务

这些新派的基金经理们需要多方面的服务，其中的大宗交易服务好像是一种笨蛋才玩的游戏。大部分证券公司的"资金"合伙人认为毫无理由做这种肯定亏本的买卖。他们是从事经纪业务和承销业务的中间人，不是需要承担风险的做市或交易的直接当事人。购买精明的机构投资者打算卖出的股份是危险的：卖出人可能知道某些重要信息。这些股票也许真的应该卖出，为什么要冒险呢？凭什么让公司有限的资金套牢在没有人想要的股票上，让资金在数天或数周内都无法周转呢？大部分证券公司不喜欢这种交易。从年轻张扬的成功的机构投资者手中买进股份似乎是最糟糕的。知名的合伙人不会自己做交易，他们看不起证券公司的交易员，把他们仅仅看作公司可有可无的员工。这些合伙人有什么理由把家庭的财富托付给那些他们从来不会带到家里吃晚餐的人手上呢？

鲍勃·门舍尔解释："鲍勃·雷曼在雷曼兄弟里有资本。但是如果他把个人财产置于别人的手中，尤其是自己的员工，他不可能活得很惬意。而所有交易员都不过是普通员工而已。大宗交易中，资金一定不能知道自己的主人。你不能介入太多，尤其不能情绪化，应该像一名外科医生给自己的孩子做手术一样。大宗交易是一种买卖：需要做出很多理性的决定。"

纽约证券交易所的佣金费用一般是以100股为单位计费，每百股的费用有固定比率，只会随每股价格不同而不同。自然，佣金费率的水平在当时的零售股票经纪业务中被认为很适当，因为零售活动占据股市的主要部分。20世纪30年代到40年代，市场每天的平均成交量不到100万股，而50年代每天的平均成交量也只略高于100万股。总的来说，佣金仅能用来支付证券公司的开支，所有利润来自承销新股。大萧条和第二次世界大战期间，没有什么承销业务，所以证券公司学会了如何避免不必要的开支。为机构投资者提供服务，尤其是大宗交易服务，似乎带来了非常不必要的开支。

到了20世纪50年代，经纪业务开始出现新的变化。投资者的"典型"形象发生转变。以前是略微富足的个人投资者，偶尔通过零售经纪人买卖一些股票，现在则是一直保持活跃的专业的机构投资者，在股市中不断有动作，每天都买卖许多不同的股票。因为这些机构投资者不断发展，更努力地经营管理自己的投资组合，交易业务的总量及成交价节节攀升。1960年，纽约证券交易所的日均成交量几乎达到200万股。60年代末，由于机构投资者互相竞争，加大了买卖力度，日均成交量增长了一倍，达到400万股。这一数字不断扩大，2007年达到15亿股，是50年前的1 000倍。

过去和现在的机构投资者都不同于个人投资者，由他们决定的交易量都比从前大很多。他们的订单不是100股，而是10万股，他们想快速完成大规模的交易，并且是以确定的价格。他们的新需求为高盛和其他在积极进取、经验丰富的交易员领导下的公司带来了机遇。在这些人的领导下，证券公司创造了一种全新业务：大宗交易。

如果机构的投资组合经理想卖出5万股或10万股，以此筹资买进其他更有前景的股票，他通常会联系某位自己熟悉的经纪人。经纪商们收入很高，每年的佣金常常超过100万美元，前提是他们能够完成机构的高佣金、无风险的订单。如果大宗交易经纪人找不到下家，卖方就会要求他用自己公司的资金买进并持有所有卖出的股票，将可能突发的交易损失的风险转嫁到经纪商的头上。

很明显，大宗交易有风险，因为机构有卖出的理由——常常是不可回避的现实原因，比如收入严重下滑。如果卖出机构发现一个确实存在的问题，赶在其他人之前把一单股票卖给证券公司，人人都知道其他的机构不久就会知道同样的坏消息，开始卖出。那些股票的价格也许会骤然下跌，所以损失可能是突发且可怕的。只要找不到买家，证券公司的资金就会套牢，至少会令公司暂时退出交易市场。鲍勃·门舍尔解释："产品必须快速流动。否则，资金就会套牢。这意味着在得到流动资金以前，你都无法从事交易。同时，被套住的产品会很快腐烂，造成大量损失。"

大宗交易中，时间就是金钱。如果公司A不能快速完成交易，公司B或公司C或D会赶超它们。高额的佣金是按照固定比率提取的，所以总额十分诱人。有一份出售某种股票1万股订单的经纪人可以获得每股40美分的佣金，共4 000美元。如果是10万股，佣金就是4万美元。如果经纪人能找到主动买股的投资者，再完成交叉交易，即同时充当买家和卖家的经纪人，他就能从买卖双方那里同时拿到佣金，总共8万美元。一家证券公司以每个交易日都可以完成一笔10万股的交叉交易，持续一年计算，公司的额外收入将是2 000万美元，而且只有很少或没有任何累计开支。两笔这样的交易就是4 000万美元。每天多一笔25万股的交叉交易，就会增加5 000万美元的收入。正如参议员埃弗里特·德克森（Everett Dirksen）所言，"不久你就看到钱像潮水一样朝你涌来"。

迪克·门舍尔说："格斯是大宗交易的革新者。格斯能做到革新，有两点原因。他通过自己大宗交易的经验，知道成功执行大宗交易的艺术，知道套利业务中的买卖艺术。同时，他知道资本市场业务所需的技术：谁持股，可能要卖；谁可能买，为什么买；市场以前如何发展，将来怎样发展；怎么取得他人的信任，从而能够'执行'具体的交易。"1955~1965年，高盛在大宗交易中几乎没有对手。利维担心其他公司涉足这一领域。为了避免竞争，高盛合伙人常常在公开场合抱怨大宗交易如何的艰辛和开支巨大，从来不说大宗交易实际上有多赚钱。同时，利维比其他大宗交易业务员更勇敢，更有进取心。他的朋友Ⅰ·Ｗ·伯纳姆回忆："格斯当时正着力营造远远大于其他公司的大宗交易的市场份额。格斯喜欢冒险，也了解风险的实质。"

大宗交易成功的"秘诀"是建立好名声，吸引客户，让人们知道不论一家机构什么时候想卖出，你都准备买进，同时不把公司自己的资金贴进去。找到机构交易的另一方常常是可能的，通常在几个小时或几分钟内就能找到，只要不断联系潜在买家就可以。大宗交易要取得成功需要控制风险。首先，买进大宗股票的机构交易员是经纪人相信会公平对待自己公司的机构交易员，如果股票贬值，这些交易员能进行额外的交易，弥补损失。其次，能够快速转手，更新持有的股票。理想情况下，哪里有资金哪里就有业务。一开始的时候，可能券商会扮演承担风险的当事人的角色，但是基本上都可以在很短的时间内就以中间人的实际身份，在不承担任何风险的前提下完成交易。

快速转手的关键是市场信息的通畅和保持与所有大型机构的密切联系。高盛需要有一个能高效进行电话推销的销售团队，能够从全美各地的机构中搜寻潜在买家。此外，高盛还需要一种系统性的措施，知道谁会成为买家，怎样鼓动潜在买家采取行动。一家有卖方客户资源的公司会吸引买家，同样，一家有买方信息的公司就能吸引卖家。在市场活动中，生意拉生意。人们对你的看法十分重要：如果重要的买家和卖家同时选定某家公司，那家公司就会有决定性的优势，能首先接到订单。如果某家公司率先接到电话，尤其是如果接到的电话是关于大宗交易的，那家公司作为被优选对象的名气就会越来越大。

大宗交易商邀请纽约证券交易所的场内专家合作，发展交易的"另一端"，因为这些人定期为传统的零售投资者提供几百股的买卖机会。大宗交易商邀请他们参加一定规模的机构交易，比如1 000~5 000股。大宗交易商也和场内交易员合作（他们是那些在纽约证券交易所内执行交易的人员，他们在买卖的交易量不对等的情况下，能够自由地在"买卖两端"转换身份），欢迎他们为某个交易员提供某股的买卖市场。

为了成为首选的买卖清算公司，广泛、良好和积极的交流沟通是不可或缺的。交流的质量取决于机构接听某个证券公司电话的速度，和他们是否显示信任，开诚布公，谈论他们正在做的和可能要做的事情。另外一个关键因素是说服潜在买家（或卖家）采取行动的能力。要减少被大宗交易套牢的风险，最好的办法是增加订单流，也就是增加证券公司看到的和能够参与的买卖额。而增加高盛公司订单流的最好办法是，与大型机构的交易员和投资经理建立良好的服务关系，让他们相信高盛是首选的大宗交易商——提供机构交易商所需的帮助，帮助他们卖出某种相当棘手的股票。慕钦说："某种程度上，各种因素都是共存的。一群具有卓越才能的人，恰好在市场业务的基本性质发生快速变化的时期走到了一起。团队协作，互帮互助，着眼于如何满足客户需求和如何解决他们的问题。这也是做交易的人最需要的品质。"高盛的团队合作正逐步成为一种公司的文化现象。合伙人基尼·默西解释："我们去做办公室人员不愿做的事情，因为一名销售员针对某个客户需要工作好几周。这也是展示公司真实能力的第一个机会。"

利维推动高盛成为机构大宗交易的领军者，为比以往规模更大的大宗交易（1万股，5万股，或者更多）创造供需环境。利维组织并动员公司的销售交易员与大型机构的高级交易员发展最密切的工作关系，并激励销售交易员赶超其他公司，以更快的速度给更多的客户打电话。除了这种有效的服务组织体系，高盛用自己的钱买卖几乎所有的大宗股票，价值达数百万美元，适应供需情况，"做交易，拉生意"。

随着大宗交易从偶尔的零星行为变成机构经纪人业务最重要的部分，利维在华尔街声名大噪。20世纪60年代到70年代，共同基金和养老基金在资产总额上快速发展，他们将越来越多的投资向股票转移。为了取得良好的投资表现加强竞争，他们提高了股票转手的速度。大宗交易此时开始迅速崛起。快速发展的大宗交易业务集中于那些愿意用自己公司的钱冒险"成为另一端"的经纪人，他们买进机构最想卖出的股份，卖出机构最想买的股份。

不过，华尔街愿意承担大宗交易风险的人还是不多。人们大多沿用以前曾经有用，但是正逐步被淘汰的思维方式来考量交易业务：每笔交易互不相干；你不欠我，我不欠你；买者自己负责，卖者自己负责。如果一名机构卖家到交易商那里询价，交易商和卖家都心知肚明其实他们上演的是一出零成本的对冲剧目——就像今天在期货、固定收益、货币证券和衍生品交易中一样。华尔街大部分公司习惯了按天结算和按项目结算的方式来衡量自己的业务，所以他们不懂得把加强服务和风险资本合在一起创造业务，不懂得把偶然的损失看作必要的成本，以便和主要机构的高级交易员建立长期的共赢关系。他们也不懂每家机构会带来持续发展的佣金业务，从中占得一些大的份额，不断获得佣金才可能财源滚滚。机构的高级交易员需要大宗交易公司满足他们的股票投资组合经理对流动性的要求，而只有为数不多的几家公司能够并愿意不断地提供这种流动性。

利维在做大宗交易上的进取心非常强烈，客户实际上都同情高盛的销售人员和交易员。员工们对利维给他们施加的巨大压力总是嬉笑怒骂不断。一个例子是鲍勃·门舍尔绣了一幅十字绣，把它裱了起来，挂在交易室旁机构销售部门的显著位置：

> 防人退鬼有绝招
> 每天交易25万股
> 格斯·利维不缠身

员工们复制了1 000份样本，送给客户。数百名客户很自豪地把它们挂在全美各地的交易室里。

面临这样的回应，同时越来越多的股票买卖实际上成为大宗交易，所有的大宗交易商都努力和机构高级交易员建立密切的关系。他们飞往波士顿，在洛克-奥伯餐厅共进晚宴，到芝加哥看冰球比赛、棒球比赛，或是钓鱼、打高尔夫、滑雪。他们总是不断地打电话，有时一天之内给同一家机构的同一个买方交易员打50个电话，甚至更多。不久，在机构的交易办公室里就安装了直通高盛交易办公室的热线电话。建立热线联系变得非常重要，以至于曾有一名机构投资组合经理用不同颜色的胶带来管理其与经纪人的关系——那些他认为表现不佳的大宗交易公司的电话线上会被缠上不同颜色的胶带。

经纪业务的竞争主要在两个方面，而这两个方面对最大和最活跃的机构非常重要：研究和交易。研究对各大机构来说越来越重要。大部分个人投资者的买卖行为主要是"无信息"的交易，原因是那些非市场的活动，如红利收入、继承遗产、买房或者交学费。但是机构投资者每天都在股市买卖股票。他们的决定是根据他们手中持有股份与打算买入的股份之间吸引程度的落差来形成的，所以他们需要充分的信息，知道可能应该买卖什么股份。他们需要精确、详细、最新的信息以及透彻的分析，充分掌握那些可能影响一家公司未来赢利能力的重大动向。

格斯·利维创造的大宗交易比任何交易商的规模都大，因为他理解风险，喜欢冒险。在大宗交易的山头上，高盛称霸的主要对手是贝尔斯登。

西·刘易斯是贝尔斯登的董事合伙人,大宗交易上的强劲竞争者。他既是格斯·利维的对手也是朋友。两人都决心赢得比赛——输赢不仅仅是荣誉的问题。他们互相竞争,为的就是控制每一桩利润丰厚的大买卖。奥运金牌的取得可能是因为零点几秒的差距,同样,大宗交易定价之间的微小差别也常常是决定性的。因此,利维不断地寻找每笔业务。合伙人戴维·西尔芬(David Silfen)回忆说:"上帝不允许你错过一笔交易,贝尔斯登明白这一点。因为格斯知道周六要和西·刘易斯打高尔夫,所以他不想听到西或者他公司的人嘲弄自己。"格斯也不想听到自己的合伙人嘲弄他在大宗交易中遭受损失。

有一年年初,公司遭受了交易损失,利维告诉机构投资者:"我们亏损的唯一原因不是日常的业务,而是库存损失。这也是这门生意的本质。如果你从事交易业务,你知道总有一天会亏本。这没什么,事实上,非常不重要。我们学到了教训。下次,我们不会图好看,我们会加快转手的速度,我们不会单相思。有句谚语现在在华尔街仍然适用:买得划算就等于已经卖出了一半,这就是这项业务成功的法门。"在公司内部,利维更明确地说:"好的交易商吃的是草,但挤出来的却是奶。"

除了迎合机构的高级交易员,高盛和其他的大宗交易公司也与投资经理们建立直接联系,因为投资经理能告诉高级交易员买什么卖什么。同时,为了满足机构投资者对信息和知识的需要,一群新的"研究"型经纪人公司开展了以深入的投资研究为重点的业务。他们中的专业分析师通过内容详尽的长篇报告、会议、电话和私人拜访,让投资者知道相关的投资研究。他们的研究能够让最好的经纪人在越来越多的机构交易中取得市场份额。但是,最大的竞争优势仍然是研究和交易上的实力。这也是利维在高盛始终强调的,所以高盛能成为主要的机构经纪商。

利维担心其他公司,尤其是所罗门兄弟会利用其债权交易上勇敢大胆的名气,侵占自己现有的利润丰厚的大宗交易业务。70年代,他的担忧变成了现实。鲍勃·门舍尔回忆:"比利·所罗门(Billy Salomon)决定学习股票大宗交易业务,他表示愿意出全资收购我们当时仓位的一半。

我们都知道这意味着所罗门兄弟会以他们在债券业务中同样的竞争力涉足股票业务。我当时和格斯商量，我说，'他总要找合作伙伴的，为什么不找我们呢？'所以我们就一起做起了生意。"

利维想获得日益发展的机构业务的"全部份额"，所以他采用了三个大胆的举措。首先，高盛允许所有机构对由高盛完成交易的佣金进行部分或全部分配，作为一种"让步"费用——相当于高盛花钱购买另一位经纪商的研究服务。这样机构就避免了下列活动带来的压力，比如通过研究型经纪人进行大宗交易，为他们的服务提供报酬；或是为了出售共同基金，补偿零售经纪人；或者是为了管理大量银行余额，补偿经纪人公司。同时，这让研究型的公司无从发展大宗交易的手段，也就不会成为对手。

门舍尔回忆："当提出让步费用时，其他公司意见很大……我们接受了现实，对其加以充分利用，我们欢迎做交易的机会，然后把让步的钱汇给其他经纪人。我们坚信每单成功执行的交易都能最大限度地拓宽我们的询价（即将来可能首选来高盛做的交易）客户的范围。"经纪人佣金的费用被交易所定死了，所以让步的份额完全可以商量。数年以后，佣金本身也可以商量。

其次，高盛用自己的资金大量买进机构想卖出的股份，承担购买没人想要的股票的库存风险，直到找到其他机构买家，或者其他竞争对手跳进来"偷走火腿"。利维的团队会不断打电话，立即寻找潜在买家，让他们下定决心，这样可以转手卖出持有的股份。因为有利维的领导和推动，有3 000万～4 000万美元的公司资金被用于买卖股票，由高效的销售团队联系所有活跃的机构，这样，高盛不断刷新大宗交易的纪录。1967年10月，某个交易日收盘之际，利维以每股23美元的价格交易了加拿大铝业（Alcan Aluminum）的115.37万股股票，每股价格比前一个交易日低了1.125%。交易总值2 650万美元，是当时规模最大的交易。1971年的某一天，高盛完成了10宗股票交易，每宗达到或超过7.5万股，其中有4笔交易每笔超过20万股。那一年，主要因为大宗交易，高盛的净利润创下历史纪录。1976年，高盛在纽约证券交易所完成了超过1亿股的大宗交易。

## 9 大宗交易：气势磅礴的风险业务

迪克·门舍尔说："评价领导人时，重要的问题是看谁实现了改变。按照这个标准，格斯·利维的确表现不凡，他在发展大宗交易上是个真正的革新者。"利维和他的主要助手们不仅通过坚持不懈的努力打造一项重要且利润丰厚的业务，同时也锤炼了能够从事这一业务的团队。这个团队的核心能力之一是其研究能力，但是研究不是目的，而是发展交易的途径。

利维坚持认为他的销售人员应该经常直接联系投资经理和分析人员，正是他们做出了交易员需要执行的投资决定。问题是，决定是怎么做出的？答案是投资研究，但不是合伙人鲍勃·丹福思领导下的高盛研究部门所擅长的针对"有潜力的小公司"的研究，鲍勃的职责是为合伙人的利益考虑而寻找个人投资方向。研究必须注重大型的上市公司，即大部分大型机构持股最多和交易最活跃的公司。

利维公司里的最大交易客户有德赖弗斯、富达投资、摩根大通和道富研究及管理公司。这些公司的投资经理都承认高盛是他们最大的经纪人，完成了他们经纪业务中的15%，但是在他们需要的关于大公司的投资研究上，高盛没有提供相同比重的帮助。如果高盛不改变，在大公司研究上不能提供更多的帮助，利维公司的最大客户们坦言，高盛难以保留现有的份额。他们会减少高盛的份额——大大减少。

利维知道任何订单流的减少都会损害高盛建立大宗交易另一端的能力，以及保持资金流动性的能力。这种流动性保证了公司即使在艰难境况下仍能在市场上小批量地卖出股份，摆脱套牢。大宗交易的恶化会让高盛亏很多：大宗交易是高盛的摇钱树。因为大宗交易是利维个人专长的业务，是他作为领导的重要招牌能力之一，所以利维的第三个举措是转变研究。和以前一样，利维很快明白了时局并表态："我们在研究上犯的一个错误是，我们除了IBM和某些公司，的确没有重视大公司的研究。这是一个很大的错误。"高盛现在必须在大公司研究上成为领军者，这不是因为谁真的想这样，而是因为格斯·利维说高盛必须这样。

具有机构真正感兴趣的研究结果，高盛就会在时间和准入上获得强大的优势。如果公司的分析人员和销售人员撰写深入的报告，一对一拜访所有大型机构的分析人员和投资经理,以此向默克、西尔斯或者IBM提供建议,这样,假如高盛接到一个卖家的一笔大额定单的话,他们就会更多更快地知道哪些机构最可能成为买家——当然有可能是一个大买家。有价值的研究加上在决策过程中各个阶段的深度服务,高盛常常在很短的时间内就能够预测这些机构的交易员通过其他方法需要很多天才能汇总的信息。提前深入了解潜在的买家和卖家可能做出的决定,让高盛在获得新订单的能力上拥有了强大的优势。

同时,利维决定让高盛成为大公司的投资银行,尤其是那些新兴的大型公司。大部分收购都是由大公司进行的,因此他们到资本市场寻求融资,急切地想知道大型机构的套汇人员和关键人物在想什么、做什么,以及可能会做什么。

1969年,利维以"不容置疑"的方式宣布,从那时起,高盛全部工作的重点是大型公司——他要求几位得力助手发挥领导作用,做出战略性的努力,发展研究、交易和投行业务。这种变化不仅意味着有意放弃公司在投行业务和研究上对小公司的重视,而且意味着高盛打算推行一种其他大型的著名投行已经实现的战略。

对于利维和高盛来说,幸运的是美国的大公司正进入强劲发展期,不仅需要更多的资本,而且需要更多的投资银行服务。机构投资者的兴趣从"小鱼"转向"大鱼",高盛做好了准备,抓住了机遇。高盛的承销业务快速发展,借用了大宗股票交易推动的机构分销能力。和往常一样,利维大张旗鼓地变革,让一个个大公司信任高盛,更多地和高盛开展合作。

投资银行服务部门在约翰·怀特黑德的领导下效率越来越高。尽管那些大公司是公认的投行业务的领军者,已经形成了事实上的"优势",高盛仍然做好了在这个业务领域与现有主要公司竞争的准备。此外在史蒂夫·弗里德曼(Steve Friedman)的领导下,兼并收购咨询开始成为一个独立的服务种类。这种服务的赢利性可能会是惊人的。虽然其他部门发展强劲,高盛公司的核心业务还是大宗交易。

**9** 大宗交易：气势磅礴的风险业务

"你现在就去格斯·利维的办公室——马上！"取代丹福思成为负责研究的合伙人布鲁斯·麦科恩（Bruce McCowan）上任不久就收到鲍勃·慕钦下达的直接和绝对的命令，让他知道研究在公司等级中的地位。不到半小时前，交易部询问麦科恩关于某种正打算当作大宗交易对象的股票的研究结果。后来一名客户的电话让他忘了这件事。不多久之前，又有人问他有没有研究的最新情况，他说他马上着手做这件事，有答案了再回电话。这样可不行，完全不可以。所以，他接到了命令，到利维的办公室里——马上。

利维的办公室面积不大，由玻璃围起来，位于交易室所在的地方。到了利维的办公室以后——利维在旁看着，表情严肃地抽着雪茄，慕钦戳着麦科恩的胸口，叫他注意了，然后清楚地说道："我说跳，你就说'跳多高？'交易才是公司赚钱的地方，交易是每件事和每个人都必须围着打转的中心。"没有"如果"、"并且"或者"但是"，一个都没有。研究只有为交易服务才有意义。

慕钦等待的时间几乎不会超过"现在"。慕钦在纽约每天上午8点半开始打电话，不过加利福尼亚这时是凌晨5点半，所以洛杉矶的一名销售交易员会在家里接电话，然后再开车上班。有天慕钦有一些重要的股票想卖出，他打了每间办公室的电话，看看他们能给他什么帮助。当他打到洛杉矶时，这名交易员的妻子接了电话，说她丈夫正在洗澡。慕钦气坏了。

20世纪70年代初，大宗交易创造的收入是公司年收入的2/3。在发展大宗交易业务中，格斯·利维得到了很多帮助。其中有两位卓越的人物：慕钦和L·杰伊·特南鲍姆。慕钦负责机构大宗交易，特南鲍姆管理整个交易部门，其中包括场外交易经纪人业务、可转债和风险套利。

约翰·怀特黑德解释说："L·杰伊·特南鲍姆的工作职位低于格斯。格斯从来不会滥用权力，但是你不可能和他位置平等，只能效命于他。他们在许多方面都很相近，但是效命于格斯的压力每时每刻都很巨大，不断积累，很难永远忍受下去。"利维常常打团队成员的家庭电话——上午7点之前和晚上11点之后，甚至凌晨2点。通常他只说："我是格斯，他在哪儿？"

慕钦理想远大，他承认："一半因为工作安排，一半因为自己愿意，我开始力挺格斯的决策。"从最开始，慕钦就忙个不停。他的同事回忆说："如果有其他交易员要去洗手间，鲍勃都会顶上他的位置。"

有一天，利维离开办公室几个小时，某家机构打来一个电话，说要卖出7万股RCA，这在当时是一笔很大的买卖。慕钦回忆说："我不是二把手或三把手。我当时在场，就直接打电话给一些客户，但是我得不到确定的买入竞价。所以我给出了个价格——49.5美元，比之前的卖出价低了0.75个点，然后回电话给一个可能真正感兴趣的机构，问他们是否愿意以这个价格买进。我拿着电话，过了至少5分钟。你不知道那5分钟有多漫长，但是他们买下来了。格斯回来的时候，他难得地赞赏了我的表现。"就这样，慕钦算是真正入行了。

慕钦和特南鲍姆的个人关系不是很亲密，但他们对彼此的工作都抱有极大的尊重。特南鲍姆的母亲和慕钦一样是位桥牌冠军，用特南鲍姆的话说，"（做交易）需要相同的技巧——能够判断所有牌的位置，叫牌的走势，同时能分清各种形势。"慕钦个人观察的结果是，大宗交易中的一个重要因素是记忆力——"训练自己记住各种信息，并且达到能在自己的大脑里形成一个文件柜，对各种信息分类整理并归档"。

各大机构过了很久之后才知道买进股份的时候，请卖方出价是很自然的，就像他们想卖出的时候会出价一样。早些年，他们往往只是卖出股份的时候才会有大宗交易——他们的卖出也往往是在市场报价的底端。慕钦解释："活跃的机构交易——改变投资组合的惯例及流程都处于形成时期。所以，假如你有一单想以每股49美元转手2.5万股的交易，你很难以那个价格找到其他的机构购买。找到交易另一端的概率很低，但是这也创造了机会。一旦大宗交易成为一种广泛开展的业务，而不是偶然的随机现象，那么就算我们自身持有的股票本身不会带来利润，我们创造的交易量及由此带来的佣金（扣除买卖的损失）一般来说也会变成赚钱的买卖。"

## 9 大宗交易：气势磅礴的风险业务

大宗交易真正的风险在于情况突变，大宗交易商买进或卖出了一宗股票，可是找不到另一端。慕钦说："这门生意最难的地方是有问题的股票买卖。如果你能卖出长期微跌的股票，买回短期微跌的股票，很好下决心。但是如果没有一个明确的解套机会，或者价格变化得越来越离谱，这就很痛苦。你会犹豫，然后祈祷。你希望一切好起来，或者做出错误的判断，相信一定会变好。在这种情况下和格斯·利维一起工作是最容易出彩的。"

慕钦记得利维曾经帮助过自己，"当时是1965年，我在成为合伙人之前最困难的时候"。有家机构想买入大约10万股摩托罗拉的股票，询问是否有卖出报价。慕钦提出以高出上次交易一个点的价格卖出，对方承诺说会买进。他说："你永远不知道哪笔交易是不能很好做市的交易。具体谈到这笔交易，高盛当时没有接到任何卖出摩托罗拉股票的单子。严格地说，我们是完全空仓的。我的操作很糟糕，股票只是台轧路机，不会停下来。我们以60美元左右的价格完成了交易。如果我记得没错，我们为了做空最后的那些股份，每股花了109美元或者110美元。这是重大损失——7位数的重大损失。我当时想的不是将来还能不能当上合伙人，而是能不能保住工作。我真的很担心会因此被解雇。当然格斯得知消息以后也非常惊愕。不过我没有被解雇，不久以后，我就成了合伙人。"

员工们把慕钦看作教练，因为他秉持亲历亲为的管理风格。慕钦会把利维对他做的事情几乎照搬到团队成员身上。他说："也许听起来有些俗套，但是这门业务真的像一个橄榄球队。我像是比赛经理，或者是四分卫。只有好的球队才会有好的四分卫。我喜欢把自己看作好的四分卫。一名好的四分卫能察觉到边锋什么时候在拼命拦截，什么时候只是一般性防守。你必须每天都精力充沛地从事这门业务，你必须精神抖擞，并且让其他人也总是打起精神。你必须激励人们。如果你自己没有动作，甚至是灰心丧气的话，你永远不会从电话里得到什么好结果，不会带来大单子。"

像其他处于这个职位上的人一样，慕钦对不同的人说的话会略有不同，但他能牢记这些不同，记得对每个客户曾经说过什么，所以他的把戏永远不会被客户看破。有一次，鲍勃·鲁宾说："鲍勃在公司内有很强

163

的魅力。有时候如果市场超出了控制,鲍勃会推动交易完成,热心帮助别人,把事情往前推动。"合伙人比尔·兰德里思补充说:"在SSI开放线路通信系统中,鲍勃·慕钦的投入和对全球销售部门的推动是非常有力的。"如果他没有对这项事业的热爱,生活将变得令人沮丧和烦恼。慕钦坦言:"我的确热爱这项事业。我觉得要做好,就必须全身心地投入。这不是一门科学,不存在做事的正确途径,没有具体规定好的方法。每笔交易都不同,你永远不知道接下来会怎样。除了能赚钱,当你做成大买卖时,当事情顺利时,你还会欣喜若狂。"慕钦喜欢冒险,喜欢打电话给机构交易员,喜欢出价购买大宗股票——任何大宗股票,赶在交易日快要结束或者价格开始上扬的时候。

慕钦笑着说:"我们有些最糟糕的买卖是因为自负。形势恶化时,尽管合伙人很出色,支持你,你还是会感到孤独绝望。你总是会感到情绪要么很高涨,要么很低落。所以,我情绪高涨的时候就控制自己,告诉自己明天是不同的。情绪低落时,我也控制自己,不让情绪更坏。之后我再总结失败的教训,不断取得成功。"

利维很少表扬别人,但是他说:"鲍勃是我认识的业界最能促成交易完成的人。"一位重要的机构高级交易员回想起那些慕钦经手的交易的接收方所承受的压力时说:"慕钦是华尔街最有进取心的人。他哪怕上天入地也要抓牢一笔交易。"

利维重视那些对高盛最有利的事情。这一点偶尔会让他在交易中处于下风——在证券交易委员会推动佣金实现议价过程中是最明显的。60年代末期,司法部反托拉斯局认为固定佣金是垄断行为,发出了警告。反托拉斯局写信给证券交易委员会,问为什么固定佣金不被废除,而且市场通行做法表明,各个证券公司经常为机构客户打折。由于没有任何准备,证券交易委员会匆匆忙忙地组织了一项对机构投资者及其相关经纪人活动的研究。利维既是高盛的领导者,也是纽约证券交易所的主席。所以,他因为一仆二主而陷入矛盾。大部分证交所成员希望尽可能长地,最好永远保留固定佣金。证券交易委员会的一位精明强硬的工作人员,基尼·罗思伯格(Gene Rothberg)①知道另一家主要的大宗交易公司为了特殊的利益反对让步费用。他从中看到了机会,给了利维一个选择:让步费用其实是一种价格谈判的形式,所以利维要么同意实行佣金议价,要么放弃让步费用。

既然"在什么位置说什么话",同时高盛当时的让步费用高达数百万美元,利维很快看到高盛放弃让步费用就会日子好过得多,所以他着手做这件事。但是,他没有想到这件事成为政府最终强迫券商"自愿"接受议价佣金的支点,他也没有意识到谈判在战略上失败了。

在和政府进行的第二轮谈判中,利维又输了:他支持议价佣金,因为他以为假如废除固定佣金的话,而且高盛在大规模复杂交易中处于无可争议的领军位置,那么佣金肯定会上涨。他只知道其他公司是赶不上高盛的,所以如果佣金可以议价,高盛将自然扩大市场份额,坚持为更困难的交易收取更高的费用。利维后来可能也看到佣金会下降一点儿,但是他仍然相信高盛会赚钱,因为他坚信高盛会扩大市场份额。1975年美国劳动节的数天前,利维拜访了各大机构,自信地说:"如果佣金降低20%以上,我们会得到所有的业务。"他错了。大宗交易佣金可议价之后的头几天里,高级交易员比尔·德文(Bill Devin)从富达投资打来电话:"我们得到的佣金报价降幅超过了20%,而且是优质公司的报价。"从此开始了佣金连续30年的持续下跌,从40美分一股降到了不到4美分。

在高盛雄心勃勃的发展中,不断有例子说明高盛一直在寻找交易机会——控制市场,一方面使交易额最大化,一方面在交易上领先对手,占到先机,例如公司"内部人士"出售股票。出售内部股受到证券交易委员会第144条规则的严格约束,不能超过纽约证券交易所任意连续6个月内交易总量的1%,除非买方的报价未经任何中间人诱导。在迪克·门舍尔的倡议下,高盛发展了一种专门业务,向持有受限于"规则144"股票的个人大股东展示机构大宗交易的活动。那些持有规则144限制股票的公司

---

① 基尼·罗恩伯格日后成为世界银行最强势的一位财务官。

主管接到高盛的电话，没有感到恼火或是生气，他们觉得这些电话是邀请他们参加大宗交易，也有可能得到那些很有价值的自主出价。

作为高盛规则144业务的负责人，合伙人吉姆·蒂蒙斯只给那些持股至少2 000万的股东打电话，从而保证主要业务量。为了尽可能了解整个市场，他让一个华盛顿人每周送来报告。这个华盛顿人每星期骑着摩托车赶到证券交易委员会的总部，抢在最前面拿到定期发行的内部人士股票活动报告，因为这份报告只能在交易所总部拿到。在纽约市，他组织了一个新型的信息网络，全公司的业务发展项目都是建立在这个网络之上。他让高盛成为规则144业务的领头羊，并且为私人客户服务经纪人提供有价值的新业务的线索。在他们的帮助下，曾有一名企业主管因为成功卖出一单规则144受限股票，腰包里突然有了500万美元现金，实际可能是1 000万美元或更多，他因此获得了再投资的机会。

高盛开拓的另外一个市场是公司回购自己普通股的业务。高盛发展的这个专门业务不需要投资研究，不需要用自己的钱冒险，能为公司其他业务提供机会。大部分经纪公司都把股份回购看作不重要的业务，但是高盛却让这门业务成长为高回报、无风险的业务，年均收益达到1亿美元。

通过大型商业票据业务，高盛能定期联系各公司财务总监。如果高盛打电话说提供大宗股票，那些计划大规模回购自己股份的公司财务总监们格外高兴。他们认为大宗交易比以几百股为单位买入更方便、更经济。而且，他们可以避免一天内价格的波动。如果高盛接到了大宗股票回购订单，就会搜索机构市场，寻找有意的下家——创造另一个"交叉"大宗交易的机会。

70年代初的一天，股票交易纸带贴满了交易室的墙壁。一条纸带上出现"NSI 10万股"，蒂蒙斯看到后惊呆了。这原本应该是他的诺顿·西蒙普通股的大宗交易。诺顿·西蒙承诺这是公司股份回购计划的一部分，他也找到了一个有意出手的卖家，原本可以完成一笔完美的交叉交易，拿到一笔7.5万美元的佣金。更重要的是，几乎就在一周前，蒂蒙斯自信地向交易室里的团队成员保证,他把一切都准备好了。而且更重要的是,他也向格斯·利维打了保票。

尽管丢了这笔交易,他现在也必须面对利维。但是他首先拿起电话打给诺顿·西蒙公司。对方的财务总监接听了电话,他平静但是直截了当地说:"交易纸带上刚才出现了NSI 10万股。可是5天前,你说好了跟我做生意。你要说清楚怎么回事,因为我要向格斯解释。"蒂蒙斯当时已经不是普通职员,而是高盛的合伙人。

"吉姆,我们欠贝尔斯登一笔买卖。这次交易是回报他们的最好办法。我知道我们当中有个人肯定会被格斯臭骂,但骂你比骂我强。不错,我骗了你。"

蒂蒙斯放下电话,站起身走过漫长的交易室,来到那间茶色玻璃办公室。他站在门口,利维没有抬头看他。蒂蒙斯站在那里,等待利维像平常那样点头示意,但什么动静也没有。时间一点点过去,蒂蒙斯知道利维不会理他。

利维从桌子后面站起来,走过蒂蒙斯身边,好像他根本不存在一样。然后他走到交易室的中间,默默地坐在鲍勃·慕钦的旁边。利维没让他走,蒂蒙斯就站在那里一动不动,心里明白:利维不会跟自己说话。

蒂蒙斯感到了彻底的失败,他穿过空旷的交易室,走向自己的座位。经过鲍勃·鲁宾(利维喜欢的人之一)的桌子时,平常很少说话的鲁宾说了句拯救他的话:"他只有对信任的人才那样。"利维给他的教训是明确而难忘的。永远不要放松对交易的执行,直到交易完成。

25年后,蒂蒙斯对这件事的回忆,以及如何完成交易的教训,依然十分清晰。

# 10
# 投行业务的变革

福特股票的发行对高盛和西德尼·温伯格都是一场胜利,也帮助约翰·怀特黑德启动了其职业生涯。在合伙人兼朋友约翰·温伯格的帮助下,怀特黑德带领高盛进行了决定性的企业结构变革,并将高盛从一家处于华尔街中低端的投行打造成为领军全球的公司。富有天赋、睿智、灵活、英俊、口气柔和的怀特黑德是华尔街领袖的样板,而且他对自己和高盛都雄心勃勃。有个竞争对手后来总结道:"约翰做到了这个时代投资银行家的极致。"

成功人士和成功的企业很少喜欢改变,特别是对于多年以来稳定增加个人财富的来源更不愿做出改变。他们不喜欢被打断,并且钟爱具有稳定性、持续性和可靠性且他们个人最为了解的业务,以及从他们个人角度来说最好的行为方式。投行业务一直在其传统道路上前行并且给不少人带来大量财富。在过去的50多年里,华尔街的模式被非常小心地发展着,而且包含了越来越多的细节并逐渐变得稳定起来。在华尔街,没有什么比对于公司客户关系的尊重更为重要的行为守则了。

在70年代,骄傲的华尔街传统投行不会去兜售业务。合伙人吉姆·戈特解释道:"没有人去招揽生意。那样做没用,只有老同学最有用,一切变化都很慢。比如,保罗·高尔文(Paul Galvin)创立的摩托罗拉雇用哈尔西-斯图尔特公司(Halsey Stuart)的原因是因为高尔文先生与斯图尔特先生的私交不错。这一直是操作业务的方法。投资银行指望客户自己找上门来。"即使在70年代后期，像摩根士丹利和第一波士顿这样的精英投行还会给特定的公司，甚至墨西哥政府，送去印制精美的邀请函，告诉他们很欢迎他们拜访公司并就成为客户的可能性进行商谈。

在所有的领先投资银行中，各个合伙人拥有自己的客户公司，他们通常在这些公司里面担任董事。这样他们总是预先知道公司有哪些融资需求，能够从融资的结构设计到时间安排全程参与，并且能够将希望提供服务的对手排挤出去。承销团由各投行进行组织，而各投行的效益又都依赖于每个合伙人的生产力。在这个自食其力的世界里，他们满怀妒忌地看守着自己的特定客户，他们的收入完全依赖于自己能够拉到的生意。

怀特黑德回忆道："追溯到四五十年代，'历史上的'承销团得到非常严肃的对待而且是神圣不可侵犯的。如果某一投行在一次特定的银团承销中成为主导，那它终身都会是主导。改变非常少见。我还记得我当时非常痛恨我认为非常老土和在才智上根本赶不上高盛的库恩-勒布和迪伦·里德（Dillon Read）被当作华尔街'优质投资银行集团'的领导，而高盛根本没有机会插足。根本没有人愿意面对现实并改变这些历史形成的固定结构。"

为公司的每位客户提供深入的服务是极为重要的。客户没有太多可选择的余地，而且价格竞争几乎不存在。更重要的是，除了公用事业之外，几乎没有任何公司在资本市场上进行股权和债权融资，而且即使进行此类融资，他们也肯定不会放弃长期习惯使用的银行，而冒险与其他公司进行交易，特别是类似高盛这样名气一般的小型二流投行。

在福特首发项目中合作时，怀特黑德赢得了西德尼·温伯格的信任。尽管他当时还不是合伙人，他已经得到温伯格的同意就高盛应该进行的新业务进行研究。该研究于1956年1月20日得到授权，于几个月之后完成。不过，根据他的朋友约翰·温伯格的建议，怀特黑德小心地将这本关键的报告保存在他的抽屉里，直到他获得升任合伙人的承诺。①这份报告解释了仅仅依靠个人力量的风险。怀特黑德非常清醒地说道："在西德尼·温伯格的时代，想动摇他的船是不可能的。"

怀特黑德的内部文件支持完成公司结构性的改革，该改革可以及时并决定性地使高盛成为全美范围内和世界性的一流投行，而且还会使他们在投行领域内的所有主要竞争对手也采取类似的改革措施。

重新定义业务和再造公司——常常是对自身业务模式的实质性改变——是高盛急速成长和扩张的主题。不过高盛总是用看似顺畅的连贯性掩盖其希望提高竞争优势和增加利润的野心。

对于某个公司最高的恭维莫过于其竞争对手改变策略和组织结构，以效仿该公司的业务战略和实施战略的方式方法。如果竞争对手认为他们正在进行调整的特定业务是其战略的核心，并且以前的组织结构仅仅是其高级管理人员获得权力和影响力的道路，效仿的恭维会变得更加具有实质性。在高盛，西德尼·温伯格就是在旧有结构中十分成功的人。通过独特的方式，他成为掌控传统架构的人，而且这也使得他成为高效和有力的领导者。在这样的情况下，他凭什么要对新的改变抱有开放态度呢？凭什么让他支持那些重大变革呢？

在前途未卜的环境中，怀特黑德建议将执行和承揽分离，并且让高盛的人在承揽业务（维护客户关系）和执行具体交易中选择一项。尽管同时从事两种业务已经成为华尔街的惯例，高盛的任何人都不得脚踏两条船。一组人员除了承揽业务，其他事情一概不干。对于投资银行家来说，这还是个全新的观念。对于很多人来说，包括很清楚自己多么重要的西德尼·温伯格，这样做肯定是在烧钱，而且还不会有任何效果。谁能和只为其销售对象提供服务，而且为此而感到骄傲的西德尼·温伯格或者华尔街领先投行的顶尖合伙人抗衡？每个人都知道，任何投行业务都是由最高级

---

① 获得合伙人的地位需要怀特黑德缴纳5 000美元，高盛很清楚这是怀特黑德所有的资本。

别的管理人员完成并且由经验丰富的资深合伙人管理的。温伯格很自然地认为，他有着开发客户关系的独特能力和技巧，这些能力和技巧是商业票据销售人员不可能具备的。像其他传统的投资银行家一样，温伯格相信只有能够执行交易的银行家，才能完全理解如何提供建议，而且他将向其他公司的客户承揽生意视为不专业的表现。西德尼·温伯格一点儿也不认为进行改变会带来任何好处。

对于最后终于收到怀特黑德的内部文件，他肯定没有回复，而且当温伯格听说该文件被装订成册并附上蓝色封面送交给高盛的每一位合伙人时也不太高兴。不过，由于怀特黑德的建议得到了温伯格的亲笔批示，它自动成为下一次合伙人会议的议题。在温伯格决断地做出"怀特黑德有些疯狂的点子"的开场白之后，怀特黑德还是顶着压力解释了他的计划。

他提出的建议非常简单：先指出温伯格为高盛带来的巨大成功，并且对于温伯格正在老去的事实只字未提。怀特黑德解释说：如果有10个人出去承揽业务，而他们每一个的生产力只有温伯格先生的20%，那么，作为一个团队，他们为高盛带来的业务就是温伯格的两倍。

在介绍将销售服务职能与生产职能相分离的模式时，怀特黑德使用福特这样的生产企业作为例子。最成功的汽车销售人员从来都不去车间参与生产，只是尽量多卖车并且为客户提供服务，因为这是他能够做得最好的。而其他人也同时在进行他们能完成得最好的工作：造车。"生产和销售截然不同，"怀特黑德说道，"建立关系并带来业务是一种职能，而执行特定的交易则是另一种不同的职能。不同的职能需要不同的技巧、动力和个性。大多数人的技巧、兴趣以及品性各有所长，而管理人员就需要给每个人安排合适的角色，既符合他最大的兴趣，又能让他最好地完成工作。"

对于怀特黑德，华尔街长期以来遵从的一家投行为一个客户提供所有服务的惯例有两个层面的问题。第一，兜售和推销都不是自贬身份的行为，都是一个杰出机构应具备和认可的能力。要达到下列目的需要花很长的时间：成为每个特定机构客户可以利用的业务机会和其业务问题的专家；理解这些问题和机会如何随着时间和环境的改变而发展；使客户的所有相关人士都完全了解并且相信高盛提供高效服务的特殊能力；对于大型交易，客户在选择投行方面能自然而然地做出坚定的决策——高盛。

第二，将销售和生产分离，能够确保生产技术被最好地运用于生产过程中。生产最好的产品是提供最好服务的关键，而且对于任何一个投行业务人员来说，要让其完全掌握和灵活运用所有产品不太可能。

在会上，温伯格即席简单地表明了其疑虑，其态度明显是不支持的。怀特黑德回忆道："他基本上就是忽略了整个建议。不过，非常重要的是他没有否决这个建议。"由于没有进行正式投票，也就没有直接的反对。由于没有直接反对，怀特黑德大胆地做出了执行的决定。他解释道："既然没有投票，我们就没有被正式反对，所以我继续。"

温伯格从未支持过怀特黑德的理念。

吉姆·戈特帮助高盛在中西部积聚力量，并且执掌重要的芝加哥地区总部多年。他解释道："在实际执行过程中，存在与书面建议或多或少的差异，这正是高盛得以发展以及投行业务能够发展成为一个产业的决定性条件。"怀特黑德也认可："当然，我们花了十多年时间并犯了一些错误之后才理顺了整个业务，但是这有着明显的不同。我们知道高盛必须采取一些变革才能在业务中获得竞争优势。"吉姆·温伯格也注意到："大部分伟大想法的发展都很缓慢，而且伴随着不少幸运的瞬间并积聚力量。只有等到最后，它们才以神来之笔的形式表现出来。"

怀特黑德早期的第一步，就是邀请两名商业票据销售人员将高盛的一些其他产品增加到他们的销售领域中去，因而对高盛来说，没有增加可能引来反对的任何成本。"（对于这两名销售人员来说，）作为销售人员，他们自然对扩大机会表示欢迎。"怀特黑德说道。（数年后，他承认从公司的商业票据销售业务入手是个"廉价的开始"，不过他也别无他法。）怀特黑德很快就从其他业务部门调入人手，例如加州的艾伦·斯坦、中西部的弗雷德·韦因茨。当时，他们仅把这个业务单元简单地称为"新业务部门"，后来重新命名为"投资银行服务部"或简称投行服务部（IBS）。投行服务部在发展关系和争取业务方面很快就变得越来越高效，而在执行交易方面的成功也使得他们成为产品专家,从而信心倍增,认为他们对于各自的产品了解的深入程度和专业程度在业界都是最好的。核心的问题变成:公司的关系经理们应该关注哪方面的工作,以保证其生产效率最大化?

"我们观察整个市场,上百个最大的企业都被领先的华尔街投行锁定了。"怀特黑德说,"大部分都有一个主要的投资银行家,他常常是该投行的合伙人,也在公司的董事会任职,并决意保护其投行和公司在所有可行业务方面的关系。所以,在早期要让它们改用高盛的机会很小。但是还有很多其他的公司,于是我们将焦点放在了它们身上。"进入70年代中期,高盛关注《财富》500强之外的中小型企业以及其他更小的公司。怀特黑德的团队刚开始的时候就是与500强之后的500家企业合作。该名单很快就扩展至1 000个,后来又追加了1 000个,然后再追加了2 000个。随着越来越多的人加入投行服务部,每个人跟踪的企业由200个降为100个,因此高盛能够对越来越多的企业进行越来越深入的研究。1971年,全美共4 000个赢利超过100万美元的企业每家都由一名高盛的投行人员负责跟踪是否能有业务机会。在1979~1984年的5年间,高盛增加了500个客户,客户数量翻了一番。在那个时代,华尔街的所有主要投行都被竞争的现实逼迫接受怀特黑德的机构改革观念。

在积聚了商业票据的销售经验后,商业票据的销售人员们理解了忍耐、坚持和程序方面的规律。在与潜在发行人进行业务往来之前,他们必须建立全面的信用档案以便在客户来电表示希望发行商业票据时能够迅速做出反应。弗雷德·韦因茨回忆早期的经营时说:"一名投行服务部员工会给购买委员会写报告,介绍公司基本情况并解释资金用途,然后与公司的竞争对手、供应商以及客户进行深入的核查,以了解该公司及其管理层的状况。我总是在打新的电话,我们希望开发客户关系并且为每个客户做到最好。我们知道如果能够为每个客户做到最好,其他业务机会就会接踵而来,而我们还能得到客户的推荐。与我们竞争承销业务的公司包括布莱斯(Blyth)、美林、第一波士顿和麦当劳。"

但是，怀特黑德可不想仅仅获得商业票据的销售确认："我一直在看我们还能不能卖点儿其他东西。所以我可能会在一家企业身上看到可能性，比如定向发行债券，并说：'泰德，为什么我们不能给这些人做私募？'泰德就会在下一次与客户会谈时试一试，并且记在他的电话记录本中。然后我会对鲍勃和其他人说：'你们注意到了吗，泰德已经开始和某公司谈私募的事情了？看上去很不错。'很快，鲍勃就会打电话回来，说他开始向他的客户推销私募服务了。"在和投行服务部以及鲍勃的交谈中，怀特黑德多次有意提及鲍勃的主动性。

怀特黑德认为自己对销售行为进行着严密的监控，他回忆道："我阅读所有的通话汇报，常常都会给出这样的反馈，'你有没有试试向他们推荐A服务？'或者，'你提过B服务吗？'很快，就有一个销售人员接到一个为某公司进行分红政策研究的任务，费用是25 000美元。钱倒是不多，但是确实是以前从未期待过的。一份庆祝这次卓越成就的内部文件被送达给高盛的所有合伙人。这场胜利成为高盛当年劝说某些公司在发行业务上不再使用雷曼兄弟而转为使用高盛，或者在其一直使用的投行——摩根士丹利之外将高盛作为联席管理人的最好说辞。这些小小的胜利都被作为伟大的成就而进行庆祝。"

怀特黑德很乐观而且意志坚定。他在回忆那些年代时说道："很快，我们就得到了做另一宗交易的机会，并且在更大范围，以更明显的方式进行庆祝。我们一直这样干，直到整个团队都致力于销售越来越多的产品线。"在怀特黑德持续而谨慎的"饿死失败者，喂饱胜利者"的管理模式下，整个投行服务部逐渐得到全身心投入的建设性教育：首先是对特定的行动和交易，然后扩展到整个战略，最后发展至整个高盛文化和对于一项新的、组织严密的业务模式的全情投入。

由于将关系管理从观念上提升到与执行交易同一高度，怀特黑德能够招聘到业务能力强的员工，以有效地寻找业务机会和分销新产品的思路。这给了高盛超越华尔街其他投行的决定性竞争优势，同时还带来了日益增长的在企业界和客户群中的强大能力和专注的好名声。其他投行很难望其项背，甚至其竞争者都直呼其行业"机器"。

怀特黑德微笑着回忆业务的建立过程："我们当然要捍卫和保护自己的客户，充分利用我们作为其惯用投行的优势，并且会对一名刚刚上任的客户公司的CEO说，'先生，对于更换贵公司长期往来的投行，您想都不用想了，因为在您来之前我们和贵公司已经做了好几代人的生意。您当CEO也就几年吧，但是高盛和这家公司的合作关系肯定会一直保存下去的。'但是，对于其他投行的客户，我们的语调肯定会截然不同：'摩根士丹利认为他们是谁啊？说他们拥有你们？你们可是一个独立公司。你们完全有权选择你们认为能力最强的投行，而完全不必被已经过去了的历史束缚住手脚。'"

怀特黑德的第一项任务就是将投行服务部打造成为能够成功发起、开发和建设大量公司业务关系的组织。第二项任务，也是需要同时完成的事情，是将投行服务部在高盛内部的地位提升至与传统的占统治地位的买方业务部门平行的高度，尽管在这些部门内部有不少对投行服务部的怀疑和反对。在地位上的平等有赖于强大的招聘能力以及能让优秀和雄心勃勃的专业人士将投行服务部作为其终身事业的制度。有好几年，怀特黑德亲自率队到哈佛商学院进行招聘。他总是在寻找能够获得更多机会、能力突出的商业银行家，而且他也招聘来自其他投行的人员，特别是那些经过良好培训、经验老到、富有进取精神，但在原公司感到难以施展才华的年轻人。怀特黑德会给他们获得自己客户的机会，并将他们提升为副总裁。

弗雷德·韦因茨回忆道："在约翰·怀特黑德决定实行建立新部门的计划不久之后，吉姆·温伯格劝我申请改做商业票据销售。商业票据不太赚钱，但如果有个公司的赢利超过了100万美元，这却是个与正在等待时机进行公开发行的公司接触的好机会。当然很明显，这必须是经过西德尼·温伯格批准的优质公司。高盛也试图招聘商业银行家，因为他们知道如何给客户打电话获得金融业务，给他们支付的年薪是12 000美元。由于成本控制非常严格，作为内部调动人员，我也只有7 500美元。根据商业票据销售的模式，我们根据地域来进行组织，纽约有5个人，波士顿有2个，费城有1个，圣路易斯有1个。我负责俄亥俄和印第安纳，当然，不包括温伯格先生在这些地区的客户。我们一直在尽力将我们的业务和新业务部门的运作合理化。我们知道我们去的地方没有多大油水。但是摩根士丹利和第一波士顿基本掌握了最靠前的100家公司。尽管高盛在前100家公司中的客户寥寥无几，但是在100家以后的上千家公司中，我们却拥有很多客户。我们不停地召开小组会议，以商讨如何提升我们的业务。"

怀特黑德回忆说："由于当时在投行行业中改变客户关系是极其困难的事情，去打破这个规则的任务自然让很多人望而却步。我们会通过每年增加多少新客户和失去多少老客户来评价我们的表现。在一年的工作之后，我们可能会增加3个或6个客户，差不多也就在这个范围内浮动。"一开始好像收效甚微。新业务获得了所有的赞誉，而空间又很大，即使是小小的胜利也会被大张旗鼓地庆祝一番，不过业务的实际流入量并未增长太多。商业票据的赢利可以"资助"新业务机构发展的期望看起来只是水中月而已。就像乔治·多蒂所观察的，"高盛新业务的成功发展肯定不是一夜之间就能实现的。有好几年，他们都在亏钱，那也是其他投行没有效仿的原因之一。谁愿意去效仿一个与设想的情形差别如此之大的实验呢？显然我们这种做法看起来一点儿也不管用。"怀特黑德的创新用了10年，并且经历了大量错误才成功。西德尼·温伯格从来都不喜欢这个改革方案，也从来没有表示支持。怀特黑德说："直到温伯格去世之前，这项新业务仍然排名第一。"

怀特黑德将他的工作重心越来越多地放在了管理事务上，特别是商业计划上。1963年下半年的一天，强势并且极其敬业的领导人格斯·利维向怀特黑德表示对于大量雇用新人带来的风险十分担心，他说现在每年的日常开销已经达到了1 200万美元。"每个月我们要赚起码100万美元才能达到收支平衡！"

怀特黑德宽慰他说，现在已经有一些计划会将这些可怕的成本负担转由日常和可预期的运营成本来承担。一开始，怀特黑德表示说，他希望投行部门每个月至少做一次私募业务，并且拿出一叠纸，写下"12 × $50 000"来记录这条业务线每年的预期收入，而该业务线当时是高盛的主要业务线。然后他再加上商业票据线，接下来是第三种服务业务，直到他最后得出预期的600万美元赢利的数字，全都来自投行。

然后他问利维："你估计你那边的收益会有多少？"当时利维亲自掌管着套利和股票经纪业务部。根据不是十分明朗的竞争形势以及对这些情况的快速反应，利维对于经纪业务部最大的25个客户每家能够产生的佣金进行了估计，然后对紧随其后的50个客户进行估计，再加上套利部门的数字。随着每个新项目的出现，怀特黑德就将它写到本子上。在发现总数超过了之前让人不敢设想的1 200万美元后，怀特黑德对于来年的业务有了一个粗略的估计，并在最顶上写下"1964年预算"。由这次简要的预算会议作为起始，这种预算的纪律就成为高盛的里程碑。收入很快就攀升到2 000万美元，税前利润达到了600万美元。

随着承销量和并购业务等投行业务开始回升，以及机构投资者成为股票市场的主导，投行业务在60年代开始改变。更重要的是，大型公司希望能够有一家以上的投资银行为其提供服务，并且在承销过程中开始使用联席管理人制。投资银行家们逐渐开始失去其"锁定的"客户。

投资银行家传统上很为他们作为能够执行所有交易和提供任何客户需要或想要的服务的通才而感到自豪。怀特黑德的组织性创新就是分而治之。每个银行家都专注于其特长，高盛就能够一次又一次地为客户提供最优质的服务，最后达到能在任何地方提供服务的水平。专家组合——一名产品或服务专家和一名了解公司业务极其关键人物和决策方式的员工——能够击退传统投行的通才银行家。这种做法一开始只是偶尔有效，渐渐地就是一次接一次的成功案例了。

"很快这个系统就进入了良好的运行状态，"怀特黑德回忆道，"这个团队的威信随之而来，随结果而来。"如果高盛的其他人对于这个团队的地位还有所怀疑的话，那么这种怀疑决定性地被怀特黑德成功地劝说西德尼·温伯格的大儿子吉姆离开他干得非常成功的欧文斯-康宁玻璃纤维有限公司加入投行服务部而得到化解。另外，随着时间的推移，投行服务部团队的一些人被提升为合伙人。

在一名投行服务部新业务关系经理获得业务之后，他会将执行的所有责任移交给一名该类型交易的专家。该关系经理则继续负责跟进客户对于交易是否满意的反馈，并发掘新的业务机会。同时，执行专家在积累足够多的经验后会成为其专业的领导。客户关系专家会源源不断地将更多更有意义的业务带进来，而产品专家可以将各自的时间、技能、精力和特长集中在为客户服务上。怀特黑德这样总结道："当我们的销售人员知道他们代表着最好的产品、最有经验的和最有能力的产品专家，在向客户推销某一具体业务时，他们的语气是自豪而又具有说服力的。而且他们也知道他们可以将执行全部移交给公司的产品专家，自己则继续将所有的时间和精力放在他们最擅长的业务上：与每一位客户密切合作，以确保带来最好的业务。"他们知道自己的特长，也很清楚他们的客户会得到'最好的执行'——夸自己同事总是要比自己夸自己要容易些。"

关系经理只干自己擅长的活儿，而产品专家也只干自己干得最好的事情，这样的组合形成的合力给了高盛决定性的"不公平的"竞争优势，还为其在公司客户的心目中建立了非常专注和能力超群的良好名声。渐渐地，而且非常稳定地，产品专家对他们的关系专家们也建立了信心，因为这些关系专家真的了解他们的公司，非常善于寻找和开发业务机会，而且他们只有在客户对于产品的特性非常感兴趣时才会给他们打电话，因此客户关系专家总是觉得自己很有用。而关系专家也逐步对他们的交易专家建立了稳定的信心，因为他们相对于其他投行的交易专家来说更富有经验，而且非常了解市场上最近类似产品的相关情况——这在新业务中增加了他们的可信度，给他们较大的竞争优势。最后双方都发现能够完全依靠对方，这就形成了良好的合作愿望。这样的互相依赖也非常符合高盛团队的合作精神，以及用"我们"代替"我"这样的理念，这一切都源于萨克斯家族，并且得到格斯·利维的持续支持，以后由约翰·怀特黑德和约翰·温伯格继续延续下来。

在地域专注之上的行业专注在合伙人迪克·费伊（Dick Fay）于60年代开始专注于金融公司起成为高盛的机构性行为。后来，同为合伙人的伯特·索伦森（Burt Sorenson）开始专注于公用事业。当加拿大人巴里·威格莫尔（Barrie Wigmore）于1971年加入高盛时，怀特黑德的战略目标是逐步加快招聘类似于巴里·威格莫尔这样的员工的步伐。这样的员工希望在其职业生涯中获得特殊的成就并且愿意为此长时间地工作，甚至周末也工作，他们将变化看成是令人兴奋和非常有意思的事情。最开始的计划是让威格莫尔与退休将军查理·萨尔茨曼配对，查理·萨尔茨曼在应西德尼·温伯格之邀加入高盛前在国务院任高职。当时已经60岁的他还有一两年就要退休了，所以安排威格莫尔做好准备，在一两年内接手其客户。但是变化还没有开始，怀特黑德就决定最好让威格莫尔负责开发高盛在巨大的公用事业领域内的业务。

当时的公司债券发行市场被公用事业公司占据，但是高盛既没有固定收益研究也没有债券销售力量。更为重要的是，大部分公用事业发行都是通过竞争性投标进行，而高盛一向对那样的微利业务不感兴趣。不过怀特黑德还是看到了这个行业未来发展的巨大潜力。

对于怀特黑德来说，公用事业企业蕴藏着巨大机遇——不是因为它占据公开发行量的一半，不是因为无论经济是否景气它们都是华尔街主要的发行人，不是因为它们的数量众多，不是因为它们遍布全国，也不是因为公用事业是如此重要，摩根士丹利、第一波士顿、美林、怀特韦尔德和所罗门兄弟都视其为提高声望的业务。在怀特黑德的眼中，由于高盛几乎没有公用事业方面的业务，因此这代表着巨大的机会——"毫无限制的机会"。怀特黑德在解释机会时说，威格莫尔可以自行发展其策略，他不需要花时间去维护现有客户，想去哪就可以去哪，想干什么就可以去干什么。

高盛在70年代初期唯一参与的公共事业业务就是电信。实际上，

AT&T并不算是公司的客户,它是格斯·利维的客户。AT&T习惯以权证的方式发行普通股,这就自动产生了包含"假定发行的"股票的套利机会。由于利维是公司套利交易部门的主管,他自然成为承销业务的重要参与人,并且由于其股票定价专家(在每次发行前AT&T需要就其股价进行咨询的专家)的名声而与AT&T打成一片。

利维曾经是内森·洛克菲勒竞选委员会的财务主管,后来成为纽约电话公司的董事,因此他的公司经常在AT&T的承销商名单上被列为联席管理人——不过从未被列为牵头管理人。利维和AT&T的财务总监关系极其密切,因而尽管高盛缺乏零售分销渠道而且债券业务很弱,他们在AT&T每次发行前都会接到电话通知——这是高盛非常引以为傲的业务。

所以,AT&T成为一个开端。不过接下来该是谁呢?从储备上来说,威格莫尔的战略地位很弱:对高盛至关重要的大部分机构客户对公用事业股票不感兴趣。而高盛又没有传统上习惯购买公用事业股票的小型零售客户,甚至高盛自己也兴趣不高。销售部的头儿,雷·杨明确地表示反对:"我们根本没有公用事业股票的销售业务。"公司1970年在公用事业方面的总收入仅为25 000美元。尽管所有的公用事业公司都有其惯用的投资银行关系,而且它们也以厌恶改变融资资源出名。改变既定的关系非常困难。同时,高盛对于公用事业方面起起落落的具体法规一无所知——这些法规非常重要,而且各州之间都有差异。威格莫尔对于评级机构如何运作毫无概念——除了认识到它们都非常重要。威格莫尔也不认识公用事业方面的律师,但是他很清楚他需要认识他们。威格莫尔不认识任何公用事业公司的管理者,他们也不认识他。

巴里·威格莫尔的家远在加拿大的萨斯喀彻。不过在高盛内部,事情正在发生变化。在怀特黑德的领导下,投资银行部正在变得更加雄心勃勃。新业务的开拓人员给现有客户和潜在客户打电话寻找业务机会,而公司内部各专业部门受到鼓励提供各种各样的新点子。由于实行不平行招聘方式,很多聪明的年轻人得以激发出各种新想法。

结构性的变革总是会遭到反对并且难以成功实施,而且所有关系银行家都是通才的现象在高盛已经有多年的历史。这从管理学的角度来看非常重要，因为由于机会此起彼伏，可以非常容易地调配人手。这样的传统还在高盛的战略中增加了两个基本要素：较低的固定成本，和在机会到来时，为实现利益最大化提供足够的可调配资源。其他投行的人会说，"这是为了我们的声誉"、"这是为了我们的排名"、"为了保护我们的关系"或者"这显示了我们的投入"。不过，这在高盛行不通。高盛总是很明确且持久地比其他投行更加关注利润。

高盛一直都非常进取，从威格莫尔在80年代早期一次积极的约会经历就可见一斑：

"不好意思，威格莫尔先生，我一天的时间都安排满了。"

"那您一天一般是从什么时候开始算起？"

"6点。"

"要是我早上6点差一刻过来，您有空见见我吗？"

为了与公用事业公司建立业务关系，威格莫尔知道他只能采取智取的方式并且要依靠创新。因此，他从各个方面使得其产品具有差异，并且想方设法将公司的资本用于开发公用事业业务。作为外来者，他对于创新能带来的突破做好了准备。威格莫尔的团队由30位专业人士组成——分析师、投行服务部关系经理和产品执行专家。每个周一的早晨8点，他们都会一起吃早餐并且进行开放式的讨论，就该小组业务的方方面面进行汇报，并从其他部门邀请同事来探讨新的思路。尽管每周的细节不太一样，但是程序安排都是相同的：有什么新的或者正在改变的现象？竞争对手有什么妙招值得我们学习？有什么可以开拓的机会？

他们鼓励每个人都带来新点子，不管新点子有多离谱都会进行验证。威格莫尔回忆道："这对于业务和士气都很重要。我们试过所有的点子。有些一开始就毫无希望，有些看上去非常疯狂，但是有一些是有用的。参与捕猎的过程的确很让人兴奋，而且当我们发展成为获胜者时尤其兴奋。很快，我们在业界就建立起了信息灵通并且富有想象力的名气，越来越多的人想和我们聊聊并听听我们对于开发新业务有什么见解。"

大部分新点子都用在了急需资金的电力事业上。这些有用的新点子包括：

- 高盛承担了核燃料行业第一笔使用商业票据作担保的融资租赁业务。在这些交易中，高盛购买了一个核燃料专业子公司宽街服务公司（Broad Street Service），并且用银行信用证担保的商业票据为其提供资金，然后再将它租赁给公用事业公司。这项业务利用了高盛在商票据和租赁业务方面的特长，而这些特长恰恰又是其竞争对手少有的能力。类似的机会也存在于设备租赁业务中。
- 污染控制收益债券也大大受益于高盛在免税融资方面的实力。
- 利用私募部门的进取精神开辟新的机会。当某一机构投资者告诉高盛，某一私募专家希望获得某一特定种类的债券时，威格莫尔的团队会很快接触市场上的公用事业公司，并问他们："你们愿意以一个特定利率借入1 000万美元吗？"这是一种不同寻常的方式——与由借款人准备好发行的文件以及启动整个程序的传统方式正相反，这种方式运作良好并且使得高盛很快就成为这个快速增长的资本市场部门的必要中介。
- 通过荷属安的列斯销售的欧元债券为美国公用事业公司进入正在发展的欧洲资本市场提供了另一个专业市场，并帮助其建立了名声和信用。
- SAMA（沙特阿拉伯货币局）在70年代晚期进行了大量的现金投资，而它对利率的关注程度远远不及它对信用质量的关注。通过合伙人托马斯·罗德（Thomas Rhode），公用事业公司团队为沙特阿拉伯货币局安排了很多高端美国公用事业公司2~5年的私募。
- 需要建设煤电厂的公用事业公司可以与煤炭公司协商长期的供应合同。由于常常需要各种挖掘设备，煤炭公司不一定能够负担动辄上亿美元的高额投资。而煤炭公司也不可能有足够的应税收入，以使用从投资中获得的巨大折旧。解决方法非常容易：公用事业公司通过高盛安排这些煤炭供应商的融资。这样,又一项能够提供给潜在客户的高利润特色业务被开发了出来。

这些创新都很成功,而且给公用事业团队带来了可观的利润,不过他们仍然仅仅将力量集中在债券市场上。进行创新可能为高盛在公用事业业务上赢得生意,但是普通股融资才是公用事业的血脉,并且最终决定该公司将使用哪家投行。不过他们的努力面临着来自公司外的巨大阻力——竞争者提供深入的服务并且极力捍卫其业务——以及来自内部的反对。不过,在内部最强烈的反对者雷·杨退休,由迪克·门舍尔领导销售部后情况有所改变。门舍尔抱着开放的心态听取威格莫尔的建议:"销售人员对于公用事业了解不多。如果你能给我们一个人——兼职都可以,我们就可以向他讲授公用事业的知识并由他转达给销售团队的其他成员。我敢说我们肯定可以在公用事业股票上做些好买卖。"幸运的是,门舍尔派了塔夫特和公用事业团队的人一起工作。塔夫特后来成为美国领先的电力行业股票的机构销售人员,而且接着成了高盛股权资本市场部的负责人。

通过与研究部门的合作,塔夫特和威格莫尔开发出了一套可以每天使用电脑运算的简单易用的销售工具。它能够根据排名顺序,从每种公用事业股票与公用事业平均收益的历史关系来显示偏差。如果认可这个简单的假设,即市场在对每个公用事业公司相对于全行业的定价是正确的,而其反作用力则会将"漫游者"带回正常状态,那么"低"买"高"卖就可以赚到钱。红利收入能免除85%税负的意外事故保险公司就学会了使用这个信息。他们逐渐成为使用这种模式的客户,当然,是高盛的客户。

高盛由于已经奠定了在大宗交易上的领导地位,下一步的工作就非常简单了,起码现在看起来是这样:向其了解购买意向的机构兜售大宗新发公用事业股票,比起需要组织多机构承销团以及在全国进行路演等的零售业务非常简单而且费用低廉。现在,只需要通过一家投行——高盛,公用事业公司就能够以极低的价格在一天以内融到5 000万~1亿美元的股本,再也没有通常的"市场不确定性"。而且整个公用事业的发行成本极低：只需要1%~2%而不是传统的3.5%的承销费用。

下一步就是持续的发行。高盛劝说公用事业公司每年进行大量的发行，不光是能够达到通过储架注册方式（一次登记声明就可以覆盖相同证券今后的多次发行）获得低价融资的目的，还能随着发展进度充分地利用市场优势。威格莫尔回忆道："我们一开始发行中期票据，当时只是公司在商业票据业务的成熟曲线上的一步而已。"

至少从现在来看，进入长期债券业务之后，开展股票发行业务是一个非常自然的发展过程。如果有一个机构投资者对于购买某一公司的10万股普通股表示出兴趣，这条信息会被直接转告给发行人。由于股份发行不会面对联合股票承销所带来的压力，因此发行机构的股票能够获得理想的定价。高盛因此获得了高效进行机构投资者交易的名声，也增强了公司的整体声誉。

在汤姆·塔夫特（Tom Tuft）的领导之下，通过使用这些新型的承销工具，高盛在股权投资领域获得了新的尊重。这种尊重可以帮助高盛在每次承销过程中获得较大的份额，而且高盛也极力争取。转折点是佛罗里达电力和照明公司的项目，这家公司在业界一直被认为是最聪明的公司，其当时准备使用高盛、美林和所罗门兄弟为其大额增发进行非联合发行。威格莫尔回忆道："高盛当时对于这些股份的销售是绝对关注，而另外两家则对此次销售不太关注。这的确给了我们大好的机会。首先，我们将我们的所有份额都销售一空。然后，我们拿到了美林的份额，并且全部销售一空。接着，我们去问所罗门，他们告诉我们说还有80%的份额没有卖出。所以，我们把他们的份额也拿过来全部销售出去。"

这样激进的行动自然让美林和摩根士丹利那样的老牌承销商非常难受，因为高盛开始在蚕食"它们"的客户，但是对于高盛来说绝对是好生意：没有承销风险，没有占用资本金，而且从未中断已经建立的关系。"公用事业公司也很喜欢这样，"威格莫尔回忆道，"所以它们也开始给我们其他业务。这很好，非常好。"

高盛在美国国内分销公用事业股票的经验和效率为其在英国开展业

务带来了很好的机会。英国自1979年玛格丽特·撒切尔的新政府上任后开始致力于私有化。如果高盛能够从英国政府手上赢得这些大额而且很高端的任务，那就能帮助高盛在伦敦和欧洲大陆的发展往前迈出一大步。高盛有一些优势。首先，对于在公用事业进行大量投资的英国机构投资者来说，高盛不是陌生人。在苏格兰，位于爱丁堡、邓迪和格拉斯哥的机构，特别是公用事业的承销客户都知道高盛，高盛也认识他们。更重要的是，高盛开始具备为投资者拥有的公用事业公司进行承销的专长。就像威格莫尔说的那样，"我们是真的了解投资者，我们也了解市场"。威格莫尔再度上演了展示高盛竞争力的经典剧目——红眼航班往来两地，在伦敦与英国财政部高级官员进行午餐会，然后下午马上返回纽约。英国财政部从他们的行动中明确了这样一个信息：高盛对业务非常投入。

　　几乎同时，与鲍勃·鲁宾经常合作的汤姆·塔夫特在墨西哥和西班牙的公用事业私有化中获得了成功。公用事业团队在输气管道行业也获得了同样的成功。由于高盛在电力设施行业仍然比较弱，威格莫尔从管道行业开始，因为该行业的不少工业性的传统思维非常符合高盛的传统技巧。幸运的是，管道行业的专业投行怀特韦尔德公司正在走下坡路，而其他投行在管道业务开发方面也进展缓慢。在管道公司的新业务排名中，高盛从完全不入流迅速跻身第一位。"不过，一开始，"威格莫尔说道，"我们打电话时可是处处碰壁。"幸运的是，这些管道公司认为自己属于工业行业而非公用事业行业，因此他们喜欢高盛这样在工业生产企业承销业务方面比较有经验的投行。

　　随着管道公司开始尝试多元化经营，威格莫尔看到了可以将其并购技巧用于燃气行业的机会。然后在80年代中期，恶意收购逐渐流行。威格莫尔有一个发现："管道公司就像呆坐着不飞的鸭子——极易成为恶意收购的对象。它们的数量让人吃惊。"所以他向管道公司提出警告："你们要么进行管理层收购，要么就会被恶意收购。"这些警告提出的时间恰到好处，甚至超出了他的预期。1984年，当城市服务公司（Cities Services）被迫出售其燃气管道业务时，吸引到了令人吃惊的20个出价者。"这件事情的含义再明了不过了：整个管道行业现在都动起来了。而我能说的也很明显：'看好了！机会来了！'"

作为第一支为单一行业投行客户而组织起来的团队，公用事业团队打破了高盛传统的地域模式，因为其高度专业性带来了更丰厚的利润。1985年，美国自然资源公司（American Natural Resources）和沿海电力公司（Coastal States Power）的合并创造了公司有史以来获得的最大单笔收入。然后就是北方天然气（Northern Natural Gas）与休斯敦天然气（Houston Natural Gas）的合并。公用事业公司的并购开始大爆发。擅长并购业务的投行专家，比如麦克·海勒（Mack Heller）、迈克·奥弗洛克（Mike Overlock）和彼得·萨克斯（Peter Sachs）也加入了战团，而且开始进行业务转型。随着交易量的持续上升，高盛有理由成立越来越多的针对行业的团队。戴维·洛伊申在油气行业非常成功。乔·温德一开始先进入银行业，而且很快扩展到整个金融行业。其他的专业团队还包括电信、零售、医疗和林业产品，每一组都有足够大的规模，以灵活地抓住其所在行业的业务机会。

怀特黑德的临时性专家组合，确实无法被"一人单干"的明星系统和将每个人的时间和经验分配在执行各种交易和开发大量客户关系中的陈旧模式所阻挡。

对于高盛来说幸运的是，在70年代投行产品大量增加之前，其投行业务部就建立得非常完善了。随后，投行业务在承销和并购业务上的数量都开始增加。随着发行人逐渐开始使用联席承销商以及在承销中使用其他具有专业经验的投行，各投行的绑定客户开始被松绑。随着大型成熟的机构投资者的参与，股市和债市的专业化程度变得非常高，那些过去呼风唤雨的投行不再占据主导地位。市场本身也由于活跃的机构投资者的参与变得更快速、廉价、定价更准并且能够及时对创新做出反应。各个公司能够根据不同的需要选择不同的投行，并且为每一单业务挑选最好的投行。

这样的开放环境直接扩大了怀特黑德所供职的高盛的能力范围。其他投行的人员也许从个人角度看更加专业，但是他们不可能掌握所有的特长，而当一个传统的投行人员执行交易时，他也没有时间出去兜售业务或者使用其附加服务捍卫其客户。高盛从设计上就有其竞争优势，而且随着时间的推移，这种优势逐渐增强。不论竞争对手的人员如何聪明，他会发现要跟上投行服务部这台机器已经越来越难。

怀特黑德的投行服务部组织结构也使得高盛能够在新产品和新业务方面成为低风险、高影响力的"快速跟进者"，让其他投行去试验新点子，去承受那些可能是昙花一现的创新过程中的成本和痛苦。高盛研究可以实用的部分并加以发展，很快通过上千个客户进行筛选以确定新产品最好的业务对象，然后利用投行服务部作为传输渠道将所有的交易专家输送到各条前景光明的业务线上；后来居上的他们能够很快做更多业务并且成为新业务中公认的专家，而且比那些首发创新的竞争对手的销售业绩还要更好。

西德尼·温伯格开发客户关系和执行交易的个人方式使他成为他那个时代最好的投行家，但是他的方式在业务面临巨大变革的60年代、70年代和80年代不再适用。具有讽刺意味的是，西德尼·温伯格掌握的投行业务模式遭到他的追随者约翰·怀特黑德的抛弃。每个人在高盛获得成功都有其特别的方式。中介业务，特别是非常活跃而且变化莫测的金融批发业务，必须经常变革自身以及业务模式以预先抵抗最强大、最富有技巧和最具有进攻性的竞争。经济学家约瑟夫·熊彼特精确地将其形容为创造性破坏，甚至被破坏的就是企业自身的业务。

可以理解，怀特黑德对其带入公司的项目和交易以及他开发的客户关系感到非常骄傲，他认可他的宗旨和最持久的贡献来自他的机构创新，特别是在投行部门的组织上。他同时也是一位非常高效而且积极进取的一线业务竞争者。

怀特黑德最好的一名客户在了解了竞争对手的介绍后，认为该建议适合其公司而决定用这家竞争者公司。怀特黑德非常吃惊，并立即给该客户公司的首席财务官打电话。在一阵寒暄之后，怀特黑德转入正题："我刚刚才了解到你关于某项融资业务的决定，既然我们被投资者作为你们的首选投行,不知道你是否同意我们可以成为这次发行的共同管理人。我很确信如果我们两家协同作战,你们肯定更能得到市场的认可,甚至还能得到更好的报价。"当然,既然没有任何损失而且还有些潜在利益,客户说如果另一家投行能接受的话,他们也没有问题。

怀特黑德然后给竞争对手的银行家打电话。"我们跟这家公司合作好长时间了,对于我们来说,如果你们在这次公开发行中成为独家高级管理人,我们会很难堪。我已经和我在这家公司的朋友说过了,他们喜欢你们在特定融资领域的主动性,而且他们对于我们两家成为联席发行管理人没有任何意见。当然,我们都知道在华尔街不少公司之间也互相帮忙。而且,坦白讲,你们也应该看到作为公司一直聘用的投行,如果不将我们排除在外会有不少好处,而这对于高盛也非常重要。"怀特黑德还想进一步解释,不过电话另一头的银行家已经明确了解他要传递的信息,知道他应该接受事实,而且应该立即接受事实:"约翰,为什么我们不现在就同意进行共同管理?"

在客户公司的总部,怀特黑德和竞争对手的银行家与首席财务官碰面,以决定交易的各种条款。明显认可对方是发起此次交易的投行,怀特黑德非常绅士地说道:"你们先说说你们的定价吧?"诱饵已经放出而另一方的银行家开始上钩。"我们认为上市的利率应该是15.5%,在这个利率水平上我们可以融得2 000万美元。"

"能说说你们怎么定价的吗?"怀特黑德紧接着问。所以另一方的投行家解释了他的原因,并非常明确地表示他们对于这个建议已经经过慎重考虑,这是能够获得的最好价格,甚至还有点儿高了。这就将他自己限制住了,而且让怀特黑德很容易取胜。"在高盛,我们对于这次发行和市场的看法不太一样。如果这个价格是我们的竞争对手能出的最好价格,高盛能够为我们的优质客户下调25个基点。"两周后,高盛成为这次发行的独家管理人。

当两人在一年之后相遇时,竞争对手说道:"约翰,你给我上了一课——很昂贵的一课。"怀特黑德回答道:"这在短期内看可能很昂贵,但是如果长期来看,你学会了永远也不能如此开放地对待你的竞争者。你还年轻。在以后的岁月里,我可以肯定你会从这次经历中受益的。"

很快,怀特黑德就邀请那位同行到高盛的内部餐厅共进午餐。这次他的兴趣是这个人本身:怀特黑德想知道他是否有兴趣加入高盛。这种私下的猎头并不少见。在那些日子里,怀特黑德发展出这种管理模式,并且大力鼓励投行服务部其他的同事和他一起招聘竞争对手现有的最好人才。这种观念很快被固定下来:为投行服务部招聘到打败它的投行的最好人才往往比失去该交易更为重要。

怀特黑德很早就认识到,利益分配或者论功行赏非常容易造成内部不和。为什么这些关系专家会感激其交易专家对公司的贡献,而交易专家又为什么会感激其关系专家为整个公司所做的贡献?所以怀特黑德在报酬方面建立了双赢的方法,以避免冲突,加强团队建设,以及鼓励每个人都专注于如何使这个密集型的组织能够进行良好的运作:交易的两个方面都能得到100%的认可。如果指定给墨菲(Murphy)的客户与高盛做了一桩交易,不论墨菲有没有干活儿,他都将获得满分。所以没有任何理由绕过墨菲或者非常不光彩地背地里询问对于完成这桩业务墨菲是否应得60%或者50%的报酬,或者甚至只拿30%的报酬。"权责完美明晰化的做法"很容易伤害感情,并使人们从100%的客户服务中分心。

在每次交易之后,就会有一封内部的报告详细指出每位银行家的贡献。这样所有人的贡献都会得到认可,并且所有人都能够看到公司的成功中其他人贡献的重要性,这非常清楚地表明了公司对于团队精神的高度重视。怀特黑德解释道:"能干的人都希望得到对他们的技能和成就的认可和尊重,这甚至超过了他们对于金钱的渴望。他们需要并且非常在意别人的认可和尊重。"

每当接近年度薪酬考核的时候,怀特黑德会给投行服务部的所有人员发信询问建议:"我们必须知道你今年都干了些什么。"每个人都会准备自己的报告,怀特黑德和其他人将会认真研究这些报告。当其他投行关注"产出"——交易数量和利润时,怀特黑德在高盛建立了一套制度。根据该制度，投行家的奖金有一半取决于其他人对于此人给予他们帮助的评价，这种薪酬机制非常强烈地鼓励每个人关注如何使这个紧密合作的团队运作良好。这些评价在写完之后被收集到被讽刺地称为"抨击手册"的册子里。为了鼓励员工跨越组织中的各种界限，凡是能够打破组织界限的团队合作将得到极大的奖励。对于个人成就也是如此。"我们当然都很关心真正的团队合作。"怀特黑德说道，"所以对于你能够给其他人如此的信任，我们非常高兴。我们只想让你知道，我们非常感激你所做的一切。"

"如果说格斯·利维的管理模式有什么失误，那就是他不愿意授权。"怀特黑德说道，"格斯不是一个精于计划的人，他是个走一步看一步的经营者。对于格斯，当天上午要做的事情算是短期计划，而下午要做的事情就算是长期计划了。他觉得华尔街一直在不停地变，所以非常难以计划，甚至根本不可能做计划。你只能在机会出现时才能把握住它们，他的成功完全来自他作为交易员的本能。不过我们其他人都是往前看，并且思考我们将会采取何种行动。"

公司的业务计划明确表示要将合伙人的精力集中在公司的发展之上。为比竞争对手更接近市场，公司每年的年度计划会在1月和2月召开，而其他公司则一般于10月和11月召开。为了避免将人员从业务线上调离，这些计划会都在周末召开，实际上是一连三个周末。在这期间，大家对计划进行演示、质疑和更改，直到行动计划得到批准。这是硬币的两个面。一面是合伙人积极而又深入地融入公司运作的方方面面，使得利维成为高效的领导人。但是另一面如此简单，是对相同固有业务的提升预测，并没有将可能的变化和革新考虑在内。有些计划过于谨慎而有一些则太过激进——这取决于每个部门领导的个性。为了克服这些问题，每年的财务报告会对计划中的实际赢利与实际开支进行对比。"很快，过于谨慎的人和做白日梦的人的年度计划和实施都有了改进，并且做得越来越好。"怀特黑德说道。到后来，这些报告变得非常成熟，而其开头部分曾经非常冗长。在坐下来对一条又一条业务线的年度计划进行审核后，怀特黑德决定到：

"老天啊，这是我最后一次坐下来审核奥尔巴尼和底特律的计划书。"他随后将公司的计划程序下放给各部门执行。

为持续地追求其战略目标，怀特黑德将有纪律的计划和有所保留的宽容结合在一起。他会毫不犹豫地向别人提出要求。理性胜过感性的他在公司里面从来没有亲密的同事。他得到了他人的尊重而不是爱戴。他并不是特别招人喜欢，被认为经常刻意和他人保持距离，所以他在背后被人称为"大白鲨"。他从来不像其他需要赞誉或者认可的投行家一样被甜言蜜语欺骗和冲昏头脑。怀特黑德事无巨细，非常负责。为了保证完成销售报告和支出报告，怀特黑德有一次就直接指示财务经理停发包括合伙人在内的所有人的工资，直到销售报告和支出报告按规定准备好。

"投资银行家对于公开批评比私下批评要敏感得多。"在高盛建立国际业务早期发挥过关键作用的合伙人罗伊·史密斯说，"他们可以接受私底下的批评，但是永远不接受公开的嘲讽。约翰会在公开场合挖苦银行家们，他们一点儿都不喜欢这种做法。他们恨这种做法。"

怀特黑德不止设计和配备了他高效的团队，他还极力让它很好地运转。他对一个又一个银行家说，"你能做到的"，而且一直给予暗示，"如果你坚持，你肯定能做到"。史密斯说："约翰在做这些事情的时候，几乎是以帝王的态度对待下属的。我一生中没有碰见过其他人这样做。这很棒。他会告诉你他希望你怎么做，给你别无选择的明确信息，鼓励你相信自己一定能办到；然后继续给你鼓励，还很可能会使你享受整个过程，特别是让你感受到如果你全身心投入，你就一定会成功。"

"我们既没有什么大主意，也没有什么坏点子。"怀特黑德在表示其对高盛的发展很满意时解释道，"我们知道，要完成我们在市场地位的改变需要花一代人的时间。日复一日地做着成千上万的琐事，尽你所能坚持往你认为最正确的方向前进，这就是管理；激励每个人朝着这个长期的目标共同协作，这就是领导力。"怀特黑德从来都不浪费精力，他从自己对于长期目标的投入以及对于稳定和理性的方法的不懈坚持中积聚力量。高盛的发展并非植根于伟大战略之中，而是源于长期坚持进取的动力。"在我们几乎是持续地进行变革的过程中，我们也犯过很多错误，"怀特黑德认同道，"但是那些从来都是小错误，而且在对公司造成危害前就被阻止。我们从来不觉得我们的前进是由于一些超级明星或者几次重大的并购而得到的。"

如果高盛意图涉足某项业务，那么它很愿意将这些挑战交给前途光明的年轻员工。"如果我们需要从公司外部招揽人才——当然，这个不常发生，我们尽量避免雇用整个团队或小组。我们更愿意找到最好的人，认识他们并将他们单独招入公司。这些新到高盛的个人会了解高盛的文化并融入高盛，要不然他们在高盛就无法工作。对于新技术和新的金融产品，我们总是希望能富有创造力，但是我们从来不认为我们要在所有方面成为第一。我对于其他投行首先想出新点子绝对高兴，因为我很有信心，我们这个超级营销组织会完善该产品并且在推销过程中占据主导地位，而如果新产品无效则该投行还会声名受损。我们相对谨慎地控制着我们的发展，这样事情不会失控。"

怀特黑德记得格斯·利维说过："我们很贪婪，不过是对长期资本积累的追求，而非为了眼前利益。"怀特黑德说："格斯想干那些长期有利于高盛的事情，而且从不掩饰在这方面的贪婪，但是他不愿意在短期利益上显得贪婪……嗯，你可以解读一下他的话的含义。"

就如乔治·多蒂所指出的那样，"格斯绝不愿退休"。1976年10月26日，像往常一样，操劳过度的利维在洛杉矶参加完五月百货公司的董事会后马上乘航班回到纽约，之后又参加了一天的高盛内部会议，随后还与纽约港务局的人又开了一次会。在会上，他心脏病突发。一开始没有人注意到，都以为他呆滞的眼神是由于过于疲劳或者是在分心思考某一问题，但是他倒下了。他在西奈山医院昏迷几天之后，于11月3日去世，享年66岁。约翰·温伯格说道："知道自己心脏不好，格斯过度劳累导致死亡等于是自杀。不过他肯定也不愿意过另外一种生活。"

在利维昏迷期间，温伯格去探望他时，一位年长的印第安人悄悄地进入房间。温伯格先说话:"你好,我是约翰·温伯格,利维先生的老朋友。我有什么能效劳的吗,先生?"

"不用了,谢谢你。我是来帮助利维先生寻找来世乐土[①]的。不用您帮忙,谢谢。"这名印第安人还记着利维很久以前为他的部落提供的服务。他将带来的祈祷毯铺开并且开始低声祈祷。在利维去世两天之后,他卷起毯子像他来的时候一样静悄悄地离开。

鲍勃·慕钦在格斯·利维手下工作了19年。他们的关系从业务角度来看非常高效,不过这一切都来自他们每天进行大宗交易业务所承受的压力。利维习惯每天早上召集9个地区的办公室召开电话会,共同商讨当天的业务。慕钦一般都是第二个发言的,现在只剩他一个人了。

慕钦非常直接:"你们都知道了,格斯·利维昨天因为心脏病去世了。回头我们会有时间专门怀念他的贡献。现在,按照他的要求,完成今天的工作是最重要的。这也是格斯想看到的。"慕钦然后开始布置一天的工作。

在利维的葬礼上,超过2 000人聚集在曼哈顿第五大道的伊曼纽尔教堂。祈祷由大主教库克主持,利维的老朋友,华尔街的领袖I·W·伯纳姆致悼词。美国最富有的人、民主党纽约最有权势的人之一、州长纳尔逊·洛克菲勒也致了悼词。他在悼词中不断地重复一个主题,牢牢抓住了大家的注意力:"格斯·利维是一个了不起的人!"

一名前合伙人回忆道:"格斯总是比较暴躁,不过也总是非常公平。如果你错过一桩生意,他会让你因此胆战心惊好几天。但是你知道他是希望你能够干好,而且如果你需要他,他会随时出现。有一个感恩节后的周五,我带着我的小儿子去公司看看。我给伊内兹打电话,问问我们是不是可以去交易大厅看看,她回电说午饭时间可以去。当我们过去时,我注意到格斯的座位是空的,我们就走了过去。正好他走了过来,很自然地问我们在干什么。我把我儿子介绍了给他。格斯和他握手,然后我们就离开了。回到家,我儿子画了一幅他拿着大雪茄的画并写上'大格斯·利维'。几

---

① 来世乐土,北美印第安人过去所迷信的天堂。——译者注

天后,我问伊内兹如果我把那幅画给格斯如何,她说是个好主意。几年后,在格斯逝世之后,她在清理他的桌子时还发现了那幅画。这些年他一直都保留着。"

在与约翰·温伯格共同成功地继任了利维在高盛的领导地位之后,怀特黑德的高层次战略和政策的有效性与其对于客户运营的关注非常协调。合伙人牧原纯(Jun Makihara)说:"约翰一贯非常清晰和深入地了解运营状况。当我们将快速增长的连锁餐厅TGIF(即星期五餐厅)推荐给我们的执行委员会并且向他们展示该公司快速发展的各种数据时,约翰说道:'我从来没有去过他们的任何一家餐厅,不过这肯定是个一时的潮流。它可能来得快也去得快。我们需要仔细观察,每个月向我们这个委员会报告同一家店的销售状况。'他确实知道该关注哪些事情。几个月后,问题开始显现,不过仅仅显现在约翰让我们注意的那些方面。当约翰·怀特黑德这样的人检验你的工作时,你能够学到很多东西。"

往前看,怀特黑德没有任何进行变革的大计划,仅仅是在改进。"我们会继续进行国际扩张。不过我们也要小心,以防公司增长过大而失去我们大家珍惜的人与人之间的亲密。"

后来,有些人可能会说怀特黑德有意而谨慎的方式与高盛应有的激进不协调,这部分是因为市场的竞争性正在增长,部分是因为正是怀特黑德和温伯格对高盛所做的一切才让其能够变得如此具有进取精神。史蒂夫·弗里德曼说:"约翰·怀特黑德认同IBM的方式。与最大数量的客户发展超级强大的关系,同时对新产品和服务的推出则要保守,因为它们不一定都管用,而你又不想损害和客户之间能够有机会在将来多次进行业务往来的关系。这就要求在产品推出上要谨慎,不做过大或过于具有突破性的创新,因为如果你不去努力寻找创新,你肯定无法发现它们。最常见的判断就是:别去搞创新。实际上没有人想要创新。创新者都冒着职业风险,而有风险的结果就是双方都不满意。"

1985年,在高盛工作38年之后,怀特黑德被要求担任乔治·舒尔茨

(George Shultz)的助理国务卿,直到1989年上半年。然后他开始担任一系列权力巨大的公共职务——纽约联邦储备银行主席,曼哈顿下城开发公司主席,负责"9·11"之后的重建和振兴,以及不少教育、艺术、国际和社会机构的受托人。他的公司活动仅仅限于AEA投资公司(AEA Investor),在那里他"能够看到不少和我年纪相仿的老朋友"。

"卓越",这是怀特黑德桌上一个标签上的小字。他在高盛工作期间一直保留着这个小标签。他在国务院工作时也把它放在他的桌子上。国务院有很多说法语的人,他们中的一些会问:"这是个名词——还是个头衔啊?"①

---

① "卓越"一词的英文原文"excellence"在法语中为名词,既可以指"卓越",也可以指派驻主权国家的官员。——译者注

# 11
# 业务原则

20世纪70年代末的一个星期天下午,约翰·怀特黑德独自一人在他新泽西的家中在一个笔记本上扬扬洒洒地写着。他所写的内容是他对高盛公司影响最深远、最显而易见、或许最重要的贡献。在写的过程中,怀特黑德后来回忆道:"我尽量使用直白、简练的语言,避免拖沓和说教。"几周前在思考高盛的成长时,怀特黑德注意到,尽管公司的员工流动率只有5%,但是业务的稳步增长为高盛带来了每年15%的员工增长率。这样一来,只需要三年时间高盛就会有超过一半的员工是"新人"。考虑到这一现象可能带来的问题,怀特黑德有点儿不安。随着公司稳步扩张、不断向多元化业务发展,并且有那么多新人加入,通过传统的一对一"学徒制"来传递高盛的核心价值观的模式不仅时间上不允许,同时必定会受人员数量的制约。如果不采取相应的行动,公司的核心价值观将无法被成功地传递给日益壮大的多元化员工团队。怀特黑德认为,高盛独特的文化是其成长与成功的关键所在,而公司的成长与成功又为其独特的文化带来了风险。

"我们究竟怎样才能把信息传递给所有新加入高盛的员工,使得他们理解并接受我们的核心价值观,让公司的价值观成为他们自己的价值观,从而体现在他们每天做的每件事情当中呢?"怀特黑德曾为这一难题绞尽脑汁。

怀特黑德把他认为存在但没有明文写出的高盛原则收集起来,对它们进行了为期几周的思考,然后在那个星期天的下午全部白纸黑字地固定了下来。那张单子上有十项主要条目，但是怀特黑德很快从虔诚的天主教信徒乔治·多蒂那里得知，这么做看起来有点儿亵渎神圣——单子上的十条原则看起来就像是《摩西十诫》，所以后来又补充了几条。

　　在经其他一些合伙人修改之后，《我们的业务原则》被印制并分发给高盛所有的员工并按家庭住址寄送给他们的家人。怀特黑德解释说："我们当时正好还在印发公司年度报告，于是我又把《我们的业务原则》附在年度报告的首页并送到每个高盛员工的家里。而且，为确保万无一失，我们还在信封上特别注明'交某某及其家人'。这样员工和他们的家人就能读到《我们的业务原则》，并且会觉得自己能够为高盛这样的公司工作是多么值得骄傲的一件事。由于很多员工对工作非常投入，常常无法陪伴家人，我们认为他们的配偶子女一定很高兴看到他们家人工作的公司究竟如何，他们在工作上展现出怎样的价值观。我们发现这样做很受欢迎，一些员工的配偶还写来令人感动的回信。"

　　往后，高盛在每年的年度报告里面都会特别提到这些业务原则。例如，公司1990年的年度报告中写道："我们的业务原则是神圣不可侵犯的。他们是我们一切工作的核心。我们在90年代主要的任务之一，就是确保这些价值观在我们日益复杂的、国际化的公司里为所有人所了解和认同。团队合作、诚信、客户利益永远至上以及这些原则所代表的其他核心价值观是我们竞争战略的中心，它们代表了我们每个人所希望为之工作的公司本身。"

　　尽管多年以来，公司的规模、组织架构以及业务都发生了重大变革，高盛的业务原则——除了因为政治正确性而进行小幅改动——一直得以坚守。高盛的业务原则在公司里成为大家的精神支柱，在每年的年度报告中都得以体现。以下就是今天高盛奉行的业务原则：

1. 客户利益永远至上。我们的经验表明，只要对客户尽心服务，成功就会随之而来。
2. 我们最重要的三大财富是员工、资本和声誉。如三者之中任何一项遭到损害,最难重建的是声誉。我们不仅致力于从字面上,更从实质上完全遵循约束我们的法律、规章和职业道德准则。持续的成功有赖于坚定地遵守这一原则。

3. 我们为自己的专业素质感到自豪。对于所从事的一切工作,我们都凭着最坚定的决心去追求卓越。尽管我们的业务活动量大而且覆盖面广,但如果我们必须在质与量之间做取舍的话,我们宁愿选择做最优秀的公司,而非最庞大的公司。

4. 我们的一切工作都强调创意和想象力。虽然我们承认传统的办法也许仍然是最恰当的选择,但我们总是锲而不舍地为客户策划更有效的方案。许多由我们首创的做法和技术后来成为业界的标准,我们为此感到自豪。

5. 我们不遗余力地为每个工作岗位物色和招聘最优秀的人才。虽然我们的业务额以10亿美元为单位,但我们对人才的选拔却是以个人为单位,精心地逐一挑选。我们明白在服务行业里,缺乏最拔尖的人才就难以成为最拔尖的公司。

6. 我们为员工提供的职业发展进程比大多数其他公司都要快。晋升的条件取决于能力和业绩,而我们最优秀的员工潜力无限,能担当的职责也没有定式。为了获得成功,我们的员工必须能够反映我们所经营的地区内社会及文化的多元性。这意味着公司必须吸引、保留和激励有着不同背景和观点的员工。我们认为多元化不是一种选择,而是一条必行之路。

7. 我们一贯强调团队精神。在不断鼓励个人创意的同时,我们认为团队合作往往能带来最理想的效果。我们不会容忍那些置个人利益于公司和客户利益之上的人。

8. 我们的员工对公司的奉献以及对工作付出的努力和热忱超越了大多数其他机构。我们认为这是我们成功的一个重要因素。

9. 利润是我们成功的关键,它能让我们做到优越回报、充实资本、延揽和保留最优秀人才。我们的做法是慷慨地与那些创造利润的人分享它。赢利性对我们的未来至关重要。
10. 我们视公司的规模为一种资产,并对其加以维护。我们希望公司的规模大到足以经办客户想得到的最大项目,同时又能小到足以保持服务热情、关系紧密与团结精神,这些都是我们极为珍视,又对公司成功至关重要的因素。
11. 我们尽力不断预测快速变化的客户需求,并致力于开发新的服务去满足这些需求。我们深知金融业环境的瞬息万变,也谙熟满招损、谦受益的道理。
12. 我们经常接触机密信息,这是我们正常客户关系的一部分。违反保密原则,不正当或轻率地使用机密信息都是不可原谅的。
13. 我们的行业竞争激烈,因此我们积极进取地寻求扩展与客户的关系。但我们坚决秉承公平竞争的原则,绝不会诋毁竞争对手。
14. 正直及诚信是我们经营的根本。我们期望我们的员工无论在工作上还是在私人生活上都要保持高度的道德水准。

怀特黑德说:"我只不过是把我所记得的高盛赖以生存的原则写到了纸上并加以推广。"之后,怀特黑德以他一贯的韧劲将这件事情推行下去——每个部门的主管都被要求组织他部门的所有员工集中学习这些原则。"客户利益永远至上","只要对客户尽心服务,成功就会随之而来","我们的一切工作都强调创意和想象力"。大家对这些原则在各部门工作的现实意义进行开放式小组讨论,这样每个人都能够了解这些抽象的原则如何被整合到他们的日常工作当中去。讨论可能像这样进行:"假如,在为大宗股票交易竞价的时候,如果价格对我们的机构客户非常合适,它是不是高盛出手购买的合理价格?如果在我们买进之后,价格下跌了怎么办?"这些讨论中,比较正式的部分会被详细整理好并由部门主管提交给公司管理委员会审阅。即便是非常崇敬怀特黑德的人都会怀疑这类规定是否能得到大家的完全遵守,但是你再也难以找到第二家能够连续很多年如此注重落实企业原则的组织了。

罗伊·史密斯解释说:"我们的业务原则不仅与公司的风格或文化息息相关,它为应当如何开展业务和如何成为真正的专业人员做出了一系列规定。考虑到约翰当时只是一名重要的合伙人,还并不是公司的老大,敢于提出并推广这一系列成功原则实在是相当有胆识。"说到这一点,连怀特黑德自己都对这套原则在公司获得如此的重视感到吃惊。他说:"因为人们很容易就可以比较华尔街各个巨头的投资银行业务,高盛对道德的高度重视就能为其带来正面的影响。"

批评者常常认为高盛的业务原则条款太多。一些人指出,没有人能够同时实施这么多的条例并保证每条原则都得到足够的重视。正如多年后史蒂夫·弗里德曼所说,"当你半夜被弄醒正迷迷糊糊的时候,你能马上说出几条原则来?三条?也许四条?这些才是我们都应该注重的原则,我们应该将这些原则铭记在心"。也有些人很欣赏这种综合、全面的体系。正如罗伊·史密斯所说,"那些原则是对公司经营战略的全面总结。在证券行业——也几乎可以肯定地说,在所有行业——没有任何一家其他的公司能够制定并且实施这些原则,因为他们没有足够的决心做到所有这些。但是那些简单的陈述却描绘出高盛最核心的本质,正是因为有这些原则高盛才会如此成功"。

这些业务原则不但是高盛的宏观战略,它们还为具体的经营方案提供指导。吉尼·菲弗说:"我对高盛组织文化的认同显然还没有达到宗教信仰的程度,因为这些原则是做生意的好办法。"虽然有些其他的银行类企业试图采用从上至下的管理和控制,但是基于规则的管理不可能跟得上证券业务变化的速度,也不可能透过很多在不同市场中不同业务线上的各种复杂情况来做出基于核心价值的决定。有了基于这些原则的管理,责任就都落实到每个在业务前线的个人头上。既然他们知道这些原则的内涵并且了解他们业务具体的现实状况,他们就要为了解并且以正确的方式做正确的事情而负责。做正确的事情可能碰到的困难是在情景并不明朗的灰色区域当中做出困难的决定,并且通常情况下都会是在灰色区域当中某个细微的地方——在原则的指引下,他们完全可以不经长时间的苦思冥想就迅速形成行动计划。行动必须要迅速。业务原则明确说明并要求实施松紧适度的管理，将决策权广泛地分布在公司的各个地方，而不需要什么事情都要高级管理层来进行最终批准。如果列出所有可能用到的规则就肯定会罗列出一大堆的东西，就如同编制了又一本美国国税局纳税手册——这样就使得大家要花无数的时间才能掌握全部内容。因为行之有效，这些业务原则已经成为公司的精神信仰。

不安于现状的怀特黑德之后在1970年又为投行业务发展制定了一套指导原则或策略，这就是所谓的十诫：

1. 不要把时间浪费在我们并不很想发展的业务上。
2. 通常情况下由老板——而不是助理财务总监来做出决定。你知道谁是老板吗？
3. 拿到一流业务和拿到二流业务同样容易。
4. 你如果只是空谈就什么都学不到。
5. 客户的目标比你的目标更重要。
6. 获得一个人的尊重比和一百个人有泛泛之交更重要。
7. 如果有要完成的业务，那么赶紧去完成它！
8. 有身份的人喜欢与其他有身份的人打交道，你成为这样的人了吗？
9. 没有比让客户不高兴更糟糕的事情了。
10. 如果你拿到了业务，那么你应该用心打理好它。

高盛真正的文化是一种将赚钱的动机与被中国人、阿拉伯人和传统欧洲人所熟知的"家庭式"价值观结合在一起的独特混合体。高盛比华尔街上任何其他的公司都更像一个部落：要想成功，就要找到一个愿意指导你、支持你和保护你的"导师"。团队协作是非常必要的。像芝加哥的吉姆·戈特和特里·马尔维希尔（Terry Mulvihill）、波士顿的史蒂夫·凯、纽约的雷·杨、弗雷德·克里门达尔（Fred Krimendahl）和L·杰伊·特南鲍姆，以及费城的乔治·罗斯（George Ross）都是特别受人尊敬的高盛文化代言人。诸如"我们那帮人"之类的表达是很常见的。正如特里·马尔维希尔对年轻合伙人所说的,"你要参与到每个员工的生活大事中去——无论是结婚典礼、葬礼还是戒酒仪式。你要早早地出现,以确保你能够融入下属的生活并且向众人展示你的社交能力"。高盛的合伙人出席员工的婚礼、葬礼和其他家庭活动的次数比任何其他公司的都要多。高盛要求合伙人对公司和其他合伙人保持绝对忠诚。虽然有时候合伙人之间会有些许的不协调,包括个人成见和不时的摩擦,有一堵无法穿透的静默之墙使得在外人看来高盛几乎没有什么内部的争斗。在这一点上,少有大公司能够望其项背。公司内部人员和局外人的"你"、"我"之别在这一点上表现得尤为突出——即便是为公司工作多年的合伙人,一旦他们离开高盛,就会很快从内部人士转化为外部人士,之后便被迅速遗忘。虽然这可能会强化内部的联系,但是这对高盛来说显然错失了一个机会,而对个人来说也是一种损失——他们在职业生涯中为高盛奉献了最宝贵的年华,但是现在却几乎被遗忘。

对于"如何对公司最有利"这一关键问题的答案一次又一次决定了关键的战略战术决策。虽然部门的利润非常重要——部门的赢利最终会代表合伙人在公司合伙制中所占的比例以及合伙人个人的地位——但只要能为全公司赚钱,大家还是会常常向其他合伙人妥协。

保持个人低调几乎是公司文化的核心。其他公司可能会特意夸耀或强调的大多数事情在高盛都会被刻意淡化。例如摩根士丹利会竖起大型的霓虹灯标志,人们从好几个街区以外都能看到上面显示的股票报价。而在纽约、伦敦或者东京,除了衣着光鲜的青年男女早出晚归地匆匆穿行于办公楼,你几乎注意不到高盛的存在。

萨克斯家族认为公关不是好东西,也不愿意抛头露面。这就是当时约翰·怀特黑德提议要编写印制高盛年度宣传材料的背景。怀特黑德解释说:"这些为达成妥协的必要限制看起来有些严格:没有财务数据,用最普通的纸,一张我们所提供的服务的列表。并且,在苏利文-克伦威尔律师事务所的建议下,我们禁止使用'银行'或者'投行'的名号。报告开头一句话这样写道:'高盛公司处于当今投资业务的领先地位。'背面仅仅写着：'成立于1869年。'"

沃尔特·萨克斯并不十分赞许怀特黑德的邮寄年度材料的计划。那些薄薄的报告不应该被邮寄出去，而只应该在合适的时候亲手交给别人。谦虚和低调是高盛的一贯原则。

高盛在自有资金超过3 000万美元的时候，而在对外宣传材料中唯一涉及的财务数据只会很谨慎地提到："有超过2 000万美元的资金"。高盛直到其资金积累超过1亿美元的时候还依然使用这一说法。

高盛的确也发布年度报告，但是除了两位最高领导，所有其他员工都会作为团队中的成员而不是领导人出现。公司公关部门人员的主要职责就是将有关公司的文章报道数量最小化，杜绝有关个人的报道并且维持谦虚谨慎的形象。多年担任公关部门主管的埃德·诺沃蒂甚至连正式员工都不是。虽然他全职为公司服务，但是他有自己单独的办公室和电话，并且对外仅宣称自己是一个外聘的顾问。

公司的规章制度并不仅限于纸面上的文字。**赢利永远都是高盛的一项原则。高盛从不追求虚名**。实际上，越是有来头的客户高盛的收费越贵。评判所有的银行家成功的标准只有两个——服务客户和赚钱。**两者永远都是最重要的，从不例外**。要强势。如果你为了与竞争对手争夺头名或者为了保持现有业务而必须下调佣金的话，那永远只能为了第二种原因做出让步。

成本控制也是相当重要的原则之一。坐飞机经济舱。雇员精简化，因为如果你有最好的员工，那么你就能做到减员增效，利润率也能提高。

开诚布公也是一项重要原则。这一点是通过保证信息流转做到的，这样可以使得每个人都能及时了解市场动向与公司状况，部分是通过公司特有的扁平组织结构来做到的。在70年代，高盛开展了一项合伙人每月例会活动。任何其管辖业务表现出众或较差的合伙人都应该在会上说明哪里有不同。如果这些不同之处反映了某些问题的话，那么他们还应该准备提出解决方案。大胆的推销显然也是一项原则。同样，比其他公司的员工都努力工作更长的时间也是一项原则。

刻意承担风险,并且要成为在新兴市场上第一个承担并管理风险的人,也是一项原则。在投资银行业,高盛一直通过小心地扮演"快速跟进者"的角色来避免风险。然而在大宗交易业务上,当大多数竞争对手都尽量避免或最小化风险的时候,高盛却总会抢先出现在新市场上。因此,高盛能够获得很高的风险调整后利润,并且长期在每个市场中取得成功。

高盛的资本不断增长,但是公司却总是需要比现有资金更多的资本,因为高盛人总是那么具有敬业精神。供求之间的紧张关系带来了一种有建设性的原则。

在权威和责任之间独立或自由地决断,这也是高盛的原则之一。有一次,年轻的合伙人巴里·威格莫尔和一个强硬的客户谈判服务的条款,他的一位同事在谈判进行中离开会场跟总部打了个电话。公司的管理委员会当时也正在开会,于是那位同事就把电话放在了免提上。听完那位同事对谈判的描述后,委员会决定不接纳这位潜在的客户,而当时威格莫尔正在和客户进行谈判。当那位同事回到会议室说明公司高管层的决议时,31岁的威格莫尔说:"不行!这关他们什么事?为一项服务定价是我的责任。"高盛的风格由此可见一斑。

一线员工必须独立承担责任,因为他们了解得最多。但是独立并不意味着每个人都各自为政。这里所说的责任,也包含承担任何可能给公司其他部门带来消极影响的责任。

# 12
# 同名双雄

格斯·利维在公司内外的影响力处于顶峰之际，他的突然去世给高盛摆出了一个亟须求解的难题——究竟应该选择谁来担任下一任高级合伙人呢？或者，更确切地说，在两位约翰之间，应该选择谁来领导高盛呢？约翰·温伯格很受人欢迎，他行事果断，管理着公司大多数重要企业客户关系（其中大多都曾经是他父亲的关系），因此在很多人眼中原本就属于西德尼·温伯格的高盛应由他的儿子来接管。约翰·怀特黑德年纪更大，在高盛的时间也更长，但虽然有人力挺他执掌高盛大权，也有人对他心存疑虑。这两位约翰能够和谐共事，并对彼此非常尊重和爱戴，但他们都是最优秀的人选。如果硬要通过竞争在这两位天生的领导者中选出一人的话，那必定会损害公司的利益。

约翰·怀特黑德长期以来在战略规划方面具有领导力，他在投行业务方面的创新也越来越成功。他在华盛顿和投资银行协会的地位也非常显赫，并且他还主动在公司内推广管理制度革新，在招聘、公关以及组织和升级内部运营方面开展了一系列行动。所有这些都让他在其他人眼中成为无可争议的第一选择。但是怀特黑德知道，要继承高级合伙人这一职位，他必须得到他的朋友约翰·温伯格公开的支持。怀特黑德知道有很多合伙人非常喜欢温伯格，因为温伯格性格温和且重感情，而他却显得冷峻而让人不敢太过亲近。

公司外部的人一致认为怀特黑德精于战略，是一位思想上的领袖；而公司内部的人则更喜欢温伯格。正如一位合伙人所说，"约翰·怀特黑德显然是非常优秀的战略家，但他却缺少了一点儿'亲和力'，而这对伟大的领导人来说是必不可缺的"。

雷·杨说："约翰·温伯格比公司里任何人都更加了解人性。和他的父亲一样，约翰和大家相处得非常好。多数人都信任他和他的决定。约翰·怀特黑德则野心勃勃，并总有自己的计划。我们大家都很有野心，但是我们的野心都是为了公司本身。约翰·怀特黑德更关注他个人的成就以及他的善举所带来的认可。约翰·温伯格后来为慈善事业所做的捐助也许和约翰·怀特黑德一样多，但温伯格总是以匿名方式进行捐赠。"

用"三流绅士，一流绩效"来形容一贯冷峻且健谈的怀特黑德再合适不过。在专注于制度与策略的制定时，他总是思维冷静并且与其他人保持一定的距离。而与其相对照，温伯格在专注于交易时则具有天生的直率和坦诚。怀特黑德让人敬而远之，温伯格则让人信赖和亲近。高盛的所有人都了解温伯格在每一个决定上的态度和这样做的原因，但很多人都不了解深藏在怀特黑德圆滑外表之下的究竟是什么。非常具有讽刺意味的是，怀特黑德这位难以接近的"贵族"在当年还不得不边打工边读书，而温伯格这位容易亲近的"普通人"却生来就家境优越，从美国迪尔菲尔德中学到普林斯顿大学到哈佛商学院，可谓一帆风顺。

在利维去世之后，大家都希望这两位领导者能够解决好继任的问题。怀特黑德对温伯格提出了一个很理性的解决方案：两人轮流担任公司最高领导人，"我先来，然后你继续"。因为二人之中他更资深，所以他现在应该接替利维，等过些年再将高盛最高领导人的权杖交给温伯格，而自己可以在政府或某家大型企业里继续发展。

但是温伯格不同意这么干。

怀特黑德也立即做出回应，他提出了另外的解决方案：他们俩可以担任联席高级合伙人，共同执掌公司大权。于是，这场很容易演化为"有你没我"的个人争斗最后变成了管理层最伟大的联合。如果坚持要从两者之间取一人的话，很可能在公司还很脆弱的时候在内部引起分歧。谁胜谁负还很难说，并且无论怎样对于任何一位领导人来讲都非常不利，特别是当这样做会引起任何感情上的不快时更是如此。温伯格以其天生敏锐的直觉迅速做出决定，他同意了这项不平常的提议。对于很多首次听说这项非同寻常的计划的人来说，这样的管理提议看起来很不合常理且难以成功。

实际上，为这项独特的提议埋下伏笔的正是格斯·利维。利维早就认定这两位约翰能够联手接替他。之后，利维顺着这条思路进行过更加深入的思考。L·杰伊·特南鲍姆回忆道："有一次我问格斯，谁能够接替他的工作，他告诉我说两位约翰可以。然后我告诉他：'格斯，这么做不好吧。你必须让一个人有最终拍板的权力。'"后来在1976年，利维意识到高盛的合伙人分成了两派——有些合伙人希望温伯格继任，而另外一些合伙人则希望怀特黑德继任。于是利维宣布说他不想在他们俩之中做出选择，并且强调"我们几乎所有业务的成功都一贯有赖于团队合作"。而正缘于此，两位约翰都很快被利维任命为联席执行官。据公司内部人的风传，利维心脏病发作的那天在桌上留了一个便条，上面写着两位约翰共同接替他的好处。

在宣告利维心脏病发作的官方声明中，温伯格和怀特黑德被任命为高盛的联合执行主席。而一周之后，他们就宣布将共同担任高级合伙人和联合执行主席——不是如其他人所想的那样两人各自承担公司一半的责任，而是两人共同承担作为一个整体的公司的责任。在建立这种双人领导制的过程中，两位约翰充分发挥了他们友谊的优势。而他们之间的友谊，是通过很多年来一边在松树街的小店吃着鸡肉沙拉三明治，一边讨论着当他们最终执掌高盛时要做些什么的时候形成的。他们俩只要有一方有强烈的意向，另一方就会做出妥协，因此他们在战略和政策上能够保持广泛的一致性。最终决定共同领导高盛对于两位约翰来说是那么自然，即使这么做在华尔街上并不常见。

温伯格后来回忆道："在（哈佛商学院）上学的时候，有一年暑假我曾在麦肯锡工作过。是我父亲想这么做的，那是个很不错的主意。我在那里认识了麦肯锡的高级合伙人马文·鲍尔（Marvin Bower），他对组织运营非常了解。当他听说约翰和我想以联合主席和高级合伙人的身份共同执掌高盛的时候，他说那么做肯定不行。他还说等我们把整个公司弄得一团糟的时候，他会来帮我们收拾烂摊子。他是个了不起的人。但是我们最终还是成功了。"

与所有成功的家长一样，两位约翰保持着非常亲密的关系，他们相互尊重又分工明确——一个主内，注重对内部的管理工作，另一个主外，注重对外和客户打交道。通过经常交流沟通，他们避免了相互竞争。温伯格曾说："虽然我们是很不一样的人，但是我们却相处得很和谐。我们的办公室离得非常近，以方便我们随时沟通。我们经常往对方的办公室跑，连我们办公室之间的地毯都被踩坏了。我们像管理大学学生组织一样管理公司。约翰·怀特黑德和我在各种事情上都有相似的思维，我们几乎天天都通电话，并且在每个周日的晚上我们会一起讨论明天在管理委员会上的日程以及就我们将做的事情达成一致。"

在所有高盛人的眼中，怀特黑德和温伯格从不相互竞争，他们只会一致对外和华尔街上的其他公司竞争。他们下定决心要让高盛处于所有投行的领导地位。他们工作的重心非常明确：招聘最好的人才，发展更多更好的长期企业关系，充实资本，严格控制管理规章，强调团队协作，避免重大失误，扩展业务，不断加大市场占有率，提升员工素质和客户质量，提高利润率和可持续发展水平，练好内功，尽量减少个人出镜率并且壮大公司的名声，不断加速各项业务进程。在两位约翰接管公司几年之后，一位重要竞争对手说："高盛公司作为一个整体，正是由他们这种能够明确工作重心的业务素质所推动，这种企业文化得以持续贯彻并且效果很好。"

两位约翰心怀壮志而又行事谨慎，在业务拓展上他们倾向于采取"迅速跟进战略"并且不欢迎英雄或明星形象在公司内出现。温伯格说："你要想当明星，想天天出现在报纸上什么的，高盛是不会欢迎你的，因为这和企业文化不一致。如果你真这么做了，大家都会说你爱秀。如果你想事业成功的话，那么你就应该适应这里的文化。"高盛禁止办公室政治。合伙人鲍勃·斯蒂尔（Bob Steel）回忆道："有两位约翰在，大伙都知道不要胡来。他们丝毫不能容忍玩弄政治伎俩。有两位约翰这样强有力的、受人尊敬的领导者，大家都不敢越雷池半步，特别是在有损于别人的方面更是如此。大家在公司里没有所谓最喜欢的人。有两位约翰在，你就知道不要胡来或者排挤别人。他们俩可是谁都不惧，处理起犯事的人来绝不手软。"

两位约翰做事是非分明。他们在第二次世界大战中服役过，对道德标准有深刻的理解。（他们知道）要改变过去对个人行为规范"不管不问"的宽松做法，必须对某些人做出迅速、果断并且公开的处置，即使是炒掉合伙人也在所不惜。有一次，一位才华横溢的年轻合伙人在压力很大的情况下要赶出一份文档交给客户，当他看到打字员交上来一份不合格的文稿时，他大发雷霆，对打字员破口大骂。约翰·怀特黑德在炒掉那位合伙人之后，对另外一家公司的CEO说："有时候，我真的很讨厌自己的工作。"几年之后，约翰·温伯格炒掉了一个部门的头儿，因为他和秘书有染，在被要求对温伯格做出解释的时候也没全说实话，之后这事被媒体报道，闹得沸沸扬扬，对公司影响非常不好。有外遇之类的事情如果能做得很私密那还可以容忍，当然怎样才叫作私密有不同的标准。曾经有个家伙非常得意于他的"个人艳遇"，他经常把这些故事通过公司专用的无线电散播，就连司机都拿从收音机上听到的他的"英雄举动"来开玩笑。有一次一位漂亮的小姐又来公司找他，整个交易室的人都笑成一团。

合伙人罗伊·史密斯说："保证大家遵守职业道德就像是看管动物园。好的动物园需要狮子和老虎，但是你又必须管好它们——至少让它们有所节制。"在高盛，大家都表现得非常专业，就像方阵里面的士兵一样。"我们就像一群拼命拉着大车的马。不要抱怨，吃足食料，然后继续回到岗位上来拉车。"那时高盛的战略有点儿像宝洁公司：没有太多的创新，但是在执行上显得非常专业而有技巧。每当竞争对手发布了一款新的产品，高盛就会迅速学习并掌握如何能够做得更好——他们试图将产品尽可能完善，然后再将改良后的产品通过投行服务广泛而有效地推广开来。高盛与企业客户拥有非常好的投行业务关系，因此经改良的产品能够迅速被接纳,并且以赢利多少和签约先后顺序有效地推广到更多的潜在用户那里。这样做常常能够很快为他们赢得市场的领导地位。

两位约翰发现他们在1950年接管的公司有很多不完善的地方,例如竞争力不够强,(工作)不够激动人心,(地位)不够重要等。但是竞争的压力还是降临在他们头上。他们俩都曾经上过战场,也都明白长期保持己方的行动比竞争对手大胆而迅速,对一个组织的成功至关重要。两人都充满雄心壮志,希望自己的公司能够成功。与竞争对手相比,他们都处事低调,行动大胆。他们相信在任何竞争中失误最少的组织是拥有最好人才的组织,相信最想赢的人一定会赢。他们总想超越对手,在各个层面上取得胜利,因为他们知道他们最强的竞争对手也会那么做。

他们伟大的联席合伙人关系和友谊自怀特黑德进入高盛的第三年,事业正蒸蒸日上的时候开始了。当时西德尼·温伯格曾告诉怀特黑德,他的儿子约翰会在哈佛商学院上学的第一年和第二年之间的暑假来高盛实习,并且希望怀特黑德能够指点一下他。一年之后,约翰·温伯格全职加入了高盛,从此两位约翰便开始了他们长达35年的朋友般的合伙人关系。他们俩在同一天升任公司合伙人,并且在他们的职业生涯中一直都持有相同比例的股份。

当年,这两位年轻人曾经将他们的办公桌背靠背地摆在壁球场里。每天,他们都一边在店里吃着鸡肉沙拉三明治一边自由地谈论,交流思想。他们几乎无所不谈,包括他们认为公司应该如何运作以及他们对公司现状的不满。怀特黑德解释说:"我们当时觉得工作只是打发时间,没学到太多东西,也没有发挥我们全部的潜力。约翰和我都决心以后要让公司里的年轻人承担更多的责任。"通过彼此间的交流对话,他们俩越来越信任彼此,互相学习到很多能够使高盛更强更好的方法。"我们发现在很多很多事情上我们的想法都是一致的。我们对于高盛拥有同样的希望,我们也都非常欣赏和尊敬西德尼·温伯格,我们也会为他的失望感到难过。"

公司内部严密的监管使得高盛内部的争斗比华尔街上其他公司都要

少。高盛被人称誉为"一个有机生物一样结合为整体的公司,而非闲散地聚在一起的一群人"。尽管如此,为争取升职,特别是升任几个不多的合伙人职位的竞争还是非常激烈。所有加入高盛的人都很能干并且很勤奋。那些成为合伙人的员工必须对公司有更多的付出,他们必须更加努力,投入更多的时间来工作,让自己和家庭承担更大的压力。

吉姆·戈特说:"高盛是一家拥有交易业务的投资银行,摩根士丹利也是。所罗门兄弟是一家拥有投行业务的交易公司。在高盛,银行家们通常掌控着公司大权,从投行部升任合伙人的比其他部门都要多。但是重点是大家都在一起工作,或者几乎所有的时间都在一起工作,因为在任何情况下大家都要共同应对压力。团队协作(包括不欢迎明星,因为明星会让其他人显得黯淡)的概念是由格斯·利维所定义的,但是真正将其发扬光大的还要数两位约翰。"

合伙人罗伊·史密斯说:"我们在办公室里都显得很不起眼,在充当个人英雄方面我们都表现得很低调。我们都不怎么喜欢所谓的英雄,因为我们知道只有团队协作才能带来成功,而且也不会让我们的自负心理过于膨胀。我们以近乎奇迹的效率完成工作,并且到最后也看不出太多个人的痕迹。很多时候,我们都感到自己在公众面前没能最大限度地树立个人品牌与形象。"

高盛高度重视团队协作。大家都注意回避类似"这是我做的"或者"我赢得了那个"里面的"我"。所有地方都用"我们"——"这是我们做的"或"我们赢得了那个"。就像一位合伙人所说的那样,"大家非常回避用'我'这个词,一些人甚至连眼科医生都不去看。"①团队协作对于客户和公司内部的人来说同样重要。福特汽车公司的主席菲利普·考德威尔(Philip Caldwell)这样理解为什么高盛如此杰出:"首先,他们精通自己的业务。其次,他们几乎没有什么内部斗争。"两位约翰一直致力于锻炼优秀人才的领导力和管理能力。很多年轻的"未来领袖"都被安排在同一

---

① 英文"我"(I)发音与"眼"(eye)相同。——译者注

个团队里,分派到各种管理岗位上来检测他们协同工作的能力,以及他们如何协调共同的权利与责任。

另外一种促进团队协作的方法就是在绩效好的年份共享红利,在绩效不好的时候保护员工利益。为了让大家分享公司的成功,合伙人会拿出公司15%的利润建立一个奖金库,这个奖金库按照"利润比例"分成,由各个部门共同监管。除了工资和奖金以外(以及未来成为合伙人的可能性),利润分享也是为公司在将来招揽人才产生巨大吸引力的一项经济因素。70年代中期股市萧条,公司当时虽然只能够勉强维持收支平衡,但是也坚决不裁员。并且,高盛不但给大家发出不错的奖金,还给年轻的合伙人以资助,帮他们渡过难关。在关键时刻为大家做实事是两位约翰所构建的组织的重要特点。

合伙人李·库珀曼说:"平衡是关键。高盛比任何公司在战略与组织平衡方面都要做得好。综合业务带来了不错的效果。高盛成功的关键在于公司不但拥有很好的平衡和优势,而且它还会将平衡带来的好处在全公司范围内分享。每个人都奋力划桨,而大家的力量又汇聚在一起将公司推向前方。每个人都是团队中的一分子,大家都非常信赖自己的团队。当然,也可能会有些许的政治因素存在——随着公司的壮大,也许政治因素还在增加——但是与任何其他的公司相比较,高盛在政治上存在的问题不大。对合作的肯定以及合作的速度是衡量团队协作与配合的指标。我们所指的合作不仅针对部门内部的合作,也针对跨部门的合作。"库珀曼还举了个简单的例子来说明这个问题:"华尔街一家大型企业的一位律师有一次想要一份关于高盛参与项目融资计划关键人物的介绍,他向正在负责这个项目的销售员询问应该怎么做。销售员告诉他,'我来帮你处理'。这位律师本来以为要等一两周才能拿到结果,然而非常出乎这位律师意料的是,他在当天就接到电话说已经确认好约见的事宜。像这样的事情在高盛实在非常常见。"

高盛拥有相对扁平的组织架构,几乎没有什么层级制度。公司非常强调团队协作、互动以及迅速广泛的部门间交流沟通。给新入职员工上的

第一堂课就是告诉大家如何"发布"消息。我们常常会问,有没有人能够用得上这条消息?公司有自己的文化,这种文化是基于所有人,也即生产者的管理,以及富有活力、追求卓越的环境之上的。罗伊·史密斯说:"我们把自己当作金融世界里的专业运动队。我们都很有竞争力,并且努力工作、刻苦训练。我们精通自己的业务并且都想做到最好,成为世界冠军。"不断进取对成为冠军是无比重要的。同样,这也需要用另外一种视角来加以平衡,这样才能保护公司和个人不会出格。当被问到什么会与公司的战略不一致时,鲍勃·鲁宾一语中的:"个人主义、骄傲、自视清高。如果你有这些表现,那么你就有问题了。"

乔治·多蒂说:"在六七十年代公司还不大的时候,发现聪明的人还不难,你能够看到哪些人做了很多贡献,哪些人只是在旁观。"但是随着公司不断成长壮大,更加结构化的沟通就显得很必要了。充分认识到鼓励团队协作并且保证每个人都参与到重要的交易中去的重要性,并且知道其他人的贡献有多么重要,怀特黑德和温伯格坚持要大家写"贡献记录"以说明每个人所做出的贡献,并且所有相关人员都会看到这份"贡献记录"。然而,多蒂也会感到苦恼:"有两种记录会让我不高兴。第一是自夸'啊,我太厉害了'的那种;同样糟糕的还有'啊,我的手下真厉害'那种,因为记录者显然是在自夸说因为有我这样一个优秀的领导才带出了这么好的团队。"然而,发现并且公开每个人贡献的决心将这种误解最小化了。每个人都了解团队里的其他成员对取得成功有多么重要。并且,这样做不但表扬了每个人独特的贡献,实际上还鼓励了务实的谦逊。团队协作的精神和忠于组织的团队成员共同铸就了高盛对内和对外的整体性。

"敬畏之心和责任感也很重要,"库珀曼回忆说,"你永远不会想把可能或本该完成的事情留着不去做。你的责任就是要保证自己在每一位客户面前拿出最好的表现。你总会有做得更多、更好的压力。高盛不会给工作出色的人献花或颁发奖章,但公司管理层却会很快注意到你需要提高的地方。约翰·怀特黑德甚至有时会显得苛刻。我永远无法忘记他在一条备忘录中所说的:'我们非常欣赏你所带来的业务,但是我们还需要你为高盛带来更多的业务。'"

"两位约翰认为大家努力工作、承担重任是应尽的责任,"合伙人罗伊·史密斯回忆说,"他们坚信承担更多的责任对你有益——最好是超过你正常能力的一半以上,因为这样就意味着你积累了更多的经验,学到了更多,了解了更多。你的学习曲线会比别人更陡,你也会更快达到更高境界。这样一来,由于你努力工作,精通业务,你就能够更好地帮助客户完成其他公司所不能完成的交易。"怀特黑德也说过类似的话:"高盛非常欣赏努力工作的人,因为你做得越多,得到的锻炼也就越多,学到的东西也就越多。在我们这个不断变革的行业中,你将能够获得更好的技能,比你公司内外的同行有更深入的见解。"

在两位约翰的领导下,高盛有时候会被人批评为革新缓慢或者过于谨慎。但是温伯格反对说:"我们认为自己并不慢。我们觉得自己就像龟兔赛跑中的乌龟:我们会到达终点,但是我们不会被未经证实的想法冲昏头脑。当你在合伙人制度下承担无限责任时,你就会非常谨慎地承担业务风险。尽管我们以行事有计划而著称,我们大多数时候都是看到机会然后采取行动,一步一个台阶,通常情况下并没有很明确的方向,更别说是目的地了。约翰专注于规划和管理,而我则专注于客户。约翰很有远见,也很强硬。他通常都会很明白地告诉大家应该怎么做。"

尽管高盛能够在业务上引进重大战略行变革,但是它的战略眼光具有一贯的连续性。1983年,怀特黑德是如此描述公司的目标的:"我们长远的目标是成为真正的国际投资银行和经纪商。我们要在全世界范围内拥有像在美国那样多的客户,我们要在伦敦、巴黎、苏黎世和东京成为备受尊敬的公司,就像我们在纽约、芝加哥、洛杉矶所做的那样。"

"所有投资银行都希望开拓'连锁'的赢利业务,"罗伊·史密斯说,"问题在于如何能够在全公司范围内在风险可控的情况下达到赢利最大化。当然,每个人都在寻求最大的赢利能力。我们有成千上万的员工,每个人都在平衡自己的风险和收益,短期利益和长期利益,个人利益和公司利益，长期客户关系和特定偶发交易，因此我们在管理上面临重大的挑战。因为有如此之多不断变化的冲突和挑战，要想维持和谐和平衡是有困难的。"最大的风险是像格斯·利维、两位约翰以及处于各个部门领导岗位上的人们一样，感到被组织约束或对组织感到失望。有创意的天才需要突破常规，与众不同才能够真正地创新。但是组织越壮大，它就会越坚持寻求秩序和稳定。两者都需要，但是这两者又相互冲突。管理好这些冲突才是证券行业里管理的真谛。

挑战越来越艰巨。高盛把握住了很多机会，获得了不断的成长。然而随着公司逐渐壮大，想要招聘或利用好甚至是留住特别有才华和创造性、开拓性的人才变得越来越困难。随着组织的僵化，难免会有一些优秀的个人被排斥出去，即使这些人曾经绩效卓越，为公司的成长做出了很大贡献。因此，管理层的困境在于组织的连锁化——这对长期风险调整后收入最大化的实现至关重要——必须不受短期的具体紧急交易的影响。史密斯说："避免为短期利益而行动，必须要与其对立面相平衡。如果你太保守，你就会失去优秀的员工——甚至他们根本不会加入你的行列。如果你不够保守，个别员工就会失控，他们可能做出对个人有利而对整个组织有害的行为。组织和业务越复杂，管理这一重要角色就越难平衡。"

在按照他们的理想构建高盛的过程中，两位约翰经常会招募关键人员进入高管层。其中，引进吉姆·温伯格和乔治·多蒂就是他们俩引进人才最成功的案例之一。吉姆·温伯格是一个有原创思想、有时候甚至有些逆向思维的思想家，他从来都不造作，非常真诚而又卓有见识。在公司政策和战略方面，他是他弟弟最亲密也最客观的知己和顾问。在一群对业务有很高的热情，同时能够严格自律的人当中，吉姆·温伯格是最谦逊、最实际，也是最胸有成竹的人。而且保护弟弟的隐私对他来说简直就是一种天性。他曾睿智地发现了很多能够走向领导岗位的人才，而且他一向都很低调。他常常乘坐地铁，有一次在洛杉矶一家豪华的餐厅里，一位上校误以为他是服务员，问他："你们这里有没有更便宜一点儿的东西？"

多蒂是60年代加入高盛的。在负责公司运营和财务纪律的时候，他处事严格而又精明。多蒂曾经先后在莱布兰德-罗斯兄弟-蒙哥马利公司担任过高级合伙人。他曾主要负责包括大通曼哈顿银行和迪伦·里德等在内的客户,也很有名气。"我当年差一点儿就成了我们那家会计师事务所的高级合伙人。当时我46岁,感觉世界都在我手中。只有一个人可能和我竞争那个职位,而且他还说如果我想做的话他很乐意让我来。然而,我对于库珀斯还是有所保留。我对那家公司喜欢'八面玲珑'的人当合伙人感到失望。你知道,像那样的人你挑不出他们的毛病,他们做事情也按部就班。库珀斯是不会让有个性或者犯过错误的人当合伙人的。当然,他们也有很多优秀的人才。而高盛则很不一样。约翰·怀特黑德和我都曾经当过军官,我们就如何建立一个真正伟大的专业公司进行过长谈。我们相处得非常愉快,而我也觉得他一定能在高盛干出一番大事业。"

多蒂非常了解并且善于管理那些平时被投资银行家们不屑一顾地称作"笼子"的各种部门。这给怀特黑德留下了深刻的印象。这些部门每天都要处理数以百万美元计的现金和有价证券,所以他们内部安全措施做得相当严密。怀特黑德知道要做出决策并最有效地实施,就必须仔细将它布置好并且交给西德尼·温伯格管理。于是怀特黑德将多蒂介绍给温伯格。多蒂回忆说:"西德尼当时说要请我吃午饭,他来得正好。然而我告诉他我还是有一些疑虑。他问我:'不是关于宗教的吧?'我是一个爱尔兰天主教徒,于是我告诉他和宗教没关系。我家人当时早就计划好要去度假。于是我就向他保证说回来就给他答案。我妻子当时的第一反应是:'(高盛的名字)听起来像是一家家具店!'她首先想到的是正想着萨克斯第五大道百货,但是事实就是如此:高盛在当时还并不是特别有名。高盛没有我当时所知道的一些公司赚钱多,但是这家公司却更专业,总是努力为客户做到最好,因为他们相信如果公司真正解决好了客户的问题,从长远来看就一定能够很好地发展。这听起来可能有点儿像是陈词滥调,但是这一点才是真正使高盛受人尊敬的原因。其他的公司无论是当时还是现在都更加看重金钱利益。"

从入职那天起,多蒂就拥有很高的地位和权力。他直接进入了公司的最高管理委员会，拥有公司第四大合伙人权益，仅次于格斯·利维和两位约翰。他之所以拥有如此大的权力，是因为他为组织结构日益复杂化的高盛建立起一套完善的管理知识体系，而其他人没有那种知识；也是因为运营效率和有效性正成为公司在一个快速发展、日益复杂的行业中做出战略选择、实现目标并与其他组织竞争的决定性因素；还因为多蒂很严格、不屈不挠，并且做事沉稳。

即使是在设立内部财务管理部门上，两位约翰也相当大胆。他们曾经从美林公司聘请了一些财务经理，因为他们觉得高盛可能会从竞争对手那里学到高级的财务管理系统。不过结果使他们大吃一惊，因为他们发现自己的竞争对手原来一点儿都不复杂。两位约翰也从公司内部发掘人才，他们任命乔纳森·科恩（Jonathan Cohen）为合伙人，因为他们可以完全信任科恩。约翰·温伯格有一次开玩笑说："乔纳森，到我们走的时候，你知道的事情多得足以让我们干掉你。"

人们认为怀特黑德和温伯格作为公司的领导者显得有些保守，而多蒂则在内部运营管理方面显得更为保守。怀特黑德回忆说："尽管我非常尊敬乔治，但是他对于新事物简直是太保守了。有好几次，我都不得不把他拉到一边跟他说，'乔治，新主意在它们处于萌芽阶段的时候是很脆弱的。你一定要小心，因为更多的人不是帮助有希望然而现在弱小的东西成长为真正的有用之才，而是会把一个好点子弄砸'。他总是会游说其他的合伙人对我们想实施的计划加以抵制。"怀特黑德笑着又补充了一句："他有时候也会弄得我头疼。"

多蒂是个大管家，而对他来说最重要的事情就是财务管理。他严格控制花销。所有合伙人的退税要么通过公司进行，要么就在公司的严格监控下迅速处理。"我们不希望看到任何人偷税漏税。有一次我看到鲍勃·雷曼一年挣好几百万美元，但是却只交25 000美元的税，当时可真把我气坏了。我不希望此类事情影响高盛。我们规定合伙人不许在公司没批准的情况下进行无担保借贷。我们要求每个人在任何时候都全心投入自己的工作。我们不想让任何人整天都在操心还债的事情。对这类事情，公司的政策和我们的措施非常简单：'怒目相向！'"

多蒂知道所有大型证券公司总是会存在挖角、舞弊、欺诈或滥用职权等风险。作为一名经验丰富的审计员，他知道避免大麻烦的最好方法就是不断对小问题刨根问底，要想早点儿得到信息必须依靠员工主动提供。多蒂解释说："知道有些事情不大对头的人不会主动开口，除非他们知道你想听并且会认真听。在最平常的交谈当中，他们会给你留下一点儿口头的线索——如果你在找线索的话。他们希望你能够顺着线索往下探索。一些最为正直的人反而没有受过太多教育。如果他们知道某件事情有问题，也知道你在查这件事，他们会把你往正确的方向引导。当我们建立庞大的交易室时，我们特意将其设立在一层楼里，并且只设了一个男洗手间。当你站在小便池边，便人人平等。你可以谈论任何你觉得不对劲的事情。那时候我一有空就去洗手间，并且去之前还要宣布一下，'伙计们，我上厕所去啦！'然后我慢慢起身，所以大家要跟上我很容易。我在选择可信任的人的时候格外小心。"

多蒂负责与每位新合伙人讨论他将出资多少这类敏感话题。新合伙人通常作为一个"阶层"分享公司相同比例的赢利，但是每个人都有一张不同的个人资产负债表，因此每个人的出资能力也就不同。有些人家里很有钱，有些则没有。投资银行家们通常会在公园大道买上一套漂亮的房子以装点门面，而交易员们则相对较清贫。具有讽刺意味的是，所有的银行家都会在自己可承受的范围内选择最豪华的"门面"，而交易员们通常只会买最便宜的。在全面考察一位新合伙人的个人财务报表之后，乔治·多蒂会决定让他为公司出资多少。多蒂常常会充满质疑地问："这是你所有的财产吗？"

"是的，先生。"

"你确定？"

多蒂的工作就是找出合适的金额，使得每一位新合伙人都感到其出资的风险，同时他也会让他们以合伙人的身份在公司做出重大决策时具有一定的话语权。正如多蒂所解释的，"你参与分红的多少和你对业务的贡献相关,而你出资的多少和你个人财富的多少相关"。

多蒂定下的规矩不仅限于出资多少这一问题。当吉尼·菲弗成为合伙人时,两位工人来到他旧金山的办公室检查家具。"嘿,我说你们为什么查这个?"

"多蒂让我们来的。"

于是菲弗给在纽约的多蒂打电话:"你什么意思?"

"作为一个合伙人,你只能有固定种类和数量的家具。你办公室有的家具超出了规定数量。那也没关系,这是你的选择,不过你要自己付钱买下来,公司不负责提供。"

"但是我搬进来的时候就已经有了。"

但是多蒂才不理会这些。你必须接受高盛对合伙人的管理条例。

对新当选的合伙人,两位约翰通常会唱一场经典的"红脸黑脸"的戏,温伯格总是会扮好人,给每一位新合伙人以微笑和热情的拥抱:"你太棒了,我们一直认为你会成功的。我们非常高兴你能成为合伙人中的一员。欢迎你!你一定会为公司做出重大的贡献。好样的!"

然后怀特黑德就会把那个新合伙人拉到一边,对他摆出严肃的态度:"你必须和我们大家一样,明白自己正加入一个很有能力并且工作努力的人群当中,这里全都是华尔街的精英。你必须跟上大家的进度,你要玩命地工作以取得好成绩。今天宣布你成为合伙人只不过是开始,因为高盛的合伙人会承担更多的责任,我们希望合伙人能够做出很大的成绩。你前面的人设立的标准非常之高,你后面也有大批年轻有为的人想升上来。公司希望做到最好,因此我们也希望你能将个人最好的一面展现出来,而这就意味着从现在开始你将接受挑战,你需要不断提高你的产出,在任何方面都设立很高的标准。我们会从一点一滴上密切关注你,特别是现在你已经是一位合伙人了,所以一定要努力取得好成绩和实际的成果。向我们大家展示一下你的全部才能……如果你没有做到这些我们是会知道的。我们在高盛可不是闹着玩的。我们希望你和所有其他人每天都为争取成功而努力。"

话说得很重，而行动则比话语更为响亮。高盛没有终身合伙人制。表现不够好的合伙人会被扣除其在公司所占的份额，甚至会被毫不留情地直接撤下来。温伯格说："你要想在这里混下去，就必须非常努力地工作，放弃很多业余生活——坦白地说，有时候你甚至要放弃一部分家庭生活。要做到这一点，你必须拥有雄心壮志、充满激情。这里的每个人工作都很努力。如果他们不努力了，就不得不离开。"一位合伙人解释说："对高管来说也没有例外。如果他们被挤出去，那么就算出局了——他们所占的合伙人份额会在他之后最优秀、最积极进取的人当中分配。在这样一个不断向前的、类似于达尔文进化过程的机制下，亲切、和善的人并不总能够胜出。"然而，正如一位竞争对手所说："令人惊讶的是，高盛的人还是会对彼此很和善，至少在外人看来是如此。"

温伯格和怀特黑德的目标不仅限于赢得客户、获取管理权和做成交易，他们还为增加高盛的市场份额、增加高盛管理的财富占他们客户财富的比例，他们不断进取以期取得更大的胜利。他们这种强烈的进取心使得一些竞争者把高盛看作猎食者。一位竞争对手的银行家说："这就是高盛综合征——我的就是我的，你的也有一半是我的。"高盛不仅把华尔街上的其他公司，甚至是国际同业视为竞争对手，两位约翰眼睛还盯着商业银行。怀特黑德的一项重大贡献就是他成功地游说政府延长《格拉斯-斯蒂格尔法案》的有效期，这项联邦法案使得商业银行几十年无法染指证券业务。

两位约翰个人表达的方式很不同，这一点在高盛的年度投资银行大会上可见一斑。当有人问道，"为什么高盛对商业银行参与到我们投行业务当中感到如此担忧"？温伯格非常简明直白，他说："因为他们会搞得一团糟。"然后怀特黑德就站起来，以其一贯的博学而雄辩的口吻从文化的显著不同、资本、人员、管理以及战略重点等方面进行长篇的解释，最后他停下来看了看温伯格，笑着说："就像约翰所说的那样，他们会搞得一团糟！"

"两位约翰从来没有起过冲突，"鲍勃·斯蒂尔说，"至少从没有人见到他们有任何冲突。他们虽然彼此很不一样，但却能够做好自己。温伯格有很强的本能意识，表达也很直白；而怀特黑德是自我约束和细致谨慎的完美代表。他们对彼此的成功一点儿也不感到嫉妒。"

两位约翰能够为所有的决定拍板，但是他们还是非常尊重他们所构建的强大的管理委员会团队，这其中包括吉姆·戈特、弗雷德·克里门达尔、乔治·多蒂、迪克·门舍尔、史蒂夫·弗里德曼、鲍勃·鲁宾以及鲍勃·慕钦等人。管理委员会成员对两位约翰尊重他们的意见这一点也非常欣赏，因此他们也会认真对待各自的责任，从不唯命是从。然而，大家都理解各个部门的领导都会以不同的方式管理各自的业务。高盛内部有一种类似议员制的管理法则，比如哪个人的管理范畴中间有问题，他会自己解决，别人不会太多"插手"你的具体责任。这一点直到后来鲍勃·鲁宾和史蒂夫·弗里德曼才为之带来变化。

很多年后，有人请怀特黑德解释高盛成为被华尔街公认的管理最优秀的公司的"秘密"，他说："我们坚持做好各自的业务。这使得我们能够把时间都花在不断完善我们所做的事情上，而不受到做不熟悉的业务的干扰。我总认为，将你已经做得不错的业务的市场份额从30%提高到35%要比从你完全陌生的领域中开拓5%的市场份额要来得容易。我们严格控制增长，因此也就不会脱离我们熟悉的领域。"

怀特黑德说："我们在重大战略上从不赌博冒险，我们对已经取得成功的地方投入更多资源，帮助获得成功的人在已有的基础上做得越来越好。"新想法能够获得有限的试验支持，一旦被证明是有价值的，这时两位约翰就会帮助这些获得成功的人。耐心、谨慎以及不懈的坚持，这些都是两位约翰领导的特质。他们不断前进，并且"步步为营"，这些进步最终使得市场份额和公司名望得以建立。温伯格和怀特黑德都特别注意不因为预期可能的业务增长而加大投入和人员开支。他们尽量避免犹豫不定的风险。就像鲍勃·鲁宾所说的那样，"我们管理业务的办法比较愚钝，但是却是有效的"。

就业务和与人相处而言，两位约翰总显得"无处不在"，他们从不与业务或者其他的合伙人相隔绝。斯蒂尔说："你绝对不可低估这两个人的价值。他们的办公室处于所有业务的核心——经典的约翰加约翰的组合。其他公司高管的办公室都在不同的楼层，于是随着业务不断增长，高管们的接触也越来越少。"

高盛以其偏好跟随、行事谨慎而不是创新而著称，这一点刚好与其坚持低调的战略风格相匹配。有两个将高盛与摩根士丹利相对比的例子可以说明高盛的成功之处。1989年，摩根士丹利鲁莽地宣布将调整它的机构证券经纪业务——它将重点关注它所管理的150个最大的账户，这些账户占其机构证券经纪商总业务量的80%；同时，它还将所有其他的机构证券经纪商业务账户转交给零售经纪商业务部门。这一决定立即受到了很多愤怒的机构证券经纪商业务客户以及媒体的抨击。高盛几乎在同时也采取了同样的改革，然而它却在几个月的时间里悄悄地通过与每个机构证券经纪商业务的客户举行答疑会，细致地对客户说明 从机构销售员手中最小的账户转化为个人账户销售员手中最大的账户反而会提高服务水平。1993年，摩根士丹利公开在媒体上威胁说，如果纽约市和州政府不答应其大幅减税的要求，它将会把总部和业务搬到康涅狄格州的斯坦福去。而高盛则在此之后得到了相似的减税条件，但却是以很低调的方式获得了这一优惠。如今，这两家公司还都在曼哈顿。

鲍勃·慕钦说："标签这东西，贴上去就难以揭下来。我觉得高盛就显然是被人标注为谨慎或者过于谨慎的类型。这一点在80年代后期逐渐发生了改变。"史蒂夫·弗里德曼几年之后与鲍勃·鲁宾共同接管高盛，他在回顾两位约翰的时代时，也证实了这一想法："我认为从历史的角度来看，这是一条中肯的批评。但是最近几年来说并不是如此。我们一直站在创新的前沿。现在的高盛和过去相比已经很不一样了。"

在一次公司发展的年度总结上，怀特黑德和温伯格注意到金融业发展越来越快，也越来越复杂。他们认为只有这样的组织才能够和很好地适应这种环境："今天的金融活动正变得越来越灵活，也越来越国际化。在这样一个环境里，传统的投资银行关系——就像过去我们长期坚持的那样，在进入市场前做好充分的准备——已经面临着很大的压力。无论是在国内还是国际，要想为客户提供最好的服务，投资银行家必须非常了解市场，对市场的变化非常敏感，能够迅速调动相应的资源展开行动，拥有并愿意投入资本以完成交易，并且在证券的设计和营销上展现天才般的能力。这是一个考验投资银行公司勇气的环境。拥有最优秀的专业人才和资本、涉足所有市场、组织合理并且高度专注的公司才能够取得领导地位。无疑，投资者和发行者都会青睐表现出以上这些能力的公司。"他们充满自豪地接着说，高盛"在为客户提供的40余项投资融资服务当中正处于最高或领先地位"。

在高盛这样的公司里，重大且影响深远的变革往往不表现为突然的行动。相反，它会以持续的、波澜不惊的方式不断追求自己的理念。核心理念也许表面上显得有些本能，但却是基于一种深入的理解。这种理解使得充满意志的伟大领导者能够激励很多人跟随他一起为共同的目标而奋斗。如果说，高盛在温伯格和怀特黑德联合管理之下的转型期显得并不是特别有创意或革新意义的话，那么在20世纪70年代和80年代，高盛就已经对市场机会、竞争对手的行动以及环境的变化有所反馈了，而到了90年代，高盛已经为业务上的重大变革做好了准备。在约翰·怀特黑德和约翰·温伯格当初成为联合高级合伙人的时候，高盛的利润只有5 000万美元，而到温伯格1990年退休的时候，这一数字已经达到了8亿美元。

正如读者们会一次又一次地看到戏剧化的情形，高盛当时正进入一段急速转型期。部分转型来源于外部——机构投资业务的爆炸性增长、大宗交易的不断增加、由于企业集团出现和有被意放宽的反托拉斯活动带来的不断增长和加速发展的并购活动，以及来自像摩根士丹利、第一波士顿、美林和很多国内国际银行的竞争的加剧。部分转型来源于公司内部——高盛招入了大量非常专业、受过良好训练以及雄心勃勃地等待机会的人。部分转型来源于为创造性、风险担当以及企业精神所支付的不断增长的报酬，而这也带来了更多的成功，使得人们相信努力工作、一流的客户服务以及自律能够带来丰厚的回报。还有部分转型来源于两位约翰打造高盛这一杰出企业的决心——他们激励大家努力工作,以为客户提供超一流的服务、学习并改进其他公司最好的创意、坚持人人都为团队而努力。部分转型来源于投行服务系统的战略能力。部分转型来源于鲍勃·鲁宾和史蒂夫·弗里德曼对取得重大成就的肯定和奖赏,这使得整个公司都加速发展,信心得到提高,对知识、关系以及资本等战略资源能更好地应用。

所有的金融中介机构都必须适应供需变化。大多数公司都被动地逐渐接受或调整适应必然发生的变革。失败的企业通常都是因为接受或调整得太慢,而成功的企业则都能够主动甚至大胆地去适应。成功者对绩效表现拥有高标准,他们有长期的目标、战略性的思考和行动,乐于放弃不景气的业务并努力寻求创造性的赢利业务。成功的企业坚持长期的理念和政策,他们在成功完成战略性计划和创新时展现出强烈的愿望,他们每天都坚持一流的执行,因而卓越已经成为他们的习惯。就像是一直在追求其命运的归属一样,高盛不断向成为如今已经取得的国际巨头的地位而迈进。

两位约翰为高盛带来的巨大变化最终带来了显著的成果。西德尼·温伯格的梦想得以实现:高盛成为美国一流的投资银行,为其之后占据全球市场的领导地位打下了良好的基础。

在两位约翰带来的所有变化之中,最重要的一个也许就是对公司合伙人的态度和自我感觉的重大转变。在他们联合执掌高盛之初,高盛只是一个有很多弱点,仅仅在大宗交易、商业票据以及风险套利这三个独立业务上拥有明显优势的二流企业。除了西德尼·温伯格领导的那部分业务,高盛的投行业务大部分都局限于"中型市场"企业,特别是那些决定要卖出去的公司。到两位约翰退位的时候,高盛已然在所有主要证券业务线上走向了市场领袖的地位。在与美国的一流企业建立了投行业务的领导地位之后,高盛也为继续扩张成为全球领袖做好了准备。

令人感到讽刺的是,由两位约翰领导的公司的新业务线以及高盛作为一个整体的巨大成功使得高盛的继任者认为高盛应该走公开上市之路。这一决定虽然得到两位约翰的坚决反对,但因为他们领导任期的结束,他们的反对意见最终没有被采纳。

怀特黑德和温伯格出于对彼此的相互尊重和个人感情，最终决定联合管理高盛，而这一决定也成为他们对高盛的最大贡献之一。他们对待合伙人这一位置的态度把高盛从危难之中解救了出来。

在与纽约市政府的合作中，约翰·怀特黑德得知了租借一大片空闲办公用地的机会。那是一个非常不错的机会，特别是对于要在华尔街附近一栋重要建筑的最高层附近建立大型交易基地的公司来说。如果能够租下这块地，那么公司所有人都能够在一栋大楼里面相互连通的楼层里工作，而且那里的景致特别不错。那个租约将长达25年，直到进入21世纪之后的很多年。当时，租借公司开出的价格也不错，而高盛正需要在华尔街上开拓一片新天地，对高盛来说，也是时候搬出过去低调而简陋的办公室了。新楼的地理位置非常之好，而将公司的总部建立在这一重要的标志性建筑上也能传达出一个明确的信号：高盛已经成为全球投行业务领袖。

虽然怀特黑德觉得这个机会相当不错，但是温伯格却不知为何对此不那么感兴趣。因此，处于对其伙伴的尊重，怀特黑德决定把这个话题先放下一周左右的时间，因为这件事也不是很着急。他想给他的朋友一些时间考虑。他觉得，只要温伯格花点儿时间想一下，就一定会认为这是个不错的机会并且会大力支持。

一周之后，怀特黑德又提起这件事情，但却发现温伯格显得更没什么兴趣了。于是，他又把这事拖了一周。当他第三次提起这事的时候，温伯格出乎意料地说他知道怀特黑德之前两次提起这一事情，一定是对这个机会很感兴趣，但是他就是不大赞同搬迁，也不愿意详细解释。

怀特黑德想知道为什么，于是温伯格说："我只要走进一栋窗户都紧闭着打不开的楼里就会有幽闭恐惧症。那栋楼的窗户全都封得死死的，而且你看到的地方有90层高。约翰，我肯定没法在那栋楼里面工作，那地方太高而且窗户也打不开。"在听到这个很个人的解释之后，怀特黑德对他的朋友表示理解。之后他们再也没有提起要给公司换个办公地点的事。而他们俩当时所谈论的新办公楼，正是世贸中心一座楼中接近顶层的部分。

## 13

## 债券业务：起始时期

20世纪五六十年代的时候，高盛并没有把债券业务放在眼里。当然在债券业务领域，高盛还只不过是一家无足轻重的公司——这种状况一直持续到格斯·利维看到所罗门兄弟公司的第一份年报。从这份年报中，他意识到一家主要的竞争对手正从债券业务中赚取高额利润，而他和他所领导的高盛在此之前都没有给予这条业务线足够的重视。一贯以来都十分注重利润最大化的利维当时决定："我们必须在债券业务领域成为主要的玩家。我们知道现在有人从中赚大钱，只要是这样的机会，高盛就应该置身其中。"

高盛的债券业务量很小——实在小得可怜，因为大家都"知道"债券业务只不过是一项毫无意义的"空头支票"业务，不仅套牢公司的资金，而且产生不了多少收益。更重要的是，如果想要做好债券业务，必须依赖在市场中作为一家主要新发债券承销商的地位，高盛当时肯定不具备这样的企业素质。这种现状必须得到改变。

事实上，利维被那份年报误导了。他不知道，其实所罗门兄弟年报中的利润大部分并非来自其债券交易业务，而是来自该公司所持有的一家得克萨斯州能源企业哈斯石油（Haas Oil）的股票。所罗门兄弟的CEO威廉·所罗门（William Salomon）坚持发布这份足以混淆视听的年报，这是他设计的使公司进一步推进投资银行业务领域的战略"广告"。他认为如果所罗门兄弟想要成为一家知名承销商,就必须让世人认同该公司现在已经具备了强大的赢利能力。他还批准了一项广告攻势,由奥美集团策划,以所罗门公司宽阔的债券交易室的巨幅照片为中心,来炫耀所罗门兄弟公司无与伦比的交易业务能力。但是这种从他的角度来说合情合理的炫耀——同时也是西德尼·温伯格从来不会批准下面的人去做的事情——很快就招来了强大的竞争对手:高盛。

借助在商业票据领域的领先地位,高盛首先开拓了多种多样的货币市场工具。亨利·福勒是前财政部长,他于1968年经西德尼·温伯格介绍加入高盛,他们之前在战时生产委员会就已经认识了。约翰·温伯格回忆说:"身为前财政部长,亨利·福勒对国债市场真的是十分了解,而且他个人也坚信我们应该以严肃认真的态度对待这项业务。"带着积极的态度,福勒开始拜访他的故交好友,这些人都是其他国家的中央银行或商业银行的领导人。但是他这种低姿态的外交式接触,显然不能帮助利维达成其所设想的激进的战略目标。

随着高盛在其他货币市场工具业务上逐渐成熟,而且投资银行业务也不断成长起来,再加上之前就在商业票据业务上有着领先的地位,利维觉得是时候为高盛打造一个战略性的业务铁三角了,而这最后一角就应该是在应税债券(taxable bond)领域成为一家主要的交易商。他主张要实现这一目标,就应该在公司现有的商业票据业务中加上企业债业务,因为在此前的多年间,高盛已经与数百家发债企业和上千家机构投资者建立了密切的联系。和往常一样,他一旦认定了一个目标必定是穷追不舍。他视高盛为债券业务领域"沉睡的巨人":他认为高盛目前所需要的不过就是被人从睡梦中唤醒,并且有人给它指出一条明路。利维曾在1969年表示:"我们最近已经扩张了公司的债权业务,我们计划将此业务做到市场排名第一,正如我们从不愿做市场第二一样。"

在利维的授意下,乔治·罗斯召集多位合伙人组成了一个委员会,针对企业债市场的业务机会进行了专项研究。根据他们的研究结果,在二级市场开展承销及交易业务都有很大的机会赚取高额利润。因此利维决定将罗斯从费城召回，从福勒手中接管债券业务，并要把高盛在这个领域的业务拓展到纽约以外的地区。利维当时说过："这是一项大型业务，当然对高盛而言也就是天大的机会。"但是罗斯在债券业务上的表现并不出色。他过于关注维护友好的客户关系，因此无法在利益冲突十分明显的债券业务上有所作为，之后不过两年他就回到了费城，约翰·温伯格接手了他的业务，直接对雷·杨汇报工作。

温伯格回忆说："格斯让我主管债券业务线，我理所当然提出反对：'格斯，我对债券一窍不通。'但是格斯说：'你知道怎么管理交易员，所以你就是不二人选。'这项任命就这么决定了。"温伯格的主要职责其实是为公司日后成为主要的债券业务商挑选合适的业务领导。"所以我着手在公司内部寻找人才，但是我很快就意识到身边没有一个具有领导才能的人。然后我在所罗门兄弟物色到了一个——比尔·西蒙（Bill Simon），他之后曾荣任财政部部长，而且我也真的准备聘用他了，但是这个时候却遭到了来自公司内部交易员们的阻力。他们威胁说，如果让一个新进的员工凌驾于他们之上，那么他们将集体辞职。我当然不会对这帮跳梁小丑做出妥协，所以我就简单地做了一个决定：'你们有15分钟的时间来找我表明态度，我只想听到有人说：'我支持你的决定，并且会全力支持新任领导的工作。'如果你不想这么说的话那就马上走人！'因此公司的很多交易员当天就离开了公司。对我而言这并不是很坏的影响。但是，所罗门兄弟给西蒙开出了更高的报酬，使他下定决心不跳槽到高盛。第二天，我急于找到一个能负责管理公司债券业务的人，也正是在当时那种濒临绝望的情况下，我想起了为公司打理可转债业务的埃里克·希因伯格（Eric Sheinberg）。理论上讲可转债也是债，所以我兴奋地对希因伯格说他有了一份新工作。他据理力争，他解释了可转债与常规债券的差异，并且说明可转债其实更类似于普通股。但是我打断了他，坚定地告诉他：'少废话：你现在已经被强征入伍了！'他不得不接受这份强压在他头上的工作，并且原则上答应在我们寻找合适人选的时候管理公司的债券业务部门——直到我们找到一位真正胜任这项工作,能将高盛的应税债券业务真正做强的人。"

但是,计税债券仅仅是债券业务中的一部分。当温伯格努力寻找计税债券业务的领头人时,另一项为开展免税地方债业务所做的努力也在同时进行着。约翰·怀特黑德招揽来了鲍勃·唐尼(Bob Downey),两人是在社交场合认识的。唐尼原先任职于 R·W·普莱斯普里奇公司(R. W. Pressprich),专门从事地方债业务,他到高盛的目的就是要帮助新的雇主打造一流的地方债市场地位。一生坚守共和党信条的怀特黑德认为,州政府和市政府出于财政需要都必然通过地方债融资,民主党执政时期就更是如此,因此地方债市场必然有发展前景。唐尼对于怀特黑德提出的光明前景非常乐观,因此他自愿接受了大幅度的降薪。

怀特黑德对唐尼的最高要求就是"妥当办事"。"你完全没必要一次把事情都办了,更不要奢望一年之内能凡事都取得成功。要量力而行,做一件事就把它做到最好。"但是尽管有这样的安慰话说在前面,唐尼心里明白高盛一贯的业务动力从未改变:"当然了,我们忙得屁颠屁颠的,因为我们知道到最终评估的阶段,约翰肯定只想看到公司的业务有了高速增长,他也只会想知道高盛在此业务领域已经迅速走到了同行的前列,他对我们的要求就是以一流的业务素质去达到这些目的。"在当时这项业务刚刚起步的阶段,没人能准确地预测到高盛将会成为日后蓬勃发展的地方债市场的主要受益者之一。1969年唐尼接手这项业务的时候,高盛甚至排不到新发地方债承销商的前50名。和以往一样,要挤进地方债市场需要一种极富想象力的新产品,一种专注于创新的营销策略,并且还需要一种持续不断奋进的业务热情。

第一次真正的进步发生在1970年,这一年高盛创设了佛蒙特州立地方债银行(Vermont State Municipal Bond Bank),这家专业银行通过对规模较小的地方政府提供优惠的融资服务,促使佛蒙特州境内的很多地方政府都参与到地方债的市场中来。唐尼解释说:"小规模的发债并不能引起华尔街或者其他投资者的兴趣。举个例子来讲,佛蒙特州皮奇市是一个仅有19 000人的小城,而它也发行了地方债。佛蒙特州的商业银行——传统意义上小型地方债的主要买家——当时已经资金短缺,所以如果没有我们的地方债银行,皮奇市的地方债根本找不到市场。"

佛蒙特州立地方债银行发行的债券至少也是中等规模的——这样的发行才能保证足够的流动性,或者创造在二级债券市场交易的可能性——实现这样规模的方法就是将多个小规模的地方债做成较大规模的集合体,并且使这些集合债券获得佛蒙特州政府的信用担保,而州政府是享有3A评级的。这样一来,虽然州政府不对这些债券承担任何法律责任,但是由于其以3A信用评级承担道义担保责任,州政府实际上帮助地方政府的债券取得了2A评级。这种操作方式之所以能取得成功取决于良好的协调工作:集合债券能满足各方的政治及经济利益,其中涉及详细规划各个债券的偿付日期,如何适当处理违约债券,以及其他各种具体问题。唐尼回忆说:"我们参加了许多小镇的会议,和这些地方政府的官员广泛接触。那一年年末,我们为佛蒙特州50个地方政府通过债券融资4 600万美元,从那时起可以说我们的创新取得了初步的成功。两年之后,我们通过创设缅因州债券银行(Maine Bond Bank)在缅因州开展起了类似的业务。"

在培养公司的地方债业务的过程中,不要做错事几乎与不断创新享有同等重要的地位。比如,高盛在地方债市场中的战略有一个重要的组成部分就是信用分析。针对这个策略,唐尼补充说:"我们从不发布(我们的研究报告),因为我们知道这样做很有可能激怒我们的客户。美林和其他公司都发布各自的研究报告,而他们也确实因为这个原因和很多成为其研究对象的客户发生了冲突。"他进一步解释说:"我们(私下)传阅一份我们成功避过的垃圾项目的名单——比如说西弗吉尼亚公路收费公司(West Virginia Turnpike)。虽然在这样一个市场里过于谨慎的名声可能有损公司的商誉,但是我们认为,在关键的时候知道什么事情应该拒绝才是至关重要的。但是你也要明白,拒绝了某项业务并不代表你不能卷土重来。我想没有人愿意成为永远只会躲子弹的傻瓜。在这个行业里,你就必然有强烈的竞争意识,就像在海军陆战队里一样,你需要知道什么时候卧倒，什么时候站起来接着打。有些时候，你必须躲过敌人猛烈的火力才可能发起反攻。"

唐尼愿意主动承担市场风险。当执行人寿保险公司（Executive Life）——后来因为CEO弗雷德·卡尔（Fred Carr）过于冒进而最终破产——发行担保投资合约时，他们得到了3A的评级。用于投资这些担保投资合约的资金大部分来自通过免税地方债筹措到的钱，当时的债券承销商是崇德证券（Drexel Burnham）。这些地方债当时看起来还是在赚钱的，因为他们可以利用计税债券和免税债券之间的利差从事套利活动。唐尼回忆说："但是我们知道，即使是大规模、分散式的投资组合也不能保证垃圾证券获得3A评级。所以，就算我们在其首发时获得了以票面价格购买的条件，我们还是主动保持了与这家公司的距离。但是，之后不久，当执行人寿保险的运营开始出现问题时，其债券每百元票面的票据仅能卖到40美元，就是打6折出售。这个时候我们出手了，然后在其价格回升到80美元时卖出，打了漂亮的一仗。不过……这其中还是有些惊险的时刻。"这些债券的价格一度下跌到每百元仅售25美元，而且市场中一度风传法院将裁决的二级市场中的投资者不过都是些投机商，他们不能和首发时的合法投资者获得同等的权益保护。对于在40~50美元区间购买了这只债券的投资者来说，最幸运的事情莫过于这个谣言很快就烟消云散。唐尼评论说："正是因为我们拒绝参与首发，所以才能在后来需要实行拯救式融资时做好准备。虽然这种工作十分艰难，但是我们做足了准备工作，也因此赢得了良好的专业声誉。随着高盛在这个领域声名鹊起，业务开始自己找上门来，地方政府融资部开始真的为公司赢利了。"

唐尼和其他同事都认为，高盛会很快认同自己的部门为公司做出的贡献，因此他们也期待公司将很快在部门内任命几个新的合伙人。但是这个任命并非如他们预期的那样。整个部门就获得了一个合伙人任命，是一位名为查理·赫尔曼（Charlie Herman）的银行家。"我们都非常失望，因为我们都以为弗兰克·科尔曼（Frank Coleman）的工作已经做到极致了，不任命他实在说不过去。所以我们给格斯写了联名信，信中说：'我们坚信高盛是一家一流的公司,但是我们想看到你对我们部门有一定的重视。'我们根本就没有听到格斯的任何回音,更别说得到任何升职的承诺了。"地方债部门的业务人员中很快就出现了不满的情绪。

唐尼和他领导的五人小组决定,如果在高盛内部看不到成为合伙人的希望,那不如尽快开始在别的公司试水。经过三个月的私下接触与商谈,他们同意同时离开高盛,加入帝杰公司。在第二天帝杰公司将要宣布正式聘用之前,这几位的夫人都收到了"欢迎加盟"的花束。就在万事俱备的当口,帝杰公司的主席丹·勒夫金想起来问他的合伙人:"你们和格斯谈过这件事情吗?"

"没有。为什么要问他?"

"一方面出于礼貌,一方面也因为这是华尔街办事的惯例。如果你们都没有和格斯谈过,那我亲自给他打电话。"他说办就办,亲自给格斯打去了电话。

当利维接到这通关于这项已经"板上钉钉"的事项的电话时,他的第六感告诉他,关于高盛的地方债人才跳槽到帝杰公司的事,其实并不是完全没有回旋余地的。就在这通电话里,利维想方设法尽量多谈一些问题,和对方不断地拉近个人关系,然后才转到正题,同时也抓住了勒夫金的心理——因为当时此人有很高的政治抱负,他知道总有一天他会需要利维在共和党内的支持——这使得他开始在任职通知上动摇。勒夫金当即表示这项任命并未百分之百生效。

这个小口子正是格斯·利维所需要的。他召集唐尼到他的办公室见他,亲自给他做工作,他让唐尼开始怀疑是否真的能信任一家不经过他的同意就给利维直接打电话汇报个人机密的公司。"你上次给妻子送一件大礼是什么时候的事情了?"利维问他,然后给他开了一张1万美元的支票。

就在勒夫金给利维打去电话之后半个小时之内,唐尼给帝杰公司打回电话:"你们老板告诉格斯·利维,说我们的任命并没有生效。"而之后几小时内,整件事情就像没有发生过一样,彻底结束了。唐尼和他的团队留在了高盛,很快得到了第二个合伙人任命。20世纪末,协议成交地方债的业务量占到整个免税债券市场3/4的份额，在20世纪最后的30年（5年除外）里，高盛的协议成交债券承销业务始终在业界排名第一。

在免税债券业务有所作为之后，高盛仍然需要打造一支能开展计税债券业务的团队。温伯格对这类业务领导人的构想是一个年轻人，他应该能在别人失败的地方做出成绩，只要能有所作为，那么他必然成为公司的英雄。数月之前，有一位债券交易员邀请戴维·福特与他同行："戴维，你的主要业务区域应该是亚特兰大吧，这次跟我一起去拜访一些亚特兰大的客人怎么样？"那位交易员接着说："这么一来，我今年去奥古斯塔度假就不用掏旅费了。"就这样，福特同意与这位交易员一起去亚特兰大走一圈，而他们的旅费都由公司报销了。就在他们离开的这段时间，不断有电话打进来找他。一开始是迪克·门舍尔，然后是约翰·温伯格——大家都在找福特。

等福特给温伯格回电时，后者质问："你到底死哪儿去了？"

"我在拜访客户。"

"正好，那你准备开工吧！"就这样福特被调到费城的固定收益部门，而他的任命其实是建立在一种首尾环接的假设之上的：如果他在开展高净利客户关系方面工作有效的话，那说明他在量化工作技巧方面也应有专长，而也正是因为这两方面的原因，他应该被调任到固定收益部门，因为这个部门要求的核心能力就是与数字打交道。

过了不久，温伯格邀请福特与他在纽约会面共进晚餐，因为他那时候已经准备好把时年30岁的福特提升为全国企业债营销主管。福特说："我知道你同时也在为批发业务部门招聘业务领导，他已经开出条件要自行招聘组建他的部门。我成长在一个军人家庭，我知道上级下达的命令一定要执行。但是你也得明白，如果要我接受这份工作的话，我需要至少6个月的时间招揽必要的人才填补关键职位，同时我也需要用这段时间树立个人威信。"

"没问题。"

当福特回费城之后,他妻子问他:"你和约翰·温伯格在晚餐时谈什么了?"

"没想到吧!他给了我一份新工作:全国营销主管。"

"你说真的?"

"当然!"

"但是你点头之前都不跟我商量一下。"

福特一家很快就迁居到纽约,但是他们在这座城市里显然过得非常不舒服。福特没过多久就放弃了营销主管的工作,全家迁回了费城。

70年代早期,怀特黑德和温伯格作为高盛的联席最高领导者,决定大规模进军二级债券市场——首先是地方债,因为在这个领域唐尼已经在初级市场垫好了基石,然后进军企业债和政府债。1972年,作为达成此目标的第一步,所有债券交易都由各地方分支机构统一到纽约的总部进行。一开始负责这项业务的是之前从折扣公司(Discount Corporation)挖过来的唐·肖坎(Don Shochan)。但是最后大家都意识到,肖坎管理公司债券储备的方法仅仅是通过不断变化各投资组合的到期时间,从而指望从利差当中获得一点点利润,因此他也在1977年被扫地出门。高盛不得不再一次开始寻找领导型业务人才,期望能更进一步的打入债券市场。

"弗兰克·斯米尔(Frank Smeal)在当时看来是不二人选。"温伯格回忆说。其实早在一年之前利维、怀特黑德以及温伯格三人就接触过斯米尔,因为当时他们就正确地预料到斯米尔已经不再是摩根担保银行CEO的热门人选了,因此他也很有可能接受加盟高盛的邀请。但是斯米尔一开始拒绝了。他之后对此做出的解释是:"我不愿意为格斯·利维卖命。但是现在既然格斯已经不在了,这就是两码事了。"高盛内部的权力更迭对斯米尔来说,是足以左右其看法的相当重要的一个因素。而促使他下决心加入高盛的,其实是他对摩根担保银行没有选举他为CEO感到彻底的绝望。仅在加入高盛的条件的谈判上,斯米尔就能让人感到他是一位一流的交易员:他1977年4月加入高盛,保底年薪50万美元,附加相当高的合伙人份额——差不多与温伯格和怀特黑德的相等,同时立即加入公司管理委员会。

斯米尔行动迅速,很快就组建了一支强大的以客户为导向的营销团队,而且团队组建之后不久就开始发布具有附加值的研究报告,并帮助整个公司在做市的操作中取得了进展。但是,他没有意识到,整个债券交易行业正在经历一次前所未有的转变。正如旁观者注意到的那样,斯米尔所熟知的服务集中型战略正被基于资本的、以量取胜的风险投资战略所边缘化,新出现的交易模式特别注重一个公司以自己的本金进行交易,也就是为了公司的利益买卖债券,而非单纯地为客户执行操作。但是,当时的这种趋势还不是很明显。斯米尔采取的措施都是在打造传统意义上的营销组织,他们只懂得以传统的方式开展已经快要过时的业务。

吉姆·考兹(Jim Kautz)之前就在圣路易斯市的分支机构负责债券销售,1975年他拒绝了格斯·利维"邀请"他到纽约领导地方债销售的好意。"那是我一辈子坐得最漫长的一次飞机——和格斯·利维坐了一个半小时。当时他刚开完五月百货公司的董事会。格斯一路上就在做我的工作,告诉我为什么我应该改变主意,接受他的邀请。"几年之后,当斯米尔再次向考兹发出邀请,让他担任固定收益部门的销售主管时,他几乎想都没想就接受了。

在摩根担保银行30年的从业经历,不仅给了斯米尔作为该银行执行副总裁以及财务主管的头衔,更重要的是让他成了债券交易商协会的重要成员之一。他的影响力远远超过高盛内部许多员工的想象,但是他个人的办事风格总是与公司格格不入。他对美酒与美食有一流的鉴赏力,每天晚上他都和客户或者竞争对手一起进餐,他一直以在摩根担保银行时学到的老方法维护着广泛的人际关系网。他总是身着量身定做的西服,希望年轻人尊称他为"斯米尔先生"。他认为重要的会议都要在会议室里进行,会议的时间至少得提前几天确定,这样才能让所有参会的人员做好充分的准备。但是高盛的风格是大家都以名字相称,没有人会在西装外套里穿马甲,而且最重要的会议通常都是匆忙召开的,很多紧急的决定都是在交易室里召集的临时会议上形成的。

斯米尔与公司办事风格上的冲突首先体现在人事招聘上：他以为身为部门主管，他完全可以独立招聘自己需要的人。最早一位牺牲在他这种自负情绪下的人就是阿瑟·蒋（Arthur Chiang），此人之前在芝加哥的哈里斯银行（Harris Bank）供职，当时刚被挖到大通曼哈顿银行（Chase Manhattan Bank）负责政府债及地方债业务。蒋回忆说，1979年他在绿蔷薇酒店参加一次重要的交易员会议时，"有一次我们一起去打网球，下场之后弗兰克叫我跟他一起到树荫底下坐坐"。蒋很了解高盛，并且他对于高盛一直坚持招聘大学毕业生以及MBA的做法十分赞赏，因为当时所罗门兄弟还在招聘可能完全没有任何资历的人来填充其后台部门，这些人有可能仅仅会耍小聪明，疯狂地追求利益。蒋也认为，华尔街业务正在迅速发生变化，很多衍生品，诸如国债期货等正被逐步纳入芝加哥期货交易所。衍生品市场将迅速且彻底地改变债券市场的业务范围及业务内涵。这些复杂的衍生品将使债券交易员用全新的方式来开展业务，而且不用承担重大的市场风险或利率风险。

"弗兰克邀请我加入高盛，从事政府债以及抵押担保债的交易与研究工作，"蒋回忆了当时的情况，"经过三天慎重的考虑——因为我知道高盛对我的能力以及我在衍生品方面的经验有确实的需求，我答应了他的邀请。但是，就在一瞬间，我被他的回复惊呆了！一天之后，弗兰克告诉我他从没有对我发出过正式的邀请。"斯米尔不得不自食其言，他刚刚被告知在合伙人制度下任何招聘都是集体决策，至少需要十多位合伙人的认同。他说他的邀请不能算数，最多只能当作"可以冒险试一试的一种提议"。但是既然他已经对蒋做了保证，他还是很快安排了其他一些合伙人与蒋见面，经过几天密集的面试之后，"供参考的提议"还是成了现实，蒋加入了高盛。他后来回忆说："但是他们根本没有给我预留办公室，只剩下一间没有窗户的小屋，而且两侧有可供穿行的门。"

蒋所做出的最重大的转变就是促使公司开始涉足衍生品领域，并且招揽来了两位未来的重要领导人：一位是乔恩·科尔津（Jon Corzine），来自伊利诺伊大陆国民银行；另一位是马克·温克尔曼（Mark Winkelman），来自世界银行。蒋始终没融入高盛。有人指责他"太过书卷气",还有人则认为他是内部斗争的牺牲品。蒋几乎以一种哲学家的口吻回忆道:"最后,弗兰克自己决定炒了我——和他招聘我的模式几乎一模一样。"

这还不算斯米尔最棘手的问题。他在摩根银行时主要的从业经验都集中在地方债和国债上,但是高盛的业务机会很多都集中在应税的企业债上,可以说这是两种完全不同的业务。斯米尔是一位很有人缘的管理人员,他认识很多资深人士,并且一直以来都能以传统的方式维护这张人际关系网。但是债券业务的行进方向已经发生了重大改变,在面对诸如所罗门兄弟以及第一波士顿这样的大型、强势、可抗风险、资金充裕的竞争对手时,斯米尔的方式已经不能有效地为公司的债券业务做出贡献了。这些竞争对手都明白,保护并维持自己的市场领先地位关乎公司的生死存亡,因为这是他们赢利及维持企业债承销领先地位的关键因素。有一位合伙人这样评价道:"他不仅不了解高盛的企业文化——非正式、高速率、公开化等,他对债券交易业务中正在兴起的数量化趋势丝毫没有洞察。我想他这一辈子也没明白现代的债券交易员应该怎样为公司赢利。弗兰克或许作为一位资深顾问会发挥更大作用,他不应该负责领导一个部门塑造优势业务的实务操作。现在我们回头看的时候都认为,弗兰克真正扮演的角色更像是一个高级过渡人选,直到公司找到真正理解高盛文化,并且能够组建一支真正高效的债券销售队伍的人选之后,债券业务才算有了起色。弗兰克起到的作用,不管他自己还是高盛的其他员工是否曾经意识到,就是以他的个人名声给公司营造了一种对外的高信用度,因为当时我们远远落后于所罗门兄弟以及第一波士顿,而且雷曼兄弟、摩根士丹利以及美林证券都在迅速崛起。"

在刚开始的几年间,斯米尔的工作看上去卓有成效。固定收益部门从原来勉强的收支平衡状态很快跃居高盛赚钱最多的几个部门之一。但是仅仅看报表上的利润数据是很容易使人对实际情况产生误解的。固定收益部门之所以能够有较高的利润是因为他们将公司多年以来积攒的企业债都进行了变现。

史蒂夫·弗里德曼把这种潜在的问题汇报给了约翰·温伯格。当然，成功的业绩总会遮掩核心的问题。固定收益部门的利润率提升了不止一星半点。公司在一级市场承销地方债的实力不断增长，同时在二级市场的营销以及相关服务实力也同步提高。得益于前财政部长，现在的合伙人亨利·福勒的帮助，公司逐渐在业内得到了作为政府债券交易商的认可。固定收益产品研究在这一时期被引入，很快就成为公司的竞争性优势之一。交易所带来的风险通过各种手段降到了最低。

但是在企业债业务中——由于摩根大通等商业银行在当时还未获准承销企业债或为企业债做市，斯米尔对这项业务根本没有任何概念，高盛正不断地失去利润丰厚的企业债业务机会，而且很多企业债的发行人都是高盛既有的老客户，比如西尔斯和德士古（Texaco）。这两家企业都先后通过其他承销商发行了10亿美元的债券。80年代的头3年，高盛在企业债承销市场的排名由第一倒退到了第五。其市场份额由之前的11%缩减到9.6%，而同一时期所罗门兄弟的市场份额由16.2%攀升到了25.8%。这些变化都对高盛作为一家承销商的地位产生了实质性的负面影响。竞争对手们不断动用通过新兴的抵押担保债获得的巨大收益来弥补企业债造成的损失，因为他们不断压低企业债的价格，以此抢占市场份额。

弗里德曼和鲁宾都坚信高盛可以在债券市场上赚大钱，而实现这个目标的最佳方式就是以公司自己的户头进行自营交易，而且投入一定要可观，这些观念都与迅速变化的债券市场相互印证。抵押担保债以及多种由实体资产担保、低风险、高收益的债券不仅总量上出现了大爆炸，更给交易商带来了丰厚的收益。斯米尔仍然坚持他那种传统的以客户为导向的中介业务模式。弗里德曼担心如果未来三年高盛再坚持走斯米尔这种突然之间已经老掉牙的业务模式——而同一时期所罗门兄弟、摩根士丹利、美林证券以及第一波士顿都不断锤炼着其抗风险业务，通过自营交易赢利，而非仅仅作为服务集中型中介机构存在，那么公司作为主要企业债承销商的地位就真的是岌岌可危了。弗里德曼和鲁宾都承认这种战略失误的存在，他们也意识到，要让斯米尔放弃他通过多年的业务经验积累起来的工作模式几乎是不可能的。于是他们认为,最好的解决方法就是他们两人共同接手固定收益部门的业务。温伯格也赞同这个人事方面的变化。他一方面考虑给自己的两个门徒一些机会去锻炼并展示他们作为联席领导人的能力,使他们能从各自的"主场",也就是并购及套利业务中走出来,另一方面也意识到公司在债券业务方面的赢利状况与主要的竞争对手相比实在是苍白无力,所罗门兄弟和第一波士顿在债券业务上可是赚得盆满钵满。温伯格当然想要把两位门徒都塑造成自己的接班人,因此他也乐于放手让他们去锻炼自己的管理水平。他这次给两人订立的目标就是为高盛谋划出可行的方案,以使公司在债券市场的丰厚利润中能分一杯羹。

作为一家一级市场的承销商来参与二级市场的竞争,最核心的竞争力莫过于能被认同为强势的交易商,而这个时期一级市场债券发行量正逐步攀升。高盛由于缺乏作为一流债券交易商的名声,在同业竞争中已经处于下风,如果此时再不做出任何改变的话,这种状况将成为公司开展企业债业务的绊脚石。华尔街其他主要竞争对手都在债券与股票上均衡发展,没有哪家企业愿意将自己的债券业务交给一家只擅长一种业务的承销商。更严重的问题是,如果某个竞争对手只要有一条业务线能赚钱——比如通过对新兴证券的自营交易获利,那它就有资本将这些钱投到其他业务线上去,或者用来招聘人才,当然也包括从高盛挖走人才。

1985年,67岁的弗兰克·斯米尔退休了。这为公司内部变革打开了一个口子。史蒂夫·弗里德曼回忆说:"我每次和斯米尔共同出席管理委员会会议的时候,都禁不住在思考那些我们缺失的东西——一些我们忽略了的重要因素,他会坐在那儿警告大家伦敦市场上我们又损失了1 200万美元,但是他根本不知道这些钱是怎么没的。他们作为一线的人员必须知道为什么损失了这么多钱,只有搞清楚原因才能避免下次犯同样的错误。我知道摩根士丹利的汤姆·桑德斯要求所有人所有事都得到交易室向他汇报,所以他们能够保证良好的沟通与协作。相比之下,我们的人分散在三个不同的楼层。你说我有多沮丧!"

一年之后,鲍勃·鲁宾又给戴维·福特打电话,希望福特能搬到纽约，再次负责营销管理。福特的回话是："你得意识到你在要求我干两件事。第一，我愿不愿意接这个活儿。第二，我愿不愿意搬到纽约。如果你能通过最后的工作结果来评价我的工作绩效，而不用考虑我在纽约露面的时间，那我愿意干——如果不同意咱们就拉倒。"

"我得和史蒂夫商量一下。你别挂，等一会儿行吗？"

"没问题。"

福特在电话一头等了不到一分钟，他也永远不会知道鲁宾到底有没有实际和弗里德曼协商这个要求，但是他得到的答复是，"成交"。

要让固定收益销售业务变得高效，福特知道他必须开发一种服务，使他的销售人员团队能够"站在客户的立场"上工作——主要是通过客户的视角来研究解决紧急事务的方案，而实现的方式就是向客户提供可以帮助他们做出更好的投资决策的研究服务。加里·温格罗斯基（Gary Wenglowski）开展的广泛的宏观经济研究——虽然一开始的时候是为了支持股票业务——现在看来也能通过一定的调整而套用到固定收益业务上，事实证明他的研究是很有帮助的。同样有助益的是斯坦利·迪勒（Stanley Diller），他于70年代加入高盛，从事债券研究业务，被视为公司第一位"绝顶聪明"的数量分析师。迪勒同时兼任哥伦比亚大学的教授职务，他为高盛所做的工作就是投资战略研究，以此体现出高盛与其他机构的差异。他的服务主要是为客户提供基于深度研究之上的交易建议，他并不会误导公司把钱投到客户想卖掉的债券上。不过，迪勒的工作需要花很多时间用计算机运行他建立的复杂的模型，这与其他研究人员的需求产生了巨大的矛盾。某一天，迪勒突然情绪失控，骂李·库珀曼是"希特勒"，他在高盛的职业生涯也到此为止。

在加入高盛之前，乔尔·柯基鲍姆（Joel Kirschbaum）在哈佛商学院和哈佛法学院都是班级名列前茅的学生。70年代，他从银行业转行到开发抵押担保债券产品，目标是追上所罗门兄弟在抵押担保债业务上的赢利水平。为了抵押担保债的交易业务，柯基鲍姆招揽了罗伯特·弗洛姆（Robert From），此人之前在布莱思公司任职。弗洛姆懂得如果理财经理想要对冲抵押担保债和市场风险，他们肯定要卖空该债券的原始零息债券。（这是华尔街的又一种金融"创新"产品，抵押担保债发行时被拆分成小单元的零息债券，按不同的到期时间出售，就像把一长条面包切成一片一片地出售。）正是因为把握了这么一个简单的概念，开始积攒大量的原始零息债券，主要是通过市场流通渠道进行购买，然后开始挤压空方的利润，下手很重。当空方挣扎着通过各种渠道筹措债券来卖的时候，他们不得不支付越来越高的价格。随着价格的攀升，空方的恐慌情绪越来越重，他们只能通过更高更快的竞价才能保证自己有债可卖。很快市场价格出现了大幅上涨，而只有这位来自布莱思的交易员才能正确地预测到这种趋势，因为他就是迫使空方不断堵漏的幕后操纵者。他通过这种方式为高盛赚了大钱。

之后不久，柯基鲍姆开始咨询他身边精明的业务人员同一个重要问题："谁能帮助我塑造一个真正优质的抵押担保债研究团队？"加州大学洛杉矶分校的理查德·罗尔教授的很多学生当时都在高盛工作，他们都一致推荐罗尔。罗尔后来回忆道："乔尔亲自飞到洛杉矶，抓住我就不放了，来势汹汹啊。"他于1985年加入高盛，之后的两年中，他为公司打造了一支有55位成员的抵押担保债研究团队。他补充说："这家公司有许多聪明人，虽然公司比其他竞争对手都更愿意雇用具有高学历的人才，但是他们来自其他渠道的雇员并不比这些高学历的人才差。高盛雇用像我这类的学术型人员作为催化剂，以推动其业务人员在思维模式上更加理性，也更加成熟。"

约翰·温伯格正准备任命史蒂夫·弗里德曼为固定收益部门的主管，但是鲍勃·鲁宾听说之后很快采取措施说服温伯格把自己任命为联席主管，通过这种方式来保证交易技巧仍然是这个部门最注重的素质。回顾弗兰克·斯米尔的离任，弗里德曼说："我们的债券业务实在是让人感到不安。整个业务线的战略都有问题。弗兰克不仅没有进步，反而不断退步，这体现在当他推荐一位客户关系销售员作为他的继任人这件事情上。我们坚决地回应：'除非我们都死了！'"斯米尔提名的继任者无法适应复杂的分析任务，而这些分析正是日后成为公司主要收入来源的自营业务所需的核心信息。"我和鲍勃接手之后刚过一个月，债券市场就遭遇了一场危机。固定收益市场竞争加剧，各个机构开始跑马圈地，交易员们只顾得上照顾市场的一个部分而无暇顾及其他，更不用说思考市场的其他业务对自己的业务领域有什么样的影响了。他们完全不了解隐含期权价值（比如提前赎回现有债券自保或以新利率再次借贷房屋抵押贷款等）的运作机制，这些都是对债券业务至关重要的概念。可以说这个部门的最高领导层当时处于一个完全的专业知识真空地带。"

鲁宾和弗里德曼将奖金模式从与交易量直接关联的佣金更改为一种"可控组合"，在新的模式下公司至少可以决定某位销售人员正在从事的业务是否真的对公司有好处。弗里德曼抱怨说："我们的业务人员根据其交易量获得奖金，但是要使他们的交易量上升就意味着公司做市的份额在减少。"

1985年，在坚信固定收益部门需要新的领导人以及新的业务战略的情况下，鲁宾和弗里德曼从所罗门兄弟挖来了一群有经验又敢于冒险的债券交易员，目的在于迫使高盛固定收益部门的内部文化从原始的服务集中型、风险规避型转化为勇于前进、敢于冒险、资金集中，并且以自营为核心的新模式。之后有更多的人离开所罗门兄弟，因为他们觉得自己遭受了不公正待遇，而这些人中的大多数在高盛供职几年之后也相继离开了，因为他们无法融入高盛的团队协作文化，但是他们在离开之前已经帮助高盛彻底改变了其债券业务的模式。到1986年，整个固定收益部门的人员已经充实到了1 000多人。

更加理性的思维模式，以及更加成熟深入的分析方法并不仅仅局限于战略的变化上。鲁宾和弗里德曼推动的改革触及了很大的范围，而且这些变革从根本上推动了高盛整个公司的变革。但是，有益的变革并非总是能很快很容易地推行下去。

随着1986年利率的下跌，在企业债和抵押担保债上做多的交易员们并没有看到他们预期的价格上涨，但是他们在美国国债上做空的部分却随着市场行情一同上涨——高盛的交易员们在这波行情里遭受了重创。固定收益部门的套利操作损失上升到了1亿美元——对鲁宾和弗里德曼这对新上任的联席领导人来说真的没有开一个好头。

弗里德曼质问:"到底哪儿出问题了?"

没人能回答他的质问——至少在几天之内都没人找到合理的解释,直到有人突然意识到一个很明显的原因:随着利率下跌,有住房贷款的人都对现有的抵押贷款进行了再融资,发行了债券的企业也通过执行提前赎回来对自己的债券进行再融资。这就解释了为什么华尔街上的交易员们持有的企业债和抵押担保债的价格没能赶上国债卖空价格的上涨速度,这个增长速度的差异极大地压缩了他们赖以赢利的利差空间。

高盛需要一种更好的模型,一种能够更精准地反映利率变化对各种债券隐含期权价值的影响。这种需求最早被提出来是在鲁宾主持的一次周六例行回顾会议上。他总是要求所有参会人员都要发表自己的看法——包括公司内的智囊人物费舍尔·布莱克(Fischer Black),他是布莱克-斯科尔斯期权定价模型的发明人之一。布莱克那天坐在一个角落里,静静地听着别人的发言。鲁宾对所有像他自己一样善于聆听的人都十分尊重,他问:"费舍尔,你沉默寡言好久了。你有什么补充?"

布莱克显然注意到了债券隐含期权没能获得正确定价的问题,所以他提议由公司的数量模型团队去研究这个问题,或许可以找到正确的评价模型。由于布莱克-斯科尔斯期权定价模型仅适用于评估股票期权,不能套用在债券上,所以在接下来的几个星期布莱克和伊曼纽尔·德尔曼以及比尔·托伊通力协作,最终开发出了一套实用的电脑模型,其中加入了正确区分股票与债券差异的变量。所有债券都有一个确切的到期日期,而且到期时的价格固定,这使得分析师们可以将特定债券的收益曲线及价格浮动转化为由短期利率水平及利率浮动来体现的参照表。这个模式可以套用在其他固定收益产品上,包括衍生品等,因为它们在本质上是一致的。这个举措为高盛的债券业务以及全球债券市场带来了革命性的变化,因为它把全球范围内的期货及现金交易都糅合在了一起。本来是鲁宾不经意的随口一问,最后演变成了改变整个市场的契机。

# 14
# 建立私人客户服务业务

雷·杨和理查德·门舍尔在70年代早期看到一个通过整合高盛内部两股已形成的力量来开发新业务的机会。如果能够得到成功执行，新业务会带来高利润，几乎不需任何资本投入，并且还能成为长期赚钱机器。但是成功必须依靠一位企业家式的人物来实现：他必须雄心勃勃，已在多个城市长期坚持开拓，并且强硬得近乎冷酷。

其实门舍尔和杨所考虑的这个业务机会在本质上是华尔街的一项基本业务——零售股票经纪。但一个关键的区别在于，这项新业务关注富有的个人，特别是通过其生意发展而致富的以及那些在高盛或其他公司帮助下出售公司而突然持有大量现金的富人。这个关注点给了高盛一个重要的"不公平"竞争先机。这是因为，高盛已经具有为其机构客户服务的强大业务网络和交易能力，为富有的个人提供服务只是"附带"的服务而已，因此，业务非常容易获得，而且随着业务量的上升，利润空间会越来越大。

通过其"销售代表"的特长，高盛在华尔街成为帮助中小型企业主以更好的条件出售业务的领军者。在出售之后，每个大股东突然都有了不少钱——高盛可以比其他公司至少提前数周知道他们是谁和他们有多少钱可以用于投资。而且这些新富们对于帮助他们出售企业的公司自然有先入为主的好感。门舍尔说："对于证券销售人员来说，这样的开始是再好不过的了。"如果高盛安排了一个IPO，在这家公司的CEO获得数百万美元的现金后，同样来自高盛的年轻销售人员（尽管他不如参与IPO的其他投资银行家那么资深）就会给这个CEO打电话，看看能否为这个企业家管理个人资产。

在巨型企业横行的六七十年代，并购浪潮风起云涌。比如美国工业公司（U.S. Industries Inc.）在短短一两个月内就进行了上百次并购，每次并购中就会有一两名，经常有十几名新鲜出炉的百万富翁。正如门舍尔说的，"仅从一个并购活跃的企业那里就会出现成千上万的机会。而且还有一些更大和更活跃的交易商，如吉米·林、默奇森家族（Murchisons）和德拉尔德·鲁滕伯格（Derald Ruttenberg），他们都提供大量的业务，并因此产生了大量的个人财富"。

一旦一个城市里的某些有钱人尝试过高盛一流的服务，并且获得了稳定的投资回报，他们就会非常乐意将高盛介绍给他们有钱的朋友们。这给了高盛一个建立个人投资者业务的大好机会。有些新客户又成为高盛其他业务的客户，这就形成了良性循环。

门舍尔认为他很清楚哪些人能够打造他心目中的卓越业务。门舍尔在组建公司机构销售力量过程中绝对小心翼翼并保持高标准，每次只增加一人。因为他认识到年复一年后，一个拥有与机构投资者最佳关系的企业获得的收益将远远超过二三流服务水平的公司。与某一机构客户建立最佳关系的员工收入比同时为该机构客户服务的排位靠后的人员有很大的差别。这也正好说明为什么门舍尔急于招募和培训销售人员并督促他们成长。他集中在哈佛、斯坦福、沃顿和哥伦比亚进行招聘，并且时刻注意具有创新精神的候选人——比如他在前几年招募的罗伊·朱克伯格。

门舍尔很喜欢测试候选人并观察他们的反应。在看完朱克伯格一页长的简历后，门舍尔说："罗伊，我看到你并没有在商学院读过书，而我们基本上只从最好的商学院中招人。你能告诉我为什么我必须招你，而你连任何商学院都没有上过？"

朱克伯格很平静地回答："我是没有上过商学院，但我是在现实中学习的，在那里大家都在干活儿，而不是空谈。其他人在学习如何做生意的时候，我在做生意。"

"那你在你现实的大学里面都学到了些什么呢？"

"我参与了实际的销售、降低成本以及在8年内使利润翻了3番，还改变了业务模式。我管理员工并建立关系网，我开创自己的业务并让它赚了大钱。在真实的交易中，你能够学得更多。"

"那你在……洛厄尔技术学院是学什么专业的？"

"纺织工程，我父亲在纺织行业工作。"

尽管门舍尔对朱克伯格印象不错，但还是心存疑虑。实际上他雇用的人都是从商学院，特别是哈佛商学院来的，部分是因为他本人是那里的毕业生，部分是因为约翰·怀特黑德和约翰·温尼伯格都非常喜欢哈佛商学院的学生，还有部分原因就是哈佛商学院所培养的学生很受客户欢迎，特别是经常会有这样的反应："你们应该派你们的销售山姆·琼斯来，他也是哈佛商学院毕业的。"而洛厄尔技术学院连商学院的边儿都不沾，肯定没法给人留下什么好印象。门舍尔这下可有点儿懵了。但是朱克伯格确实挺招人喜欢，而且显示出了不俗的销售技巧。显然，他很善于推销自己。而更重要的是，他是由特别善于识人的杰·特纳鲍姆推荐给门舍尔的。特纳鲍姆为高盛带来了不少领导人，比如鲍勃·穆钦、戴维·希芬、鲍勃·鲁宾、史蒂夫·弗里德曼和鲍勃·弗里曼。特纳鲍姆同意见朱克伯格15分钟的原因是帮他朋友布鲁斯·迈耶的忙。在听说朱克伯格准备接受贝尔斯登一个运营部的职位时，迈耶说："不，罗伊，你就应该干销售。"然后他给特纳鲍姆打了电话。尽管特纳鲍姆很忙，但是他与朱克伯格的会面却进行了差不多3个小时。他最后说："我还不知道怎么办，但我肯定会帮你在高盛找个位置。我会介绍销售部的主管查德·门舍尔和雷·杨给你认识。"

要是门舍尔知道更多关于朱克伯格的教育背景，他很可能会更懵、更疑惑了。在高中，朱克伯格就发觉自己太聪明了，因为他不做什么功课成绩也很好。有些孩子跟他说，如果他继续不做作业他就会有麻烦的时候，他和他们打了个赌，他选择最困难的科目——数学，并打了10美元的赌，说他即使不学习也能得75分。最后他赢了，他的数学得了78分。接下来他进入洛厄尔技术学院并在他父亲的"纺织"公司工作。在女装干洗行业，需要定期更换模特架子上的套子，这些套子往往被热气和化学物质污染，因此需要定期更换。罗伊父亲的纺织生意就是提供这些套子。这生意不容易做，但是罗伊的父亲萨姆·朱克伯格更不容易对付。他在儿子第一天上班前就告诉他："从明天起你早上5点就要开始上班。准时点儿。"

"得了，爸，我从学校出来还没有休息过呢。"

"你都休息25年了，明早5点。"

过了几年，当罗伊决定辞职时，他去告诉他父亲他的决定。当萨姆·朱克伯格意识到发生什么事情后，他眯起眼睛生硬地说："把车钥匙交回来——现在！那是公司的车！"儿子说需要开车回家，因为还有12英里路。做父亲的根本不理会那一套："把钥匙交回来！"

朱克伯格于1967年在高盛开始从事证券销售工作，并在1972年开展销售培训项目。当时门舍尔有一天对他说："罗伊，你干吗不放弃那些机构客户？你做销售起步晚了，你手头那些客户都不是最好的了。你应该放弃机构客户而去向那些有钱人销售股票，你和你现在一起工作的人就干得很好啊。你很懂个人业务，如果你把精力集中在全美国这些刚富起来的人中最有钱的人身上，那机会是无限的。"

门舍尔已经意识到应该开拓个人投资者经纪业务。他希望有人来做这件事，这个人要将这项业务发展成高盛的重要业务。门舍尔对朱克伯格说："所有的新富股东们都需要有人帮忙，我们所要做的就是确保这个人就是高盛。你会接到很多好买卖的，而且你可以建立一个部门，为这个巨大而且还在上升的市场提供服务。所有业务都会蒸蒸日上，而且利润会很高。这是你绝好的机会。"

朱克伯格于1972年开始组建个人投资者业务并经营了16年。朱克伯格回忆道："我不停地出差去与各个地区的同事会见客户和看一些机会。"每当有公司在高盛或其他公司帮助下被出售，在交易后的24小时内——一般是次日早晨，朱克伯格和他的团队就会与持有大量该公司股份的股东联络。朱克伯格回忆说："迪克把秘密告诉了我，实际上他坚持的信条是'跟着有钱人走'。他们与一般人唯一不同的地方就是：他们更有钱。向有钱人推销业务和向一般客户推销产品没有什么两样。"

很快，门舍尔又有了一个主意："你们需要一个名字！这项业务越来越重要了，重要的业务都需要个名字。"为有别于当时的主营业务——机构证券销售，这项业务就叫作个人证券销售。这项业务最后的名字被定为私人客户服务（Private Client Services，PCS）。

在获得越来越多新客户的同时，门舍尔和朱克伯格也在思索如何组织和构建强大而具有规模的业务线的战略。由于新客户对于证券或市场知之甚少，因此获取这些新客户常常需要对他们进行重要的系列教育。他们不是投资者，他们曾经是或者一直是商业精英，而且证券投资本身从客观和主观上讲都是迥然不同的决策。"我一夜一夜地在我的大记事本上写写画画，并给我自己列出了一长串需要做的事情。"朱克伯格回忆道。

在20世纪80年代前期，高盛一直在议价市政债券发行的承销商中排名前三位。这也说明私人客户服务的选择很多，而且他们还能以批发价购买债券（由发行人支付销售费用）。同时，来自私人客户服务业务线的大量个人客户需求也给高盛作为承销商带来了好名声：私人客户服务业务建立起了广泛的销售渠道，并且债券往往被持有至到期，而不是再卖回到市场上去。还有，高盛在股权投资方面的研究能力也非常适合高端的个人投资者市场。对于行业和领先企业的确定性分析，可以激发同一行业中较小企业的企业主的动力，而且这些分析也显示了分析师广博的见识。私人客户服务的销售人员在向可能感兴趣的对象发送报告时往往会加上如下文字："我想您可能对乔治·欧文的报告感兴趣。如果您希望和乔治直接沟通，我们可以协助安排电话沟通。"最后，就如朱克伯格和他的销售人员对潜在客户解释的那样，高盛不接受"零售"业务，对于个人客户，只有交易量非常大才能成为"合格"的客户并加入他们特殊的内部人俱乐部。

后来，私人客户服务业务扩展到了不动产、税收优惠投资以及到后来的私募股权、国际投资和对冲基金。在私募股权方面，销售人员的卖点有所不同："您愿意和高盛的合伙人并肩进行投资吗？他们领导这只基金而且还投入了基金总额的20%。"在销售过程中，增加这个人投资的10%~20%非常重要，因为它能帮助公司打破一些大型机构（例如州养老金）在费用方面折让的要求，并能够让它们尽快做出投资承诺。年复一年，业务越做越大，后来朱克伯格意识到"生意都跑到我们这儿来了"。

在将朱克伯格招至麾下的数年前，理查德·门舍尔就已经为私人客户服务业务定下了与一般零售销售公司不同的核心战略。大部分交易商都只聘用商学院毕业生，再培训他们，使他们通过纽交所的基本考试（Series Seven exam，即美国证券经纪人执照考试），接下来就把他们送到业务前线自行沉浮，大多数在一年以内就沉下去了。但是高盛只从名校招聘MBA，这些人在学术和激情方面都能和机构销售人员媲美。为了达到培训的连续性并将文化慢慢地灌输给雇员，高盛几乎从不进行横向招聘，而大部分竞争者都在疯狂地相互争抢人才。一般来讲，高盛只聘用将私人客户服务业务作为其第一份严肃工作的人。

招聘过程包括几轮面试，其中必然有与合伙人的面谈，所有的最终面试都在纽约进行。如果某个候选人最终被聘用，他实际上已经认识了不少高盛的人，而且也知道自己该期待些什么。私人客户服务业务线的员工都领取工资，并有全套的培训和后勤支持。

在高盛，培训一般持续6~9个月，每天早上7点半到晚上7点半，而其他公司一般只有10周。培训时间不能用于准备证券经纪人执照考试——那是你自己的事情，可以在晚上和周末准备。研究受到很高的重视，而且每个新人都有一个月的时间掌握两三种在大场合进行演讲的各方面技巧。周五的讲座可能会延至晚上9点半。你足够全身心投入吗？如果你觉得公司要求有点儿过分了，那就习惯吧！培训生在角色扮演的测试中一切都清楚了：你能证明你比其他销售人员都懂得多吗？这要求他们必

**14** 建立私人客户服务业务

须掌握年报和10-K报告[①]并且了解各公司的董事们——起码你必须和机构销售人员所了解的一样多。

学员所面对的"关系"测试是这样的：在不方便的时候，别人是否还会接听你的电话？在培训过程中，销售人员被告知应该与尽量多的高盛内部人员保持良好关系，以便在需要的时候你可以寻求他们的帮助和集思广益。

在获得足够多的业务之前，新员工在一年或更长时间内没有佣金压力，因此他们也不会急于开拓新客户。集体协作是最标准的工作程序——一开始可能是两个人，但是随着各种专业人士，诸如在私人股权、政府债券和期权等领域人士的加入，三四人的组也不鲜见。即使是开拓新的客户，也经常使用团队作战。一个四人专家组成的小组往往能够给潜在客户留下不同凡响的深刻印象。

高盛持续在教育方面进行投资，包括定期的持续两天的研究会议。把人员从销售业务中抽出来，让他们飞往纽约并住在酒店里是挺花钱的，但是每个人都来了，而且起到了团结大家的效果（未能参会者都会通过电话参加）。而且，如果公司的分析师访问地区办事处与机构投资者共进午餐或早餐时，一部分私人客户服务人员也会参与。

朱克伯格非常细心地招聘人员，与他们密切合作，从而将他们训练成为业务骨干。"我们不停地培训以确保每个人都清楚每种产品以及如何使用这些产品。我们建立荣誉感和团队精神，所以我们的人员流动很小，对于客户来说，这很有意义。我们的客户对于高盛和私人客户服务业务人员的忠诚度很高。这对于建立坚固、稳定而又规模巨大的业务非常有帮助。"

地区经理们——那些销售业绩骄人而且对于管理职位显示出兴趣的销售人员会被从直接业务中抽调出来，他们的报酬主要依赖门舍尔的判断来确定。他们的工作包括招聘明星销售人员，并帮助新员工拓展能力和扩

---

① 10-K报告，是根据美国证券交易委员会要求与企业年报一起上报的表格。——译者注

大客户群。大家都认为经理们应该结识尽量多的客户，特别是那些在他们的区域比较活跃和重要的客户。

他们只接受"突出"的客户。门舍尔和朱克伯格不断地重复：普通人和有钱人的区别就是在他们下单量的大小。在70年代，他们的单个账户应该市值为100万美元，后来是500万美元，再后来就是1 000万美元了。

大多数零售股票交易商都尽量维持200个甚至更多的交易客户，并且预计每年会失去和替换其中的20%，所以他们拥有这些客户时会尽量利用他们来赚取佣金。但是在私人客户服务业务线，失去一个客户无疑是一场地震，因为他们的宗旨是只保留一小部分客户，大约只有20个，并且希望能为他们提供永久服务。对于一般经纪商的客户而言，他可能在10年内接受6个以上的客户代表的服务。但是在私人客户服务业务线，他们的策略是通过拥有能力非凡的销售人员长久地维持客户关系。为此，这些销售人员要彻底了解客户的希望、忧虑、恐惧和喜好，他们甚至会参加客户的家庭结婚仪式和成人礼，以清楚地了解客户的需求和期望。

销售就是倾听，倾听的过程中有一部分就是静静地全神贯注地听，还有一部分是能够提出恰如其分的问题，以了解语言背后的真实含义和感受。好的倾听者能够让别人体会到他们感同身受，并且双方都感觉自然。在70年代，合伙人吉尼·菲弗注意到品客薯片的开发者刚刚将其公司以8 000万美元售出。高盛已经来不及成为吉尼本次出售的代理人了，但是可以为其担任投资顾问。所以，吉尼·菲弗与朱克伯格手下的一个私人客户服务销售人员一起前往爱达荷瀑布，之后又到了一个遥远的钓鱼营地，在那里吃了晚饭，过了一夜，又吃了一顿丰盛的早餐。他们的谈话涉及了很多话题，但是没有讨论业务。还有两家来自纽约其他公司的销售人员也进行了类似的拜访来争取该客户。一个月之后，吉尼·菲弗的电话响了。"吉尼，我决定用你们公司了。"

"太好了，多谢您，我会派我们最棒的同事过去并办妥一切手续。"

"你不想知道你为什么会赢吗？"

"当然啦，为什么啊？"

"我的妻子和我讨论了一下。你和其他两队人马谈的内容一样，看起来一样，穿得也一样，"他稍微停顿了一下，"但是吃完晚饭后你和我们一起收拾，还把碗给洗了。那不太一样。我们觉得你是能够倾听和理解我们的人，所以我们觉得比较舒服。最后我们决定和你们做生意。"

朱克伯格很早就注意到在私人客户服务业务上，成功的诀窍不在于有效的投资，而在于聚集资产，也就是争取客户。

"秘诀就是根本不存在秘诀，"他说，"要向别人显示你是真的关心，而对他们的需求和他们承受风险的程度应该非常敏感。我们想要得到的客户都非常精明。他们会接到其他公司的无数个电话，因此他们有很多选择。他们也知道在各个公司他们都能找到能干的人，但是他们需要一些特别的人。而这些特别的人就是能够了解他们真正需求的人——这正是我们最关注的。"他又补充道："我说得很清楚，如果我要去哪个城市与潜在客户吃午饭或晚饭，我经常都会带上我们的演讲者，比如我们的投资策略家李·库珀曼或其他最好的分析师。多年来，我去了好多小城市与潜在客户吃饭，有些地方可能好多人连听都没有听说过。在建立客户关系的同时，我们也建立了公司在当地的名声。我们建立关系的方式很传统——一次建立一个关系。"

对于私人客户服务来说，1972~1973年是业务增长的年份。但是接下来是非常严峻的熊市，朱克伯格很有挫折感，总是自责。鲍勃·鲁宾专门在那个时候询问业务量完成了多少，朱克伯格说："600万美元。"而鲁宾的回答正是朱克伯格想听到的："这年头算是不错了，特别是新业务。"朱克伯格回忆起这个简单的交流，笑着说："鲍勃的反应对我后来持续关注私人客户服务至关重要。"随着朱克伯格的持续关注，私人客户服务业务稳步增长，在超过15年里几乎每年增长20%。私人客户服务业务拥有超过375名销售代表——在美国有300名，在全球其他地方有接近100名——他们管理着750亿美元的资产，收入则从1974年的600万美元跃升至1990年的2.2亿美元。如此骄人的业绩把朱克伯格带入了公司管理委员会。1998年，私人客户服务部门的收入超过了10亿美元。

随着收入的暴增，私人客户服务部门在所有时间内都创造了很高的利润。随着客户拆借额越来越大，私人客户部门在公司融资成本和拆借给客户的利率成本之间获取越来越高的利差，这是该部门的重要利润来源。还有一层利润来自融券业务。从私人客户服务部门的业务中，公司发现越来越多的生财之道：经纪佣金、交易利差、承销费、私募股权投资管理费、利差、融券业务以及汇差等。私人客户服务部门还帮助公司的投资银行家们获得大量的他们掌控的业务，这些业务带来了重要的承销生意。朱克伯格和他的团队获得了越来越多的客户。朱克伯格说："我一直相信最后人人都会和高盛做生意。"

他试图为客户提供交易融资的努力在一开始就遇到了来自公司内部的阻力：不，罗伊，如果这个客户不能支付我们他用来买股票的钱，那他就不是我们想要的客户。朱克伯格非常不满意，他解释说如果客户使用他们的额度将购买的股票量翻倍，那私人客户服务部门的手续费也会翻倍——而无须增加任何额外费用或销售力量——同时还能从这项融资业务上赚取额外的费用。后来这项被私人客户服务部门开发的服务被用来服务于对冲基金，并创造另一项利润流。

私人客户服务部门井井有条、管理有序甚至带有自动运作色彩的业务，主要得益于通过精心安排的饭局建立起来的人际关系。人们经常看到，讲话的人是库珀曼，一个优秀的"多面手"：他既能滔滔不绝地介绍经济与投资组合战略中的各种数据和方法，又能时不时地讲点儿犹太人的笑话，或者两样都干，在不同客户面前他挥洒自如。还有一个重要的步骤就是对于信息的系统收集，使得每一个电话会议都是建立在前一个电话的基础上。每个客户电话都要求有一个简短的记录，以确定每个人都能知道一切情况。"在吃饭以前看一看这些记录，我们就知道有些问题我们还没有找到答案。每次与潜在客户用餐完毕，我们会碰头商量应该如何跟进与每个客户的对话，并将重要的信息加入我们对于客户需求和利益的理解中去。如果你知道你要找什么，那你能找到这些东西的概率会大很多。"

在一个这样的晚宴之后,朱克伯格和他的团队在客户回家后坐下来研究每一个客户,并将他们从客户那里获取的信息加入他们的记录,以便他们能够了解客户的经济状况以及需求或顾虑,并研究如何最好地提升私人客户服务部门的服务内容。当他们讨论到一位名叫利文斯顿的先生时,朱克伯格念出了他的名字。

"罗伊,他没来。"

"知道为什么吗?"

"这个俱乐部是有限制的。"

"你怎么可以用一个有限制规定的俱乐部来招待高盛的客人?这太丢人了!而且愚蠢!赶紧给利文斯顿先生打电话道歉。"

"罗伊,这都9点多了啊。"

"我才不管呢,我要和他通话并且对把他置于这么尴尬的局面表示道歉。"

电话接通了,朱克伯格一个劲儿地道歉。利文斯顿先生说不用担心。朱克伯格说他想当面向利文斯顿先生道歉。利文斯顿先生说没这个必要,但是如果朱克伯格想见个面倒是可以一起吃早饭。在接受邀请之前,他应该已经知道利文斯顿先生习惯早起,所以早饭时间是早上7点。

第二天早上朱克伯格起得很早,所以在7点早餐就开始了。

在利文斯顿先生的墙上挂着他和以色列前总理梅厄夫人(Golda Meir)、戴维·本-古里安(David Ben-Gurion)以及其他人的照片。早饭气氛很热烈,而利文斯顿先生最终成为一个很好的客户。朱克伯格的名言就是:"改过来。每个人都会犯错,但是你犯错之后应该马上改过来。"

私人客户服务业务成为高盛国际扩张战略的关键部分。

既然在世界任何地方都存在富有的和交际广泛的人们,那么高盛的每个销售人员都可以利用自己的想法赚钱。

有钱人常常会带来投行业务机会,特别是那些拥有中型企业的有钱人,这些企业在所有地方都很重要。私人客户服务部门加强了在欧洲的力量,而且是高盛在亚洲业务的"先行者"。乔·萨松是朱克伯格在1979年聘任的。当时朱克伯格正在牛津攻读博士学位，同时在欧洲的主要国家招聘优秀人才，并建立庞大的私人客户业务。乔·萨松的思想很有哲理："有钱人很难打交道。很多人年纪大一些，也比较有自我保护意识，特别是对他们个人的财富。他们知道自己不可能长生不老，这个事实也一直盘绕在他们的脑海里，所以我们总是会听到他们的抱怨。而且有钱人习惯了一直被别人关注而且也期待别人的关注，特别是他们的财富，财富往往成为他们最关注的东西。"

私人客户服务部门在香港、东京和新加坡开展业务，并且在能够方便地与巴西、委内瑞拉和其他拉美国家客户进行联络的迈阿密也开展业务。在90年代早期，一个越来越明显的情况是，那些非美国客户愿意使用瑞士的银行和匿名账户，高盛于是就收购了一家银行并且在两年后获得执照，高盛银行据此开张。

门舍尔的精心招聘和其商业模式的经济优势，使得私人客户服务部门的人员流动很小而且士气很高。与其他零售经纪一样，私人客户服务部门的人员收入全部来源于佣金。他们确实很赚钱：对于那些没有管理职责的人来说，公司按照佣金毛收入的30%支付其薪资，这在华尔街已经是偏低的标准了，他们的收入达到200万美元也很平常，有些人赚得更多。这并没有逃过合伙人的注意，因为他们一般年薪为200万~500万美元，但是必须花费时间用于管理、招聘以及其他虽然有利于公司的建设却不能为他们赚更多钱的活动上。

于是在公司内部开始有人抱怨那些高收入的私人客户服务销售代表用高盛的声誉换取利润，因为他们的投资回报在质量和连贯性上并不总是与"公司标准"相一致。所以，高盛开始逐个对账户进行监控，而且对潜在风险和投资组合的周转加强了关注。很快高盛发现，最糟糕的投资点子绝大多数直接来源于客户。

高盛对其私人客户服务业务的进展还是很满意的，甚至有些沾沾自喜。1989年，鲍勃·鲁宾要求获得一份关于私人客户服务部门赢利性的分析报告。结果很清楚：私人客户服务业务是部赚钱机器，利润率一直保持在22%~23%。但是对像高盛这样一个拥有多种业务的公司来说，如果将大量的核心费用，例如数百万美元的研究费用，分摊到各个独立运营部门，这些部门的利润率将会大大改变。在1998年朱克伯格离开高盛后，约翰·麦克纳尔蒂将私人客户服务业务纳入仍然不能赢利的高盛资产管理部门，并且进行了费用的重新分摊。在分摊重新计算后，私人客户服务业务被宣告"其实也不赚钱"。在另外一项重新分摊中，私人客户服务部门的客户所购买的债券产生的利润被分配到每种债券的市场交易员名下。"我从没见过这么大的业务价值贬损。"劳埃德·布兰克费恩对于高盛重新评估私人客户服务部门所产生的影响如此总结。

1999~2000年间，私人客户服务部的负责人菲尔·墨菲重新规划了公司的薪酬体系以与公司的目标和个人激励机制相匹配。他将经纪人的30%佣金降低至20%的比例。这次降薪和公司利益整合促使数十名私人客户服务部门的销售人员开始考虑跳槽到其他公司去，这些公司正准备进入富人投资者业务这个市场。有些公司开出了40%的高价甚至更多，以吸引私人客户服务部门的销售人员。尽管大多数选择了留在公司，还是有数名高产的销售人员在观察市场并要求获得高额的奖金和佣金之后进入了美林、摩根士丹利、瑞士联合银行或者贝尔斯登。这样的离别是不太愉快的，甚至是苦涩的。

由于赢利能力明显下降，而且朱克伯格和他的继任者比尔·巴克利都离开了高盛，不可避免地，整个私人客户服务部门的概念受到了挑战，也将被重新塑造。麦克纳尔蒂和墨菲引领了这次变革。麦克纳尔蒂说："私人客户服务业务模式是有缺陷的。每年年底你都需要重新开始。我们根据交易量获得收入，而且从IPO业务获得的收入也很好，但那不是投资咨询业务。"私人客户服务部门的销售人员自认为他们自己是资产管理经理，但实际上他们将两种截然不同的业务混为一谈。前一种业务基于发展个人之间的信任和个人关系，他们很擅长这个，但是从高盛这个公司角度看，私人客户服务的业务过于依靠那些个人了。私人客户服务过去是一系列的私人性的业务，但它不是一个规模化的可管理的业务，而且这些业务的真正"所有人"是个人而不是公司。

就像麦克纳尔蒂解释的那样，"私人客户服务部门的人不全是优秀的投资组合设计师、聪明的股票挑选者或杰出的投资战略家——投资界对于能力和专业水平的期望正在迅速超越他们。"麦克纳尔蒂和墨菲将私人客户服务业务从朱克伯格和门舍尔创建的企业家业务模式转变成为一种公司设计：私人客户服务人员在其中作为"资产收集者"，而投资则逐渐由高盛资产管理部门和公司发起的基金来完成。

有些特别大的客户，特别是那些资产上亿而回报很差的客户被从个人销售人员的客户名单上转移到公司的客户名单。个人私人客户服务销售人员所掌握的投资管理转移到两个方面：投资"产品"被扩展至包括更多的资产类别，而且投资更具连续性——减少对于私人客户服务销售的个人依赖。这种针对产品推广的"开放体系"将投资能力从高盛资产管理部门之外引进来。

退休以后的朱克伯格在2004年的某个早上7点45分来到办公室，发现现在被称为"私人财富管理部门"的区域几乎空无一人。"他们都到哪儿去了？这些人都在哪儿呢？"有人听到他说话了，也知道他是谁，也明白他的意思："罗伊，现在一切都不同啦。"

是不一样了。现在所有人都是公司大集体的一部分，私人客户服务部门的员工都注重获得新的客户并为他们提供服务。作为专业投资经理，其他人员负责运用资金。高盛有了高利润率而且上规模的业务，私人客户服务人员的收入也很好，而且利润更具有可预测性。在公司内部，仍然有人怀念过去私人客户服务部门的忙碌，但是绝大部分人还是相信现在一切刚刚好。

通过私人客户服务业务，高盛产生了两项重要的业务：私人财富管理，即为富有的家庭和个人通过高盛和外部投资经理开发的投资产品提供服务，它成为高盛向全球扩展时最好的业务之一；还有一项更好的业务——如果不是最好的话，即机构经纪业务。

1983年春天，私人客户服务部门为一个客户——一只叫斯坦哈特（Steinhardt）的对冲基金提供了融资业务和特殊处理服务。在完成工作的基础上，罗伊·朱克伯格有了一个主意。他变得非常兴奋，觉得需要找一个能把这个主意变成一项好业务的人来商量。朱克伯格给管理波士顿办公室的丹·斯坦顿打了电话。丹是个很好的业务构建者而且对人很好。"丹，如果有个好机会，你愿意做些改变吗？"斯坦顿说他很喜欢他正在做的事情，不过如果机会不错他愿意改变。朱克伯格说："我到波士顿见你，咱们明天早上丽兹-卡尔顿的咖啡厅见。"第二天早上，两人进行了深入交谈。朱克伯格在一张餐巾纸上写写画画来表达他的观点。

"我们和迈克·斯坦哈特做了不少业务。如果能把相关业务合理地打包，提供适当的服务和合适的价格，我们可以和其他的对冲基金做，而且还可以做更多。"摩根士丹利当时已经在做朱克伯格脑海中的业务了——为老虎基金的朱利安·罗伯森和索罗斯整合对冲基金提供所需要的多种专业金融服务。贝尔斯登也在开展一些类似的业务，不过其运营模式是基于为小型区域性公司提供的经纪清算服务，因此不太适合对冲基金。朱克伯格当时满怀热情："这项业务会增长很快，因为对冲基金增长很快。越来越多的基金设立起来，而且回报很好，就推动基金不断地增长。"斯坦顿变得至少和朱克伯格一样有兴趣。

对冲基金经理对于他们管理的资产非常在意，所以他们每天都需要关于其各项头寸的准确报告和对每笔交易精确、迅速的结算，而其中的很多交易非常复杂。由于大量地使用杠杆，融资融券业务是基金的重要工具。而提供融资融券业务的券商也非常清楚，只有良好的抵押才能支持对冲基金的融资融券业务。如果一家"大型机构"经纪能够为对冲基金提供其每日与其他券商交易的集中的详细报表，那这家对冲基金就不需要和20个甚至是30个不同的券商打交道了。由于对冲基金所有品种的证券交易都非常活跃，作为它们的主要机构经纪服务提供者，所有交易记录必须非常精确，而这只能依靠强大的计算机处理能力，单这一项每年就很容易花掉上亿美元。而培养出寻找和提供对冲基金卖空的各种证券的能力是一个最基本的要求。概念很简单，但是日常操作却不容易。"我们在全球发掘需求并和那些保管大量证券的托管人发展超级紧密的关系。"斯坦顿解释说。短期现金账户——不论是借款还是贷款——是存放于托管人的主要经纪商处的，它们每天都会产生利息，包括周六和周日。大型机构客户的经纪业务的增长几乎和对冲基金业务的增长一样迅速。从1993年到2001年的8年间，对冲基金的资产规模从1 000多亿美元增长到6 000多亿美元；到2010年可能会再增长两倍。用于记录基金交易的计算机与高盛的计算机系统联网，因此工作完全可以通过计算机之间的联系完成。融券业务是大型机构经纪业务的关键产品。对于公司的自营交易来说，能够融到不常见的证券也非常关键，因此他们的管理层往往不太愿意经纪业务部门把这些证券出借给对冲基金。有人认为禁止这么做就等于给自营业务补贴。不过自营业务部的一个交易员说得好："如果我们还需要补贴的话，那么干脆就别做这项业务了。"最终，大型机构经纪业务部保留了出借证券的权利。

"每项实实在在的业务都会有个名字。"合伙人戴维·希尔芬说道，就像他的前任迪克·门舍尔，"所以，丹，你应该给你的业务取个好名字。"斯坦顿想了一会儿，然后建议叫"高盛证券服务"或者GSS。由于GS就代表了高盛，所以很多人会认为GSS就是高盛服务。[①]"这个名字会带来很多误解，但是人们不会误解这项能给高盛赚钱的业务。"

斯坦顿和他的团队越来越赢利，但是对此高级管理团队却无人知晓或者给予关注。股票销售部门的一个负责人埃德·斯皮格尔会很骄傲地介绍他的合作伙伴："这是丹·斯坦顿，他负责后台业务。"在28层和29层工作的高管们很少去证券服务部所在的7层。在合伙人中，只有约翰·塞恩这么做了。而汉克·保尔森知道他自己应该多了解这项业务，但是他总抽不出时间来。即使股票部门的薪酬和赢利能力不断受到挤压，证券服务部的业务在那些年份里仍然是增长的。到2000年前后，证券服务部业务人员

---

① 在英文里，高盛服务（Goldman Sachs Service）也可以被简写成为GSS。——译者注

的地位即使不比股票部门的工作人员高也至少和他们一样了。有一段时间，有不少人对证券服务部那些没有MBA学位的人比其他部门拥有哈佛MBA学位的人赚得还多感到不安，但是赢利能力决定一切。现在证券服务部在公司地位很高，不少聪明而又雄心勃勃的精英都转到该部门来工作。

"不被上面那些不太了解我们业务的大人物重视和欣赏其实是件好事，因为他们不管我们，"斯坦顿说，"即使在1994年大幅削减费用的背景下，我们还是没有改变我们的承诺，我们只招最好的人，提供最好的服务。而且我们从来都没有违背过我们对于信息技术的绝对投入，从来没有，甚至当其他所有人都对信息技术减少了兴趣时我们也是如此。"这样的投入确确实实在高盛建立一项杰出的业务过程中获得了回报。2000年，为衡量公司各部门业务的质量和数量，塞恩和桑顿作为联合首席运营官进行了一项调查，其中有两个业务部门脱颖而出：并购部和证券服务部。

证券服务部简直就是沃伦·巴菲特理想产品的代表：简单而又杰出的业务，而且在其周围还有宽阔的保护层。证券服务部拥有一切理想的特征：稳定并且高达40%的年复合增长率；极强的赢利能力；很少的竞争对手和高不可攀的进入门槛，由于计算机系统的庞大支出使得业务走向规模化经营，造成很难逾越的成本障碍和规模障碍。更为重要的是，这项服务是所有客户都绝对需要的，客户所付出的成本与客户获得的巨大价值相比微不足道，而且服务本身以及如何提供这些服务完全是不透明的，所以基本上没有降低费用的压力。因此，高盛和摩根士丹利根本没有动力在价格上相互竞争。即使在90年代后期交易量成倍上升，费用也仅仅下降了20%。最后，融券业务的核心还是与客户建立深入的合作关系。就像斯坦顿所说，"当前，业务状况再好不过了"。

# 15

# 丑小鸭杰润

埋头于手中商业计划的鲍勃·鲁宾慢慢抬起头来,像往常一样温和地说:"马克,你应该把你的眼光放得高一些——更高一些。"

两年前,鲁宾任命马克·温克尔曼负责商品公司杰润,这是高盛半个世纪来的第一宗重大收购。在被收购之前,杰润有过好几年利润丰厚、持续成长的日子,而那之后公司经营惨淡,风雨飘摇。在加入高盛的第一年,杰润是亏损的,在做了大量的工作和改变之后,也只是勉强维持收支平衡,利润仅仅为500万美元。在为下一年做的商业计划里,温克尔曼的目标是实现赢利,利润翻倍达到1 000万美元。

鲁宾将温克尔曼的商业计划书递还给他,同情地微笑着说:"马克,1 000万美元可不是我们买下杰润的原因。告诉我们,需要我们做什么能在今年赚到1亿美元!"

"什么?"

马克·温克尔曼是聪明人,但他可不知道鲁宾当时在想什么。他被惊呆了。尽管他十分尊重鲁宾的判断,但还是无法相信鲁宾是说真的。可是鲁宾眼中的神色表明在这件事情上他是非常严肃的。

温克尔曼得到这个新职位颇费了一番周折。他出生在荷兰,在鹿特丹学习经济,于1971年去了沃顿,用毕业后为一家荷兰公司效力10年做交换劝说该公司为他支付学费。在那家公司答应这个提议之前,他已经获得了沃顿的奖学金,所以他就有能力负担自己的支出了。而且,他回忆道:"对我而言更幸运的是,在我到沃顿的第二天,我遇见一个穿超短裙的女孩,现在我们结婚了。"从沃顿毕业后,温克尔曼在位于马萨诸塞州坎布里奇的一家小公司工作了很短一段时间,负责开发债券掉期软件,然后在世界银行由吉尼·罗思伯格主管的创新融资部工作。

1977年,弗兰克·斯密尔将温克尔曼从世界银行带到了高盛,开始利率期货套利交易的操作,这是一项迅速变化的业务。温克尔曼在同事们看来聪明、严格、公正和绝对的荷兰人,债券业务成功的关键已经从服务转移到了有原则的冒险,而且每一名交易员必须弄清楚市场随着衍生品和全球化发生了怎样深远的变化。温克尔曼的任务就是为债券业务打造和发展期权和套利能力,并且与交易员们密切合作。

5年后,温克尔曼承认:"当时我转入商品业务在大多数人看来就是一个非常愚蠢的举动。"债券业务在蓬勃发展,而积极的市场大趋势似乎肯定会继续。与此形成鲜明对比的是,对杰润业务至关重要的黄金曾在俄罗斯入侵阿富汗时短暂冲高到每盎司850美元,全球政治局势似乎向失控的方向发展,而吉米·卡特对此也好像无能为力。美联储主席保罗·沃克尔对通胀的打压促使利率和货币市场波动性达到了历史最低水平。然而随着市场恢复了平静,金价降低——跳水到300美元。金价的波动幅度下降,几乎蒸发了所有从价格变动中获利的机会。

因为这很明显是一个拿工作冒险的调动,温克尔曼的同行都建议他:"如果我是你,我就不转行。"但是温克尔曼做此调整有他个人的原因:他和乔恩·科尔津在固定收益上的竞争已经变得过于激烈。温克尔曼的成功对乔恩·科尔津来说一直是个问题,而他们的工作关系也越发紧张。"一开始,我们就像两头年轻的公牛,用力蹬踏地面并寻找成为主宰的方法。"温克尔曼如此回忆,尽管他补充说,随着时间的推移他们已经很好地消除了彼此的分歧并成功地互相依存。

商品业务对于高盛而言并不是完全的新事物。在70年代后期,商品业务正经历着最后的好年景:咖啡、谷物、白银、黄金,特别是因为石油价格一路上扬带来的石油行业的长期周期性繁荣。而证券业务多年来一直缓慢地走下坡路，1966年和16年后的1982年，道琼斯指数都是1000点。如同一位业界专家所观察的，"每个人都在商品业务中看到了机会"。1980年，鲁宾聘请谷物交易商丹·阿姆苏兹在套利部发展一项小型农业商品业务，这显示出鲁宾对各种现金业务如何运作都具有相当浓厚的好奇心。

当温克尔曼得知公司1981年11月发布收购杰润的公告时，他正在拓展一项小商品交易业务，这项业务是在鲍勃·鲁宾的研发动议下开始的。他决定辞职。因为杰润的6个人——全都是商品业务的资深人士，突然成为高盛的合伙人，而且还有一个人甚至进入了管理委员会。这样的情形之下，他怎么可能对发展自己的事业抱有任何希望？面对众多和他竞争的合伙人，温克尔曼觉得自己的职业前途如同陷入特大交通堵塞一般无望。

"马克，别犯傻，"约翰·怀特黑德劝慰他，"你将参与全世界最大和最好的商品业务。商品业务比证券业务要更国际化，而整个公司正在向国际化迈进。你将会拥有一个超级国际化的视野。杰润是对像你这样冉冉升起的后起之秀的绝佳平台，而这也是公司的一次重要战略出击，所以你很快会发现这是我们为你做的一件好事。你可以乘着这次浪潮向伟大的事物前进。卷起袖子开始工作吧。"

约翰·温伯格更加直接："别傻了！我理解你对这次突然的变化很生气，而且我也知道为什么。我们还不确定应该怎么做，但我们将从这项业务中获得某些重要的东西。"

鲍勃·鲁宾态度不明朗，但他鼓舞人心的建议是："坐稳了，我们拭目以待。下一届合伙人选举一年后就开始了，等一年再看又会糟糕到哪里去呢？"温克尔曼决定留下来。

然后，两位约翰——温伯格和怀特黑德——把每件事都弄清楚了：杰润是一个重要的机会——无论是对温克尔曼还是对公司。"你将去杰润。"有点儿受到胁迫的感觉但是又高兴能够获得这个机会，温克尔曼朝着业务中每一个显著的方面努力。两年后，他制订了他认为适当大胆的计划，却得到了鲁宾惊人的回应："告诉我们需要我们做什么能在今年赚到1亿美元的收益！"

"鲍勃·鲁宾说话轻声细语，而且作为一个管理者，他总是通过提问小声提出他的建议，"温克尔曼如此回忆，"他的方法对那些为人谦逊、思想开放并且面对诚恳的疑问不会难堪的人效果是最好的。如果你不是这种人——很多交易员根本不具备这种素质，那么鲍勃会继续找，直到找到某个他可以真正共事的人为止。"鲁宾设定了正确的调子，他的挑战对温克尔曼而言既明白无误又具有压迫性。

在修改后的商业计划中，温克尔曼让杰润从事积极进取的货币交易，而公司的资本因此存在一定风险。有了这样的改变，杰润的利润在成为高盛子公司的第三年确实会大大超出1亿美元，而且几年后会超过10亿美元，不低于高盛全部利润的1/3，这一切都是由一个拥有6 000名雇员的公司里的300名员工创造的。

公司最终在商品业务上的成功当然不是由对杰润的收购创造的，而是通过收购之后该业务每个重要方面的巨大变化获得的。大多数员工和所有的业务主管被撤换，而最基本的风险可控的财务套利业务模式被转变为可能为其资本金带来风险的自营业务模式。然而，尽管最初几年的财务绩效令人失望和痛苦，收购确实为高盛带来了交易商的领袖以及将成为公司主宰的交易文化——还有日后担任CEO的那个人。

不过，我们仍需要弄清楚从此处到彼处经过的道路和产生的主要变化。在接下来的几年里，当杰润大胆地向外汇和石油交易业务转移时，甚至连杰润所经营的市场都发生了变化。这些变化要求再造其业务及商业理念。黄金交易业务的利润机会曾经基本上就是在纯金的价格波动和金融市场套利之间的一个函数，所以杰润不需要动用什么资本就能享受其实际投入资本的高回报率。

作为一种策略，杰润很少做空或做多黄金或试图从库存头寸中获利。

利润主要是从伦敦黄金市场和新期货市场之间的价格变化中套利。这些利润的增长来源于不断加剧的市场波动和持续扩大的交易量。

作为一家独立公司的典型一天，杰润在上午有1 000笔交易，下午有3 000笔交易，因此必须小心翼翼地在数秒之内搭配头寸，以确保公司不会过多地暴露于市场风险之中。"我们的经营计划要求做多或做空最长的时间不超过20秒。"杰克·阿伦（Jack Aron）如此解释。一旦有任何重大怀疑——每年都会有一两次，整个公司会随着一声命令停止一切业务："好，大家马上挂断电话！我们要做一个彻底的核查来确认我们绝对没有净头寸。"而整个分析过程可能会持续到晚上9点或10点。

1898年，杰润在新奥尔良从一个咖啡交易商起家，资本1万美元，业务繁荣之后，公司于1910年搬到了纽约。杰克·阿伦和格斯·利维是远房亲戚，他们在新奥尔良和纽约都是朋友，而且还都曾经是西奈山医院和犹太人社区的领导者。两个人的公司偶尔一起做过点儿生意，所以当阿伦在快70岁的时候拜访利维并提出如下提议时，利维非常感兴趣。阿伦说："格斯，我一天天变老。我的两个儿子对生意没什么兴趣。我们两个人的公司都是私有的，所以如果你想买，我愿意卖给你。"

经过一番讨论，杰润在未实现收益上的一大笔税负阻碍了谈判的进程，而利维想收购的兴趣迅速地消退了。后来，当杰克·阿伦将高盛的另一个收购提议摆在他的合伙人面前时，这笔交易在杰润年轻的合伙人赫伯·科因领头的动议中被投票否决了。科因为人精明、一直追求实际而且从不感情用事，他为大家熟知的一句话是"诚实是最好的方针之一"，然后让他的听众去猜测哪些可能是他认为的同样好的方针。科因是个机敏的战略家，全心关注的就是将财富最大化这个目标。在那时，阿伦已经70岁了，已经把注意力从公司业务转移到他的慈善基金会，所以两人没费什么劲就达成了内部管理层收购的安排：将公司卖给科因、他的兄弟马蒂和另外12位股东。

乔治·多蒂认识杰润的合伙人是在他们为高盛合伙人在商品期货的"约期套利"（straddle）基础上创造低成本所得税递延的时候。在那之后，他成了收购商品公司的坚决支持者,因为他相信高盛应该进入这项业务,不过他不认为高盛具备一个合作伙伴关系所必需的坚忍不拔的毅力:明知这些投入大多将会归他们的继承人所有,一群合伙人还必须要奋斗数年投入大笔资金创立基业。无论如何,多蒂绝不愿意自行进入该行业,因为这需要无止境的投入。他有好几次就大声说道:"风险太大了!"

仅仅在杰润的合伙人从杰克·阿伦及其两个儿子手上收购该公司两年后,他们就要求公司找到另一个买主,这在如今看来肯定是一个很幸运的时间点,赫伯·科因联系了高盛。科因已经在所有人之前摸清了新的期货市场对黄金和外汇市场可能带来的影响。而几乎就在同时,另一个幸运的巧合出现了:1981年9月,安格矿业通过高盛提出收购杰润,但是被公司掌握主控权的合伙人拒绝了。他们没有兴趣签署长期的雇用合同或成为公众公司的一部分。

杰润合伙人不愿意放弃他们所珍视的私密性——尤其是当利润不是特别高的时候。为了避免招致竞争,科因硬性规定了具体的保密条款:"不许告诉任何人你去哪里,你去见谁,或者你听到了什么——什么都不许说!"他的合伙人一致同意:"绝不告诉任何人你挣多少钱,只是在去银行的路上笑笑就可以啦。"如同一位杰润合伙人欣然承认的,"我们赚钱的方法太简单了,谁都能做,所以我们发誓要保密"。

杰润在60年代末从咖啡扩张到贵金属交易,公司规模和利润都开始飞速增长。在一次资本结构调整中,合伙人资本缩水至40万美元,之后公司利润在整个70年代迅速增加,到1981年合伙人资本提升至1亿美元。当年,杰润在其1亿美元的合伙人资本上挣到了6 000万美元的利润——和高盛1.5亿美元利润对2.72亿美元合伙人资本的比例相当,但是高盛获得这样的利润所承担的市场和信用风险比杰润大了很多。

两家公司在风格和文化上存在很大的差异。科因近来开始聘请"顶级"律师,因为业务变得如此复杂,而只有最精明的分析师通过创新才能保持领先于市场。但是,多年来杰润提拔只有高中学历的职员,包括赫伯·科因以前的司机,而不是哈佛的MBA。只要他们头脑聪明、做事强硬又雄心勃勃，教育水平高不高都无关紧要。杰润保持着独裁管理和森严的层级制度，新员工会被命令为级别高的员工买午餐。与此形成鲜明对比，高盛讲究团队合作，没有那么多层级，而且相信在正式雇用前至少要经过15轮的面试，而且一流商学院的硕士学位是必要条件。高盛珍视的是谦逊甚至谦卑。在杰润，公司一致认同的价值完全不同："我们深信我们是全世界最聪明的人，而我们就是靠这个挣大钱。"以前的一位合伙人如此回忆："那个地方流行着一种骄傲自大的情绪。"高盛的投资银行家重视毕恭毕敬的客户服务，而且总是很礼貌；但是在杰润，交易商们说话简单粗糙，就像他们对客户的方式一样。他们给予大客户尊敬，小客户被分配给低级员工，他们提供的服务就是报价和执行交易。

杰润从事三种不同的业务，高盛内部对收购的支持者们在所有这三种业务中都看到了机会：第一项是黄金、白银、白金、钯以及其他商品的一系列小头寸；第二项是小规模的外汇业务；第三项，咖啡，在未烘烤绿色咖啡的进口商方面，杰润毫无疑问是世界排名第一的。怀特黑德回忆道："收购杰润是一个独一无二的机遇，具备不寻常的吸引力。在黄金上，杰润是世界领导者。黄金交易比其他任何商品的日交易量都高，比如，要比通用电气或通用汽车的库存要高，特别是在阿拉伯国家。"

杰润为咖啡种植者做销售代理，还为通用食品和福爵咖啡做采购代理。杰润立足于咖啡交易上的强势，将业务扩展到其他农产品如可可、玉米等谷物的机会非常大，同时还有机会通过从事直接相关的活动，如运输、保险和在巴西及纽约开展仓储业务来开发可以赢利的业务——所有这一切都无须冒价格风险。如同怀特黑德所见，"我们可以控制整个过程。如果某个人试图在任何环节中进行价格竞争，我们只要把我们在那个特别环节上的价格降到低于他的价格，然后转移到链条上的另一部分来赢利。我们会全盘掌控。而且通过向烘烤商出售我们同一时间从种植者那里买来的产品，不会有任何价格风险。"

银行间的外汇交易是另一个机会，但是多蒂不感兴趣："把它留给商业银行吧！他们会免费做外汇的。你永远不能在他们一直主宰的业务中真正赚到钱。"但是杰润已经在刚起步而且一直被商业银行忽视的货币期货市场中表现积极,并在期货和现金市场直接的波动幅度中成功套利。

在他们拥有杰润的两年里,赫伯·科因和他的团队逐步建立了金属业务并有三次聪明之举。首先,作为一个好奇心旺盛、喜欢把事情搞明白的知识分子,科因发现很多国家的央行把他们的货币储备以黄金的形式储存在伦敦的英格兰银行或纽约联邦储备银行的地下室里。把这些库存放在一起考虑,在科因眼中,各国的巨大财富极具吸引力:它们只是躺在地下室里,不产生任何利润。但科因知道货币的时间价值总是能适用于任何期货合同,而且商品期货市场总能反映隐性利率,所以他一家家拜访了这些央行并提出似乎很慷慨又创新的建议:"把你们不生钱的黄金借给我,每年我给你们0.5%的费用!"

这些银行熟悉杰润庞大的黄金业务及其绝对的诚实和守规矩的声誉,所以他们将杰润视为一个没有风险的交易对手,而那0.5%的费用可以算是白捡的。甚至一个小国家都会有2亿美元的黄金储备,所以科因的交易将把该国在金条上的年收入从零提升到100万美元。经过漫长的一系列会面,在协议的每一方面都获得了仔细的解释和深思熟虑后,奥地利央行终于首先签约。很快匈牙利和墨西哥央行也随之签约,其他央行如葡萄牙稍晚之后才签约。

科因知道央行行长们所不知道的东西:通过卖空借来的黄金和购买黄金期货(和那个年代的高利率吻合),杰润可以创造近乎完美的对冲,从而在轧平账时产生年均高达8%的利润。这是没有任何风险的轧平账上的8%,不需要股本投入,所以产生的是几乎无穷的回报。杰润和许多央行之间坚不可破的合作关系是打开这个神奇的利润王国的钥匙,因为央行拥有实际上不受限制的黄金储备,而且可以持续供给市场以满足任何需求量。

在第二个聪明之举中,杰润创立并经营了一个高赢利的非主营业务:销售墨西哥、俄罗斯、加拿大和南非铸造的金币——仅仅在南非就销售超过100万克鲁格金币。利润率不是很大,但是杰润只是做代理而已:政府拥有和储存金币;这项业务没有竞争,也几乎没有运营成本。资本的回报又一次是无止境的。

科因的第三个商业策略精明至极又有些冒险。在赫伯特和邦克·亨特引人注目的垄断世界白银市场的投机行为推动下,白银在1980年的售价达到了历史最高,各地的人们试图熔化家里的银子以制造可供交易的银块并攫取银制餐具和纯银条之间巨大的价格差异。但是这么做需要提纯银。预测到对银提纯的需求会继续增长,科因联系了主要的精炼厂,包括全欧洲最大的一家精炼厂,并向它们询问未来产能的报价。有了固定的价格和可预见的强大需求,他签署了具有约束力的合同,控制了几乎所有精炼厂全世界的未来生产能力。这是聪明绝顶的一击,也是操作娴熟的大规模投机行为。因为杰润已经预订了精炼厂,每一个前来把碎银提纯的人都要付一大笔额外费用。

让投机商付高价购买稀缺的提纯能力和从央行借纯金所获的利润是丰厚的,但正如科因完全理解的,这利润不能永远延续下去。短期带来大笔财富的好运气掩饰了杰润基本业务中快速发展的重大问题:商业银行正在逐渐成为更积极的商品业务的竞争者,它们本能地每天自动会集现金余额,然后按照10%的现行利率进行投资。与此相反,大多数企业和个人客户积聚了大量现金,这使得杰润能够将这些现金投入货币市场挣得利率。与此同时,世界通信系统的发展将完成交易所需的信息处理时间从1小时缩短到短短1秒——减少了不确定因素并榨干了核心赢利性。不仅如此,保罗·沃克尔坚决打击通货膨胀的行动将利率推高到创纪录的水平,引发了衰退,反过来又减少了黄金价格的市场波动,对杰润这样的交易商来说这波动曾是相当赢利的。

"科因兄弟知道他们的业务陷入麻烦,但是他们看不到出路。他们没有线索——没有一条关于如何从他们自己跳进去的陷阱中脱身的线索,"温克尔曼说,"实物对期货(套利)业务的利润已经消失了,那是他们唯一真正了解的业务。他们不知道如何打造能够承担风险并且以资本为基础的业务,而这是能走的唯一道路。"

科因看到其他像杰润一样的公司在进行具有资本风险的业务后被淘

汰出局。他知道他的组织没有能力经营以激进地承担风险为基础的业务；他和他的高级合伙人没有接触过新的工具，如刚刚开始交易并已是主要潜在利润创造者的货币期权。因此，对他来说现在是进行兑现并成为一个更大商业组织一部分的好时机，希望能找到方法赚更多的钱。当他再次启动和高盛的乔治·多蒂的合并谈判时，科因做出了重要的战略举动——恰逢所罗门兄弟和商品巨头菲利普兄弟（Phillips Brothers）也就是辉博（Phibro）合并。通过和多蒂合作为高盛的合伙人合法减免所得税，科因明白这家公司有多么赚钱。然后，他成功地将正处在绝对赢利高峰上的杰润卖给了高盛。

对收购的强烈反对来自高盛的合伙人："那不是我们的生意"；"商品可不是证券"；"如果他们想卖，为什么我们就应该是买主？要不我们就是容易上当的傻瓜。"合伙人内部的辩论一直延缓着决策，而"如果事情出了岔子遭受损失的风险也不会很大"的认识开始甚嚣尘上。双方达成一致的购买价——1.35亿美元被几乎全是现金或现金等价物的1亿美元的账面价值抵消了，严重的风险看起来就很小了。怀特黑德解释道："交易员同时匹配了买卖头寸，那么风险也被最小化，这次操作实际上就是没有风险的。"怀特黑德对于推动高盛国际化的兴趣让他一直聚焦在一个宏观视野上，并远离他被人们所熟知的严格的运营分析。"黄金交易涉及世界上的每一个国家，所以这是最国际化的业务，而高盛正在进行国际扩张。"作为高盛国际化的一部分，怀特黑德坚决要收购杰润，而这也是一次将永久改变高盛的标志性交易。

回想当时，怀特黑德说："我们度过了一段很艰难的时间去劝说我们自己人同意收购，所以我委派史蒂夫·弗里德曼和肯·布罗迪研究收购的价值，相信既然史蒂夫为我工作而且雄心勃勃地想要获得提升，他的报告肯定会为收购提供坚实和积极的支持。但是他建议放弃收购杰润真是让我大吃一惊。"然而别人说了什么或怎么想实际上无关紧要，因为多蒂和怀特黑德已经决定了。在他们的推动下，1981年10月，掌控大权的管理委员会通过了收购案。

"我从来就不喜欢买一种业务,"弗里德曼说,"从我的并购经验来看,合并总是困难的而且经常不会有结果。它们实际不是在财务上失败,而是因为组织文化不适合,所以它们表现糟糕并让期望落空。冲突和紧张的气氛很容易产生,而不同的文化很难融合,高盛的文化很强势又很独特。我们自己干总是很好,那是因为成功的关键一直是人,而我们有最优秀的人才——许许多多最优秀的人才。"具有讽刺意味的是,尽管弗里德曼有顾虑,收购之后,只有一个人——马克·温克尔曼从高盛转到杰润,而好几名杰润的员工成了高盛的领导者,还有一个人,劳埃德·布兰克费恩最后成了公司的CEO。

收购完成几个星期之后,正当高盛努力让杰润的员工感觉是大家庭的一分子的时候,杰润的首席财务官查尔斯·格里菲斯去见多蒂并说:"乔治,我准备辞职——除非我能成为一名合伙人。"多蒂和怀特黑德很快同意他必须成为一名合伙人。对那些竞争多年就是为了获得高盛合伙人地位的人而言——特别在看到作为交易的一部分其他6名杰润员工被提拔为合伙人之后,这肯定很难让他们心服口服。公司的主要规定之一就是任何人不得以没有成为合伙人而威胁离开,只有公司才能决定提拔谁做合伙人并且只有在公司准备好的时候。

合并之后的种种问题对于高盛都是困扰,但肯定没有关于杰润业务的核心问题那么让人不安。尽管交易已经完成,随着越来越多的难题出现,高盛内部的反对者深信收购杰润就是一连串的错误,无论是战略上的还是战术上的。有一些爆发出来的困难是因为合并过程中的错误,甚至重大错误,但是有一些是因为想不到的外部问题。大多数合伙人不愿意去解决这两种麻烦:这种经历太痛苦了。就像一名合伙人哀叹的,"我们在这次合并交易所犯的每一个错误,实际上都是我们以前一直担心客户会在他们的合并交易中会犯的错误"。

有一种错误就是响应竞争者的行动并为竞争者的行动找到一个威胁性的原因。尽管有些人将所罗门兄弟和辉博的联合视为一个战略高招,实际上推动这次合并不是什么宏伟战略:它其实只是一大笔交易而已——所罗门兄弟这家私人公司的合伙人有机会高价卖掉公司并得到百分之百的流动性。另一个错误是：毫无关系的旁观者会认为商品交易可以抵消通胀对证券业造成的打击，并据此认为这家公司具有较低的商业风险和无限机会。还有一个错误就是假设格斯·利维收购杰润的兴趣是出于战略考虑。其实这项举措更接近于投机。另一个错误是不知道怎样以及在哪里获得利润，也不知道在这样的无知基础上产生的误解会有多严重。两个公司的文化、风格和价值观不仅是有差异，它们将面对公开的冲突从而让整合变得异常艰难。

错误还包括：在早期损失关键的主管，收购完成之后没有清晰的利润增长战略，先付款而不是强制卖家采用基于赢利的支付计划，以及将宝贵的资本和管理时间完全投入进去。经典的错误是不理解卖家的真正动机，而且不记得大多数"收购"不是由买主的兴趣而驱动的购买，而是由卖主的愿望驱使的兜售，这一切只有在交易完成很长时间之后才能发现。而杰润也有很多重大误解，科因期望成为杰润–高盛的领导人，而他的合伙人也能够担任主要领导职位。

高盛并不是真的了解杰润的业务，但是卖家肯定了如指掌。如同一名杰润合伙人后来发现的，"如果我们没有把公司卖掉，我们会过得很艰难"。

还不到一年，杰润的高利润就缩减了一半，一年之后，就出现了亏损。随着高盛合伙人上千万美元的资本冻结在这一桩收购里，在公司高赢利的自营业务中不能使用这笔钱而增加的机会成本每年超过3 000万美元。

反对收购的声浪又卷土重来。除了大笔的资金投入，高盛的许多合伙人认为收购的非财务成本太高了：不少高盛内部人都讨厌成为管理委员会一员的负责咖啡业务的马文·舒尔的和其他突然成为合伙人的5位"局外人"。一年之后，其他人发现约翰·温伯格不是很喜欢那些杰润的家伙，不过这也无济于事。杰润的人也同样不喜欢高盛。一名杰润的高管就很直白："我不是真的想做你们的合伙人。"他是直言不讳，但用这种方式试图让两家机构合并真是太糟糕了！然后利润突然跳水，因为咖啡这样的

"软"商品周期性很强,而就在市场波动降低的时候,商业银行和其他券商转向黄金和贵金属交易的"硬"商品业务,这样,利润就从0.5%降低到一个百分点的1/32。

在多蒂退休后,监管杰润的职责转给了鲍勃·鲁宾,他在杰润的结构内只做了一个变动:由马克·温克尔曼取代罗恩·陶伯成为CEO。鲁宾和温克尔曼很快决定杰润的首席运营官必须离职,因为他们认为在金价大幅度波动时能够赚大钱的人在普通的市场中根本挣不了那么多钱。在他们所认可的杰润内部领导者的帮助下,鲁宾和温克尔曼清除了杰润最后的守旧者并裁员50%,杰润的后起之秀将此举视为吹来清新的风。"当时杰润确实麻烦缠身,"温克尔曼回忆,"我们必须大幅削减成本,降低成本就意味着裁员,而这是高盛传统上不做的事。"为了减轻痛苦,大家一致同意在一天之内完成全部裁员工作:与其拖拖拉拉不如快刀斩乱麻。每一个要被裁的人会由他的直接主管私下里通知,除非主管也被开除了。"因为乔治·多蒂和两个约翰不在同一幢楼里,而杰润仍是一个独立的组织,做裁员这件事情被认为是没问题的。我们在为自己的生存而战,我们必须净化这个崇尚溜须拍马的家族生意的企业文化,"温克尔曼说,"在杰润待了6年后,我仍然背负着爱炒别人鱿鱼的恶名。"

尽管温克尔曼炒掉了很多人——杰润的230名员工有130名被认为是多余的,他却同时做出了一个关键决定,留住了一个已经被高盛拒绝的年轻人。劳埃德·布兰克费恩,他是个邮局职员的儿子,靠奖学金完成了哈佛商学院和法学院的学业,在1982年夏天被赫伯·科因聘用为个人助理。"这个地方糟透了,全是律师,"杰润一名员工回忆,"劳埃德被雇用是因为律师知道如何在努力工作的同时,还能向顾客解释诸如期权和综合交易战略之类的新工具。劳埃德很有趣,他算是全世界天生就很风趣的人之一,待人热情、真诚。我们都知道劳埃德就是合适的人选,而马克·温克尔曼也很快就发现这点了。"

公司还有更多的人离开。一年内,不出高盛那些怀疑论者的意料,马文·舒尔和赫伯·科因发现他们两个人都有严重的健康问题。合并完成后的那天,科因就说他胸口疼。同一年,舒尔也感觉身体不适。很快两人都退休了。高盛合伙人李·库珀曼打趣地说:"胸口疼而个人银行账户里又躺着4 000万美元,谁不想退休呢?"

在只有6名主要持股人的杰润,很多年来大家都知道股权将被重新分配,这样管理层里的每个人都会成为持股人。但是年轻、有头脑而且训练有素者将成为杰润在温克尔曼之下的真正领导者:10名曾获得承诺分配奖金的高管却没有被纳入公司出售交易中。刻薄的人是没有忠诚可言的。当科因兄弟将公司从他们手下卖出去的时候,那些指望"分享财富"的人感到被彻底愚弄了。交易完成后一周,杰润的两名骨干离职投奔德崇证券并且带走了他们的业务:向中东欧、非洲和拉丁美洲国家的央行租借黄金的业务,他们决心在包括价格在内的各个方面和杰润展开具有侵略性的竞争。此举迅速挤压了杰润在"黄金租借"业务上的丰厚利润。

期待重现每年毫无风险地收获3 000万~3 500万美元的利润现在看起来就像一场梦。"杰润的传统业务正在经受严峻考验,"温克尔曼回忆说,"而且看起来利润永远回不来了。"黄金和白银的价格已经降下来了,而且还一直在降。德崇证券这样的竞争者通过支付更高的利息闯入央行黄金租借业务,并抢走了市场份额。随着价格波动幅度减小,商业银行开始参与黄金交易并降低了该业务的利润率。压力确实存在。两个约翰对这个合作伙伴关系做出了非常清晰和个人的保证:"我们会处理现在的状况。"他们每周和温克尔曼会面,不是讨论具体交易,而是为了开拓可能的商业策略和管理决策。"一开始,我认为这将很困难,这确实是个惩罚,"温克尔曼说,"但是很快我认识到这是个黄金机遇。首先,我看到约翰·怀特黑德的战略视野是如此宏大,又是如此重要。第二,我们和公司的实际领导者接触很多。他们个人也参与进来以确认我们最终会解决杰润的许多问题,因为存在很多问题。"真正的问题是一个交易量很小又分布狭窄的商品业务是否需要一个经营成本高昂的大型组织进行管理,抑或是该业务本可以由一小群熟练的交易者来经营。

在那段艰难的时期,公司内部的收购否定论者十分不满。他们指责管理层显然只是想效仿琼斯在所罗门-辉博的做法，所以买了一桩大家既搞不懂又不是真正需要的生意，损失了大把钞票不说，同时还冻结了巨额资本。那些钱不能动用之后，现在他们又想把好好的钱投进去，通过开拓大家同样一无所知的市场，招揽大家既不了解也不喜欢的客户来建立一项交易业务。这是在错误的时间，因为错误的原因，以错误的价格所做的错误的业务。而现在你们又想用错误的客户建立一项风险更大、资本投入更多的糟糕业务！

怀特黑德和温伯格深知哪些是必须要做的：全盘重新设计陈旧商业模式的每个方面。"在外汇业务上，杰润的商业模式规模太小而且过于保守。这样的模式对于发展中的市场完全不适用，所以我们意识到必须重新开始。"温克尔曼回忆道。他开始问自己一连串的基本问题，其中包括引发突破的那一个问题："如果我们用我们的资本冒险来做交易商的工作会怎么样？"鲁宾和温克尔曼就这个战略提议达成一致：公司必须投入该业务所需要的大量资本，并在全球范围进行大胆的冒险，投身资本密集型和风险型的重要业务。要挣钱，公司就必须冒险，用自己的钱做商品交易。

被高盛收购的时候，杰润被称为"顶尖的黄金和商品交易公司"；不到10年，杰润为高盛贡献了1/3的利润，其最挣钱的业务不是黄金和普通商品，而是外汇和石油交易。20个漫长的年头之后，咖啡交易仍然走势良好。在1982年底科因离开后，布兰克费恩突然没有具体的工作可做了。"不过他前途无量而且工资也不是很高，"温克尔曼回忆，"所以我们把他调去做金属的销售看看他能不能行。很显然他既聪明又精力充沛，甚至活力四射、热情似火。"布兰克费恩展示出良好的金属销售才能，所以在1984年温克尔曼指派他负责管理外汇业务部的6名销售人员，从而赋予他更大的职责。温克尔曼一直努力建立以企业咨询为基础的业务。后来他委任布兰克费恩负责外汇交易。

有人建议温克尔曼不要这么做。鲍勃·鲁宾提醒他说："马克，这么做很可能不对。我们从没有看到指派销售人员负责公司其他领域的交易成功过。你肯定你的分析无误吗？"

"鲍勃，我真的很感谢你的经验，但是我认为他会做得很好的。劳埃德很有激情，绝顶聪明，凡事还喜欢刨根问底，所以我有信心。"

温克尔曼不知道的是布兰克费恩偶尔会去赌场玩两把，他被扑克游戏深深吸引，还经常赢钱。布兰克费恩决心尽其所能地学习，整天同交易员和经济学家混在一起。就像温克尔曼所建议的，他用小的交易头寸来练习发展他对时间的把握和对市场的感觉，在工作中学习、学习、再学习。

"幸运的是，全球商品业务的规模迅猛增长，而在一个增长的态势下做战略上的改变要更容易些。"温克尔曼回忆道。不仅是规模，包括商品的性质都在改变，因为衍生品正在替代实物交易，而且还有成千上万的新参与者进入市场。

"我们应该做石油。"在注意到辉博在原油和石油期货上的规模后，鲍勃·鲁宾在20世纪80年代的一个早晨如此宣布。70年代外汇交易中发生的变化也同样正在石油交易中发生，长期的固定利率合同被市场用期权和期货取代。"辉博是石油交易大户，所以我们去那里找找优秀的人才。"但是在面试过辉博的几个石油交易员之后，鲁宾发现他们永远不可能适合在高盛工作，于是决定集中招聘在大型非金融公司工作的交易员，并聘用了在嘉吉（Cargill）欧洲分支工作的首席石油产品交易员约翰·德鲁里。虽然由于不能适应高盛的文化而且很快就被解雇，在离任之前，德鲁里还是建立了一个有效率的组织，聘用了一些很好的员工，还把其他人从日渐衰退的金属业务带到石油交易中来。

石油不像小麦或黄金，它不是完全可代替的，所以它不能以同样的方式进行交易或交换。石油交易是交易密集型的，因为每一份期货合同都是一长串交易中的一个具体环节，涉及每一艘具体油轮所装载的油。每一份合同都是特殊的，而且必须一步一步地通过整个交易链来完成或者实现。"我们在1983~1984年间进入石油交易，遇到了所有你可以想象的市场开拓和经营困难，"温克尔曼回忆道，"但是那一年我们的表现要好于往年，没有再损失一个600万美元，反而挣到了1 800万美元的利润。我真的感到非常骄傲，对石油业务的将来充满信心，并对我们采取的方式感觉良好。但是我做合伙人刚刚第二年，所以在准备12月的合伙人年度规划会议时，我向鲍勃·鲁宾寻求帮助，而他表达了对这项业务的期望和在未来一两年内的展望。"

在国际货币市场上，货币期权交易才刚刚开始。凭借早期对股票期权市场的理解，鲁宾迫切需要发展新的货币期权工具并在其中开拓市场。他知道虽然"早期"的规模不大，但利润将是巨大的，而将高盛树立成为做市商的最佳时机还为时尚早。货币期权交易对于大型商业银行而言仍然太小了，而且他们既没有参与股票期权也没有相关的业务经验，因此他们退避三舍。而1984年，温克尔曼领导下的杰润在这个利基业务里挣到了1 000万美元，1985年又挣到了2 000万美元。温克尔曼并不满足。虽然可以在1985年签署的广场协议（由5个发达工业国家达成的协议，目的是为了阻止美元对于日元和德国马克的持续升值）上做交易赚到600万美元，而温克尔曼却认为应该赚到6 000万美元。金属交易的商业模式也正在发生巨大的变化，但是这却无关紧要，因为总体的市场规模在下降，而且正如温克尔曼所说，"在一个濒死的业务中赚大钱是很难的"。

"更换了管理层90%的人员之后，杰润和我们当初收购的业务迥然不同了，"一名仍持怀疑态度的人士说，"高盛的合伙人不会说这次收购本身是桩好买卖。"

怀特黑德却持不同的观点："不收购杰润，我们永远不会冒险进入任何高赢利的业务，而且商品业务的全球性为公司的国际化做出了重大贡献。"其他人甚至还说这是公司有史以来所做的最佳收购，这部分是因为利润，部分是因为这些人成了公司领导者，还有部分是因为全公司上下对自营业务以及对在温克尔曼、鲁宾和布兰克费恩领导下培育的积极进取的交易风格的关注。随着养老基金扩大了在国际股票和债券的投资，并成为货币的主要买家和卖家，随着汇率的重大变化扭曲了货币市场，随着油价和交易量飞速增长，随着商品达到创纪录的价格和交易量，每一个动向和趋势都为杰润和高盛带来了赚取大笔利润的好运气。

劳埃德·布兰克费恩开始相信，随着传统代理业务的赢利能力逐渐消失，首先在杰润内部产生的与承担风险的业务息息相关的商业DNA变得对高盛也同样重要，因为它将自己重新塑造成了一个创造利润并承担风险的全球金融中介。

# 16
## 收购防御：一条魔毯

"尽快给我打个电话，不管多晚，鲍勃·赫斯特。"1974年，在史蒂夫·弗里德曼吃完一顿很长的晚饭回到公寓时，他收到了留言并给刚刚加入公司的赫斯特打了电话。"史蒂夫，机会在敲门了，就看我们的行动够不够快了。我在美林工作的时候，费城的电子蓄电池公司（Electric Storage Battery Corporation，ESB）是我的客户，我对他们的人和业务都很了解。他们可能要被国际镍业公司恶意收购。另外摩根士丹利正在给国际镍业提供咨询！"

"他们在寻求帮助吗？"

"没有，没人给我们打电话。他们可能还不知道，但是电子蓄电池公司是真有麻烦了，他们需要帮助，那就让我们帮他们吧。我在两周以前还给他们的CEO打过电话，我很直接地警告他说，相对流动资产来说，他们的股票价格这么低，要不是在美国而是在英国的话，他们早就被恶意收购了。史蒂夫，我觉得我们明天一早第一件事情就是去电子蓄电池公司的办公室给他们提供帮助。这样，我们就是第一个提出帮助的人了。也许他们现在还没有意识到，但是他们真的需要我们。而且他们很快会意识到他们的需要。你可以和我一起去吗？"

"明天第一趟去费城的火车是几点？"

弗里德曼和赫斯特上了第一班火车,他们在费城与电子蓄电池公司工作了一整个星期。他们在试图找到最好的方案。弗里德曼说:"我们没法保护电子蓄电池公司的独立性,但是我们能够而且最后确实帮助他们找到了白衣骑士,使他们获得了更高的售价和友好的合并。"

如果现在回头看,很多要素组合起来构成一个新业务,似乎是很容易理解的。而且当各个部分确实凑到一起,这种组合很可能被看作是运气。不过,具有企业家进取心态的人会将多种因素组合在一起赢得竞争优势,这成为他们的一种习惯性的思维方式。收购防御业务——作为高盛投行业务战略发展的主要载体,它的出现融合了如下几个因素:怀特黑德的投行服务机构因为拥有咄咄逼人的庞大销售队伍而能够全面运作,这个销售队伍经验丰富而且渴望为它的新老客户提供产品和服务;同时,大型企业并购其他企业的现象不断升温,而且已经成为全国资本市场的主要力量;机构投资者随时准备参与涉及大量股份的诱人的并购交易;套利交易商越来越活跃,交易量逐渐增大并成为市场的强大参与者;高盛在并购业务方面树立了卓越的信誉,其合伙人科宾·戴、史蒂夫·弗里德曼和吉奥夫·伯西做出了很大的贡献;高盛在华尔街建立起其为管理层服务的技巧、经验和信誉,这归功于高盛长期执行不为恶意收购方提供咨询服务的政策。

怀特黑德解释说:"高盛不支持恶意收购方的政策,其实出于一个简单的立场,那就是在很多情形下,恶意收购不可行。恶意收购的行为会分化被收购公司的管理层:很多人非常不高兴而且还可能辞职。而那些留在公司的人会有非常不快的经历,这非常有害。这一般都是以一场不太受欢迎的会议开始。目标公司的股价大跌,一般都低于账面价值,收购方会召开一个会议并表示合并对双方的每个人都有利,然后提出实现协作机遇和提高利润的程序。但是,无须怀疑的是所有这些行动和主意都不合目标公司管理层的意愿,所以他们会拒绝合并,会议也就不欢而散。"

但是好景不长。正如怀特黑德所回忆的,"就在第二天,很明显是事前准备好的攻击启动了,与前一天友好合作的断言形成极大反差,所有的报纸都大肆报道现任管理层能力不足、战略失误而且持续犯错,收购方表示愿意出超过当前市价20%的股价以拯救股东。人们公开或私底下断言现任管理层的能力明显不足。然后目标公司的管理层使用相同的或者更为不友好的语调——战斗开始了,而且随着时间的推移情况越来越严重。如果目标公司抵抗,收购方会制造压力,通常是强烈而公开地轻视现任管理层及其过往的业绩。刻薄的话很容易出口。很多话都是在压力之下说出来的,非常尖酸和伤人,而且很难被人遗忘。"

在这一切发生之后,双方管理层能够密切配合的可能性有多大?怀特黑德回答道:"不太大。所以,大部分恶意收购最后都以失败告终。收购行为常常带来严重的伤害。所以我们决定不参与恶意收购业务,这部分是出于业务道德考虑,但是主要还是基于商业判断。多年以来,作为一个企业,我们赢得了可以被信任、不会被人收买、更注重道德和判断力等声誉。所以很多公司逐渐主动来找我们,向我们寻求咨询和帮助。很多公司还聘请高盛提供如何防止或者至少是极大削弱恶意收购企图的各种咨询服务。总的来说,情况确实很好:高盛商业上很成功,而且我们作为一个好的商业伙伴声名远播。"无论客户是否遭到恶意收购,高盛每年都足额收到顾问费。对于巨型公司来说,如果被恶意收购的可能性极小,每年的顾问费非常低,这又是个新问题而且非常重要,签约就像回答"为什么不"一样简单。弗雷德·韦因茨回忆道:"这项业务非常切合我们的公司形象以及一直与客户保持统一战线的愿望,而且也非常切合公司长期作为卖方代表的历史——帮助那些准备出售公司的所有者决定是上市还是与一家更大的公司合并。"弗里德曼总结道:"它慢慢成为一项运作良好的业务。"

但是,一开始可不是这样的,这项业务甚至连名字都不明确。弗里德曼到现在还比较喜欢的是更明确和生动的称呼——恶意收购防御,但是其他人喜欢"收购防御",而怀特黑德,这个曾经的国会议员,决定使用更为柔和文雅的说法:收购防御。一开始,弗里德曼争论说公司可以为双方工作,但是被怀特黑德否定了。有些人一开始担心机制可能会相当复杂而且情况发展太快，而投行服务部没有人愿意由于无法完全理解其中的复杂性而感到尴尬。但是投行服务部的人们还是很愿意做这样的买卖。虽然费用很低，但整个业务在一开始时就非常清楚。每个目标客户都欢迎这样的帮助，许多公司都害怕成为下一个被恶意收购的对象。

公司不参与恶意收购的政策与重视不断发展"卖方独家代理"的业务保持一致，这项业务由怀特黑德开创并发扬光大。作为一项非竞争性的收费业务，该业务一旦成功，收费金额非常可观。这也是它能够超越传统经纪业务的原因——它属于非常体面的业务，更能为公司带来丰厚的利润。卖方代理业务特别适合高盛，因为高盛有广泛的关系，这些关系由投行服务部的业务拓展人员在中小型企业中广泛建立起来。这些企业通常为私人所有，或者由一个大股东管理。一旦一家公司的继承人问题或者商业战略问题使公司陷入严峻的困境，所有者希望通过出售来彻底了断就一点儿也不稀奇了。高盛建立了一个很好的名声，就是能为客户赢得比想象中更高的价格——这样投行服务部就有了更多的潜在客户。所以当因联邦反垄断法发生变化而带来机会时，高盛就具备了不同寻常的优势。对于华尔街来说，并购的咨询业务能够赚大钱始于一个特定的年份——1981年。当时斯坦福法学院的教授威廉·巴克斯特告诉里根总统的招聘团队："除非我能够改变当前反垄断政策的框架，不然我不会同意接受助理总法律顾问的职位。"他的建议被采纳了。6个月之后，他推出了全新的关于如何定义市场和市场垄断地位的指南——该指南对于合并的接纳程度很高。在这之后，在一个接一个的行业中，如果一家公司试图进行收购而反垄断部门并未否定或干涉，另一家公司就会进行另一桩收购。很快，看起来好像每个人都开始进行兼并和收购。这使得华尔街获得了并购咨询的巨额费用——接下来，华尔街主动建议一个又一个行业进行扩张性并购。

在美国国内没机会为几家最大的公司提供服务一直让西德尼·温伯格耿耿于怀，因为他的策略一直是将高盛打造成为具有领先地位的投行，那实际上意味着要服务那些最大的和具有领先地位的公司。但是摩根士丹利、第一波士顿、迪伦·里德和雷曼兄弟对于大部分蓝筹公司的投行地位几乎是不可撼动的，所以高盛只好与中小型公司来往，而大多数这些公司往往更像是被收购的目标。但是现在，由于防御收购业务的兴起，以前一直被认为是问题的事情一下子变成了机会。由于高盛的客户更多的是那些需要防御服务的目标公司。它们大多数都太小，无法进行恶意收购，因此高盛在提供咨询时就更不容易像其他公司一样面临利益冲突的问题。高盛可以转化它的竞争性弱点为优势，从而决定大力推进防御恶意收购业务。

早在鲍勃·赫斯特留下"尽快给我电话"的留言前几个月，一个令人惊奇的事件发生了。一家与高盛关系密切的公司——兰生打火机公司（Ronson）突然成为一家欧洲大型企业恶意收购的对象。对于兰生公司、对于美国以及对于高盛，这都是前所未有的。在他们仓促地寻找可以击败欧洲捕食者的白衣骑士的时候，可以联络的一个公司就是电子蓄电池。赫斯特回忆道："我在高盛打的第一个电话就是给电子蓄电池。它是我在美林的老客户，是一家沉睡的中型企业，但是有几样好产品，其中包括雷威特和金霸王，它当时的股价低于净流动资产价值。当时我给电子蓄电池公司打电话的时候是想看看他们对于收购兰生是否感兴趣，但是在去他们那里的时候，我对执行总裁弗雷德·波特提出警告说，由于他们公司股价太低，也很容易成为被收购的目标。"

三个月之后，一个周四，国际镍业这家在加拿大广受尊重而且信用评级良好的公司通过摩根士丹利向电子蓄电池公司提出收购要约。这是在美国第一次由一家大型"蓝血"投行提供并购咨询的恶意并购。由于是通过摩根士丹利进行操作，而提出并购的公司在业界知名度又很高，原先被人们遵循的信誉卓著投行家坚决不做恶意收购业务的规则被打破。一旦摩根士丹利能够并且开始进行恶意收购，那么所有关于反对恶意收购的假设都烟消云散，枷锁也被打破。从那时起，任何投行家都可以为任何企业客户提供恶意收购咨询，没有惩罚的话，任何人都会做恶意收购业务。

在70年代中期，法律规定一项现金收购要约须由目标公司的董事会在8天之内决定是否接受。这导致时间紧迫性成为收购方和目标公司之间最重要的考量因素。尽管法律会被改变，但是在1974年的时候，时间压力的确很大，特别是对于毫无准备的一方——这就是人们把现金要约称为"周六晚特殊事件"的原因。

"电子蓄电池公司根本毫无准备，我自己也是。"赫斯特回忆道。

"我当时正在马萨诸塞州科德角的小村子里度假，那里既没有电也没有电话。周四，我决定走到镇上寄封信并给办公室打个电话，我穿着短裤赤着脚就去了。到了那天晚上，我就在曼哈顿等着史蒂夫给我回电话。"第二天一早，赫斯特就和弗里德曼去了费城。他们与电子蓄电池公司的人一起密议如何阻止英可公司（Inco）的收购。弗里德曼回忆道："阻止英可就意味着阻止摩根士丹利的鲍勃·格林海尔和世达律所的乔·弗洛姆，他俩都是业界最聪明的人。我们不知道该怎么做，但是我们仍然不断地探索和改进。我们很坚定，也很聪明。我们和电子蓄电池公司感到幸运的是，和我们一样，其他人同样也不知所措，所以当时该怎么做并无定式。"

英可最开始的出价是每股27美元。联合技术——当时叫联合飞机——被高盛引进作为白衣骑士，最后一桩交易终于成功。英可胜出，但支付了41美元，比当初"慷慨的"出价高出超过50%。正如弗里德曼说的，"我们可能'已经输了'，尽管具有讽刺意味的是，到后来这项并购交易对英可毫无意义，但是我们的客户在价格上大胜，而我们在这项业务上的服务则受到媒体的广泛关注，还有可观的费用收入。市场上所有的聪明人都知道：在你碰到难题的时候有高盛这样一个优秀的公司可以帮忙。"

几周之后，休斯敦的阿帕奇石油公司面临恶意收购。弗里德曼给他们打电话问："我能帮忙吗？""我们不需要帮忙，谢谢。我们自己可以办。"一天之后他再打电话："需要帮忙吗？""不用了，谢谢。"再等一天他再打。在被告知"不用，谢谢"20次之后，回答变为"好吧，过来吧"。

弗里德曼、怀特黑德和合伙人吉姆·戈特都感受到一种新模式在出现，同时也很可能是一种新业务在诞生发展。山加莫（Sangamo）电子是高盛早期的收购防御业务的客户。吉姆·戈特的近邻阿瑟·海兰德是山加莫主要所有者（也是总裁）的女婿——这是获得业务的最好组合。有一天，当海兰德从他的飞机出来时,一个恶意收购者向他递交了收购的"要约"。海兰德就给戈特打了个电话解释当时的情形,并说:"我们有大麻烦了,我们怎么办?"戈特非常自信地立即回答道:"有办法。"多年以后,戈特回忆说:"他很快就了解高盛作为防御方顾问的角色,我们也准备好了提供帮助。这一切非常完美。"

弗里德曼飞到芝加哥的奥黑尔机场,然后驱车去戈特家。两人坐在游泳池边商量哪些是真正的业务机会,高盛应该如何利用它们。公司能开发出重要而利润丰厚的业务吗?怎样做才是最好的呢?弗里德曼回忆道:"我们很快认识到,从战略上我们正在看到这场重大转型之中的知更鸟。游戏和规则都在被改变,可能永远被改变。我们知道会有大量的恶意收购发生——可能越来越多。所以我们知道,我们必须以一种重要的方式参与进去。"

两人开始勾画业务设想并考虑:如果一个公司在华尔街不认识人,该公司的管理层在周五晚上接到恶意收购方的电话,他们会给谁打电话呢?如果他们让他们的银行家和律师提供建议,这些人会推荐谁呢?戈特和弗里德曼想:如果别人认为我们站在天使这边,那么他们的电话都会打给我们。怀特黑德后来说:"被威胁的公司的律师肯定会鼓励公司管理层说:'为什么不请高盛?他们值得信任。'所以我们获得不少明确的意向,经常是来自我们并不太熟悉的公司。收购防御业务的确符合公司'不与管理层冲突'的整体定位以及高盛主要服务于经常成为被收购对象的小型公司的定位。收购防御业务最后成为高盛非常好的业务。我们证明了自己是值得信任和进行业务往来的公司。"

一天深夜,弗里德曼和伯西正在弗洛姆的世达律所参加一个会谈,这时一个律师举着第二天《纽约时报》的小样进来让弗洛姆看他们代理客户收购罗切斯特的加洛克纸业公司(Garlock Paper)的整版报道。就在律师们兴奋地讨论交易的时候,弗里德曼悄悄地对伯西耳语,让他给投行服务部负责加洛克纸业的人打电话:"让他给加洛克纸业打电话说两件事:他们明天会遭遇恶意收购和我们已经准备好帮忙了。"

吉奥夫·伯西回忆了公司是如何继续争取主动的。从那时起，他说："晚上10点，我们跳上出租车沿百老汇大街往内森餐厅①奔去——不过不是去吃热狗，而是为了拿到第二天的《纽约时报》，因为我们从隔壁的报摊听说那是每天最早出售《纽约时报》的地方，我们能很快看到那条要约收购的报道。然后我们给我们投行服务部的同事、我们认识的公司的董事和CEO打电话。我还记得给休斯敦的海德鲁金属公司的CEO打电话说我们明天一早会到他们公司协助抵御恶意收购时，他目瞪口呆。我们之前从来没有和他联系过。他根本不知道危险的存在，我们给他打电话时他才知道处境危险。尽管他根本不认识我们，但是第二天当我们到休斯敦时他们已经把我们当成久违的好朋友了。在类似的恶意收购防御项目中，我们只要带上一个秘书和一个业务员就开始跟我们的新客户一起工作。"

1974年，利率升至历史高位而股价则大跌，所以高盛服务的那些中型企业非常容易遭到恶意收购的攻击。随着反垄断局对于并购采取非常宽松的政策，很多公众公司根本没有做好应对恶意收购的准备。"他们甚至都没有看过他们自己的章程，"弗里德曼说道，"他们不太清楚特拉华和纽约并购法规以及法院判例的区别，那边是没有毒丸条款的。好多公司甚至在成了被收购目标后对于如何防御还毫无概念。"对于弗里德曼来说，"那些虎视眈眈的猎食性公司就像狐狸冲进了鸡群。"

这样的情况对高盛也很有利。当恶意收购战斗打响时，董事们基本上都不知道该怎么办，所以他们会求助律师，而且很快就发现他们当地的律师也不知道该怎么办，只是抓狂地四处求援。弗里德曼回忆道："我们将能想到的所有行动计划组织起来并邀请两名律师——乔·弗洛姆和马蒂·利普顿到美国各地与一个接一个公司的董事会见面，解释当前发生的一切。

在电子储蓄电池公司的项目之后，恶意收购由罕见变为常见。收购可能随时由投行专家提议、机构投资者加速推进并最后由套利者决定。高

---

① 内森餐厅，美国著名的热狗餐厅。——译者注

## 16 收购防御：一条魔毯

盛与这三个集团都保持着密切联系而且对于他们各自的动机和能力都一清二楚。高盛的非恶意收购政策更是将公司定位为身穿耀眼铠甲的武士，保护被吓坏了的目标公司不受恶意侵略者的突然袭击。

"直到20世纪70年代我们开发收购防御业务之前，我们都招聘不到杰出的人才，也无法吸引顶尖的专业人士，而在那之后我们的收购防御部门由死水一潭变为投行服务部屈指可数的利润贡献部门。"弗里德曼回忆道，"但是在内部我们仍然碰到很大的阻力。投行服务部的人几年前才克服了很多'对于新业务的抵触情绪'，在帮我们拓展收购防御业务时会反对说：'你怎么可能指望我去吓唬我的客户说他们可能被收购而他本人可能丢掉饭碗？'我们希望设计一个收费结构以保证我们没有动力出卖公司，所以我们设计出了以下三种情形下的获胜途径：第一，如果打退了进攻者，我们就胜利了；第二，我们可以让进攻者支付更高的价款；最后，我们也可以通过将公司出售给第三方，即白衣骑士而获得胜利。当然，我们有时候也弱化收购防御业务，更加注重套利交易业务。"高盛的套利交易业务由鲍勃·鲁宾领军，该部门常常能够在恶意收购的发展趋势方面提供重要的市场信息。

高盛武器库中一个重要部分就是其技巧和大胆的条款商谈战略，特别是在价格上。弗里德曼在并购谈判方面非常高效，而且总是能够将客户利益最大化，特别是当客户特别谨慎时。芝加哥的LaSalle银行决定进行出售而且内部已经就"数字"，也就是股价达成了一致。荷兰的ABN阿莫科银行（ABN-Amco）有意购买一家美国银行并且与LaSalle就条款进行谈判，除了价钱，其他都已经谈定。

荷兰人带着不错的价钱来：每股32美元，比LaSalle管理层的"数字"高出两美元。管理层很高兴，正准备点头同意，但是弗里德曼却说："不，还可以再高点儿的。""但是32美元已经超过我们的目标价了，别再冒险了。"戈特回忆当时的情形："史蒂夫确实很酷，他说：'肯定还能更高的。'当然，经过最后与荷兰人的磋商，目的达到了。史蒂夫让公司管理层拿到了更多钱。"

恶意收购开始时，如果高盛还没有进入该项目，那么它就需要根据高盛的赢利能力决定是关注套利机会还是扮演防御顾问，即帮助管理层监管潜在收购的进程，了解如何应对恶意出价，并向目标公司推荐并购法律顾问世达或沃切尔-利普顿律所（Wachtell Lipton）。这种推荐当然没有被这两家律所所忽略，所以他们也不断在他们的专业服务过程中向客户推荐高盛提供投行服务。高盛很快就顾客盈门。

高盛给董事会进行收购防御业务的演讲自然获得他们的青睐。事实上，担忧将被收购的公司数量大大超过最后实际被收购的公司数量。因此高盛投行服务部的"起码可以听听我们专家的讲解"的口号迅速广为流传。聘用高盛开展这项服务非常容易，因为新客户每年的服务费低至4万~8万美元。"我们决定只收取名义顾问年费。"怀特黑德回忆道，"我们开始是考虑2.5万~5万美元，但是又觉得我们可以拿到5万美元，所以最后我们定了4万美元。律所也收那么多。一开始我们有了50个公司客户，算是有点儿小生意了。"这项业务不需要资本金而且不太占用资深银行家的时间。在有了200多个客户、年利润超过1 000万美元以后，该业务的利润率算是很高的。

大多数公司的大多数董事对于在大型并购中能够采取的行动及其复杂性知之甚少，甚至毫无概念。这听起来对于高盛来说是个坏消息，因为这意味着向客户解释这种服务将需要一段痛苦时期。但实际上这是一个好消息，因为高盛可以利用每次机会展示其专家的风范。由于恶意收购对于公司的管理层和董事的工作来说是生死攸关的，高盛给他们解释说，收购方往往会出售目标企业不太赢利的业务融资来支付收购需要的大部分资金，因此公司拥有一些无法产生足够收益的资产是非常危险的，这时管理层往往都非常注意高盛的解释。有几位富有进取心的CEO被高盛改变想法，邀请高盛的人员去做讲解。他们有一个特别的原因邀请高盛：他们意识到可以利用收购带来的威胁在公司内部强行推进结构性改革。

"当公司高管把我们介绍给公司董事会时，马蒂·利普顿或者乔·弗洛姆总会和我们一起去。"弗里德曼回忆道，"这样很好。这个时候我们就是专家，也是公司生死攸关的时候。所以我们处于理想的地位：在关键事件上被看作专家。很明确，我们是站在公司那一边的，而且我们和每个公司所有关键的人交谈。这自动给了我们今后承接该公司投行业务和与该公司建立长期深厚业务关系的机会。对于投行人员来说，这样的机会再好不过了。"

高盛不光赚取收购防御顾问年费，它还从为新客户执行特定的交易行动中获取收入，因为最好的防御必须要抢占先机，即采取一些恶意收购方在获得控制权后会采取的措施，例如出售无关或不需要的业务，但是这必须在恶意收购者第一次出价前进行。如果该部门的价值不能反映在公司的整体市场价值中，而且恶意收购者还很有可能通过出售该部门获取并购所需的资金，那还等什么？现在就把那个部门卖了。被剥离的业务往往是前任管理层特定或者与公司战略无关的收购结果，因此出售并不痛苦。当然，对于每个卖家来说，都会有一个买家，所以从这些"清扫甲板"的剥离业务中，高盛可以赚到不止一种而是两种的费用，而且这常常会带来其他新客户的业务机会。并购业务很快就由偶然性业务变成投行的主要业务和关键业务。吉奥夫·伯西回忆道："我们投行业务的总收入几乎涨了1 000倍，从300万美元涨到差不多20亿美元。"

在接下来的几年里，高盛在开发新业务关系上取得了决定性的竞争优势。由于高盛拒绝接受恶意收购的业务，而他的主要竞争对手都已经投身到那项高利润的业务中，高盛将自己定位为公司和管理层可信的朋友，并且与越来越多的美国最大的和声望最高的公司建立了投行业务联系。

就在它的竞争对手分享各自的恶意收购大餐时，高盛在恶意收购防御业务上独领风骚，开发了可以维持多年的高收费业务，并且将公司地位提升至投行的领军者。而这还没有完。

在高盛内部，恶意收购防御业务带来了另一项变革。为了给公司客户组织和开发出合适的防御策略，高盛的反收购专家是从多达七八个部门抽调出来的，他们之前多是在不同的部门工作：套利、股权研究、机构销售、商业票据、大宗交易、债券以及私人客户服务。这样深入的跨部门业务合作对公司也是新生事物。过去，每个部门都自行经营各自的业务，只是向管理委员汇报业务结果，如何经营业务完全是各部门自己的事情。现在，由于反收购业务要求各部门之间的合作，高盛内部第一次提出了独立的部门之间要有合作的要求。弗里德曼说道："在那之前，公司内部的跨部门合作仅仅停留在思想层面，而不是实际操作层面。在我们为获得认可和竞争优势地位奋斗的时候，我们也建立了非常良好的内部合作精神，以并购为中心发散到公司的各个角落。我们寻求帮助，并且坚持要得到大家的帮助，我们也奖励公司帮助我们树立市场霸主地位的各个部门。反收购业务是一项时间压力很大的业务，要求我们配合默契，同时也要共同分享成果，这样才能赢得更多的业务，也能获得更好的赢利，这是非常令人兴奋和有趣的工作。我们认识到我们可以成为，而且我们也坚定地要成为比其他公司更专业、经验更丰富和更有效的公司。如果别人做得好，那么我们就要求自己做得更好、更快、更富有创造性和更具打击力。就像格斯·利维想获得所有大宗交易业务一样，我们希望参与并获得所有并购业务。"

反收购业务对于高盛来说的确来得正是时候。公司正准备将其面向中型公司业务的商业票据和卖方代理业务进行拓展和升级；投行部门工作效率很高，但是需要更多产品满足其胃口；套利和大宗交易蒸蒸日上，研究力量正在增长；如果公司没有采取大胆而又明智的行动，它可能已经眼看着众多中小型客户一个一个地慢慢消失。但是如果它确实采取了大胆而明智的行动，它就能快速扩张并获取大量利润。在高盛将收购技巧和策略整体打包并推出时，反收购成为公司投行业务中的魔毯——它使得高盛最终超越摩根士丹利、第一波士顿和雷曼兄弟。竞争能力方面的上升，一部分归功于怀特黑德的投行服务部的效率，一部分要归功于得力的招聘，一部分归功于高盛对于团队合作的重视，一部分归功于高盛对于企业家创新精神的支持，还有一部分因为很多公司出于各种原因害怕遭到恶意收购。

在一个又一个项目上的运作使得高盛的反收购业务增长很快，因为高盛能够获得各个最新项目的具体细节从而建立起权威。在某个行业完成最大的并购案并且能够列举失败者的各种手段以及优劣，使得高盛在同行业争取到新业务的机会大大增加。如果在同一个行业获得三次业务机会，那么机会几乎不可阻挡。弗里德曼回忆道："在争取客户时，我们也学会了千万别出丑——例如向一家林业公司询问什么叫作'森林勘察'（一种检测一定区域林木的储蓄量的方法）或者不了解石油行业的行话或者提一些极其愚蠢的问题。有一次我就在新奥尔良的安东尼餐厅这么干过。当我们出来的时候，一只鸽子正好在我头上拉了泡屎。这多具有象征意义啊。"

# 17
# 善用与滥用

研究业务正式发端于20世纪50年代，不过后来格斯·利维为其重新指出了方向。当时，一个人偶尔为销售人员和一些客户提供他搜集在一个黑色小本里的关于西德尼·温伯格任董事的那些公司的重要财务数据。耐特·波文的小黑本从不给任何人看，但是在为那三十几家由他小心追踪的公司的当前发展提供"指导"之前，他会重新核对事实。对于波文来说，获得那些公司的事实情况非常重要。作为西德尼·温伯格的助手，他需要收集温伯格担任董事的公司信息，以便随时在温伯格参加众多董事会前能够给"董事先生"就公司的财务和运营细节提供简单报告。波文的简单报告对于温伯格在其任职的公司中获得最了解公司的董事的名声至关重要。

对于波文重视的销售人员，他愿意回答他们的问题并愿意偶尔与他们谨慎的客户们见面。当然，要是波文现在这么做可能会受到"内部人信息"规定的限制，但是在50年代，能做和不能做的界限还不清楚。合伙人门舍尔回忆道："耐特·波文对我们的帮助很大。我们经常安排耐特和重要客户共进午餐。带着他的小黑本，耐特能够随时查找他搜集的数据，并能够指出一家公司的运营状况。耐特有所有的事实和数据，客户们都知道。即使他几乎什么都不说，他也知道他的同事和客户对他的看法心存感激。"

在50年代后期，统计人员和销售之间的联系开始受到管制，由于已经闭市而无法进行真实交易，统计员乔治·鲍耶尔每天在股票市场闭市后与销售人员讨论公司和股票信息。高盛在承销或研究方面几乎毫无建树，而销售人员在接触机构客户时仍然需要一个很好的切入点。深度研究给了高盛的分析师和销售接触能够做决策的机构分析师或投资经理的机会，这样就能提前获取他们买卖股票的消息以帮助高盛提升交易份额。有交易才有利润。

作为特定业务，研究在60年代的高盛和华尔街缓慢地发展着。证券统计员，现在也叫分析师，当时还都带着绿色的长檐儿帽，依靠直尺工作。他们被雇用来为投行和套利业务提供数据。在60年代早期，当一系列精品研究机构为了急速扩张的证券经纪交易而成立的时候，鲍勃·丹佛斯同意设立为机构投资者提供研究的部门，但其首要目的是为高盛合伙人的个人账户发掘具有吸引力的投资机会。门舍尔回忆道："公司只有6~8个人进行研究工作。"

"丹佛斯负责纸业，尼克·佩蒂洛负责铁路业，罗·维斯顿负责金融业。我们每个月出4页报告：1页铁路，1页工业，1页公用事业，还有1页是金融。"由于丹佛斯更愿意关注他的个人投资而合伙人们更希望为机构投资者提供服务，因此他就负责研究处于上升阶段的小型公司的股票。

尽管股票升值的潜力非常大，高盛最赚钱的业务反而不在股票投资上。高盛最大和增长最快的业务是格斯·利维的代客买卖股票业务。高盛利用其资本金发展大规模高利润的股票经纪业务所获得的利润大大超过了其作为被动投资者在资本市场投资股票所获得的收益。（就像在金矿上赚钱最多的不是矿主而可能是毛毯、食品饮料或者采掘工具的供应商。）

1967年，数学和计算机天才莱斯利·佩克被聘请来负责开发专门用于预测公司赢利的数学模型。佩克曾任全球第一家管理咨询和技术咨询公司——理特咨询公司（Arthar D. Little）营运研究部的负责人，曾在洛斯·阿拉莫斯国家实验室工作过，他还在普林斯顿大学高等研究院工作过。他后来证明当时在华尔街盛行的"技术"分析法一文不值。但是他发现开发模型非常复杂就放弃了这方面的努力。不过佩克还是开发出了一套预测公用事业股价的模型，这套模型的运作是基于一些标准的财务数据，比如对增长趋势的预测、股票的股息收入以及其他公用事业股票信息等。他的模型运行的关键是因为这不是火箭科学而是社会科学。在当时，这些缓慢发展的行业中的新信息可能需要两到三年才能反映到其股价上，但是变化的方向和对于变化的估计很容易预测，因为随时间的推移，投资者对于50多种处于相对严格管制之下的公用事业公司的股票股价的预测最终是趋同的。

最有效的研究可能是由鲁迪·斯坦尼什完成的，他是高盛餐厅的员工，是制作法式卷饼的厨师。在为客人制作卷饼时，他听着来自顶级机构那些聪明而又辛勤劳动的分析师和投资经理谈论的股票名字。在排队等待斯坦尼什完成他们喜爱的卷饼和蛋卷的时候，这些来自顶尖机构的投资专家为了给他们的同行们留下深刻印象，一个劲儿地互相介绍自己喜欢的股票。如果你30年来每天平均制作100个法式卷饼和蛋卷，同时还听着全美国最优秀的投资者的言论，买卖认同比例最高的股票，还能听到合伙人在经过他们身边时给忠实客户提出的建议，你也有可能累积上千万美元的财富——制作法式卷饼和蛋卷只是副业罢了。

为了回应大宗交易客户于70年代初持续提出的要求，格斯·利维要求全公司将对于"中小型"股票的关注转向国内最大型的企业。这些企业是主要机构投资者的投资和交易的目标所在，而高盛在那些方面研究能力与其领导地位极不相称。和以前一样，利维迫不及待地想看到结果。

在选择研究部如何涵盖大企业的战略时，合伙人分成了两派。一部分人希望购买小型研究机构，而另一部分则希望直接从其他公司的研究部挖人。不过两派都认为一次性雇用整个团队耗时太长。有人说逐个聘请分析师更符合高盛的文化和组织结构，公司可以创建全明星的研究团队，并避免合并后通常出现的"你"或"我"的痛苦冲突。他们指出，券商就是"部落式"的机构，而大多数合并都要经过"你死我活"的斗争，直到一方文化或部落最终获得优势地位，内耗很大。高盛决定聘请符合公司文化的单个分析师并集中精力雇用能够在特定行业建立"机构专业声誉"的年轻分析师。一旦核心团队建立起来,就能适用高盛特色的"自我发展"的政策。

现在看来,即使在70年代早期,证券业务也面临很大的压力,研究力量的战略性建立恰逢其时。在研究上覆盖大盘股保护了利维的宝藏,而且研究还在投行服务部重新关注大型公司时发挥了重要作用。公司在70年代稳定增长的赢利能力,特别是投行业务上的赢利使得公司能支撑起庞大的研究部门。怀特黑德说道:"这是计划好了的。华尔街还搞不清楚状况,而其他公司还在试图省钱的时候,我们看到了优化研究部门的机会。很快,研究部的费用就达到了每年600万美元,但是我们不断告诉自己,到时候客户会想办法帮我们支付这笔花销的。"

决定聘用行业分析师并建立公司自己的研究部是一回事,实际操作则是另一回事。分析师都是专业的怀疑论者,而且非常在意他们的职业生涯。很快公司就发现目标候选人经常会针对公司在机构业务方面的承诺问一些怀疑性的问题,有人直白地问:"我为什么要相信你?"他们指出,有些公司在市场好的时候招聘分析师,而在股市大跌、利润空间遭到挤压时首先会裁掉新招的分析师。与经纪代理不同,对于像高盛这种主要进行投行和交易业务的公司来说,这样的顾虑非常强烈。分析师在听到乔治·多蒂讽刺地说如下的话时会更加加重他们的顾虑:"研究就像电影院的停车场。你肯定要有一个,但是那又不是你的生意。"

决定要发展华尔街最好的研究部门后,高盛的领导人们给合伙人李·库珀曼最经典的指示:去做就是。库珀曼在比尔·凯利之后成为合伙人,他是一个善于独立思考的人,并且希望打造强大独立的研究部门。

合伙人迈克·阿美利诺回忆道:"随着赢利的增加,高盛能够兑现其对于研究部门的承诺,并完成其在日常经营中的所有业务。"每个分析师都被要求创造性地开发能使他们在业界突出的战略——这是灵感和信息的"必要"来源。阿美利诺说:"公司会为研究人员提供他们所需的一切。每年,每个分析师都会和管理层会面并制定协议。你需要解释你需要的资源、原因,以及你为公司走向成功之路做出贡献的计划。"

高盛鼓励公司的每一位分析师树立自己的名气和风格，并能够认同由此而造成的形式和内容上的差异，即使这种差异和公司一贯的统一作风不太相符。阿美利诺说："我们告诉我们的分析师：找出你最具有竞争力的优势然后抓住它，把它发展成为最能吸引客户的独一无二的优势。只有你自己才能让你和你的工作区别于他人，找到它，发展它。"

每个分析师都面临和企业家一样的期待和挑战。例如，乔·埃利斯就成功地让自己成为华尔街零售业的领先分析师。埃利斯回忆道："1984年的时候，一开始我们替机构客户访问零售商，现在其他公司也这么做了。那我们就做其他的，例如在我们的零售业年会上会展示我在参观全世界最好的零售商时拍摄的幻灯片。"

合伙人史蒂文·艾因霍恩回忆道："分析师和分析师之间的比较优势不同，但是公司希望有足够的一致性以树立公司在研究方面的整体品牌，这其中有一部分是可见的。所以高盛的研究报告就比较突出了，每份高盛的研究报告都包括三部分：投资结论、原因以及风险。在这样的形式下，读者对于能够看到什么内容具有很强的期待。公司也采取一致的方法对每个行业的驱动因素进行评估和识别。专业的编辑被引进，以提升分析师所写报告内容的明确性和一致性。最基本的是在个人将其单独力量最大化与团队合作之间找到平衡点，这样我们就能集体发展出'比任何单独的分析师力量还强'的业务。可以肯定的一件事就是：我们不愿意分散创造力，也不愿意让进取精神最后成为'空谈'。"

覆盖不同行业的分析师之间的风格和分析手段的差别，被对于宏观和战略方面的"定型"能力所抵消。李·库珀曼和加里·温格洛斯基之所以成为合伙人，都是因为他们在投资策略和经济学方面非常强大而且又被遍布全国的机构投资者所接受。这样的认可来之不易。他们两人在机构投资者圈子里非常耀眼，而这个圈子主要在纽约、哈特福德、波士顿、费城、芝加哥、明尼阿波利斯、丹佛、旧金山、洛杉矶、休斯敦、达拉斯和亚特兰大。他们白天和晚上有一半时间都是在路上，与各个城市的当地销售人员在一个一个会议之间奔走，从很早的早餐开始一直到晚饭，然后搭晚班机飞到另外一个城市开始下一轮新的会议。

由理查德·门舍尔打造的研究销售部门能够高效地应用和推广快速发展的研究产品，从而将高盛树立成为众多机构投资者所需研究服务的最重要提供者，该部门在获取强大的赢利收入的同时还为今后承销业务的成功打下了客户基础。在公司快速建立研究部门的后面还有一股其他的力量，那就是经济性：该部门不需要完全依靠机构经纪业务来消化费用，投行业务就足以消化该费用。库珀曼说道："我们是第一家由投行业务部门为研究部门支付费用的公司。他们支付总成本的50%，因为投行部门的客户经理们很都很慷慨，而且他们都知道在争取客户时他们需要研究部门的优势力量。"

有一个很明显的问题是公司在分析师对一家投行部的大客户持有负面态度时应该如何处理。是要专业性还是"谁出钱谁做主"？一开始，这个问题的答案很明显，乔·埃利斯说："高盛在研究方面是高度专业的。如果你做足了功课并且形成了结论，你的决定是有根据的。比如西尔斯一直是公司非常重要的客户。1974年，对于自己在1972年写过一篇非常正面的报告之后，我意识到西尔斯的管理方法有很大的问题：我对于投资他们的股票感到不安。当时我们并没有出具正式的负面报告，但是每个人都知道我对那家公司感觉不好，他们也知道为什么。即使这样，公司的管理层依然很支持我。"

分析师的职业生涯从掌握一个行业、该行业的主要企业和财务分析开始。如果他能够与机构投资者建立良好的关系，该投资者就会成为顶级的机构分析师，拥有支持团队，而且能够覆盖该行业更多的企业。行业专家自此与投行业务挂上了钩。与资深的企业经理人在项目上合作能够给行业分析师机会展示其对行业和主要竞争对手的了解，同时也给予分析师获取该公司真实业务信息的机会，这对于其专业知识的增长非常有帮助。埃利斯说："我对于年轻分析师的建议永远是：在你研究的专业领域一定要十分投入以成为第一，如果你不是第一，找找原因并总结出如何才能达到第一。"

分析师的工作非常辛苦而且需要诸多技能。就像埃利斯说的，"你在以下几方面都要非常在行：财务分析、对公司的判断、对市场的判断以及与机构投资者和销售团队有效合作的能力以及与公司的管理层和投行人员默契合作的能力。这些工作的确很复杂，要都做好的确很难"。高盛的研究团队不是统一协调发展的，而是由分析师自行发展，埃利斯担心这让高盛失去了更为有效发展的机会。

通过拜访、电话、电子邮件和正式的研究报告，分析师发起、开展并且维系与机构分析师和投资经理的关系，这一切也需要销售人员的支持，他们也给客户打电话、拜访客户并向他们转达从分析师那里获得的最新信息。策划推销分析师的专业能力几乎和分析师与机构投资者建立深厚关系一样重要。

在20世纪80年代，研究部有超过700人的队伍，他们中的一半是行业分析师，集中覆盖每个主要国家的60个行业和对每个主要国家、经济体货币和商品进行宏观分析。研究团队人数最多的时候是2000年，达到了900人。曾经担任研究部总监的艾因霍恩说："在我们全球的研究部门中，有一半人在美国，他们差不多贡献了80%的产出。覆盖全球主要市场所有公司所需的分析师数量成为管理学方面的问题，因为协调这么多的人并将他们的能力都一致发挥出来以满足所有客户的需求是非常困难的。"

高盛自己培养分析师的成功使得高盛成为那些希望招聘具有丰富经验的分析师的公司挖人的目标。在20世纪90年代，整个行业出现一个重大的问题：最高效的分析师开始转向对冲基金。对冲基金的待遇高不少，将分析师个人从庞大的机构中解脱出来，而且更重要的是不再需要花大量时间出差和应付客户。

90年代中期，高盛的研究预算为1.75亿美元，分析师每年出具3 500份研究报告，覆盖了68个行业的2 000多家公司，以及全球主要的经济体、货币和商品。管理如此庞大的集体绝对是一个挑战。1999年，刚加入高盛不到一个月的分析师 J·D·米勒由于抄袭被开除。这件事被一个机构投资者揭露，在那篇18页的报告中，他抄袭了出自投资银行普特南·洛维尔（Putnam Lovell）报告中的文字，甚至那些拼写错的名字都照抄不误。米勒被召进人事部的办公室并被立即解雇："拿上你的衣服走人吧。"

合伙人盖维·戴维斯说："史蒂夫·艾因霍恩是一个极其专业的人。在市场好的时候，投行部希望将经济学用做他们的工具，但是他只同意我们发表真实的东西。自从史蒂夫离开以后，这个规矩变得模糊不清了。现在这是一场残酷的战斗。"

2003年，高盛在一场由美国地区法院的威廉·保林法官主审的案件中，由于违反行业自律组织——美国全国证券交易商协会的规定和纽约证券交易所的规定而被罚款1.1亿美元。事件的核心是高盛和其他公司的分析师在1999~2001年的互联网泡沫时期违背客观的规则，出于为公司争取投行业务的目的在事实上扭曲了他们的推荐。

法院认定公司明知冲突的存在，但是没有建立相关的制度和程序监察和防止这些冲突。大家都指望每个单独的分析师会告诉他们他将如何支持投行业务。分析师被问及他们和哪些投行业务的潜在客户管理层关系密切程度超过公司的投行部，并应该如何利用这些关系加强公司的业务机会。

回顾一下历史，高盛和其他公司好像是注定要一步一步地走到这个错误的地步。70年代中期，投资银行家们知道深度研究覆盖的客户公司对于他们的业务很有帮助。公司希望被顶级分析师覆盖，因为这能够扩大机构投资者对这些公司股份的持有。没有分析师对于这些公司的覆盖，投行部门在拓展深入和有利可图的业务方面会困难重重。由于投行部门需要对于公司的一流研究，那他们自然愿意支付研究部门的费用。

高盛是第一家采取投行支付一半费用的政策的公司。公司的高层很乐意与分析师深入探讨他们研究的行业，并且获得该行业竞争者的信息。而分析师也很愿意与行业领军人物进行交流以测试他们的判断是否正确。这对双方都有好处。在80年代早期，最好的分析师就知道与投行部及其客户就公司融资进行合作，这使他们被银行业的同人和机构投资者视为专家。

投行部支付了研究部的一半费用，很自然他们希望在如何花他们的钱上面有发言权：研究哪些行业和公司，应该聘用哪些分析师以及如何奖励分析师。

80年代后期，顶级分析师的年终奖有时候是以百万美元计的，因为他们在公司的投行业务上起到了决定性的作用。到了90年代，投行部门的人员越来越坚持认为既然超过一半的分析师薪酬由他们支付，那么他们有理由期待分析师给予他们的客户的报告是积极的而不是消极的。

最坏的情形是，向外发的研究报告是极力推荐购买客户公司的股票，而与此同时在公司内部的邮件中却指出那些都是垃圾。由于有检举人的帮助并且能够看到相关邮件，在纽约州总检察长艾略特·斯皮策和证券交易委员会眼里，这些利益冲突都是非常明显的。美国全国证券交易商协会和纽约证券交易所都有反对"进行有违公平的交易"的规定。

2000年上半年，高盛的分析师参与了31宗并购交易，涉及资金560亿美元，为209家公司提供总额为830亿美元的融资，分析师还协助获得了328宗单独业务。分析师的覆盖面在各公司的投标文件中是一个获得投行业务机会的卖点。机遇和动力的结合在分析师走得太远时给公司带来了风险，而有些分析师很快这样做了：根据法庭的调查，分析师2000年最重要的目标是：1.获取更多投行收入；2.获取更多投行收入；3.获取更多投行收入。一个分析师决定不降低某公司的赢利预期很可能仅仅因为该公司就要进行IPO了。分析师可能发布"夸大或毫无保证的推荐或评级，并且还包含毫无合理根据的意见"。

2001年4月，一名分析师给其上级分析师写道："根据现状，（公司的）价值是零，你认为我们是否应该调整我们对价格目标的评级？"他得到的回答是："现在改变评级可能不是个好主意……"2001年5月，世通公司（WorldCom）获得了公司的最高评级，而此时公司的资深分析师却给他在欧洲的同事写道："我们很早以前就想调低评级了。不过，我们没法调低（AT&T），因为我们这边受到相当多的限制。但是不调低（AT&T），那么就没法调低世通，因为这样不太一致。"世通在公司推荐买入名单上一直待到了7月，但是实际上在4月份当一只对冲基金询问电信行业的主管分析师是该买入、卖出还是该以20美元的价格继续持有时，回答是："卖出。"

就在将艾克索多斯技术公司（Exodus）从"推荐"调低为"市场表现优异"时，分析师与一名机构投资者会面并且接着就收到了感谢信。其中一部分写道："幸好我们出来了……避免了在这些股份上的亏损。"

在一份关于该分析师的销售力量的调查报告中，有一名报告者这样评论："他只与极少数人分享他的真实想法，他的公开评级对于公司来说是非常难堪的。"

法院命令高盛和其他9名被告将其研究部门和投行部门分开，并且设定不同的汇报线，禁止投行部门为分析师提供任何酬劳，禁止分析师参与开发新客户的过程，在潜在业务过程中在研究部和投行部之间设立"防火墙"，禁止分析师在承销前参与路演。该命令要求设立一套标准程序，披露公司在每个被评估公司中的经济利益，各被告公司向其投资者客户提供至少三个独立公司的第三方研究报告，提供每家公司分析师已出版的研究报告的追踪手段，并需为保障其合规而聘请的独立监督人支付费用。

保林法官发现："在有些例子里，高盛为一些公司出具特定的研究报告时并没有遵循公平和善意的原则，而且也未为其报告提供合理的基础，或者包括了毫无合理依据的意见。"

高盛和其他公司被责成缴纳巨额的民事罚金，很显然罚金的数额巨大。问题在于多大，"数额巨大"是一个相对的概念，一个与曾经是高盛竞争对手的那些大公司相对的概念。最重要的竞争对手是摩根士丹利，特别是在名声上，但是也在研究和投行业务上。

董事会主席汉克·保尔森给鲍勃·斯蒂尔打电话，他是公司副主席和股权部门的领导者。保尔森说道："鲍勃，你的工作就是要让高盛得到一个过得去的结果——与摩根士丹利相比过得去。也就是说，即使我们的分析师比他们的分析师干得更坏，你也要保证我们公司的罚金不比他们多。"

斯蒂尔"胜利"了。高盛被罚1.1亿万美元，而摩根士丹利被罚1.25亿美元。

为了保持公司的地位，高盛在2002年早期就采取了一些补救措施。高盛任命了研究部的联合负责人，为表明"研究是独立运营的部门"而将其与投行业务和交易业务分开。为了表明研究部的独立性，分析师被禁止持有他们所研究的公司的股票。在防止由部分违规分析师的过分行为方面，该解决方案覆盖了所有的投资研究，并且还设立了关于专门讨论类似行为后果的讨论日。曾经被提升得太过吸引人的分析师的薪酬也被降了下来。公司为节省费用削减了研究部的成本。公司的烦琐要求，犹如让专人坐在投行人员和分析师中间监控他们的谈话一样，减弱了两个部门之间的沟通效果，但是毕竟两者之间的沟通只有一小部分被认定为"不合适"。

为满足对被告公司的结构性整改要求，高盛将投行部门与研究部之间的隔离制度化。公司鼓励分析师在能够做出赢利预测和推荐的结果时就直接指出来。每份研究报告都包含了分析师关于相信其研究结果是客观和有效的声明，并且每份报告都会附上公司关于买入、持有和卖出的建议的统计图。公司要求所有新来的分析师都要经过一整天的专业测试，测试CFA机构在过去三年的考题，并给予时间和资源做准备。

不过，这些解决方案的结果仍然会让人难受。公司仍然在谈论研究的重要性。合伙人艾比·约瑟夫·科恩说："研究在高盛永远都是重要的。客户们也渐渐地寻找看待投资的新方式，比如如何利用期权以及其他衍生产品、环境敏感性和其他更富有创造性的见解。我们的研究也逐渐向长期的趋势性研究转变。"但是，无论如何，高盛和其他大型投行的研究部确实遭到了打击。

分析师职业生涯的轨迹曾经被认为就像乘坐高速电梯一样快速升至财务独立和职业地位的顶点。聪明、善于表达和精于算计的分析师愿意努力工作进行分析并服务于机构投资者，他们能够在5年之内获得50万美元，有时甚至是上百万美元的年薪，几乎没有任何专业工作能够有这么快的上升速度。这个工作独立性强而且富有动力，因此一直被视作很好的机会。但是在解决方案出台之后，分析师的收入下降了一半甚至更多。很多分析师离开了大型投行加入了对冲基金，在那里创造性能得到重视，没有官僚气息,而且收入很高。

机构经纪业务的利润率一直遭到挤压,因为他们最大的客户——共同基金和养老金一直在要求他们降低收费。低费用经纪和电子交易也在赢得市场。类似高盛的全能型股票交易商的利润逐渐被挤干。机构经纪业务再也不像当年格斯·利维取得胜利时那么丰厚了。费用管理和削减费用越来越重要,而且也正在改变研究部的作用和分析师的职业机会。如果与解决方案结合来看,环境的改变是十分深刻的。研究从领导公司前行的部门转变为仅仅是为提供服务而设立的部门。

公司仍然需要能力出众而又勤劳的专业分析师,但是就像过气的电影明星一样,他们已经由主角转变成了配角。

# 18

# 约翰·温伯格

作为西德尼·温伯格的儿子和两位约翰中的一位,约翰·温伯格很快就会以他的直率和亲和力取得别人的信赖与爱戴。一直不露锋芒而且易于接近的华尔街人士——温伯格,拥有50年一线投行经验并且在高盛担任了14年的联席主席或者主席。他可能会微笑着说:"我是来帮助别人的。如果他们想找一个头发花白和满身疤痕的人,那就是我。"

温伯格友善的举止能部分地解释他如何成功地化解紧张局势,例如类似1995年西格兰和杜邦当时面临的对峙局势。西格兰当时是杜邦不受欢迎的最大股东——有可能还是最具控制力的股东。这是自1981年杜邦对康诺克(Conoco)的"白衣骑士"收购之后发生的。双方的僵局由杜邦支付88亿美元的天价,回购超过24%的股份——1.56亿股普通股得到解决。这是至今完成的最大的该类交易。

此次交易的规模空前,而其能够成功实施则是由于人的因素:两边都信任约翰·温伯格。熟悉该交易的人都非常欣赏他在交易过程中对于各种技巧的熟练运用。该交易使用了衍生工具,保持了西格兰持股比例,是因为在向杜邦出售1.56亿股股份时,一部分对价是以相同数量的权证来支付的。由于这些权证的行权价格定得非常高,因此不会被行权,但是权证的存在表明了杜邦和西格兰之间的该笔交易符合美国国税局关于公司内分红的规定,适用7%的税率,而非资本利得的35%的税率。西格兰的新闻稿特别指出:"这得益于高盛的贡献和约翰·温伯格的独特作用。"温伯格是一名灵魂人物。但是一般情况下,他从来不居功。这次他又把功劳让给了盛信律所的律师。温伯格认为,他们在复杂的交易结构设计上做出了突出的贡献,并且非常愉快地称赞他们为"协议的谈判留出了很大的空间"。这是一笔在金融史上不多见的数十亿美元的交易。根据双方最后达成的条款,杜邦和西格兰合计节省了约15亿美元的税款。

了解这场复杂交易的解决方案,有助于我们更明白高盛在这次杜邦大额股份收购过程中的贡献。对于康诺克公司的并购战于1981年打响,多姆石油(Dome)提出以65美元每股(比市场价格溢价30%)的价格收购1 400万~2 200万股的康诺克公司股份。作为加拿大公司,多姆石油希望用收购的股份与康诺克在哈得孙湾油气公司52.9%的权益进行交换,以节省康诺克获得现金所需交纳的资本利得税。但是,多姆石油的出价最后失败,因为多姆石油的股份是由其子公司拥有的,而非多姆石油自己拥有。

当时,在向Sun公司出售大额石油储备后,西格兰获得23亿美元现金,并希望将这笔钱用来投资。1981年,康诺克公司52%的股份被出售。在了解到除了多姆石油出价的22%之外还有30%"无人问津"后,埃德加·布朗夫曼(Edgar Bronfman)爵士给他多年的朋友温伯格打了个电话,温伯格是布朗夫曼的顾问,也是西格兰的董事。一个临时性的计划出台了:西格兰购买康诺克公司35%的股份并同意维持该持股比例。很快,形势由于杜邦出价78亿美元作为白衣骑士购买康诺克的股份而变得更加复杂。这就使得西格兰持有杜邦24%的股份,足够成为杜邦的控股股东。

杜邦的管理层在过去的十多年里一直对西格兰的强势地位和今后可能出现的对峙局面耿耿于怀,希望能够购买其所持股份。这次与杜邦的管理层合作,温伯格再次成为最主要的谈判者。"埃德加夫妇和我与我夫人关系非常密切。"温伯格以典型的实事求是的态度解释他和布朗夫曼家族的关系,这也是他在45年后有能力操作史上最大的股票回购业务的重要原因。

就像所有成功的交易撮合者一样,温伯格总是在寻找大家共同的利益而且经常能够发现个人层面上的共同利益。杜邦非常英国式的CEO爱德华·杰斐逊（Edward Jefferson）看起来非常冷静和严肃，与约翰·温伯格的大方和不拘小节相去甚远。但是温伯格知道杰斐逊也曾经服过役，基于这个共同点，他很快与杰斐逊发展了友谊并且打通了两家距离遥远和风格大相径庭的公司进行交易的良好沟通渠道。就如温伯格后来解释的，"在1981年布朗夫曼建仓时，我们制定了持股协议，其中包括西格兰集团在杜邦董事会和其他关键的委员会中的席位数量。所以，经过这么多年，我们对每个人都很熟悉。"

这桩交易在数年前还被认为无法形成友好的解决方案，但是温伯格没有留下任何关于如何获得双方信任的解释。他只是说："我只是做好我的本分。"温伯格还补充说，当时看杜邦为收购康诺克公司支付的价钱在石油市场是非常高的价格，但是"当它由杜邦管理并且为杜邦赚钱时"，它成为杜邦的一个重要支柱。不过，温伯格并没有提到他赚到的2 500万美元费用。他也没有提到由于高盛的反收购政策，他推掉了高盛作为并购顾问的机会，并因此失去在西格兰最初恶意收购康诺克的交易中高达1 100万美元的顾问费。温伯格确实表现出对政策的真正遵守：即使你会损失真金白银，你也应该遵守政策。高盛是纽约城中唯一一家没有作为交易管理人、套利商或顾问参与康诺克公司战役的领先投行。当尘埃落定之后，德士古、美孚和城市服务公司以及西格兰和杜邦都分别参与了这次史上最大的收购交易。

出生于1925年的温伯格在这些年里还参与了许多大型交易，并且都发挥了关键作用，其中包括通用电气收购RCA公司。温伯格为通用电气的杰克·韦尔奇与RCA的管理层谈判时提供咨询，还为美国钢铁收购马拉松石油提供服务，该交易后来成为美国历史上第二大的合并交易。温伯格成功的原因之一，是他能够躲避报纸的追踪报道而在高盛内部高效地工作。他说："我做得最好的工作就是匿名。"《纽约时报》指出他"有令中情局局长妒忌的私人空间"。

温伯格从来不把自己太当回事。"领导者需要在争论中认输——不是说所有的争论,但是应该足以让每个人诚实和对清晰的思考负责。你不可能在公司总部对业务实行微观管理。"对于一向层出不穷的创意,他趋于保守。但是如果年轻人坚持,他也愿意让步:"我是个老头子了,对于进进出出的新东西了解很少,要是你们觉得是对的,那就干吧!"他会一边观察一边笑着说:"现在我什么也不会失去。如果我是正确的,他们很快就会说,'天哪,还是老人懂得多',如果他们对了,他们会自我感觉良好,而且还会加倍努力。"

平易近人而且具有自嘲精神的温伯格精通业务,而且也知道如何让自己和公司的服务得到相应的回报。杰克·韦尔奇回忆道:"1986年,在RCA交易之后,他觉得公司应该赚得600万美元的费用。我一直比较抠门儿,觉得这太高了。所以约翰周末驱车到我在康涅狄格的家里,我们一开始争论,但是后来我们坦诚相见,我同意支付600万美元的全款。"

韦尔奇补充道:"在交易的最后阶段,我们彻底决裂了。费利克斯·罗哈廷坚持67美元的价格,而我坚持只出65美元。我们都在会议室里。约翰要求和我单独待一会儿,他说:'每个人都想得到胜利,你可以让RCA的人很害怕,但是这些人今后是要和你长期共事的啊。给他们留点儿面子,把胜利给他们吧。'最后我们出价66.5美元。我从来都不是和高盛做生意,我是在和约翰做生意。这是与约翰·温伯格的个人关系。"

温伯格在高盛的主要职责是与大客户做大交易,维持西德尼·温伯格多年以来开发的重要客户关系并持续开发新客户。他听从了他父亲的建议,将公司的内部管理事务留给其他人。西德尼·温伯格坚持认为:"把所有事情都交给他人,你密切关注他们都在干什么就可以了,你别自己管理。也许你没法把所有的工作都交代给其他人,但是记住:如果可以的话,你能为公司做的最好的事情就是别参与管理。"

约翰·温伯格关注客户的交易可以追溯到50年代。1957年的一天,宝洁公司的CEO霍华德·摩根斯清早就在为收购高乐氏的交易进行最后的谈判,这是一桩相对较小的交易。温伯格回忆道:"我们了解到宝洁公司在俄勒冈的工厂里有一些卡车驾驶员准备罢工。一旦他们开始罢工,所有宝洁系统的卡车驾驶员都会遵守他们合同中与工会签订的协议条款开始罢工。"摩根斯转向温伯格说道："宝洁在这个时候可没法接受由于俄勒冈的三个人举手同意而开始的罢工，解决这个问题最快的方法就是找个人买下那个工厂。"他接着说："所以，我们要做的就是，把那个工厂卖给你。"

尽管温伯格反对说高盛不可能独立地拥有一家食品加工厂，但是摩根斯非常坚持。温伯格回忆道："很快，我就开始签署只有一页纸的以46万美元购买俄勒冈工厂的协议。宝洁从未在所有文件齐备之前进行购买或出售交易，而我现在签署的价值近50万美元的合同仅仅只有一页纸！第二天我两眼通红地回到办公室。很自然地，我走进父亲的办公室，我在那里告诉他整个并购都已经安排妥当，不过我还是向他坦承最后遇到点儿困难，我向他解释了俄勒冈的业务，告诉他我已经签署了购买协议。父亲的反应很迅速：'好吧，你这个白痴，你被炒了！'然后父亲花了90分钟研究我的能力，我的判断力，一切的一切。这是一次很有意思的辞退面谈。直到两周以后他才重新把我聘回公司。"

根据一些应该是公司治理方面的记录，约翰·温伯格在百路驰担任34年董事，在国家乳制品公司担任26年董事，西德尼之前在两家公司担任32年董事，他们俩为这两家公司服务的总时间超过了半个世纪。温伯格也沿袭了他父亲的习惯——购买所担任董事的公司的产品，如福特的汽车，通用电气的冰箱，百路驰的轮胎。"我就是在那样的环境中长大的。我父亲一直这么做，所以我也习惯这么做了。"温伯格保留了从他父亲那里继承的铭牌，上面列举了亚伯拉罕·林肯成为伟大总统的路上所遇到的挫折，而且还加上了"如果没有挫折就不会有伟大成功"的注释。作为对约翰领导公司的训练的一部分，西德尼·温伯格带着他儿子与商界领袖们会面是有意义的。（同样，约翰·温伯格也在每周和儿子一同步行锻炼时传授如何在公司做得更好。）约翰·温伯格对有这样的父亲感到非常骄傲，但是对于西德尼的强硬也非常直白。"你犯错的时候，他恨不得扒了你的皮。他是一个伟大的父亲、伟大的银行家、好老师，但是他确实非常强硬而且要求苛刻。他会说：'我才不管你走多远，但是你最好给我干好点儿。'我在公司的第一份工作开始于1947年的夏天。在海军服役三年半之后,我计划那个夏天好好放松一下,做点儿好玩的事情。但是老爸说了:'你搞什么鬼啊,你要工作。'于是我整个夏天与公司那帮老人们待在一起,学习了解公司的运作到底是怎么一回事。"

约翰·温伯格一向刻意低调行事。他开着一辆旧福特汽车,穿着短袜,以便能很轻松地挠到他的小腿,夏天则穿着短袖衬衫。在接受《纽约时报》采访时他说道:"我不让自我挡道。"与和他同时代的其他业界领袖不同,他非常自然而且对外表毫不在意。他从不提及自己在奥古斯塔国家高尔夫球俱乐部的会员身份,[①]也不会告诉别人他曾经就读的三家名校:迪尔菲尔德、普林斯顿和哈佛商学院。而他对于自己曾在海军服役的历史却提了不下100次。

一位非常仰慕他的合伙人说:"他非常清楚自己在干什么。"

有时候他也会遭受考验。"皇室租赁"是一个在伦敦取悦客户的高调机会,安排很简单。由于英国皇家成员往往是各种艺术组织的赞助者,因此,只要向他们赞助的组织捐赠25 000英镑,查尔斯和戴安娜就可以和高盛的客人们在鸡尾酒招待会上高谈阔论。

高盛预约与英国皇室成员在伦敦爱乐交响乐团共度一晚。温伯格当时正在伦敦出差,他与查尔斯和戴安娜坐在皇家包厢。尽管他从来都是穿短袜,但是当时在未来的国王和王后面前他还是尽力表现良好并努力掌握最优雅的礼节:不先说话,等着别人对你说。身着绿色丝绸晚装的戴安娜王妃很快就非常愉快地与温伯格进行由她发起的谈话。但是她刚好有个小麻烦,而这个小麻烦很快就变成对温伯格应变能力的考验。"温伯格先生,我的后背有点儿痒,位置太高了。您能帮我挠挠吗?"皇家包厢处于所有听众的众目睽睽之下,而人们当然一直都盯着他们呢。怎么办?正好当时

---

[①] 奥古斯塔国家高尔夫球俱乐部是美国高尔夫的最高殿堂,是美国高尔夫球大师赛的举办地。——译者注

灯光变得有点儿暗淡,温伯格很快地轻轻挠了一下——戴安娜则对他报以皇家的温柔一笑以示感激。

另一方面,温伯格能够与他的"部下"进行平和的沟通,这些都是他在高盛的多年工作中表现出来的。他的办公室在面对布罗德大街的11层,有一个暑期实习生看见他时就想:为什么不去自我介绍一下呢?温伯格很愿意和他攀谈并询问:"你是哪里人?在哪个部门工作?你在哪个学校读书?喜欢纽约吗?我们让你很忙吗?我们的同事回答你的问题吗?"尽管温伯格很忙,但他从未因为忙碌忽视过公司的同事。那个实习生最后在高盛待了十多年,他很高兴地回忆说:"我到现在还能收到他寄来的圣诞卡,我都离开公司20年了。"

为保护公司的文化不被年轻合伙人的傲慢所侵害,温伯格一直表现非常强硬并对犯规者说,"下不为例,否则⋯⋯",这就是很明确地暗示让他们离开公司。实际上,温伯格并不太喜欢"文化"一词,因为他觉得有些流于表面。但他深信一种观念,那就是对共同价值的承诺:"它是把整个公司结合起来协同工作的黏合剂。"高盛比华尔街的其他公司更注重共同价值和信仰:对于企业家进取精神和谦虚的团队合作精神的重视,从不诋毁竞争对手,对于做哪些业务和不做哪些业务有清楚的底线,对于自我才能的发展、独立工作和客户第一精神的崇尚。

温伯格在作为唯一高级合伙人的6年里一直都只能靠自己,那些年里,大笔的投资将怀特黑德对高盛打造为"第一家全球公司"的愿景转变为由经验丰富的欧洲人在各欧洲国家领导业务的现实。

温伯格看到这些政策在公司的各个方面得到验证。具有超凡能力的高盛领导人弗雷德·克莱门德尔将公司融资业务部门发展成为最好的部门之一。鲍勃·鲁宾和克莱门德尔支持设立水街公司恢复基金(Water Street Corporate Recovery Fund),运营则由阿尔弗雷德·埃克特和麦嘉·萨罗瓦拉这两位合伙人联合执掌。水街公司的启动资金为7.5亿美元,分别由合伙人和客户出资。水街公司的策略是购买大宗具有控制权的高收益垃圾债券。这样,基金公司掌权之后可在公司的再融资过程中控制相关条款。那些债券通常被机构投资者以大大低于其公平市价的价格出售,因为他们不愿意做太多的工作、花太多的时间和精力来进行谈判,而且在向他们的客户进行汇报时希望将这部分债券从他们的账上删除。从"急于出手的卖方"处以超低价买来,不断地争取并且推进解决方案,这注定会给水街公司和高盛带来丰厚的利润。

"秃鹫"业务,在华尔街指的是那些有能力迫使公司接受苛刻的再融资条件的业务。这是一项非常艰难的业务,有多种力量在博弈,并且常常以法院和市场为阵地进行血腥厮杀。不少参战的公司管理层在特定债券发行之后很快被水街公司挤掉。有些人向约翰·温伯格抱怨说,这些严酷的交易与公司不参与恶意收购的政策以及公司小心营造的"客户纪律"有直接冲突。温伯格也看到了这些冲突并且很快关闭了高利润的基金业务。后来埃克特和萨罗瓦拉分道扬镳,并开始了长期的口水战以及长达10年的愤怒诉讼。数年以后,阿尔弗雷德-埃克特自己建立了成功的公司,他说:"我后来以及直到现在都认同温伯格的决定。我有一个不可能合作的合伙人。在水街公司关闭之后,再也没有其他投行尝试设立类似的基金。"

温伯格也拒绝了提供过桥贷款的要求,尽管这项新业务当时正在走俏。在过桥贷款交易中,投行用其资本金向并购方提供高达10亿美元的贷款以资助其收购,然后这部分资金——如果顺利的话——会很快由公开发行的债券所得来偿还。这种策略主要被那些信用较差的借款人使用,有一些过桥贷款融资项目在投行的贷款被完全偿还之前就倒闭,给投行带来了苦果。合伙人们对于温伯格能够做出如此痛苦的决定而对他十分钦佩。(数年后,公司又重操过桥贷款业务并将其发展壮大。)

温伯格的有些决定同个人私事有关。就像在华盛顿和好莱坞一样,性和性传闻一直存在华尔街的场景中。这三个地方的人都和其他人有或多或少的联系;他们活在与现实脱节的生活中,而且以这样或那样的方式诱惑着其他人。很多人很年轻,但过着与别人不同的生活,而且有钱花,打情骂俏很容易,而且越走越远。对于那些正在经历这种刺激生活的人,辨别那条看不见的底线显然不被他们放在心上。

1990年1月8日，一期《纽约》杂志刊登了一篇长达7页的文章，描述一个异常的事件，这导致高盛向全公司公布一份备忘录。在这份备忘录中，约翰·温伯格宣布一名冉冉上升的合伙人辞职。温伯格有非常明确的道德行为标准，该标准是建立在所有美国人的核心价值基础之上的。他比较随意而且对他人很客观，在海军、在普林斯顿、在曼哈顿，一路过来都是这样。但是他有自己的界限，就像他可能会在公司对大家说："如果你愿意，你干什么都可以。但是，别动我们的姑娘！"

1989年8月，两名身着制服的纽约警察到布罗德大街85号29层逮捕因被其前助理凯西·阿布朗莫维奇投诉性骚扰的合伙人卢·埃森伯格。在遭到温伯格训斥的时候，埃森伯格告诉他，阿布朗莫维奇和她在纽约警局做警察的男朋友对此事大肆渲染，他甚至考虑要找律师控诉阿布朗莫维奇和她男朋友敲诈，但是事情已经过去了。她不应该有什么理由指控：以前的关系是两相情愿的，而现在都已经结束了。传言全都是假的。温伯格接受了他的合伙人的说法。合伙人和海军都会这么做。但是埃森伯格没有说他仍然和阿布朗莫维奇定期去世贸中心旁边的酒店一起躺在床上看成人片。所有犯过严重错误的人都知道假装一切从来都没有发生过是多么容易的事情，在被质问的时候却很难说出，"你说的是真的。我犯了严重的错误。我真的很抱歉，现在就会停止"。埃森伯格并没有把一切实情告诉温伯格。

后来温伯格在出差的路上看到报纸上——特别是《纽约邮报》关于实情的报道时大发雷霆。埃森伯格立即被扫地出门。驱逐是绝对的，甚至没有人敢提及他的名字。温伯格可以接受他们之间的关系，甚至报纸上报道的那些东西，但是他不能接受对他隐瞒部分真相。温伯格直接运用在高盛合伙人身上的格言就是"得到越多，人们对你的期望就越大"。如果哪个合伙人告诉温伯格的事实少于他所要求的，那个合伙人就得离开高盛。后来，温伯格告诉他的合伙人：如果他们与下属有恋情，那他们其中一个必须调离以避免合伙人成为其恋人的上司。

温伯格自己的历险是与他的客户在公司业务中进行的。詹姆斯·戈德史密斯爵士在1989年以200亿美元恶意收购英美烟草公司是当时欧洲最大的并购交易。在伦敦的CEO帕特里克·希伊给在纽约的约翰·温伯格打来电话——至少部分是因为在温伯格领导下的高盛在三年前帮助固特异公司抵御过戈德史密斯的恶意收购。温伯格搭最早一班飞机到伦敦并且成功地抵御了收购,树立了高盛在英国业界最好投行之一的地位。

温伯格确实乐于助人。1993年,他是伊士曼柯达公司董事会和负责招聘新CEO的董事委员会的顾问。他和可口可乐公司的CEO郭思达(Roberto Goizueta)一致认同适合担任柯达那个职位的人是摩托罗拉公司的乔治·费舍尔。他们俩按计划一起去见费舍尔,并带上了两套说辞。第一,他们说有一家大型的美国公司正在挣扎,具有领导才能和对技术有深刻领会的费舍尔是CEO的最合适人选,而且这也是他为那家公司和美国做出贡献的机会。第二,他们摆出了令人心动的待遇,如果费舍尔能成功,他将会非常富有。

两人原计划是一定要成功。但是,他们没有取得多少进展而且距离胜利还很遥远。在他们谈话的中间,温伯格和费舍尔独处的时候,费舍尔说道:"约翰,我很清楚他们开出的条件确实很好。但是我不能接受,即使是你和罗伯托提出来的。我想告诉你原因:我妻子安妮一直对我很好,我欠她太多时间和欢笑。如果我接受柯达这份很有挑战性的工作,她会失去很多。为了安妮,我不能接受这份工作。"

温伯格很热情地回应道:"很好,乔治,真的很好。"然后他很绅士地问道:"你介意我给安妮打个电话吗?"费舍尔同意了。几分钟之后,温伯格就开始在电话里解释柯达的这个机会及其重要意义,他说:"安妮,但是乔治不愿意接受柯达的这个职位。"安妮问他为什么。温伯格用非常赞赏的声音说:"因为他爱你。"安妮·费舍尔要求给他们24小时。时限还未到,乔治就给约翰·温伯格打来电话:他和安妮商量好了,他们都同意他到柯达工作。温伯格又一次为客户完成了工作。

他也为高盛兢兢业业地工作——有时候能将不曾预料的好运转变为

突出的优势。在80年代，主要的投资银行需要大笔长期资本金以支持其全球扩张，特别是在全球债市和股市上作为做市商需要满足库存的增长需求。高盛一贯保持严格的资本保留政策，并且安排了面向主要保险公司的一系列债券私募，但是这仍然无法满足公司庞大的资本金需求——而这正是驱动高盛的竞争者们与大型商业银行合并或者上市的动力，这些公司同时也失去了私人合伙的属性。

摩根士丹利上市了，所罗门兄弟通过与辉博合作上市了，崇德证券通过IPO上市了，而且还时刻准备着与一家大承销商合并。贝尔斯登已经上市而且正在建立其银行业务。在一份给鲁宾和弗里德曼的重要报告中，合伙人唐·甘特解释了合伙制度碰到的问题。公司的资本金比之前任何时候都多，高达18亿美元，但是其中的6亿美元是退休合伙人或有限合伙人的钱，计划在数年之后全部支付给他们。剩下的2/3属于现任合伙人，但是他们有一部分在接下来的几年内肯定要退休，每个人在转变为有限合伙人时都会拿走其资本金的一半数额。最现实的预测显示，在公司需要更多资本金支持扩大资本密集型业务活动的时候，几乎可以肯定资产负债表上的权益资本会减少。所有的大型商业银行不但是拥有庞大资产负债表的上市公司，它们还有很多公司关系以及强大的国际网络。这些银行正在试图向投行和证券承销业务扩张。有些银行在伦敦购买了券商。银行雄心勃勃地希望涉足证券交易业务，非常明显的是他们准备提供大笔资金以及大幅调低价格，以争抢投行业务市场。华尔街的所有领袖们都认为：那些大型的迟钝的银行会坏了我们的好事！

高盛有四个途径可以增加资本：在合伙人变成有限合伙人时锁定他们的股本——这是对合伙制度的巨大冲击，而且大部分合伙人和所有有限合伙人肯定不会同意；上市——这是新任合伙人肯定会反对的；想法大幅提高公司的赢利能力；找到不管公司面对何种竞争的不确定性都愿意给公司投入巨额股本的人。

在这四种选择中，广泛被认为会担任公司下一代领导人的弗里德曼和鲁宾赞同IPO。获得永久性资本和进入公开市场符合他们的战略利益，即更多地使用公司资本进行自营交易、投资私人股权资本和房地产，以及进行国际扩张。由很快就要退休的资深合伙人把持的管理委员会将会成为IPO最大的受益者，他们一致同意IPO的决议，约翰·温伯格也表示赞成。在接下来的合伙人会议上，弗里德曼和鲁宾就IPO做演示，但是他们并没有展示出所有的真实场景。很多合伙人并没有做好对公司根本制度进行如此巨大变化的准备。幻灯片展示了每位合伙人所能获得的好处，强调了公司现在已经面临资本缺乏的局面，并且解释了公司在利用成长机遇时为什么资本需求会稳定上升，以及资本需求如何稳定上升。

然后，演示从胡萝卜转到大棒。他们提醒在座的合伙人，有一些严重的问题可能对公司及合伙人带来极大的伤害：比如在宾州中央铁路项目中的巨大亏损，以及任何可能想得到或可能想不到的其他麻烦。这次演示不太具有说服力。对于有些人来说，里面有一些不一致的内容。37位新合伙人没有获得任何好处，反倒会阻止他们在接下来的几年里积累资本。由于他们在公司的股本金中还没有任何份额，因此即使合伙人账户溢价3倍，3乘以零还是零。合伙制度的决策不是按照合伙人的资本份额，他们每人只是一个合伙人，只有一个投票权，而所有即将成为合伙人的员工和新合伙人都反对。这意味着即使鲁宾和弗里德曼还想再次提出IPO的建议，那也得等到一年以后了。

1987年2月13日，合伙人鲍勃·弗里德曼由于重复计票和内幕交易在其办公室被捕。尽管有种种感情和法律上的纠结，有一件事情是很清楚的：高盛不会上市。但是公司仍然需要资本注入，特别是其主要的竞争对手已经上市从而拥有了巨大的永久性资本。高盛实际上是将一只手绑在身后与其竞争对手在这个迅速变化的市场进行搏杀。

不过，令人愉快的是，问题由于一次对约翰·温伯格不同寻常的拜访以最不同寻常的方式得到了解决。现实的约翰·温伯格不是个梦想家，他从不期望从天上掉下个全新的好主意。但是1987年，对于高盛扩大资本最不可能的解决方式却出现在了温伯格面前。这个解决方案就是由一家日本的世界级银行对高盛进行巨额的股权投资，该银行从来没有涉足过投行业务。为避免被他人认出来，住友银行的总裁小松戴着墨镜到达温伯格的办公室，他还故意采取了具有欺骗性的迂回道路：大阪到西雅图，西雅图到华盛顿，然后从华盛顿坐飞机到纽约。温伯格笑着说："我不得不告诉他，从华盛顿国家机场到纽约的拉瓜迪亚机场的飞机上坐满了银行家和记者，他躲都没法躲。"

陪同小松先生的近藤明解释说，日本最大的银行住友是世界第三大银行，拥有近1 500亿美元的资产，希望开拓其在投行方面的业务能力，并且已经聘用麦肯锡为其制定最佳方案。在战后占领日本期间，道哥拉斯·麦克阿瑟特意根据《格拉斯–斯蒂格尔法案》要求日本的商业银行和投资银行业分业经营，但是这随着后来法律上允许日本商业银行通过其子公司提供投行服务而被改变。

麦肯锡建议对一家最领先的美国投资银行做出资本承诺，它推荐了高盛作为业界领导。拉扎德的费利克斯·罗哈廷被选中担任与高盛进行初步接触的中间人。住友希望能够送20多位年轻的员工到纽约代表处进行培训，并接受美国公司融资方式的教育。

住友的建议看起来太好，简直好得令人难以置信：住友希望向高盛投入不超过5亿美元的现金股本。进行谈判时，小松解释道，如果高盛不能接受5亿美元的投资，那这个建议也不值得再往前推进。在接下来的谈判中，住友同意认购高盛1/8的权益，即高盛账面价值溢价的3.375倍，达到40亿美元。在高盛合伙人近百年来耐心地累积公司资本之后，住友的出价在一夜之间就将其资本提升了38%。

公司对于长期永久性资本的需求是进行IPO的最重要原因。当IPO在1986年被搁置时，温伯格肯定不太开心。他非常信任合伙制度，就像他信任客户关系一样，他知道他父亲肯定会反对公众持股。他也坚信高盛能够成为华尔街的领先投行，但是合伙人从当前利润中省出来的钱根本无法满足公司扩展的需求。温伯格几乎无法控制自己，因为小松的访问是如此不可想象且如此重要。他在给唐·甘特的电话里说道："你不会相信的，这100万年都不会发生一次，我刚刚才结束了一场最激动人心的会见。"

甘特和温伯格第一次在公司见面是在20年前，而且一直关系融洽。甘特沉默寡言、口风很紧，值得信赖。

在维护与福特汽车的关系期间，甘特在格斯·利维手下工作，当时甘特就表现出处理复杂敏感而且需要良好现场判断力的事件的能力。另外，他还完成了当时未获通过的IPO的所有财务分析和文件，所以他知道所有数据。温伯格非常小心谨慎，所以希望能够验证住友建议的各个方面，因此他找到甘特。他对甘特说："唐，这可能不那么重要，但是如果成功了，会是很大很大一件事。马上来我办公室，我会告诉你一切。我们有活干了！"当甘特到达他办公室的时候，温伯格大笑着说："费利克斯·罗哈廷今天早上来了，还带了两个戴墨镜的日本人。其中一个只会说日语，但是职位很高。还有一个是他的翻译。那个职位高的人说他们戴了墨镜，还兜了个大圈儿来见我们，主要是怕被华尔街的记者们认出来。"温伯格微笑着描述这件好玩的事和摆在他面前的战略胜利机会。

在这个行当，一个信誉良好的公司可以发挥50倍于其资本的力量，所以5亿美元的新鲜资本金将是强有力的支持。仍然还在笑着的温伯格像往常一样很快就对甘特说到重点："唐，马上给费利克斯·罗哈廷打个电话，问问今天那人说住友银行想成为高盛的合伙人到底是不是真的，看看他们到底有多认真。"

甘特在3M的项目上与罗哈廷合作过，所以他们的谈话非常坦诚。随后他对温伯格说："约翰，罗哈廷说住友是非常严肃的，我们可不能放过。他们有钱而且想做消极合伙人。罗哈廷说如果我们立即开始谈判，那我们就能掌握主动。"

"唐，你准备好领导这次谈判了吗？了解这帮日本人可需要不少时间呢！"

"我可以。"

好多年以后温伯格回忆道："幸好他们来的时候格斯不在。他不喜欢日本人，也不太喜欢法国人。对国际上的事情他从来都没有兴趣，5秒钟的兴趣都没有。"

一开始美联储理事会拒绝了住友的入股申请，这让住友很不高兴，他们感觉"被坑了"。就个人而言，这次挫折伤害了住友参与谈判的主要人员的职业生涯，因为在日本，如此重大的事件肯定要预先与财政部进行沟通，以避免最后出现类似让人吃惊的结果。

就在住友试图向高盛进行巨额投资的时候，外界有很多关于日本大肆购买美国公司的传闻，特别是对于国外商业银行对美国主要投行的投资引起了很大的关注。为了避免政治影响，合伙人鲍勃·道尼安排约翰·温伯格与能源和金融委员会主席、众议员约翰·丁格尔会面，以让他了解整个交易的信息。道尼回忆道："约翰·温伯格准备解释说，住友已经支付了账面价值3.5倍的价款，而且还不要求拥有投票权，不过当我建议他向议员提一下他40年代和日本人的那些经历时，他好像不太愿意。所以当我听到约翰对议员说'议员先生，别忘了在那场战争中我们和那帮畜生打过仗'时，我很吃惊。不过我们肯定成功地捍卫了自己的独立立场。在这一点上，议会自此再没有提出过异议。"

经过数月的讨论和三次听证，美联储同意考虑这项申请，但是要求根据《格拉斯-斯蒂格尔法案》进行限定：住友在高盛的持股比例不能超过24.9%，而且只能获得无投票权的合伙人资格。根据高盛的建议，协议的存续期限为五年，任一方在第四年底均可向另一方提出不再续约。如果高盛上市，住友的合伙人权益将转变成普通股的12.5%。在坚持秘密谈判的前提下，住友银行派出了一个由18名管理人员组成的谈判小组。他们准备在纽约停留数月与拉扎德公司一起工作。甘特很快就意识到高盛在这次谈判中的优势地位非常明显。在日本，住友银行因其特立独行、勇于创新而出名。如果谈判成功，住友将赢得广泛的尊重，而谈判的失败将意味着颜面扫地。在了解到这一点之后，甘特在提出某些特殊要求时可以利用高盛管理委员会可能因此否定整个交易为借口达到他的目的。

一开始，住友希望能够向高盛派遣各种受训人员，但是温伯格和甘特解释说，为了"保护你们的投资"，高盛与住友集团不要走得太近是一条重要的宗旨。美联储最后决定住友能派遣两名——而非20名短期工作人员，而这两人在纽约停留的时间不能超过12个月。住友对这些限制非常不舒服，所以谈判进行得相当艰苦和激烈。对于甘特来说，寻找一名合伙人来训练一名在纽约只能待一年的住友短期工作人员是一个问题。

住友只是一个沉默的合伙人，而且没有投票权。温伯格解释道："这是为了保护他们的投资。"事实上，那确实是住友最成功的投资，因为它可以在欧洲市场以1%的低成本融资来支持这次投资。带着其标志性的温和谨慎的态度，温伯格说："这次交易对各方都很好。"

后来回忆住友事件的背景时，温伯格解释说他在日本有很多密友，"我25年来经常去那里"。他对于理解过去50多年的现实问题非常老练。他第一次是作为海军人员去日本释放战俘，当时日本还被美军占领。就像他说的，"我看见过和听说过不少关于战俘营的事情，但是都和我在日本看到的不一样"。

在住友投资之后的几年里，高盛的赢利水平得到了显著提高，而公司也可以稳定地以当初预定好的每年1亿美元的安排将住友的投资在5年内逐步买回，但是高盛并没有这么做，因为资本的运用有极高的回报。在温伯格担任管理合伙人的14年间，高盛的赢利增长了10倍，股权资本从6 000万美元飙升至23亿美元。而在IPO之后，住友获得的投资回报也是惊人的。不过，最具讽刺意味的是，住友从未实现其战略目标，也就是开发和利用新的专业业务。它从未在日本进行过投行业务。

作为华尔街上的强手之一，温伯格给雷曼兄弟的弗雷德·弗兰克打了个紧急的电话，事关雷曼打算在高盛不参与的情况下承销的一个项目。"是我们帮助公司上市，如果我们在它的大型发行中不能作为主要承销商，那高盛和我个人都极其难堪。所以弗雷德，我请求你。"弗兰克随后安排高盛加入，并简单地告诉客户说："你不能不带高盛玩，因为它太强大了，华尔街的每个人都会认为是高盛不带你玩。"

几年后，在另一个问题上，弗兰克给温伯格打电话，描述高盛一名银行家过于具有攻击性的行为。"哦，那可不好。"温伯格一面表示同情，一面承诺会调查此事并给他回电话。弗兰克指望温伯格的歉意会带来业务上的改变,所以他在下一次和温伯格说话时问道:"那么约翰,你可以管管这事,让他们停下来吗?"温伯格的回答让他很吃惊:"哦,不行,弗雷德,那是太具体的事情了。"作为极其坚定的竞争者,温伯格从来不会约束他极具进取精神的同事们。就如弗兰克所评论的,"对于高盛,不光是他们自己要赢,他们还要你输"。

长期关系对于温伯格极端重要,而长期的忠诚也让他非常满意。美国海军的名言就是忠诚来,忠诚去。当某种关系不起作用时,他会尽力将它扳回正确的位置,这在他处理与通用电气的关系上非常清楚。温伯格解释道:"我父亲担任通用电气的董事多年,而在他过世后,我们对于高盛没有获邀成为其联席投行感到失望,这本是高盛一直非常看重的关系。"通用电气转而让摩根士丹利成为其首席投行。

温伯格决定看看有什么办法,并且决定经常出现在通用电气在康涅狄格州费尔菲尔德的办公室。他在12年里坚持每个月都去,与通用电气的人,特别是新的高管们见面。① "我和工作层面的人相处都很好。有一天我在他们办公室,很静。我认识的一个秘书(她是专门录入极端机密的管理层考核信息的)对我说,'有个新来的头儿你应该见见',她就把我带到了一个我不认识的人的办公室:杰克·韦尔奇的办公室。"

韦尔奇也没有听过说温伯格,所以他问道:"你有什么事?"温伯格只好承认道:"其实我也没有什么特别的事。"然后他问韦尔奇在通用电气的职责。韦尔奇微笑着做了一个讽刺性的表情,意思是你在见大忙人之前起码也要做好功课。然后他说他在通用电气负责几个业务部,其中包括通用电气信用公司。温伯格问高盛能帮什么忙,韦尔奇又笑了,再次提到关于来之前应该做足功课并带着具体的文件以及建议和行动计划而来的重要性:"你做功课了吗?"但是,无论如何温伯格认为:"我们在个人层面上感觉还不错,而且接下来我知道,他说他希望有朝一日能成为通用电气的

---

① 温伯格就住在附近的小镇。

CEO，并且问我高盛能够如何帮助他在通用电气干得好。我们还谈论了其他事情，很快我们就相处得很融洽了。"

尽管开头是如此突兀，在接下来的数年间两人在很多方面都有了合作。比如，钢铁工业需要在铸造设备进行大量长期投资，但如果是租用设备，则国税局允许投资减税额的转让，这正好是通用电气信用的切入点。由于钢铁公司利润微薄，不能完全享受税收减免的好处，温伯格想出办法让通用电气信用购买设备，获得减税后再将设备租赁给钢铁企业。温伯格的总结是："很自然，每个人都很满意。"

温伯格做事投入和从不找借口的性格让他的很多朋友有时候在公开场合有时候在私底下逗他玩。当杰克·韦尔奇给他的朋友打电话向他透露关于通用电气的大消息时，对话的开头他用了让华尔街任何人都会极其想听到的热情语言："你个笨蛋，你个丑人，但是……你的运气还真好。"然后他继续讲："我马上要进董事会会议室。当我出来的时候，我会是CEO——你和高盛会再次成为我们的主要投行。"温伯格当时不在办公室，他在中城的生命延续研究所等待做一系列的身体检查，正与后来成为摩根士丹利常务董事的罗伯特·鲍德温一起坐在等候区。罗伯特·鲍德温正在等待叫号去做检查。温伯格微笑着正要说不知道什么时候通用电气将离任的CEO会致电鲍德温，告诉他摩根士丹利不再是通用电气的主要投行了，工作人员出来告诉鲍德温该他检查了。

70年代后期，那些设备租赁安排让通用电气信用获得了通用电气报告赢利的约75%，使其成为整个通用电气的赚钱机器。"就在那几年，杰克和我越来越理解并尊重对方。"温伯格说。韦尔奇也回应道："我们成了好朋友并且常常见面。他是个非常杰出的人，我可以一整个星期都说他，我真是仰慕他。约翰很睿智、现实并且从不找借口，还有丰富的常识。他对于价值的嗅觉非常准确，而不需依靠那些别人坚持要的统计表格。他具有大法官的性格并且能够最好地代表高盛。让约翰与众不同的不是因为他能做交易，而是他对于如何才是对双方最正确的做法更感兴趣。"

尽管温伯格的大部分时间都是在外与客户在一起，但是他能够确保让公司最优秀的人为客户服务。他在高盛内部也扮演着重要角色。1990年《经济学人》杂志对温伯格的领导力大加赞赏:"他以热情而又严肃的风格带领高盛进行着无与伦比的扩张,并在过去14年里获得更高的收益。他的谨慎让公司不从事过桥贷款业务,不使用公司资本进行并购,不购买垃圾债券。高盛的对手们往往都在这些业务上遭受打击。'我们很小心地看着我们的鸡蛋,因为那是我们的鸡蛋,也是我们唯一拥有的东西。'"

温伯格的个性坦诚而不加修饰,而且他能够很快地想起他人的姓名、生日和其他细节。他永远准备直接解决问题,而且几乎是本能地在复杂的形势当中辨认出对各方正确的东西。这种结合让他能够很快地解决大小问题并不断地获得客户和同事的满意,还能够消融高盛内部聪明、难以相处而且具有不同目标和看法的人之间的冲突。温伯格自我要求的任务是在两项经常冲突的事情之间找到和谐:团体协作和个人进取之间的和谐,而且是能够很快、有效、公平而且不带来不快地达到这个目的。

在公司内部,温伯格的方法非常直接和简单,但是很有效。他会站在反对派的立场上,压低声音并明确指出如何解决问题:"我在明天中午前要为这件事做最后决定,所以你们都要认真考虑,你最想在我的最后决定中把什么东西包含进去,然后告诉我你最想要什么决定——你能接受的决定。尽量让你的决定公平一些,因为你的对手肯定也会给我他最好和最公平的最后决定。我会选择那些最符合这些标准的,然后就是它了。接下来我们各自回去工作。"

温伯格对高盛人员的影响力与他对新老客户的影响力是一致的。在海军里,他一直进取向上,但从来都不爱炫耀。他生活在高盛的核心价值观里,别人都喜欢他。"我是真的喜欢这里。"他很开放又很自然地解释道:"你希望人们对自己和对公司都感觉良好。"他真诚而单纯的假设是如此自然,因此他也对别人提出同样的要求。他经常会说:"人人都想别人对他好,我确实没有看到任何不这样做的原因。"但是,另外一方面,他也会很快打压感觉良好的个别人,他从他的经验得出:"在他们升职以后,有些人确实成长了,而有些人则自我膨胀了。"

温伯格很直接。一次，一名年轻的合伙人带着建议书准备向管理委员会进行解说，他建议道："我希望你能有一个非常成功的会议，而我自己也想为你的成功做点儿贡献。所以就像我对所有人说的一样，我希望所有材料在上会48小时前都被讨论过，我自己会看，其他人也会。会议将以问题开场，而我会问第一个问题。"在从合伙人位置上退下来的10年里，温伯格还是一个很忙的人，他笑着说："我比在公司时拉的业务还多。"项目包括化学银行收购汉华银行和GCA与哥伦比亚医疗公司价值23亿美元的合并以及它们并入美国医院公司的交易。在75岁的高龄上，作为高盛的顾问，温伯格的收入得到很大提升：一份新的为期两年的合同，每年500万美元，之前的合同是每年200万美元。根据汉克·保尔森的一封信，如果温伯格的合同到期或者被终止，他还能收到500万美元。该合同一直存续到2006年8月7日，温伯格过世的那一天。

温伯格成功地处理公司的客户关系，也因此而闻名，但那并不是他最重要的事情。"约翰最大的骄傲不是重新建立和通用电气的关系，也不是能够和西德尼·温伯格一样得到很多公司客户，当然那些都是公司的主要客户。"他的兄弟吉姆说道，吉姆与他的关系很亲密，他对约翰的认识也比别人深刻。"这些和其他的成就都是外部的。"约翰担心的是高盛的文化，也就是美国的主流文化，很可能和其他国家的文化相冲突。他很高兴地看到他信赖的价值观和工作理念看起来是普遍适用的。

一名合伙人说出了大家的心声："他是高盛的灵魂。"

# 19

# 傻子出国记

从伦敦金融城到希思罗机场的出租车费用在20世纪60年代仅为10英镑，当证券交易部的头儿——雷·杨和他的合伙人从一辆出租车里出来时，他给了司机100英镑的小费。当时英镑兑美元的汇率是2.8，也就是280美元。杨的行为把与他同行的合伙人吓呆了，他说："雷，你不能那么干。这不对。"

"怎么了？我在哪里都是这样的啊，在意大利给100里拉，在东京给100日元，在法国给100法郎，反正都给面值100的啊。"

杨可没有想到两种货币之间的汇率差别会这么大，他也根本不知道他刚才给出租车司机的小费相当于英国普通工人6周的工资，而在罗马，以他的标准给的小费100里拉只值16美分。在成为欧洲和亚洲的领先投行以前，高盛还有很多东西需要学习。

厄本·斯坦利·米勒在战前就已经在华尔街工作。由于西德尼·温伯格认识他，他从国务院进入了高盛。西德尼·温伯格当时是在招聘国际业务销售人员而不是投行人员。为了获得大宗交易的机会，他每年都会去欧洲两次，目的是见机构投资者。回到纽约之后，他负责领导一些面向欧洲富人进行销售的股票经纪人、一个比利时掉期交易商和几个负责为美股的国际机构投资者服务的美国北方人。当时，如果要打国际长途必须要获得米勒的允许，部分原因是因为话费昂贵，还有部分原因是保护经验不足的工作人员，因为他们很可能会忘掉五六个小时的时差而在极不合适的时间鲁莽地给客户打电话。

米勒很吃惊地发现高盛的午餐中并不提供酒品。这方面他懂得很多：他是来开拓国际业务的，而一般来说，国际访客肯定认为在类似的午餐中会提供酒品的。如果没有的话，潜在客户可能就不再来了。但是在高盛，确实没有饮酒的闲暇。过了好几天米勒才找到折中的方案：可以提供雪莉酒，但是仅限于他的午餐室。后来，客人们在公司提供的午餐中都能发现雪莉酒，但是高盛的员工一般都不喝，后来还有传言说有一瓶雪莉酒放了很多年。

高盛的国际业务可以追溯到1897年，当时获得了创纪录的4 000美元的利润。1903年达到了25万美元，而在1906年达到了顶峰：超过500万美元。在大萧条和"二战"期间，包括高盛在内的大部分美国投行丢掉了它们的国际业务并且关闭了海外办公室。战后，主要的公司如摩根士丹利、第一波士顿公司、雷曼兄弟和库恩·洛布财团在欧洲煤铁行业、日本政府和其他主要机构的重要融资项目中取得领先地位。高盛仍然被高盛交易公司的失误所困，不能成为它们中的一员，它的海外办公室仍然关闭着。

高盛现代意义上的国际化扩张是在朝鲜战争以后缓慢开始的。正如怀特黑德解释的："其他公司都已经走在我们前面了，它们都设立了海外办公室，高盛却还没有，而且对此也不感兴趣。如果高盛的客户希望在境外进行并购，它会通过另外一家公司——通常是在当地的公司，但是有时候也会通过美国的竞争者，例如第一波士顿公司或摩根士丹利。为了保住业务，我们知道我们必须进入国际业务的领域，但是我们的初次尝试，特别是现在回过头来看，在当时是非常失败的。"

查尔斯·萨尔兹曼（Charles Saltzman），在担任美国副国务卿之前曾在纽约证券交易所乔治·马歇尔的手下任职，在以合伙人的身份加入高盛后，他对日本市场很感兴趣，因此每年去东京出差一次。"他很受敬重，但是却从来没有下过单"，怀特黑德观察道。1974年，比尔·布朗从麦肯锡加入高盛,之前他在麦肯锡独自运作东京业务,而在高盛也干了10年。①怀特黑德回忆道:"他不太懂投行业务,但是他了解日本。"怀特黑德也很清楚政府的防御性角色,后来在抵御境外金融机构的过程中政府发挥了很大的作用:"日本财政厅总是阻挠我们的交易。它们的阻挠就像美国联邦储备局在美国进行同样的阻挠一样难缠。在英国,很明显,英格兰银行是我们的首要问题。对于我们想做的事情,它们总是审批很久——就像我们的政府对我们的欧洲竞争者一样,在美国从事的业务总是要审批很长时间。"

1969年,西德尼·温伯格和格斯·利维(Gus Levy)将林顿·约翰逊在财政部的秘书(也是罗伊·史密斯的岳父)亨利·福勒(Henry Fowler)引入高盛担任合伙人和高盛国际的主席后,高盛的国际化发展开始加速。小心翼翼地、不过度使用其政府关系的福勒形容他的国际化角色是"比董事差一点儿,但是比大使强一些"。

高盛在亚洲的发展源于一系列的小机会。1969年,一名来自日兴证券(Nikko Securities)的培训生来到高盛并坐在罗伊·史密斯附近。合伙人弗雷德·克里门达尔(Fred Krinendahl)几年前和日兴在一次发行中有过合作而且关系一直不错,因此当日兴提出希望高盛能够接受一名日兴的员工,让他有机会积累一些经验时,克里门达尔做了相关安排。几个月之后,这个业务员走到史密斯的桌前说:"不好意思,我有点儿事情想说。"

"什么事?"

"我们公司认为你们公司对日本的证券业务推动不够,但是你们的竞争对手却做了不少工作。"

"你为什么跟我说?"

"我没法和克里门达尔先生说,他职位太高了,您一定要告诉他。"

---

① 布朗的父亲当时驻日,因此他从小就说日语。他加入了耶稣大学并被送往哈佛商学院学习经济学。他在波士顿遇到了当时正在新英格兰音乐学院学习的一名日本妇女,爱上了她。后来,他加入了花旗集团,在花旗集团时,他与麦肯锡在一个合资企业咨询的业务上有合作。

"不过，我对于日本和在那边多开展些业务确实不太了解，也不清楚我们为什么应增加在那里的业务。还有，弗雷德也知道我在这方面不在行。"

日兴的人员理解史密斯所说的问题，然后提供了一个解决方案："我们会准备一份书面报告，您可以交给克里门达尔先生。"

报告写出来之后，在日兴的员工之间被反复修改了很多次，然后史密斯带着报告去见克里门达尔，他说："日兴准备了这份报告，主要内容是关于他们为什么认为我们应该在日本开发更多业务，并要我给你拿过来，你可以看看是不是要读。"

这份报告给克里门达尔留下了深刻的印象。几个月之后，他把史密斯叫到办公室说："因为你对日本有很强烈的兴趣（这对于史密斯来说也是新闻），管理委员会决定让你去日本待一段时间，看看我们是不是可以在那里开发点儿业务。亨利·福勒和查尔斯·萨尔兹曼会和你一起去打开那里的大门。"

后来，史密斯回忆道："一开始，是他们陪我出差，但是到后面就反过来了，变成我陪他们出差了。1969年那趟为期3周的出差，我们在日本与上百家不同的公司领导者会面。"

那个时候日本还没有太多投行或者证券业务，但是高盛的竞争者们都在积极地以某种方式打开局面——寻找可以做的业务，当然，如果高盛把该做的做了也会有业务。在第一次日本之旅回来之后，史密斯被告知"因为你有很强烈的兴趣以及你对日本市场的认识和专业技巧，我们决定派你去日本，但是在这个重要的职责上花的时间请不要超过你工作时间的1/4"。

在接下来的几年里，史密斯每年去日本5次，每次待2~3周。他的主要工作还是在纽约，为约翰·温伯格的客户服务。他在日本的"办公室"就是酒店客房，他给那些公司、银行和证券行打电话时都没有翻译。"大多数公司都有说英语的人或者翻译，但是我们都没有，这使我们的会议效果大打折扣。日本最大的4家证券公司把持着所有的业务，所有的外资公司都要去敲它们的门。"史密斯回忆道："竞争非常激烈。"

有一天，约翰·温伯格可能觉得史密斯在日本待的时间太长了，就和往常一样很粗鲁地说:"别占着鸡窝不下蛋。"所以,1971年,史密斯将所有的时间都放在日本市场的开发上了。

各家竞争公司的关系网都依靠日本券商的引荐,但是史密斯知道这些引荐的结果通常都是和那些"重要人物"毫无意义的会见。"我觉得能让日本人觉得我是来自纽约的、有头脑和有好点子的人更好,这样他们会来见我,而我也可以玩'你认识谁'的把戏,亨利·福勒被提及过无数次。"史密斯通过他早前建立的联系与高管们见面,他回忆道:"我们发出了很多信。"

早期发展的日子并不容易,有些困难是显而易见的。比如,与西方用字母的排序来排列建筑物的门牌号码不同,东京的建筑物是根据其修建年代进行编号的。在一次又一次迷路之后,史密斯不得不找了一个会说一点儿英语的出租车司机。语言是个大问题。在一开始的电话销售中,史密斯会说:"谢谢您和我见面。我来自高盛(Goldman Sachs)。"——他并不知道"zachs"的发音在日语里是安全套的意思。

史密斯决定不在日本生活,因为他相信,如果他不以纽约为基地,并与那里的合伙人搞好关系后再带着最新鲜的主意回到日本,他所有的开拓努力都将白费。"如果我在东京待着,和公司的关键人物失去联系,我们在日本的业务永远不会被纽约的管理委员会所接受,因为在纽约的人都认为日本的业务就是垃圾债券业务。"

为拥有300年历史的三井公司发行商业票据的项目可以看作他们在日本业务的突破点。但是美国的商业票据市场不接受日本的票据。史密斯的解决方案是安排美国的银行提供备用信用证,这是能够为投资者提供发行人信用保障的创新。在三井公司的票据得到美国市场的接纳之后,史密斯奔走于所有他认识的日本大企业,"这是向大家展示这个成本低廉的通过发行商业票据进行融资的方法的好机会,"并且努力让其他几个日本企业发行了美国商业票据。他回忆道:"那是一个难得的机遇,我们想尽了一切办法。"一年后,高盛为三井发行了可转债券,这极大地提升了高盛在日本的地位。

高盛最早做的股权上市业务是华歌尔（Wacoal）——一家内衣生产商。史密斯指出华歌尔是世界上生产胸罩最多的厂家。这对纽约人来说非常新鲜，因为日本女人一向没有美国女人看起来那么"丰满"。

约翰·温伯格问道："这东西你想卖给谁呢？"

史密斯回答道："机构。"

温伯格笑着说："那你可得好好解释一下了。"

华歌尔希望能够确认公司股票的发行会得到高盛在后市的支持。正如史密斯后来解释的："在我们获得业务之前，我们不得不保证承销会非常成功，而当我们获得业务之后，我们就仔细研究数据以找出成功承销的方法。"那次交易非常成功而且利润丰厚。

高盛在伦敦的第一个办公室是由鲍威尔·卡伯特（Powell Cobot）在20世纪70年代设立的，鲍威尔·卡伯特是西德尼·温伯格的好朋友保罗·卡伯特的儿子。后来萨珀·西曼接了他的班。萨珀是荷兰人来自华宝（S.G.Warburg），他将办公室的规模扩大了，人数发展到20多人。1970年，刚刚当上合伙人的迈克尔·考尔斯被派到伦敦当主管,他希望将所有的国际业务并为一体。史密斯回忆道："没有人告诉我们该怎么办，也没有人监督我们工作。我们在别人的视线和考虑之外，自由地决定自己该干什么。我给好多人打电话介绍我自己和我们公司。"

由于高盛在伦敦的企业界几乎没有什么名气，所以它必须有极其"尖端的"产品才能挤入市场。"幸好我们有商业票据那样的产品，"怀特黑德回忆道，"我们独特的产品让我们能有一个良好的开端。"商业票据业务当时在伦敦还不为人知，在欧洲大陆也没有这样的产品。作为美国领先的商业票据交易商，高盛能够发售非常与众不同的产品。通过使用商业票据，大型企业能够用比银行商业贷款低得多的利率提高营运资本。就如怀特黑德解释的："在欧洲，商业票据最大的突破就是法国电力在70年代早期（通过高盛）成为主要发行商。"

怀特黑德试图使商业票据在刚刚起步的国际业务中发挥领导作用，

他回忆道："我每年都会去伦敦两三次，并且会去欧洲出差。与我们投行组的人待上一整天，包括特德·博茨、让-查尔斯·夏庞蒂埃和鲍勃·汉伯格。很自然，他们那时候都时刻准备着开展业务。我并不是一直四处寻找发行商业票据的机会。我也在观察我们还能卖点儿什么其他东西。"

10年之后，在继续日本的工作的同时，罗伊·史密斯被派往欧洲，当时吉恩·阿特金森成为东京办公室的主管。在3年时间里，在东京工作的史密斯每个月都需要去伦敦待一周。当时伦敦有60多名员工，大多数是证券销售人员，办公室设在维多利亚女皇街上的一幢大楼里，那里也是芝加哥的伊利诺伊州大陆国民银行的代表处所在地。[①]英国最主要的银行业监管机构——英格兰银行坚持所有大银行和交易商都应该在伦敦金融城能够步行走到的地方办公，不过高盛并没有被认为是主要的大券商，因此也没有被要求在"平方公里"[②]办公。

在玛格丽特·撒切尔1979年废除外汇管制之前，英国投资者对投资美国股票都十分谨慎，所以交易量也很小。实际上投资者在购买美国股票时有4个层面的不确定性：

- 该公司业务如何？
- 该公司在纽约证券交易所的价格如何？
- 美元对英镑的汇率会如何变化？是贬值，还是……
- "美元溢价"如何改变？由于英国一些部门和机构不能进行美元和英镑的兑换工作，因此机构投资者必须先从其他英国公司处购买美元用来投资，在伦敦，美元的售价随着市场的突变可能会有30%的溢价。

这些不确定性极大地限制了美国股票在伦敦的活跃程度和高盛业务的发展，人们都期望废除外汇管制和30%的溢价规定。公司的小额经纪

---

① 4年之后，高盛公司的员工数量翻了3倍，达到180人，搬到了老贝利街的办公楼群。
② 平方公里（Square Mile），特指金融城最中心的办公区域。——译者注

业务对伦敦和高盛来说都不重要。高盛的投行一度还做小型的出口业务；帮助英国公司购买美国公司；担任"销售方代理"为待出售的美国公司寻找英国买家。高盛也出售商业票据、进行一些私募债权的定向发行，偶尔会负责国际证券银团在美国的发行份额，但是它主要还是一家向英国机构投资者提供经纪服务的美国券商。所有的交易仍然在纽约操作，所以仍然被纽约的后台所控制。中东客户的经纪业务也同样不由伦敦管理。史密斯的职责是构建业务并观察高盛是否能够开发出适用于英国和欧洲大陆的投行业务。欧洲债券是一个可能性，但是就像史密斯解释的那样"与那些极富侵略性的竞争对手同台竞价也使得开展业务成了最容易亏本的道路"。1982年夏末，高盛购买了一家美国银行的伦敦商业银行部门[①]以帮助本润（J·Aron）的全球商品交易进行融资并将其更名为高盛公司。

在20世纪80年代早期，国际业务在公司的并购和债券业务中所占比例为20%甚至更高，经纪业务也差不多接近20%，但是对公司收入的贡献比率却只有10%，而且还在亏损。但是到了20世纪80年代末期，国际业务的利润已占公司利润的20%。将高盛转变成为一台国际机器，需要改变公司内部以及数以千计的客户和非客户的主旨和理念。自1921~1984年，隆星燃气（Lone Star Gas）主要通过两家投行（高盛和所罗门兄弟）开展它的众多业务。隆星是最"忠诚的客户"。该公司的CFO桑福德·辛格确实喜欢高盛和所罗门兄弟，而且他也知道这两家公司在美国确实让他受益匪浅。他还有一小块业务在欧洲，但是，他从来都没有想过把那里的业务交给高盛。史密斯说道："我们最忠诚的客户想当然地认为我们没有能力而且也没有兴趣做国际业务。很显然，如果我们最好的客户都不给我们打电话，那么其他客户也会这样对我们的。"

---

① 伦敦商业银行，该银行是位于达拉斯的第一国民银行在1973年成立的一家银行，它曾经是美国商业银行在英国分支机构中最富进取精神的一家，1979后受到母公司约束，很多高级人员因此辞职。在被高盛并购时，该银行有十几名员工和大约4 000万美元的贷款余额。

回想1975年国际劳动节那天，美国的固定经纪佣金制度终结，史密斯说道："如果我们事先知道股票经纪业务的消息和急剧下跌的手续费率，我们肯定会积极地关闭我们的店面。幸好我们有格斯·利维的领导，他和约翰·怀特黑德一样无所畏惧。'你什么都能干'，他们说，而且他们也真那么认为。'出去找业务去！我们有钱，我们也有人。'"所以在80年代，当其他竞争对手的国际化进程减缓和势头减弱的情况下，高盛屹然挺立而且还在加速发展。

比尔·兰德里思（Bill Landreth）注意到伦敦一栋办公大楼上的一排字："足球"。作为一个有点儿想家而且还爱好运动的人，他猜测那可能与他知道的美式足球（即橄榄球）有关，但是他很快意识到那是足球，在英国都叫足球。然后他注意到另外一行字：科威特投资局（科威特投资局）。他当然知道投资是什么意思，当时正好有点儿时间，所以他决定去看个究竟。下了电梯，他问前台如果要进行股票投资应该找哪一位，前台告诉他应该找巴肯先生。戴维·巴肯（Darid Buchan）出来后，两人攀谈起来，两人几乎立即就喜欢上了对方，并开始了一段重要的新关系。

科威特投资局是科威特政府的投资机构。所罗门兄弟雇用了科威特投资局一名高级官员的儿子，已经和科威特投资局开展了实质性业务。美林也开始了与科威特投资局的业务。但是高盛与科威特投资局的关系发展非常迅速，很快巴肯就开始与兰德里思分享他的投资目标。

科威特希望在美国的投资是安全而且具有流动性的。其计划是购买不同美国公司的股票。投资总额很大。"高盛愿意悄悄地帮我们进行投资吗？"

"当然。"

"但是美国证券交易委员会（SEC）对超过5%的持股设定了报告义务，所以我们能买的数量有限。"巴肯很谨慎。对于交易商来说，购买一批大公司5%的股份是一项大买卖。即使像比尔·兰德里思这么低调的人，当一些他从未听说过的大公司逐渐稳步成为自己的客户时，也必须非常努力才能够保持冷静。兰德里思很想实事求是地说："还可以。"

科威特很小心也很迅速地下了最大的单：在美国最大的50家企业的股份上建仓。

股票经纪业务在伦敦仍然是小业务，但是已经开始显现出潜力。高盛上午集中向英国机构销售英国股票，等到纽约股市开市后，整个下午则向它们销售美国股票。"我们胆子很大，没有人在纽约监控我们，"史密斯回忆道，"在国外的所有时间都像是在前线作战一般。"为了完成一家丹麦公司的私募，尽管在截止日期前，股份并未被全额认购，未出售的余额仍然被伦敦办公室买下并暂时持有——这种事情绝对不会发生在纽约。史密斯回忆道："在从华宝手上抢到皇家化学工业公司的业务后，我们第一次在交易中亏损了100万美元。他们认为我们从那项业务中赚到了钱，好几周都不搭理我们。"在外汇管制于1979年被取消之后，对于美国股票，特别是科技股和医药股的需求开始井喷。

关于欧盟和统一货币的谈判还悬而未决。财富和发展机会明显地向欧洲聚集。在证券销售经理比尔·兰德里思的有力领导下，证券交易量不断上升。

由于这些积极的变化，越来越多的合伙人对怀特黑德的国际视野表示认同并且同意为进军欧洲甚至亚洲进行很大的投入。但不是每个部门都愿意做出这样的承诺，有些部门表示反对——对于高盛来说，欧洲的机会太少，而公司需要投入的成本却太大。更重要的是，美国的业务机会很多、很明显，而且处于上升阶段。另外可能的业绩下滑会影响到每个合伙人能够拿到手的净利润。这验证了合伙制度在做长期战略决策时长期存在的问题：需要一致同意时每个合伙人都有自己利益和业务的小算盘。这些冲突建立在一个经济事实之上：可能给未来合伙人带来显著和长期赢利的承诺会将负担和成本加到现任合伙人身上，而这些人恰恰又是现在需要决定是否要承担这些费用的人。这是对两任约翰的领导魄力和他们对巨额国际投资长期利好的高瞻远瞩的见证。

作为交易员，需要担心很多短期问题，大家都以为鲍勃·慕钦（Bob

Mnuchin）会反对长期投资，但是实际上，他却非常喜欢公司开发国际业务的计划："我们了解那些亚洲人和欧洲人所不了解的资本市场和交易方式。他们不知道如何利用资本市场进行交易。他们还需要花很长时间才能学会大宗交易——可能他们永远都不知道如何正确地进行大宗交易。"但是在此之前，门舍尔和慕钦都曾对此经常持反对意见。

理查德·门舍尔（Richard Menschel）对于大力进行国际扩展心存忧虑。"我们在美国国内的业务机会很多。我们知道怎么玩游戏，也有人会玩游戏。而且我们知道现在能赚很多钱。"门舍尔并非是唯一有此想法的人：大力进行国际扩展只是浪费赚钱时间和机会的行为。他们认为："我们可以通过利用现在势头很好的国内机会赚更多的钱。""没有必要将那些年轻的狮虎——那些正在迅速开展业务的年轻人调离这个庞大的市场而让他们去伦敦和巴黎那样名气大但是业务量小，甚至利润率更小的市场。""如果欧洲或者亚洲市场真的是长期的大型业务所在地，我们可以在5年甚至是10年后再去。该在的还会在那里。让我们的竞争对手去应付监管、异域文化、建立民族文化、反美主义和那些棘手的事情，我们正好利用这个机会在国内发展我们的赢利能力和资本金，美国本土市场可是全球最大和最好的市场，要是有5~10年的时间，我们可以做不少事情呢。我们会赢得基础市场，我们的市场。我们还是不要浪费这千载难逢的机会，只要等着，我们很快就有能力进行国际扩张。我们将会变得不可战胜。"

如果高盛能够找到合适的切入点，社会上发生的变化会给其国际发展创造机会。所以，收购强大的本土公司是显而易见的机会。伍德-麦肯兹（Wood Mackenzie）是伦敦经纪领域的领头羊，一直与高盛进行股票经纪交易业务。由于这家公司一直致力于为高盛提供最好的服务，其业务一直在爬升，事实上，该公司已经包揽了高盛所有的代理经纪业务和合伙人鲍勃·弗里曼（Bob Freeman）所有的国际掉期交易，高盛成为其第12大客户。在一次与高盛分行经理的午餐会上，伍德-麦肯兹公司的鲍勃·威尔逊和约翰·希恩解释道："我们没有美国股票的业务给你们做，所以我们无法回馈你们。不过肯定有我们能帮上忙的地方。"威尔逊知道弗里曼极其想见一位在布鲁塞尔的欧盟监管官员，但是好像不太可能，所以他问希恩是否可以帮忙安排。

"你想见谁？"希恩问道。

"克里斯托弗·图根达特。不过好像办不到。"

"我来看看能不能帮上忙，然后再给你电话。如果能安排，你希望什么时候见？"

希恩没必要告诉弗里曼他与图根达特相识多年，而且还曾聘请他担任伍德-麦肯兹的顾问；除了朋友这层关系外，他也是图根达特竞选议会席位时的财政支持者之一。图根达特接听了希恩的电话后，表示很愿意会面，什么时候都可以。10分钟不到，这个不可接近的官员与弗里曼的会面已经被安排妥当。希恩的行动成功地表明：伍德-麦肯兹能够成事。

高盛和伍德-麦肯兹的合伙人们开始考虑合并的可能性。伍德-麦肯兹年度合伙人业务计划周的讨论结果是，公司将来要引进跨洲的所有人的机制。但是和谁呢？由于不知道与谁合并最好，希恩到了纽约之后开始给所有的大公司打电话。在与迪克·门舍尔和其他人会面之后，希恩有了决定："不要再多想了。很明显高盛是最好的选择。"1986年英国的大变革带来了政策的松动和伦敦公司的实质性开放——之前法律禁止其所有权对外开放，高盛有兴趣购买伍德-麦肯兹14.9%的股份，这是当时能够买到的最大比例的股份。因此双方在纽约安排了一整天的讨论和晚宴。希恩准备了一份30多页的关于伍德-麦肯兹简介的内部文件，全天的讨论非常热烈，迪克·门舍尔说道："我们今天告诉你们的关于我们运营和赢利的东西比我们告诉任何人的都要多。"讨论进行得非常顺利，而且双方也不断达成良好的合作意向。在一次短暂的休息之后，晚餐继续讨论。

当时确定的购买价是3.5亿美元，对于高盛的管理委员会来说，如果是购买一家仅进行代理的英国经纪人的股权，这样的价格过于昂贵，但是如果能加上美国式的大宗交易，那么交易应该可以达成。

鲍勃·慕钦对于任何基于大宗交易的潜在赢利能力的重大行动都非常在意，因为那很明显就是他的业务。

## 19 傻子出国记

从伍德-麦肯兹的15位合伙人和高盛的人就座在晚餐桌时起,友好的气氛开始变味。当晚的讨论被慕钦越来越富有侵略性的针对伍德-麦肯兹如何组织交易,特别是大宗交易的问题所占据。随着慕钦的行为举止越来越咄咄逼人,慕钦的同事们意识到那是因为烈酒的原因,而那些来自英国的访客们完全没有意识到发生了什么。尽管希恩和其他人很礼貌地解释道:在伦敦,一家公司要么只能做交易代理,要么只能做市商,不能同时经营两种业务。但慕钦并不接受这样的解释,继续不停地以争论的口吻提出一个又一个让人难以回答的问题。整个会议的友好气氛很快就被破坏而无法再继续下去。在告别之后,慕钦和希恩一同乘坐出租车回住处。就像希恩多年后回忆的:"那天在出租车上的时间可真长啊。"

第二天早上,希恩接到高盛合伙人的电话:"我们听说鲍勃昨晚发飙了。"

"是的。"

讨论结束了——永远地结束了,而高盛仍然需要找到另外一条路以在伦敦和欧洲开展大型业务。[1]后来斯蒂尔解释道:"你可能认为构建业务最快的方法是并购,但是大部分并购都是非常昂贵,而且令人失望的——这都发生在几年以内。"[2]1986年的大变革不但允许交易代理从事市商业务、金边债券交易和商业银行业务,还允许外资银行收购英国公司。

在这场并购风暴中,两年内发生了约20起并购交易。但是大部分很

---

[1] 在大变革之后,摩根大通几乎收购了伍德-麦肯兹,但是在最后一秒钟终止了交易。伍德-麦肯兹后来与希尔-塞缪尔银行(Hill Samuel & Company)合并,不过合并的公司后来并入国民西敏寺银行的股票经纪部门:国民西敏寺证券。

[2] 高盛本该和华宝合并。一家公司在美国是领袖而在英国默默无闻;另一家则在英国赫赫有名;两家公司在欧洲大陆的运营都不强——都需要借助对方的市场变成真正的"国际"大公司。怀特黑德解释道为什么最后没有成事:这个议题从未被考虑过"由于我们根本不相信并购的扩张方式而实现目的。另外,我们对于对方公司有好几个非常有权力而且年纪很大的合伙人有顾虑。而且,就我们观察,他们有一种倾向,对于他们自己来说可能是一种爱国主义,而对于我们则更像是一种傲慢的态度。也许我们行动缓慢且谨慎,但是我们希望的是,一步一步地靠自己进行扩张"。

快以失败而告终。在实质性的争论之后,最强的领导者——约翰·温伯格和吉姆·戈特(Jim Gorter)胜出,他们分别是芝加哥办公室的领导和高盛的真正当权者。决议在1986年下半年做出,不是购买,而是尽可能快速构建。就像戴维·塞芬(David Silfen)的回忆:"我们能够看到欧洲发生变化的信号——变化正朝我们这边走来。所以,我们决定抽调芝加哥、洛杉矶还有纽约最好的人手,并对他们说,'你们有两个任务。第一,找到在当地如何开展大量业务的方法并开始开拓业务。第二,找到你们的继任者——拥有当地护照的人,告诉他们如何才能取得成功。然后你们就可以回家了。'"对于那些成功的人,你不必向他们承诺可以成为合伙人。

鲍勃·斯蒂尔还记得迪克·门舍尔对他说:"有些人可能会给你打电话,描述你在伦敦歌舞升平的日子。不过,上帝啊!"信息非常明确:"别当傻瓜。去那里对你的事业一点儿好处都没有。"第二天,斯蒂尔接到吉姆·戈特打来的截然不同的电话:"鲍勃,这可能是你一生中最激动人心的时刻和你事业中最光辉的岁月。你在高盛已经干得很好了,所以现在你有机会去伦敦向我们证明你到底有多么棒。"

被选中的人都接到了类似的电话。斯蒂尔找到特里·马尔维希尔,想听听他的意见,他已经做好准备,认为他"叔叔"会让他留在芝加哥,但是他得到的反应却是截然相反的:"鲍勃,这是你绝好的机会,赶紧去伦敦,让我们为你感到无比自豪吧。"①

基恩·菲弗、鲍勃·斯蒂尔、杰夫·瓦因加登和帕特·沃德加入了已经在伦敦的比尔·兰德里思和约翰·索顿的团队中,和他们一起的还有来自东京的亨利·詹姆斯以及从其他海外主要国际中心调任到那两个地方的总共10名骄傲的勇士,他们的共同目标是要大幅提升利润。

这些优秀人才中有的是决意证明自己的新任合伙人,有的是具有同样决心且快要成为合伙人的人,他们所有人都相信他们可以通过销售成熟

---

① 马尔维希尔也是为新星提供建议的"叔叔":"婚礼、成人礼、葬礼对于职员来说都是一辈子一次的事情。早去15分钟,你可以有机会和那些同样关心此事的人攀谈并成为朋友。"

的服务而获得成功,将那些在美国已经非常成熟的服务销售到欧洲,因为当地银行和交易商对于很多交易都毫无概念。由于泛欧洲市场刚刚起步,因此还没有哪家本土公司和国际竞争者在当地占有绝对优势。

"早些年,公司确实很少派出最优秀的人才。"索顿对此表示认同。"而且,可以预见的是,那些出色的欧洲专业人士也不愿意加入我们公司。仅靠说'我们想实现全球化和成为卓越的公司'是远远不够的。甚至在公司开始在欧洲进行非常理性的投资之后,我们还是有很多最优秀的人才选择留在家里,关注美国客户,根据已经策划好的战略进行那些已经非常熟悉的交易,同时获取高额的利润和收入。所以,在欧洲,我们决定与我们曾经打过交道的人携手,并通过大量的关注和努力做到最好。为在每个市场建立自己的地位,我们的招聘和业务的开展都是一个国家一个国家地进行。如果你能成功地招聘到一名杰出的欧洲人,那么招第二个、第三个就容易多了。从英国开始,我们向法国、德国和其他欧洲主要国家逐渐扩张。"

当斯蒂尔在1987年2月从芝加哥飞抵伦敦的时候,他的任务是在交易和调期业务上构建大型的、利润率高的股票交易经纪业务,当时高盛对英国和欧洲大陆的机构投资者只销售了区区2 000万美元的美国股票,其中包括一些疲惫的交易员销售的少量英国股票。那明显算不上重要的业务,但是斯蒂尔的任务却非常明确:"如果你能让这项业务在高盛变得重要,高盛就会让你当合伙人。"做到这一点并不容易。英国股票交易数量很大,但是利润率却非常低;美国股票的交易量虽然在上升,但是由于交易费越谈越低导致利润率也大大缩水。最有希望的是将低利润的代理业务转化成为利润丰厚的自营交易,一开始主要是做那些两地上市的公司:包括BP(英国石油公司)、英国帝国化学工业集团、壳牌以及京东海上保险等公司——它们在伦敦和纽约以存托凭证的方式上市,美国公司在该市场上具有相对优势。

"我们认识到在大变革之后,金融机构将很快占领股票市场,它们对于流动性的需求会有所提升,"合伙人彼得·萨克斯(Peter Sachs)回忆道,"这说明大宗交易会在伦敦开展起来,这将极大地改变市场而且大大加快整个公司交易业务流程的速度。由于受大改革的影响,银行、交易商和经纪业务会合并,而市场肯定会向上爬升并有很强的资金需求。伦敦的交易商和商人银行资本金规模很小,他们不但难以保住他们的地盘,更无法撼动我们的业务。这是最经典的克劳塞维茨[①]战略!我们从美国劳动节的那次经验可以预见伦敦在大变革后的情况,所以我们知道我们会开创大型业务。但是我们首先要成为一家强大的本地券商或商人银行。"尽管股票经纪业务基本上是保本的日常业务,但是经验丰富并致力于此项业务的交易商会看到最有利的交易机会,所以它能够发掘最能获利的交易机会。在这类基础业务之上,任何承销业务可以为公司带来的利润几乎都能算作是纯利润了。伦敦的公司最不愿意与像高盛一样的外来者分享的正是这一部分有限的收入。斯蒂尔回忆道:"英国公司对于美国人极力挤入他们的业务圈非常反感,尤其是那类数量并不多的业务。这些公司的办公条件恶劣,交易又都是代理业务,能分享的业务本身就少,偏偏我们又来了。"

斯蒂尔决定通过给主要客户打电话以了解当时的形势,看看他们对高盛的感觉,了解他们对如何提升业务有何建议。"我到威廉国王街的水星资产管理公司了解情况(当时是伦敦和整个欧洲最大的客户)。我们想了解一下我们应该采取什么样的战略以及我们应该如何在股票业务(我们在美国的基础)之上构建业务,我们仅有他们股票交易量10%~12%的业务。"斯蒂尔知道的第一件事就是水星资产管理公司的美国股票业务量只是其庞大经纪额的极小一部分。尽管高盛在美股上有不错的竞争力,但是那项业务对水星资产管理公司来说无关痛痒。所以,作为美股经纪商,高盛对于水星资产管理公司来说同样微不足道。对于大量交易英国股票、日本股票,德国、荷兰或者意大利股票的公司而言,高盛在美股交易业务的地位根本不足挂齿。最后,每家投资集团,不论是英国国内的、日本的,或者欧洲大陆的投资集团都在水星资产管理公司大楼的不同楼层办公。每

---

[①] 克劳塞维茨(Clausewitz, 1780~1831年),德国军事理论家和军事历史学家。著有《战争论》一书。——编者注

家集团都有其进行投资决策的和分配经纪佣金的独特方法。为了能使这个非常重要的客户重视高盛,高盛必须发展与每一楼层的关系——几乎都是从零开始,而且还要与这些极难应付的对手竞争。

"所以,那是我们要做的事情,"斯蒂尔说道,"我告诉管理委员会我要扩充两倍半的人手。管理委员会说:'可以!'第一年我们就招聘了12人。我们雇用那些聪明、有冲劲和经验丰富的30~35岁的人,他们懂业务,在事业上有野心。他们刚进来就有机会与最大的客户合作,而在他们原来的公司,这样的机会可能要等上十几年甚至二十几年。其他公司的员工流动率是20%~30%,而我们则为零。我们每年通过招聘增加3%~6%的员工,他们都是MBA,而且都关注于最赚钱的业务。在招聘过程中,我们学到了许多伦敦金融城如何运作以及这场游戏应当如何玩的知识。比如,我们了解到嘉诚证券(Cazenove),这家伦敦的爱国经纪商的资深公司往往将其深度研究报告首先提供给其喜爱的客户——他们都是自己人,让他们有机会能先于其他机构投资者进行投资。我们认为那样做业务是不道德的。"

对于高盛和其他美国入侵者来说,值得庆幸的是英国公司犯下了战略性错误。它们有些和商业银行结盟以获取资金,但是与资金一同到来的是商业银行一无是处的管理以及商业银行家对于薪酬和风险的接受程度的问题,这一切很快将吞噬经纪商。有些经纪公司与其他同行合并以扩大规模,但是它们又无法获得做市所需的资金。当时英国最强大的商人银行华宝由于在欧洲大陆的每个国家都兼并了一到两家领先的经纪商而大大分散了其令人畏惧的力量。这样的战略让这家曾经风光一时的公司的业务模式变成了高成本低收益的结构,而且战略上非常僵化:傲慢的本地管理人员只具备本国市场经验,坚持执行他们熟悉的战略,而其高级管理层为了保护其本国员工而对合并方为节省成本而采取的重大措施不予配合。

很明显,在业务从封闭保守的本国市场走向激烈的国际竞争并不断蚕食佣金费率的开放市场时,节约企业成本是非常现实的战略方针。大部分欧洲大陆的股票交易商试图与其他国家的交易商合并,但是这将导致他们的费用增加、结构僵化,华宝就是一个很好的例证。但是这不幸的战略却让美国公司——特别是高盛、摩根士丹利和美林能够通过积极进取和灵活的战略成功突围。就在华宝购入其他公司并将自己困于僵化的、分散的、高成本的组织结构中时，高盛已经开始为其将来的发展招募一名又一名最好的员工，在控制费用的同时又保持了良好的灵活性。同样重要的是，高盛非常珍惜摆在各家公司面前不可避免、不可抗拒的发展和巨变的机会，因为它就是在同样处于变革和转型的美国市场中获取优势地位的。

最重要的目标，特别是在投资研究方面，是将别人对美国公司的高风险、有今天没明天、默默无闻、毫无安全感的看法转变成为认为高盛是了解世界而且知道在新时代里如何取胜的全球领导者。为了建立不同寻常而且别人能感知的研究团队，招聘到关键的员工是最基本的条件。在这个问题上，高盛非常幸运，因为机会只光顾那些有准备的人。

在罗德西亚长大，在牛津读经济学，然后在剑桥完成博士学位后，加维·戴维斯（Gavyn Davies）和工党政府的詹姆斯·卡拉汉一起到了唐宁街10号。然后他加入了Phillips & Drew，一家知名的研究和投资机构，在那里，他和戴维·莫里森（David Morrison）一起工作了几年，随后他们俩一起加入了Simon & Coates。"随着大变革带来的机会，我们觉得应该寻找更好的雇主，"戴维斯说道，"1985年，我们决定调查一下华尔街的公司，我们觉得高盛和摩根士丹利都不错，但是实际上我们对于两家都不太了解。我们知道高盛没有国际经济学家，所以我给在纽约的李·库珀曼打了个电话，他把我转接到加里·温格罗斯基（Gary Wenglowski），他是高盛的首席经济学家。"温格罗斯基非常直白："我从来没有听说过你们。你们为什么想来高盛工作？"

"我们认为你们公司能够胜出。"

"嗯，我不知道你们是谁，也不知道你们能干什么，所以我没法给你们任何鼓励。"他很有效地结束了对话。

一年之后，高盛开始扩展一系列在欧洲国家的固定收益业务——英国的金边债券、德国的债券以及其他产品。作为在欧洲富有野心但是全新的债券交易商,高盛需要一位新的研究员来负责这些新市场。戴维斯回忆道:"他们做了一些考察,然后发现……戴维·莫里森和我是合适的人选。"

莫里森小心地问道:"我们现在为什么要去?一年前我们想加入时他们拒绝了我们。"

但是一年已经过去了,他们认为高盛正在致力于加强其研究力量,并且对欧洲的主要经济状况也有了一些基本的了解。戴维斯对于高盛能够成为成功的公司,以及他和莫里森能在高盛大获成功的信心与日俱增,这是一个具有双重放大效应的方案。他们组建了高盛的欧洲经济小组,并将他们覆盖的区域扩展到了日本乃至亚洲,而当时鲍勃·乔达诺(Bob Giordano)也正在组建其美国经济研究力量,戴维斯和莫里森与鲍勃的小组合并——这并不是美国经济加上国际经济,而是包含了美国经济的国际经济。他们的发展恰逢其时。

市场,特别是货币市场和债券资本市场正在整合成为一个全球的市场,而机构投资者也积极致力于国际投资。突然间,每个人都开始希望通过全球经济状况进行决策,而高盛的交易员们也在寻找如何避免出错和如何创造利润的指南。戴维斯回忆道:"客户们觉得高盛正在严肃地对待世界。虽然美国非常强大,但它并不是故事的全部。"

由于戴维·莫里森对于债市的喜爱超过了对经济理论的喜爱,所以他们所有的关于经济和货币的研究工作都与高盛的交易运营结合得很好,并且为高盛赚了很多钱。莫里森对市场的短期异常变动和各国长期的政治政策有独到的眼光,高盛的交易员觉得他的帮助非常有价值。

戴维斯主要关注中央银行,同时预测利率和汇率的变化。"我们做了大量的书面和个人演示,为了让我们报告的内容易于理解,我们还使用了各种图表。机构投资者觉得这些东西非常有用。我们在正确的时间和正确的地点提供了正确的信息,不到两年我们俩都成为合伙人——部分是因为高盛知道需要有能让大家看见的欧洲合伙人,以便消除那些不理解我们处世原则和价值观的外国人对美国人的不信任和偏见。"在高盛招聘了最好的和最聪明的欧洲人,并将他们与戈特、鲁宾和弗里德曼派往欧洲的年轻团队结合之后,大众怀有的对美国公司的排外情绪有所改变。

戴维斯回忆道:"接下来的赚钱机器就是货币市场。我们预测了两次重大的贬值过程。高盛非常希望能成为英国和德国的政府债券交易商,我们对这两个经济体的研究工作对高盛非常有帮助。"在公司内部和市场中,大家很快认识到高盛对于国际化路线是非常认真的。利昂·库珀曼(Leon Cooperman)说道:"我真是从来没有想过会有一位国际经济学家做我们的合伙人——更别说两位了。"

戴维斯和莫里森通过创建明显的、最好的经济研究产品开始了高盛对新市场的研究。他们决意要避免两个关键性错误:对于任何业务的前景给予过于短暂的关注以及对世界过于单一的关注;鼓励公司内部的创新竞争。他们成功和赢得信任的第三个关键因素是他们的独立性。戴维斯说道:"我们不受任何来自国会的不适当压力的干扰。"这可以用一次非常戏剧化的对峙来印证。

在对法国经济和法郎的数据进行分析之后,戴维斯和莫里森得出结论:法郎被严重高估而且肯定会贬值。1993年的一天,法国央行的总监斯坦先生挥舞着戴维斯关于法郎会贬值的报告冲进戴维斯的办公室。"这是什么报告,你敢相信你自己写的东西吗?"

"是的,我相信。"戴维斯回答。

斯坦愤怒地离开了,并撂下狠话,这事没完,走着瞧。

两天之后,斯坦的上司让·克劳德·特里谢坚持让史蒂夫·弗里德曼到他位于法国银行的办公室。他非常愤怒:"你是个白痴!你根本不了解法国。你是个白痴!法郎根本不会贬值!"

整个国家央行自上而下施压——直接要求弗里德曼解雇戴维斯。"你和你们公司都没用,除非你把做出这样可怕的事的人解雇掉,否则你们再也别想在法国赚到一分钱。"

在与戴维斯和莫里森以及公司其他人商量以后,弗里德曼拒绝了这一要求,他说:"戴维斯先生是一位不可多得的经济学家。他对货币的研究赢得了我们很多客户的尊重。对于我们的客户来说,他的专业知识非常重要,当然,对我们公司来说也一样。所以,尽管我们尊重你们的建议,但是我们不准备告诉他应该说什么或者应该做什么。"不到90天,法郎果然出现了贬值。

戴维斯和莫里森将他们对货币的分析集中在每年出的三四份分析意见中。每份报告都能使高盛建立大量的高杠杆头寸。戴维斯和莫里森大概有2/3的分析是正确的。对于富有经验的交易员来说,他们的分析非常有用,具有巨大的意义。他们一次一次地为公司赚大钱。

华宝的明星汽车行业分析员蒂姆·普劳特能够感受到在伦敦发生的变革。但是在他自己的公司里,他对未来的警告性见解却无法获得认同。本着"如果你没法打败它,那就加入它"的宗旨,他联系了戴维斯。他们讨论了将来,戴维斯鼓动其加入第一支泛欧洲全明星研究团队,该团队成员都在伦敦工作,该团队将会成为具有强大竞争优势的跨国的"研究—银行—交易"三角形的强大一边。利用其跨国组织,高盛稳定地在一个一个的国家获得了有利的市场地位,特别是在最好的经纪业务集中的地方赢得了大型机构投资者。

利用这"第一只知更鸟",曾经的美国明星分析员杰夫·温卡登开始了一连串的招募行动,并稳步地打造了一支强大的研究团队。他的战略就是挖走英国机构在各行业的"潜力无限但经验不足"、愿意致力于客户服务和具有非凡动力的研究员,给他们提供在他们原来雇主那里没法获得的更快的提升机会。作为"研究员的研究员",他是一个具有说服力的招聘者,很快就将高盛塑造成为终极职业目标的雇主。

在其常年争夺市场领导权的战斗当中,高盛有过巨大或突然崛起的优势,也有过巨大或突然的失误。有时候只是因为运气好,有时候是因为他们反应机敏。当嘉诚证券的管理者戴维·梅休(David Mayhew)希望和高盛的高级管理人员见面时,帕特·沃德代替当时要在纽约参加其他会议的鲍勃·斯蒂尔(Bob Steel)与其会了面。作为在东京办公室起家的南非人,沃德对于伦敦很陌生,也从未见过梅休。梅休当时正准备到公司讨论刚刚发行的每日电讯公司股票的大宗交易事宜。

梅休于下午5时到达高盛的伦敦总部。为了欢迎他的客人,沃德穿上了西服,因为嘉诚证券一向被认为是女王御用券商而且在伦敦金融城有着特殊和天然的优势。沃德到第6会议室迎接客人并向他介绍他们的交易员迈克·欣茨(Mike Hintze)。梅休掏出香烟,点燃,然后摆出一副准备控制局面的架势,并将沉重的玻璃烟灰缸往自己方向挪了一下以便能够轻易地够到。沃德不喜欢抽烟而且不愿意衣服上留有烟味,所以他脱掉了西服。明显希望掌控局面的梅休用毋庸置疑的口气说道:"这次交易的决策者是英代(In-dyah)。我今天和他讨论过,而且告诉他市场价是513个点,所以合理的价格是503个点。"

欣茨,这个奥地利人——他的专长是大型大宗交易的竞价,看起来很茫然地用手搓着圆珠笔,而且越搓越快。沃德站了起来,走到梅休后面轻轻地伸展身子以缓解背痛,小心谨慎而又希望避免太过正式地说:"戴维,非常感谢你来,也很感谢你的初步建议。"然后他转向奥地利的交易员继续说道:"迈克,你已经听到这个意见了。你知道交易金额非常巨大——约有1.8亿美元,而且这笔交易只可能由我们来做,由我们来考虑,因为我们有巨大的资产负债表。没有我们肯定做不成。所以迈克,你来决定出价———一旦你给出价格,那就是我们公司的最终价。"

高盛出价493便士。随后花了整整两天完成配售——在29天之后,由于每日电讯公司担心发行量不稳而降低报纸的零售价,也就是大幅降低利润,导致其股票市价突降,跌幅超过40%,低于300便士,就像威灵顿在谈滑铁卢时说的:"这可真险啊。"就像黑道家族会小声抱怨地说道:

**19** 傻子出国记

"这不是个人问题。这是生意。"欢迎来到伦敦。①

就像股票经纪业务对高盛来说非常重要一样,打造强大的国际投行业务对高盛来说可能更重要一些——部分是因为利润,部分是因为地位。很多英国公司的价值大大超过其股票市值,所以高盛很快把工作重点放在即将成为这些面临恶意并购危险的公司的顾问身上。即使无法赢得整个业务,也要争取分一杯羹。由于高盛在美国反并购业务的领导地位,在这项公司融资新业务中拥有特殊的专门技能,加之受那些管理层朋友的青睐,高盛赢得了好名声。

约翰·索顿所说的"死亡之舞"指的是一家公司无法逃脱最终不可避免地被并购的过程。"你能够影响结果,而且通常你也能选择最终的并购方,但是你很少能够避免并购的发生。对于管理层来说,最坏的选择就是相信那些井底之蛙说的话:'这些白痴,我们很快就能摆脱他们。'"

帝国集团,即以前的帝国烟草公司通过高盛的鲍勃·汉伯格(Bob Hamburger)购买美国的霍华德·约翰逊公司;汉森信托恶意并购皇家公司——获得成功。高盛是反并购小组的成员,在帝国集团的传统商人银行背后提供支持,但是并购最后还是无法避免。在一切都结束,并购即将开始执行的时候,所有参与方聚在帝国集团参加"葬礼"午餐。午餐持续到将近下午3点——并购交易的正式结束时间,在那之后帝国集团的所有管理人员都会离任。话题转到每个人接下来会干些什么。有个人说他要去印度,去哈德良长墙旅行两周。而坐在桌子末端的两个高盛的人说他们4点钟和伍尔沃斯有个约会,伍尔沃斯在一天之前聘请高盛协助它抵御来自电子零售商迪克森(Dixons)的恶意并购。高盛已经在关注下一次业务机会。

---

① 沃德和梅休后来成为朋友。梅休的儿子在高盛工作时有时会到梅休在乡下的家里度周末。在知道梅休在伊顿读书但是没有上过大学之后,沃德和他开玩笑说道:"戴维,你在剑桥都学了些什么?"

"我没有在剑桥上过学,"回答很快很平静。"噢,不是剑桥啊,那是牛津吗?""我没有在牛津上过学,"回答仍然很平静,然后就是用一种带着"别太过分"和抱歉的口吻说,"在我那个时候,大多数年轻人都不会去读大学。"

对工作的投入和长时间的工作使得高盛脱颖而出。一个美国人上午7点在伦敦沙威酒店坐上一辆出租车并将地址递给司机,司机转过去问另一位出租车司机:"这位先生说要去金融城。你知道那儿吗?"答案是显而易见的:去高盛吃早餐。

威格士(Vickers)公司的CFO告诉一位合伙人说:"如果一名伦敦商人银行家整夜为了项目工作,他不会告诉任何人,因为他害怕被别人看成是经验不足。但是如果一个美国人熬夜工作,他会告诉我——因为他想表现出他对工作的投入。"

"从一开始,"索顿回忆道,"我们就决定关注两个潜在的客户群:我们知道需要花很长时间才能赢得领先的蓝筹公司和那些处于困难中的企业,因为它们处于困境,所以对于新顾问提出的新鲜点子接受程度也较高。我们知道我们需要为一个重要的人物或公司的一次关键性业务提供咨询,然后第二个,第三个,直到有一天我们能够有非常骄人的纪录和令人印象深刻的成绩。1986年,在经过3年安静的、几乎隐形的发展之后,这样的结果显现了。那一年我们获得了5宗超过10亿英镑的恶意收购顾问业务中的4宗,成功地帮助3家目标公司逃脱被并购的命运,保持了它们的独立。"

索顿解释道:"在这样的情形下,你作为个人就是'品牌'。你没有任何支持也没有援助。从最初会面的泛泛而谈,到具体的谈判和细节性的建议,如何倾听以及如何接受条件都完全依靠你的一言一行,你如何发展每段关系,如何使潜在客户建立起对你的信心,这不仅在于你的公司、你的建议,还在于你自己。那种信心必须很强大,要能够战胜普遍的观点,克服对于改革的天然抗拒,这些障碍在大型金融性交易中尤为明显。最典型的CEO年龄是60岁,我只有28岁,还只是个孩子!我怎样说服CEO相信并决定信赖我?答案似乎很明显:表现出你的与众不同和不可替代性,建立起必需的个人信任。最后,这一切都会转变成为对公司的尊重和信任,但是这需要很长的时间。"

还有一个明显的答案就是从纽约获得帮助。马库斯·戈德曼第一位合伙人哈里·萨克斯的孙子彼得·萨克斯被指派给索顿为其提供最好的协助，以领导在伦敦的一场变革。萨克斯回忆道："我们到英国市场上学习商业驱动力。媒体的宣传覆盖很重要。我们的公关顾问对我们帮助很大，而我们也让他参与到我们的很多项目中。周日的报纸对我们的公关过程来说是关键。我们同一起工作的律师也是好朋友，很自然地，他们也会告诉我们他们的看法，怎么看待我们的承诺以及我们的能力。通过律师，我们能够兼顾法律和财务两方面的问题。而在不断重复地支付大笔律师费后，我们很快就成了律师们最好的朋友。我们对于律所的问题一直是一种态度：不是我们如何做这个项目，而是我们一起如何做这个项目？我们有很多律师，同时我们也教会了英国的商业银行也这么做。我们将'赔偿函'带到伦敦，根据该函，除非我们是由于重大过失而被终止提供服务，公司同意在项目失败时会负责支付高盛的损失和成本。有5个月的时间里，我每周日飞往伦敦，然后周四晚上回来，周五在办公室待一天，周六和家里人待在一起，然后周日又飞往伦敦。"

彼得·萨克斯这样的个人付出，就像春天先出现的几只知更鸟，是对高盛这样的美国公司承诺的最早信号——设在伦敦的机构在短短的4年内由120人增加到了880人。这样的付出为伦敦带来了重大的和决定性的转变，使得高盛势不可当地迅速发展起来。

## 20

## 先破后立

埃里克·多布金（Eric Dobkin）事业的大转折出现在1984年。但一开始他压根儿没意识到这一点。投资银行部主管吉姆·戈特打来了电话："埃里克，投资银行战略计划小组刚开了个会，你猜我们发现了什么？高盛的机构研究排名第一，机构销售排名第一，大宗交易排名第一。可要是把这些重要业务放在一起，高盛在投资银行普通股承销业务的总体排名是……第九！埃里克，我们出问题了，可这是你的机会。琢磨出个解决办法！就凭高盛的实力，股票承销业务应该排第一！"戈特只给了多布金一个特权：可以随便挑选他的团队成员。

挂上电话后，时年42岁的多布金没了主意，一筹莫展。"我当时根本不知道该做什么。第二天仍然不知道该做什么。第三天还是不知道该做什么，我开始失眠。到了第四天，当站在淋浴喷头下时，我突然'啊'地大喊一声，意识到了我们该做什么：把整个证券承销业务翻个底朝天。"

证券承销业务几十年以来一直围绕传统意义上的核心需求展开：当企业需要融资的时候为新股发行找到发行对象。为了获得私人投资者的资金，证券公司通常会安排个人投资者开户的零售业务经纪公司组成承销团。但是，负责证券发行的主要承销人对这些个人投资者事实上一无所知，他们只关注批发业务，即他们的传统客户——证券发行企业。在私人投资者主导证券市场的年代，这一系统运作良好。但是到了20世纪80年代初期，机构投资者成了证券业的主导。对于由专业投资人员进行决策的机构投资者而言，传统的承销团业务模式不仅完全过时，而且毫无价值可言。传统模式既不了解不同投资机构投资组合的组建战略，也不了解其如何进行投资决策、为何决定购买或拒绝购买某一种证券，更不了解投资机构中研究分析人员的特定作用。老派的承销人对机构投资者主导下新市场的证券营销和发行方式完全没有概念，更不懂得营造销售攻势，以及如何针对老道、挑剔的机构投资者安排有效的路演。多布金吃惊地发现，"他们甚至不懂得在介绍情况前应该提前演练几遍"。

正是在淋浴喷头下灵光乍现的这一刻，多布金顿悟到高盛如何可以轻而易举地在同这种过时、过气、僵化的模式的竞争中一招制胜。"我们要做的就是把二级市场上服务机构投资者的那套技巧和战略用在一级市场上。我们的销售人员应该能够让客户信服——高盛和机构投资者的关系最棒，高盛同最好的机构股东保持着最密切的联系，而且我们懂得如何把好点子推销给最好的机构投资者。"

大投行关注的永恒主题是保护传统的主业，这是公司高管最熟悉也最擅长的业务领域。这一业务也往往是企业历史上最赢利的业务，已经成为企业的传奇。但是一种商业模式不会永远有效。随着客户和客户需求发生变化，中介机构也必须做出改变。如果曾经辉煌的商业模式已经僵化过时、赢利能力下降，却还像印度圣牛一样神圣不可侵犯，是很危险的。然而，改变绝非易事。几乎没有人会仅仅因为传统商业模式不合客户的心意就放弃习以为常的、舒服的工作方式。

华尔街的传统证券承销团模式集中体现了这种历史遗留问题的弊端。承销团的组建规则完全不符合投资银行注重实效、绩效为先的行业特点，倒更像大学生联谊会的那一套。大公司非常在意在彼此的证券承销过程中维持其"传统"地位。由于协助公司发行股票和债券的主要投资银行没有零售销售网络，需要借助零售经纪公司的网络来安排销售。这些"销售网络"因此颇具威力，但也成了改革的阻力。

零售经纪公司只和私人投资者打交道，而承销人只和发行人打交道，没人去同时兼顾投资者和发行人。于是高盛把自己定位为介于两者中间的服务机构。机构投资者势力的强劲增长引发了买方市场的重大变化，而相应的服务却出现了真空。机构投资者的特定需求完全有别于私人投资者，零售经纪公司无法提供相应的服务。它们要购买的不是100股股票，而是10万股。它们需要的不是私人投资者常用的一页纸的报告，而是20~50页长的、由真正了解公司的行业专家所提供的、有丰富材料支持的分析和建议，说明哪些公司值得投资，理由是什么。股票市场已经逐渐从私人投资者向机构投资者转移。圣路易斯一家地方性的零售经纪公司根本无法满足机构投资者的服务需求。他们需要的是关于公司和行业的深入研究、大宗交易，以及同发行人管理层的直接沟通。

高盛在每只证券发行前制定周密的营销方案，加之有效组织内部机构，成功实现了高额的股票销售量。如果发行人是联邦百货，高盛的零售行业分析员乔·埃利斯就会出动，走访主要机构投资者：一天在洛杉矶，一天在旧金山，一天在明尼阿波利斯（主要拜访投资者多元化服务公司），两天在芝加哥，三天在波士顿，三四天在纽约，两天在费城。埃利斯将同每家投资机构的零售业分析员和一到两位投资组合经理一同分析零售行业，确认联邦百货的竞争优势、战略和发展前景，提供当前年度的主要数据，阐述其发展方向，并回答问题。与埃利斯同行并负责介绍全面情况的销售人员则把精力集中在揣测投资者意向和估算潜在的购买需求上，以采取最佳方式获得机构投资者的大额订单。

多布金的解释是："只要有时间，我们对待所有发行都如同大宗股票发行那样处理。对我们和客户而言，这不是什么新鲜事儿。首先，我们得认识到，机构投资市场的主要区别在于多了几个零——相应而来的就是我们手头有多少时间可用于高效地安排承销工作。承销规模更大，而承销时间却缩短了。另外，就股票发行业务而言，我们面对的是一级市场，与日常经手的增发业务不同，发行人的管理层和我们站在一边，积极配合我们。我们自己的资金基本上没有风险。我们的股票承销业务同传统模式只有一个共同点：使用美国证券交易委员会的招股说明书。根据美国证券交易委员会的规定，我们在销售阶段不提供书面研究报告。但我们的确会派出分析员扮演"造雨者"的角色，四处游说，为正式发行工作打基础。尽管没有正式的书面研究报告，但这并不意味着我们的销售人员就不能口述主要情况，介绍高盛行业分析员的分析意见。与此同时，高盛将确认可能的主要买家，同发行人管理层共同打造公司形象，设定合适的价格。"

在面对机构销售时，高盛能够采取量身打造的销售方式，这是因为高盛在同机构日常合作的过程中早已熟知它们的喜好和投资决策流程。多布金及其团队告诉发行人的高管人员："我们知道你们很想吸引某些特定机构成为投资者，向它们推销你们股票的正确方法如何……"接下来，他们会强调自己熟悉机构市场的各个层面：投资组合经理、分析员和交易员，他们更懂得如何利用高盛自身的投资研究能力，懂得如何安排大宗交易。多布金回忆说："这些公司主管对此非常感兴趣。我们占了上风。同时，我们还向这些高管表现出我们都是实实在在的人，不像其他公司那样，使用既不了解他们公司又不熟悉机构投资者的无趣而又自以为是的投资银行家。我们在发行人和库恩·洛布、雷曼兄弟、崇德这些老派承销商之间打开了一个突破口，因为我们对机构投资者了解得非常透彻，而它们真是什么都不懂。然后我们再在发行人和零售经纪公司之间打开另一个突破口，因为发行人认定，随着优质机构投资者持股比例的上升，股票的市盈率将随之升高。而这是因为我们营销得力，为它们的股票创造了需求。"

传统承销模式基本上是一边倒的对抗式：承销团同发行人携手通过零售网络将股票配售给私人投资者。多布金却站出来说："嗨！我们同机构投资者每天也在进行同类的销售。这可算不上什么'难得一见'的特例。"只要别人愿意听，他就滔滔不绝地介绍他的新模式如何能实现共赢，让发行人和机构买家通过合作达成共识而实现双方受益。"价格必须公平，这一点双方心里都有数。发行人和机构投资者都上钩了。成功的诀窍就在于此！"

通过对证券承销业务的重新解读和紧锣密鼓地全面推广，高盛迅速承揽了众多承销项目，扩大了在单一项目中的承销份额，甚至在几个大型承销项目中成为唯一的发行人。正如多布金说的："利润翻了几番。"1985

年以后，高盛在股票承销排名榜中连年居于首位，只有一年除外。"就像我奶奶常说的：'总不能十全十美吧。'"

高盛在美国股票承销业务上可谓大获全胜。但是在高盛，一向是"好人没好报"，多布金被要求必须在欧洲重塑美国的辉煌胜利，先从英国开始。20世纪80年代初，撒切尔夫人带领保守党开启了英国国有企业的私有化改革，将其转变为公众持股的公司。投资银行克莱沃特－本森（Kleinwort Benson）中标负责安排英国航空、英国电信和英国燃气公司的上市发行，一举成为英国政府的首选商业银行。不幸的是，成为政府的咨询顾问和主承销商对于克莱沃特－本森而言得不偿失，它根本就赢不起。虽然这些项目有助于公司声誉而且项目总额巨大，但是却需要克莱沃特－本森的高层投入大量的时间和精力。克莱沃特－本森身陷其中，无力去竞争其他利润更加丰厚的重要企业并购和证券承销项目。其结果就是，当伦敦金融城风起云涌，群雄争霸，各家商业银行都忙于提高利润、稳定人员、挖角、保护自己的客户群时，克莱沃特－本森却为了一点点利润在苦干。忙于英国电信等私有化项目的克莱沃特－本森发现自己最优秀的年轻专业人员正在流失，尤其是流向高盛这样更具竞争性、注重利润的美国公司。

英国政府一方面自然而然地倾向于与英国公司合作，另一方面又对美国公司持有开放的态度，认为美国公司可能在新观念和新技巧方面具有特殊的比较优势，比如具有说服力的宣传、反复演练、几臻完美的说辞，对如何组织安排路演的了解等，这些也许能够改变这一轮庞大私有化改革的基本运作方式。分别就职于英国皇家政府和英国能源部的史蒂夫·罗布森和约翰·吉尼斯爵士，均对开放这一领域很感兴趣，或者说是非常支持在这个领域里打破伦敦城里英国公司一手遮天的垄断地位。根本没考虑其他公司，英国政府直接选择了摩根大通时代后它们御用的北美投行——摩根士丹利。这一点彻底惹恼了高盛的多布金。他决定在短时间内游说他能找得到的每个英国政府高官。

这以后，高盛走运了——非常走运；而帮大忙的正是摩根士丹利。

英国电信的私有化被搞砸了——先是摩根士丹利承销团的主管盛气凌人地告诉英国政府，摩根士丹利决不会接受英国传统的两星期承销风险窗口期。英国资本市场的股票发行人多数是早已在伦敦证券交易所上市的成熟企业。发行量通常为已发行股票总额的10%~20%，一般采用配股方式。绝大多数股票都由机构投资者认购，他们作为次承销人组成承销团，按照提前商定的价格和认购数额购买。承销团的认购价格在"影响日"予以确定，然后保持两星期，让个人投资者有时间阅读报纸上的整版股票发行公告，剪下页末的表格，寄出购买订单。就融资额不高的一般性英国公司配股而言，这种闲适的绅士方式倒也令发行人和投资人满意。但是撒切尔夫人庞大的私有化改革可与以往不同——从规模和结构上看都有天壤之别。

从规模上来说，私有化改革不但规模巨大：比传统的小额配股大若干倍，而且在一个鲜有IPO的市场上进行新股上市。新股既没有历史价格可循，也无现成的股东群体。这意味着其中的承销风险，以及长达两周的价格锁定期，都比美国式的承销风险要大得多。美国的承销交易在经过几周或者几天的非正式提前协商后，在几分钟或者几秒钟就能正式完成。摩根士丹利止步不前，英格兰银行只得同意承销美国份额，承担100%的市场风险，相当于为摩根士丹利的损失提供担保。

可这之后全乱套了。英国承销商严重低估了英国电信的发行价格和后市需求。机构和个人投资者的需求非常强劲。大型指数基金的需求尤其旺盛，这是因为《金融时报》决定从英国电信股票发行当天就将其纳入FTSE指数[1]，每家指数基金都觉得非买英国电信不可。但是，尽管英国电信首次上市发行的股票仅占其总股本的25%，FTSE指数在计算英国电信的权重时却好像其所有的股票都已经上市发行一样。结果就是，有限的发行量根本无法满足指数基金的需求，股票发行当天价格就令人吃惊地翻了100%。

在英国的发行过程已经颇不顺利，在美国就更糟糕了。尽管英国政

---

[1] FTSE指数，英国富时指数，又称金融时报指数，是由伦敦《金融时报》和伦敦证交所联合成立的FTSE国际公司编制和维护的。——编者注

府的政策要旨是建立广泛的个人投资者群体,摩根士丹利却将其负责发行的绝大多数股票出售给少数几家其认可的机构客户,而这些机构又迅速将所认购的股票出手,挣了一笔快钱。认购协议的签字墨迹未干,所有本指望由北美投资者长期持有的股票就已经搭上超音速的协和式客机,一路飞回伦敦来满足英国指数基金的需求。回流情况十分严重,英国电信在美国一股不剩!简直是一场灾难。媒体上充斥着对摩根士丹利的批评。从政治角度上看,英国政府很难再选择摩根士丹利承担下一个大型私有化项目。

多布金见其主要对手受阻,竞赛场地无人防守,立刻展开了攻势。他开始每周往伦敦跑,有时搭乘早上的协和飞机过来,再搭下一班回去,有时在伦敦住上几晚。他的目标:争取成为下一个私有化项目的主承销商。英国燃气公司上市有望成为当时全球最大的IPO;所有机构投资者对此都兴趣浓厚;北美主承销商的竞争将异常激烈;这一机构的选择将完全是"能者得之";而英国政府的御用承销商摩根士丹利,由于在英国电信项目上的失误几乎完全被排除在竞争之外。多布金想要来个大获全胜。

鲍勃·斯蒂尔说:"高强度就是埃里克的典型特征。他给我打电话约了周日中午在都切斯特酒店见面。我离开家时告诉我太太会在两个小时内回来。结果差远了:我们从周日中午一直谈到半夜,简直就是高强度的工作。还有一次,我在凌晨3点钟接到埃里克的电话。我挣扎着起来,忍不住问了一句,'埃里克,你知道现在伦敦几点吗?'"

"当然知道,"他回答说,"我就在伦敦。"

罗斯柴尔德国际投行的托尼·奥尔特高高瘦瘦,烟瘾很大。他被任命为英国燃气私有化项目的政府顾问。多布金很高兴由奥尔特来担任这一要职,一方面是因为奥尔特为人聪明而又直来直去,他是靠自我奋斗获得成功,最重要的是,奥尔特同多布金和其他高盛人一样,都不是伊顿公学[①]出身。奥尔特全靠自己,不会受老校友的影响。奥尔特说:"谈谈你

---

① 伊顿公学,英国最著名的贵族中学,素以管理严格著称,是英国王室、政界经济界精英的培训之地,被公认是英国最好的中学。——译者注

们怎么想的。"而多布金一如既往地咄咄逼人，攻势凌厉。"别说废话了，托尼。告诉我们怎么才能赢得英国燃气的项目。"

"高盛能接受传统的英国式承销风险吗？"

"能。"

"你们能把这一点落实在书面上吗？"

"没问题。"

"你们需要准备把这一承诺落实成书面文件。"

多布金又一次走了钢丝，替高盛做出了承诺。现在，他必须马上得到鲍勃·慕钦的首肯。慕钦根本不知道多布金会打来这么紧急的电话，电话转接了3次才接通了绰号为"教练"的慕钦。慕钦提了一个问题："他们能随行就市吗？"

"绝对能。英国政府绝对不希望损害个人投资者的利益，他们可都是选民。"

沉默。

"告诉他们我们买10亿英镑。"

"太棒了，鲍勃。简直太棒了！当然，你得签署这封承诺函，因为你是主要决策人。"

"不，你签。你是合伙人。"

"说真的，必须由你签。你才有这个国际影响力。"

多布金起草了承诺函，传真到纽约，律师稍加改动，重新打印，慕钦签了字，再传真给多布金。多布金立刻去罗斯柴尔德国际投行见托尼·奥尔特。"我特来向你呈上一件非常特别的东西。请你审阅。"

奥尔特看了看这封简短、大胆的承诺函，放下信，惊叹一声，一切尽在不言中。

"这项目归我了吗？"

"别想，埃里克！这只是精挑细选过程中的第一轮甄选。就是有了这封承诺函，整个过程也不能缩短，需要大约一年的时间。"于是在这一年里，多布金几乎每周都要搭乘协和飞机，通常来伦敦开五六个会，有时只为了一个会。

一年以后,"选美大赛"正式开始——对承销商候选人进行一一评估。英国政府顾问奥尔特像朋友一样和多布金打招呼:"嗨,埃里克。"但这次会面绝非朋友小聚。伦敦城主要投资银行的高级合伙人组成了评审委员会,代表女皇政府尽其爱国义务。多布金要对这些伦敦城的精英们说明情况。初选之后,该是时候对关键的北美市场主承销商做出最后决定了:"多布金先生,你们高盛对价格有什么建议?"

多布金当时决心不只要赢得英国燃气公司的北美承销项目,还要竭尽所能推动对伦敦城传统承销模式的革命性变革。通过回应这一问题,他直接从各个方面痛击了传统承销模式。英国投行从不透露哪些机构将成为次承销人,多布金却立刻亮出了底牌,向委员会提交了一大本厚厚的财务数据表,表格的最左栏列出了所有的机构投资者,右边各栏则依次列出各个机构的具体数据,包括"总资产"、"净资产"、"已经持有的同类股票"、"可以接受的价格"、"股票需求量"、"单独会议次数"、"研究部联系人"等。多布金的目的就是完全透明。这还不是全部。"如果您希望了解,我手边的这个大文件夹,每家机构一页纸,这是我们公司对各机构投资英国燃气公司的决策前景的评估。"接下来,多布金要求向北美市场分配更多的股票,因为北美机构对持有少量的股票不感兴趣:"要想出色完成女皇陛下财政部的这项任务,我们需要更多的股票,才能满足美国机构投资者的真正需求——只有认购量足够大,仓位足够大,他们才会持有并继续购买。"

多布金接着转向具体价格问题。"您问我高盛认为英国燃气公司合适的发行价格是多少。我们的判断是,如果低于125便士,那就是对皇家政府不公平,对英国人民不公平。如果低于这个价格,坦率地说,我个人都无法接受,因为女皇陛下和英国人民有权要求合理的价值。高盛还在此额外承诺:当价格不超过135便士时,高盛将购买5亿美元的英国燃气公司的股票。"

沉默。

"谢谢你,多布金先生。您能在外边等一下吗?"

多布金站起身来，收拾好文件，郑重其事地慢慢环视了一下评审委员们，走出了会议室，步履尽可能庄重得体，然后安静地坐在候客厅中等候。过了半个小时，他觉得应该有个答复。过了一个小时，他已经无法想象接下来会发生什么。他是不是言过其实了？他漏掉了什么吗？其他的公司是不是同样很有说服力？难道其他公司做得更好？两个小时以后，多布金已经从泰然自若转为惴惴不安了。哪里出问题了？这很可能是大问题。

两个半小时以后，会议室的门开了。开门的不是托尼·奥尔特，而是约翰·吉尼斯的秘书。"请耐心等待，多布金先生。"又过了一会儿，能源部副部长约翰·吉尼斯走出来说："好消息是由于您有力的说辞，分配给北美的英国燃气公司的承销额比例将会上升。坏消息是我们不能分配给北美市场您建议的那么多股票。但另一条好消息是：高盛（在北美）的份额被大幅度增加了。还有进一步的好消息，我们不得不打断部长的午餐会，特批了您建议的125便士而非120便士的发行价。您也看到了，这花了点儿时间。"

英国政府周一早晨宣布选择高盛作为国际主承销商。英国政府顾问伊夫林·德·罗斯柴尔德爵士致电纽约的约翰·温伯格，温伯格中断他正在主持的管理委员会会议，在电话中获悉了这一激动人心的消息。

温伯格给多布金打了个电话，"祝贺你，埃里克。你赢得了历史上最大、最重要的私有化项目。这真是个好消息。我们为你取得的成就感到骄傲——到目前为止。"

接下来，他的语气严厉起来，用那种典型的高盛方式说："埃里克，别把这项目搞砸了。不能犯任何错误。我们都在盯着你——希望你把每件事都做好。"

## 21

# 为何BP险些成为干井

1987年10月16日，星期五，时速高达每小时100英里的风暴从英格兰东南部席卷至伦敦，圣詹姆斯公园数十棵树龄逾百年的大树被连根拔起，这些树需要花一年的时间才能被彻底砍伐、烧掉或者拖走。由于折断的树木阻隔了周围城市和村庄通往伦敦的铁路和公路，很多往来于城市间上班的人无法进入伦敦城[①]。要不是因为周末，交易所就要因此停市好几天。到了周一，也就是19号，自然灾害之后接踵而来的则是伦敦股市单日的最大跌幅，当天全球市场也遭受了巨创。在纽约，道琼斯工业指数下跌508点，跌幅达到22.6%，这是最大的单日跌幅。

在几个月之前，英国政府已经指定那个周一通过大宗交易来减持其持有的BP剩余31.5%的股份。[②] 在BP的这宗交易中，每个承销商都有其确定的角色。高盛的战略是非常直接的：在最大的一部分股份的国际配售中申请成为政府顾问，其在美国的销售力量很有优势。然后，作为惯例，高盛会在股票上市时指定自己为主分销商和承销商。BP计划出售11.5亿英镑的新股，这样整个发行总额会达到72.5亿英镑（按1987年汇率约为

---

[①] 伦敦城，此处指伦敦交易所所在的伦敦金融城。——译者注

[②] 汉森托拉斯的詹姆斯·汉森1985年5月悄悄地给在唐宁街11号的财政大臣奈杰尔·劳森打电话要求购买所有BP的股票。劳森拒绝了这个建议，他解释说公司需要分散持股，因此不能将所有股份卖给同一个买家。

120亿美元)。英国财政大臣奈杰尔·劳森写道:"这是个不幸的巧合,世界上最大的股票发售碰上了世界上最严重的股市下挫。"

当时英国的承销实务和美国差别很大。这在BP的股票发售过程中有重大意义。美国的承销商用其资本对他们承销的股票承担风险,因此他们需要组织一切力量将股票暴露在市场风险中的时间减到最少,甚至是以分钟来计算。但是在传统的英国系统里,一群机构投资者会承担次承销商的责任,这非常适合股权适度增加的市场。

为了获得一部分承销费,机构会以预定的价格购买数量巨大的确定数额的股票,而作为大型承销商的商人银行,由于只需持有因市价下跌而未出售股份,因而风险敞口很小。

由于英国经济体中少有高科技和高速发展的公司,因此IPO非常少。大多数公开发行的都是进行适度增发而且价值被适当评估的公司。大多数机构的投资组合都已经被指数化或者准指数化了,因此机构投资者可以参与大部分的承销。英国的系统建立在优先权的观念之上:即当前投资者具有通过购买新发行的股份来保护其投资比例的优先权。这种方式相当自由。英国的系统非常适合各方:公司、机构投资者和作为中介的商人银行。大家都认为已经上市的公司应该适度地增加股本,而这样缓慢的增长对各方都非常适合。美国的承销系统则不同:他们认为执行的速度能够保障承销商的市场风险敞口暴露的时间不会过长。

在英国的制度之下,个人投资者可以确信,既然承诺以相同价格购买股票,那些获取完整信息的专业人士就能有足够的时间进行客观分析以确定客观公正的发售价格。作为玛格丽特·撒切尔夫人提出的"人民资本主义"的一部分,在BP的发售过程中加入了一些刺激的成分以扩大持股范围。一份异常简单的申购表被设计出来,如果小型投资者愿意以任何"清场价"购买按比例配售的其他股份,那么他们就能确保获得100股股票。愿意持股3年的小投资者在3年持股期满后还能获得10%的"红股"。还有,购买BP股份的投资者无须在购买当日付清全款。在该次承销中,他们只需支付每股1.2英镑的"申请"款项即可分享全部分红,而剩余的价款则可以分两次在12个月内付清。最后,公众可以按市价进行少量折扣后的价格购买股票。按照当时英国的惯例,承销商在夏季着手刺激投资者兴趣并形成承销团——包括列出机构次承销商名单并准备发售的所有相关文件。根据英国规定,即将发行的股份价格在最后发售日前应在主要报纸上连续公告两周,而股价支付则是在两周之后。

而在美国,价格在发售当天才能确定,机构投资者直到最后一分钟才承诺(尽管他们可能会表示可能购买的数量,其结果就是在承销商的订单上用铅笔"轻轻地圈出来")。在承销获得证券交易委员会批准和机构投资者与个人投资者的正式购买确认发出之前的几分钟内,承销商与发行公司签署购买协议,并持有发售的所有股票。

为避免伦敦的承销商承受类似战争爆发等不可预测、不能控制和不能投保的风险,英国的承销协议一般都包含不可抗力条款。如果有不可测的重大事件发生,他们没有义务依旧往前冲:发售会被延迟至一切恢复正常之后。

尽管在其执政之前一直没有提及私有化,但玛格丽特·撒切尔夫人所领导的保守党政府戏剧化而且迅速地将雇用了上百万人的二十几个公司的所有权通过向个人投资者大量发售股票,将它们转变成为私有公司。英国政府认为它没有义务保护优先购买权,而且知道在被私有化之后,这些大企业将会成为FTSE指数的组成部分。这意味着英国的机构如果想要将其投资组合与市场保持一致,必须要像在英国燃气公司的项目上一样,必须成为每次发售的买家。政府也知道伦敦的市场可能还没有准备好吸收这么大量的IPO。因此进入国际市场,特别是进军美国市场就显得非常关键。既然英国的商人银行在北美和日本以及跨欧洲地区的销售力量有限,那么国际发行人对于承销的成功就显得格外重要了。

撒切尔夫人认为英国政府持有了过多的英国工业企业所有权,而政府所有的公司提供的服务也越来越差。这些公司的经营效率低下,由于这些政府所有的大型公司不敢冒险,也不愿创新,更不愿意做出可能令选民不快的决定，因此导致英国经济发展停滞不前。撒切尔夫人坚信要维持企业成长，要允许英国企业家们失败。她的解决方案是通过出售国有公司将英国工业从英国政府和"政治压力"中分离出来，首先是英国电信公司，然后是英国燃气公司。私有化是一个标志性的成功计划，它使不少大公司焕发了活力，极大地扩展了英国公司的股权结构，也扩大了撒切尔夫人为首的保守党的基础并增强了其实力，战后国有化的风潮也被逆转。①

但是，政府向私人投资者出售普通股的数量是巨大的，英国的承销商系统无法处理如此大量的订单。由于这些政府直接拥有的大公司股票是第一次上市，在上市前还没有市场价格。在私有化即IPO中，股价是由供求关系决定的，作为次承销商的大型机构投资者在此过程中也有很大的发言权。

在计划对英国电信公司进行私有化时，财政部将承销商分为国内和国际两组，对英国、欧洲大陆、日本、加拿大和美国都有不同的承销团。这个电信巨人之所以成为撒切尔夫人最理想的私有化对象是因为人人都要用电话。克莱沃特-本森公司于1984年11月被政府聘任担任销售的顾问，该次销售总额为39亿英镑，占公司总股份的25%。这次参与私有化的人数众多，有超过200万的人认购了股份，其中有一半认购了400股或者更少。 接下来，1986年12月进行了英国燃气公司的私有化，融资金额达到54亿英镑，1987年英国航空则以9亿英镑的价格公开出售。在这一系列的成功之后，国际各主要股票市场在1987年的第一季度的表现也强劲非凡。9月纽约证券交易所的交易额比1月份上升了44%。伦敦市场7月上升了46%，而东京市场上升了42%。市场环境对后来的私有化来说非常理想，BP正在等待，而进展非常顺利。

BP和之前的国有化公司相比有一些优势：它已经上市。尽管英国政府在收购中东油田时获得了这个大型企业的巨额股份，但BP一直是以私

---

① 1945年克莱门的工党政府给出了国有化的5个理由：加强劳工关系；促进全员就业；提高生产效率；使垄断更加有效；以国家的长期利益取代短期利益。

人公司的方式运作。而且出售英国公众拥有的值钱的产业可能带来的政治压力也被中和了。本来积极地挑战其他私有化项目的工党由于在1977年出售了BP的股份，因此无法轻易地挑战BP的私有化，而且保守党在1979年未遭到任何政治性反对就集中出售了价值2.9亿英镑的BP股份。政府和英国股市准备好了迎接平静而有秩序的BP股份配售。

根据其指定顾问的建议，奈杰尔·劳森觉得应该指定两个主要的国际承销商。在英国燃气公司的项目上，财政部举办了"选美比赛"以挑选英国以外的承销商。这次他们选择了高盛而不是英国政府一贯选用的摩根士丹利（为了管理其同时发售的1.5亿股股份，BP选择了华宝）。对于高盛来说，这是一次突破，意味着其在伦敦金融城多年的努力得到了回报。

在高盛内部有不少人对此感到非常骄傲。埃里克·希因伯格（Eric Sheinberg）一直在开拓高盛在伦敦的做市业务，这正好帮助高盛在推介中获得了英国政府的青睐。高盛的英国石油行业分析员对于BP非常熟悉，这在向机构投资者销售股票时很有帮助。在纽约开拓股资本市场部的埃里克·多布金领导高盛在英国的私有化进程中成为主要的承销商。他强调了公司在全球主要工业领域，如电信业和银行业的销售经验以及其作为拥有全球最发达证券市场——美国——的领先承销商的地位。在英国的私有化进程中，多布金的卖点很成功。由于BP意图大力扩大其在美国的股东队伍，因此高盛的战略非常成功。

关于BP巨额股份的承销的讨论始于1987年1月财政部和主承销商的会谈。股票发售意向于当年3月公告，而根据传统，所有承销工作应于10月14日上午11点由财政部召开的BP股票定价会前完成。作为政府的官方顾问，罗斯柴尔德国际投行的迈克尔·理查森表示可能无法在承销商中间达成每股3.35英镑的协议，但是会尽力为之。几小时之后，理查森回到唐宁街11号，说股票已经开始以3.50英镑每股的价格开始交易，这是他能拿到的最好价格，如果要发行成功就需要大量的折扣。与以前卖方希望获得高价而买方希望得到低价的反反复复的讨价还价不同，劳森部长做出了一个令在场所有人都震惊的决定："成交。"

下一步就是通过竞价确定给次承销商的报酬。一般的费用是发行价的0.50%。由于BP实际上已经介入市场很深，因此费率被定得很低：0.18%，或者说次承销商每出售价值100万英镑的股票报酬为1 800英镑。第二天上午，也就是10月15日，星期四，有400多家投资机构登记成为次承销商。

BP在周四收盘时市场价为3.47英镑。伦敦的很多商业银行觉得这个信誉卓著的企业股票是非常容易销售的，因此也很容易赚钱。它们决定在账户上保留比平时更多的股份而不是寻找更多的机构进行更大规模的次级承销[①]。尽管它们的承销风险敞口大于以往，但是与它们的资本相比，对英国的大型承销机构来说，上千万英镑的巨大风险敞口还算过得去。而由高盛领导的美国投行每家都面临5 000万~1亿美元的风险敞口。

接下来就到了股市史无前例暴跌的10月19日（周一）。周二，伦敦市场仍然持续下跌。BP的承销价为每股3.30英镑。由于需要支付1.20英镑的现金而其余部分则延期支付，这意味着买家要为延期支付的部分负责，而那部分已经付款的股票售价只有70~80便士。很明显而又很不幸的是，投资者不会从承销商那里以高于市价的价格购买股份，而英国政府明智地感到不能伤害个人投资者，也就是那些选民。除非BP的发售被取消，否则这可能会要求"解除"那些个人按照每股3.50英镑的价格签署的合同或者宣告其无效，这样的话，承销商特别是美国承销商将面临巨额亏损。伦敦承销商和次承销商的总损失可能达到7 000万英镑，将这些损失分摊在400家参与者身上后，金融城中损失最大的两家是罗斯柴尔德和华宝，每家的损失约为1 000万英镑。

BP股价的下跌可能导致高盛、摩根士丹利、薛尔森雷曼和所罗门兄弟公司各亏损上亿美元，除此之外，各家公司还因股市大跌而在大宗交易业务上有巨额亏损。由于各家公司的财务和名誉损失不同，美国承销商内

---

[①] 大部分的英国承销商保留了他们参与承销部分的5%，而BP的顾问罗斯柴尔德国际投行和华宝则保留了10%。而施罗德在其承销的1 000万英镑中只遭受了可以容忍的150万英镑的损失。

部进行了激励的争论，但是他们并未在公众面前溃散。在10月23日星期五和接下来的周一的讨论上，他们认为市场的噩运就是不可抗力条款应涵盖的情形，认为全球股市的突然暴跌属于不可抗力造成的结果，因此应当撤回报价，待市场状况恢复正常之后再重新发行。全球市场的暴跌确实是不能预测、无法控制和无法投保的事件，但它属于不可抗力吗？

BP的承销是否应该推迟？承销商们是否应该并自行承担损失？"在伦敦金融城内，最初的共识是BP的发行不能撤回，金融城内的公司同意将损失作为它们正常业务风险的一部分予以消化以保障传统的定价机制。"施罗德的CEO温·比肖夫爵士解释道："从长远来看，我们认为这是个合理的决定。"市场的下跌，即使是暴跌从来都不是因为不可抗力。所以一开始英国的所有承销商都平静地接受了这个结果并同意继续交易。

而美国的承销商：高盛、摩根士丹利、所罗门兄弟和雷曼兄弟则不这么看。在美国，没有次承销商。这4家公司一共持有4.8亿股BP股份，当时面临高达3.3亿美元的损失。它们中任何一家在BP项目上的损失金额都将超过承销商在其他所有项目上遭受的损失。

美国承销商要求取消整个交易，而根据不可抗力条款，该主张只能由英国国内承销商在伦敦提起。所有的决定聚焦在第8条，其中对券商在何种情况下可依不可抗力被免除义务做了规定。由于英国承销商数目众多，而他们自己承销的部分相对较小（已经转手给次承销商）——只有他们美国同行的1/10，所以尽管英国承销商觉得10月的股市暴跌不同寻常，但他们并未提出依照不可抗力要求免除义务的主张。不过，最后还是有22家英国承销商经过投票后向财政部建议宣告此次股市暴跌是由于不可抗力因素。如果财政部采纳他们的建议，那么这次承销将被取消。

面对如此巨额的损失，美国人一直主张BP的承销应该取消。在股价暴跌之时承担所有损失将使每个承销商的损失降低。埃里克·多布金认为股市下跌是不可抗力造成的结果，如果再继续交易是非常愚蠢的行为。多布金飞到伦敦见财政部的官员试图取消这次BP的发行。摩根士丹利的阿奇·考克斯和高盛的比尔·兰德里思则到英格兰银行与其副总艾迪·乔治会面。他们的任务是使他们的公司在市场史无前例的暴跌时被免除其承销义务,他们也提出了不可抗力的主张。

乔治拒绝了他们的要求。他们是承销商。他们获得业务的前提是他们就合同价格向英国政府做出承诺。担保就是担保。

同样,财政部长劳森说他"不认为他们说的有道理"。但是承销商的意见确实促使英格兰银行、财政部和国会召集会议讨论承销商的顾虑。银行人员建议提供以每股3.1英镑回购股票的担保。如果该建议实行,这将为3个承销集团挽回7.5亿万英镑的损失,并导致英格兰银行拥有BP的大部分股份。但劳森迅速地拒绝了这个提议。

星期四,4家美国承销商向美国财政部长乔治·古尔德求救。古尔德同意尽力而为。古尔德从英国财长那里得到的反馈是非常明确的——不要让里根总统给撒切尔夫人打电话。"不!绝对不能让里根总统给撒切尔夫人打电话。他说什么她都会照办的!"然后财政部长詹姆斯·贝克等了一个晚上,终于在奈杰尔·劳森晚上11点出席完在Mansion House①的宴会后代表美国承销商向其提出后来被劳森称为"最有可能的条款"的请求。一名白宫工作人员试图劝说撒切尔夫人向劳森说情。BP的管理层也加入了支持推迟交易的行列。

劳森拒绝了他们的要求,而且撒切尔夫人也支持他。当时艾伦·格林斯潘任美联储主席仅两个月,而他的前任保罗·沃尔克被要求给那4家美国承销商打电话向他们保证美联储会向银行系统注入流动性。

在后来的讨论中,各方同意以每股3.1英镑的回购最低价(地板价)进行回购以保障270 000小投资者的利益,但该最低价不适用于承销商。计划已经有了,但是没有投资者执行。在因等待英格兰银行效率低下的顾问报告而导致的令人沮丧的延迟之后,财长劳森在10月29日周四晚上22点零5分告诉国会:"我希望国会清楚我的目的:第一,最重要的是应该

---

① Mansion House,位于伦敦金融城的著名建筑物,财政部的许多重要活动都在此举行。——译者注

保证纳税人在BP承销中应得的利益；第二，维持BP股价后市的稳定；第三，这次销售不会加剧现有的国际市场困境。我的目的绝不是拯救任何一家承销商，不论它们是英国的还是其他国家的。"每个人都知道高盛和其他美国承销商的手上握有大量BP的股票并希望能够以任何价格卖出。但机构投资者开始停止买入。纽约的对冲基金和交易商开始通过做空BP的股票将其股价压低，因为他们知道他们可以随时从市场上以更便宜的价格从那些承销商手中购入BP股票。更糟的是，做空的投资者可以大量抛售承销商手上持有的过多的迟早要出售的股份。

在高盛，有一个不太为外人所知的非常重要的部门——承诺委员会。它的作用是保证公司从不"以生命下赌注"。该部门在公司承诺：用资本进行大额投资前要全面地识别、理解和讨论投资风险，就如鲍勃·鲁宾曾经解释的那样："我知道怎么做才是正确的。关注于那些可能出错的事，这才能体现你的价值。"

埃里克·多布金和鲍勃·斯蒂尔是当时起草给承诺委员会关于BP承销项目长达20的页内部报告的负责人，而且他们都知道规矩：必须包含所有可能的风险；100%的客观；没有倾向性；对于所有可能出现的最坏的情形给予解释；写清楚公司可能遭受多大的损失。多布金和斯蒂尔在各方面都严守这些规矩，所以尽管BP项目情况非常差，但是他们对于最糟情形的预测还是很准确的——这有助于公司的决策层保持其关注点和理性。

美国的承销商都在寻找主张不可抗力的法律依据。摩根士丹利的反应是："告他们！""告英国政府？""对！"约翰·温伯格没有和他们一起抱怨，也没有对法律条文字斟句酌。他很清楚他们的损失有多大，他说："我们买了就自己留着。"他知道巨大的损失让人痛苦，不过他更知道高盛在过去这么多年里为了在伦敦立足做了多少投资，以及失掉商业机会和士气不振将会给公司带来更大的损失。面对公司史无前例的承销损失，温伯格大刀阔斧地决定："认了。"这就意味着公司需要长期持仓，好比在琉璜岛号和冲绳号上付出的损失一样大。后来温伯格坦率地说："如果当时我们在BP项目上斩仓逃跑，可能现在在伦敦连狗窝都不会让我们承销。"

这一切给英国人留下了深刻的印象，特别是最有意义的最高层。后来摩根士丹利由于对英国的承销系统不适应而从大型私有化项目中退出，温伯格的这种直觉判断被证明是正确的。高盛有能力往前推进，承销了英国钢铁和英国电力的私有化项目，而且很快在英国政府和业界奠定了领先投行的地位。

当纽约股市暴跌时，大型投资者到处寻求安全性和流动性。他们购买债券，美联储也在向金融行业注入流动性，因此，债券，特别是政府债券的价格飙升。作为债券的主要做市商，高盛有巨额的债券库存，因此在股票市场暴跌的时候，其在债券市场却大有斩获。BP和其他股票的损失仅仅是公司投资组合的一部分。在固定收益业务上的收入在很大程度上抵消了本可能让公司不堪重负的股票承销和大宗交易带来的损失。公司10月份税前净亏损为3 000万美元。约翰·温伯格宣布BP项目上的损失会被计入公司总的损失中。① 这样一来，公司内部就不会有政治问题，整个费用总体计入公司而不是哪个单独的部门，否则这将会成为一个被踢来踢去的政治皮球。

在公司内部，BP项目给"国家主义者"公开的最后一击。由于当时伦敦成为高盛战略重点刚刚一年，BP项目的大笔损失又激起了内部关于是否应该国际化的争论：欧洲是一个比较自我保护的市场；业务量一般；利润低；每个国家还有其独立的承销规则和惯例；要想赢利非常困难；重要的机会——容易赚钱的大业务还是在美国等。另外，BP业务还"验证"了两点：公司在北美不可能在单笔业务中遭受如此重大的损失，对于BP不愿意主张不可抗力，高盛"受够英国人了"。国际主义者争辩说，随着英国和其他几个国家私有化业务的开展，美国的承销观念和模式会占上风，而这恰好给了高盛和其他美国公司重要而有利的竞争机会。一如既往，

---

① 同样的记账方式也被用来处理马克斯韦尔和解中用于支付所谓的分析员和解罚金的部分。

还有一个问题需要回答：现在的合伙人需要花多少钱来开发业务，如果当前的赢利能力不够强，是不是意味着他们的努力就只是为他人做嫁衣？

鲍勃·康韦（Bob Conway）说："这是我职业生涯中最糟糕的经历。"作为伦敦办公室的经理，他接到路透社打来的电话："我们通过一些渠道了解到高盛要提交破产申请了。您对此有什么评论？"在加拿大，BP项目已经耗尽了一家大券商——汇达证券（Wood Gundy）的所有资本并迫使它与一家大型商业银行合并。[①] 对于康韦来说，比起跑到每家银行解释高盛的财务状况良好，向指望通过报道这家领先券商破产而获奖的记者来解释这件事的真假算是非常容易的了。他回忆道："我每天晚上都给我们在纽约的CFO——鲍勃·弗里曼打电话审查所有银行家的来电。那是我一生中最漫长的一周。"

埃里克·多布金接到报社记者的电话："您知道这个电话很敏感，所以这个电话是以个人名义打的。我从可靠的渠道获知高盛在BP项目上损失巨大，现在面临严重的财务危机。能请您证实一下这是否属实？"

多布金回答道："我3个小时前刚刚才和纽约那边通过电话。可能有些糟糕的事情我还不知道。但是，我非常怀疑。我们在BP股票上的确有很大的损失——7 000多万美元。但是BP并不是我们唯一的持仓。我们最大的持仓根本就不在股市上，而在债市。我们是主要的做市商，债券的价格正在大幅上涨。高盛过去几天在债券上的收益大大超过在BP股票上的损失。"

多布金知道他打开了一个缺口并且知道应该怎么用："现在该是你回答我的问题了。你从哪里听到这个谣言的？谁说高盛出事了？"后来，打电话的人被证实是万人迷贵族西蒙·加莫依尔，他后来成为子爵，又成为伯爵，是伦敦的领先券商唯高达证券有限公司（Scrimgeour Vickers）[②]的领军人物，他后来又成为华宝的CEO。多布金去见那个比他高很多的贵族，

---

① 汇达证券后来与加拿大帝国银行合并。——译者注
② 唯高达证券有限公司后来被花旗银行收购。——译者注

并给他让其记忆深刻的警告:"别再这么干了。"他们都知道金融城的格局发生了变化。

高盛的合伙人比尔·兰德里思给他在科威特投资局的朋友打电话说:"英国石油前景看好。在发行前一周定的价就非常吸引人,而现在股市下挫后价格更吸引人了。现在有很好的'买方流动性',以一定价格大量收购一家大型公司的股票变得容易多了。"

科威特投资局决定购买高盛手上的大量股票并且在公开市场上持续购入。BP的主席彼得·沃尔特在10月下旬发出警告说:"不受欢迎的买方能够以低价购入大量BP股份。"11月18日,科威特投资办公室公告其已经买入BP10%的股份并且正在持续购进。到年底,科威特投资局持有BP18%的股份,1988年3月,通过高盛和其他机构的安排,科威特投资局通过大宗交易持有了BP约22%的股份。

尽管科威特投资局遵循严格的商业运行规则,它毕竟是由科威特投资机构拥有,而后者对科威特政府的战略和政治利益负责。尽管BP的直接竞争对手是科威特石油公司(Kuwait Petroleum Corporation),但由于科威特投资局拥有大量BP股份,因此其要求获得BP的董事会席位——现在的戴姆勒-奔驰也对BP提出这项要求。当科威特投资局的持股比例达到22%时,玛格丽特·撒切尔和劳森将此事提交垄断和并购委员会审查。科威特投资局被迫停止买入,并公告其将减少持仓至15%以及主动将其投票权限制在15%。不过垄断并购委员会并不满意,它于1988年9月要求科威特投资局持仓不得超过10%并限定科威特投资局应该在1年内完成减持,1年的期限后来被延长至3年。

在接下来的几年里,科威特投资局在BP的剩余持股价值持续增长,至20世纪90年代,价值已经翻了3番,而券商们意识到有利可图的交易机会,因此一直与科威特投资局保持联系。不过,科威特人选择通过施罗德公司开展工作。1997年5月14日,下午快到5点的时候,施罗德公司分别给高盛、所罗门兄弟和UBS打电话,它们在几周前都知道有大交易要来了。施罗德公司给他们一个小时时间为这个有史以来最大的集中交易进行竞价。

高盛已经准备好了。1996年4月，之前没有欧洲股票交易经验的加里·威廉姆斯搬到伦敦，负责欧洲的股权交易业务。在他上任的第一周，企业融资业务部的一个资深合伙人从客户处得到科威特投资局可能要进行BP股份交易的消息。欧洲股票业务的联合主管威廉姆斯和维特·波特给在纽约的戴维·塞芬打了电话。戴维·塞芬建议他们通过对整个50亿美元的头寸进行投标来做出值得纪念的有力的建议。

会议时间确定后，戴维·塞芬、帕特·沃德、威廉姆斯和波特与科威特投资局会面并提出了高盛的竞价：按照当前科威特投资局所持BP市值50亿美元，下浮5%。科威特投资局看起来比较感兴趣但是没有提及出售的意向。高盛的团队在一个月之后与科威特投资局见面，并结识了施罗德公司的菲利普·马林克罗特。菲利普·马林克罗特为科威特投资局的"多项事务"提供咨询。在接下来的几个月，他们又碰了几次面，探讨科威特投资局利益最大化的备选方案。但是科威特投资局从未透露过其计划。威廉姆斯回忆说："科威特投资局和马林克罗特都非常专业，他们要么什么都不说，要么说的全是大实话。"

波特和威廉姆斯在接下来的几个月频繁地讨论。他们同意将尽力做好准备，因为他们知道非常大宗的交易往往有很大的时间压力：留给获取审批、设计对冲战略、审查法律问题以及设计再销售战略的时间都很短。如果能在事前把所有问题都解决，那么他们就可以集中精力根据流动性、风险因素和当前市场准备"正确"的竞价。他们唯一不做的事情是：与任何潜在买方或任何可能与客户交谈的人谈及该交易。高盛对这个交易做了长时间的准备工作，也从未泄露任何消息，但他们偶尔却能听到其他公司的消息。所以威廉姆斯和波特对于他们会接到电话并与其他公司竞争的期望越来越高。

当施罗德公司1997年5月14日来电时，威廉姆斯正在与英国金融服务监管局开会。有一个同事接到威廉姆斯的秘书给他手机打来的电话——因为威廉姆斯没有手机。

"维特说交易开始了,并且想知道你需要多久才能赶到这里。"交易的金额是20亿美元,而不是最初想象的50亿美元,但也是当时最大的交易了。

威廉姆斯离开会议,向同事借了部手机,然后开始寻找出租车。但是当时刚过5点,所有出租车都是满的。威廉姆斯只好朝他认为是正确的方向走去。他给波特打电话,波特正在准备和在纽约的罗伊·朱克伯格、埃里克·多布金和鲍勃·斯蒂尔,以及在伦敦的约翰·赛恩通电话。(塞芬在1996年底退休,因此没有参加。)威廉姆斯最终找到了出租车往办公室赶去,在去金融城的路上他参加了跨洲的电话会议。

威廉姆斯有一项优势:他在可转换证券业务上的经验使得他对于不公开竞价的定价方式有很好的感觉。BP股票在伦敦的收盘价是7.44英镑。整个集团提出了再报价——如果高盛在招标中胜出,应该以7.15英镑的价格从投资者手上购买股份,即4.2%的折扣。威廉姆斯认为7.16英镑实际上就是一样的价格。所以他们将价格提升至7.16英镑。然后威廉姆斯说:"如果我们都认为是715(便士),我们的竞争者肯定也会这样想。如果是715便士,自然报价就是710便士。不过,有经验的交易员不会这样报价,他可能会报710.10便士或者更聪明的是报710.20便士。如果我们觉得这单生意重要,那么我们就多加点,报710.50便士。这样我们也不至于因为一个便士而失去生意。"多布金也是这样想的,所以价格就这么定下来了。

在接到施罗德电话40分钟后,他们同意以710.50(便士)的价格购买1.7亿万股。彼得·沃尔特给马林克罗特打电话报出了高盛的价格。又过了差不多1小时之后,看起来这段时间很长,沃尔特又给马林克罗特打了个电话,希望能够得到一些内部消息。

马林克罗特的回答很警觉:"彼得,你打电话来是想提高报价吗?"

几分钟以后,马林克罗特回电。高盛的报价胜出。

"第二名的报价是多少?"沃尔特问道。按照惯例,要公开最接近赢家的价格。

马林克罗特回答道:"我从来没有见过如此接近的出价。你确定你们两家没有通过气?"高盛甚至都不知道哪些公司参与了竞标。下一个最高价是710.10便士,在20亿美元的交易中,这是个比一个百分点的1/10还小的差距!

现在高盛获得了1.7亿股BP股份,价值超过20亿美元。可以说……高盛实际上什么都没有做。这个头寸太大了,没法对冲。应对市场风险的唯一方法只能是良好的销售。这就是为什么公司计划在纽约证券交易所下午4点闭市以后才通知客户的原因。4点以后可以开始联系美国的客户,当晚可以联系亚洲的客户。而英国和欧洲的客户可以在第二天一早伦敦开市前联系。

这一小心翼翼的计划的进展也有一些曲折。下午3点,纽约的一名资深合伙人对于市场风险感到不安。他给波特和威廉姆斯打电话说希望尽快启动,因为有些美国大客户的决策者说他们当天会提前下班。波特和威廉姆斯感到应该听从他的建议,他们照办了。也许他们应该向更高层请示,但是他们接受了建议,因为已经没有时间去争论。现在问题出来了。尽管他们是通过"非交易所"(不通过纽约交易所)的方式向客户出售股票,法律规定如果在下午4点收市前接触客户,那么专家的簿记本在收市后就将被"锁定",而之后所有更高的公开报价都应该以配售价格进行发售。这会使折扣看起来丝毫不具吸引力。还有,提前锁定价格将会给市场的投机分子以可乘之机,在当天的剩余时间进行"反向打击"。所有这一切都加剧了失误的风险。

按照指示,不少大单是在美国的当天下午和晚上进行的。剩下的部分在第二天早上出售给了英国、欧洲大陆和亚洲的客户。销售结束前,高盛向全球的500个以上的机构和个人投资者以每股7.16英镑的价格(在扣除汇率因素后,BP的美国存托凭证价格为11.77美元)销售了股票。在公司内部,专业的交易员们非常自豪,因为在BP这桩史上由独家机构进行销售的大宗交易的不公开报价交易中,他们在完全不知道其他投标人出价的情况下神不知鬼不觉地赢得了竞争。

高盛在这次交易中的利润为1 700万美元,并且证明了大宗交易可以以相对资产价格非常低的成本完成。这是一次成功的交易,但是20亿美元的交易只有区区1 700万美元的利润确实太少了,但是这也证明了大宗交易的赢利能力越来越低,已经不足以弥补其市场风险了。

## 22

## 换岗

在伦敦康乐酒店用胡桃木装饰的安静餐厅里面,约翰·温伯格正在和英国通用电子公司(GEC)的CEO温斯多克勋爵进行会晤。讨论的主题是继任者。很明显,温斯多克不在乎别人说他任人唯亲,他就是想让他儿子来掌管英国通用电子公司。温伯格说他和公司高层谈过了,但是发现这不太容易。"我和我看中的一个人谈过了,他说他不想一个人坐CEO的位子,所以我会任命联合管理人。"

发掘继任者是温伯格最重要的事,他很快选定了史蒂夫·弗里德曼和鲍勃·鲁宾搭档作为固定收益部门的联合管理人。鲁宾和弗里德曼在第一次会面时就很喜欢他们之间的特殊关系。"同是律师,鲍勃和我有很多共同点。"弗里德曼说,"律师们都通过发问来了解事情并且会系统性地思考问题。我们第一次见面是因为有个朋友给我打电话说他的律师朋友不想再继续做下去了,想介绍我们认识一下。"尽管他们俩有区别:弗里德曼擅长通过具体数据掌握所有证据,而鲁宾则主要关注统领全局的观点,他们还是有很多共同点:除了都接受过法律训练之外,他们都有很高的忠诚度,相互喜欢并且信任对方。他们都决意要加快公司步伐使其更具冒险精神、更富创造性以及更赚钱。在经过多年的共事之后,他们建立起了不同寻常的深厚友谊,这对他俩来说都非常重要。他们组合在一起之后,越来越多的人认定他们将会是公司的接班人。

鲁宾可以兴致勃勃地花费数小时分析各种可能性并得出他对复杂问题的性质的理解。弗里德曼则是能够迅速与客户的决策者建立起良好关系的天才，特别是当客户处于压力之下时。他的关注程度能够让客户看到他对于他们的问题或危机有多么关心。鲁宾能建立起良好客户关系部分要归因于客户对于他精明头脑的认识，没有太多的自我需要和总能以更广阔的视野看待人与事。

他们总是最主要的个人奉献者。尽管他们在与个人和小团队打交道方面都非常优秀，但他们既不是天生的或被训练出来的"好人缘"，也从来没有过管理由差异很大而且还时常有冲突的团队组成的公司的经验。在职业生涯的大部分时间里，他们都是充满激情的领导，通常是在小而且关系密切的团队中工作，而不是五六百人的团队或者五六千人的公司。与此相适应的是，鲍勃·鲁宾唯一的业余爱好就是飞竿钓鱼，而这项爱好必须要学会像鱼一样思考。

在好几个合伙人眼里，鲁宾和弗里德曼属于关注于一系列交易的内部人士，但很少承担发展长期关系的责任。两人在上百个个人问题上会提出创造性的解决方案。但是和大多数前任或同级别管理人员一样，他们都不需要发掘在大型团队中获得共识的技巧，即将千差万别的业务和不同团队的人员整合到相互融合的组织性的战略中去。

他们两人有非常不同的管理方法，而且经营方式也不同。比如，他们准备着手进行债券业务的重组，弗里德曼搜集并打印了足足一码厚的资料和财务报告，然后就埋头钻研细节，为了保证自己彻底了解债券交易的方方面面，他还经常细致地对各种问题做出标注以及自行查找各种具体的事实。然后他会和各小组的领导进行核对，他还经常会提出大量的问题并自下而上地进行越来越深入的研究。相较之下，鲁宾则邀请各小组的领导会面并与他们一起发掘看起来是最重要的商业理念和模式，特别是那些正在逐步变得重要的理念和模式，这样他就可以了解业务开发的方式、公司感兴趣的机遇，以及各种情况下的风险。作为他学习的战略，鲁宾以个人方式去了解经理们以及他们的想法和业务，而这是弗里德曼所无法企及的。

弗里德曼几乎就是本能地用角斗士的方式思维，快速、敏捷、积极和充满力量是其最重要的特点，但是他的重点是抵御他们的竞争对手，一对一地在每一次战役中赢得胜利。

就如弗里德曼所说："我喜欢激烈争论，就像考试一样：你能改变我的想法吗？"鲁宾则不同：他对于在讨论中获胜的兴趣并不比在一场简单飞碟游戏中取得胜利的兴趣大。如此这样，他们可能对事物产生不同的看法。

例如，他们俩都常常开玩笑说要穿上护膝，因为他们经常需要代表公司的某个部门去给客户下跪道歉。有一次，他们在一个沮丧的合伙人请求他们去道歉时表现出了大不一样的反应。这个合伙人说道："这是个大客户，他非常生气。他要求我们道歉——至少要道歉。""是他弄错了，"弗里德曼坚持他的一贯做法，"我们知道我们是对的。没必要向那小子屈服，我才不管这客户有多牛呢。"

"我去，"鲁宾很平静地说，"他的办公室在上城，我下班回家时路过的。问题不大。"

当鲁宾到达客户办公室时，客户非常生气，他说的话鲁宾都没法听清。鲁宾听着他再次强调重点。这个客户继续发泄他的不满，而鲁宾只是听着。客户解释他为什么这么不高兴，鲁宾继续听着。客户说他希望鲁宾能够理解他而且很高兴他能够听他说，他意识到自己可能反应过度了，但是还是感激鲁宾来他办公室听他诉说。客户说现在整件事情说开了，所以也有了比较现实的理解，他们工作关系可以恢复如初了，也许更好。

鲁宾继续听着，客户说他确实很欣赏鲍勃能够这么快地处理这件事，而这样的事件很可能会使很多人反应过度，并导致交易告吹。鲁宾还是继续倾听。过了一阵子，鲁宾还在倾听，客户终于停了下来伸出手与鲁宾握手，他说："再次谢谢你，鲍勃。谢谢你能过来听我说说我这边的情况。我确实非常感谢你今天所做的，来听我诉说。现在很高兴，这一切都过去了，我们还可以一起好好地做生意。鲍勃，真是感谢你为了挽救我们的关系所做的一切，我欠你一份人情。你是个王子。"他很热情地与鲁宾握手，并将他送到电梯，微笑着说："再次感谢你，鲍勃，你真行！"

第二天,弗里德曼问道:"鲍勃,我知道我们开过'创新性地卑躬屈膝'和为工作而拍马屁的笑话,但是你昨天听他啰唆半天鬼话不烦吗?"

"他很不高兴,想把他想说的都说出来,而且还要让我们听见,"鲁宾解释道,"所以他不停地说,我在听他说话的时候就在考虑我明天该干些什么事情。对我来说,听他说话完全不是问题。"

负责持续性业务的管理层(所有专业的服务业务都是持续性的)都是日复一日地将公司的业务培育得越来越专业,同时小心翼翼地减少和改正错误。领导们关注于决策性行动和决策本身。鲍勃·鲁宾在领导和管理两方面的才能都非常突出。

"弗兰克,我能跟你谈几分钟吗?"鲁宾跟合伙人弗兰克·布罗森斯(Frank Brosens)一起走出管理委员会的会议室。会议开得很顺利。布罗森斯刚刚做出了一个关于日本股权权证掉期交易的大胆承诺,委员会非常赞同他的建议。布罗森斯自己完成了整个演示,但是作为一个学习过程,他邀请扎卡里·库布里尼克作为观察员出席会议。布罗森斯知道他涵盖了所有的基本点和事实,但是他不太相信鲁宾会对此如此感兴趣,而且在会后立即对他表示祝贺。他猜对了,鲁宾可不是来对他的表现表示恭维的。

"弗兰克,"鲁宾很随和地说,声音很放松:"你和我都知道,尽管库布里尼克很年轻,但是他对日本权证的了解和你一样多。这次你真应该让他来做介绍,给他面对管理委员会进行演示的机会。这样的话,你可能没有功劳,但是,你会变得更高效,弗兰克,一定要记得要和别人分享功劳。"

"鲍勃·鲁宾是我最好的老板。"合伙人汤姆·斯泰尔说:"他总是听你说,那是真正的倾听,以便能够了解所有信息和你最好的想法。他对行动计划非常清楚,绝对清楚。他总是很冷静,出人意料的冷静,而且从来不会因为市场或者某个人的行为而发怒,那些不会影响到他。他处理行动计划时非常果断。"在其他人询问他的意见时,鲁宾的回答总是一样的:"你觉得呢?"这样,被问到的人就会回去认真研究并提出他们最好的建议。这也给鲁宾一点儿时间去考虑并且对如何理解问题进行"最初的预估"。

"不论鲍勃是否同意你的观点,他都会很明确地表示他确实已经理解你想说的观点,即使他最后的决定和你的建议不一样,你个人也不会有什么损失,因为你知道他明白你所知道的,而且只会知道得更多。"鲁宾最不愿意的就是改变理由充分而且是建立在事实基础上的行动计划。他对别人希望重新开始讨论他认为已经盖棺定论的事情非常不快,有时甚至会很生气。除非事实有了显著变化,否则他总是按照既定计划前进。

在布罗森斯被任命主管掉期交易时,他的部门有一个天才,刚20出头,布罗森斯希望让他来主管公司自有账户的掉期交易。塞芬和朱克伯格疑惑是否应该将此重担交给一个如此年轻的人。"去年掉期业务可不太好。你今年是不是需要自己关注一下这方面的业务?

"我对他百分之百放心,他用40%的时间就能干得比我用100%的时间还好。"

鲁宾也插话说:"年龄没有关系。这个时候给他增加责任的话你可以留住一个真正的人才,不然可能就要失去他了。"

这个人就是麦迪奇,它很快就成为高盛有史以来最年轻的合伙人——那一年他才27岁。

1984年,随着市场份额从11%跌至9.6%,高盛在企业债券承销业务上的排名由1983年中期的第一名降至第五名,而更具野心的所罗门兄弟公司的市场份额则从16.2%上升至25.8%。公司内部的辩护派人士傲慢地指出:固定收益部门在开始赢利后(当时是通过减少销售人员的佣金达到的)的15年内能成长为公司最赚钱的部门。现实主义者则说那些赢利具有误导性。因为"赢利"源自两个严重的错误来源:挤压公司作为交易商未能全面参与竞争获取的剩余利润;承受失去像西尔斯-罗巴克公司那样的债券承销业务带来的损失。鲁宾和弗里德曼都决定要进行重大变动:"我们能够看到市场的方向,我们要进行调整。"那已经算是比较保守的说法了。他们决定变革债券业务并且改变一切可以改变的东西,从改变业务理念、模式以及管理者开始。

鲍勃·鲁宾和史蒂夫·弗里德曼有一张时间表。他们非常确信高盛需要变革,就像曾经的两位约翰一样确信。公司可以像一家小型专业公司或大型全能公司那样发展,但是不能长时间停留在一家中型公司的阶段而"身陷泥潭",这是他们认为高盛当时所处的状态。他们指出,现在再考虑回到小型公司的发展道路上已经太晚。所以现实的策略就是扩展服务和产品,特别是扩展市场,走向国际。他们希望改变发展方向和业务进程,而且他们还想消除怀特黑德和温伯格仅关注客户服务业务的限制,希望增加有规则、有风险的自营交易业务。竞争正在加剧,特别是来自大型国际竞争者和大胆运用资本并愿意承受风险的商业银行的竞争正在加剧。与最有力的竞争者相比,高盛的发展相对比较缓慢、比较分散而且在新观念和业务方面比较保守。他们相信公司各个部门"一切靠自己"的独立传统使得高盛变得效率低下。他们担心"快速追随者"内在的渐进发展模式已经不再适用。他们认为竞争和市场的发展是如此迅速,除了做一个快速追随者之外,公司必须更加富有创造性,更富有进取精神以及更加精诚合作。如弗里德曼所说:"如果我们在创新问题上不能领先,我们就无法获取相应的高利润。"公司内部的战略规划应当识别新的业务机会,比如销售代表制度以及抵御收购等,只有早点儿识别这些机会,公司才能在竞争中胜出。

公司内部合作的第一步就是各个大的独立部门放弃对本部门最有利的传统业务的关注。"我对于鲍勃的自我否定非常认可,"弗里德曼说,"我们一次又一次地讨论具体的收购战略,他总是问道:'怎样做才对公司最有利?'从来没有想过怎样对他本人才最有利。他是最合格的合伙人。"

对于鲁宾和弗里德曼而言,甚至高盛培育客户关系传统的强大力量也被其他人用来当作保守的借口,这正是导致公司竞争力停滞不前的原因。太多员工,特别是资深人士不太愿意指责过去的关系(状况,或利用关系开展业务),或者他们认为那样参与高收益业务,如恶意并购业务、高收益债券、抵押担保和资产担保证券、衍生品以及其他一切承受已知风险以及利用公司资本进行赢利的高成长业务会玷污高盛的名声。这就是高盛作为服务型中介企业向强大的资本型交易商转变的原动力。

弗里德曼回忆道："我被调来解决问题。公司的表现很不好，很明显有很多事情要做，尽管我曾经梦想赢得全国摔跤锦标赛或法学院的最高奖，或成为高盛的合伙人，但是我从来没有想到过我会成为董事合伙人。那3个梦想确实很野心勃勃，但是在高盛的责任更是显而易见而且不容推卸的。作为执行合伙人意味着要增强公司的实力，这是一个责任，不是终点。"

鲁宾和弗里德曼对保守思想会恶化成为防守型警惕的认识，以及对公司应更加进取的重要性的理解都是十分正确的。约翰·怀特黑德也看到了这一点，而这也是促使他退休的重要原因。而最具有讽刺意味的是，鲁宾和弗里德曼意识到的警惕和保守的作风已经根深蒂固，它成为这个公司以团队为中心的企业文化、为公司和机构客户提供服务、强大的赢利能力、良好财务状况、持续而专业的招聘制度、强大的管理团队，以及可以用以创造更具进取心的业务的持续执行力的坚强核心。在很多方面，弗里德曼和鲁宾仍然试图保留以前的传统，他们通过消除部门隔阂、鼓励和认可跨部门合作，并惩罚不愿意合作的行为，将高盛逐步建设成为一个统一的"One-Firm公司"。

在这一过程中。鲁宾和弗里德曼希望见到的改变有：对于资本金的大胆运用、更多冒险的尝试、根据员工和合伙人的个人表现评估和设定的更具差异性的薪酬制度、各业务线之间更多的合作和互动，以及经营过程中更多地使用计算机。这一切的战略都需要对公司架构和决策程序进行重要的变革。打造强大的债券业务是一项主要的改革措施，但只是改革的措施之一。他们希望高盛能完成彻底的转型。

鲁宾和弗里德曼希望达成的合作在并购和投行部门之间正在进行，这两个领域往往是新生力量的孵化器。公司并购部门的中坚力量是年轻的合伙人——具有领袖气质的杰夫·博伊斯。在基督大学受过训练的杰夫·博伊斯是天生的领导者，他来高盛似乎就是寻找责任感的。他自1971年开始在并购部工作，1977年非正式地掌管这个部门一直到1980年正式担任这个部门的领导。这是一个高速发展的阶段，这个阶段的利润也很高。博伊斯有着超凡能力，能通过分析、互动、评估所有可行性以及方法来解决问题。而且，他像一个国际象棋大师一样能够超前对变化的结果进行非常精准的预测——其准确性在某些人看来非常振奋人心，而对某些人来说则是一些无懈可击的、逻辑严密的观点。

博伊斯干得最漂亮的一次是1984年盖蒂石油公司的股价在彭氏石油公司（Penz Oil）提出收购要约后上涨了38%，由80美元上涨至110美元。高盛被盖蒂石油公司聘请来抵御这次恶意收购。利益冲突和盖蒂石油公司的内讧以及出现在公司董事会上的不愉快使得整个局势非常复杂。一个董事与彭氏石油公司联合发起了这次恶意收购。受盖蒂石油公司影响的董事会成员认为应该接受如此优厚的收购条件。博伊斯，尽管是在场的人中最年轻的，但却是并购经验最为丰富的一个，他的看法却不一样。盖蒂石油公司雇用高盛保护股东利益，而博伊斯则代表公司谨慎地确定价格在什么样的区间内才最公平。年轻而又精于分析的他非常自信自己的判断是正确的，因为他很确定高盛的团队对每个因素和每种可能性都做了严密的分析并且得出了慎重而合理的结论。博伊斯解释说公司的剩余价值很明显高于出价。尽管当时只有彭氏石油公司出价收购，他坚持说如果允许高盛到并购市场上寻找买家，他们能够找到更高的出价。所以，合理的决定就是拒绝彭氏石油公司的要约。一些人认为在时间如此有限的情况下拒绝彭氏石油公司的要约是非常不现实的。尽管他因为这些三四十岁的董事对他的判断和分析提出挑战而越来越孤立，但是博伊斯不为所动。

紧张气氛在升温。议论也越来越多。博伊斯仍然坚持己见。

最后，新来的董事，特别是那些有着很多商业经验特别是并购经验的董事们发火了："年轻人，年轻人就是没有经验，我都不明白你在说什么。你根本什么都不懂。这是桩好买卖。我们应该接受这个出价，马上！"

博伊斯仍然坚持。他是高盛精确判断的代表。

剩下的时间越来越少，根据法律，博伊斯和他高盛的团队只有10天时间去获取更高的出价。但是博伊斯很坚定。结果，4天以后，在高盛找到数个潜在买家后，得州石油出价130美元，这几乎是给每个股东增加了20%的收入。最后成交额为110亿美元，这也成为史上第二大并购案。

## 22 换岗

在他 60 岁的时候，约翰·温伯格已经在银行家中有着很高的地位，享受着个人的成功；和那些最主要的客户进行最令人印象深刻的交易；赚取大量的费用；接受越来越多的对他成就的认可；享受来自客户和其他合伙人的爱戴。在将他的时间和精力统统贡献给高盛之后，他在工作之外几乎没有任何爱好，甚至没有业务之外的朋友，所以很容易理解温伯格没有马上离开他领导的公司。温伯格认真地将他挑选的继任者鲁宾和弗里德曼带上任，确认他们的能力以及他们能够胜任对公司合伙人以及很多主要客户的组织性领导。这需要时间，同时他们也有许多重要工作需要完成。

在高盛快速改变业务和做出重要战略性决定的时候，温伯格仍然领导着公司。这些决定，也可以说是关于"不"的决定：不做给很多公司带来灾难的过桥贷款；不改变公司关于不做营利性恶意收购以及不做水街的"秃鹫基金"①政策。尽管温伯格很多保守的决定都是明智的，但是随着市场的转变，这些决定后来就显得过于保守了。在债券被分为高级、中级和垃圾债券的年代，温伯格仍然对垃圾债券——后来被称为高收益债券——不太感冒。可以理解的是他也慢慢地认识到债券资本市场和公司融资业务的迅速变化，这些变化的原因是保险公司和债券型共同基金由于其投资组合设计多元化而开始愿意接受风险和收益都较大的单只债券。

温伯格相信领导权的顺利交接将是他事业的一个顶峰。他想他已经让他的继任者按照正确的步骤把该做的做完了，将他俩培养成了联席领导人。在 1985 年 8 月宣布鲁宾和弗里德曼自 12 月 1 日起成为固定收益部门的联席领导人时，他说："他们能力超群，非常有天赋，我们还有很多有天赋的员工。"温伯格还没有准备退休而且几乎还没有准备好宣布他的继任者，尽管大家都猜测最后会是鲁宾和弗里德曼（鲁宾当时已经在公司工作了 19 年，弗里德曼工作了 20 年。）温伯格继续他有保留的赞扬："史蒂夫和鲍勃都没有在固定收益部门干过，但是他们是非常好的组织者而且会与

---

① 秃鹫基金，指的是那些通过收购违约债券，然后进行恶意诉讼，谋求高额利润的基金。——译者注

部门的其他精英们一起成长，而将来的领导人可能就来自这个部门。"

温伯格把这次宣布作为推出两人的长久计划的一步，他对于在之前的5年里在公司的发展过程中给予他俩越来越多的权力以及在这个过程中富有远见地奠定高盛行业领导地位的计划的效果感到很骄傲。但是鲁宾和弗里德曼并不这样想。

他们认为，作为这个竞争激烈的市场的中介，高盛需要扩大其服务范围并在市场全球化的同时在主要区域市场建立领导地位。在高盛发展的过程中，它的经济和赢利能力都会上到新的台阶：即从经纪代理上升到承销人员，从交易员上升到管理经纪人，然后到董事合伙人，最后到资金雄厚且能承受风险的独立交易商。每个台阶的天花板就是下个台阶的地板。作为领导者，鲁宾和弗里德曼需要设定概念性的框架，他们鼓励和奖励为了提升公司组织性动力而做出一系列变革的具有进取精神的领导。"约翰·温伯格对于战略计划不感兴趣，"约翰·怀特黑德解释道，"所以史蒂夫·弗里德曼和鲍勃·鲁宾在业务方面固守公司的预算和计划并且按部就班地管理着公司业务。"

"没有人选择或任命我们去掌管债券业务，"说这话的时候弗里德曼好像忘掉了约翰·温伯格的重要角色，"没有人任命我们：实际上我们是在发现问题之后自我任命。没有人选择让我们领导公司。但是我们实际上已经领导公司了。我们看见哪些工作需要做，我们就做了。我们在被正式任命前已经担任公司事实上的首席运营官好几年了，鲍勃和我成为公司的联合领导是自我选择的结果。对于债券业务，我们迎难而上，一边前进一边做着临时准备。我们尚未突破重围，而且还希望理解每个人的观点和角度，这样采取行动的时间就会太过漫长，特别是我们有时候还需要迂回前进，因为约翰·温伯格那些人还需要我们的报告以便了解进展情况。"鲁宾和弗里德曼都确信需要采取较为激进的组织和战略改变，但是温伯格却不是特别赞成，特别是当他看到其他公司因为改革而面对大额"必要的"损失时，他更加不确定了。

每个充分发展的组织都是相互贯通的，但是如何招聘和训练那些不同性格的人使他们能够重新适应是一个挑战，特别是当目标是将新组织变得不同寻常和更好时。

一个可能的方式是提高在岗人员的素质。弗里德曼和鲁宾没有时间按部就班地工作：他们现在就希望进行重大的改变，特别是固定收益部门。

对于高盛来说，突然的变更、转岗和降级都是新鲜事物，所以当两名资深合伙人突然被转岗时，很多人感到震惊。埃里克·希因伯格在当了14年合伙人之后被调任到公司债券部门做负责人，同样的事情也发生在了伦敦的罗伯特·马克斯韦尔和约翰·吉列姆身上。领导公司承销部门21年的合伙人吉列姆被仅有两年合伙人经验的纳尔逊·阿班托取代。希因伯格被惊呆了，只能说："我最好什么都别说。"而其他人则在想：是时候了。弗里德曼是这么说的："如果保留年纪大的合伙人会阻碍那些优秀年轻人的发展，这样公平吗？符合我们对于精英们的承诺吗？"

当公司以过于激进的价格战胜所罗门兄弟赢得生意而不得不持有上亿美元的库存证券时，吉列姆遭到了挖苦："历史会告诉你我们太激进了，"顽固不化的阿班托说，"我因为太激进而感到罪恶。"在鲁宾和弗里德曼的领导下，公司的债券业务由避险、最低限度使用公司资本、提供深入的客户服务向大胆使用公司资本承担风险的高赢利方向转变。

债券业务的革命需要与公司内部的变化相得益彰。比如后台过时了，而且没有被整合进公司的运营中。信息部门被要求开发新的子系统，在工作一年之后他们被告知："这个我们不能用。业务改变了，我们的业务和以前完全不一样了。"

弗里德曼开始为公司每年约为5亿美元的庞大IT开支寻找原因。他一开始与很多IT经理见面，很快就得出结论："其实很明显，IT必须和业务直接整合，高盛必须在产品线经理的层面上计算出成本和价值的比例，这样，当经理决定他需要什么样的价值时，成本自然也归他出。"

弗里德曼负责处理关于由他和鲁宾设计的固定收益部门的薪酬制度的投诉，这个制度的目的是找到使各个单位更具竞争力的方法。

如果操作得当，债券销售人员的收入可能大大超过投行人员。因此有投行人员向弗里德曼投诉。他们得到的回答是:"没错,他们比你挣得多,有些人比你挣得多得多。那有两个原因:第一,他们都是非常聪明的人,工作也很努力。第二,更为重要的是他们的职业发展路径和你不一样,他们有可能成为合伙人。所以,除非你认为债券销售员的工作比你的好,否则别再拿这个说事儿了。如果你经过深思熟虑后还是觉得他们的工作更好,告诉我,我会立即安排你去债券销售部门面试。"怨声马上销声匿迹。

弗里德曼和鲁宾动作越来越明显地想迫使温伯格交出公司的管理权,而温伯格也开始考虑他担任公司高级合伙人是否太久了。在确定必须迫使温伯格交出指挥棒后,弗里德曼和鲁宾去见他。弗里德曼回忆道:"我们直截了当地对他说,如果他决定留在公司,那我希望他知道这意味着我会离开,因为我一直希望能够早点儿退休,以便开始第二次职业生涯。我不希望等到他70岁之后再掌10年的权。那太浪费我的时间了。"

1990年12月,鲁宾和弗里德曼正式成为联席资深合伙人和联席CEO,而温伯格则成为资深董事会主席并继续为主要客户的大项目工作。鲁宾和弗里德曼会共同担任联席CEO三年。

他们共同推进符合他们战略需求的组织性变革。部门的独立性被打破,公司内部的不同小组之间也有了更多的合作和互动。为了适应公司要求对计划和结果承担责任的重要趋势,各部门领导的独立性也被削弱。弗里德曼说:"只有当很大一部分人被吸入进来在共同目标、相同标准以及相同利益下的相同业务中一起成长,才容易形成强烈而一致的企业文化。随着公司人员的增多,特别是忠诚度、经验和优先权的增多,团队合作的概念变得越来越重要和富有挑战性。"

为了增强公司的赢利能力,有一个变革是鲁宾和弗里德曼觉得有必要实施的,他俩找出对建设性改变没有耐心的优秀人员,将他们提拔到关键位置以便能够让整个团队跟上他们的节奏,消除对于现状的不满。弗里德曼和鲁宾坚持要将他们所有建议拿出来讨论并鼓励争论——让资历较浅的员工先说,这样他们就不容易和上级起冲突,而上级则可以在了解下级真实想法后再提出他们的见解。他们相信深入和公开的讨论能够使做出的决定获得更多支持。

他们通过提前讨论并做出决定来领导权力更大的管理委员会——这意味着他们把握着主动权。而他们则通过管理委员会对公司进行领导和控制。他们聚在一起讨论每一个复杂的问题，厘清问题或决定背后的基本事实，然后找出最佳战略和最有效的执行方式。

弗里德曼回忆说："我们先在私底下达成协议，然后再把它拿出来。如果我们有一个人对某个决议特别有意见，我们就先把那个强烈的意见搁置下来。如果我们双方对某个决定都有强烈的意见，我们就会采取较为保守的方法。鲍勃和我从来都没有过争执。我也不记得我对他动过气。我们都会问同一个关键问题：我们怎么做才是对公司最有利的，也是最赚钱的？同时，我们认识到所有成员都拥有可采用的信息和见解——尽管它们可能不一定都有价值。"他们尽力使委员会成为讨论和决策的论坛，而非仅仅是一个批准机构。

尽管弗里德曼和鲁宾相信他们从来都没有强行推行过主张，一直觉得他人的见解是有用的，而且所有的讨论都涵盖了应有的变数，但是委员会的其他人却认为他俩将各种事件搬到委员会来只是为了获得认可而已。弗里德曼和鲁宾都认为应当提高容忍度：如果演讲人在重复自己观点上花费的时间太长，大家在打断他说话时最好用这样的语言"这是我们第1次听到你第3次重复你的观点"。对于各部门领导生硬的提问也被认为是对约翰·温伯格将权力下放给不同业务线和不同区域经理的开放、自由风格的剧烈变革。有些与会者认为这并不是一个合伙制度下的正确程序。

为将他们的决策焦点表现出来，鲁宾和弗里德曼说："如果我们认真地阅读了你们关于建议的内部文件，就不需要任何演示。"这使得有些投行人员没法在每次讨论一开始时就使用扣人心弦的演示以形成决定性框架并取得会议的主导权。

鲍勃·斯蒂尔回忆道："鲍勃和史蒂夫认可一样最重要的因素：大脑。他们总是寻找最聪明的人。"但是这种仅仅对智力的关注不是每次都正确的。而另一个合伙人则回忆道："史蒂夫和鲍勃都非常理性，但他们忽视了人性的有些方面也很重要。"会议中越来越重视知识的力量,而且当弗里德曼和鲁宾向被弗里德曼称为"战略和战术动力"和零缺陷的方向发展时更是越来越明显。塞芬回忆道:"由于决策会议的目的是处理非常复杂的事件——只有最棘手的事情才会拿到会议上,鲍勃·鲁宾在会上一次次地提出具有洞察力和杀伤力的问题,这些问题你巴不得别人不要问。鲍勃的特长就是知识面广,执行经验丰富以及具有将事物概念化的能力。那太不可思议了。他对于发生的事情得及其原因把握得极其准确,但是在处理情绪或与其他人合作方面就不那么在行了。"

弗里德曼外在的自信和与他内在的不确定掺杂在一起。比如,他可能会担心极小的细节,甚至对拜访客户后的感谢信也逐字斟酌。有一个无法忍耐的合伙人脱口而出说:"史蒂夫,高盛是个大公司,你还有好多要紧事要做。赶紧把那封该死的信签了吧。"有一个成员看起来经常过于明显地在每次会议中和刚结束时不停地表达他对弗里德曼言论的欣赏,管理委员会的一些其他成员对他的行为感到很吃惊。有一个合伙人回忆道:"管理委员会由12人组成,他们可以分为史蒂夫派和鲍勃派,鲍勃那一派有9个人而史蒂夫那一派只有一个人——汉克·保尔森。"汉克·保尔森是芝加哥发展势头良好的投行业务部门合伙人。弗里德曼将保尔森对他的赞同看作是他俩有着共同的目标、作为银行家的相同经历以及相同思考模式的表现。他们几乎随时准备好了就日程安排中的事项进行讨论。保尔森已经习惯在周末的时候往弗里德曼家里打电话。这些对话将两人逐渐拉近,使他们之间的友谊更为深厚。

在弗里德曼和鲁宾展望的未来中,随着高盛的全球化发展,高盛会面临巨大的机遇,但是必须采取更为激进的措施。否则,最好的业务就会被那些精明和强悍的竞争对手夺走,境内的竞争对手有摩根士丹利、所罗门兄弟、雷曼兄弟、第一波士顿以及美林等,国际上则包括华宝、摩根格林菲尔[1]、施罗德和野村,大型银行则有花旗、摩根大通、德意志银行、

---

① 摩根格林菲尔(Morgan Grenfell),英国著名投行。——译者注

住友、汇丰和大型的瑞士银行等。尽管大多数商业银行会犯这样那样的错，但是有些银行肯定能赶上来。它们有非常有分量的资源——巨大的资产负债表，良好的公司和政府客户关系，军人般的雇员以及本土优势，这肯定能让它们成为更强大的竞争对手。

公司的慎重、决策延迟以及折中都是问题中的危险部分。就在弗里德曼和鲁宾对战略性决策的迟缓感到沮丧时，他们促使部门间打破独立运作的努力使公司的内部沟通和竞争力都得到了加强。这个变革依赖于大家把具有可行性的信息积极地传递给相关的人；组织内"没有秘密"的多方共享的文化和广泛的沟通；格斯·利维时代的扁平化管理；以及公司为方便每个人的联系而提供的技术支持。即使是在周六和周日，对于每个合伙人来说，每天有上百条信息来往是非常正常的，无论发件人和收件人在世界的哪一个角落，而及时和当天回复则是强制性要求。

弗里德曼和鲁宾相互之间的沟通非常畅通。就像怀特黑德和温伯格为了防止别人在他俩之间挑拨离间，定下的明确的政策："如果你要和我们其中的一个说，那么你就是在和我们两个说。我们需要让对方全部知道。"如果头天深夜有人对他们中的一人提出问题，第二天一早很可能是由另一人来回答。正如弗里德曼回忆的那样："我们不希望任何人在我们中间插一脚。我们俩亲密无间，那是因为我们必须这样。但是当别人认为我们过于激进叫我们杜宾犬时，我觉得很不舒服。"

作为董事合伙人，鲁宾和弗里德曼必须非常积极地维护和全球主要客户的关系而且还需要对他们在全球市场承担的风险有很好的理解。所以他们俩都频繁出差，分别应对关键客户。弗里德曼解释道："我们采取的是一人在家，一人出差的政策，因为我们认识到两个人合作和关注会使公司所向无敌。"他接着开玩笑地说道："我们平等地划分市场和客户，我很高兴选择了巴黎。"

鲁宾和弗里德曼希望让高盛为客户和潜在客户提供服务的广度和深度都能够独树一帜，所以他们在全公司启动了一项具有领先水平的关于合作的"360度"个人表现评价制度。每个人的评价都来源于部门内外与他一起工作的每个人。他们还建立了"交叉评分"的评价制度，由其他小组的经理对本组人员进行评估以保证公司上下一致的客观性。"在360度评估制度下，每个人都知道他们对于其他人表现的评价是有意义的，所有的事情每年都会摊开来看两次。"弗里德曼回忆道，"每个人都被引导着一定要表现他们的优势而不要暴露弱点。"传统上由不同部门领导承担的对业绩评估和薪酬的控制对鲁宾和弗里德曼来说非常重要。集权带来了连续性，也能嘉奖公司内部的集体协作，同时削弱了各个部门大头的权力。弗里德曼回忆道："我们需要对人员的评估进行控制以驱动公司前进。"

弗里德曼认为薪酬方面还可以有更多的差异性以达到更强的纪律性和责任心。而公司对此进行整体控制比各部门单独进行控制要好。弗里德曼解释说："就薪酬来说，公司对达到最大和谐的兴趣开始超过对僵化评估的兴趣，所以给个人的酬劳基本上接近他们的期望，因此他们很收敛。"弗里德曼指出问题的一个根源："如果评审人员有50个人等着他去评审——当然，这并不常见，那么他需要快速地浏览这些资料才能完成工作，即使其中可能有一些人的职业生涯已经危在旦夕了，他们也有可能发现不了。这对个人的职业生涯来说不公平，我们需要给员工准确的反馈。"弗里德曼和鲁宾准备强制推行客观评判，以避免任人唯亲。这一决策要求每个部门的领导对其员工一年进行两次评估，将他们分为4个等级，等级的划分将反映到薪酬等级上——甚至部门领导也反对："但是我都找不到第4等的同事。"在最后一等的员工很可能被辞退。如果一个员工连续3年或4年都被划为末等——有时被人称为"第5等"，他极有可能被辞退。

在过去，合伙人中的大部分人常年拥有相同的份额。这种情况不会再有了。在第二次两年评估之后，以业绩为基础的差别产生了作用——合伙人知道其他人的份额。合伙人份额间的差距变得越来越明显，合伙人越来越频繁地要求取消合伙并只承担有限责任。

弗里德曼确信自有资本投资是非常赚钱的业务。高盛具备将其自有资本、企业融资专业知识、大量的企业资源、对企业和行业的深入研究能力、机构投资者关系以及通过私人客户服务业务获取富有个人客户等优势结合在一起的理想优势。通过其与成千家可能考虑拆分和剥离业务的客户公司高管人员的良好关系,高盛可以获得客户在操作业务前第一通电话的业务优势。但是启动自有资金投资并不容易。

"让公司开始第一笔投资真是麻烦透了。"弗里德曼回忆道。他当时想往科尔伯格-克拉维斯(KKR)的第一笔基金里面投入600万美元看看私人股权投资到底能有多成功。反对力量很强大,有些合伙人说"我们可不愿意支持别人的业务"或者"自己去设立基金去吧"(弗里德曼之前曾经试图从高盛提前退休建立他自己的基金,后来离开高盛后他确实成立了私人股权投资基金)。对于"科尔伯格-克拉维斯将我们视为竞争对手"的抱怨,弗里德曼回答道:"是的,但是他们会习惯的。""最后,我们投资400万美元从洛克菲勒手上购买了报纸业务。至少,我们开始了。"弗里德曼说道。

正如弗里德曼回忆的:"对于私人股权投资,最关键的是有汉克·保尔森——他是个彻头彻尾的投资银行家,也是投行服务部的联席管理人,他负责监控和领导并促进该私人股权投资部门的业务成果与投行业务盈亏的结合。如果我们对我们的投资者技巧感到满意而且有最好的项目来源,我们的整体竞争力就会增强。但是如果我们需要最优秀的项目,那只能来自我们的公司客户,而且这意味着我们需要投行服务部的同事们为我们工作。一旦我们能够适当地搭建系统,我们就会成为拥有优势地位的投资者。"

弗里德曼私人股权的提议几乎没有获得任何积极的支持,反倒是有不少反对声音,这正印证了他关于"让一个好主意获得认可比获得一个好主意难多了"的说法。但是在私人客户服务部门的融资支持和高盛3亿美元的承诺下,高盛资本合伙人(GS Capital Partners)一期于1991年成功融得10亿美元。在高盛另外3亿美元的承诺下,高盛资本合伙人二期在1995年又融得了17.5亿美元的资金。投资回报证明了公司的能力,甚至更多的资金也能融到,高盛在私人股权投资方面越来越成功。1994年,拉夫·劳伦的私人公司以1.35亿美元的价格被收购,而到3年后IPO的时候，投资价值已经翻了3番，达到了5.79亿万美元。毋庸置疑，对于私人股权投资的热情与日俱增。

就在弗里德曼对房地产的兴趣驱使他对这个行业的驱动力量进行研究时，公司的专家告诉弗里德曼获得重要办公大楼生意成功的关键是要有大租户。"作为有众多员工、许多设备、交易大厅的特大特殊空间要求，以及能够接待众多来访者的地方，高盛本身就是大租户。既然这样，为什么要把经济利益让给开发商呢，我们可以自己留着啊，既然我们能找到大租户，我们自己，我们应该拥有自己的办公楼。"弗里德曼回忆道。公司从俄亥俄州一个开发商手上买下百老汇大街85号的总部办公楼并将其修建完工就是遵循了这样的思维，并在乔治·多蒂（George Doty）的建议下进行的。完工之后，大楼被整体出售给大都会人寿然后由高盛回租——这期间高盛拥有100%的营运控制权，包括零散利润。

在90年代初期，公司也在伦敦金丝雀码头①认真勘察。伦敦商业地产的出租在传统上都是长期租约，而且每5年按照市场价格进行调整。规避价格上涨风险的唯一方法就是自行购买写字楼。作为负责各种行政事务的董事合伙人，弗雷德·克里门达尔参与了两宗金融城地产的竞价并以高价胜出。每日电报公司将其庞大的印刷业务搬到了伦敦的多克兰大街。如果在新年前能够完成交易，那么每日电报位于舰队街的海绵状大楼在圣诞节那一周就可以腾空。空出的地方用于修建新办公楼非常合适，因为其所处地段位于全球闻名的彼德伯勒区。出于税务原因考虑，克里门达尔很快设立起一家位于海峡群岛的公司并买下了该处房产——不过由于当时并未获得管理委员会的批准而遭到批评。该交易非常成功。

不过，机会仍然不那么具有吸引力。就如弗里德曼回忆的那样："我可以预见到2010年的金丝雀码头将会是非常好的物业，但是在做出决策的时候仍然存在许多问题：你现在看到的任何商店和公寓在当时都不存在，交通也很差，我们对该地段极其不熟悉，由于没有地铁，而且交通灯

---

① 金丝雀码头（Canary Wharf），伦敦金融中心所在地。——译者注

都还没有安装好，甚至我们到达那里都花费了很长时间。而且，作为合伙制的企业，我们在税务方面还有各种各样的问题。因此，管理委员会没有通过那个项目。"无论如何，高盛的自有资本投资——不仅仅是建筑物上的投资，的确在高盛内部风头正劲。

鲍勃·鲁宾看到了无数的以自有资本进行交易的高收益机会，也很清楚交易中更大的风险是时间，交易商必须拥有能支持长期且有耐心地等待结果的资本；就像凯恩斯所观察到的那样，市场维持"错误"的时间会长于投资者等待的时间造成"赌徒破产"的现象。如果高盛的目的是追求最高利润率的自营交易机会，那它必须接受突然而且不规律的赢利或损失，而这正需要非常耐心的资本。

作为自营投资者，世界上的其他金融组织很难获得如此多的业务机会。公司的客户关系网络具有强大的优势。但是对自有资本投资和并购业务来说，高盛的合伙人在资本上的确是一个不利因素。优秀的投资需要很多年才能够成熟，但是合伙人每年都要对其表现进行衡量。自营投资的风险可能集中在投资的早期，但是回报却都是在后期才能获得，这与合伙人制度的时间表无法吻合。解决这种错配的方法之一就是使用"记录时间的记账方法"（dated account），也就是说进行投资的合伙人在任何时候均可享受投资回报而无须考虑回报的时间。

但是这不是弗里德曼和鲁宾所要的解决方法。他们都是技巧高明而且经验丰富的防守型选手，对于风险和未知性的警惕性很高而且善于防范。对于他们来说，更多资本承诺的组合和对于流动性的更多需求是非常直接的管理问题，应该有更好的解决方案，那就是很早以前由弗雷德·克里门达尔提出来的公众持股计划。

随着越来越多的公司上市，或者正在采取行动，小心翼翼的约翰·温伯格已经准备好研究这个问题，但是没有做出明确的承诺："你认为我想上市？不是我！"温伯格和其他一些人花了数年反复考虑IPO以及如何使合伙人精神发扬光大，而弗里德曼和鲁宾很快接受了这个主意。1986年

12月，他们代表一致同意高盛上市的管理委员会向合伙人们做了一次失败的演示。在周六早上的会上，作为广泛公认将成为下一代领导的鲁宾和弗里德曼提出了他们的观点，他们表示公司今后的机会就是成为强大的交易商以及私人股权投资者，并解释了为什么公众持股能够使得公司获得更丰厚的利润。

现在回头看看，那些参加演示会的人认为周六早上的演示会不是很成功，因为它出人意料的无力而且很不专业。最重要的原因是事前合伙人们根本没有时间对IPO进行思考，所以合伙人对这个复杂的问题以及它今后对整个组织和文化带来的影响没有进行足够的理解。在高盛，合伙制度在人们心目中，特别是在合伙人心目中是神圣不可侵犯的。大多数人相信公司的合伙制度会永久存续下去，而合伙制度正是公司持续成功的力量源泉。

每个人都能看到IPO能让资深合伙人快速致富，而对于在一周之前才成为合伙人的37位新合伙人（这一数量是之前合伙人数量的两倍）来说却非常清楚，他们很少的那点儿股权将被冻结，在未来的10年或者15年间，他们只能作为在任合伙人获得极少的一些财富。（鲁宾在研究这件事情的后果时，甚至觉得新任合伙人在IPO后将会有更多收益。）资深合伙人受到了照顾，因此他们保持沉默。不同的群组提出了问题。有些人对于他们积聚的财产将会曝光感到担心。投资银行家在其业务中没有对大量永久资本的需求，而且对将大笔的自有资金投入交易业务也不感兴趣。随着会议讨论的进行，对失去前辈合伙人多年培育而且希望能够代代相传的合伙人制度将面临的风险，合伙人的情绪逐渐高涨，甚至有人悲愤落泪。反对的声音如此强烈以至于到了放弃准备IPO的地步。但是鲁宾和弗里德曼都决心改变高盛的结构、战略、运营、激励机制和控制体系，并投身于公司的国际化发展、承担风险、运用技术、加强纪律和对资本的运用。

约翰·温伯格选择坐在和管理委员会距离比较远的位子上，可能从表面上也说明了他对这个建议不支持，在台下的合伙人听众们都知道如果上市的话他的股份价值会超过1亿美元。周六晚上没有做出任何决定，按照惯例召开的晚餐舞会在索斯比举行。

## 22 换岗

周日早上，在会议重新召集以前，新晋合伙人聚在了一起。如果他们同意，他们能够以37票阻止决议的通过。史蒂夫·弗里德曼随后到场。他非常生气，并坚持说不应该有任何利益集团来阻止决议的通过，每个人都应该自行以公司整体利益为标准进行投票。"你们不需要把自己当作特里莎修女，投票是应该考虑个人的利益，但是起码有一半要从对高盛最有利的角度考虑吧。"新晋合伙人们被吓住了：他们知道弗里德曼特别支持IPO，而且他们还知道他们的合伙份额将来会由管理委员会决定。

执掌投行服务部多年，而且为他弟弟提供过很多无价建议的吉姆·温伯格站起来就忠诚的管理和合伙人的职责范围讲了一段话。他认为上市的建议毫无疑义。现任合伙人有责任把他们继承到的传统作为管理经验传授给下一代。另外，他没有兴趣阅读报纸上关于合伙人收入的文章。对于很多人来说，这说明约翰不太喜欢IPO这个建议。就如吉姆·温伯格以前经常做的一样，他获得了合伙人的同意。不需要再投票了。

有人认为，随着对IPO的反对，关于合伙制度的传统价值观应该得到加强，合伙人将更加投入地参与公司的建设。有些人相信全球化的战略获得了认可。还有一些人担心贪心的精灵已经被从瓶子里放了出来。而对很多人来说，从住友注入资本说明战略成长和国际扩张所需的资金不一定需要通过IPO来解决。其实根本无所谓。高盛的合伙人们在心理上还没有做好高盛将成为公众公司的准备。

当公司不上市的决定公开后，鲍勃·鲁宾对全公司说："作为公司的合伙人，我们不是公司的拥有者。我们更像承担诚信义务和发展企业文化的人。我们确实不认为我们有权出售高盛。"

1992年12月11日，公司通过电子邮件召集所有能到会的合伙人参加在百老汇大街85号的15层会议室举行的临时会议。高盛的合伙人当时认为鲁宾和弗里德曼可以执掌公司5~10年。

没有人会想到克林顿最后会当选总统。10天以前，被任命为国务卿的沃伦·克利斯托弗给鲁宾打来电话希望他出任财政部长。但是鲁宾说华盛顿对他而言太陌生,而且觉得劳埃德·本特森相关经验更为丰富,他才是最佳人选。后来克利斯托弗和其他人促成了鲁宾去白宫担任经济政策协调职务。

"我可以问问一些非政府人士的建议吗?"

"比如谁?"

"嗯,我想知道史蒂夫·弗里德曼怎么看。"

在参加完阿肯色州一个长长的会议之后,从未想过要去华盛顿而且也不太熟悉克林顿的鲁宾要去华盛顿了。第二天一早,当他回到纽约时,他直接去高盛和合伙人们会面并告诉他们他的决定。他非常疲惫,而且饥肠辘辘。

从小石城到纽约的飞机上,他写下了所要讲的内容,然后在早饭时对他的团队讲话。他非常正式而又充满激情地表示他非常珍惜在高盛获得的经验和友谊。但是对他的合伙人们来说,他显然已经将他的个人重心转移到了华盛顿。

史蒂夫·弗里德曼现在变得比较孤单了。合伙人们敦促他任命有能力的人分担领导全球的职责。对很多人来说,失去鲁宾的意义远远超越失去一个商业领导。这种失去是精神支柱的垮塌。

斯泰尔说:"对我来说,脑海里高盛合伙人制度的一幅固定画面就是鲍勃·鲁宾和慕钦,他们手里拿着一杯咖啡站在交易大厅,静静地谈话,谈论市场和一些他们将要实施的主张。那是早上7点。为什么每天一大早他们就如此深入地进行讨论。因为那正是他们想要做的事情。而那也是高盛所有人一直以来的做事方式。我在摩根士丹利也干过一段时间,那里的人都将他们的工作当成个人行为,那是他们可以做和做过的事情,但是在高盛,它的内涵更丰富,它是一种生活。"

在过去,公司对于专业人员的招聘是非常清晰的:几乎不会横向招聘,这样的政策使得在公司工作的人不会担心他们会有竞争对手。人们一起工作得越久,他们之间的相互理解和沟通就会越好。这些年来,这个规则已经多次被例外所打破,几乎不能再称之为规则了。国际化是变革的动力,就像向债券业务的转移、收购本润,以及高盛资产管理业务的扩张一样。

在内部没有合适候选人的情况下,只能从其他组织招聘核心人员。来自库帕斯的乔治·多蒂负责管理内部行政事务。来自保诚保险的克劳德·巴拉德则开始带领不动产业务的新队伍。吉姆·温伯格则是在欧文斯科宁玻璃纤维公司工作了15年以后加入公司的,当时是约翰·怀特黑德给他电话说:"我们正在招聘优秀的人才加入我们的投行业务和开发企业客户关系。这最适合你了。"来自所罗门兄弟的迈克·莫塔拉领导着按揭业务。西蒙·罗伯逊来自克莱沃特-本森。西尔万·赫菲斯来自罗斯柴尔德国际投行,负责法国的投行业务。1993年,刚刚结束在纽约储备银行9年工作的杰拉德·科里根在其52岁时加入高盛,掌管公司的国际咨询集团。

横向招聘不像它表面看起来那么简单。就像一位银行专家解释的一样:"当你成长得太快,开始横向招聘,你就会犯错误了——招聘提拔错误的人。这些人被称为公司内部的敌人——别人不愿帮助的人,别人不愿接触的人,甚至惩罚这些坏人都会对公司造成伤害。你只想聘用那些能干的外来者,但是他们通常需要忘掉他们在前一个地方的工作习惯和工作方式。这几乎决定了他们肯定会不一样。再加上他们对我们的人员和工作方式不熟悉,出问题的概率非常高。而当他们强烈的独立个性碰到依靠团队合作和内部沟通的公司文化时,出问题的概率会再次升高。他们需要对团队和公司负责,对我们负责而不是对我。"

"从其他公司转入高盛通常是非常困难的。"合伙人朱·马基哈拉说,"学会在其他公司如何取得胜利之后,典型的横向招聘是为了达到盈亏权力和责任,但是这会与高盛的团队价值观冲突。"通过横向招聘进入高盛的肯·威尔逊做了个比较:"如果你开展一个个人英雄式的项目而且还失败了,你会陷入双重危机——一个是失败,另一个则是试图靠单打独斗获得成功。在所罗门兄弟,很难让合适的分析员或产品专家去亚洲工作。但是在高盛,很简单,搭下一班飞机去亚洲工作就是标准的操作程序。这样的公司才是会赢的公司。"

## 23
## 转型

多年以来，华尔街的交易员和专家的关系非常疏远，两个团体都非常骄傲，既不相互尊重也不喜欢彼此；双方都认为对方知道的事情无关紧要；对方对事物的理解没有意义；对方所做的事情毫无价值。但是在一次知识界的历史性变革当中，由强大电脑和广泛数据库所支持的僵化学术金融数量模型与华尔街交易员的创造性结合在一起，成为非常强大的组合。这个组合改变了一切。最主要的变化因素是金融衍生产品的开发。不同种类的衍生品交易非常活跃。从数量上看，短短的10年里，衍生产品交易发展成为在传统现金市场中占有显著位置的业务。他们还将以前被割裂的市场和货币"连线"成为覆盖所有证券、货币，以及时区的庞大且相互联系的全球市场。

学术界与交易员们的第一次联系发生在20世纪70年代世界银行的"臭鼬"工作组里。在世界银行的司库——善于打破常规的尤金·罗思伯格的领导下，该小组将世界银行变成了全球最大和最具有创新精神的借款人。罗思伯格的目标是降低银行的借款成本。他的战略是通过创新来节约成本。因此他招募了像马克·温克尔曼这样富有大胆创新精神的理性主义者进入他的臭鼬工作组。

1977年，马克·温克尔曼从世界银行被招聘到高盛固定收益部门进行金融期货和国债交易。（短期国债期货和长期国债期货分别于1976年和

1977年开始在芝加哥商品交易所进行交易。）高盛固定收益部门的人都不了解期货，所以温克尔曼与其他离开世界银行的人一起开始想在这项看起来肯定会蓬勃发展的全新业务中大赚一笔。不过即使是最积极的乐观派也会因为这项业务连续几十年的爆炸性增长和发展而目瞪口呆。不断增长的期货业务超乎所有人的想象并为高盛带来了一系列的赚钱机遇。

由于金融期货在当时还是非常罕见的金融工具，人们知之甚少，尽管它与几乎毫无风险的政府债券相关联，仍然经常被错误定价。这就为做空期货或相关政府债券以在经常被错误定价的利差之间进行各种无风险的掉期交易提供了机会。由于有十多种不同但是可以互换的政府债券可供交易，因此温克尔曼在真实风险极低的条件下稳步地获得了大量利润。维克多对"降低收益率曲线"——例如3个月和6个月的政府债券之间的定价错误——非常感兴趣。不过这些定价错误的放大效应非常小而其掉期价值也大大小于政府债券期货的交易价值。

1978年的"利率简直是疯掉了"，温克尔曼回忆道。最主要的原因是政治因素。为了获得枪炮和黄油——为美国进行的越南战争和他的"伟大社会"买单，林登·约翰逊总统制造了一场人为延迟的通胀。这场通胀在吉米·卡特的任期内爆发，最终由美联储主席保罗·沃尔克将它停住。通过强行推高利率，美联储开启了能够进行现金-期货掉期交易的各种发财机会，这些机会都等待着温克尔曼的部门去发掘。

维克多理解固定收益掉期的学术理论，但是对高盛的交易员来说，这些理论过于学术化。维克多自己不是交易员，演说能力也比较差——对于管理委员会那些对学术理论持有偏见而且对期货不太熟悉的交易员来说尤其如此。当温克尔曼开始与管理委员会会面并解释他如何进行这类交易时，管理委员会的反应是："谢天谢地，你终于让我们把这些东西弄清楚了！"管理委员会的反应日渐积极和温克尔曼稳步获得大额赢利促使乔恩·科尔津在政府债券交易中使用新的技术。在亨利·福勒加入高盛后，高盛成为美国政府债券的注册交易商，不过科尔津同意温克尔曼的话："如果仅仅是债券的交易商，你永远赚不了大钱。"在政府长期债券的有风险的交易中，科尔津能为高盛赚很多钱。

作为政府长期债券的交易员，科尔津与温克尔曼作为掉期交易者的业务范围不一样，两人的思维模式也差别很大。温克尔曼非常严谨而且精于分析，对市场数据了如指掌而且非常仔细。科尔津能融合各种观点，对市场有敏锐的洞察力和直觉，敢于承担风险。当两人由于种种原因在同一宗大型竞价或投标中碰面时，他们在观念和方法上的本质区别使得他们很容易在巨大的交易利润面前发生直接冲突。

弗里德曼和鲁宾希望找到能让高盛避免和最领先的两家债券交易商——所罗门兄弟和第一波士顿进行最惨烈竞争的办法。最开始的想法是在高盛内部进行调动。鲁宾知道温克尔曼是一个好经理而且具有维护纪律的决心。温克尔曼非常理性和冷静，有点儿严肃而且还不太合群。科尔津是一个勇于承担风险的人，也是一个冷酷的交易员。他非常温和的待人方式，使他在高盛内外都有很好的人际关系。温克尔曼并不想在高盛公司内成为科尔津的下属——而这正是科尔津所期待的。在一段尴尬期之后，两人同意作为同级别的领导而共用5楼的办公室。当弗里德曼和鲁宾被任命为联席COO时，科尔津和温克尔曼被任命为固定收益部门的联席领导。科尔津对无法独揽大权而再次感到失望。不过，尽管有管理权分散的缺点，但是一旦弗里德曼和鲁宾非常清楚地要求他们协同作战，他们还是做得比较成功。温克尔曼说道："一旦我俩达成了必须共事的共识，我们就能发展出一套明智的结构，而且很快就发现合作是很容易的事。"不过两人在个性、处理业务的方式、战略观念等方面的不同点是无法隐藏也无法调和的。

在弗里德曼和鲁宾于20世纪80年代早期接手该部门的时候，他们意识到所罗门兄弟是该业务的先导者，也是他们需要击败的对手。他们有意打破公司以往的传统招募了几个所罗门兄弟的人，这些人跳槽到高盛并于80年代中期开始扩充该项业务。几年之内，从所罗门兄弟来的人都离开了高盛，但是他们在公司从仅仅提供服务向注重利润、承受风险的自营业务的转型过程中影响颇深。

除来自所罗门兄弟的大力支持以外，由于市场上精明的机构越来越多，该类业务被证明难以为继，高盛也有意识地从原有的仅仅基于利率水平和债券期限做出判断的业务向关注管理并在全球不同证券以及跨市场的投资组合的利差和掉期业务转变。合伙人里克·卡洛奇克非常满意地解释道："现在，利率是高是低、市场是涨是跌都不再重要。我们能够定期地获得利润，而赢利的稳定性对我们这种需要巨大头寸交易商的资金成本至关重要。由于有了电脑系统和历经考验的风险控制手段，我们这项复杂的现代债券交易业务运作良好。这一债券业务非常复杂，难以解释。在从事这项业务之后，随着对业务的了解越来越多，我们也非常清楚，作为经理他们都能干什么，但是要将这一切向该业务之外的人解释非常困难——他们也难以理解。"有意识地承担风险并且管理这些风险已经成为高盛的核心业务方式——特别是格斯·利维和鲍勃·鲁宾，他们都是从掉期交易业务起家，而且培养出了一套创造性地利用风险赢利的思维模式。卡洛奇克解释道："我们想方设法理解所有风险以及各种不同风险之间的内在联系，然后建立起与简单汇总不同的业务风险的投资组合。"

在一个接一个的领域中，弗里德曼和鲁宾在公司债券业务的战略和结构的多种层面同时进行变革。创新正在加速和扩容，市场特点的最根本变化是新债券市场正在加速成熟，导致新产品的利润率不断下降。它带来了公司竞争策略和竞争步伐的变化。高盛再也无法延续怀特黑德以前小心翼翼的战略，即先让竞争对手开发新产品和服务，然后制定最适合自己的实现方式并通过强大的关系网来获得市场的统治地位。弗里德曼回忆道："那种策略成效太慢。任何实施那种策略的公司只能等到最佳赢利时机结束后才能拥有市场。"

高盛采取了一系列的战略主动性措施来赢得市场或追赶竞争对手的发展。弗里德曼从第一波士顿手上购买了阿瑟-沃尔特公司以开发利率互换业务，不过，出于信用方面的顾虑他的业务受到了限制——特别是对那些不太适合合伙会计制度的"长尾"互换业务来说更是如此。在很长一段时间里，公司只作为中介进行互换业务，但是由于科尔津和温克尔曼的争取，最后他们获得了自行进行互换交易的批准。

乔·基尔希鲍姆带领固定收益资本市场小组与债券发行人协同配合，通过向投资者显示如何对市场做出快速反应进行交易而获得战术收益来创造业务机会。这很像在重复格斯·利维和鲍勃·慕钦在机构股票市场业务创造大宗交易时的模式。

当高盛准备进军按揭业务的时候，所罗门兄弟在该项业务上已经江山坐稳了。高盛可能要经历五六年无利润的时间进行市场开发才能获得显著的市场地位——这对合伙制度来说显然太长了。而其他公司，例如所罗门兄弟和第一波士顿，它们已经有了深厚的基础，因而能够通过其市场优势地位订立竞争条件。不过鲁宾和弗里德曼主意已定。

为挤入这个市场，高盛决定承受几年的损失。国际债券在80年代初是以欧元债券的方式出现的，这些债券的所有交易都在境外进行，因此很快成为国际金融市场的一个重要组成部分。但是从国际角度来看，高盛国际化程度和执行力都很差。卡洛奇克后来承认："80年代中期，我去了伦敦，在那里我们损失了不少钱。原因之一是人员不合适。当时确实很混乱。"

作为其在潜在新市场试验的一部分以及出于建立小型商品业务的愿望，鲁宾启动了期货掉期业务。他当时已经设立了一项小型的外汇交易业务并且正在考虑进行黄金交易，这些初步的战略在高盛收购本润公司的行为下显得微不足道。随着商业票据利差的缩水，弗里德曼和鲁宾认识到仅仅进行调整并不够。公司开展最久的业务需要整体重组。在认识到温克尔曼和科尔津两人处理业务的不同方式之后——一个是分析型，一个是直觉型；一个是客观型，一个是感性型，弗里德曼和鲁宾对整个货币市场业务进行了重组，不仅仅限于商业票据业务，它也将渗入到被科尔津视为己出的政府业务领域中的国债和联邦机构证券业务。温克尔曼回忆道："公司的商业票据业务已经以相同的方式运作了30多年，同时，商业银行正在通过降价来挤入市场，利差已经崩溃。如果将风险考虑在内，这项业务已经无利可图。在商业票据市场做市非常愚蠢，我们进行该业务只是为了支持我们的投行同事。尽管我们不赚钱，但是这至少帮助了我们与其他公司建立关系,然后再发展这些关系。"

温克尔曼看到唯一现实的出路:比竞争对手更大力度地削减费用,这样也许能够重新赢利。削减费用的唯一方式就是:将除了不寻常或者很难操作的订单之外的所有订单自动化并且存入电脑。

尽管两者表面上看并没有明显的关联,但是将学者和交易员联系起来的事件也仅仅是80年代中期鲍勃·鲁宾给罗伯特·默顿教授打的那一通电话。尽管在传统上他们两人生活在完全不同的世界,但是他俩都极其聪明,魅力十足,他们非常享受两人的第一次会面。鲁宾正在寻求不同寻常的聪明人士以帮助高盛开展新型业务,这项新业务主要是基于几所大学金融经济学家的一系列复杂见解而开发出来的。研发一如既往地非常重要,他问默顿:"你认识数量经济和建模经验丰富的人吗?"默顿建议他和麻省理工学院的一名年轻教授——费舍尔·布莱克谈谈。"他非常优秀,很有希望获得诺贝尔奖,他正在办理离婚,所以希望生活能有一点儿真正的变化。他在好几个方面都表现卓越。甚至连他名字的发音都很独特:F-i-s-c-h-e-r,我觉得他很特别。"

随着他对芝加哥期权交易所兴趣的与日俱增(他在交易所设立之初就有所涉足)。鲁宾对于由领先学者开发出来的关于市场行为的数学观念,特别是起源于麻省理工学院,芝加哥、哈佛和耶鲁的"数量学"非常感兴趣。很快,鲁宾就认识到麻省理工学院富有创造性的领导人实际上就是费舍尔·布莱克。他教授深奥的资本市场理论并且在上课时喜欢以描述反常现象的作为开场白——看起来不太理性的市场行为。[①]

"价值线公司指数在堪萨斯城交易所进行交易,"他在一堂课上说道:"由指数代表的多只股票在纽约和美国其他的股票交易所交易。发生定价错误的原因是因为由股票价格加权计算出来的指数并不是每只股票价格的

---

[①] 费舍尔·布莱克对技术在交易中的巨大作用很早就有了理解,1971年,他就写过一篇具有前瞻性的文章《论全自动化交易》(*Toward a Fully Automated Exchange*)。

简单加和。"学生们以前听到过类似的说法。这在很大程度上能够说明麻省理工学院的金融课程是多么复杂，特别是对于像费舍尔·布莱克这样因为研究出布莱克—舒尔茨期权定价模型而闻名的、既聪明又有典型的"象牙塔"教授来说更是如此。尽管学生们都非常仰慕布莱克的聪明才智，但是他们依旧认为对他深奥问题的痴迷完全是在浪费时间，而对他们真正想去的地方——华尔街来说，也毫无意义。物理学的平衡观念，即两种相反的能量能够相互抵消的观念，比如进入人体的热量与人体排出的热量相互抵消——这种理论的运用是非常让人敬畏的。布莱克相信市场价格也是由类似的相反力量的抵消决定的，所以，他的研究中心也是以这种平衡的观念为核心。在布莱克—舒尔茨模型中，假设某一股票及其期权是平衡的，既然两者的价格能够为投资者每一风险单位带来相同的回报期望，那么理性的投资者对于是购买股票还是其期权就不再关心了。布莱克—舒尔茨等式是以数学方法得出的，但是揭开这个等式确实花费了好几年的时间。与费舍尔·布莱克和舒尔茨·罗伯特在同一领域工作的默顿则发现了布莱克—舒尔茨研究内容背后的逻辑相比，默顿的方法更为正式也更加强大，所以它最后成为包括费舍尔·布莱克在内的使用者的通用方法。在布莱克—舒尔茨理论出台之前，每个交易员都有其估计期权价值的方法——估计仅仅是粗略的，对于将大量的资金投入表面看来差距很小的市场进行做市操作来说，还不够精确。由于这套方法为交易员们提供了在进行做市交易时所需的令人信赖的正确价格，布莱克—舒尔茨模型直接从学术期刊中走出来，进入了芝加哥期权交易所和各主要交易商的交易席次。[①]

在布莱克—舒尔茨理论被推出之后，期权市场以及其他衍生品出现了爆炸性增长：由边缘走向统治全球的地位，即走向公司融资和所有金融市场，特别是期权交易业务得以转型。期权业务由一种交易商可能因定价错误而遭受巨大资本损失的业务转变成了交易商几乎不会遭遇任何定价错

---

① 布莱克和舒尔茨于1973年写了一篇文章以介绍他们以及默顿的研究进展，但是由于理论过于深奥被专业期刊多次拒绝发表，直到几年以后在默顿的帮助下，这篇文章才得以发表。

误风险的业务。通过"动态复制",交易员能够创造自己的期权,并且能够通过改变现金和股票的组合进行持续变化,这样,他能够做到对这些操作的真实成本一清二楚。随着交易商因定价错误而带来的风险消失,向期权买家收取的溢价也开始收缩并标准化。作为这3项变化的结果,期权走出其封闭的空间,交易量也开始放大。在布莱克—舒尔茨模型之前,期权交易商自行承担任何期权交易的风险,因此他们签发的期权金额小而且还附有各种限制条件,向买家的收费也很高——这当然使得需求量偏低。但是在默顿、布莱克和舒尔茨的高明见解问世之后,交易商能够自行运用模型将现金和股票混合,非常容易和精确地估算成本。这意味着他们能够正确地确定这些"自制的"的期权价格,而无须承受任何资金风险。随着成本的下降,创新精神在华尔街开始盛行。各种期权被开发出来并进行交易,包括利率期权、信用评级、天气、能源和商品价格以及所有具有未来属性的东西。

1971年,美国紧随德国和日本之后退出了布雷顿森林体系的固定汇率制度,汇率价格的浮动开始由供需状况决定。1972年,国际货币市场开始在芝加哥进行交易,1976年国会解除了对于商品期权交易的禁止令。1982年芝加哥商品交易所开始交易一种新的"商品":标准普尔500指数的期权合同。1983年标准普尔期货期权开始交易——这开启了华尔街和世界金融市场的衍生品革命。90年代,芝加哥期权交易所的相关期权交易量已经超过了纽约证券交易所的现金市场。在最近10年里,全球衍生品交易量剧增,达到了150兆美元——大大超过了股票、债券和货币市场的容量。

1973年起,鲁宾就成了芝加哥期权交易所的会员,他理解布莱克—舒尔茨公式,自该公式发表以来,他就一直在用。鲁宾和其他几位高盛的同事意识到将费舍尔·布莱克的聪明才智与高盛的交易业务结合能够带来利润,而且新型的交易员还可以学习到如何使用严密的分析模型来确定怎样对冲每个风险敞口。对于聘用数量分析员,鲁宾的理由是:"他们考虑的东西和我们不同。这正好是可能带来成功的地方。如果行,这种差别会给我们赚大钱；如果不行，那我们就不要他们好了。"

1983年12月，布莱克教授在剑桥与高盛掌管"最真实的世界"、注重利润、进行务实业务的部门——风险掉期部门的人会面。布莱克对于鲁宾的分析性思维和希望通过将布莱克教授的观念和出色的分析技能与高盛的数据处理能力、交易技巧以及其资本结合起来创造业务机会的观点印象极佳。①在几个小时的相互试探之后，他们都了解对方是非常特殊的思考者，而且可以与之共事。鲁宾很快给布莱克提供了作为"试验"的工作机会——这个试验应该会非常成功。布莱克对于鲁宾给"初来者"的薪酬非常吃惊并答应考虑一下。两个月之后，他离开了麻省理工学院加入高盛。

对于布莱克来说，学术生涯的诱惑就是有足够想象空间的自由。现在他发现高盛甚至"比在大学更适合学习，部分是因为高盛的业务要求进行持续的学习以适应新的形势"。布莱克解释道："我喜爱科学的原因就是因为它最有意思：有些东西乍听起来非常荒谬，但是当你完成的时候你会发觉它明显是合理的。"他相信最基础的发现来源于对传统智慧的挑战，同时对任何理论和创新的终极验证只能是通过其在实践中的有用性来获得。

布莱克发现，高盛对新想法给予很高的奖励和极大的自由度，这激发了他的动力，也促使他产生了更多的新想法。布莱克认为对所有的投资行为来说，最大的投入风险就是时间。布莱克也相信由于市场的多变和不确定性，拥有一些信仰是非常重要的；他还认为成功的秘诀就是思想上的灵活性和适应性。鲁宾经历过动荡的市场而且深切了解掉期交易的规矩，所以他知道对公司的将来而言，有技巧而聪明地运用公司的资本并承担可量化的风险是至关重要的。所以他向经验丰富并且经历过一系列创新的交易员戴维·塞芬求助："你要让费舍尔融入公司。"布莱克很快就意识到理解供应和需求的多种资源能够让交易员在所有的交易流动过程中预测价格的走势。

---

① 高盛内部的技术开发是以利润为导向的，所以很可能出现在有利可图的业务上技术先进而在其他业务技术仍然落后的情况。比如，甚至在1990年，高盛的工资体系仍然只能接受不超过10万美元的支票，如果要发放超过100万美元的奖金，接受者在感恩节前会收到10个信封，每个信封里面装有1张10万美元的支票。

塞芬回忆道："鲍勃非常有远见，他欣赏精通学术理论和数量模型的人，并让他们与交易员共同工作，这带来了实质性的价值。他非常清楚能够做到这些的人都是非常有能力的人——真正的天才。"鲍勃表示每个部门的领导都应该关注招聘以获得最好的人才。塞芬解释道："鲍勃是民主党人，不论是个性还是政治倾向都带有民主党的色彩，但是在业务上他非常坚持地对一件事情感兴趣——卓越。"

鲁宾希望得到布莱克两方面的协助。第一，在股票部门的股票和期权交易中使用电脑和金融理论以赢利，布莱克组成了数量战略小组。第二，将金融理论用于识别公司业务中存在的赢利机会，并提出改善这种机会或将其用于公司其他部门的建议。

布莱克最早的研究是检验做多欧式卖出期权（只能在行权期届满时才能实施的期权）和做空美式卖出期权（在行权期的任何时候都可以实施的期权）的风险。鲁宾希望将创新性力量转变成高盛成为全球领先投行和做市商的全盘战略动力，布莱克的工作是其中一部分。"我们从费舍尔那里学到东西，而他也向我们学习"是鲁宾对他的合伙人的承诺。布莱克与鲁宾一起发起了高盛内部的知识革命。

布莱克是最先加入高盛的数量专家之一，后来又有很多来自美国各知名大学的物理、数学、计算机科学专家，以及来自空间和计算机公司和贝尔实验室的人陆续加入高盛。他们面临的挑战就是创造一套分析性的计算机程序以帮助交易员将高深数学知识的理性逻辑与他们的市场感知和经验联系在一起，不停地创造大量的利润。布莱克被公司委以甄别数量专业候选人的任务。如果他对某个候选人表示怀疑，那么他的决定一般就是最后的决定。

在费舍尔·布莱克之后，鲁宾还招聘到加州大学洛杉矶分校的理查德·罗尔教授和耶鲁大学的史蒂夫·罗斯以及其他市场上或金融界的一系列杰出人物和具有创新精神的思考家。罗尔建立了按揭研究团队，在与高盛强大的销售团队结合起来后，将该业务的创始人所罗门兄弟远远地抛在了后面。交易员在等待答案时经常会失去耐性，而且市场无法将问题解释清楚。数量专家的首要任务就是理解交易员的问题并加以解决。

尽管有些数量专家是冲着高盛的优厚待遇来的，但是大部分人来到华尔街的原因都是因为他们在那里发现了最有趣和最深刻的金融行为。数年间，上百名数量学专家对他们的假设和创新进行思考和分析，并将成果应用于高盛的发展之中并深刻地改变了高盛。

布莱克的办公室有特别好的隔音效果，以隔绝外面的交易谣言。实际上他从未进行过大型交易，他适合待在高盛的原因只有一个：他相信他能改变世界——他认为他可以通过改变人们对世界的认识来改变世界。布莱克知道他能够改变世界的唯一机会就是改变别人看待世界的方法。如果人们固执己见，他也不会认为他们对他个人有意见。他明白任何业务管理的改变都不可能一蹴而就，而只能通过那些从感情上和知识上都能接受变革的人来进行的小型变革来实现。

布莱克是一个非常杰出的文件管理者。除了他的7个文件柜之外，他还保存了超过20G的由他自己输入的所有谈话、阅读心得和想法摘要。由于非常内向和害羞，他看起来和周围格格不入。这使得他能远离那些拉帮结派的人们。布莱克在高盛的办公室位于29层，墙上挂着大幅的耐克广告，上面是一条乡村公路和这样一句话："竞争不一定永远都是比谁更快，而是比谁跑得更久。"在他和高盛的合同中，他每周有一天可以进行自己的研究——周六和周日之外。他可能认为他的位置非常理想：华尔街的薪酬没有等级之分，他有充足时间去研究实践。但也有一些人讨厌这一点。高盛的大部分人员不理解也看不到他如何贡献价值，因为他的名字从未出现在任何交易或公司项目中。布莱克在很多其他方面也无法融入公司文化当中，他交流的数百人仅仅是因为他们的兴趣与他有交集或者他能够从他们那里学到知识。如果没有鲁宾的支持和指引，他与高盛的其他部门可以说是无法相容的。作为一个惯于独处的人，他从来都不参与高盛运营最重要部分的合作。他肯定无法成为一个团队的领导，况且他也没有销售技巧和开发客户关系的兴趣——特别是在工作时间以外。更不幸的是，如果销售人员让布莱克与客户进行交流很可能会让他们大伤脑筋，因为布莱克经常想到哪就说到哪,根本无法预测。即使在这个目标明确、把赚钱放在第一位的公司里,布莱克也从来没有将赚钱作为衡量成功的标准。在有些人看来,这并不算糟糕。乔恩·科尔津回忆道:"如果谈到钱,他是世界上最容易相处的合伙人。他真是毫不在意。"

布莱克在下达指令时总是言简意赅而且非常精确,因此,他总是要求别人也要非常精确,他禁止将"确切数据的小数点"去掉。经常为高盛提供咨询服务的耶鲁大学和麻省理工学院的教授史蒂夫·罗斯回忆道:"费舍尔·布莱克看起来像更学术界人士,说话的口吻也像学术界人士。而且他还保留着一些学术界人士的习惯:比如,在讲电话时为了以正确的方式回答你的问题,他可能会在电话另一头停顿很长一段时间。"在对他的期权定价模型和他的文章进行研究之后,日本人和欧洲人都对布莱克崇敬万分。对于他们来说,长时间的停顿和严谨的表达方式更能表明他是一个天才。

尽管交易员和数量分析员的能力能够整合到一起,但是他们获得的报酬可能有天壤之别。如果数量分析员开发出可供交易员进行交易并赢利的新点子,他一年就能够获得约15万美元的收入。但是利用模型进行交易并且根据指示进行交易或没有进行交易的交易员一年的收入可能是前者的10倍之多。数量分析员嘲讽地解释这种现象:"世界上有形式型和实质型两种人。如果你完全是实质型的,你实际上根本没有价值,因为没有人会采纳你的主意。"有一个数量分析小组在他们的墙上挂了一张表格,希望通过这张表格来发现最佳的职位,即处于什么职位的人能够获得最高的收入。

布莱克过于量化一切事情。他严谨的逻辑和只能进行逻辑思维的能力导致他将一些毫无理性的现象描述得极其理性。比如说,有一天他让高盛所有人放下手头的工作,因为他认为高盛应该在金融期货上做空——100亿美元的空头。"如果我们对自己足够坦诚,我们应该做空期货以便能彻底对冲我们在现金市场上的敞口。这样的话,我们对于市场风险的敞口将为零。"

"你知道那要用多少钱吗?"戴维·塞芬问道。

"我知道。我已经核算过每个部门每个小组的市场风险敞口。平均下来,公司每天做多100亿美元。所以如果要排除这些市场风险敞口,我们只需做空100亿美元的金融期货就可以了。"

"'只'就是关键词，"塞芬回忆道，"对于费舍尔来说，这是非常有道理的。"但是那只是理论上的想法。对于高盛来说，它只有不到10亿美元的资本金，根本无法想象"只"用超过公司资本金10倍的资金进行做空操作。对于他们来说，布莱克的建议在理论上是可行的，但在实践上却是毫无道理，甚至有些疯狂。另外，对于在现实世界生存的高盛来说，在上升的市场中做多而不是做空对于其并购业务、承销业务、资产管理业务，以及其他所有业务来说都是非常重要的。

与高盛交易室的狂乱情形形成鲜明对比的是，布莱克永远都保持着冷静和内心平衡。对布莱克来说，模型能对交易员进行系统性约束，以防止他出错，同时也能通过试验来增强交易员的直觉。在布莱克的心目中，理想世界和现实世界在资本资产的定价上在三个方面有所不同：昂贵的信息、昂贵的管理和昂贵的交易都是使现实世界与理想世界发生摩擦和偏离的原因。每一种偏离都为交易员提供了赢利的机会。布莱克一直持有一种观点，一种他认为是超级赢利的观点：中央银行的干涉并不是出于赢利目的，而是经常对利率和汇率进行自由市场所不能进行的调整，这些非营利性调整能为敏锐和理性的交易员提供大量的赢利机会。他希望高盛的交易员也能将这种观点贯彻实施。布莱克认为中央银行的干涉往往是非理性的而且是错误的，如果交易员能够进行反向操作那么他就能赢利。类似的赢利机会在80年代比比皆是。

在他到任几个月中，布莱克在掉期交易上开始大量建仓，出现的情况与他在麻省理工学院课堂上讲授的价值线公司指数股价异常波动类似。这也正是自1982年以来在堪萨斯城交易所以错误价格进行交易的一份期货合同。价值线公司指数是几何平均数，而非算术平均数，而几何平均数有时会小于算术平均数。因此，期货合同价格容易被高估。[①]所以最合适的做法就是做多股票，做空期货——除非所有交易能够自动进行，否则这

---

① 1和3的算术平均数是（1+3）/2，而1和3的几何平均数是（1×3）/2，也就是1.5。

肯定是个噩梦。幸好高盛当时引进了自动交易系统DOT（直接订单交易），所以它们能够自动大量地进行头寸的匹配：买入价值线公司指数的所有股票并做空所有期货。这样的头寸为高盛带来了大量的小额掉期利润——小到不会对市场产生任何影响。在1986年的春天和初夏，这种多—空的头寸安排一直在稳定地增长直至其占据了价值线公司指数1/3的市值。这意味着堪萨斯城的市场参与者在毫不知情的情况下间接地为交易对手高盛提供了巨额掉期头寸。在另一边，最大的头寸被掌握在一群金融学教授手里，他们正在试图挖掘"1月效应"：即小盘股常常在1月份获得超额收益。这些教授做多价值线而做空标准普尔500指数。他们自认为是拥有足够信息的交易者，但实际上他们获得的消息并不比那些整天和小道消息、谣言及其他"噪音"打交道的交易员多。

有一天早上，鲁宾在布莱克的办公室问了一个问题："如果堪萨斯城的那些交易对手失败而且破产了怎么办？"

布莱克像往常一样用手托着腮帮，挑了挑眉毛，但又非常安静地等待他手下的数量学专家解答。但是没有人说话，布莱克于是说道："鲍勃，如果是那样的话，我们死定了。"

"但是发生这种情况的可能性有多大？你能估计一下吗？"同样的问题在管理委员会上也吸引了大家的注意力。而鲁宾也提出了他的标准问题："最大的风险是什么？你能将其量化吗？"在得到满意的答复之后，鲁宾同意保持价值线的持仓。那个夏天结算的时候，高盛稳稳当当地赚到了2 000万美元。这为布莱克在1986年赢得了合伙人的地位并开创了在一揽子交易中的新业务线——在其中有5~50只股票被当作投资组合而出售；而另一揽子则进行购买——这是一个新的掉期交易机会。

随着时间的推移，布莱克严谨的分析逐渐被高盛所认同——部分是因为鲁宾对布莱克的支持，部分是因为布莱克在很多方面拥有高盛一直追求的特质：不争功、诚实、客户至上，以及不断学习。对于布莱克来说，高盛的需求也正是他喜欢高盛的原因：雇用聪明、有能力的人才，但前提是他们愿意为公司的整体利益工作。

# 24
# 投资管理遭遇滑铁卢

"约翰，我们需要你的帮忙。有大问题需要马上解决，现在处境危险。"1981年，约翰·怀特黑德接到了芝加哥住房金融公司（Household Finance Corporation）高级财务官保罗·内格尔忧心忡忡的电话，他俩都在该公司的董事会任职。内格尔曾是一家专门为特殊客户群进行范围有限的短期债券投资的共同基金的受托人，这个客户群包括小型银行、保险公司和一般企业，这种共同基金曾是一种现在已经多如牛毛的"货币市场"基金，为有担保的机构投资者按照票面价值无限制全额回购服务提供流动性。它被称为ILA（机构性流动资产），拥有上亿美元的投资组合。

ILA的经营多年来一直很成功，而且随着机构投资者接纳程度的提高，其资产规模有了明显的扩大。但是怀特黑德听说作为ILA投资经理的所罗门兄弟为了提高基金的收益率希望延长投资组合的期限。所以，利率迅速上升，而债券市值大跌，导致投资组合的市场价值降低，而基金的股票价值也低于其负有强制性回购义务的每股1美元的面值。就在所罗门兄弟准备支付300万美元以将基金的净资产价值恢复至1美元的时候，ILA的受托人很快决定他们需要一名新的投资管理人。所以内格尔给怀特黑德打电话询问："高盛愿意接手管理ILA吗？"①

怀特黑德意识到机会来了，并对内格尔能想到高盛表示感谢。不过，他还是很谨慎。他解释说高盛长久以来一直避免涉足投资管理业务。原因是：它希望避免与其机构客户以及几个高盛最活跃的大宗交易客户的冲突，其中包括德莱弗斯（Dreyfus）、摩根和富达。他们对于这样的做法颇有微词。不过，由于怀特黑德意识到这是个机会，他向内格尔解释道他最担心的是对管理获利更高的普通股投资组合的顾虑。由于ILA基金仅投资于货币市场工具，而且收费较低，所以应该没有问题。内格尔说ILA的托管人希望周末能听到他的答复。怀特黑德说他没法保证，但是他会尽力看看本周内能否从他的合伙人那里得到正式的承诺。

不过令他吃惊的是，好几个合伙人都强烈表示反对。高盛根本没有人对怀特黑德认为这可能带来显著利润的机会给予关注，他们并不关注是否能作为所有现金市场工具的交易商，并与一家经常性使用同样工具的大型投资者密切合作。出于习惯性的吹毛求疵，疑心重重的合伙人们提出一堆谨慎问题，包括后台运营的熟练程度，因为一般大型的货币市场基金和清算一笔又一笔的短线交易对此都有所要求。怀特黑德安慰他们说道："这不会有问题，因为伊利诺伊大陆国民银行会继续提供后台运营和清算服务。"

乔治·多蒂对此项业务很感兴趣，因为ILA开发了能够实时记录交易的计算机技术，他相信该技术应该可以在高盛使用。其他的积极因素还有：这"仅仅"是货币市场基金、"仅仅"为金融机构服务、利润率低、市场狭窄。即使如此，在高盛接受ILA的管理任务之后，它们的主要大宗交易客户，德莱弗斯的霍华德·斯泰因还是打电话来抱怨说这是一种商业

---

① 所罗门兄弟的前雇员提供了故事的另一个版本：伊利诺伊大陆国民银行和信托将买入错敲成卖出，随着市场的变化导致"低于面值"。所罗门兄弟本应该出300万美元，但是由于公司当年赢利情况不佳，因此拒绝支付，他们也知道这样的决定会导致终止这项业务。所罗门兄弟的前合伙人汤姆·布洛克说道："我们放弃了它，高盛很聪明地接受了这个礼物。"

"侵权行为"，而且，为了坚决地表明他的立场与不满，他连续几个月停止了与高盛的所有股票交易。

在长达三周的时间里，合伙人们将所有的顾虑一一考量并逐渐消除，怀特黑德最后从他的合伙人那里获得了认同，终于可以帮上公司客户的高级管理人员内格尔的忙了。高盛进入了被认为与公司大型大宗交易客户无直接利益冲突的投资管理业务，并且开始管理ILA基金。25年之后，由高盛提供的ILA和其他货币市场基金已经增长了200倍：超过1000亿美元。

同意接手ILA的主要原因还是出于经济上的考虑。短期来看，管理ILA使得像高盛一样的主要商业票据和货币市场交易商能够快速提高利润。ILA在几乎没有任何资本投入的情况下大约每年能为公司带来500万美元的收益。尽管自我交易遭到禁止，但是公司肯定能够将其交易业务与投资管理业务结合，开发出有利可图的道路。中期来看，高盛的销售力量肯定能够借助其与主要金融机构和大公司的良好关系，扩大其管理的资产并提高管理费的收入。

希望将ILA建设成大型资产管理业务而成为赚钱机器的美梦随着德莱弗斯和富达将其管理费减半而破灭，这两家竞争公司将收费从40个基点降至18个基点，这也迫使ILA和其他竞争者开始降价。赢利变得遥遥无期。这并不是高盛第一次在投资管理业务上的失败——当然也不是最后一次。

在接手ILA之前，高盛的投资管理业务一直断断续续地出现不尽如人意的局面。投资咨询部门成立于60年代早期，该部门处于阿瑟·阿特休尔的管理之下。在高盛急于从高盛交易公司的亏损、大萧条和战争当中恢复过来而急需资金时，阿瑟·阿特休尔为公司筹集到所需的资金。但阿特休尔的业务模式无法给人留下深刻印象：提供的仅仅是陈旧而无决定权的"咨询"服务；每个客户都有权独立做出其交易决定；部门人员老化，没有任何成长的前景。对于这项沉闷的业务，高盛只是希望这个利润率低下、毫无前途的部门不会犯下令公司尴尬的错误以至于影响到同一客户在公司的其他业务。

高盛的合伙人都非常接受传统的观念：作为领先的股票交易商，高盛不应涉足机构投资管理业务。他们有几条很充分的理由。高盛投行部门的人不愿意承受投资经理业绩差的风险——即使只是一两年也不愿意；每个人都知道即使是最好的投资者也有投资表现差的"低潮"期，投资表现差，与公司客户的整体关系很容易恶化；而如果投资咨询部门人员使用公司研究部的成果，那他究竟应该如何处理机构投资者和咨询客户的排序问题？如果咨询部门购买了投行客户公司或即将成为投行客户公司的股票，公司在以后出售这些股票时是否会很"困难"？作为承销商，公司对于发行人必须极其忠诚，这样，购买其承销公司的股票可能会非常危险。如果股价上涨，又会出现问题：发行价是否太低？如果价格下跌，问题将会是：公司是否会遭受损失？最简单的做法就是根本不涉足那种业务。经纪就是经纪，投资管理就是投资管理，两者不应并存。

无论如何，传统的投资管理费用非常低，所以整个业务并不赚钱。而利维的其他大宗交易客户也很清楚地表明了和德莱弗斯相同的态度："如果高盛还想继续做我们首选的股票经纪商，那它就不能在投资管理业务上和我们竞争。"最后，高盛的每个人都能回忆起当年在宾州火车站项目上所遭受的惨败——名利皆受损，而且大家也都听说过高盛交易公司的故事。关于"你肯定已经知道的"官司的风险在年长的合伙人头脑中非常清晰，特别是董事合伙人格斯·利维。

"我们的确很相信永远不要和客户竞争的规则"，吉姆·戈特回忆道，"我们相信它也信仰它。在一定时期那是正确的。但是，这一政策我们坚持得太久了，那也是我们没有能够在合适的时间里大规模开展投资管理业务的原因。我们不允许投资咨询部门从我们的任何一个客户那里招聘人员。我们不希望他们从客户那里抢生意或者抢夺新客户。投资管理看起来是一项利润率低下的业务——特别是当你将由于害怕导致其他部门丧失业务机会而放弃的部分被削减之后。"在讨论中，发现很多潜在的风险与清晰可见的投资收益表现——特别是不佳的表现是相关的。投资咨询被看作一群二流水平的人在操作三流业务，这更验证了那个带有嘲讽意味的问题："你会把你母亲的钱放在那里吗？"很多年以来，斩钉截铁的回答都是："不！"

公司禁止投资管理部门与给公司带来丰厚利润的客户之间竞争的政策已经持续了很多年。利维、门舍尔、慕钦、怀特黑德、温伯格和其他人在60年代均决定：不从事投资管理业务以避免与股票经纪客户竞争。有些人也担心客户在养老金投资收益不佳时会非常不满。其他人则不愿与他们的股票经纪客户竞争，特别是在构建大宗交易业务的过程中。但是，戈特多年后承认："在高盛，我们坚信不与客户发生冲突和竞争的重要性。但是即使是我们最大的客户之一——资本集团（Capital Group）也从来没有因为我们'守规矩'而付清所有费用。没有任何一家机构因为我们守规矩、不竞争而多付钱给我们。守规矩的人并没有得到任何好处，而为了守规矩，我们付出了太多。我们1970年做出的决定也许是百分之百正确的，但是世界变了，我们的决定不能再一成不变。所以，正确的决定也可能变成错误的决定。那就是悲剧。我们早该构建大型的资产管理业务。"

高盛的主要承销竞争对手——摩根士丹利、第一波士顿、所罗门兄弟、美林和添惠（Dean Witter）也都不从事投资管理业务，它们也一致认为这是有利益冲突的。但是简单的"不要乱闯别人家后院"的政策在华尔街发现资产管理业务利润率之高后就不再有人遵循了。格斯·利维可能是最先发现这项业务能赚大钱的人之一，是一份文件将他的疑惑转变为热情。

在读完唐纳森·卢佛金和杰瑞特公司作为第一家IPO上市券商的招股书之后，利维宣布："我们要干这事儿。"利维被公司的投资管理业务的暴利惊呆了。管理费一点儿也不低，相反还很高。而且资产总额的1%还能通过回款抵消产生的50%的佣金费用。尽管这表明对客户来说净费用几乎为零，但由于投资组合变动非常大、固定股票经纪佣金收费都很高，所以资产管理人的收入非常高。

难怪利维希望马上开展这项有利可图的业务。他一点儿时间都不想浪费，马上让阿瑟·阿特休尔退休，将他们部门的名字改为投资管理服务部（Investment Management Services，IMS），将研究部负责管理的布鲁斯·麦考恩调过来并指示说要迅速开拓业务。麦考恩抽调了一组年轻的投资经理和销售人员一起研究开发业务的战略。

麦考恩将他们投资的关注点放在"以合理价格增长的"中等资本规模公司的股票上。一开始效果很好。新小组也赢得了一些公司客户,例如休伯莱恩(Heublein)以及由刚刚起步的剑桥协会的顾问推荐的管理迪堡(Diebold)、康普顿(Crompton & Knowles)和宝路华(Bulova Watch)等中型资本的公司的养老金业务。不过,他们很快就失望了。最初的战略概念是通过投行的良好客户关系获得大量管理其客户公司养老金的机会。正如合伙人丹尼斯·图克后来解释的:"我们需要克服所有的偏见——反对与经纪商相关的投资经理操作账户、买入他们无法卖出去的业务——以及其他的陈词滥调。我们认为我们能做的就是搭着投行管理服务部的便车驶向好日子。"但是投资管理服务部希望得到的结果并没有出现。只有格斯·利维获得了一个年金客户,他在这家公司担任董事。

接下来,70年代漫长的熊市给所有拓展业务的计划都画上了句号。图克回忆道:"在那场严重的熊市中,我们所有的股票都垮了。投行服务部的人都说:'老天啊,我为了和这个客户搞好关系花了十多年的时间,眼看就要获得很好的高收益投行业务了,我的心血就要有回报了,但是,你们这些人在我帮你们获得管理他们年金的机会后却将我多年的心血全部毁掉了。所以,我再也不会了,再也不会让你们把事情搞砸了,决不!'谁也没法责怪他们,但是这意味着投资管理服务部无法再依靠公司获得业务。"

没有了投行服务部的支持,加上投资表现不良的余痛,投资管理服务部能够希望的也只能是一年或更长时间的"整合",然后再用数年时间争取新客户——一步一步来。这就像清理树桩一样。可是高盛从来都不满足于慢慢地"一步一步来"。麦考恩和他的团队知道他们需要找到加快发展的方法,最好的方法是一种具有想象力的"打破常规"的方式。他们需要一些全新的和不同寻常的东西,非常明智的突破市场的策略最好是一种"可以和麦克阿瑟登陆仁川相媲美"的策略,图克回忆道。国际投资也许能达到这个目的。

美国的年金基金也刚刚开始进行国际投资。为及时采取行动,有些美国投资经理在承认他们欠缺国际经验的同时开始在具有丰富国际投资经验的伦敦公司的门口排起长队。也许高盛的投资管理服务部也可以采取那样的战略。而对高盛人来说需要去排队的地方只有伦敦的克莱沃特－本森公司的资产管理部门，因为两家公司70多年前就建立了关系。克莱沃特－本森可以管理美国的投资，它也希望能够与刚刚开始投资多元化的美国年金基金合作开拓国际投资业务。麦考恩小组认为克莱沃特－本森公司的特长和资产能够提高他们急需的信任度。格斯·利维做了适当的协调工作，双方同意合并投资小组。高盛同意拥有20%的股权——这是纽约交易所对其会员的规定，克莱沃特－本森拥有40%的股权；包括麦考恩和图克在内的实际进行操作的人持有剩余的40%的投权。还有一个有因素就是被错误提起而后又被国会搁置的《雇员退休收入保障法案》。高盛当时预计券商会被禁止管理年金基金，但是最终出台的法案内容却刚好相反，这使得创设一个资产管理部门更加有价值——但是当时与克莱沃特－本森的交易已经结束。

尽管麦考恩对合并后的部门充满了期望，效果却差强人意。克莱沃特－本森并没有把更多的美国业务移交到合资企业。而且由于英国人对机构销售的明显憎恶，他们根本卖不出去。合资公司存续了一阵，但是业绩无法得到提升。1980年，美国经理们买下了克莱沃特－本森40%的股份并将公司名称改为麦考恩公司。问题接踵而来。图克回忆道："布鲁斯总是认为他是国王，而公司就是他的王国——而不是合伙经营，所以，1983年该公司就散伙了。"布鲁斯·麦考恩离开了麦考恩公司。散伙过程非常平静，因为高盛还拥有20%的股权，麦考恩公司依旧对向乔治·多蒂负责。"我们知道关于散伙的事情不能被公开，不然多蒂会杀了我们的。他总是把我们管得死死的。另外我们对高盛非常尊重，所以也不会出什么难题。"一名合伙人说道，"作为投资人，布鲁斯很令人失望，因为他不知道自己对哪些事情不清楚，所以他总是犯错。他看起来是非常优秀的销售人员，但却不是优秀的投资管理人。"很快，麦考恩公司也买下了高盛持有的20%的股权，除了怀特黑德的资产总额由5亿美元增长到130亿美元的ILA部门外，高盛不再涉足投资管理业务。

对于这个问题的一个战略性解决方式就是高盛购买一家有强大投资产品和精明领导的并可以随时开展业务的小型公司。1987年，弗里德曼向斯蒂芬·罗斯和理查德·罗尔建议由高盛收购他们的公司——罗尔–罗斯资产管理公司，并由他俩负责公司的投资业务，同时还同意他俩担任合伙人。弗里德曼对两人都很了解。罗斯是来自耶鲁大学的经济学教授，他最初以套利定价理论而举世闻名，后来开发出衍生品的定价模式。他为高盛管理委员会的房地产小组提供咨询服务。同样优秀的罗尔是加州大学洛杉矶分校的教授，他成功建立了高盛房地产支持债券业务研究小组。两人通过创建他们炙手可热的投资管理公司而显现出了他们卓越的才华。收购罗尔–罗斯资产管理公司能够让高盛通过其"高人一等"的独特产品走在机构市场的前列。

菲舍尔·布莱克还是不太确信："我们必须测试一下他们的模式才能确定他们的比我们现有的要先进。"罗斯回答道："其实谁的'最好'并不重要。公司需要的是多种投资组合产品。将未来的业务只限定在一种产品上肯定是错误的。我们的模式被证明是很好的而且在发行时能发挥重要作用，所以大家才需要。"就在罗斯考虑进一步合并时，他意识到他并不想和一家大公司合作："我很珍惜我的独立性，我能自己创业，为什么要放弃我的自由去获得'更多'呢？"不卖。另一次为投资管理业务奠定基础的努力随着1974年国会通过《雇员退休收入保障法案》而到来，不过随后努力白费了。图克认为如此重大的立法能够创造真实的机会，所以他与公司融资部的员工一起寻找在新规定下高盛能够为企业提供的服务，他们做了所有能想到的功课。他们到华盛顿去听肯尼迪议员的听证会；他们仔细研究法律规定；他们与劳工部的关键人物会谈；他们研究金融问题的方方面面。最后，他们制订了他们的业务计划并带着它去见乔治·多蒂。在读完他们的计划后，多蒂说道："看起来是个好主意。但是让我来告诉你们一点儿事情：在我以前的事业里，我的工作时间是按小时计算的，这不论在什么领域都不是做生意的好方式。我要卖钱。如果你们喜欢这个计划，你们可以继续，但是我要说：'如果你们把这个计划提交到管理委员会，我会在那里投票反对。'"计划彻底失败。

在将近10年的时间里，李·库珀曼一直致力于重大变革。作为股权研究部的主管，他经常和国内各主要投资管理机构的领导人联系，他看到其他公司成长很快而且赢利丰厚。"这场游戏肯定被我们错过了。我们应该在投资管理方面进行大量的投入。这是个非常庞大、增长迅速和利润丰厚的业务——非常适合高盛，而高盛也非常适合做这种业务：我们正好拥有投资和销售的技巧。"

1989年，鲍勃·鲁宾和史蒂夫·弗里德曼向库珀曼提出一个建议："最近10年你一直在抱怨我们错过了好机会，我们本应在投资管理上有重大发展。而公司总是说不。你对了，我们错了。我们现在承认，如果我们能够公平竞争，那些机构会接受我们从事这项业务：全额支付佣金、不从研究和投行部门获取特殊信息、收取合理费用等。我们希望你能来搭建你一直希望我们公司从事的投资管理业务。"库珀曼同意不再担任股权研究部的主管，在该部门他被评为机构投资者最喜爱的投资组合策略师。他厌倦了一直不停地参加各种研讨会、发表演说、一个接一个地会见投资者，而且还要以极大的兴趣和精力来应付来自其他经纪商的满怀期待的竞争者对其原创性、文件的完整性以及决策过程提出的挑战。库珀曼逐渐建立了能够和其他人一样建立投资组合以及挑选股票的信心。实际上，他已经在帮他的朋友们管理几个账户，而且他还感觉到已经做好了接受新挑战的准备。他确信可以将他的投资能力和他一直致力发展但未能独立博得声名的业务相结合，并在此基础之上打造对冲基金的投资管理业务。对冲基金的经济性会使得这个部门变得有利可图。

投资管理部门的资产（大部分是ILA的低利润货币市场资产）已经增加到200亿美元，但是收入却只有1 200万美元。库珀曼回忆道："与公司的整体赢利状况相比，它只是个零头。"随后他向鲁宾和弗里德曼提出成立对冲基金的建议。这会彻底改变整个局势。通过使用5亿美元的资产——20%的赢利和20%的利息（对冲基金普通合伙人的收入）能够获得

2 000万美元的利润，差不多是该部门向公司贡献利润的两倍。弗里德曼和鲁宾同意了，而且由于高盛认可了进行重大变革的必要性，一个新的部门就此成立并被命名为高盛资产管理部门或者GSAM。它所需要的正好是库珀曼所提供的东西，所以他带着他的宏伟战略加入了该部门。鲁宾和弗里德曼不希望这个对冲基金因其富有进取精神的行动而背上恶名，因此他们要求库珀曼与公司的法律总顾问鲍勃·卡茨制定出令他们满意的可控制和程序性政策。当水街复苏基金的问题出现时，他们的工作刚完成了一半。

库珀曼回忆道："在噩耗降临在华尔街之前，一切都很好。"水街复苏基金是由高盛于1989年发起的，专门从事购买垃圾债券和陷入财务危机的公司并迫使发行公司给出优惠条件的业务。有些承受该基金压力的公司曾经是高盛的客户，它们纷纷表示这种行为与高盛一贯宣称的与客户保持同一立场的说法不一致。后来，垃圾债券投资者比尔·霍夫在1990年公开宣称高盛不适当地使用其作为债券承销商获得的交易信息，他组织了一场由高收益债券投资者参加的抵抗高盛的运动。公司的抗议和对高盛的抵制发挥了作用：约翰·温伯格关闭了水街基金并将投资者的10亿美元全数退还。库珀曼能够做的也就是辩解说他头脑中的业务其实是完全不同的："我并不是想做水街那样的零和游戏！"

温伯格不为所动："你和谁开玩笑啊？你有一只庞大的对冲基金，某一天可能决定做空我们投行客户的股票。这里面可能会有大问题，而你永远无法辩解。"

水街复苏基金危机吓坏了鲁宾和弗里德曼。弗里德曼说道："如果像设立水街基金那样的'无知'可能对公司造成很大损害，而出于对你名字的认可，你的对冲基金可能会做空我们某个大客户的股票而给我们都带来各种麻烦。我们希望你能把GSAM打造成一项业务——就像你在股权研究部干的一样。帮帮忙，忘掉像对冲基金的明星投资组合经理一样的管理货币的方式，为我们打造一个大型的货币管理业务——就像一个业务经理一样。你将研究部从头建起，这次也是相同的挑战。对你来说应该很得心应手了。"

库珀曼采用的策略是忽视机构业务。机构客户要求其投资经理应该至少具有3年以上的良好投资表现纪录，而且与机构大宗交易客户产生直接竞争在所难免。库珀曼则将其重点转而放到打造共同基金业务以及面向个人的销售业务上——也包括私人客户服务。这种策略成功的关键是良好的投资表现，对于库珀曼来说，这正好是发挥其已经被PCS（Private Client Service）客户认可的领先的投资策略师和选股专家的特长的机会。库珀曼策略最重要的部分是他必须要赢得相当一部分流入共同基金的资金。"这是个庞大的潜在市场，"库珀曼说道，"你所需要的就是抛砖引玉，去获取巨额利润。"强大的投资表现将更多的现金拉入公司并使得这项业务利润丰厚。现在，投资者只需要1 200美元而不是500万美元就能进行投资。库珀曼自己也在第一只共同基金里面投资了200万美元，他还鼓励其他合伙人用自己的钱进行投资。

为了鼓励PCS的销售人员向他们的客户销售新的基金，必须设计新的激励机制。管理费为1%，其中一部分会每年支付给让客户将钱投入基金的销售人员。最近的投资结果更增强了库珀曼的信心：从研究部的反馈看，他投资年度的收益超过前一年标准普尔指数收益的5.4%。为了达到公平竞争的目的，拥有80人的GSAM从高盛的办公楼搬到了曼哈顿下城的新大楼。为避免与客户发生利益冲突，库珀曼的公司制定了严格的规定。任何客户不能直接与专业投资人员和共同基金批发销售人员联系。而且约翰·温伯格还说道："如果在我父亲经历过高盛交易公司的那些事后我们还在使用高盛名字的话，我真是无颜见江东父老了。"他坚持"高盛"两个字不能用于任何共同基金——不过可以接受各只基金使用GS的首字母，这些基金与高盛的联系就不再是秘密。GSAM的第一只基金——高盛资本成长基金于1990年4月成立。销售情况很好，该部门的销售人员被积极鼓励将客户和他们自己的钱投入到新的共同基金中去。

曾经做过投资组合策略师的库珀曼对于市场非常谨慎，他说："我还从来没有见过将所有投资都放在股票市场上的成功案例。"他将筹集到的资金的1/3投入股市。他是正确的，那一年标准普尔仅仅上升了2.5%。但是在销售佣金增长6%的时候，基金的净值却下跌了12%。这样的下跌很令人失望，客户、合伙人和PCS的人都很不满意。1991年，市场增长超过了30%，库珀曼的基金表现稍好一点儿。但是在第一年的业绩之后，很多PCS的交易员已经决定"再也"不会向其客户销售GSAM的基金（还有一个原因是，一旦将钱当放到这些基金中，它们就不能被用来从事其他交易，客户也无法再获得佣金）。很自然地，其他公司也没有兴趣和动力来销售由其竞争者——比如高盛管理的基金。

接下来，在共同基金中的一种数量型产品出现了，它名叫高盛精选股票基金。由高盛数量股票战略小组的头罗伯特·琼斯管理。琼斯关注"价格更有利，价值更好的股票"。这表明研究部门是通过数量分析来进行股票选择的。由于有第一次的失败经验，琼斯不足为奇地说道："新的基金在所有时间内都会被全部投入股市，并且很少会采取反向操作。"在募集到1.2亿美元之后，高盛精选股票基金不再接受任何新投资，至少暂时不接受。由于有管理费，交易成本和5.5%的销售费用将会抵消高盛研究部通过推荐名单所获得的2%的回报率的全部或绝大部分，琼斯的计算模型被普遍认为能够增加价值以吸引投资者。他的数量模型使用了12个程序，根据诸如P/E比率、分红、价格流动性、市值，以及5种广泛的投资特征对推荐的股票进行筛选。很幸运，头一年的投资表现非常强劲——差不多等于其他可比基金平均收益的两倍。

"库珀曼将他自己看作投资大师，他也的确是，"弗里德曼说道，"他希望业绩能像强力磁体一样吸引资产。但是作为GSAM领导的工作并不是挑选好的股票，他的工作是要开展优秀的投资业务，而这项业务的关键在于积聚资产，其重要性甚至超过投资本身。在通过销售构建资产的策略中，优秀的投资人是一个问题，而非优势，因为对于这个单独的优秀投资人的依赖过大。在向信任他的对象销售新业务时，他自己就是瓶颈，因为他不可能无处不在；而对于那些不相信他的人，仍然没有希望，因为那些人由于不相信他能成事而在一旁观望。库珀曼完全不明白这个。"

鲍勃·鲁宾对库珀曼说："你应该多授权别人干这些事。"库珀曼则对弗里德曼说："鲍勃不太明白投资管理。他从不需要挑选股票，他也不明白投资。选股票才是这业务的核心，不能让别人来干。"

弗里德曼和鲁宾逐渐相信，尽管库珀曼对于投资了解甚多，但是他不明白建立业务需要他关注于聚集资产或者"分配"。除了公司设定的限制之外，库珀曼面对的问题是：尽管在理论上应该对共同基金进行长期投资，但是实践中，共同基金特别是刚刚涉足该项业务的机构往往主要以短线操作为主。库珀曼最早的投资表现低于市场预期，因为他是一名"价值"投资者，但价值股票的表现很差。那些相信大笔投资回报的人不愿意听到解释，他们只想要获得公司承诺过的回报。在华尔街，对依赖于优秀投资回报的投资经理们，数字掌握着他们的生杀大权。在第一只共同基金踌躇前行之后，几乎没有人再帮助库珀曼销售其他基金，不论是PCS的销售人员还是本可以向他介绍公司年金基金领导人的投行服务部的关系专家，他们都没有帮他。库珀曼和与他预期相反的股市抗争着，也和公司的高级管理人员抗争，他们不但不提供给他所需的财务支持，还希望他迅速解决问题，同时设下重重限制——不能与公司客户竞争、不能挖公司客户的人、不能做广告等。

"库珀曼的观点是：他是一名投资专家，"一名合伙人回忆道，"也许是另一个沃伦·巴菲特。所以，作为他的客户和他的经理，在他干大事的时候你只需也只能闭上眼睛等上25年。如果你不搭理他，他会给你很好的回报——如果你能和他一起待25年的话。"作为库珀曼的继任者，米切尔·阿麦里农在1991年接手GSAM。GSAM早期在市场上的力量主要体现在由合伙人艾伦·舒赫领导的固定收益业务上。随着资产持续积聚，成功的希望仍然寄托在开发收费高、利润丰厚的股权业务之上。阿麦里农知道他需要制定资产的新策略，他也知道他必须要建立至少三年的良好投资回报才能在市场上算"合格"。这一切都意味着他需要在零售市场取得胜利，在不依靠PCS的前提下通过经纪商进行共同基金的分销。阿麦里农为GSAM业务制定的新策略关注于激发销售共同基金的强大力量，这样就克服了公司各方面的限制。"不能挖墙脚"是指不能从任何机构客户那里雇用任何经验丰富的投资组合经理、研究员或者销售人员——包括经验丰富的共同基金批发销售人员。由于基金种类太多而且以过去的投资回报作为选取基金的标准非常不可靠，这些人就成了共同基金销售成功与否的关键。阿麦里农被要求尽全力打造共同基金业务，而同时他的行动也被管理委员会所牵制。他招聘了一些MBA，这些人曾经将公司发展成为被地区性大型企业接受的"首选券商"，但是他们从未参与过此类业务的经营。比如爱德华·琼斯，尽管没有管理过投资，但他拥有强大的分销能力。阿麦里农的第一个措施就是扩大GSAM的产品线。GSAM基金的零售业务在上升，将新兴市场和货币产品加入新的基金中提供全方位的产品。

另外一只共同基金很快出台：GS小型公司股票基金和GS国际股权基金于1992年发行，1993年发行了政府债券收益基金和利率可调按揭基金。实际上所有的基金销售都是通过公司的PCS经纪人向他们的客户销售。1993年中期，资本成长基金的收益达到60%，超过标准普尔500指数的49%。

几年后，库珀曼找到了投资管理的制胜之道并获得了高级管层的认可。但无意之中，库珀曼可能已经对GSAM造成了实质性的伤害。在弗里德曼对GSAM解释如何获得良好业务的下一步计划时说道："我们本来是让约翰·麦克纳尔蒂与库珀曼一起工作——不，在库珀曼的领导下工作，因为库珀曼从不和别人一起工作。仅仅工作了一个月之后，麦克纳尔蒂找到我，坚持要换岗位。"从PCS调入GSAM仅仅工作4周以后，麦克纳尔蒂发觉他对于业务的看法与库珀曼的策略截然不同，这让他决定离开GSAM转入其他部门。库珀曼将麦克纳尔蒂从GSAM离任看作对他个人的不忠诚，麦克纳尔蒂在几年后仍然记得库珀曼说的："为我工作的人从来没有离开过我。如果你离开了，只要是在高盛内部，不管你去了哪里，我都会找到你并且会反对你。"

麦克纳尔蒂还是调离了。几个月之后，他邀请库珀曼一起吃午饭。他说道："李，你知道我们之前意见有分歧，但是我从来没有对任何人提起过我们的分歧。现在,我需要你的帮助,因为我要成为合伙人。"库珀曼还记得他说过什么,他也知道他能做什么,但是他决定慈悲为怀:"我不会投你的票,我做不到。但是我也不会伤害你,我不会投反对票。"所以,麦克纳尔蒂当上了合伙人。他很快成就了GSAM的巨大成功。

库珀曼热爱投资而且在他离开高盛成立自己的对冲基金时也是依依不舍。他25岁的妻子问他:"我从来没有告诉你应该怎么做,今后也不会。但是,你要到什么时候才能做你真正想做的事情呢?"他与鲁宾和弗里德曼谈话:"我是第5大合伙人,所以我很想以公司利益为重。我给你们两年时间,然后我退休,并在非竞争的条件下设立我自己的对冲基金。我会给你们提供一年的咨询,同时发行自己的对冲基金。"在意识到库珀曼决心已定后,鲁宾很务实地说道:"我们希望你能选我们当你的交易商。"库珀曼回答道:"当然。"高盛为他的咨询工作支付了50万美元。今天,库珀曼的欧米加(Omega)对冲基金中最大的20名投资者中有15名是高盛的合伙人。

就在阿麦里农努力前进的时候,出了一桩麻烦事:记账错误。资产一直在累积,特别是在GSAM的固定收益部门。当时36岁的迈克尔·斯密尔洛克是这个掌管140亿美元部门的首席投资官员,他是在沃顿获得年轻教授学术头衔后加入高盛的。他刚被升为合伙人而且雇用了一批能力很强的新人,其中包括后来创立了非常成功的对冲基金的克利夫·阿斯尼斯。突然,在1993年3月的一天,斯密尔洛克由于为了令其投资表现更好而故意在账户之间错误分配现金——他将500多万美元的证券从一个账户"重新配置"到另一账户——而被辞退。斯密尔洛克不守规矩的行为是在周五被发现的,周六他立即就被停职。[①]阿麦里农评价道:"这太难理解了,他很年轻又很有才华。他做这些事情也没有拿钱。但他无疑毁掉了自己的前程。"尽管作为一家有职业操守的业界领袖,高盛开除斯密尔洛克

---

① 为摆平这件事情,斯密尔洛克向美国证券交易委员会支付了5万美元的罚金。

的速度和向监管机构汇报的时间都非常合理,但是这件事还是引发了不少GSAM潜在客户对于华尔街股票经纪商担任投资经理人角色的不信任。这为GSAM固定收益业务的开发画上了句号。

打击接踵而来。在其业务迅速开展之后,GS小型公司股票基金度过了业绩平平的3年,截至1996年3月,月平均收益为11%,而一般的小型公司基金回报率达到了31%。这只基金在3年中的排名在后5%。更糟糕的是,公司33岁的基金经理保罗·法雷尔根本不理睬公司研究部的建议而将注意力全部放在小型的专业零售业股票上。

库珀曼和阿麦里农在转到资产管理业务前都享受过胜利的喜悦,但是他们在资产管理业务上并不成功,这是因为,除了高盛的限制之外,他们的经验和管理能力与机构资产管理业务的特殊需求并不匹配,这不是个新问题,也不是GSAM特有的问题。

在保险公司或商业银行领域非常成功的管理人员或组织在将他们在"他们的"金融服务中学到的知识用于看似很相近的业务——投资管理时,常常大败而归。尽管都涉及金钱和服务,它们的特征完全不同;在某一金融服务领域行之有效的方法很可能在另一金融领域碰壁。即使是那些"明显"相近的投资服务,比如共同基金和机构独立账户,在销售、市场影响、报告,以及客户服务方面的差别都很大。运营层面的不同是导致银行和保险公司在开发投资管理产品业务上失败的重要原因之一——即便是面对它们在银行或保险业务上的优质客户也是如此。还有一个原因就是战略冲突,每个组织的战略首选是要保护其当前具有运营良好的业务——就像高盛保护股票经纪业务而限制GSAM一样。

从历史上看,对于高盛来说,最好最勇敢的战略就是通过一次或多次的收购快速进入投资管理业务——摩根士丹利、瑞士信贷、第一波士顿和雷曼兄弟最终都走上了这条道路。但是对大多数大型企业来说,这样做有一个很大的问题:高级管理层对与资产管理业务价值的错误认识。无法理解如何对资产管理业务进行估值使得它们无法接受估价。从战略上看,通过并购进入该业务市场看起来花费过于昂贵。

一年又一年，高盛的高级管理层一直无法将资产管理业务作为一项工作来了解，因此他们不断重复地犯着重大的错误。他们都是聪明、正直并且守规矩的思想家，他们的错误总是建立在他们的确信之上的。不能理解业务的估值方法或者记账方法，那么公司的管理层也就无法理解资产管理业务。

大部分合伙人认为投资管理业务是服务个人的业务，过于依靠关键的个人。即使那些关键的个人进进出出，这些合伙人还是无法意识到机构客户关系的持续性和"黏性"，他们说道："投资业务真正的资产是那些构成成功基本因素的投资专家，他们每天晚上还随着电梯上上下下。那不是真的业务，你也无法对它进行估价或给出一个公平的价格。"

疑虑重重的合伙人们说的话听起来头头是道，但是他们的结论都是基于一个错误的观念。没错，有些投资经理自认为他们操控着生杀大权，但是就如睿智的查尔斯·戴高乐观察到的："整个世界的墓地躺满了那些我们不能离开的人。"即使对双方来说特别重要的个人会来了又走，但是机构客户和投资管理机构之间的关系还是会继续下去。所以，每天乘电梯的人都是能够被替换的。投资管理业务成功的秘密不在于投资回报，而在于通过分销和销售来积聚资产。

由于看不到这些，高管们无法理解资产管理业务，特别是与像高盛这样资本聚集的庞然大物相结合之后是多么稳定而赚钱的业务。在高级管理人员们看了阿麦里农对于业务的比较保守的报告后，有几位不满的管理委员会成员开始认真考虑彻底关闭该部门。在将合伙费用分摊到该部门之前，GSAM基本可以持平。麦克纳尔蒂回忆道："这让GSAM处于赤字状态。而人们也开始问：'我们真的需要机构投资业务吗？'对于打造一个强大而能持续赢利的投资业务所付出的投资和时间他们并不感激。"就如支持关闭该部门的人看到的一样，GSAM并不赚钱，而它还让公司暴露在各种业务的风险之下；资产管理业务与证券业务差别太大。GSAM的历史就是失败的历史。

除非进行基础性的改革，否则GSAM只能独立支撑，或多或少地赚点儿或赔点儿,无法像那些赚钱业务和产品一样为高盛做出贡献。GSAM是市场的迟到者,几乎没有品牌优势,营运成本很高。它基本上仅仅算是经纪商的一颗螺丝钉。长此以往,不论从专业支持还是财政支持方面,GSAM肯定不会受到公司的重视。

在这黑暗的时代,史蒂夫·弗里德曼和其他支持者纷纷脱离了资产管理业务,但是鲍勃·鲁宾支持阿麦里农保持该业务的请求。这在之后获得了极大的回报。

1994年,米勒安德森公司(Miller Anderson & Sherrerd)当时负责管理一家大型机构客户在费城的业务,该客户在国内股票和国内外债券市场上的投资表现很好而且非常平衡;它还与一家大型日本机构共同设立了国际股权投资的合资企业。管理的资产增长到360亿美元——这为机构业务打下了坚实基础,因为它很快将GSAM打造成领先的资产管理人。另外,保罗·米勒和杰·谢尔德还有他们的合伙人都是投资管理业务的精英,是能与客户开展亲密合作的优秀专业人才,他们的投资回报记录非常好。对于高盛而言,更好的是,尽管拥有上百个企业关系和强大的销售能力,但米勒安德森公司的专业人士几乎从不做市场营销工作,因为他们相信市场开发会妨碍他们将专业投资放在第一位。他们不愿意花时间发掘新的业务机会,更愿意等着客户上门。他们只有在收到邀请时才会进行业务拓展。高盛的投行服务团队和PCS团队的销售力量是有目共睹的,因此将两家公司的优势结合起来形成合力是非常有效的双赢建议。

在与米勒安德森公司接触的过程中,高盛有一种"不公平的竞争优势"。米勒安德森公司蓬勃发展的债券业务的领导者以及担任过高盛董事合伙人5年的理查德·沃利被称为"从高盛来的人"。他在高盛的研究部担任过经济学家,他熟知每个人,而且还是戴维·福特和乔恩·科尔津的好朋友。科尔津和沃利在新泽西萨米特镇的住处隔街相望,有好几年他们一起开车上班,周五晚上则带着他们的夫人一起出去消遣。刚刚同意担任GSAM联系管理人的福特希望通过一次重要的并购打造GSAM的业务,他告诉合伙人:"5年前我就说过我们必须通过投入来打造GSAM,通过并购或者通过几年的'投资支出'从内部来打造。"福特能看到高盛和米勒安德森公司之间天然的战略契合点,所以在一个春天周末的早上,他在和邻居及朋友的闲谈当中提到了合并的可能性:"我们能一起干点儿什么吗?"

在此之前,沃利和他的公司已经6次或更多次听到并购的声音。80年代,弗兰克·罗素公司(Frank Russell)的乔治·罗素通过劳埃德银行提出2亿美元的收购价。丘博保险公司(Chubb Insurance)也进行过一些接触,不过因为不合适而作罢。瑞士银行公司(Swiss Bancorp)和荷兰国际集团(ING)是另外两家有过接触的企业。沃利引用一名做过大量投资管理机构合并项目的人的话:"诺顿·里姆曾经说过,投资机构只有在它们感到恐惧的时候才会出售。"沃利说不打算出售米勒安德森,但是他意识到全球的分销能力会变得日益重要而高盛在这方面非常强。讨论很快就升级了。沃利回忆道:"如果我们要被收购,那我们要自行挑选合适的合伙人,如果整个交易的条件还可以的话,能成为像高盛那样的国际机构的一部分就再好不过了。"

合并的谈判进展非常快,也非常顺利。每个人都能看到优势:米勒安德森拥有产品而高盛拥有销售系统。不过障碍随之而来,米勒安德森希望留在费城进行运作,而不是搬到纽约去。没有任何困难,这一要求得到了同意。米勒安德森的所有合伙人都要当上高盛的合伙人吗?人太多了:米勒安德森有20多个合伙人。高盛提供了3个合伙人的位置,而米勒安德森要求12个。有一个特别的问题就是:高盛创始人和几个其他的合伙人有权根据合伙人协议规定在其死亡之前获得非常可观的"年金"。谁也不知道这项义务多大;有一种建议是将支付款项按照现有水平封顶并限制在5年以内,但是这仍然与米勒安德森起草的合伙人协议中对于增加的赢利部分享有永久份额相差太远。高盛的任何人都没有获得过这样的待遇,也没有人喜欢这种安排。米勒安德森希望在高盛的合伙人系统中取得合伙人的位置,这样它就能够拥有根据赢利状况自行安排薪酬分配的权力。它还希望能够有自己的决策程序。对于米勒安德森的合伙人而言,基于赢利的支付计划是非常重要的。沃利建议高盛购买米勒安德森未来赢利的大部分，而不是全部，这样对未来的投资专家们也会有很大的激励作用。但是，这不是高盛想要的方式。

最后，决策的问题可以归纳为金钱和观念上的问题。在一次持续4小时的谈话中，科尔津和阿麦里农解释了为何基于高盛的文化他们只提供了几个合伙人的位置——这给整个交易带来了压力，即使科尔津很想完成这项交易。另外，史蒂夫·弗里德曼也还在考虑"它们的资产还在上下浮动"——不愿意认同米勒安德森和其合伙人认为公平的3.5亿美元的市场价格。金钱问题的一个重要方面就是合伙人们很难为其后的合伙人就他们将要承担的费用和享受的利益进行重大投资。弗里德曼决定将价格降至2亿美元。最后的决定是在纽约的一顿午饭上做出的，沃利和4名来自米勒安德森的合伙人，还有弗里德曼的助手——在本次交易中担任投资银行家的迪克·赫伯斯特一起做出的。

但成功交易的障碍又不全是经济上的问题。两家机构确实有着不同的文化，合伙人的期望也各不相同。在GSAM，其文化是早上7点就开始工作。大部分人会一直忙到晚上7点，而且很多人周六也在办公室工作。出差也很频繁。米勒安德森的大部分高级专业人士则从未如此辛苦地工作——但是他们的薪水却是GSAM合伙人的好几倍。所以他们确实会怀念以前的公司文化和薪酬。1995年1月，弗里德曼退休。科尔津和福特回到米勒安德森，但是交易仍然无法继续。当他们听到风声说米勒安德森正在和摩根士丹利进行早期谈判时，他们非常不满并且给沃利打电话。作为上市公司，摩根士丹利很容易筹到钱而且愿意给出米勒安德森觉得合适的条件。

沃利说得很直接："我们是老朋友了，我当然希望我们还是朋友。让我们达成一个公平的价格——让那些退休的和年轻的合伙人都满意的价格。你知道资产管理业务的公平价格。如果高盛能够出一个公平的价格，我们会马上取消和摩根士丹利的谈判。"但是高盛并不准备接受沃利的出价。后来沃利会意地微笑着说："没有人愿意在任何高盛想做的交易中成为他的对手。"一年之后，米勒安德森被摩根士丹利以3.5亿美元的价格兼并。

# 25

# 罗伯特·马克斯韦尔——来自地狱的客户

1991年11月5日，罗伯特·马克斯韦尔的尸体在金丝雀码头水面上距他游艇不远处被人发现，他浑身赤裸，很明显是自杀。[①]如果就如大部分旁观者相信的一样，这个作为高盛高端客户的行为怪僻的出版商是死于自杀，那这就是他逃脱多年遭到公众的羞辱和由于拖欠银行28亿英镑贷款，以及掠夺两家上市公司5亿英镑和33 000名英国工人的养老金而遭受谴责的唯一方法。

有人则说患有前列腺疾病的马克斯韦尔由于身体严重超重，是在喝了很多酒之后走到船边解手然后不小心掉进水里的。还有其他人注意到当晚的海面异常平静，而西斯莱女士号游艇的栏杆有半英尺高，有内部消息宣称马克斯韦尔的死亡肯定不是自杀造成的。他们坚持说这次谋杀是以色列秘密组织摩萨德干的。马克斯韦尔很早以前就宣称其为摩萨德工作。该组织为什么杀害他？因为他面临严重的财务危机，已经不值得"信任"了。

卡洛斯医生最初的病理学报告称马克斯韦尔死于心脏病，但是马克斯韦尔的私人医生说他的心脏没有问题。他不认为马克斯韦尔是自然死亡。

还有更荒唐和不可信的说法是由于马克斯韦尔知道他在和高盛的交

---

① 马克斯韦尔有由几家劳埃德保险公司共同承保的总价达2 000万英镑的保单。如果是心脏病等的自然死亡，保单不会得到赔付，但是如果是意外或谋杀，则需赔付保单金额。伦敦一家医院法医学主管怀斯特医生出具了英国病理学报告。

锋中无法获胜，他欠了高盛很多钱，而高盛坚持要他立刻还钱。另外，马克斯韦尔也刚刚被雷曼兄弟告知，由于他欠下大笔贷款，他们会将他告上法庭；瑞士信贷第一波士顿也要求他偿还大笔贷款。马克斯韦尔知道，他玩的极其复杂和有多层结构的游戏越来越令人沮丧，现在已经结束了。他很快就会破产、坐牢并且遭到公众的羞辱。他已经没有可以活下去的理由了。所以，为什么还要继续呢？自杀是马克斯韦尔最后唯一能掌控的事情，他以前习惯于掌控事情，但是他不能掌控所有的事情。

罗伯特·马克斯韦尔于1923年6月10日出生于捷克的一个穷苦人家，开始叫让·路多里克，或者是让·路丁维霍奇？后来叫作胡安·德·毛利，再后来叫作莱斯利·琼斯，最后叫作伊安·罗伯特·马克斯韦尔。他能说9种语言，有9个孩子，身材高大，很喜欢受人重视的感觉，他有一架湾流四型飞机，在纽约的赫尔姆斯利宫和沃尔多夫以及巴黎的丽兹酒店都有套房，生活奢华，常与名人们消遣，与玛格丽特·撒切尔、罗纳德·里根、米哈伊尔·戈尔巴乔夫，以及中情局、克格勃、苏联情报机构GRU以及摩萨德的高级领导人相识。

1991年11月10日，马克斯韦尔的葬礼在耶路撒冷的橄榄山举行，这是这个国家大部分最受崇敬的英雄长眠的地方。这是一场全国性的活动，政府及反对派的领导都有参加。不少于6名现任或已经退休的以色列情报系统的领导在场倾听首相沙米尔的歌颂："他所做的远远超过我今天所说的。"总统哈伊姆·赫尔佐克说道："很多人仰慕他，很多人憎恨他，但是没有人能对他无动于衷。"前首相希蒙·佩雷斯说道："在这橄榄山上，它的一位最伟大的儿子将获得永生。他不光应当获得自由，还有安息。"

在1951~1971年的20年里，罗伯特·马克斯韦尔经历了从默默无闻到举足轻重，再到声名显赫然后又遭到公众对其为英国政府情报部门工作的谴责；他被认定为不宜管理上市公司并遭到经济界的排挤与打压。但是在1971~1991年间，他又东山再起并获得了财富和权力，然后，尽管他有着强烈的决心和高超的骗术，他又再次跌入谷底，丧失了经济地位,甚至生命。

高盛——通过其长期供职的一位合伙人埃里克·希因伯格——在马克斯韦尔最后的岁月里不经意地成了其"首席财务成就者"(Enabler)[①]。因此,马克斯韦尔的灾难也是高盛的灾难。最后高盛支付了2.54亿美元的和解费用,这是伦敦金融城史上最高的和解数额。由于公司与马克斯韦尔有所牵连,高盛实际上担心和解费用会更高,所以合伙人们都为这次"有限"的损失松了一口气。作为董事合伙人,史蒂夫·弗里德曼决定和解而不是在可能遭受更少的罚款的希望中让痛苦持续。

和个人一样,券商也因为其客户而出了名,高盛很显然一直与一家公司的某人来往密切,高盛的一名英国合伙人则警告这是个"坏消息"。这个合伙人盖维·戴维斯非常清楚地说道:"他损害了我们的声誉。和马克斯韦尔这样的人做生意可不是我加入高盛的原因。"

马克斯韦尔的故事很长很复杂。在"二战"期间马克斯韦尔参加了英军,后来他决定在英国定居。他于1951年发起成立了博伽莫出版社(Pergamon Press)并且通过发行专业的科技期刊赚了很多钱。1964年他被选为伯明翰的工党首相。然后,一封皇家的正式质询函对马克斯韦尔在博伽莫出版社的行为和业务手段提出质疑并下结论说:"马克斯韦尔,尽管……但从大家对他能力和精力的了解来看,他并不是一个值得信赖的上市公司的管理人。"他在贸易工业部(Department of Trade and Industry)出具的一份谨慎的调查报告中也被评为不可信任。

这不是最后一次。

在80年代早期,通过欺骗和虚张声势的包装,他再次在英国重获权力。他通过所有方法来扩大影响力——包括高盛这家一直雄心勃勃决心成为伦敦金融城这个欧洲金融中心的顶级"外来者"券商。马克斯韦尔很清楚如何发掘这家美国公司开拓者的野心。有一次,他同时和高盛、美林和所罗门兄弟三家公司在同一间酒店的不同房间开会,他借此机会带着珍贵

---

[①] 首席财务成就者,英国监管部门的术语。

的唐培里侬粉红香槟穿梭于各个房间，不停地要求每家公司为其准备出售的1 000万股海湾石油的股份出价，并且不断鼓励它们提出能够获胜的更高报价。

马克斯韦尔不是在"驱动"他的公司，而是使用帝王式的方法通过一系列讳莫如深的复杂内部联系来运行他的公司。而他的第二个威力强大的制胜武器就是：信息。除了某些受美国监管的年金基金，以及所有明镜集团和马克斯韦尔通讯公司的年金基金之外，他自己拥有所有银行账户的唯一签字权。尽管常言道有钱就有权，但是这背后还有两个决定性例外：借来的钱——最终属于借钱的银行和公众，特别是作为退休金放入年金基金的钱都受到政府监管部门的监管。在英国，最高监管权威属于英国政府——这一点马克斯韦尔和高盛肯定知道。

1974年，尽管有贸易和工业部的负面报告，马克斯韦尔还是重新获得了博伽莫出版社的控制权并开始积极地打造其赢利能力。后来，他于1980年获得濒临破产的英国印刷公司（British Printing Corporation）的控制权，担任CEO并将该公司重新命名为马克斯韦尔通讯公司。就在并购结束的最后一天晚上，马克斯韦尔午夜到达办公室并要求立即当场召开董事会。董事会于凌晨2点45分开始，有9名董事参会；第二天下午2点45分再次召开董事会，有11名董事参加。在这些会议上，马克斯韦尔要求并获得了公司所有银行账户无限额取款的唯一签字权。

马克斯韦尔控制着两家上市公司和几家非上市公司的投票权和信托，对这些公司的控制是通过委托名叫沃纳·雷赫施泰纳博士的瑞士律师和一系列具有迷惑性的相近和经常变换名字的实体公司实现的，其主要名字在经历6年共4次变化之后定名为马克斯韦尔基金会。1984年，通过对这些私人公司的秘密控制，马克斯韦尔用1.3亿英镑购买了明镜集团报社，后来通过引进现代技术、改变限制性工作惯例和增加现金流而在该公司赚了很多钱。很快，他宣布希望建立一家大型国际通讯综合性公司并且通过在欧洲和北美进行一系列的收购与鲁珀特·默多克竞争。

作为他惯用的复杂和重复的手法，以及与高盛的复杂联系，在了解到高盛将租用大面积的办公室后，马克斯韦尔让明镜集团的年金基金买下了斯特拉德大楼。斯特拉德大楼的旁边就是赫伯大楼，该楼是该地区唯一拥有可以停放直升机的平坦房顶的大楼（租户们都抱怨大楼的通风系统吸入了直升机的柴油废气）。尽管没有正式的合同，但高盛很快同意5年的租约。大楼的买入价是1 700万英镑，不到两年，卖出价则是3 670万英镑，不过只有一小部分差价被交给年金基金，大部分给了博伽莫出版社——它在该产业拥有保密的权利。

马克斯韦尔是一名言谈粗鲁和表达直接的表演者。在他的桌子上有好几部电话，他在会议中接听或打断紧急电话："不，高达，我们不认为这是合适的市场时机。""哦，赫姆特，你太好啦，太慷慨了。非常感谢你这么说。但是，我们不能接受这个好意。""告诉玛姬我现在太忙，没空和她说话。"马克斯韦尔通过很多种方法吸引公众的眼球：与政治家、电影明星和地位显赫的人亲切交谈；坐直升机到伦敦市中心；举办提供香槟和鱼子酱的大型喧闹的派对。这一切举动使得媒体对他和他的公司争相报道。1985年，马克斯韦尔通讯公司的股价被列入FTSE100公司指数，这无疑为他做了一次成功的宣传。在公众心目中，这就等于被列入道琼斯工业平均指数。集魅力、奢华、亲切和野心为一体的他，与高级管理人员、融资人员和政治家惺惺相惜。他的前途看来光明璀璨。人们有钱的时候想法就会改变，马克斯韦尔看起来有数十亿美元的身家。他人脉广，衣冠楚楚、个性坚强，生活在星光熠熠的舞台上。

马克斯韦尔根据"最适合他本人的"原则通过复杂而隐蔽的帝国来管理公司和年金基金。他利用令人眼花缭乱的公司名称以及尽量少地向银行家和投资者透露信息来管理着上市和私人公司实体之间的多种关系。不同业务小组之间的审计时间各不相同，因此他可以将钱从一家实体转入另外一家实体以对其财务状况进行一系列的"美化"，并在其后发展出一套"利用信息赚钱"的手法。他们花大价钱聘用德勤的审计师为他们在众多的并购案中提供咨询，对于马克斯韦尔的诸多秘密行为，德勤并不进行近距离的观察。这一切都使得他的银行家们很难了解或很难发现究竟发生了什么。

马克斯韦尔的财务行为,从不正常到不正当的行为,什么样的都有。当他需要通过出售投资获取现金时,他指示受其掌控的年金基金购买并代他持有这些投资——甚至包括在马克斯韦尔通讯公司里面的巨额投资。1985年,为了给他的多种业务提供资金,马克斯韦尔开始向马克斯韦尔通讯公司和明镜集团的年金基金借取大额资金——既不提供担保也不告知受托人。

1987年,高盛协助安排了一系列以马克斯韦尔相关产业为担保的总额达1.05亿英镑的银行贷款。1988年,马克斯韦尔通讯公司借款30亿美元收购图书出版商麦克米伦(Macmillan)和官方航空指南出版商OAG (Official Airline Guideline)——这些收购行为都是在同一周发生的,而且是以上涨后的价格购买的;购买麦克米伦的竞价是90美元,而当时该公司股票的交易价格只有40美元。在马克斯韦尔虚张声势的行事方法下,大肆举债最终导致了帝国的覆灭。截至1989年,马克斯韦尔通讯公司的股份被质押作为另外将近10亿英镑债务的担保物。由于其他商业银行坚持不接受使用马克斯韦尔的私人公司的股份作为贷款担保物,于是他开始挪用年金基金股份进行担保。这些挪用行为被融券的形式掩盖着——"这样看起来就像证券市场的做市商在经营其合法业务一样"。

由于严谨的英国投资者非常了解罗伯特·马克斯韦尔不值得信任,马克斯韦尔通讯公司的股价表现一直不好。随着马克斯韦尔公司的股票在市场上暴跌,他开始通过他自己的手段支持股价:开放市场进行收购。还有一招就是转向公司的年金基金,要求其购买股份。

马克斯韦尔对马克斯韦尔通讯公司的股价非常在意,因为它们都是马克斯韦尔为支持其公司投机取巧而借来的银行巨额贷款的抵押物。马克斯韦尔通讯公司超过50%的股份为马克斯韦尔的私人公司所持有,包括其私人公司的基金会。作为其支持股价计划的一部分,他通过其私人公司以及逐渐通过其上司公司的年金基金持续购买股票。1988年1月~1991年10月间,由其私人公司持有的马克斯韦尔通讯公司的股份已经由52%上升到

68%——加上由年金基金购买的不需立即进行披露的股份，该比例由52%上升至85%。据贸易及工业部的报告称："从1989年5月起，他主要通过海外公司秘密购买股票操纵市场。与其进行交易最多的投资银行是高盛。"

通过使用年金基金作为担保物，马克斯韦尔继续举债以达成其个人目的。不论以任何标准来衡量，他的不法行为都是明目张胆的。根据贸易和工业部报告的细节，主要的不法行为包括：从年金基金处获得1亿英镑的现金贷款；年金基金秘密出售其持有的5 500万股马克斯韦尔通讯公司的股份，本该于上一年公告的该次交易并未被公告。年金基金的市值2.7亿美元的股票被用作马克斯韦尔银行贷款的担保。以独立公司的形式呈现在监管者和公众面前的明镜集团报社与马克斯韦尔欠下银行10亿英镑债务的私人公司有千丝万缕的联系。最后，马克斯韦尔决定拿出明镜集团报社49%的股份在伦敦证券交易所上市以筹资偿还银行债务，并且通过拥有第二家上市公司以为今后更多的银行借款提供担保。

1990年夏天，当英国经济状况恶化的时候，马克斯韦尔窘迫的财务处境很快变成了危机：大量的银行到期贷款；本可以以高价出售的业务价格大跌；从年金基金中借的上亿美元的债务必须出售股份来偿还；集团内部的公司从银行借贷的大量金钱已转贷给集团内部更需要钱的其他公司。在日益加剧的巨大压力之下，像罗伯特·马克斯韦尔这样的人会继续扯谎的。

就在马克斯韦尔通讯公司的股价下跌时，马克斯韦尔迅速购买了价值1.3亿美元的股票。但是这桩交易并没有按照其实际购买的方式被公告，而仅以认购期权的方式被公告。调查中发现，这桩交易中并没有合理的期权存在：只有名义价格1/3的溢价，该"期权"实际就是马克斯韦尔以延期支付为条件的购买行为。有两桩类似的"期权"的交易已经完成，而高盛都是交易的对手。1990年11月，马克斯韦尔向高盛出售另一项"出售期权"——同样是以非正常定价：标的是3 000万股。这宗交易仅仅是高盛为马克斯韦尔执行的几宗大型交易的其中之一。

就像那些与格斯·利维在并购交易风起云涌的年代进行有利可图的交易（融合交易、掉期、承销以及并购业务）并善于利用各种关系赚钱的美国人一样，马克斯韦尔活跃、富有想象力、能将想法付诸行动、积极投入，并且非常有野心——而且对于法律规定没有任何加尔文主义的态度。正如贸易及工业部报道所指出的，"在管理那些上市公司方面，我们没有找到任何证据证明罗伯特·马克斯韦尔先生已经'转性'。马克斯韦尔继续在上市公司和他控制的私人公司之间转移大笔款项（达到令人惊讶的400次）并且从年金基金借用大量现金，包括那些未在伦敦申报的交易：1991年4月通过高盛在纽约以5 500万英镑出售两家公司。通过使用明镜集团年金基金为马克斯韦尔的其他业务提供资金，操控和欺骗行为在规模、频率和复杂性上都迅速上升。明镜集团报社并不适合上市，其招股说明书并不准确而且还含有误导信息。"

在明镜集团报社上市的时候，马克斯韦尔就与承销商们达成共识：如果未得到他们的特殊批准不会买卖股票。当股价下跌时，他要求得到购买的批准——很显然是为了支持公司股价，也很显然是为了避免经公告或未经公告的作为银行贷款担保物的股票价格下跌。他的要求遭到了拒绝，但是他还是做了，其在海外的两家子公司在5月和6月通过高盛完成了价值2 600万英镑的购买交易，但他还是未能阻止股价在90天内下跌25%。在下半年，他仍然希望阻止股价下滑，通过高盛购买了7 500万英镑的明镜集团报社股票，最终交易总额达到了3.44亿英镑。

明镜集团报社51%的股份被质押给银行作为借款的抵押——不过明镜集团的股票市值持续下跌。到10月下旬，马克斯韦尔的私人公司已经出售了除明镜集团报社和马克斯韦尔通讯公司之外的所有可用资产。贸易及工业部的调查员在正式的文件中写道："从那时起，压力开始变得更大，让马克斯韦尔不堪重负。他被要求偿还高盛的两笔贷款，但是他已经因满仓而无力偿还债务。"雷曼兄弟也要求他还款——同样也未收到还款。

随着高盛开始在下跌的市场上出售作为贷款担保物的马克斯韦尔通讯公司的股票，贸易及工业部的调查中写道："这个帝国的覆灭不可避免。"仅仅在其上市的7个月后，明镜集团报社突然不得不向银行借款——因为罗伯特·马克斯韦尔需要钱。员工纷纷被辞退，缴纳年金的人员也遭受损失。"高盛……在这次市场操纵事件中负有不可推卸的责任"。

马克斯韦尔的整个故事就是这样令人吃惊,留给高盛密切关注的问题则是:为什么公司愿意放弃以前那种宁愿支付上亿美元也不冒险与公众发生冲突的循规蹈矩的道路?

毫无理由的事件有时可以通过了解事件来龙去脉的重要性找到合理的解释。迪克·门舍尔和鲍勃·慕钦分别于1988年和1990年因变成有限合伙人而离开高盛。尽管两人都非常能干,门舍尔和慕钦却并不太喜欢对方而也无法共事,因此股票经纪业务的两部分——销售和交易在许多年里一直是分开经营的。他俩离开以后,两个部门被合并为统一的股票部门,该部门处于罗伊·朱克伯格和戴维·塞芬的领导之下。在格斯·利维逝世后的那些日子里,慕钦一直被认为是埃里克·希因伯格的"保护神"——法力强大而且能照顾和保护他的长者。慕钦尊重希因伯格作为交易员在市场上工作的技巧以及他守口如瓶的个性。在用"家庭式"的忠诚组织起来的公司中,慕钦和希因伯格都是格斯·利维的"儿子",而且慕钦也本能地明白兄弟之间的忠诚义务。希因伯格对慕钦是绝对忠诚的。还有一些其他的东西:希因伯格对高盛是全身心的投入。就像一位合伙人所说的:"公司就是埃里克的初恋。"

在慕钦准备成为有限合伙人并离开高盛的时候,他对准备以合伙人身份接手管理交易部门的塞芬说道:"埃里克在你之前就当上了合伙人,所以尽量注意一点儿,他可能对要向你报告而感到不太舒服。他对复杂的大宗交易和国际股票交易非常在行。不要把你们之间的关系弄得太复杂。给他一些空间让他用他自己的方式做事——并让他对这种处境感觉良好。永远记住:他比你资深。"

实际上,是希因伯格将塞芬介绍给杰伊·特南鲍姆,特南鲍姆聘用的塞芬。所以,从个人感情上来说,要希因伯格接受塞芬现在是他的上司,而且还要向他汇报工作确实不是件容易的事。塞芬制定了希因伯格和其他交易线的合伙人的工作规程,同时要求如果要突破这些规程必须要获得希因伯格的同意。接着塞芬说道："埃里克，让我们一起回到60年代。所以，不需要感到惊奇，可以吗？"

希因伯格在纽约管理着一组他在伦敦聘用的欧元债券交易员。他每个月都会飞到伦敦，晚上带着他那些出身工人阶级的交易员们喝得大醉以帮助他们放松，这样做也可以帮助他了解这些人都在干什么和干得如何。在这段时间，高盛被邀请参加了与数十家英美交易商的竞争——由菲利普·希尔投资公司持有的价值3.3亿英镑的股票组合的大型交易。这次竞争也包含了在伦敦金融界争夺地盘的含义，因此，竞标获胜在让公司有利可图的同时还能大大提高高盛的知名度和被认可的程度。希因伯格非常辛苦地工作，他为投资组合中的每一只股票定价并提出了竞价——他们获胜了。

罗伯特·马克斯韦尔从伦敦给身处纽约办公室的希因伯格打电话祝贺他的胜利，希因伯格非常谦虚地表示下次去伦敦时希望能去拜访他。马克斯韦尔热情地欢迎他并说他们应该一起做更多的生意。马克斯韦尔很快就开始通过希因伯格下单，他总是亲自给希因伯格打电话讨论市场和价格。希因伯格很愿意当专家，而马克斯韦尔也很愿意与他分享对交易的看法和交易策略。他俩都是市场和交易狂人，因此他们的越洋长途很快变成了一天两三个。当管理委员会决定将一组有培养前途的年轻人派往伦敦时，他们决定将当时年纪已经比较大的希因伯格也派去。

希因伯格的特殊兴趣和专长都在可转债交易上。格斯·利维和杰伊·特南鲍姆都是"可转债人"，所以他们非常欣赏希因伯格作为可转债交易员所做的一切。由于纽约的交易差价已经非常小，所以这项业务利润空间狭小，希因伯格计划到伦敦后可以参与差价比较大的欧洲市场，在低风险的前提下获得更多的利润。他曾经为公司赚过大钱，但是他在高盛的地位和合伙人份额却是在明显下滑。有一次他差点儿被排挤出高盛，但是他找到了与他在债券业务线一起工作过的约翰·温伯格，向他抱怨这不是高盛应该做的事情，温伯格收回了决定。现在，希因伯格希望收复失地并且决意在伦敦重现他在其他地方的"吸金"经历，不过这次是用美国的市场方式交易英国股票。

希因伯格知道，如果他能找到突破口，他就有能力造成足够大的影响。他甚至可以帮助高盛发展成为金融城的主要券商，并且逐渐在欧洲扩展。在他到伦敦赴任之后，一系列促成危险的各种细微因素开始逐渐暴露，但也只是在事后回顾才看得出来。他到达伦敦的时候高盛尚未发展成为具有足够经验的国际性组织，没有人有丰富的直接经验，像专家那样在伦敦市场找到线索和蛛丝马迹。

毋庸置疑的是，马克斯韦尔非常渴望进行交易。鲍勃·康韦也一样，他是高盛投行部们的合伙人，刚刚到达伦敦，他非常英俊、敬业和聪明，但是却疑心过重，不具有自我保护的能力。高盛在伦敦创业期间，康韦被调到伦敦，他的任务几乎是不可能实现的——在服务已经过度而且对于新的银行，特别是美国银行，已经没有任何胃口的市场上开发投行和商业银行业务。现实一点儿说，康韦必须找到一家不寻常的公司或者一个非正统的管理人员来实现突破。

康韦"发现"马克斯韦尔也是这么一只"发现"陷阱的浣熊或者一条"发现"诱饵的鱼。康韦愿意取悦他人，而当他在帮助邓白氏将OAG航空指南杂志销售给马克斯韦尔的时候，马克斯韦尔非常愉悦地告诉了康韦他的感受。一直在不停地进行交易的马克斯韦尔开始向康韦大献殷勤，邀请他参加各种奢华的派对和活动。同时，康韦也将马克斯韦尔当作能够帮助他找到突破口的客户而恭敬万分。在管理委员会投票决定由于罗伯特·马克斯韦尔不守承诺而不为其操作投行业务之后，康韦开始寻找能够接手的人并且开始考虑是否能开展其他业务。他与刚刚从华宝加入高盛的彼得·斯皮拉进行了交谈。根据斯皮拉的描述："交易委员会1972年的报告指责了存在问题的那位先生，并且说他也正在从华宝那里获得好处，我拒绝指认他。第二天，鲍勃·汉伯格到我房间说他被问到同样的问题，还问我应该怎么办？我非常明确地告诉他不要与那人说任何事，公开或秘密的都不行。"

康韦鼓励埃里克·希因伯格与马克斯韦尔相识并与之处好关系。很快，被邀请到星光熠熠的派对的人变成了希因伯格。就像任何一个进入已经成熟的市场的人一样，希因伯格没有任何机会能够让那些高端客户放弃以前的业务模式或与他们进行交易的券商。他知道如果能用创新产品与不讲规矩的边缘客户进行交易，他就能有个很好的开端。在高盛，汇报制度是直线型的，伦敦的运营部门并不向位于金融城的当地管理人员汇报，而这些人恰恰又对当地的风险有相当的了解。最后，希因伯格成为一位孤独者——他连高尔夫都是一个人打，而伦敦的合伙人们对他个人也不甚关注，他们各自为营。没有任何一名伦敦的合伙人愿意和马克斯韦尔合作——他们觉得自己无须妥协，因为当时高盛已经获得了英国燃气公司的私有化项目，而且非常有信心能获得BP的项目。无论如何，马克斯韦尔需要高盛认可他自己。

当然，还有其他因素：有些是因为希因伯格，有些是因为高盛。希因伯格有一个不同寻常的习惯，他每天会检查所有的交易单据，还说："生意场上无朋友，我做交易的基础不是友谊。"出于对秘密的极度保护，他经常把自己关在办公室，压低声音与客户通话。他非常与众不同，特别是在这个极其重视团队合作的组织里更是如此。公司的其他交易员已经习惯性地避免和他接触，他孤僻、暴躁，别人都很清楚最好离他远远的。当马克斯韦尔来电时，希因伯格坚持要其他人离开他的办公室，然后把门关上。

公司迅速壮大，在不同国家做着各种各样的业务，而且也越来越正规化和系统化。高盛的状况已经不同往日了：公司正在经历全方位的变革，迅速摆脱了当年利维创立的和希因伯格熟知并喜爱的家庭式运作模式。但是那些对公司的忠诚，以及离开的合伙人可以自由创立并拥有自己业务的老规矩仍然保留着，特别是对那些公司元老来说。希因伯格很快被那些年轻又能够熟练运用计算机模型的MBA和博士们超越，这些人本身也是涌入华尔街的技术革命的一部分。他们把希因伯格当作过失的、走下坡路的"凭直觉的"交易员。希因伯格憎恨那些充满自信、教育背景好又能融入社会的年轻交易员，他们在公司晋升很快而且还获得了比他更重要的职位。现在，很多事他必须要得到他的后辈们的批准才能执行。他憎恨这种处境——不过是在心里憎恨,并没有表现出来。①

　　希因伯格很高兴被派到伦敦开发交易业务。他对于了解新市场总是非常感兴趣,而且对他来说,伦敦不仅是个新市场,而且关于大变革后证券市场的重组也是炙手可热的话题。这样的大型重组打断了已经建立的交易关系和交易模式,将会给高盛这样的市场后来者提供切入点和发展的机会。希因伯格和其他人都期望伦敦会像60年代的纽约一样,经历从单纯的股票交易经纪业务模式向既有代理也有自营交易的混合模式的转变。"混合"市场的发展正好符合高盛的优势所在:丰富的大宗交易经验、了解如何承受风险、具有联合销售和交易的经验以及拥有庞大的资本金。如果所有事情都发展顺利,伦敦就是希因伯格寻找的目标所在,也是他获得个人回归的大好机会。如果他能在伦敦取得真正的成功,他将能重回高盛的领导层。

　　他准备做点儿事情。在大变革允许英国的交易商和中介商合并之前,所有上市证券的交易都是纯粹的对交易合同的执行,而无须担心做市交易中可能发生的资金亏损问题。伦敦的经纪商不做市——因此他们几乎没有任何资金也没有任何做市和承受风险的经验。即使在大变革之后,英国的券商对于大宗交易仍然存有疑虑。但是高盛和其他美国券商采取了主动,在投入大量资金并承受可控风险的同时在上市市场和柜台市场做市。伦敦的机构投资者很快就认识到通过这些具有做市经验而且能够承受以特定价格进行大宗交易风险的交易商执行交易的便利性。

　　"只要有条件,埃里克就会做许多交易。"鲍勃·斯蒂尔回忆道,"当他到伦敦的时候,我们的规模很小,还是外来者。那些日子里,伦敦人关心你在哪里读书,怎么进去的。他们对于极力想挤进来找点儿生意做的美

---

① 他作为交易员的天才是有目共睹的。1991年,当威登家族希望出售他们持有的LVMH公司价值3.2亿美元的股份时,该家族常用的券商百富勤银行提出要以折扣价购买,而希因伯格因提出以市场价收购而胜出。他随后挫败了做空交易商,多购买了2亿美元的股份,随后当作空交易商准备填仓而股价被炒高时,他将这些股份重新出售给机构,卖点就是公司的独特性、独特的价值和获得合适的股票份额的独特机会相对于出售的溢价物有所值。作为一名交易员,希因伯格非常富有技巧地出牌并获得超过1 000万美元的赢利。

国人没有兴趣,特别是这些都不是什么大买卖。我们的办公室简陋破旧,交易又都是代理业务,能够分一杯羹的业务太少了——而我们美国人又挤了进来。所以埃里克四处探听,寻找能开展业务的人。他特别希望能够找到一条打开英国证券业务,或者是欧洲大陆证券业务的道路。"打开伦敦市场的道路之一就是投资组合交易,在纽约,高盛对这项交易已经轻车熟路,不过它对伦敦人来说却是个新生事物。这就是埃里克·希因伯格找到罗伯特·马克斯韦尔的原因。

在希因伯格谨慎行事的领域,马克斯韦尔非常富有魅力而且不同寻常,往往能够干成很多事。希因伯格调查了一下他的背景,发现他正在与嘉诚和其他所有知名的券商做交易。但是他在嘉诚的熟人说出了现在被证明是正确的话:"我们与马克斯韦尔做生意,但是不会做任何依赖于他对局势判断的风险业务。如果你的客户可能是个魔鬼,那是非常危险的。"

希因伯格是当时来到伦敦的强大领导"团队"中的一员。这支团队由一群年轻的领导人组成,他们决心要进入那个已经比较成熟的市场,以便高盛的业务能够扩展到欧洲大陆并实现约翰·怀特黑德将高盛打造为全球投行的愿望。这场战役的开端应该是股票经纪业务,而股票经纪业务应该由机构的大宗交易领头。希因伯格的任务就是打造大宗交易,即用最少的资本承担最小的风险。达到这一目的的最好方法已经被格斯·利维和鲍勃·慕钦演示过:将机构交易与富有公司的交易连接在一起;参与行动;然后"开始玩游戏"。虽然对伦敦金融城来说大宗交易仍然是一桩新的业务,而对高盛来说则已经再熟悉不过了。希因伯格将马克斯韦尔视为"大象",也就是能够帮他找回往日地位的大客户。

"我们被冲昏了头脑。"与希因伯格合用办公室的斯蒂尔回忆道,"马克斯韦尔是我们进入那些派对的入场券。我们知道高盛在交易方面非常在行,埃里克也知道他自己非常擅长交易。大型的交易账户经常都是'不同寻常的',绝不是小打小闹的交易。埃里克与马克斯韦尔做的业务越多,我们其他人就越感兴趣——除了高盛的欧洲首席经济学家加维·戴维斯,他一眼就能看透马克斯韦尔这类人,而且也不愿与他扯上任何关系。"加入高盛前在克莱沃特－本森工作多年的西蒙·罗伯逊也有同样的看法："那人就是噩耗。赶紧把他除掉吧！"当时伦敦领先的商人银行施罗德银行的行长温·比肖夫爵士也有类似的看法："在早上的管理委员会会议上，我们的看法是，我们8个人中如果只有1个人不同意而其他人同意，我们就继续。但是如果两人不同意，我们就会说不。马克斯韦尔来过三次，我们大部分人表示支持，但是有两个以上的人反对，所以我们不和他做交易。"

希因伯格与马克斯韦尔共享马克斯韦尔在以色列的利益，他们总是被围绕在身边的闪亮的光环所迷惑：影星、香槟、大轿车、直升机、政治家、美轮美奂的宴会。有一次在索斯比举行的慈善拍卖晚宴上，希因伯格的客人以高盛经济学家的形象接近一家报社的记者，并当场同意会接受一次关于英国前景话题的正式采访。斯蒂尔解释道："当埃里克碰到马克斯韦尔的时候，他就是一直在等待这件事情的发生。埃里克把马克斯韦尔看作他能重新在高盛掌权的入场券，他告诉别人'离我的客户远点儿'，尽管高盛每个人都知道所有的客户都是高盛的客户。"希因伯格和马克斯韦尔发展出了孤立的关系——他们自行交易。

希因伯格常常与那些特别愿意做交易的客户直接联系——那些人就像马克斯韦尔一样，非常享受在公开市场进行大额交易和交易技巧被人认同的愉悦。尽管马克斯韦尔可能同时和几个人就某项交易进行接触，但是在他亲口说出"我和你做交易"这样的决定性语言之前，他从来都不认为他已经做出过承诺。

希因伯格以马克斯韦尔的股票和年金基金持有的股票为担保为他提供更多的贷款。为了获得授权来做这些交易，马克斯韦尔说6天之内就能做清算，"如果作为担保物的股票价格开始下跌，我们可以把它们卖掉。对于马克斯韦尔来说没有风险敞口。我们必须第一个做"。有了一个融资账户之后，高盛就能获得控制权，即使不能控制马克斯韦尔的承销业务，也能获得其交易业务。

察觉到机会后，希因伯格成了马克斯韦尔通讯公司股票的承销商。希因伯格和马克斯韦尔两人都认为能控制对方。希因伯格很欣赏马克斯韦尔，认为他是一个聪明而且经验丰富的客户，能做大交易而且他的操作都是游走于法律的边缘。但是他很自信，无论马克斯韦尔有多聪明，在交易和市场方面他肯定比马克斯韦尔更聪明，而且非常确信他将一直拥有控制权。而马克斯韦尔在尊重希因伯格交易技巧的同时，也很清楚自己并没有告诉希因伯格所有的事——他的有些秘密是非常关键的。尽管希因伯格在交易上技巧高超且经验丰富，但是其过分的自信使得马克斯韦尔有机可乘。

希因伯格通过马克斯韦尔通讯公司的股票赢利丰厚而且逐步赢得了高效机构大宗交易商的名声。通过他的技巧和关系网，他将高盛打造成能带来大型业务、美国式的自担风险的伦敦大宗交易商。他最大的客户就是宣称要建立全球媒体业务的罗伯特·马克斯韦尔。事情发展很顺利。"每个人都渴望认识马克斯韦尔，"斯蒂尔回忆道，"我们也希望获得派对的入场券。"在高盛准备打造其投行业务时，马克斯韦尔有机会成为其关键客户。

鲍勃·康韦非常渴望打造公司的融资业务，所以他催促当时已经是明星副总裁的约翰·索顿与马克斯韦尔一起将伯利兹语言学校包装上市。康韦回忆道："马克斯韦尔将伯利兹的承销业务给了我们，这对我们是一桩具有重大意义的大生意：为一家英国公司在英国上市的股票进行承销，而这些股票大部分被英国机构认购。"就如跨越赤道一样，这一标志性事件让高盛意识到其能够在伦敦大获成功。高盛的合伙人认为他们对马克斯韦尔的了解足够让他们实现自我保护。彼得·萨克斯回忆道："我们知道马克斯韦尔被一家英国监管机构认定为不适合管理上市公司的人。我们知道他是与维克托·波斯纳（Victor Posner）[①]类似的人。"他是最终被美国证券交易委员会禁止担任任何上市公司的高管和董事的美国人。康韦基于两个理由认为公司将伯利兹包装上市是安全的。第一，伯利兹语言学校上市之后能够脱离马克斯韦尔的直接控制，第二，只要小心一点儿，高盛能够将自己与马克斯韦尔隔离开来。希望是想法的来源，而两者大部分是通

---

① 维克托·波斯纳，著名的"公司突袭者"。——译者注

过想象来连接的。

1991年初，马克斯韦尔又购买了1.05亿英镑马克斯韦尔通讯公司的股份，其中大部分是通过高盛购买的，而高盛后来承担了马克斯韦尔通讯公司股票一半的交易量。1991年4月，由公司年金基金持有的价值5 500万英镑的股票的被马克斯韦尔控制的两家海外公司购买。这项未按照规定在伦敦申报的出售交易是在纽约通过高盛进行的。1990~1991年，马克斯韦尔购买了令人吃惊的马克斯韦尔通讯公司价值4亿英镑的股份，其中大部分依旧是通过高盛进行交易的。

1991年4月，马克斯韦尔开始了露骨的盗窃并且获得了希因伯格不经意中提供的帮助：为了区区110 000英镑的佣金，后者对交易中的疑点置若罔闻。4月26日，高盛通过毕晓普斯盖特投资管理公司（Bishopsgate Investment Management）提供的资金从由马克斯韦尔控制的两家年金基金手上以5 490万英镑的价格购买了2 500万股马克斯韦尔通讯公司的股份，而马克斯韦尔的私人公司在同一天秘密而间接地被马克斯韦尔控制的两家里奇特斯坦信托公司购买——所以它们当时可以作为急需的银行贷款的担保物。

1991年4月30日，马克斯韦尔安排了明镜集团报社49%的股份进行IPO。在马克斯韦尔的恶名还未广为人知的美国和欧洲大陆，这次IPO进行了大力促销。募集的款项被用来偿还银行贷款。由于知道马克斯韦尔通讯公司2/3的股份由马克斯韦尔的实体公司（法律规定是不超过70%）持有，而且拥有80%股份的投资者不会出售该股份，希因伯格相信他能够在严重缺乏流动性的时候抓住做空者然后让他们忍痛补仓——让高盛大赚。当马克斯韦尔的持股比例达到70%的限制时，他将希因伯格引荐给其他以在瑞士的雷赫施泰纳博士为受托人的里奇特斯坦的"友好"买家。以出生在布鲁克林为荣的希因伯格再次忽略了那些关键问题，而一个市场经验丰富的人即使凭直觉也能感受到那些买家都在马克斯韦尔的控制之下。

高盛在1991年春天还在为马克斯韦尔做交易，而马克斯韦尔通讯公司的股票价格随着在"名声显赫的顾问"的帮助下完成的IPO而上涨。高盛对马克斯韦尔的敞口达到1.6亿美元，包括股票、外汇交易和持有OAG的优先股。由于风险太大，戴维·塞芬要求希因伯格减少敞口。8月，希因伯格向马克斯韦尔提供了另一次大宗交易机会：1 670亿股。马克斯韦尔没有采取直接购买的方式，而是提出了诱人的建议：他可以按照大大高于市场价格的溢价购买这些股份，但是要等一个月之后。于是这项建议就变成了高盛同意以每股2.03英镑的价格出售1 570万股马克斯韦尔通讯公司股份，这大大超过了当时1.71英镑的市场价。出售期权中包含了一条特定条款：该期权的失效日是11月30日，这个日期仅仅在马克斯韦尔被禁止购买股份之日后的两天，也正好是高盛财年的最后一天，当天所有的头寸价值都要按照市场价格进行计算。在期权有效期内，马克斯韦尔通讯公司的股价跌至每股1.39英镑，这给了希因伯格和高盛足够强的动力去购买可以以每股2.03英镑出售给马克斯韦尔的股票。如果马克斯韦尔有钱兑现他的承诺，这项期权如此低的溢价使得其行为相当于一次延期支付的购买。希因伯格应该知道马克斯韦尔正在支撑马克斯韦尔通讯公司的股价。高盛肯定也可以威胁马克斯韦尔，如果他不购买那些股票，那么高盛将会在市场上进行抛售，那么这些股票作为贷款抵押物的价值将大大降低。

同时，马克斯韦尔在一个融资账户上还欠高盛9 000万美元。但是他既没有钱，也借不到钱。在纽约，高盛特意挑选的三名合伙人：肯·布罗迪、鲍勃·凯茨和鲍勃·赫斯特，他们独立，与马克斯韦尔素不相识而且没有业务联系。三人到马克斯韦尔位于沃尔多夫酒店的顶层套房拜访他，并非常清楚地告诉他，他必须还钱。马克斯韦尔把他们带到楼顶的天台上，在那里三人向他解释了他必须做的事情：要么减少敞口，要么大家通过出售抵押物减少敞口。风声很大，他们的声音几乎听不到。马克斯韦尔面对他们说道："如果你们要向我开枪的话，那就动手吧！"在下电梯的时候，布罗迪问道："你们觉得他为什么要把我们带到天台上呢？"赫斯特说道："这样，他说的任何东西都不会被电子监控，他肯定能感觉到我们有内线！"

1991年10月22日，马克斯韦尔要求在高盛召开紧急会议，但是法律总顾问鲍勃·凯茨说道："我们对开会没有兴趣。我们唯一感兴趣的是还钱。到期日已经过了，没有什么好谈的了。"非常沮丧的马克斯韦尔未经事先通告就到了高盛的纽约办公室，他见到了布罗迪，布罗迪提醒马克斯韦尔关于延期一年执行和苏坦的狗被训练说话的故事[1]。马克斯韦尔获准延期一周，但是一周后，马克斯韦尔仍然没有还钱。

内部人士都对一向严格按照文件办事的高盛能够接受马克斯韦尔的关于那些秘密的信托都不在他控制之下的口头承诺感到非常惊讶。现实一点儿来说，关于马克斯韦尔盗用年金基金的事实，高盛即使不被以共谋起诉，也可能因为其诈骗提供渠道而被起诉，因为马克斯韦尔是通过高盛销售明镜集团年金基金的股份并指明了所获收益的去向。马克斯韦尔的犯罪行为包括操控市场以及通过其控制的里奇特斯坦信托买入明镜集团的股票而人为地支撑股价。

希因伯格被控为不法行为提供实现手段：他要么知道或应该已经知道他为马克斯韦尔执行的那些交易只是其为保护作为银行贷款担保物的股价而欺骗投资者的托市行为。希因伯格要么由于过失成为共谋，要么他就是个受害者。如果高盛不知道或者没有猜到马克斯韦尔在干什么，那么它就像西德尼·温伯格在另外一个场合说的"不太聪明"或者就像一名现任合伙人说的——愚蠢！

1991年11月4日，星期一，高盛的吉恩·法伊夫致电英格兰银行的副行长埃迪·乔治，表示高盛会在5号宣布出售马克斯韦尔通讯公司股份以清算贷款。高盛终于要停止和罗伯特·马克斯韦尔之间的复杂金融交易了。

高盛与代表年金基金管理委员会的清算人在三年半以后达成了民事和解，高盛无须承认罪责，但需要向年金基金管理委员会支付2.54亿美元。（雷曼兄弟和会计师事务所也将支付另外的1.56亿美元。）在伦敦办公室的负责人——富有西弗吉尼亚州魅力的吉恩·法伊夫的主持下，这场谈

---

[1] 被指控的男人向苏坦承诺说可以让苏坦的狗学会说话。当他的狱友问他为什么会向如此残暴和具有报复心的苏坦做出这样的承诺时，这个人解释道："嗯，一年之内，我可能已经死了，或者苏坦可能死了……或者那条狗会说话了。"

判获得的结果比他们想象中的要好。吉恩·法伊夫在这件事上花费了大量的时间和精力,他在英国政府和业界有着极广的人脉且口碑极佳。

意识到专家建议的重要性,法伊夫聘用了山威克咨询公司的顾问彼得·康维斯。康维斯建议高盛应当向公益团体捐献200万美元用于此次事件各种方面的研究。对最后结果更为重要的是,后来任职于约翰·梅耶内阁的康维斯的兄弟在政府各个层面都有关系,他帮助选择了一群细心的、经验异常丰富并且客观的公务员,其中由约翰·卡克尼担任首席调查员。卡克尼在直接向首相报告的皇家秘密情报服务机构——军情六处(MI6)里任职,曾被封为骑士。

法伊夫与卡克尼有过多次会面。法伊夫总是称呼他叫"约翰爵士",而卡克尼也花了多年时间才将"法伊夫先生"的称呼改称了"吉恩",两人都花了不少时间去了解对方,认同相互的价值观并且一同发掘对两人都有用的信息。每次会面都以一条无言的警示开始:双方都了解规则,不能做任何记录——就像这次会谈根本就没有进行过。每次卡克尼都等到法伊夫点头才开始说话。他们日程上的中心问题说起来容易,但是难以做出决定:这一部分是因为错误决定带来的后果会非常巨大而持久;一部分是因为他们的任何决定都将是不可逆转的最终决定;还有一部分是因为做决定的基础必须是无懈可击的。

法伊夫的目标非常明确,改善高盛在公众面前的不良形象并且达成和解协议以避免给公司带来过度的损失。避免被起诉是首要的目的。刑事起诉的后果会包括暂停交易、在英国和世界各地的巨额损失、巨额的民事诉讼费用、美国证券交易委员会的调查,公司整体蒙羞以及遭到"放逐"。

法伊夫的目的是在卡克尼的思想里灌输信心和理解,这样能帮助这位富有经验的情报人员在解读希因伯格的行为时客观地认识到那只是行为偏差,而并不能代表高盛的行为也不能作为高盛今后行为的方向。而且,如果高盛"只是受伤而非死亡"对整个英国和伦敦的市场会更好。

就像一位父亲评价其女婿一样,这样的过程需要时间以及不断的考验。他们的讨论没有定式,经常重新检视熟悉的背景而且有时会很快转换到新的话题。他们在发掘关于高盛的事实、政策、做法和高盛的人员时总是能够找到共识；不过他们从来不在电话里讨论这些。

当卡克尼和法伊夫会面一年多以后，高盛在美国的沙利文-克伦威尔律师事务所和公司内部律师开始收集事实。最后，他们得出决定性的结论：高盛应该和解。这件案子不能受审。

尽管知道时间不多，法伊夫和卡克尼仍然见面希望能够找到更好的结果。两人独立行事，不想也不再征求任何建议。两人在见面之前就知道和解涉及的金额巨大，达到了历史最高纪录。两人对于能在短时间就达到目的都惊喜万分。最后，卡克尼相信法伊夫并认为高盛如果遭到大额民事处罚而不是刑事检控对英国市场更有意义。高盛向遭受马克斯韦尔损害的年金基金管理委员会贡献2.54亿美元。年金基金管理委员会接受在高盛得到普遍认可的低于5亿美元的任意数额。

在他们热情握手的时候，约翰爵士笑着说："吉恩，我想你对这份文件可能会感兴趣。"然后他把一份正式的刑事起诉书交给法伊夫。"如果我们不能达成刚才的条款，那么高盛和我们的谈判就将完全终止，而高盛将在今天被正式起诉。"

由于马克斯韦尔的行为而遭受约6亿美元损失的年金基金管理委员会任命了新的受托人。他们马上展开了对代表马克斯韦尔的高盛、雷曼兄弟和会计师的诉讼，请求赔付大额的补偿金。高盛当时面对着作为外国人所面对的最坏处境——因为贪婪而使得成千上万的基金所有人变得贫困的市场行为很容易遭到起诉。高盛的合伙人很容易想象在审判庭外面的场景：坐着轮椅的基金所有人聚集着，被人拍照，同时向那些唯恐天下不乱的伦敦报纸发表头条演说。就像现在一样，伦敦报纸的报道是冷酷的，7份早报，晚上还有两份小报跟踪报道早报的特色故事。竞争是激烈的。马克斯韦尔的故事和高盛的牵连肯定能让销量大增。事实上，马克斯韦尔事件的确在接下来的几年里对公司在英国和欧洲大陆的业务造成了明显的伤害。

经历此事之后，合伙人们为他们自己提出的这个问题而感到尴尬："我们怎么能让这种事发生？"教训是明显的：没有人能够在汇报线或指令链条之外运营。作为小型的、能满足缓慢发展的、市场上的"家庭"公司,公司维持这种状态的时间太久。对于在快速的全球市场进行交易的大型公司来说,规范的风险控制是必须的,而真正的风控系统不光要能够避免未曾预料的风险,而且还能够避免你认为不可能会发生的风险。

吉姆·戈特同意:"与马克斯韦尔的交易缺乏监管。我们没有足够的制衡能力。与他的交易关系开端很好,但是随着交易越来越大,这种关系开始变味,最后变得很不好。最后,我们付出了很大的代价。我们的交易非常复杂。当交易的数量、速度和复杂程度变化时,交易就会容易失控。当这种情况出现时,就会出错。不是所有的错误都会被发觉,有些错误确实会对你造成巨大伤害。我们非常幸运,被逮住的次数很少,来自公司内部最主要的两项巨大风险就是傲慢和过于关注赢利。"

所以,马克斯韦尔的这次惨败也产生了一个好结果:高盛加强了风险控制,变得更严格——任何情况下都不例外。这也更加强了乔恩·科尔津对公众持股建议的合理性,因为对上市公司来说,被合伙人们痛苦地分担的大笔成本会很容易地通过会计处理后会被轻松地"一笔勾销"。马克斯韦尔事件很快就导致合伙关系向有限合伙——LLP转变,这是通向IPO的阶梯之一。

合伙人在心理上对马克斯韦尔事件的和解已经有了准备,但是和解的金额还仅仅是估计的数字。和解达成以后,估计的金额变成了冷冰冰的数字。在高盛内部,下一个问题就是谁该支付这2.54亿美元。前些年的合伙人被要求"退款"以支付和解费用。

吉姆·戈特和弗雷德·克里门达尔代表不同的合伙人团体进行谈判。1995年4月,一般合伙人、有限合伙人和退休合伙人的建议被收集在一起。管理委员会决定由1991年的普通合伙人支付和解费用的80%,1990年的普通合伙人支付15%,1989年的普通合伙人支付5%。[①] 在一份给164位

---

[①] 需要法伊夫个人支付的和解费用部分为400万美元。由于在1991年、1992年和1993年提取了大额备用金,所以所有的费用必须收回,用来支付这2.54亿美元的和解费用。

合伙人的内部文件中,管理委员会表态说:"我们认为这个决定符合大家对于普通合伙人在类似情形发生时应该如何应付的期望。"这只能是模糊的正义。度过和解阶段并百分之百地回到业务上,对于当时正在进行国际扩张并且在人力财力方面都进行了巨大投入的高盛来说是至关重要的。持续的马克斯韦尔阴霾对于高盛来说是沉重的负担。

2.54亿美元的和解费并不是马克斯韦尔事件的终结。会计师和律师们在整理马克斯韦尔案件后也会向他们出具高额的服务费账单,金融服务局因为高盛在三桩交易中未能履行申报义务而对其罚款16万英镑。高盛在与马克斯韦尔之间的贷款和未清算交易中也损失了9 000万美元,并且也没法参与英国电信第三次私有化的交易。对于高盛来说,总的损失达到了5亿美元。

1995年11月底,高盛当时服役期最长的合伙人埃里克·希因伯格成为有限合伙人。他于1960年加入公司并于1971年成为合伙人。

英国皇室通过贸易工业部于2001发表了对马克斯韦尔事件的调查结果。在其中:马克斯韦尔通过将其控制的投资出售给马克斯韦尔通讯公司年金基金而"留住"这些投资。有些交易非常复杂,勤勉的贸易工业部调查员也不得不承认:"我们实在无法获知这些买卖交易的真实原因。"1986~1987年,年金基金管理委员会经常性地根据马克斯韦尔的要求向其提供无担保贷款。马克斯韦尔与希因伯格一同商量定价和时限,同时让希因伯格给雷赫施泰纳博士打电话,造成双方在独立思考的前提下达成共识的假象。在马克斯韦尔通讯公司于1989年10月在日本通过日兴证券上市时,一系列艰难的交易使得马克斯韦尔无须进行披露。而这个过程中的关键一步就是将高盛拉了进去。6个月之后,希因伯格发现由日兴出售的股份又回到了伦敦市场,而且在知道马克斯韦尔"对股价着迷"的事实基础上,他看到了交易的机会:在知道马克斯韦尔会以高价买进该股票之后,他可以在市场上逐步买入,这对高盛来说是十分有利可图的。在1990年8月初,一次大规模的大宗交易正在酝酿并且由高盛出售。马克斯韦尔两次向高盛大量出售期权——超过了3 000万股。这足以让公司确信其可以向马克斯韦尔以高于市价的价格出售,因为马克斯韦尔决意要支持其股价。同年9月,年金基金大量买入股份。当时购入的最大一笔为1 700万英镑,这也是通过高盛完成的。

  从贸易工业部调查报告公布后的一篇报道中,高盛压低媒体负面报道的非凡能力可见一斑:"高盛伦敦公司的一名发言人在周五表示'报告正确地得出了高盛并未与罗伯特·马克斯韦尔形成任何联盟或达成任何协议的结论'。他还指出马克斯韦尔先生'有意并成功地欺骗了'高盛。我们对此非常抱歉,如果早知道这些事,我们当时就不会那么做了。"得知马克斯韦尔的儿子和其他人在长时间的审判后被判无罪后,贸易工业部检察官说道:"鉴于在刑事程序中的无罪宣判,我们决定不采取可能会导致无罪宣判遭到质疑的方式。但是无论如何,即使不构成犯罪,那些行为也是要受到谴责的。不过,我们并不做法律上的判断……所以,在当时的情境下,最首要的责任应该归于罗伯特·马克斯韦尔先生。作为罗伯特·马克斯韦尔先生购买股票时的主要经纪商,高盛在关于市场操纵的行为方面应该负主要责任。"

  凯文·马克斯韦尔指证说高盛建议其父亲进行价值数百万英镑的炒高马克斯韦尔通讯公司股价的运作,但是很显然高盛通过自己的交易运营使得炒作失效。希因伯格向贸易工业部调查员提供的证词往往和凯文·马克斯韦尔以及涉及该项交易的其他人的证词出入很大。通常,最大的区别在于罗伯特·马克斯韦尔是否是最终的决策者。希因伯格常常说马克斯韦尔并没有参与。而其他人则重复地说他是唯一参与的人。无论哪种说法,高盛的合伙人都深深地陷入了整个事件,而希因伯格和高盛合伙人本该更深入地了解他们自己的监管职责。

  一个知情的合伙人总结说:"最后的和解数额也许非常庞大,但是管理委员会的成员在和解时都松了一口气。吉恩·法伊夫的努力使公司逃过一劫。"不过,由于所有的合伙人实际上都与马克斯韦尔没有任何瓜葛,因此也可以理解他们为什么反对掏上百万美元的和解费。对于法伊夫,有的人多少还有一些怨恨。

数年后，吉恩和他夫人安妮·法伊夫在伦敦与朋友聚会，欣赏表演并享受假期。在卡多根酒店住宿的时候，他们收到卡克尼从下议院寄来的邀请函，邀请他们第二天下午4点喝茶。当时卡克尼已经成为终生贵族。在到达地点后，他们非常惊奇地发现工党的前内阁总理弗兰克·菲尔德和他的6名同事以及卡克尼爵士一起前来欢迎他们。热情的寒暄后，他们进入画室喝茶，卡克尼爵士说道："我们今天聚在一起，是想告诉你马克斯韦尔事件现在结束了。谢谢你，吉恩，谢谢你在这个困难过程中的出色表现。我们都非常感激。谢谢！"

# 26

# 套利业务

　　风险套利的原理很简单，如果对相同或均等的两种产品在两个市场中进行定价，无形之手将推动两者价格相等。套利者会抓住不同市场的相同产品或是相同市场上可对等交换的几种产品间的价格差异，采取事先设定好的行动进行套利。价格差异由市场失灵或者错误导致，而市场失灵是由不确定性与风险之间的差异——只有专家才能够辨别出差异的各种方式——产生的供需不均衡所导致。套利者提高了市场效率——正如亚当·斯密在《国富论》中提到的，套利者间接地、不经意地增加了市场的一致性与公平性，从而使投资者信心增强，并帮助改善了市场整体效率。套利者参与的市场是自由的、充分竞争的、对所有人都开放的市场，因此为了赚钱，他们必须要比别人更敏锐，更有洞察力，或者采取别人想不到的策略。

　　比如，1988年，位于宾夕法尼亚的埃奎马克（Equimark）公司——股本为1 000万股、市场价格为6美元的小型银行控股公司，它发行了1 000万份期权，期权赋予投资者以每股4美元的价格购买公司股票的权利。随后，股票价格立刻下跌了1/3，低至4美元，对应期权的市场价格——以零成本购买股票的权利——下跌了一半，从2.50美元跌至1.25美元。仔细阅读了招股说明书之后，弗兰克·布罗森斯发现了一个有趣的现象：对于股东的持有股票数量并没有限制，想购买多少期权都可以。其他股东申请购买了850万股股票，总数少于1 000万股。布罗森斯并没有这样做。他提交的申请与众不同。经过与律师的仔细探讨，为了不直接以高盛的名义投资，他注册了一家新公司（以高盛名义投资将会违反《格拉斯-斯蒂格尔法案》对于投资银行和商业银行相互持股的限制），他申购了1 000万股期权。显然，总的申购数量超出了总供应量，因此埃奎马克公司不得不将申购单据按比例配售。市场风险为零，不需要绑定公司自有资金，公司在这一笔交易上就赚取了100万美元的利润——基本是一本万利的买卖。

搞清楚风险与不确定性的区别，对于理解套利非常重要。给定足够样本的同类独立事件，风险分析师在决策时能从理论上推算出每件事发生的概率，或者称为"统计学的准确度"。给定一个包含了所有可能收益与可能性的矩阵，决策者能够计算出所有事件发生的概率。这也就是在提供大量样本的情况下，为什么统计学家能够精确地计算出死亡率高低的原因。给定足够多的独立事件，理性的决策者在信息丰富的情况下能够预知未来。而不确定性就不同了：虽然你的预期听起来很合理，但是你不知道事情发生的概率，也不能推算出相应的损益；虽然你知道概率与损益两者都可能发生变化，但是你不知道变化的速度，也不了解变化的方向。不确定性，就像是单个个体的死亡概率一样，对于单个样本来说——或者是任何单独的情况——发生的概率极高。

许多投资者不喜欢不确定性，这点可以理解，他们企图通过回避不确定性来保护自己，特别是在遇到如火灾、严重的交通事故或者过早死亡等致命的灾难时。因此，对于信息灵通、掌握相关技能、活跃在风险管理市场上、能够接受一般投资者讨厌的特定情况下的不确定性的专家们来说，这是一个有利可图的领域。保险公司就是抓住了不确定性与风险之间的差异来赚取利润的。在资本与货币市场中，风险套利者为不愿意接受不确定性而将投资持有到期的投资者提供流动性，如一宗并购案能否在特定时间、特定价格下完成，都存在不确定性。套利者之所以能够获得较高的资本回报率，因为其能够出色地参与到大量独立事件中，从不确定性与风险之间的差异赚取利润，要做到这一点非常困难。潜在的竞争者都被吓退了，因为绝大部分时间利润寥寥无几，而损失却会突然发生，且数额惊人。怀疑论者将这比喻为在急速行驶的蒸汽机车前面冒险捡几美分的硬币。

成功套利有三个非常重要的因素：决策与行动时保持绝对的理性与客观、掌握足够的信息、能够理解信息并对其有独到见解。套利者面临的是瞬息万变的世界，预测、谣言、恐惧、希望都能够引起市场波动，导致价格变化，他们要在其中做出大胆决策，一掷千金。

风险套利是套利的一种，主要是对并购市场中出售的证券进行理性判断与合理定价。而在遭到目标公司及股东的否决、被反垄断法起诉、被竞价的竞争对手打败（有时是目标公司请来的白衣骑士），或者是市场价格发生反向变动时，并购交易都有可能失败。单个交易的利润通常很少——因为市场并没有那么有效，但是优秀的套利者能够大胆地规避失误，进行多元化组合，在不同的环境中游刃有余，并能够尽力将当期利润最大化，获得高额回报。"套利者需要完全理性，没有任何杂念，平心静气、团队要和谐一致、深谋远虑且果断——以最快的速度改变行动方向。"弗兰克·布罗森斯说。另外一个套利者迪纳卡尔·辛格补充道："唯一可以指望的是白纸黑字的事实以及自己的逻辑。市场的真谛等待客观的分析去发现。"

合并，特别是竞争收购，依赖于个人判断，受一系列特殊因素的影响。法律、金融、竞争性问题、市场的不确定性都是影响因素。风险套利者总是与不确定性打交道，而不是统计学讲究的精确风险。虽然一般状态可能存在，但每种情况都是独一无二的。幸运的是，久而久之，许多独一无二的状态——如果正确地剖解开来——能够理解为一般状态的组成部分，虽然每次并购事件都不同，但是其中有一些情况总是会重复出现的。经验丰富的套利者能够在寻求成功的过程中，不断提升他们对每种特殊状态的认识深度与广度，提高平均利润率。套利者并不追求完全正确，而是追求基本正确——或者少犯错误——与市场价格所代表的一致看法相比。

在20世纪80年代，高盛公司一般持有80~100个套利交易头寸。持有时间短则三四个星期，有些长达一两年。套利部门过去只有6名研究人员，三四名交易员，人员结构非常精简。现在该部门有20多名员工。每一个岗位都要经常对套利头寸组合进行总结和评估。大约5%的头寸会产生亏损。随着竞争的加剧，回报率也急速下滑——从60年代的25%下滑至七八十年代的18%~20%，近年来更滑落至不到15%。如果市场在85%的情况下定价是正确的，那么拥有更详尽数据、更有远见、更加客观的套利者（这三个条件形成的竞争优势正是高额利润的来源）能够保持90%~95%的准确率。

风险套利中没有什么是已知的或者是确定的。所有都是预测出来的，具有不确定性，股票价格根据具有不同目标、技能及信息的各类投资者对未来的预测来决定。所有波动的部分都在发生变化——有时是巨大的、突然的。所有套利者都在与其他套利者竞争，信心、远见与认知对套利者的成功操作至关重要。因为只有当信息是及时的、独一无二的、不被市场价格反映时才有效，套利者每天接触到的信息来源多如牛毛，要接听几十次电话。有用的、原始的信息都是赚钱的法宝，但这却不是可以免费获得的。要在快速冲击的过程中与其他人交换有价值的信息才能获取；交换信息的双方接收到信息时，都会在脑海中不断评估其价值。

并购套利充斥着不确定性：对新推出的债券与股票，如何对现在与将来的市场进行估值？政府是否会允许吞并企业？这宗交易会成功吗？会计政策是否准确？ABC公司是否会竞价？XYZ公司会如何回应？其他套利者或对冲基金——短期市场的主要参与者——喜欢ABC公司还是XYZ公司？在并购套利中，股票数量大，利润率低，市场对于一致预期的细微变动会迅速反应。套利者要有独立分析能力，因为在评估风险调整、预期未来市场的公开交易证券价格时，需要进行许多决策，需要在许多方面进行搜集、分类、评估资料等一系列的工作。套利不是黑白分明的状态，而是经常被灰色所笼罩，不断变化。利润率高且简单清晰的套利是不可能存在的。

在战后几年中，套利发展成为三种方式。第一种是单一套利，由于供需不均衡，两个市场中同样的证券或商品会出现暂时性的价格差异。套利者通过卖空高价市场中的证券，买入相同数量的低价市场中的证券，从中能够赚取少量利润。有一个案例可以解释这种情况：荷兰皇家壳牌石油公司同时在荷兰和英国市场上交易，如果价格出现少许差异，就会产生单纯套利机会即通过在高价市场卖出，同时低价市场买入。当伦敦或纽约市场上的黄金价格与德黑兰、巴格达或新加坡的产生少许差异时，本润就进行单一套利交易。

第二种套利方式——格斯·利维的专长——是公共电力与铁路破产时的产物。套利者为将要发行的证券——公布但尚未发行的证券——充当市商。尚未发行的证券存在内在的不确定性，这种不确定性会导致价格出现折扣。当套利者精确地计算出证券的公平市场价格时，他们会在市场中为这些尚未发行的证券做市，从中谋利。这不是个大生意，但是对于少量杰出的专业套利者来说，利润非常可观。

在大萧条的年代，许多铁路公司纷纷破产。当时，"二战"时期客流量激增带来了大量现金，许多铁路公司与州际商务委员会签订了计划书，试图从破产中获得解救。但是因为破产所持续的时间较长，它们的股票、优先股或债券市场交易非常清淡。同样地，由于1937年电力持股公司法案中对电力公司持有临近州公司的股份进行了限制，因此大型电力公司不得不进行了拆分。但是没有人清楚各个部分都值多少钱，因此需要在拆分后对每个独立部分进行估价。这种不确定性给做市商和像利维这样的套利者提供了许多赚钱的交易机会。

套利成功的关键是独立客观地评估各种因素。监管的障碍是什么？每个监管者会提出什么问题？哪些因素会促成监管者得出定论？监管或反垄断领域最好的律师事务所是哪几家？不同行业中，这些问题的答案是不一样的。高盛公司的优势是聘用了最好的律师。公司的规模足够大，能够吸引最好的人才。

如果市场预测的概率是93%，而公司预测的概率是97%，这4%的差异就能产生利润。如此小的差异不能解释套利交易的诱因。1997年高盛风险套利部门在两个月内赚取了7 500万美元，先是浮盈4亿美元，然后出现巨额亏损，最后从亏损中解脱出来，赢利5 000万美元。套利部门达成了一致意见：坚定持有，锁定利润！

第三种套利模式——并购套利，自60年代大企业收购潮时开始凸显其重要性。并购套利在50年代规模较小，因为当时并购交易很少，绝大部分都是非恶意收购，主要的不确定性在于司法部的反垄断部门或者联储存款保险公司会如何反应。格斯·利维在华尔街形成了一个关系网，当并购产生可观利润时，他们会进行交易。这个关系网内经常交换观点与信息，特别是在纽约的国家世纪俱乐部进行周末聚会时。他们依赖于朋友间的闲聊或者小道消息，这在今天被称为内幕信息。当时，利用这类信息并没有什么不对。如今对于内幕信息的界定，随着市场、商业实践的变化以及风险套利数量、复杂性与节奏的变化而发生了变化。

杰伊·特南鲍姆是一名成功的销售员，他将证券出售给纽约的犹太难民，很快成为高盛公司仅次于杰里·麦克纳马拉（曾经在天主教社区工作的天主教人）的第二大"能人"。特南鲍姆在套利部门的兼职显示出他超人的天分，在与公司高层谈话时，总是能够引导他们滔滔不绝，从而让他们提供更多更有用的信息。

随着大宗交易与公司融资业务的快速发展，以及业务量的增长，利维需要人帮忙。要应付这种情况并不容易，他非常赏识特南鲍姆，打算重用他。

"杰伊，你看到早报提到的并购公告了吗？"

"看到了。"

"嗯，那你打算做些什么？"

特南鲍姆很快接管了交易室，大宗交易是其中很重要的一个部门。其他重要的部门还有套利部、场外交易部、零售经纪业务部，以及可转债部门等。利维将套利视为打造常规业务的机会。他致力于打造新的组织架构，将套利发展为公司非常重要的业务。高盛公司有着不可超越的优势。投资研究技巧的增强，意味着特南鲍姆能够迅速得到关于企业战略的最新的和经验丰富的人的见解。公司销售部门与所有投资机构的组合经理们保持沟通，能够迅速地发现各个机构正在做或者打算做的并购项目。在交易方面，公司与所有机构密切沟通，能比其他竞争对手拿到更多的订单。最后，公司打造了一个广泛的公司关系网——竞争者、客户、供应商、前任高层管理人员，并且在公司管理上的名声越来越大。因此，如果X公司或者Y公司打算收购A公司，特南鲍姆会与知识渊博的专家进行多方面的沟通，提升公司在交易上的专业水准，并研究交易的各种可能性。如果分开计算，套利是高盛公司最大和最重要的业务，是公司源源不断的业务来源，这是当公司处在巨头并购、机构投资者及套利者的十字路口上时，利维为公司选择的道路。

60年代和70年代股票市场的主要参与者——业绩驱动的机构投资者——规模大、反应迅速，并且比以往任何投资者的交易量都大。但是最大的变化是在收购领域，特别是垄断巨头——这类公司业务涉及多个行业，其战略是低价收购其他公司，重构及拆分部分业务，对另外业务进行再融资，导致每股赢利越来越高。赢利增长的同时，垄断巨头的股票市盈率能够维持在足够高的位置，使公司有能力收购其他公司。大公司之间竞争非常激烈，会抢夺其他公司的收购标的。为四处寻觅收购目标，利腾公司（Litton）、泰莱达因公司（Teledyne）、斯图贝克-威士顿公司（Studebaker-Worthington）、林-特姆科-沃特公司（LTV）、海湾与西方工业公司（Gulf & Western）、国家铝业公司（NL Industries）、美国美中财经投资公司（CPC International）、联合商标公司（United Brands）、诺顿-西蒙公司（Norton Simon）等公司都聘用了聪明、有创造力的律师，雇用了"创新的"会计师，聘用公共关系人员，任用最具有技巧和最咄咄逼人的投资银行家。在收购活动达到顶峰时，每个星期都有会发生几起收购案，报纸上充斥着收购条款不断变动的信息。

收购活动在反垄断法的监管之下，而且当时政府反垄断条例比现在严格得多,特南鲍姆聘用了一群经验丰富的律师,特别是那些以前在反垄断部或者联储贸易委员会工作过的职员,研究规避法律的可能性,在法律上寻求突破口。司法部、美国联邦贸易委员会(FTC),美国联邦存款保险公司(FDIC)对于反垄断法的解释各不相同,并且每个法院适用的法律条款也不尽相同。事实中的细微差异或者能够解释事实细微差异的能力,就可能创造数百万美元价值。特南鲍姆解释了其中的一个原因:"反垄断部门有权力下令将一宗交易暂停一年——但是没有任何的交易能够等待一年。但是美国联邦贸易委员会却没有这一权力,因此政府究竟将各个并购案分配到哪个部门对我们来说非常重要。"

特南鲍姆开发了一种收益率高达20%、只受资本金限制的业务,其他中等规模、受自身资本金限制的公司也能够从事套利业务。合伙人虽然不完全了解是怎么回事,但是他们开始佩服特南鲍姆的赚钱能力。"我告诉杰伊说,我不能理解他的思维方式,"弗雷德·韦因茨回忆说,"但我知道他非常聪明,如果我还在这家公司工作的话,我会请他到我的部门工作。他的想法与众不同。我告诉客户,'我不知道他在说什么,但是他肯定行——你应该按他说的做。'"

鼓励别人畅所欲言,对于套利交易至关重要,每个竞争者都在寻找可以增值的信息,评估正在进行的、被搁置的,或者被暂时停止的交易获得成功的可能性。一个套利者这样说:"我阅读了你们的公告,来确认一下我的理解是否正确。"然后,当谈话开始后,他可能针对交易的时间或者特定条款进行提问,获取交易信息。并购交易成功的关键是发现重大信息,一旦你掌握了最全面的信息,那就可以将这些信息贯通起来,开始研究可行性方案。

特南鲍姆会慎重地向机构投资者推荐高盛公司,并担任其所有套利交易的代理,赚取更多的佣金——就像是欧文管理公司,由康明斯(Cummmins)公司主席欧文·米勒创建,掌管了欧文家族的所有财富。特南鲍姆创建的关系网囊括了20多家机构,套利交易量一般为几十万股。每股佣金为40美分,这些机构投资者贡献了大量佣金,由此巩固了特南鲍姆的资本金,提高了公司在竞争收购中胜出的概率——这也增加了其作为套利者的利润。

在套利部门的员工鲍勃·伦兹纳(Bob Lenzner)60年代末离开高盛后,特南鲍姆需要一名助手,这时著名的投资经理马蒂·惠特曼打电话给他:"杰伊,我知道你在寻找一名助手。亚历克斯·鲁宾是我生意上的伙伴,他儿子打算从佳利律师事务所(Cleary Gottlieb)离职,拉扎德公司的费利克斯·罗哈廷已经对他进行了几轮面试。你应该见见这个孩子。"

在午餐时,特南鲍姆问罗伯特·鲁宾:"你对待你的职业生涯是否足够认真?如果是,你应该加入高盛。费利克斯·罗哈廷是一个大人物——这意味着你只能给他拎包,而我不算什么大人物。今年我们的生意好得出奇,已经突破了400宗交易,如果你来的话,能够很快接手自己的交易——并且能够与格斯·利维一起工作。"鲁宾加入了高盛公司的风险套利部门,他清楚地认识到,在这里他能够管理自己的交易。[①]

并购金额与复杂性并不是影响并购套利的唯一因素。好与不好的标准随着法律、监管及法官的判定等因素而不断发生变化。变化一直在朝着要求更多披露、保证对所有投资者公平的方向发展。并且,触犯法律被抓的概率发生了很大变化,因为电子数据能够监测到投资者于何时何地购买或卖出了多少股票。虽然公开发行、零售经纪业务与政府债券交易的条款更加清晰透明,但是风险套利的条款仍然不够清楚。

鲍勃·鲁宾非常擅长六七十年代发展起来的套利交易,但交易规模、交易数量与做市商数量、发行条款的复杂性、潜在的收购者试图战胜其他竞争对手所采取的方式等都在加剧。鲁宾非常聪明、思维清晰,他最大的强项是能在高压下保持绝对冷静。压力不断加剧,其他人非常紧张、愤怒、开始犯错误,鲁宾却能保持冷静与理性。在与市场走势相背的压力下,他看起来更加全神贯注,逻辑推理也更加清晰。"当市场背离他的

---

[①] 罗伯特·鲁宾在佛罗里达州的迈阿密长大,先后就读于哈佛大学、伦敦经济学院及耶鲁法学院,在佳利律师事务所工作两年后加入高盛。

头寸方向时，鲁宾是全世界最冷酷的人，"鲍勃·斯蒂尔回忆说，"当其他人感到万分惊恐时，鲁宾能够从中发现构建新秩序的机会，知道该从何处采取行动。"他经常处于不安全的状态下，但是他从来没有表现出不安全感，从来没有表现出任何恐惧，只是冷静地分析，深思熟虑后付诸行动。

鲁宾给高盛公司带来了随机过程分析、复杂的数量化分析以及数学模型，将风险套利开发为公司核心自营业务中赢利最多的业务。这个业务相继由鲍勃·弗里曼、弗兰克·布罗森斯、汤姆·施泰尔、埃里克·明迪克、埃迪·兰伯特、丹尼·奥赫、蒂娜卡·辛格及其后人接手，公司的实力进一步增强，业务扩展到期权，也衍生出很多其他类别的业务，地点也从美国推向伦敦及世界各地。

鲁宾不是数量分析师，从来没有学习过高等数学，但是他有着与生俱来的天分。他喜欢解决疑难问题，管理期权、可转换证券、风险等新兴事务。在早期参与芝加哥期权交易所的所有人中，鲁宾是高盛公司中级别最高的一个。

20世纪70年代后期至80年代，并购交易呈现出爆发性增长态势，鲁宾认识到独立、理性分析及在此基础上采取决定性措施的战略意义，因此他聘请了几个同样冷静、能够独立思考的重要人物。套利交易成为众所周知的最聪明的天才工作的领域，并发展成为公司内最具有创造性、最赢利的部门。[①] "风险套利者采用的信息并不是硬信息，"特南鲍姆称，"而是软信息——根据概率的变化不断调整预测。"基德尔·皮博迪的马蒂·西格尔构建了庞大的关系网进行信息交换，鲍勃·弗里曼参与了其中部分信息的交换——我们很快就会发现，信息交换是具有灾难性的行为。

套利者被认为是华尔街最出色的人才，而真正让他们与众不同的是他们非常有威严。杰出的人才在普通的组织架构中一起努力工作。事实胜

---

[①] 20世纪70年代，随着股指下跌，通胀升至最高水平，承销额萎缩，华尔街的赢利水平骤降——绝大部分公司都削减了套利业务，但是高盛更加活跃了。高盛基本没有真正的竞争对手，几乎控制了整个市场，包揽了所有赢利机会。

于一切。你可以从一切能够得到的事实出发，进行推理或者论证，只有这个时候，你才能形成一个观点。观点总是最后产生的。事实、分析和逻辑从而推出观点。分析或形成观点的过程与自我无关。如果你是团队的一员——年龄与经验不说明任何问题。

1982年，当斯坦福大学法律系教授威廉·巴克斯特同意担任里根政府反垄断部门负责人时，他提出了一个重要的条件：反垄断部门的法律要基于市场情况而定，而不是基于以往的法律。这个变化使参与并购交易的竞争者迅速增加，大大降低了交易被反垄断部门否决的概率。这也导致了公司并购活动，特别是恶意收购的爆发性增长。收购数量的增加不仅导致证券发行越来越复杂，而且当目标公司可能被收购时，会有更多大型公司参与该公司的竞价。

多方面压力激增，鲁宾的冷静与理性变得越来越重要。并购及恶意收购的数量迅速增加，规模不断扩大，收购公司之间竞争加剧，风险套利者迎来了前所未有的机会和挑战。公司的资本金与风险暴露——收益与损失的风险都大大增加。由于现金、股票、可转换优先股、可转债或者附有期权的债券的使用，完成的交易不仅数额更大，并且过程更加复杂。每种证券都需要进行复杂的信贷分析，以决定在未来环境不断发生变化的情况下如何定价。一旦复杂性增加，套利者与机构投资者的偏好与估值，以及他们在代理问题上的认识，都变得日益重要。机构投资者不仅持有绝大部分头寸及相应投票权，而且一旦他们相信ABC公司的收购能成功，就会增加砝码。因此机构投资者的决策会同时影响到市场对证券的估值，以及股东对竞价收购的投票结果。因此垄断巨头在设计收购条款时，需要取悦于机构投资者以及主要的套利者。约翰·梅纳德·凯恩斯解释说，就像猜测谁会在选美比赛中胜出一样，聪明人不会选择他认为最漂亮的那个，而是选其他人眼中最漂亮的那个。

鲍勃·鲁宾希望找到最赚钱的交易员，将其培养为领袖人物。他与弗兰克·布罗森斯为年轻的新人认识到自己的错误或者有新的观点而感到高兴。从培育员工的角度来说，鼓励或者要求公开辩论与让他们下单交易同样有效,而且从长期看,会鼓励创造性,并能更有效地降低损失——特别是不可预见的灾难性损失。

1987年10月的股灾中,高盛风险套利部门承受了巨额损失,吞噬了全年的利润[1]。鲁宾停下来很平静地问每一个人:"今天好吗?"所有的回答都是一样的:"糟糕透了!我们亏了很多钱!"收盘之后,套利部门出现亏损,减持了一半仓位,并且在观望接下来会发生什么。

鲁宾微笑着说:"在今天的会议中,管理委员会对我们这个团队充满信心,相信我们的决定。因此,如果你们想加仓的话,那就去做吧。"

鲁宾的意思是,公司依然相信巨额亏损的员工能够做出对公司有益的事情。如鲁宾所传递的,管理委员会的充分授权对部门来说意义非凡。

"在那以后,"弗兰克·布罗森斯说,"我们看到机会时就毫不犹豫地抓住它。我们非常大胆,而其他公司的员工依然在担心交易对他们个人以及他们的职业生涯会产生什么样的影响——每时每刻都在担心。由于我们的果断行动,1988年公司的赢利突破了历史纪录!"

20世纪80年代,日经指数经历了长达数年的攀升,其价格增长的动能已经不能用赢利基本面来解释。高盛公司和一些交易商,以及几家大型对冲基金都认为日本市场被严重高估。高盛通过做多标准普尔500指数,同时做空日经指数进行对冲,其假设是不合理的估值差异早晚都会减少。全球最大的两个市场不可能差异如此之大。

但是,市场并不总是理性的,高盛公司和交易商以及几家大型对冲基金并没有赚到"注定的"利润,它们在1987年美国股票市场崩溃时都遭遇了惨重的损失。日经指数比标准普尔500指数跌幅小,其后迅速上涨——脱离了经济衰退的基本面。鲁宾拥有商业直觉,不停地在寻求获利机会,他最喜欢问的问题是:为什么?鲁宾进一步提出问题:假设日经指

---

[1] 公司的竞争对手斯密斯巴尼(Smith Barney)为了避免在利润表中出现亏损,当天解雇了套利业务的所有员工。会计准则允许在报表中以脚注的方式将该亏损列为"非经常性损益"。

数在 26 000 点被高估了,这意味着指数不会再上涨了吗?还是会继续上涨?有可能推测出会上涨到什么水平吗?因此,即便日经指数看起来已经被严重高估,这也不意味着它会像非常理性的西方人所想的那样不会进一步被高估。

在跨文化的背景下,对这种可能性下大赌注是非常不理性的。但是如果你使用看跌期权——而不是直接卖空日经指数,你就能将损失控制在一定范围内,这将大大改变风险收益均衡关系。鲍勃·格拉诺夫斯基的任务是在公司股权市场运作基础上研究新的衍生证券,开发所需的看跌期权产品。

日本保险公司当时为了获得稍高的收益率而购买了长达20年期的票据,到期时本金受日元贬值的影响可能会损失掉一部分;为了避免这种情况,公司发行了日元的欧式看跌期权——以发行日的日经平均指数为标的物。(欧式看跌期权只能在到期日行权,而美式看跌期权可以随时行权,期权有效期通常为1年到10年不等。美式看跌期权中,如果标的证券价格在到期之前下跌,交易员就可以通过购买股票锁定看跌期权的利润,然后持有到期。)1988~1989年间,高盛公司拥有多达3亿美元的日经指数看跌期权。当日本市场下跌时——从 36 000 点下跌至 12 000 点,高盛公司的头寸赢利增长迅猛。

套利团队决定将期权产品上市,出售给美国的零售客户。由于高盛还不是上市公司,因此,要在股票市场上发行期权,需要其他高信誉度的机构鼎力相助,为其发行提供担保。丹麦王国提供了担保,高盛发行了以美元计价的看跌期权。

公司提倡创新的战略推动了默克(Merck)公司在20世纪70年代和80年代源源不断推出一系列新药品,高盛公司也开始意识到在风险套利与其他交易部门需要大力鼓励创新。弗兰克·布罗森斯认为,如果个人或者团队发现与众不同的新事物或者事物运行的新方式,可能促使他们研究出赢利的可行性方案。如果变化是意义深远的,那么利润也会非常可观。一旦比别人更早地发现变化,抓住机会,这种"普通"业务会演变为"独特的"产品,带来巨额的回报。在20世纪90年代,公司的资本金主要用于两种类型的套利业务——风险套利和固定收益产品套利。后来外汇交易部门开始涉足套利交易。如今,公司每一个部门都有套利业务。

"鲍勃·格拉诺夫斯基做出了非常重要的贡献,"布罗森斯回忆道,"他个子不高,留着一头浓密的卷发,络腮胡子,鼻音很重,他非常具有创造力。他能够看透新产品的本质,并且能为推出新产品而不畏艰难。但是,他不善于向别人推销自己的观点,因此团队合作并不够顺畅。"具有敏感商业头脑的套利部门的员工,能够赚取超额利润,很明显都天分超人。套利部门每年平均利润额为10亿美元。

最优秀的套利者不会表现出丝毫的骄傲,而是能够瞄准关键因素,提出正确的问题,并剖析问题,搜集并整理信息,得出正确答案。交易的真正参与者是谁?他们是否会划清界限?这些实用主义者研究解决方案时能否进行灵活的差异化定价,并且规避之前遇到的障碍?如何看待可能出现的错误?每一次交易都是独一无二的。你忽略了什么风险?如果ABC公司打算恶意收购,另外一家公司进行竞购的概率有多大?

在竞争的风暴旋涡中,产生了一种新型组织结构——杠杆收购基金组织,为了实施杠杆收购、再融资、重构而成立的新组织。它们从大型投资机构,特别是公共养老基金筹集到数十亿美元。著名的收购公司科尔伯格-克拉维斯的高级合伙人都来自于贝尔斯登公司,深谙华尔街的规则。该公司创造了巨额的个人财富,知道如何从华尔街得到最好的和最有用的帮助——如何从最好的公司吸引最优秀的人才。这很容易办到。华尔街的每个人都知道科尔伯格-克拉维斯公司是一个能带来可观收益的客户,因此当亨利·克拉维斯打电话给公司部门负责人时说,"你们部门的杰克·史密斯为科尔伯格-克拉维斯提供了非常棒的服务,我们希望继续与他保持亲密的合作",这简直可以说是一个命令,史密斯所在的公司会得到非常丰厚的回报。并且,史密斯立刻就会知道克拉维斯刚刚给他的老板打过电话,他的职业发展前途无量,因此史密斯会加倍努力地服务于科尔伯格-克拉维斯。他的同事琼斯也一样,渴望成功,希望有机会为科尔伯格-克拉维斯提供优秀服务,这样就会得到老板的赏识,其他人也一样。结果,科尔伯格-克拉维斯公司总是能够享受到最优秀的服务,接到的电话永远都是最新的信息。

富有创造性的赚钱点子总是能够得以应用。比如,当公司的管理层与投资银行秘密地探讨管理层收购事宜,但是由于很难获得融资而决定放弃时,利用杠杆收购就能轻易地进行管理层收购。投资银行容易发动有兴趣的垄断巨头或者科尔伯格-克拉维斯等杠杆收购公司加入,收取大量费用,并从被收购公司获得大量的业务机会。华尔街每家公司都在寻求为科尔伯格-克拉维斯、凯雷(Carlyle)、克度瑞公司(Clayton Dubilier),以及其他私募股权基金服务的机会。华尔街每家公司都非常想认识收购公司,确保与其保持紧密联系——比其他套利者更加亲密与频繁,以具有更强的信息优势。

熟知法律对每个套利者同样重要:打法律的擦边球,通过比市场其他参与者更快学习法律来获取竞争优势。独到的信息以及估值能够确保数额高达千万美元的交易获得成功,这也是超越市场的唯一优势。套利者内幕信息的界定有两个问题。第一,从来就没有过清晰的界定。第二,这个界定永远在发生变化。就像史蒂夫·弗里德曼说的那样:"游戏的界限不断地向内延伸,你没有挪动,但是你突然发现自己已经越界了。"

变化的不仅仅是规则。速度、规模都在发生变化,来自各行各业,拥有不同价值观的人不断加入套利行业。有一个叫作伊万·伯斯肯的套利家专注于并购套利业务。他显得如此与众不同。

当时的一名经验丰富的套利交易员说:"1984年,鲍勃·鲁宾告诉我们'不要同伯斯肯讲话。那个人是很大的麻烦'。要是鲍勃·弗里曼没有打过那通电话该是什么样子。"

......

所有的市场中,复杂问题接踵而至。虽然美国市场的套利业务数量的增加和规模的扩大使利润率有所降低,但美国以外的套利业务却在以前所未有的速度增长着。埃里克·明迪克说:"套利业务出现在欧洲、亚洲、拉丁美洲等新兴市场,市场中也不断推出新产品:衍生产品、复杂债券、外汇等。机会层出不穷,套利资产规模迅猛扩大。"

## 27 指控

1987年2月12日上午10点30分,下着小雪,美国海军特别助理托马斯·杜南和两名携带武器的邮政检查员到高盛29层的交易室找到公司掉期交易的主管,并要求他去有玻璃墙的办公室。他们拉下帘子告知鲍勃·弗里曼:"你被捕了。"原因是涉嫌内幕交易。他们翻箱倒柜找弗里曼的文件并没收了他的名片盒。联邦官员用绳子将交易区隔离出来并开始搬运文件。当时在场的合伙人杰夫·布瓦西回忆道:"每个人都惊呆了。"

弗里曼给高盛的律师劳伦斯·佩多维茨打了个电话告诉他此事。佩多维茨觉得难以置信,"鲍勃,我马上要去休假了,去犹他州滑雪。你是在和我开玩笑对不对?"

"不,拉里,我很严肃。联邦检察长办公室的托马斯·杜南在这里。他要逮捕我。"

"让我和汤姆说两句。"佩多维茨和杜南在美国检察长办公室共事时曾经是朋友。

"汤姆,鲍勃绝对是个好人,你可别给他戴手铐。"

弗里曼被带进了电梯,尽管有佩多维茨的请求,他还是被戴上了手铐。他被带到了门外等着的汽车上而杜南则留在他的办公室继续搜查。弗里曼被收押在位于弗利广场的联邦法院。

高盛的安全事务主管吉姆·弗利克驱车赶到并给戴着手铐的弗里曼

披上了雨衣，而当时电视主持人、摄影师和新闻记者们正蜂拥而至。当被问及自己的社会保险号码时，弗里曼才意识到自己有多么沮丧：他记不起来了。他的护照也被没收了，还被提取了指纹和拍照。在交纳了25万美元的保释押金后，他被释放。当被问及为什么要使用手铐时，美国邮政检查局的高级调查员约翰·斯拉温斯基看起来有些吃惊，他说这是标准程序而且经常用于逮捕暴力罪犯的场合："在实施逮捕的时候我们也要保护我们员工的安全啊。"

在距离高盛总部一个半街区的地方，基德尔-皮博迪公司的理查德·威格顿也有同样的遭遇。被朋友们称呼为威基的威格顿也不太相信发生在自己身上的一切，他还以为只是个玩笑。他从未听说过邮政检查员，所以他让这些联邦雇员们赶紧消失，但他们却突然给他戴上了手铐。他的同事蒂姆·泰伯也被逮捕了——由于当时已经很晚了，他只能在里面待了一夜才交保获释。

在做完立案记录后，弗里曼回到高盛并径直走进管理委员会的办公室，鲍勃·鲁宾、史蒂夫·弗里德曼和佩多维茨都在那里等着他。他叫道："都在撒谎，都在撒谎。我根本没有做错事。"然后，他看着他的上司鲁宾，鲁宾说道："这都是假的，鲍勃，全是假的。"

当汉克·保尔森给在东京的高盛合伙人吉姆·戈特打电话时，吉姆还在睡觉。保尔森告诉吉姆马上去成田机场迎接从纽约飞过来还在倒时差的约翰·温伯格，等约翰·温伯格一下飞机就告诉他合伙人鲍勃·弗里曼涉嫌内幕交易被捕。20年之后，戈特说道："我对那通电话记忆犹新，就像当年西德尼·温伯格往芝加哥俱乐部打电话，告诉我我被升为合伙人的一幕一样清晰。"

4月9日，48岁的弗里曼因联邦检察官指控其共谋违反证券法而被正式定罪。

在弗里曼公开被捕之后，高盛立即聘请外部律师进行内部核查。检察所有的交易记录，而弗里曼则与律师们进行了整整8个小时的谈话以核查他在过去两年中的交易行为——特别关注他与基德尔-皮博迪公司的马蒂·西格尔之间的交易和电话来往。

如此戏剧化的逮捕和立案正是美国联邦检察长办公室颇具政治野心的纽约检察官鲁道夫·朱利亚尼的惯用做法。作为检察官，朱利亚尼在里根在任时还只是默默无闻的负责法律秩序的司法部副部长。他在1983年成为纽约南区法院的联邦检察官。他决意要在任期内让他的业绩更加突出，同时吸引更多媒体的关注。他似乎从来都不在意他的公司可能会失去守规矩、勤勉，以及调查质量一流的好名声。很快，朱利亚尼就突破了他前任关于尽量避免受到公众关注的政策，积极地寻求媒体的报道并掌握了适时将信息透露给其喜爱的记者以获得最大关注度和影响力的技巧——发表能够吸引心存怀疑的人并扰乱他们思维的文章。朱利亚尼的办公室也使用其他能够吸引疑虑重重的人士的手段，比如匿名电话或匿名信。

除了改变联邦检察官办公室的基本政策和程序之外，朱利亚尼还策略性地将其雇员和其他资源都集中在打击有组织犯罪和毒品犯罪上——这两种罪行是最明显的——他们采取高调的逮捕行动并伴有媒体的深度报道。一名检察官行使广大公众的权力，他们可以有重要甚至是占主导地位的私人目的，尤其当这个私人目的是要赢取在重要公共机构的领导权时更是如此。

检察官们也讨价还价。大部分的检举都不会到达审判那一步，他们都选择了在庭外和解。由于资源有限，检察官们都知道通过和解所达到的效果比进行昂贵的诉讼所能达到的效果要好得多。朱利亚尼将他的"协商"建立在冲突、惊讶以及恐吓之上，因为他坚信人们都会屈服，而且他们所受的惊吓越大，就越容易屈服。

导致弗里曼被捕的一系列事件实际上经过了两年多的发展。1985年，比阿特丽斯公司（Beatrice Companies）的高管们对投资者缺乏对其食品和消费产品的兴趣以及由此导致比阿特丽斯公司的普通股表现差强人意非常不满，他们决定要"做点儿事情"。他们与高盛进行了一场关于进行杠杆式管理层收购的试探性对话。在他们的讨论当中，比阿特丽斯的股票被列入高盛的"黑名单"——高盛严格限制交易的股票名单。由于这些试探性谈话没有任何进展，比阿特丽斯公司被从黑名单中剔出。

后来，在1985年10月16日，科尔伯格-克拉维斯雇用基德尔-皮博迪公司的马蒂·西格尔作为投资银行家，出价近50亿美元——当时最大的杠杆收购出价，比阿特丽斯项目突然又复活了。10月20日，比阿特丽斯公司的董事会与科尔伯格-克拉维斯会面并以出价太低为理由拒绝了科尔伯格-克拉维斯。

10月29日，科尔伯格-克拉维斯将出价从每股45美元提高至47美元。就像正常的掉期交易者会做的那样，弗里曼很快大量建仓，因为他在研究完局势后非常清楚自己能够找到特别的策略进行交易。

他开始逐渐买进比阿特丽斯的股票——用他自己的账户（总共买进150万美元的股票）、家庭信托以及高盛的掉期账户。他还用高盛的账户很快买入1 360 100股股份和4 074份3月的认购权。

10月31日，有媒体报道科尔伯格-克拉维斯不会再次提价，而且还有谣传说科尔伯格-克拉维斯可能会撤回要约。弗里曼给科尔伯格-克拉维斯的亨利·克拉维斯打了个电话但被告知："一切正常。我们不会退出。"弗里曼很快用他的个人账户以每股41.60美元的价格又买入10万股。

11月12日，科尔伯格-克拉维斯将其要约价提高至50美元——43美元现金加7美元的股票，比阿特丽斯公司的董事会于11月15日接受了该要约。12月1日，科尔伯格-克拉维斯宣布其已经进行了融资安排，市场价格开始走稳。不过，科尔伯格-克拉维斯私底下在1月份已经确认出价太高而不太可能筹集到如此巨额的款项。弗里曼仍然在买入比阿特丽斯的股票：高盛账户上持有140万股股票和价值6 600万美元的认购权，他自己的账户上持有2 500股股票和认购权。这些持仓数额巨大。高盛所持比阿特丽斯的仓位已经超过高盛自身对"友好"收购的

5 000万美元的持仓量限制，而弗里曼个人账户上的比阿特丽斯持仓则将其家庭财产的40%置于风险之中。

为了维持其个人账户的仓位，弗里曼又于1月7日购入他刚刚售出的22 500股股票。①交易量很大：比阿特丽斯是当天纽约股票交易所第二活跃的股票。尽管交易量很大，但其价格却在下跌。由于比阿特丽斯的股价在市场上持续下跌，弗里曼开始打电话找人询问情况。前一天才通过高盛进行大宗交易出售30万股比阿特丽斯股票的第一证券公司（First Security Corporation）受人尊敬的迪克·奈给出了他的解释：没有确切的消息，没有特定的理由，只是有一点儿紧张和谨慎。交易就快完成了，由于市价和交易价之间的利差非常小，所以持仓直至交易结束的回报并不被看好。

弗里曼给亨利·克拉维斯打了电话，但是亨利没有给出解释，不过他的语调让弗里曼充满疑虑："他的言语非常突兀而且一直想尽快挂断电话。"

1月8日，弗里曼决定清掉个人账户中比阿特丽斯的仓位并将公司账户中比阿特丽斯的仓位降至5 000万美元的限制之内。然后他联系了纽约证券交易所的交易员伯纳德·拉斯克（绰号"兔子"）。拉斯克社交广泛并且非常热衷于参与风险掉期交易。他的观点是：这次交易可能出问题了。最后，弗里曼将焦点放在马蒂·西格尔身上——他是基德尔-皮博迪并购部的明星。弗里曼和西格尔虽然只见过一次面，但他们几乎每周都通电话并且已经习惯了互相联络以获取有用的信息和对方的深刻见解。西格尔确实非同一般：拥有影星般英俊的容貌和迷人的魅力。他几乎可以向任何人推销一切东西。他在哈佛商学院时是班上最年轻的学生之一，曾在触身式橄榄球的比赛中有过几次不必要的作弊行为，不过他仍然是最优秀的毕业

---

① 在出售之后立即购买，弗里曼在保持头寸的同时将清算有效地延后了几日。由于股价变动，这样的"融资"在成本大约是1/8个点，但是也同时给他的生活带来了很大的变化。

生之一。①

弗里曼后来回忆道:"我告诉西格尔先生有关比阿特丽斯的杠杆收购有点儿问题。他问我是从哪里听来的,我回答道:'兔子拉斯克。'马蒂·西格尔说道:'你的兔子嗅觉很敏锐嘛。'"

弗里曼认为那是对未知困难非常奇怪的不置可否的态度。也许交易的截止日延后了。在接下来的半个小时里,他和从事掉期业务的同事们一直在交换对这条信息的解读,希望能够找到西格尔隐晦语言背后的真实含义。不过他们得出的结论并不正确。科学家把这种情况称为错误肯定。

由于知道科尔伯格-克拉维斯正在打造自己在并购方面无往不利的名声,弗里曼和他的同事们坚信科尔伯格-克拉维斯肯定将交易截止日延后了。毕竟这是一宗金额巨大的杠杆收购,科尔伯格-克拉维斯可能需要花更多的时间从银行获得巨额贷款。

弗里曼感觉到,如果他对拉斯克的表示理解正确的话,延期会将预期的赢利平摊到更长的时间段里面,而每天能获得的收益会更少。他的结论是现在每天的收益太少,因此决定卖出他为高盛所购买的认购权,并且保证他先前的卖出指令继续有效。②

1点45分,科尔伯格-克拉维斯宣布其出价有变化——但不是关于时间安排方面的变化,而是结构——变成40美元的现金和10美元的股票。这是弗里曼和其他人始料未及的。比阿特丽斯的普通股股价突然大跌4美

---

① 调查人员发现,西格尔和伊万·伯斯肯过从甚密。他在1982年春天曾经邀请伯斯肯打网球。伯斯肯坐着粉红色的劳斯莱斯赴约。当时年34岁的西格尔表示出他对公司前景的担忧并希望开创自己的生意时,伯斯肯提出给他在自己的公司里安排一个职位。伯斯肯夏天给西格尔打来电话并邀请他去纽约的哈佛俱乐部喝杯酒。在谈话过程中,伯斯肯把话题引到了个人金融业务上,并提出了新的工作机会。西格尔有点儿犹豫,他提出了一个建议:他可以给伯斯肯在可能的并购事务中提供咨询服务并且赚取顾问费或者奖金。无须过多的解释,两人都很清楚他们在说什么。由于伯斯肯非常活跃地参与多种股票的交易,西格尔的建议能够很容易地融合到伯斯肯的其他交易中而且不容易被人察觉,特别是如果这些交易发生在其他特定交易之前。"喝杯咖啡吧"成了他俩在电话里约会的暗号。

② 掉期交易部门持有认购权的其他人也认同他的看法并纷纷开始出售认购权。当天不在场的交易员是鲍勃·鲁宾,他没有出售认购权。

元至44.25美元。即使他的结论是错误的，由于当天上午的交易，弗里曼也为自己减少了93 000美元的损失，同时也为高盛减少了约548 000美元的损失。具有讽刺意味的是，即使弗里曼和他的同事能够正确地理解拉斯克的话，他们还是可能会做错。当他们听说交易结构有变化时，他们预测股价会下跌25~40美分——肯定不会有每股下跌4美元那么多，这不值得出售比阿特丽斯的股票和认购权。

政府可能认为在听到西格尔关于"兔子"的评论后，弗里曼就应当知道在法律上他已经成了内幕人员——即使他自己严重地误读了信息并开始减仓。①

对于内幕信息一般的验证方式是看获得信息的投资者是否很清楚其所获信息会对市场价格造成何种影响，是否因此而获得其相对于同一公司的其他投资者不公平和不正当的优势地位。如果弗里曼和他的同事们需要花半个小时才能够不正确地确定西格尔的信息可能包含的含义，这样的信息还能算得上非法内幕交易行为所定义的信息吗？如果弗里曼和他的同事们对信息的解读是错误的，或者即便他们对于价格的估计是正确的却没有采取任何行动，他们是否仍然犯了内幕交易罪？如果西格尔根本不记得兔子的评论，这又有什么意义吗？

高盛肯定要为弗里曼辩护。他是一名合伙人，是公司大家庭的员工，而且为高盛的其他合伙人赚过大钱。为弗里曼进行辩护当然还有其他方面的重要原因，如果弗里曼被定罪，高盛的声誉会大大受损，而声誉在华尔街至关重要（后来长期资本管理公司和贝尔斯登的倒闭就是因为大家对这两家公司的信心崩溃）。另外，民事诉讼所判决的罚金和赔偿金数额巨大。如果有巨额未决诉讼，那么正在进行中的高盛的IPO几乎不可能成功。证券业务经营执照可能会被暂停或取消。新业务和客户关系——特别是国际

---

① 在一宗涉及股权融资的案例中一个名叫雷·德克斯（Ray Dirks）的交易员已开始被认定为有严重过错，美国证券交易委员会认为如果一名专业人士在获得一条毫不惊人的消息之后能将它与其他消息结合并能据此做出判断性的见解的话，他就是内部人。最高法院以外部人士对于公司没有诚信义务为由驳回此解释方法。

性客户关系会面临很大的困境并遭到极大的打击。

由于每个人都有可能接到传票上堂就他所说和所听到的作证，所以最好能够控制与弗里曼进行联系的人。温伯格、弗里德曼、鲁宾和佩多维茨制定出严格的防御战略，每周都向管理委员会汇报，但是他们将所有讨论限制在极少数人中，并确保与弗里曼进行直接沟通的人数最少。

对于特定场合，特别是在涉及伦理判断的情况下，对于时代背景的理解非常重要。随着收购、兼并、剥离和融资业务在60年代、70年代和80年代的蓬勃发展，掉期交易的世界被极大地改变并变得极不稳定。不断有新人进入业务；业务的赢利性得到极大的改变；行动的速度加快；出现了大量个人轻易赚大钱的机会；旧有的规制遭到扭曲甚至抛弃。另一个重要的变化就是独立掉期交易人员的加入。多年后，一名竞争者回忆道："掉期业务中的每个人坚守眼见为实、耳听为虚的信条。一切变化都来得很快：坚不可摧的公司被收购或解体，业务性质完全不同的公司被组合在一起或拼凑在一起，每个零售经纪人都在谈论他听到的可能发生的事情，同时那些敏感的人们也相信各种各样的传闻。各种声音不绝于耳，你必须理解这个大背景才能理解各种特殊的情形。"

在70年代末和80年代，公司融资战略和资本市场上的显著变化结合在一起促进了并购业务的火暴发展。对于当时在股票市场已经占主导地位的机构投资者来说，优异的业绩为他们拉来了不少客户，因此他们需要更加拼命地竞争以获得更加优异的业绩。许多机构持有上市公司的大量股份并且准备出售套利，而那些以并购、重组和出售小型公司为主要业务的大型企业随时准备以高出20%~30%的价钱收购这些股份，而且他们的收购行动有成本极低的贷款资金支持。

作为最好的掉期交易员，弗里曼必须四处寻找能够探测到业务机会的信息。就如一名合伙人回忆的："如果鲍勃·弗里曼给我打电话问我的一个机构客户对某项交易的看法，我知道'我的'鱼线只是鲍勃放出去的二三十条鱼线之一而已——所有的鱼线都非常小心地工作着。"

# 27 指控

随着越来越多的公司介入并购业务——经常是出于与其他大型企业竞争的目的并伴随着由普通股、优先股、可转债、债券和现金组合而成的复杂交易,并购竞价的数量创造了新型证券业务的大杂烩,而市场还无法立即对它们进行正确的估价。这就给了掉期交易人员非常大的获利空间,所以掉期交易人员的数量不断增加,业务规模也发展得非常迅速。掉期交易员成为市场和改变公司融资与机构投资的重要力量;他们将已经分离的两个集团连接在一起成为一个复杂、互动、独立的经济体,在这个领域里,有陌生的参与者,但几乎不存在可以依赖的制度和行为准则,同时还包含着大量血腥的竞争——这一切都伴随着超越以往的极快的速度和极多的数量。几家欢喜几家愁。交易商们从默默无闻到臭名昭著,而新的参与者则很快被看成罪魁祸首。就像在此类变革性事件中常见的一样,刚性的价格压倒了类似于规矩、质量和信任这样的柔性价值。

交易利差和利润变得越来越大,以至于混淆了区分能做和不能做的界线,这些界线随着法律、规定、判例的变化而改变了对内幕信息定义的边界。伊万·伯斯肯在华尔街的名声来源于他能够非常接近这些边界甚至能跨越它们。他当时的那些跨越边境的行为可能会构成严重的犯罪行为。在伯斯肯出事之前,鲁宾和弗里曼就同意高盛可以为伯斯肯执行订单,但是不与他进行掉期交易业务。

"每个人都这么干"——这句话常常跟在"这次有点儿不一样"之后,作为远离现实的说辞,这句话涵盖的范围很广,以至于那些聪明而动力十足的人们为寻求最大的竞争优势而一次又一次地试探法律。已经建立好的行为规则难以为继。知道每样东西的价格而不知道其价值这就是自私自利,而华尔街则成了自私自利者的聚居区。迈克尔·米尔肯和伊万·伯斯肯就是两个自私自利甚至罪恶特性的代表。他们也是最后导致罗伯特·弗里曼深陷泥沼丑闻的关键人物。

1985年5月25日,一封来自委内瑞拉首都加拉加斯一位妇女的信寄到了美林最大合规部门的副总裁理查德·德鲁的办公室。这封信控诉了美林在加拉加斯的两名交易员的内幕交易行为。一份内部调查报告显示这两人一直在模仿一个第三方交易员的交易行为，该交易员与两人于1982年在美林的培训班里相识，但是后来转去了斯密斯美邦（Smith Barney）任职。加拉加斯的两名交易员向这名第三方交易员按其所获利润的百分比支付好处费，而该交易员则模仿其最大的交易客户——列岛国际银行（Bank Leu International）巴哈马支行的交易进行交易。由于美林禁止分享利润，因此两名加拉加斯交易员被停职。

但是美邦的监管和合规控制并没有那么严格，第三方交易员仅仅被告知这桩交易已经被报告，而此事也就不了了之了。就像瑞士银行根据瑞士的法律必须恪守保密义务一样，列岛银行坚持对于其客户的交易必须完全保密。列岛银行肯定不采取任何行动，如果德鲁不采取另外的行动，这个故事也就到此为止了。

美林对于合规制度非常严肃，所以德鲁将信息汇报给了加里·林奇，他当时35岁，已经当上了美国证券交易委员会执行部的总监。林奇对于导致并购前股价剧烈上升的泛滥的内幕交易行为非常担忧。之前大部分的内幕交易违法行为都仅仅涉及一只股票，而这次明显不同。林奇对这次交易中涉及的股票只数印象深刻——28只，他决定彻查此事。

这些交易肯定涉及非法利用内幕信息。但是如果要获取最原始的资料，美国证券交易委员会的工作人员需要破除列岛银行关于保密的坚冰。美邦的交易员与列岛银行一个名为"钻石先生"的账户来往密切。美国证券交易委员会的员工通过艰苦的调查和持续数月的一系列谈话才了解到"钻石先生"就是丹尼斯·莱文。

丹尼斯·莱文利欲熏心。他希望获得成功的所有外在表现形式，但是他既没有天赋也没有为获得成功而努力的动力。不过，另一方面他具有足够的低层次的魅力，能够迎合他人，特别是那些对他不甚注意的人，同时还具有利用他人的能力，包括他的妻子和与他关系密切的同事。莱文非常聪明，能够识别那些容易上当受骗的年轻的专业人士，诱骗他们加入他的网络。而且他还非常狡猾地建立并操控了一个运营系统长达12年之久，要是他网络中的所有人都遵守他的明确指示，那么他的骗局可能仍然无法被人揭穿。不过大家都是人，所以还是出事了。"无人知晓"的网络和莱文被揭露了。与莱文的指示相反，这群盗贼并无名誉可言。大多数的交易都只通过美邦的一名交易员来执行。该交易员看到"钻石先生"所选股票总是上涨，为了与他人分享利润，他将这些信息又告诉了他在美林培训班上的来自加拉加斯的同学。

一开始，当他听说美国证券交易委员会的质询时，莱文无动于衷。他指示他在列岛银行的客户经理向美国证券交易委员会回信解释说他所做的投资都是根据可公开的投资研究而得出的——这些研究莱文马上就可以提供。被吓坏了的列岛银行职员同意了这个计划。老奸巨猾的莱文还建议银行保留当时正在私人领域工作的美国证券交易委员会前法律总顾问哈维·皮特的服务信息，以便找到其中与美国证券交易委员会规定相冲突的行为。列岛银行的职员自以为隐秘地去纽约会见皮特。

不过已经接到美国证券交易委员会通知的美国海关记录了他在美国入境时留下的在美逗留的地址——沃尔多夫·阿斯托里亚酒店。当美国证券交易委员会的职员突然出现在他的酒店房间并且向他递送传票要求其提供个人交易记录和列岛银行的交易记录时，他被吓坏了。他给哈维·皮特打电话问该怎么办。皮特接手过来，告诉美国证券交易委员会列岛银行会提供数10个账户的交易记录。

皮特随后飞赴巴哈马到列岛银行收集证据，但是没有成功。得知此事后，皮特几乎都要放弃；不过他同意在列岛银行停止"钻石先生"账户所有交易的前提下继续工作。皮特督促银行提供莱文当时仍然处于保密状态的身份证明文件以换取该银行及其职员的豁免——当然，在美国证券交易委员会同意的前提下。皮特联系了美国证券交易委员会的林奇并告诉他说情况与先前认定的事实有出入。如果不是列岛银行的职员而是华尔街的一名"匿名交易者"发起的这些交易，美国证券交易委员会是否能接受用此人的身份信息换取银行及其职员的豁免？如果这样，银行方面将向瑞士银行监管部门获取透露该匿名交易者姓名的许可权。当然，司法部和鲁迪·朱利亚尼也必须同意这样的安排，这样民事和刑事诉讼才能合并。在讨论和商量之后，美国证券交易委员会同意了这次安排。接下来就是获得美国联邦检察长办公室的许可。

在朱利亚尼的办公室里，查尔斯·卡伯里是违规组新来的员工，而且对于内幕交易的案子不感兴趣；他觉得这些神神秘秘的案子应该留给美国证券交易委员会去干。不过卡伯里也认为列岛银行的问题是系统性的而且非同寻常，可能会威胁到整个证券市场。在听取皮特和美国证券交易委员会律师的建议之后，他同意给予列岛银行豁免以尽快将关注力转向匿名交易者。

为了消除巴哈马保密法的影响，美国证券交易委员会和司法部派出的代表团与巴哈马的法律总顾问联系，提出了证券交易实际上不属于"银行"业务并获得了对方的认可。1986年5月19日，星期五，皮特向美国证券交易委员会的加里·林奇汇报这个匿名交易者就是丹尼斯·莱文。对莱文的逮捕令马上就得到了签发。

十多年以来，莱文雇用了不少顶级律所和投资银行的年轻职员为其提供情报。通过利用这些人泄露的信息，他成功地将他的秘密账户的财产累积到了1 060万美元。这还不算完，他还建立了对于并购市场具有独特判断力的名声。在短短的9年之内，莱文的年收入翻了数百倍，从19 000美元到超过200万美元。莱文培养他的秘密网络的方法之一就是选择并引诱那些容易受到外界诱惑的年轻人；还有就是使用秘密的账户和编码进行交易，营造了神秘和冒险的气氛，这与这些年轻人日常的烦闷生活大不一样；再有就是向他们保证他们可以像他一样成为百万富翁而不被他人识破。随着对这些诱惑越来越深入，莱文开始向他们展示他的战利品：豪宅、奢侈的房车（宝马和法拉利）以及他急速增长的银行存款金额。对于这些涉世未深还在努力奋斗的年轻人来说，这一切都是那么具有诱惑力——而且还很安全。

这一切在1986年5月20日晚上的7点30分都被改变了，莱文被正式关押在大都会悔过中心，和他同一个牢房的还有两名毒贩子。第二天，他交纳了500万美元被取保候审，同时聘请阿瑟·利曼作为他的辩护律师。他仍然幻想有机会逃脱制裁，不过他错了。

利曼与朱利亚尼的下属卡伯里达成了辩诉交易，将对莱文的指控减少到4宗重罪，包括两项逃税罪名。莱文面临最长20年的监禁，但是他必须指控其4名共犯，更重要的是，提供能够指控更多的进行内幕交易的掉期交易者。在讯问过程中，卡伯里同意莱文指认伊万·伯斯肯。由于莱文密切配合调查工作，他的刑事处罚为两年监禁和362 000美元罚金，另加上美国证券交易委员会的1 160万美元罚金。

伊万·伯斯肯可不是善类。办公室里，他是个对他人非常苛求的人，通过在电话里大量地进行买卖，他把从岳母那里借来的70万美元变成了巨大的财富。他编造了自己的教育经历，特别通过经常进出纽约的哈佛俱乐部而使别人误认为他也在哈佛读过书。（实际上他通过向哈佛公共健康学院大量捐款成为董事局的顾问，而在捐款之前他可能已经知道他可以通过捐款成为俱乐部的会员。）他确实进过法学院，不过是鲜有人知的底特律法学院。他1964年入学，5年后毕业，但是没有哪个律所想要他。拥有贝弗利山酒店和其他物业的富有的底特律开发商的女儿苏珊·西尔伯斯坦嫁给了他。两口子移居到纽约。伯斯肯在1975年创立伊万·伯斯肯公司之前曾经在好几家公司从事过掉期交易。为了获得大众的认可，伯斯肯出版了关于掉期交易的专著——《并购狂热》(Merger Mania)，当时还被《财富》杂志作为专题报道；他曾任哥伦比亚大学和纽约大学的助理教授；同时还被福布斯认定为美国最富有的人之一。

1986年5月，伯斯肯被加州大学伯克利分校选中进行开学致辞。他乘坐私人飞机参加了致辞前的庆祝活动，然后在发言后立即离去。他的发言大部分非常沉闷，不过他发表的以下言论还是获得了掌声："贪婪没有什么错。我觉得自己贪婪得很健康。在贪婪的时候自我感觉良好。"

1986年6月10日，在高盛一份致员工的不同寻常的内幕文件中，约翰·温伯格说道："我们通常不回应报纸的文章，但是今天早上刊登在《华尔街日报》上的文章肯定是个例外。你们应该都知道我们对于有高盛人员因内幕交易或其他事件被政府部门调查一无所知。没有美国证券交易委员会和联邦检察长办公室的人就此事和我们联系过。根据我们的询问,我们没有发现任何与他们调查相关的事实。"

高盛的员工开始感到疑惑。在高盛,也是无风不起浪。不到一个月,7月3日,公司按揭支持证券部的一名31岁的律师和副总裁戴维·布朗通过其律师向高盛递交了辞呈。他收取了3万美元,将正在进行中的并购交易的消息卖给了他的校友——希尔森,雷曼兄弟的前雇员艾拉·索科洛夫,该人又将这条消息连同其他14宗并购案的消息以总价9万美元的价格卖给了莱文,莱文因此赚了180万美元。

高盛对"此事的发展表示震惊和沮丧",这使得该公司成为继德崇证券、拉扎德投资银行和希尔森雷曼兄弟公司之后卷入大额内幕交易的又一华尔街大行。预计索科洛夫和布朗每人可能面临25万美元罚金和5年监禁的处罚,两人皆就其有罪的判决提起上诉。布朗最后支付了145 790美元,但是保住了他在第49街的家、65 000美元的现金和1万美元的个人退休计划款项。他被判入狱30天、300小时的社区服务以及3年察看期。新闻报纸中也提及"一名掉期交易业务的资深人士也正在被调查当中"。

1986年8月底,美国证券交易委员会要求法庭查看伯斯肯的交易记录,而伯斯肯聘请了哈维·皮特担任其律师。皮特请求与加里·林奇进行辩诉交易,他说光检举伯斯肯并不能达到政府的最终目的,后面还有更重要的机会。皮特建议做以下交易:不对伯斯肯提出刑事指控,但是要求其支付大额罚金,不得再从事证券行业,并充分与当局合作,像举行传奇的皮科拉听证会(Pecora Hearings)一样揭示一系列的复杂行为和关系——皮科拉听证会导致了1933年和1934年《证券法》的出台和美国证券交易委员会的建立。

由于在获得朱利亚尼的首肯之前无法达成协议,皮特在劳动节后的周二向卡伯里提出了相同的问题。卡伯里将问题上报给朱利亚尼,朱利亚尼当时正在处理一件可能会由他亲自检控的重要政治腐败案,因此只给了卡伯里5分钟的时间报告。卡伯里解释到,如果不安排辩诉交易,他们需要花两年时间进行调查和审判伯斯肯,而控诉结果还不确定,但是如果能够获得伯斯肯的配合,他们很可能会获得"很有意思"的结果。朱利亚尼和卡伯里很快就达成了共识,但是要求起码包括一项重罪和巨额罚款。卡伯里提出前所未有的1亿美元的罚金,部分是因为数目巨大能够让人留下深刻印象,还有部分原因是因为这个数目接近美国证券交易委员会每年的预算金额。

就在协商快要接近尾声时,皮特拒绝透露相关人士的姓名。接着政府很不满地结束了协商,最后皮特还是透露:德崇的迈克尔·米尔肯、当时已经开始在德崇工作的马蒂·西格尔和杰弗里斯公司(Jefferies & Company)的博伊德·杰弗里斯。9月10日,美国证券交易委员会批准了辩诉交易的安排,一周之后,伯斯肯签署了相关文件,成为美国政府的雇员。他花了好几周的时间来陈述事实,保密性对于获取定罪证据来说至关重要。他带着窃听器到洛杉矶与米尔肯会面,但是无法成功地与米尔肯展开谈话,获取能够定罪的相关信息。伯斯肯向调查人员表明他依附于米尔肯并说他怀疑华尔街还有其他人正在从事内幕交易。

11月14日星期五下午4点半,联邦检察官鲁道夫·朱利亚尼在纽约与华盛顿的美国证券交易委员会主席同时召开新闻发布会公布这10年的调查成果。伯斯肯的非法利润估计达到3亿美元。媒体和电视对此事的报道连篇累牍——但是并非总是成功的。很多人抱怨伯斯肯受的惩罚过轻。当获知政府在进行公告前同意给予伯斯肯两周的时间在不影响市场的前提下减仓以筹资偿还巨额罚款时,掉期交易员们发怒了:对他们来说,伯斯肯的巨额减仓就是最大的内幕交易。

1986年11月,西格尔接到一通关于"那封信"的神秘电话。一开始,他很困惑,后来才意识到他已经有两周没有回过他在康涅狄格州的家。他驱车回去并找到了那封神秘的信,里面说写信人"知道真相"并且向他索要金钱。西格尔联系了一名律师并且很快了解到联邦检察长办公室对于西格尔和伯斯肯的所作所为非常清楚。西格尔崩溃了,他说他有罪,想改过。那一天他向妻子坦白并联系了联邦检察长办公室证券违法组的领导特德·雷科夫。他也听说了伯斯肯的减罪安排。西格尔告诉雷科夫他希望能够为自己辩解并改过自新。

美国证券交易委员会坚持要进行大额的财务和解，很明显是迫于之前给予伯斯肯"过于仁慈的处理"而引起的媒体压力。西格尔决定举家搬迁到佛罗里达州，因为当地法律禁止债权人剥夺债务人的住房。他在蓬特韦-德拉（Ponte Vedra）购买了价值350万美元的豪宅，还在第一侨民保险公司（First Colony Insurance Company）全款购买了价值200万美元的人寿保险，这样他可以每年支取免税的18万美元的生活费。雷科夫和美国联邦检察长办公室同意将4项重罪控诉减至两项，以换取西格尔指控大型交易商的掉期业务主管。

弗里曼是个明显的例子。他经常和西格尔通话。弗里曼对于时间安排一向很慷慨——他可以长时间地与公司内部的投行人员，甚至是公司外部的人员讨论掉期交易员应当如何评估交易的结构和条款。在并购烽烟四起的年代，了解掉期交易员如何对各种证券组合进行评估对于残酷的并购战来说具有决定意义。作为拥有10亿美元资本的华尔街大投行的掉期交易主管，弗里曼的见解和建议受到了大家的高度重视。其他的掉期交易员都保持自己与西格尔的距离，也都不回复他的电话。与如此热衷于而且希望通过现在提供"有价值信息"以图今后交换"有用价值"信息的人共事让他们感到不安。

西格尔很容易就对弗里曼做出了指认，但他实际上并不认识弗里曼。两人仅仅匆匆见过一面。他们每周三四次的电话内容都是关于交易和市场的。通话很友好，但不属于私人对话。西格尔总是有很多眼线和熟人，但是他从来没有拥有过真正的友谊和别人对他的忠诚。他所有的关注都放在了如何赚更多钱上。他当时尚未准备好失去他一直期望拥有的一切。他需要检控的人必须是从事掉期交易的，这样就交易内幕信息进行交换就变得可行和可信了。在华尔街大投行任掉期交易部主管的弗里曼显然就是大池塘里面的大鱼。任何人都不能与其相提并论。是选择鲍勃·弗里曼入狱，还是自己？很容易做出判断，宁愿让他进去，自己也不能进去。

进行调查的《华尔街日报》的记者们预测弗里曼和西格尔之间有共谋，相互提供能够产生大量利润的内幕消息——比阿特丽斯只是冰山一角。或者有些或很多的"关系"都是西格尔留下来以便日后用来进行辩诉交易的安排？一名高盛的退休合伙人后来回忆道："在身陷其中的我们看起来，詹姆斯·斯图尔特为《华尔街日报》写的一系列深明就里的文章，其报道的方式正是西格尔所希望的，他就是西格尔的喉舌。"从朱利亚尼那里泄露出来的消息或者就是为了给弗里曼施压，或者是为其打压内幕交易的战役造声势，或者是为了给为其今后的政治生涯建立公众认知度。

作为工作团队的一员，高盛的投行专家们期望弗里曼能告诉他们掉期交易员对于控制目标公司的竞争中出现的多种可能性和条款会有什么样的反应。弗里曼是否跨越了合法和非法之间的界限？"在现在的社会，仅有聪明已经不够了，是与非的界定随着法律规定的变化而变化，在掉期交易业务中更是如此。鲍勃·弗里曼非常理性和客观，具备在并购掉期业务中获得成功所需要的随机应变的判断力。我几乎每天都和鲍勃讨论。在高盛担任投行的项目中，在我向公司CEO提出的建议还未成形之前，鲍勃问我对该项目的看法时，我所说的一切都只是假设，但是确实能够帮助他在其他特定事实的环境下了解人们的看法。"一名合伙人解释道。

高盛请来外部律师进行内部审计，但是公司的记录仅仅能够显示成千笔交易的单边信息——都交易了什么，但是不包括为什么交易，而掉期交易员们确实一般都在灰色地带进行交易。在公司和弗里曼的律师与政府机构律师的会面中，高盛的律师一直将焦点放在高盛长期守法的名声上。按照佩多维茨的解释，对于西格尔的每条指控他们都能给出具有极高可信度的解释。

1987年2月，纽约证券交易所要求其会员加强内部控制并应按季度汇报其雇员个人交易的合法性。高盛和其他公司立即开始限制其员工的个人交易，禁止了股票和期权的短期交易，并且要求员工的持股必须超过30日。鲁宾和弗里德曼聘请律师和审计师专门评估每个部门的行动以确保没有任何不当的行为。

政府赦免了高盛的掉期交易员弗兰克·布罗森斯的罪行，但是当在大陪审团前被问及是否还记得其他事情的时候，他提供的证词并未引起太大的波澜。布罗森斯重复了"兔子"的故事。这确实波澜不惊，因为双方熟知该故事已经过去两年多了。不过政府律师的焦点仍然是以下主张：当已经确认是内幕人士的西格尔确认了拉斯克的预测时，弗里曼应该指示其公司的交易员停止出售比阿特丽斯，因为从他获得了西格尔的确认之后，他也成了内幕人士。

在一份致员工的内部文件中，管理委员会解释说："我们的律师告诉我们关于此类检控的诉讼程序非常严密，尽管鲍勃从事实和法律上有一些依据可以请求免罪，但是那些事实不同寻常而且在之前的证券业务案例中并无此类先例。"如果持续进行诉讼，他可能因刑事责任而入狱数年。而且由于巨额的民事赔偿往往尾随刑事判决而来，还可能导致家庭财产面临危机，尽管难以预计，但是危险性确实很高。就像弗里曼后来说到的："80年代的气氛完全被毒化了。根本没有同情心可言。"

如果弗里曼坚持继续进行诉讼而陪审团又认定他有罪的话，那会将公司置于民事诉讼的危险境地。既然掉期交易属于非常复杂的业务，那么对于弗里曼的指控和辩护同样也会极其复杂。问题的复杂性大大超出了正在进行谈判的政府律师和当前从事私人行业执业的前政府律师的想象。朱利亚尼年轻和相对欠缺经验的律师们正在处理界定不清的法律问题。他们的人手不够，疲于奔命。他们有上千份文件需要阅读，他们也知道任何公司掉期交易业务的重要部门都被刻意不予记录，而有一些文件确实是为了表明当时做出投资决定时是经过了慎重研究的，并以此来吸引调查员的注意力而刻意准备的，而交易本身很可能却是根据某些优先于他人获取的信息而做出的。

从扣留到起诉弗里曼历时两个月。公司的律师轻蔑地说："政府部门好像在执行逮捕之后才开始进行调查的。"1987年5月12日，政府要求将审判日期推后两个月，并同时承认需要更长的时间来准备该案。法院驳回了该请求，所以政府改变了申请原因，表示并非因为信息不够，而是因为有50箱文件和60名证人的笔录需要整理，同时坚称已经到了揭开1984~1985年大型内幕交易丑闻内幕的边缘了——只需要再多给一点点时间。法官仍然拒绝了政府部门的请求。5月13日，朱利亚尼的律师要求撤销该案并且承诺会根据弗里曼和西格尔之间18个月的共谋行为寻求新的指控。

朱利亚尼提到"冰山一角"。所罗门兄弟公司负责掉期交易业务的合伙人迪克·罗森塔尔给弗里曼打来电话表示愿意做专家证人："我可以向陪审团解释，他们会理解的。"不过非常具有讽刺意味的是，一个月之后，也就是在审讯前不久，罗森塔尔自驾飞机失事死亡。问题的复杂性还源于朱利亚尼能够熟练运用媒体特别是《华盛顿日报》记者们强大的挖掘能力给弗里曼和高盛施加巨大的压力。詹姆斯·斯图尔特和丹尼尔·赫茨伯格都是获得过普利策奖的记者，他们一直冲在报道的前沿，并且号称有弗里曼与西格尔之间违法行为的"具体目录"。

该案件在程序方面的改变确实给高盛带来了益处。约翰·温伯格回忆道："有一个主意在半夜出现在我脑海里，谁能更好地代表高盛与联邦检察官进行私下的会谈？谁比我更合适？"

当卡尔·伊坎威胁要并购大型钢铁（Big Steel）公司时，美国钢铁的董事会主席戴维·罗德里克就做了类似的事情。罗德里克邀请伊坎每个月与他进行几个小时高规格的谈话。在谈话过程中，罗德里克接连数小时提出各种问题，直到有一天伊坎打来电话建议他们减少会面的次数，不再每个月见一次，而改为每两三个月见一次，而且越来越少。

"我问瓦拉赫-立顿（Wachtell Lipton）公司的佩多维茨对于此事的看法，"温伯格回忆道，"他并不太乐观，因为他看到了风险，但是他也觉得这个主意很有趣。所以我单独去地区检察长办公室见鲁迪·朱利亚尼——在要求他邀请所有部门负责人也到场的情况下。这真是个失败之举！他们来了8个人——都来自布鲁克林。所以我向他们解释我们公司的历史就是一个家族企业，我还向他们介绍了我父亲和我们经历过的所有苦难以及这间公司对于我们的意义,这间公司对我们来说意义重大,我们非常在意恪守规矩,不做错事,也不做那些未经批准的业务。在就公司及其历史和价值谈论一个半钟头之后,我开始冒险了,'如果你们能够在纸上写出让我相信鲍勃确实做了错事的文章,我肯定亲自把他杀了——而且我还会把他的尸骨埋在没人能找到的地方。'"

为了安抚温伯格,朱利亚尼很快插话道:"没事的,温伯格先生,没事的。"然后朱利亚尼离开了会议,而美国政府的律师们开始将他们的关注点从检控转向了和解安排。

对于真实交易的详细审查使得针对弗里曼的"案件"被淡化了。很明显,这是出于马蒂·西格尔的谋划,而且还要归功于他的演说技巧,他的想法能够被詹姆斯·斯图尔特和朱利亚尼所接受,这两人对鲍勃·弗里曼的态度开始变得不公正。斯图尔特是一位伟大的作家,任何读了他于1991年写的《贼巢》(*Den of Thieves*)一书的人肯定都能发现他对事件的描写令人信服。斯图尔特的写作必须依靠他的口述人对于涉及事件的名字、日期、数字以及其他信息的记忆能力,他在很大程度上将西格尔作为他的资料来源。而且,很明显西格尔也要向联邦检察长办公室讲述同样的故事,因此,这又"客观地"为西格尔向斯图尔特讲述的故事提供了真实性的保障。

针对弗里曼最重要和最令人不安的论断是其曾经和西格尔有过长达18个月内幕交易的共谋。西格尔讲述的故事在检察官没有就交易记录进行调查或者进行电话联络取证前就成为政府案例的核心内容。在了解政府的主张之前,先弄清一些背景内容是很有帮助的。在他的时代,西格尔是最大胆地违法使用内幕信息的人,他用公文箱带着成千上万的现金并使用密码与伊万·伯斯肯进行交易,伊万·伯斯肯将为其罪行支付上亿美元的罚金。除了在历史上被人认为是具有巨大魅力的骗子之外,西格尔在基德尔-皮博迪和德崇还从来没有被人真正认识过。[①]由于可能会面临长期入狱的处罚，西格尔配合非常积极，看起来特别像希望密切配合政府工作的证人。

由于他有记忆姓名和日期的过人能力，他的魅力、精力和对于他人处境的冷漠，西格尔处于良好但并非完美的状态，编造和操纵着令人信服的事实。他最主要的问题是无法获取交易的核心信息。

在离开了基德尔-皮博迪之后，他开始攻击他的原雇主和高盛，所以这两家公司无论如何都不会站在他这边。不过，西格尔的手上有非常重要的优势资源。多年以来，他一直是《华尔街日报》的斯图尔特和丹尼尔·赫茨伯格的重要观点和信息的来源，并且与一系列内幕交易文章的作者斯图尔特保持着特别亲密的关系。而斯图尔特又是《贼巢》的作者。该书讲述的故事中包含了大量令人信服的细节，但是有一个重大问题：在关于弗里曼的部分，斯图尔特很明显主要依赖于来自西格尔和朱利亚尼办公室的消息，而实际上都是来源于西格尔的信息。对于交易信息的仔细审查可以找到问题所在：西格尔的故事就是一连串的谎言。"共谋"应当是由几部分组成，每一部分都以不同的公司并购交易为基础。第一个和最开始的共谋涉及了迪士尼公司。恶意并购商索尔·斯坦伯格（Saul Steinberg）在该公司建仓，并有谣言传说他将发出并购要约。按照西格尔的说法，弗里曼在1984年6月时告诉他，他喜欢这只股票。在管理秘密的掉期交易账户的同时，西格尔还带领着并购团队——这样的组合在其他任何公司都是不允许存在的，他声称他当时给自己在基德尔-皮博迪的同事们打了电话，让他们买进迪士尼的股票。随着谣言四起，传言说迪士尼可能会向斯坦伯格支付"绿信"的费用（以大量购买公司股份来控制公司的威胁，目的是将股份以高价卖回给该公司），西格尔说他向弗里曼讨教而后者向他保证这不可能发生。但是，迪士尼的确支付了绿信费用，而且其股价下跌

---

[①] 作者最近从基德尔-皮博迪当时投行部的主管和德崇当时的CEO那里得到这样的确认。

导致基德尔-皮博迪遭受重大损失，也导致西格尔对弗里曼非常气恼。当他给弗里曼打电话时，弗里曼说他自己在公告前已经卖掉了自己所持有的股份。这件事让西格尔勃然大怒，弗里曼也深觉难堪，于是开始向西格尔提供有关其他交易的内幕消息以表歉意。

不过，对于西格尔所说的"共谋"而言，弗里曼和高盛在1984年6月均未持有迪士尼的股份。因此，交易记录能够显示弗里曼和高盛实际上并未指望斯坦伯格会获胜。6月6日，为了打击斯坦伯格，迪士尼决定收购一家名为吉布森礼品的公司。而这正是这两家华尔街公司做法的分水岭：基德尔-皮博迪积极地买入迪士尼公司的股票而高盛则购买了吉布森礼品公司的股票。

基德尔-皮博迪期望斯坦伯格占上风而高盛则希望他落败。既然弗里曼没有任何理由将迪士尼的股票归入"买进类"，他也就没有任何理由向西格尔推荐——所以对于弗里曼来说就没有任何进行"共谋"的动机。

在另外一章中的"共谋"涉及大陆集团——高盛的一个客户。该公司在1984年6月被詹姆斯·戈德史密斯（James Goldsmith）爵士以每股50美元的价格提出收购。根据西格尔的回忆，他在迪士尼公告其已经向斯坦伯格支付"绿信"款项的几天后给弗里曼打了电话，具体的时间应该是6月15日。西格尔声称弗里曼在电话里告诉他："他们无论如何会出售公司（大陆）。"随后西格尔告诉威格顿和泰伯购买大陆公司的股票。不过截至6月15日，基德尔-皮博迪为拥有大陆公司两万股股份而寻找白衣骑士[①]的行动已经展开一周多了——而其中的一个候选人正是西格尔的一个大客户。对于像西格尔这样的并购专家而言，如果仍然不知道大陆公司正在走向被并购的道路实在是难以令人相信。在斯图尔特的书中，有一段对话非常具有戏剧性。一开始是指出弗里曼说道："没关系，他们肯定要卖掉公司的。"接着书中写道："西格尔非常吃惊。作为代表大陆公司进行交易的投行的合伙人，对他来说，这听起来像是内幕信息。他挂上电话

---

① 白衣骑士，指把公司从不利的收购建议中挽救出来的个人或机构。——编者注

后出神地盯着春末的康涅狄格的海岸线。他知道在他和弗里曼刚才的谈话之中，他俩跨越了那条未言明的界线……"既然西格尔知道他的主要客户之一刚刚与大陆公司签署了保密协议，他应该不会为这一信息感到惊讶才对。更重要的是，大陆公司的股票已经被高盛的投行部列入灰名单而不会被进行交易，所有的内幕信息也不会被透露给掉期交易部门的弗里曼。

1984年6月25日，在纽约证券交易所闭市之前，基德尔－皮博迪已经持有大陆公司的299 400股股份（而不是斯图尔德的书中描写的250万股），而该公司随后又增持了70 600股股份。对于大型公司的掉期交易部门来说，这样匆忙的增持行为并不能表明其知道了内幕信息。而更重要的是，弗里曼直到6月25日才介入此事。在斯图尔特的书中，西格尔宣称弗里曼向他保证说西岸公司（West Coast）的财务官戴维·默多克的出价会超过高盛，不过由于该出价于6月29日才被提出，因此未被计入交易。而6月29日正好是基德尔－皮博迪公司最后一次买入大陆公司股票的第二天。

在西格尔的眼中和斯图尔特的书中，对于废品管理有限公司的并购交易是共谋行为很好的例证，但详细的交易记录却无法为共谋的说法提供支持。西格尔声称由于高盛"大量"持仓，弗里曼非常担心可能会涉及反垄断问题所以坚持要西格尔提供内幕信息。西格尔非常不情愿地说，反垄断只是要获得更高出价的手段并且鼓励弗里曼增持股份。相比之下，交易记录显示高盛从未持有"大量"仓位，仅仅用208 000美元购买了1万股股份——还不到公司关于5 000万股交易限制的5‰，而且这些股份都是在媒体报道有4家公司有意竞价购买废品管理有限公司之后买入的。最后，根本不存在反垄断的问题，在废物管理行业有成千家公司，所有上市公司加起来也仅占整个市场的极小份额而已。

1984年8月，争夺废品管理有限公司的战斗进入白热化阶段，高盛在8月9日、10日和13日分别增持股份——在废品管理有限公司于8月3日表示为保证"股东价值最大化"将考虑所有的可能性之后。废品管理有限公司宣布出价每股28.50美元，高盛又购买了123 500股股份。具体的细节是非常有意义的。在斯图尔特的书中有非常关键的对话描述——弗里曼因此被认定为通过利用西格尔的内幕信息很快地赚到钱，该对话据称发生在8月13日公告前，斯图尔德写道："就在高盛购买了另外的57 000股股份后，该公司的股票价格被送到上涨的快车道。"但是交易记录显示书中所称的谈话和公告期间高盛并未购买任何股份。有趣的是，伯斯肯倒是买了不少废品管理有限公司的股份。在公告前15分钟，他用每股23.50美元的低价购买了395 000股，该价格比起高盛在公告后的买入价低了4美元。①

接下来就是圣·瑞吉斯（St. Regis）公司。斯图尔特的书中写道，基于从弗里曼处获得的内幕信息及其朋友戴维·默多克对公司进行威胁的情报，基德尔－皮博迪公司开始买进这家纸业公司的股票。而实际上这个默多克应该是鲁珀特·默多克，而非戴维·默多克。实际上弗里曼从未见过戴维·默多克也未曾和他通过电话，名字上的张冠李戴再明显不过了（更有意思的是，在斯图尔特于1988年2月12日在《华尔街日报》发表的文章中，他又把默多克弄对了）。当时，圣·瑞吉斯公司被列入高盛的交易灰名单，而且由投行部的合伙人进行监控以确定其没有进行不当交易。斯图尔特错误地指出该名单的控制权掌握在"职位很低的合规部职员手上……而该人不敢挑战有权有势的合伙人，比如弗里曼"。在书中，他说弗里曼仍是进行了交易。但是，根据高盛严格的内控制度，这绝不可能发生（圣·瑞吉斯公司不在灰名单上时，弗里曼确实在其个人账户和公司账户上交易过该股票——但这完全符合公司规定）。1985年上半年有谣传说斯托尔通讯公司（Storer Communications）可能成为被并购的对象。3月19日，康尼斯顿（Coniston Partners）递交的美国证券交易委员会13D报告中显示，其拥有超过5%的斯托尔公司股份并宣布其准备实行以清算公司为目的的管理权控制计划。由于相信康尼斯顿会以每股90~100美元的价格将公司清盘，弗里曼购买了斯托尔公司的股份。当高盛买入的时候，基德尔－皮博迪卖出了斯托尔公司的股份。西格尔立即开始代表佛罗里达电力及照明公司（Florida Power & Light）作为白骑士实施其拯救斯托

---

① 伯斯肯的总头寸是180万股，价值为4 200万美元，这是高盛持仓最高时的4倍。

尔的计划，而基德尔-皮博迪由于西格尔还从其客户——也是最终收购人科尔伯格-克拉维斯处获得了内幕信息而进行了大量的斯托尔股票的掉期交易。

在斯图尔德的书中，西格尔宣称他于4月15日向弗里曼要求获得能够向科尔伯格-克拉维斯透露斯托尔公司信息的准许。但是这实际上已经是在西格尔代表科尔伯格-克拉维斯与斯托尔公司的代表人迪利恩·里德会面两周后的事情了（当然，在并购业务中，投资银行家们并不会因为要与客户交流而互相寻求对方的同意）。斯图尔特的书中还写到西格尔于1985年4月20日到21日告诉弗里曼秘密信息导致他于4月17日疯狂购入股票。如果这是真的，那弗里曼应该在获得内幕消息几天前就买入股票。更有趣的是，在4月22日的那一周，弗里曼和高盛买入的股票和期权正好与基德尔-皮博迪出售的股票和期权相对应。基德尔-皮博迪在周一的时候持有价值超过2 500万美元的斯托尔股票，但是于当日和次日全部清仓。这样180度的大转变很难让人相信其中还有共谋和"爆料"。如果在法律和道义上都是合理的话，西格尔作为科尔伯格-克拉维斯的投资专家抛售股份并因此获利的行为是正确的，他有科尔伯格-克拉维斯战略的内幕信息，而弗里曼在交易中则会面临亏损。

尤尼科（Unocal）公司的事件由1985年4月8日开始，T-布恩-小皮肯斯公司（T. Boone Pickens）提出以每股54美元的价格收购该公司50.1%的股份，而如果该收购成功的话，则以高收益债券的方式以每股54美元的价格收购剩余股份。尤尼科股票当时的交易价格一下子从每股低于35美元跳升至接近每股50美元。为了抵御皮肯斯，尤尼科于4月16日宣布以每股72美元的价格或以8 700万美元的价格收购其50%的股份。政府针对弗里曼的指控中说弗里曼于4月告知了西格尔尤尼科将会回购其股份的消息，同时还透露了尤尼科将回购股份的数量。根据该指控，西格尔利用这些消息设计了非常聪明的战略计划：购买能够支持基德尔-皮博迪仓位的卖出期权，而这样的机会在回购过程中上是可能获得的，而且这些期权还能够以低于支付价格的水平进行交易。

实际上，从4月16日尤尼科宣布其回购计划起到4月24日，基德尔－皮博迪的操作正好相反。如果西格尔获得了关于尤尼科的相关信息，其正确的操作方法应该是在4月23日前买入尤尼科的期权。实际上，基德尔－皮博迪售出了尤尼科的期权并买入15万股股票——这是其最大的一笔建仓——很明显是因为其相信皮肯斯会成功。

具有讽刺意味的是，斯图尔特写道："尤尼科事件显示出在金融交易中，隐晦的细节是多么重要。"但是在130多页之后，他又将政府文件中记录的杜南同事的证词对整个事件的重要性最小化，该证词指出尤尼科的信息是在4月而非5月透露出来的错误。这件事被斯图尔特看作对信誉的损害，而高盛的高管们则认为这一个月的出入皆出于"百分比的信息不准确"，而从4月到5月的时间位移实际上已经将所有"内幕"信息可能带来的问题全部消除。因为到了5月，尤尼科的防御计划已经全部公之于众，而基德尔－皮博迪的所有交易行为都发生在4月16日的公告之后。

不仅是弗里曼在其公告前不知道关于百分比的消息，而且该消息在基德尔－皮博迪进行交易之前就已经被公开。关于这些百分比的消息在4月20日开市前就已经公告，而梅萨石油公司（Mesa Petroleum）和尤尼科公司之间的安排则于当日晚些时候公开。在接下来的两天里，基德尔－皮博迪售出了46 000股尤尼科的股份。

比阿特丽斯的交易可能是西格尔的陈述中唯一无法被直接驳斥的交易。不过很奇怪的是西格尔从未提起过兔子的交易。如果有共谋存在的话，间接指出来根本没有意义。对并购银行家来说，维护客户利益而确认交易的各个细节是非常标准的做法，科尔伯格－克拉维斯肯定希望比阿特丽斯的股价下跌。

在1987年2月22日《面对国家》（*Face the Nation*）的节目中，朱利亚尼说道："除非我们有明显证据，否则我们不会对这个案子提起诉讼……我的意思是说我从来都不知道哪个案子只依靠一个证人就期望能够获胜的，所以大家可以放心，我们的证人不止一位。"而5天以前的《华尔街日报》则刊登了斯图尔特和赫茨伯格的文章称："据说西格尔先生不是指控弗里曼先生的主要证人。"

　　3年半之后，联邦检察长办公室告知法庭，西格尔确实是唯一的证人。如果重新检视整个局势，我们可以这样描述："一开始就没有经过慎重的考虑，辩方律师对这个案子的细节进行研究之后很快就发现了问题。这是在陌生人之间发生的共谋：泰伯不认识弗里曼，而弗里曼又不认识威格顿。更过分的是，检察官并没有调取交易记录并进行核查，而是主观地相信西格尔的证词是真实的并直接进行了逮捕。而最后在核对相关文件时又发觉这些文件根本说明不了问题。"西格尔是天生的大话王，他当时与刚刚揭露了黑手党和毒品犯罪的检察官交谈，一旦这位检察官相信了共谋的故事，他就会非常配合地与证人一起编造与伯斯肯、米尔肯和莱文的故事相类似的案件，同时还会将这样的检控案件作为其政治生涯的成功开端。

　　弗里曼和他的律师必须证明高盛的交易并非基于内幕信息，并非违法，也并非基于西格尔的违法信息，而是通过最不令人感兴趣而且常常是最复杂的方法——对公开信息进行详尽分析而得出的。

　　弗里曼确实与马蒂·西格尔走得太近。如果其他的掉期交易员能够看清楚西格尔是什么样的人，为什么弗里曼做不到？公平地说，为什么西格尔在基德尔-皮博迪和德崇的同事们也无法看清楚？——他们不是离他更近吗？西格尔总能轻易地获得他人的信任。

　　与伯斯肯和西格尔这些经常有意违反法律条文和法律精神的人相比，对鲍勃·弗里曼最坏的评论也就是他在和西格尔的通话中打探关于比阿特丽斯的消息的行为靠近法律规定的边缘，就像那些被西格尔愚弄多年的人一样，不幸的是他在当时疑云笼罩的华尔街又正好碰上了正在四处寻找机会的野心勃勃的检察官。

　　1987年12月的一个清晨，5点钟，一个由50名联邦海军军人组成的行动小组荷枪实弹地乘直升机到达了名叫奥克利-萨顿（Oakley Sutton）的公司（该名取自两名主管，詹姆斯·杰伊·萨顿·里根和里根·奥克利·索普的名字，后者是《关于如何在21点中取胜》的经典著作的作者）

位于新泽西普林斯顿的办公室。军人们搜集了300多箱文件和记录，很明显是想确定该公司在其名为普林斯顿-新港的合伙人公司中是否"持有"米尔肯的股票或者是否与弗里曼进行过内幕交易。萨顿在达特毛斯大学念书时是弗里曼的朋友。他们一直保持着朋友关系。

在经过了仅仅为期两天的陪审团商议，陪审团明确表示其他人不会因为金融案件的复杂性而恐惧或困惑后，里根和他在普林斯顿-新港的同事们承认64项指控中的63项罪名。这也让弗里曼决定同意进行和解。他的一名律师说道："当鲍勃得知普林斯顿-新港的决定后，他就扛不住了。"尽管所有认罪在后来的上诉中都被推翻，但当时的弗里曼并不知道究竟发生了什么事情。

联邦检察长办公室根据嫌疑人的认罪而着手开始处理本案。就像在毒品和黑手党检控案中一样，内幕交易的多米诺骨牌开始推动下一块牌：莱文、伯斯肯、西格尔，然后到弗里曼。随着针对弗里曼提起的检控越来越弱，要求信息公开的政治呼声也越来越高。朱利亚尼当时正在以法律和秩序为诉求竞选纽约市市长，由于案由越来越弱，他需要在11月的选举前达成和解。这也加剧了时间上的紧迫感。

到了最后，双方都希望放下该案。双方都需要一条务实的道路来做个了断。当普林斯顿-新港公司的辩护人由于弗里曼对这条新闻的反应而认罪时，双方的对话升级了。1989年9月，为了控制损失，弗里曼向17个法庭中的其中之一认罪。他将于4月17日受审，最长刑期可能是5年。

1989年，美国地区法院法官皮埃尔·勒瓦尔拒绝接受政府长达120页的备忘录（根据该文件，检察官希望法官考虑其他被认定为内幕交易的案例，如斯托尔通讯公司、尤尼科、圣·瑞吉斯还有大陆公司）以及弗里曼律师出具的800页答辩。他要求双方将作为参照的内幕交易的案例限定在弗里曼做出辩诉交易的具体行为之上。

通过引用弗里曼事件之后才出台的审判规则，检察官说弗里曼应当服刑30~37个月并应交纳大额罚金以反映"罪行的严重性及缺乏正当的理由"。弗里曼的律师罗伯特·菲斯克和保罗·柯伦则争辩认为本罪行不应判处入狱的刑罚，而应该由于政府"轻率而高调的逮捕行为"给弗里曼减轻处罚。

勒瓦尔说道："掉期交易员置法律于不顾的行为大大削弱了市场的法制性，因此法庭不能轻视此类事件的原因。"他继续说道："我已经收到大量的为这个明显非常有价值的人说情的信件。这桩罪行的最重要之处在于其动机，这是非常不检点的行为，这些东西我一看就明白。"

在进行宣判的过程中，勒瓦尔法官将弗里曼描述成为"非常纯洁的人"，他也注意到了在那些致法庭的信件中都将弗里曼描述成为"慷慨、负责和诚实的人"。法官说弗里曼不需遭受"严厉的惩罚"。但是，勒瓦尔仍然认为他必须抛开弗里曼的人格来评估他的行为对金融市场可能造成的影响，而出于这样的原因，给予严厉的制裁是非常必要的。

勒瓦尔法官一边慢慢地阅读着他黄色的法律记事本，一边说道："我在阅读媒体关于这些不法行为或者犯罪行为的报道时非常震惊，看起来我面前的这些事情是每天都在发生的小事，我应该原谅它们。"尽管将弗里曼称为"卓越、有权力和富有的人"，勒瓦尔法官说道："但我无法通过判决向世人传递这样的消息：拥有如此地位的人犯法之后仍然只是给予与盗窃数美元的普通小偷一样的惩罚，他需要坐牢。"

由于仅仅限于比阿特丽斯的案子，弗里曼的律师将和解描述成"辩白"，而一名美国证券交易委员会的官员则反驳道："这人已经认了重罪。我们已经获得禁令禁止其从业3年。这可不像无罪辩白的结果。"

1989年8月17日，在高盛任职19年后，弗里曼辞职并承认犯有重罪——不是内幕交易而是邮件欺诈罪。最高法院在1987年的一个案例中指出，雇员或代理人在任何时候自行使用其雇主仅用于业务上的信息，即使是偶尔的使用也构成了违反联邦邮件法令的监守自盗的行为。据此，西格尔和弗里曼已经触犯了规定——使用了来自其客户比阿特丽斯的秘密信息。关于邮件欺诈的指控让检察官占了上风，因为只要信息本身构成"产权"，其内容就不再重要了。

关于邮件欺诈的法规包含了民事合并审理的条款，并且给予检察官同时选择对其进行刑事指控的权力。弗里曼向美国证券交易委员会支付了110万美元（这是其所避免的损失数额的两倍加7年的利息）并且同意3年以内不在金融行业就业。在9个月的发现程序和审前程序中，弗里曼同意接受4个月的监禁——他实际上被判处1年有期徒刑，缓刑8个月，同时就无罪辩护做出了禁足金融行业的安排以及提供400小时的社区服务。①弗里曼没有义务配合政府的调查，而且大家都理解他否认其他指控的做法。

对于弗里曼的检控表明民事上可为的行为与刑事上可为的行为之间的界限正在逐渐消失。该案在弗里曼和朱利亚尼的案件找到出路之前从来都不属于刑事案件，但是辩诉交易完成了这个转变。

马蒂·西格尔是一名"非常配合的证人"，他"花费了无数的时间"并被认为是一名"可靠和可信的"证人。西格尔的律师特德·雷科夫帮助他获得了减刑，而助理检察官尼尔·卡图思略更是做到了前所未有的减刑安排。罗伯特·沃德在谈及与西格尔的合作以及这种直率对于成功执行法律的重要性时洋洋洒洒地说了很多。在说到阻止白领犯罪的重要性时，沃德说他曾经考虑过判决入狱18~24个月，但是他最终决定，西格尔获刑的时间应该少于弗里曼。他最终判决西格尔入狱两个月，监外观察行动5年，而且西格尔要在社区的计算机营地提供服务。

鲍勃·弗里曼服完了4个月的刑期（由于表现良好，实际服刑只有109天），大部分工作是在位于澎萨科拉的海军和空军基地剪草，在此期间也减掉了他被捕后增加的30磅体重。"索夫利（Saufley）（位于海军基地的联邦监狱）很小，但是不像其他高等级监狱那样有同性恋和暴力行为，"弗里曼说道，"但它也不是乡村俱乐部，在这里的生活也不是乡村俱乐部的经历。"弗里曼完成了400个小时的社区服务，并花了两年时间了结了与美国证券交易委员会之间的民事诉讼。1993年夏天——被捕6年半

---

① 弗里曼在纽约东哈勒姆的社会服务机构男孩港（Boy Harbor）公司的篮球队执教。他可以担任非注册的投资咨询师，在3年以后可以担任注册投资咨询师。

后——他不再受到任何法律上的怀疑和控诉。

　　后来的事实证明，弗里曼在计算时机时出了错。与其他掉期交易员一样，他根据事实和概率的计算得出辩诉交易的结果就是他将被判入狱一年。他的计算非常精准，但是不正确。如果他再等上一年，这个案子就会被撤销——而这一切都发生在了被西格尔指控的与弗里曼进行内幕交易的基德尔-皮博迪的威格顿和泰伯身上。

　　对弗里曼的真正惩罚落在了他家人身上，他们为此经受了沉重的精神压力，而弗里曼也将无法摆脱嫌疑。对了，就是弗里曼，他就是那个由于内幕交易而被抓住的人——被迫离开了高收入的高盛而且无法参与公司的上市。

# 28

# 打造全球业务

"实际上,我们中的绝大部分人丝毫不了解欧洲、英国及伦敦",吉恩·法伊夫回忆说。1985年,他再婚后的第一年,也就是接受第三次外科手术的几个月后,他将从洛杉矶前往伦敦。①法伊夫没有任何预算,也没有得到招聘员工的授权,对于欧洲一点儿都不了解,只认识会讲英语的合伙人。②纽约分部的负责人中,没有人有海外工作经验,因此法伊夫也没人可以请教。按照吉姆·戈特的话说,法伊夫之所以被选中,是因为在加利福尼亚构建公司的投资银行业务时,他在不依靠纽约总部帮助的情况下,展示出了从一无所有到建成全盘业务的能力——这也是公司期望他能够在伦敦做出的一番事业。非常具有挑战性。

"高盛不是伦敦的高盛",法伊夫操着西弗吉尼亚口音娓娓道来。虽然约翰·怀特黑德对于全球扩张进行了概念性的描述,但公司极少派高层

---

① 法伊夫两年前就答应去,但是当时选中了鲍勃·康韦。之后法伊夫第一任妻子因长期患癌症去世了。吉姆·戈特在去开会的路上跟法伊夫提出了这个问题(会议是关于以5.55亿美元将美洲银行总部大楼出售给肖勒斯泰因地产公司)。该价格远高于其他竞价,但是当时房地产价格低迷,而后迅速上涨,因此该投资是巨大的成功。法伊夫之前在布莱恩(Blyth)公司工作,而后跳槽到高盛担任投资银行部的副总裁。

② 股票部门员工比投资银行部门员工的英语更加流利。合伙人比尔·兰德里思讲法语。

员工前往海外工作，因为管理委员会不相信会有业务机会，也不想承担不必要的费用。①这其中有极少的特例——特别是在股票经纪业务上，强势的领导力已经体现在需要完成的任务中，公司派驻伦敦的员工可以分为两种：一种是公司不能或者不愿意解雇的员工，这些人被告知，要么去伦敦，要么走人；另一种就是喜欢跟第二类人一起工作的员工。②伦敦一向被看作成本中心，因此战略目标非常清晰：将成本压缩到能够容忍的水平。当然，这种战略注定了成功的机会很渺茫。伦敦分部除了简单销售美国股票、美国政府债券，以及发行福特等美国公司的欧洲债券之外，没有其他更多的业务。这些业务中，没有任何一个能创造可观的利润，也没有人抱过高的期望。法伊夫非常清楚需要进行巨大变革，特别是在投资银行业务上。"我们的挑战是在伦敦及整个欧洲复制高盛，使我们看起来更加像高盛，就像是不管在德国的法兰克福，还是澳大利亚的图文巴，麦当劳都相同一样。为了进行全球品牌的统一，我们只有一个选择：公司的标准永远是追求卓越。公司必须在能力及承诺上都做到真正的国际化。"

这意味着：首先，伦敦分部需要解雇大部分员工；其次，公司希望雇用那些能够确保公司持续采取敏锐而迅速的行动，避免犯下"外行"错误的专家型人才，而这基本是不可能的。除了这些战略的挑战，法伊夫还遇到了其他一些问题。到达伦敦后不久，他接到了克拉里吉酒店经理打来的电话："你们公司有两个年轻人在克拉里吉酒店住了几个星期，今天必须搬走。他们把酒店的房间糟蹋得不成样子，并且对我们的员工非常粗鲁。我们不能容忍这么野蛮的行为。从现在开始，法伊夫先生，他们是克拉里吉酒店最不受欢迎的人。酒店不是游乐场。"这也不符合法伊夫的原则。

1986年，管理委员会制定了欧洲的战略规划，派出10名优秀员工研究公司在伦敦及纽约的发展战略。每个纽约分部都制定了自己在欧洲的战

---

① 法伊夫刚到伦敦时，高盛伦敦公司有300人。10年之后，扩张到2 000人——增加了近7倍。

② 负责伦敦业务的领导人曾经有债券销售部门的比尔·兰德里思，以及投资银行部门的詹姆斯·麦克拉伦。

略。固定收益部向欧洲人出售美国政府债券及欧元债券——利润非常低。投资银行及债券资本市场部销售主权债券，凭借具有竞争力的报价"打败"了那些只注重交易量的日本公司。高盛的银行家非常高兴，因为公司为一位重要的美国客户赢得了欧元债券的标书，并且"仅仅"损失了30万美元。高盛的伦敦公司每年亏损近1亿美元，其他的美国公司也处于亏损状态。但是变化总是不期而至，机遇也是如此。

法伊夫面临的第一个挑战是，他需要解雇员工，但是这将伤害个人及公司，因此他设计了不同的方案。他与每个银行家进行私下会面时说："其他的话不必多说，与现在的职位相比，你需要找到更加适合你发挥能力与兴趣的工作。从现在开始就着手找工作吧，确保6个月内能够找到工作，然后辞职，从事你的新职业。我们会帮助你，但是你下一份工作是你自己的选择，也是你的责任——这也是我们顾及你的尊严所做的选择。"

法伊夫这种体面的裁人方式也得到了回报：伦敦报纸没有报道任何关于高盛伦敦公司大规模裁员的负面新闻。其中一个被迫离开公司的人在致电给法伊夫时说，"一家新闻报社拼命地寻找高盛的污点"。打电话的人给出了记者及报纸的名字，使得公司能够及时阻止负面新闻的传播——这是利奥·迪罗谢的教训，聪明人总能够取胜。

1985年末，英国的伍尔沃斯公司面临另外一家零售商迪克森斯（Dixons）的竞争。高盛公司与伍尔沃斯签订了协议，保证将伍尔沃斯的股价维持在约定的水平之上，伍尔沃斯同意赔偿高盛由此遭受的损失。这个协议当时在伦敦是惯用的做法——但是赔偿损失的条款是非法的。当法伊夫发现这点时，他打电话给伍尔沃斯的主席说："这个协议违背了法律，因此我们公司不能做协议中答应的事情，我们希望你们也放弃这个协议。"高盛的员工对此非常恼火：这意味着如果他们继续支撑伍尔沃斯的股票价格，就要承担损失。主席与法伊夫达成协议，高盛得以保留伍尔沃斯的账户。一年以后，伦敦商业银行的领导者——摩根·格林菲尔——在吉尼斯事件中被发现有同类的违规操作而被弹劾。由于触犯了法律，公司无法维持其业务，公司的CEO也被送进了监狱。法伊夫解释说："领导者需要设立更高的准则——然后找到符合高准则的方法。信任与持续的执行力会使你成为受欢迎的供应商。对于准则的任何妥协,都会成为摧毁你事业的种子。"

在伦敦,法伊夫坚持,"我们需要在每条业务线上——债券、股票承销、投资银行以及并购业务——都布下精兵强将,强大的、经验丰富的年轻新星们。"说起来容易,但是做起来就没那么简单了。这对于每个人来说都是一场战争,赚取支付薪水的每分钱都像是打仗一样。吉姆·戈特曾经被公司指派为短期的"国际协调人",因此法伊夫找他来商量对策。戈特同意法伊夫逐个攻破。法伊夫得知比尔·兰德里思在伦敦工作10年后打算回美国定居,因此请他考虑担任欧洲股票销售的负责人。戈特提议将芝加哥的鲍勃·斯蒂尔派到英国去,虽然其妻子有孕在身。法伊夫尝试聘请里克·加龙兹克(Rick Garonzik)来固定收益部门工作,但遭到拒绝。因此法伊夫问乔恩·科尔津是否能派在加利福尼亚为科尔津工作的约翰·法默(John Farmer)前往欧洲。科尔津之前尝试说服法默前往纽约,但被断然拒绝。法伊夫知道虽然他们不喜欢纽约,但法默的妻子非常喜欢去法国度假,并且远离教堂。法默一家得知能够在伦敦定居后非常高兴。法默的坚定也让加龙兹克在一个月后改变了主意,同意赴欧洲工作。法伊夫希望请彼得·撒切尔多蒂担任投资银行部门的负责人,但是杰夫·布瓦西否决了这个提议,而是聘请了唐·奥珀特尼(Don Opatrany),因为后者有打造有效与强大团队的能力。法伊夫回忆说:"每个人都是文化的携带者,所有人都做出了慎重的承诺,公开讨论说打算待上10年——这与两年或者三年前的情形截然不同。这个小团体非常强大,是我打造全球业务的核心。"

戴维·费希尔(David Fisher)是全球领先的国际投资管理公司——资本集团的首席分析师,1985年作为特约嘉宾参加了高盛举办的股票投资会议。理查德·门舍尔问他:"戴维,如果你打算在欧洲打造一个强大的研究团队,你会怎么做?"费希尔非常轻松地回答:"派一些像杰夫·温加滕(Jeff Weingarten)这样的人来欧洲,让他去想该怎么办。"温加滕,饮料行业的明星分析师,与研究部总监李·库珀曼不合,因此他渴望改变现状。从库珀曼那里得到一些建议后，他很快就上路了："雇一批高端的明星分析师，其他的无所谓。"

温加滕知道在伦敦招人非常困难：打个比方来说，华宝证券在纽约建分部，邀请他加入，那么有什么理由能使他离开高盛？要让这些分析师加入一家美国公司必须给出一系列的战略理由，并且这些理由能够给敏感的分析师们施加压力。幸运的是，伦敦城陷入了混乱状态，并购不断发生，使得一些才华卓越的分析师有些供过于求。因此一些分析师在寻找强势公司——像高盛这样的公司。

知名的英国公司在向欧洲扩张时，一般都会成立两个独立的研究部门：一个覆盖英国本土的公司，另外一个覆盖欧洲大陆的公司。这给了温加滕很好的启示：他的战略是泛欧洲的。投资者不在乎投向哪儿，他们看重的是整个行业中最好的投资策略。另外一个优势是温加滕自身的体会：高盛的分析师将与投资银行家们保持密切联系，这将提升他们的专业性，拓展职业发展空间。温加滕的战略就是关注最优秀的分析师，关注那些喜欢努力工作、为开展新业务而兴奋不已、与众不同、致力于打造强大欧洲公司的团队成员。几年的时间，高盛成了欧洲10家研究实力最强的公司中唯一的美国公司。

"我们的首要任务是创造巨额利润，"法伊夫说，"从此，我们以后的首要任务是挑选那些能够持续为公司赚钱的合作伙伴。"他知道他需要帮助，因此为了向管理委员会展示欧洲存在巨大的机会，法伊夫前往市政厅商业图书馆，将《财富》杂志中全球最大公司的排名复制下来，研究这些欧洲公司多年以来如何不断提升排名，成长的速度有多快。法伊夫也知道他急需一名经验丰富的本地向导。

现实情况是，高盛的员工根本不接触英国本土市场，因此他们分辨不出谁好谁坏，哪家律师最善于解决法律纠纷，以及英国政府是如何运作的。"我们只是在形式上来看是身在欧洲，"法伊夫回忆说，"但是我们很显然是门外汉，不是这个城市的一部分，甚至根本不了解伦敦这个城市。没有一家公司有兴趣了解这个城市是怎么运作的，而我们需要这么做。"

他的第一个挑战是要获取准确的信息，深入了解伦敦的现状。第二个挑战是招聘。法伊夫致力于打造长期的团队——这是战略上的重大变化。

高盛不仅在英国默默无闻，而且其雇用的绝大部分员工也不打算招聘杰出的新人。法伊夫面临的困难还不只这些，美国人一向以短视著称，他们经常做短期规划，根本没有长期打算。《欧洲货币》杂志的封面揭示了伦敦人心目中的美国人形象，一位年轻、粗鲁的美国投资银行家从肯考迪（Concorde）跳槽出来，只打算待一段日子，而后还要回肯考迪。他们被称为"鸽子式的投资银行家"，"飞经头顶，在我们这里短暂停留，然后飞回去"。

所罗门兄弟刚刚解聘了一批伦敦本地雇员，高盛打算招聘其中的一部分人，有个叫布里顿（Britons）的问："我为什么要加入你们公司，绝大部分升迁机会，特别是成为合伙人的机会，都留给了美国人，但是如果你们业绩变坏，你们会首先解雇像我一样的英国人，然后将那些美国人安全地送回纽约去。"这个问题确实很难回答。职位也许能解决部分问题，由于成为合伙人确实非常困难，因此公司在"副总裁"这个称号被广泛使用后，又发明了一个稍微再高一点儿的职位——只高那么一点点——执行总监。为了客观地了解外界对于大学毕业生为什么不愿意加入高盛公司的看法，法伊夫雇用了一家英国咨询公司及搜索公司。① 该公司的报告一针见血：美国公司被看作"市场好的时候招人，市场差时裁人"。并且，美国公司主要的职位——部门负责人及合伙人——都是美国人，没有英国本地人。搜索公司的报告阐述了高盛公司需要改变外界的这些看法，只有认识到"人们不相信你说的——只看你做什么，示范行为是关键"，才能建立信任。只有口号是远远不够的，消除疑虑的唯一方法是使用有说服力的方式，采取行动。因此法伊夫从来没有想过要租房，或者住在位于切斯特广场的公司公寓里。② 他在伦敦买了一幢房子，经常举办宴会招待客户，

---

① 菲利普·罗森被指派负责找到高盛公共关系的弱点，他列出了高盛做错的25件事情。

② 之前租给了鲍勃·威尔逊，宾州中央票据发行失败后他被发配到伦敦，后来罗伊·斯密斯与鲍勃·康韦也住过这套公寓。

包括玛格丽特·撒切尔夫人。这在英国具有非常大的象征意义,"家"这个词包含了太多的含义。这等于告诉每一个人,高盛是打算在这里扎根的。

法伊夫知道他需要欧洲高层的帮助,但不愿意像其他公司那样做,只是请一些"花瓶"过来,但他也知道不可能请到具备实力的合伙人级别的人才。并且,欧洲每个国家在文化、商业环境、政治及习俗上都存在很大差异。在法国,高等专业学院(Grandes Ecoles)的毕业生们都为政府工作,在工作20年后被任命为法国主要公司的总经理。"我们希望知道法国客户对于高盛公司的法国雇员的看法,"法伊夫说,"去哈佛大学读MBA的法国人被看成是'异类'——非常能干,但他们是圈外人。真正的法国人会对他们保持警惕。"他知道自己不了解欧洲各个国家的内部规则以及习俗,他需要一种方法来评价社会、政治、伦理及文化的各种维度。他需要一个可以信任的人来帮他脱离困境。例如,在意大利,行贿非常流行,法伊夫决定不让高盛的准则对此妥协。只有了解每个国家最敏感的特性及复杂的优势,以及市场主要参与者的个人喜好——了解所有的东西甚至需要一生的时间,高盛才能在与本地银行的竞争中取胜。法伊夫无法花费一生的时间去了解这些事情,他需要尽快取得显著的进步和可观的利润。正当他试图找出怎么做的时候,他接到了纽约打来的非常有帮助的电话。

电话是埃里克·希因伯格打来的,"我知道某人要从西班牙政府部门离职,你也许有兴趣见见他。他的名字叫德黑萨(Guillermo de La Dehesa)。他是内阁大臣,在离职后会找其他工作。"[①]法伊夫给德黑萨打电话,事情确实与他电话中听到的一样,然后,他安排了去西班牙出差。两个人在几个月内进行了一系列的会面,建立了良好的私人关系,也打下了合作的工作基础。高盛不要求德黑萨签订合约,也不会让他的名字在高

---

① 德黑萨是经济与财政部秘书。希因伯格认识他,因为他主抓央行。

盛内部流传。[②]法伊夫解释说：“我们需要你担当我们的顾问，告诉我们在西班牙怎么促成业务的交易。为我们的计划把关，特别是我们的总监们。帮助我们学习应该学的知识。我们不知道关键决策者的性格、信仰、目标及偏见。我们不了解在这里办事的行为准则——看重什么，如何行动，该说什么，或者何时说。我们甚至不会讲西班牙语。”

德黑萨曾任西班牙政府的国家顾问和拉丁美洲的顾问，因此足以胜任高级投资银行家的职位。[①]作为引路者，他不仅仅能够提供关于西班牙的法律、国家习俗、条例等方面的专业建议；还能训练公司的银行家们熟悉西班牙社会、政治以及商业，告诉他们哪些应该做，哪些不应该做；帮公司识别需要警惕以及关注的那些在仕途看好的要员们。他会提供有用的建议：包括怎么建立长期信任关系；怎么在几年内将高盛打造成举足轻重的公司；在不同的情况下如何选择律师事务所和会计公司；他会评论高盛的表现，建议其需要采取的变化。

法伊夫与德黑萨研究出了合适的条款。成功的人士不仅仅满足于担当公司的顾问——即公司的摆设，因此法伊夫让沙利文-克伦威尔组建了一家新的公司：高盛国际公司。法伊夫将担任公司主席，而国家顾问德黑萨将担任副主席，每年薪水为10万美元——很快升至15万美元，并且有机会得到100万美元的奖金，这取决于他们帮助各部门完成任务及促成交易实施的情况。

法伊夫在每个国家都雇用了一名专家顾问。"这些人都有着辉煌的职业经历，与政府和主要的公司都建立了广泛的联系，"他说，"这些人一开始非常多疑。我们在欧洲以及他们的国家没有任何名气，他们很自然地会

---

[②] 他们知道，一些公司的国际顾问团只是撑门面，很难让人满意——包括高盛，只是供亨利·基辛格与罗伯特·麦克马拉等知识渊博的专家交换观点的地方。这些名誉顾问团与公司的业务没有联系，专家们对公司没有实质性贡献，无法识别哪些事情对于公司真正有价值或有意义。

[①] 1991年，"国家顾问"被改名为"国际顾问"，以此反映许多顾问们实际上活跃在跨国业务中，而本国的业务只占了一小部分。不再使用副主席的称呼。

担忧我们只是想利用他们的关系（甚至可能利用完后就抛弃他们），他们极其看重名誉，公平或者不公平地认为，当市场变糟时，这些美国人会离开这里。"因此一开始，法伊夫就强调公司不是简单地利用他们的关系："我们需要知道各个国家的人对于不同问题的想法与感觉。我们需要能够察觉到错误，并及时提醒我们的人。我们需要他们做的不是帮助促成某宗特定交易，他们的重要性体现在对其国家的深刻理解上，如果我们工作的每个部分都确保正确，我们就能够成为他们国家中真正具有领导力的投资银行。"

那些国家顾问们——不久后改名为国际顾问——是个松散的团队，但是他们不断发表关于欧洲联合体多变的经济和政治环境，以及业务发展战略的见解。国家顾问每季度会召开为期两天的会议：第一天向高盛的投资银行家们简单介绍他们国家最重要的进展，第二天向他们讲述公司的最新发展——特别是投资银行业务的最新进步，附带对特定交易独到的详尽解释，以及从中吸取的教训。

法伊夫两年后回忆说，吉恩-查尔斯·卡朋蒂埃（Jean-Charles Charpentier）——"是个非常和善的家伙，负责高盛在法国的业务，但是不适合投资银行业"，因此公司很客气地请他走人了——给他打电话，告诉他3个候选人的名字，请他考虑合适的法国国家顾问的人选。在这3个人中，有一个非常优秀：雅克·马尤（Jacques Mayoux）。在法国，200年前由拿破仑创建的grandes ecoles精英学校中的毕业生都是百里挑一、非常聪明的。这些人中的最优秀者会获得金融督查（Inspecteur de Finances）称号，这一称号将使他们一生都非常辉煌。德斯坦（Valéry Giscard d'Estaing）为以全班第三名的成绩毕业而感到无比自豪，这个排名足以为他赢得一生的尊重——他毕生非常敬重的人就是第一名雅克·马尤。[①]马尤39岁时成为法国银行业中最年轻的CEO,当时已从法国著名的兴业银行（Société Générale）的CEO职位上退休。马尤知道他应该是这样的：处于法国权力金字塔的最顶端。他同意在高盛任职是重大的突破，并且表现得非常有效率。

当法国巨型石油公司道达尔（Total）被私有化时，道达尔的总裁决定请摩根士丹利承销这项交易。当马尤在周末得知这一消息时，非常愤怒："怎么可能？摩根士丹利？这绝不可能！"他让司机马上开车送他去道达尔总裁的家里，他气急败坏地说："你不尊重我！这个承销业务绝对不能交给摩根士丹利！这项业务应该交给合适的公司来做，这当然就是高盛！马上！"

第二天，公司宣布道达尔的私有化业务由高盛公司承揽，道达尔的总裁在法国商业精英中以精确的判断而闻名。马尤清楚地意识到，如果他没有做出那个决定，他一辈子都会被打上无能的烙印。

约翰·索顿回忆说："雅克·马尤倾其所有精力用于商业的拼杀，任何地方发生的任何事情都不会逃过他的眼睛。为了与他熟识的公司打交道，我们去了日本，这个市场他非常了解，多年来经常打交道。"在东京的一个晚上，索顿去马尤的酒店房间给他送文件。门开着，索顿敲门走了进去。地板上摆满了日本书籍——马尤当时已经70多岁了，他仍然在学习，用他的话说"找点儿门路"，寻求多阶段的业务竞争战略。索顿解释说，"为了得到非凡的地位，你必须进入这个圈子里去。受人喜欢并不意

---

[①] 马尤毕业于法国高等商业研究学院（Ecole des Hautes Etudes Commerciales）及国家行政学院（Ecole Nationale d'Administration），曾被任命为财政巡视员。他曾连续12年担任欧洲最大零售银行法国农业信贷银业（Crédit Agricole）的总裁，担任几个改革委员会的主席，作为萨西洛尔钢铁公司（Sacilor）的总裁重组了钢铁行业。他是法国荣誉军团及国家荣誉部队的指挥官。尽管他的背景非常突出，但是第一次去纽约见公司高层人员时并不受重视。鲍勃·鲁宾、史蒂夫·弗里德曼、杰夫·布瓦西都没有见他。但是没有人告诉法伊夫不能聘请马尤，因此他加入了高盛。

味着你融入了这个系统,也不意味着一定能够获得尊重。"

罗马诺·普罗迪(Romano Prodi)是公司在意大利的国家顾问——后来成为首相,他的口头禅是"这个业务不能那么做,按照下面的方法来做"。普罗迪告诉法伊夫,促成某项业务的唯一办法是行贿,而法伊夫坚持高盛从来不行贿,在一系列事件之后那些行贿者不仅会被绳之以法,无法阻碍高盛拿到招标书,而且一些重要的评论家也会为公司的决定喝彩,高盛取得了这次交易的胜利。法伊夫回忆说,"这之后我们赢得了招标书,做成了大量业务。"①

法伊夫认为:"在这些国家,没有任何事情比被最高层完全接受更加明显或者直接了。"布莱恩·格里菲斯(Brian Griffiths)是8个国际顾问中的倒数第二个。他曾经担任玛格丽特·撒切尔的首席国内咨询师,是唯一的撒切尔内阁成员。对于高盛而言,他的商业意识有些薄弱,但是他了解英国政府的方方面面,对帮助法伊夫在处理复杂及艰难的马克斯韦尔事件时理解英国文化起到了关键的作用。

经过三年的时间,国际顾问变成了坚不可摧的力量。莱顿大学的维克托·哈尔伯斯塔拥有学术、政府和海外工作经验的背景,在全球工作中奉行"万事必达"的态度。索顿最近向公司推荐了彼得·萨瑟兰(Peter Sutherland)。在跨大西洋旅行的飞机上,法伊夫非常幸运地结识了WTO负责人及GATT前总监萨瑟兰,在没有别人打扰的绝佳环境下,法伊夫有足够的时间与他建立友谊。萨瑟兰最后同意加入高盛。②

正如法伊夫所说的那样:"我们在国家顾问身上投资越多,得到的回报就越多。"国家顾问不仅给法伊夫提供咨询,也有效地担任了高盛在各个国家开展业务的咨询师及产品专家。他们成功地将许多大公司发展为公司客户,特别是当与高级银行家一起工作时,他们很快学会了如何在商业

---

① 当格里斯在电话中透露出私有化意向时,高盛找不出行贿以外的其他办法。因此公司只好放弃。摩根士丹利获得了招标书,但是几年之后这项交易仍然没有结果。

② 萨瑟兰担任过爱尔兰的司法部长以及布鲁塞尔欧洲竞争协会的首席检察官。

中高效地工作。

公司在德国聘请了两位国际顾问：曾担任经济部长及赫尔默特·施密特（Helmut Schmid）首席顾问的汉斯·佛里德里克，以及曾就职于德利多富（Nixdorf）计算机公司的克劳斯·拉夫特。法伊夫与证券交易委员会的理查德·布里登在瑞士的达沃斯会面，理查德希望汽车制造商戴姆勒－奔驰等大型公司能够在美国上市。如果法伊夫感兴趣的话，布里登会帮助疏通监管层。佛里德里克与戴姆勒－奔驰公司的总裁埃德扎得·路透（Edzard Reuter）关系密切，埃德扎得安排了佛里德里克与公司的财务总监在斯图加特会面。法伊夫在会面中提出了在纽约上市的计划。财务总监非常吃惊，而且有点儿恼火，他怀疑高盛是否有足够的实力承销强大的戴姆勒公司的业务，路透非常粗鲁地教训他：“从现在开始，该业务及以后所有业务都只交给一家美国公司——高盛！”

同时，高盛内部滋生了许多反对开发德国业务的声音，就像是鲍勃·慕钦说的："市场太小了，并且被本地人控制，很难赚到钱。"史蒂夫·弗里德曼说："德国大银行是全能型银行。我们根本渗透不进去。"设立巴黎办公室非常容易，法伊夫很容易就做到了。但设立法兰克福办公室却遇到了很大的阻碍，特别是遭到了一些犹太合伙人的强烈反对。约翰·温伯格非常理解这一点。他一针见血地指出，"战后我在德国待过一阵子，看到的和感受到的都是你们无法想象的事情"。

但是法伊夫决定找出解决问题的办法。马克·温克尔曼与乔恩·科尔津认识到了德国市场对债券交易与外汇交易的重要性，因此这两个部门非常踊跃。幸运的是，鲍勃·鲁宾给予了他们很大的支持，以他一贯的概率、风险——收益分析方法提出问题："如果失败又怎样？成本又不高。我们可以随时关闭它。我们公司的规模足以支撑对这个业务的尝试。"从第一波士顿跳槽过来，讲一口德语的阿瑟-沃尔特是法兰克福办公室的负责人。当1989年柏林墙倒塌后，高盛在德国一体化过程中处理了很多有关产业合理化的业务。

法伊夫还有一个问题尚未解决——高盛公司的组织架构问题。"作为伦敦公司的负责人，我承担了数不清的责任，却没有任何权力。"所有的权力都集中在纽约各个部门负责人手里。法伊夫的权力来自沟通与说服，或者是衍生出来的——通过确保各部门负责人感觉不错而派生出来的。

公司内部的挑战甚至比外部的挑战还要艰巨。20世纪80年代中期，在去西班牙的途中，法伊夫得知西班牙国家电信公司Telefónica将被私有化。这个公司规模庞大，网络遍布全球，这个任务比任何西班牙公司的任务都要艰巨。这看起来是高盛的一次机会，但是法伊夫在一开始接触的过程中发现公司总裁对高盛印象并不好，公司内也普遍存在这种看法。得知Telefónica的财务副总裁将前往纽约后，法伊夫要求纽约方面提供援助，而得到的回答是不感兴趣："吉恩，你确定Telefónica是我们想要的公司吗？"

法伊夫只能将此暂时放下。1987年，鲍勃·鲁宾因私事给法伊夫打电话："朱蒂和我一般会在圣诞节离开纽约，今年我们打算去西班牙。你知道马德里哪家酒店和餐厅比较好吗？"

"当然，鲍勃。最好的酒店是丽嘉酒店，我会推荐你几家比较有特色的餐厅。你在马德里的时候，能否抽个时间一起吃午饭，讨论一件重要的事情？"

"吉恩，我是去度假！"

但是法伊夫坚持这样，鲁宾只好妥协。在马德里，鲁宾先拜见了西班牙内阁大臣，讨论了Telefónia的部分私有化问题。之后又与Telefónica总裁和财务总监进行了私人聚餐。事情进展的并不顺利。鲁宾向法伊夫报告说："吉恩，他整晚做的事情就是羞辱我，因为我们没有对他们公司做深入的研究。"这给鲁宾留下了非常深刻的印象，公司负责股票发行的合伙人埃里克·多布金同意组织辛迪加，为高盛承销Telefónica上市做簿记。在接下来的几个月中，公司从第一波士顿银行手中抢来了中标书——后者因行贿而被起诉，赚了1 300万美元的承销费用，相当于10年来法伊夫获得的所有国际业务收入的总和。1995年和1997年在汤姆·塔夫特负责高盛公司时，完成了Telefónica另外两个更大的私有化项目。[1]

为了告诉伦敦的同事他们面临的挑战有多么艰巨，法伊夫组织了一个团队，由英国石油公司、联合利华及BAT公司的总裁们组成，让他们描述他们眼中高盛相对于竞争对手的优势及劣势——尤其是为什么他们不选择高盛公司。这简直是令人震撼。那些总裁们是这么说的：当高盛的投资银行家们来拜访他们时，这些英国的总裁们听到的仅限于高盛在美国的业务，因为高盛的投资银行家们谈论的只是其美国业务。虽然他们喜欢这些谈话，但是他们最感兴趣的和最重要的业务挑战来自世界各地：在印度尼西亚的融资，在阿根廷的收购活动，在中国香港的房地产投资等。所有这些业务挑战都超越了高盛单轨业务的能力及业务范围，而且投资银行赚取的服务费用只有很少一部分来自北美地区。

在英国并购业务取得突破性成功后，约翰·索顿被提升为欧洲大陆地区投资银行服务的关系银行家。"我们在英国使用的规则同样适用于其他国家，"索顿回忆说，"每个国家都有一个主要城市——最多有两个。先后顺序就不用说了，每个人都深谙于心——就像是在小城镇或者是秘密社会中那样。声誉靠行动建立，人们依此进行判断。声誉的概念并不复杂，因此在塑造企业的信誉时，执行力远比战略更加重要。"但是当战略出现错误的时候，它将在整个过程中居主导地位。

在同样的年代，最强大的英国商业银行组织在架构与战略上都出现了失误。当高盛正在扩展战略选择，增加有价值的且具有拓展性的资源时，华宝证券却在西班牙、法国、德国及其他国家到处收购规模小且前途不明朗的分支机构，耗尽了其资本金及管理天赋。

---

[1] 在Telefónica之后，另外一家西班牙大型公司进行私有化——莱普索尔-恩德萨公司发行了美国预托证券，然后是毕尔巴鄂-比斯开与桑坦得公司，高盛每年在西班牙都能够获得2 000万美元的承销收入。在西班牙的成功帮助高盛打开了拉美及欧洲市场的机会。Telefónica公司私有化的成功带来了一系列荷兰、丹麦及墨西哥公司的私有化，高盛担任了Telefónica墨西哥公司巨额私有化的承销商，承销费用是2 000万美元。德国电信公司私有化费用高达4 000万美元。

当索顿在欧洲收购投行服务部时，该机构只有12名员工。索顿知道成功的关键不仅仅是拥有精力充沛、能力强的员工，而且需要在最重要、最有发展潜力的客户身上配置最重要的人才，索顿决定重新组合销售团队。"在芬兰，我们有一个优秀的销售员，但是他负责了120家公司，分配到每家的时间有限。于是，我让他列出该国最重要的20个客户，将时间全部投入到这20个客户上。我们都知道这会出问题。如果他只关注这20个客户，那么当另外100个客户中任何一个进行一笔交易时，纽约公司的负责人很快就会质问他，为什么我们会失去这项业务。因此我说我会替他阻挡这些抱怨。"

索顿与投行服务部的每个销售人员坐下来谈话，检查他们手上的客户名单，以及他们给名单上的重要潜在客户打电话的频率。他希望这12个员工每个星期都能打一到两个重要的电话。这240个"首要"人物中——12个人每人列出20个首要人物——在过去的3个月中，只有26个人接到过一次电话。在第一次检查后，电话次数增加了，但是只有36个人经常被拜访，而1/3的客户偶尔受到拜访，另外1/3的客户则无人理会。但是索顿坚持他的要求。9个月后，所有的240个人都接到了电话，或者每周被拜访一次。这些电话的拜访对象升至更高级的总监。索顿不断提醒每个人，"会计师诚然是非常重要的，但是总裁更加重要。"索顿总结说，"目标是每天都能够拨出3~5个重要电话。我们希望形成一种程序化、系统化的方式，将我们打造成为强大的机构。"

索顿也加入到销售队伍中，寻找大象级猎物。"我们与BP有些业务往来。①我发现约翰·布朗尼非常重要——有可能成为该公司的CEO——因此我开始给他打电话。刚开始接触的时候，我发现他是个非常聪明的人，但是有点儿害羞，并且有所防备。谈话毫无进展，30分钟内就结束了。"

"我第二次打电话时，我提到了马克·温克尔曼，但依旧没什么进展。""然后我邀请布朗尼和他母亲与我们夫妇一起进餐。当晚这两个女人

---

① 高盛未能通过BP的私有化交易与其发展商业关系。

都生病了，因此变成我和布朗尼两个人一起吃饭。我决定向他敞开心扉，让自己表现得非常脆弱。那个晚上改变了一切，他觉得我可以信任。我面前的障碍一扫而清。但是对于竞争对手来说，他们面对的障碍则变得更多了，因为现在我已经攻入了目标的内部。"

布朗尼很快被提升为公司总裁，BP成为高盛最重要的客户之一。

索顿补充说，"在建立了互相信任而且具有深度的必要关系之后，我们的长期目标是承揽一系列交易，成为市场的领导者。你需要关注的是客户受什么驱动，怎么才能让自己成为不可或缺的因素。这需要时间。同时，也需要花点儿钱。向一家英国公司成功推销美国业务非常容易，但是这说明不了什么。只有在关键事件中一展身手，才能说明问题。"

从美国业务开始，高盛的业务发展战略环环相扣，如帮欧洲公司收购美国公司，发行商业票据，或者将欧洲股票或债券出售给美国投资者。下一轮扩张集中于帮助德国、法国或荷兰公司在欧洲以外的国家发展业务。最高层的商业发展战略是帮助纯粹的国内公司抗击来自本地最强大竞争对手的挑战。公司在各个国家赢得了国际中标书，然后为每个客户公司提供超值服务，直到它们决定通过高盛来发展本土业务。

在德国，德意志银行是金融市场的统治者，以至于像华宝证券公司只将业务限制在一站式交易上，不在乎那些小公司，小公司就像是桌子上的面包屑毫不起眼，银行也很小心翼翼，不去得罪大客户。高盛却采取了相反的策略。高盛的策略听起来非常令人震惊，甚至自大得有些可笑：我们在全球最大、最复杂的市场——美国排名第一，也将在欧洲的主要国家——包括德国——排名第一。

菲尔·墨菲是公司冉冉升起的新星，也是强势的领导者，被派到德国后，通过短期强化课程学会了德语。他非常善于直接与客户打交道，尤其善于组织与激励高盛内部员工——他的穿着与饮酒方式都像是外向的爱尔兰人。他从善如流，大胆起用新人，完全投入到将高盛打造成为德国最有领先力的投资银行的使命中去。但是，遭遇现有银行的坚决抵抗也是必然的。

"当我在华宝证券时,"蒂姆·普劳特说,他1999年接管了公司在德国的业务,"我们在与一家德国主要公司的财务经理共事多年后,赢得了一个小项目,出售附有权证的债券。德意志银行闻风后,立即派一名高层经理去跟该公司的CEO说,'你们财务经理搞错了,他显然没有事先跟财务总监沟通就非常愚蠢地决定将公司的融资业务交给一家外国公司来做。绝不能这样。这非常不合适。我们只跟一家银行共事——德国商业银行(Commerzbank),接下来的交易就交给他们。所以赶快安排一下,让德国商业银行做这宗交易。'我们很快被排除在外,当然这交易最终是由德国商业银行完成的。同样的事情还会不断发生。"①

墨菲并不会听从这样的建议。他有着自己的一个计划:找出30家最大的、最有发展潜力的公司,将它们发展成为高盛的客户。列个单子,将所有的公司都写在上面,找出每家公司现在使用的是哪家投资银行、哪种产品。然后想办法攻破这种合作关系,选一名高盛的员工出马。

当然,这听起来比较荒谬,因为他忽略了一个事实:没有公司尝试过这么做。垄断者与寡头垄断者控制了整个市场,但是他们有时也会犯错误。他们不会永远正确;他们可能过于自信,有时甚至有些松散或者傲慢。他们的工作有很多漏洞,但毫无察觉。他们习惯于垄断所有的业务,不努力工作也能轻松获得业务。世界在发生变化——科技、思想及优先权在变化,人员更换频繁,公司也在不断变化。一些有优先权,一些有新思想,一些有关系,许多人希望能够以新事物来标榜自己。就像是普劳特解释的:"这些人思维非常奇特,能够满足那些感兴趣的公司的期望——即使从未见过面,或者双方只是进行过简短、介绍性的会面,只要你告诉他们一些新奇的事情,并且能够按照他们感兴趣的方式有效实施,他们就会再次跟你见面。"

墨菲将一家公司列在名单的最上方——房间里的德国人哄堂大笑。

---

① 在担任慕尼黑最大的保险商安联公司(Allianz)的财务总监之前,保罗·阿赫莱特纳负责高盛的德国业务达5年之久,之后普劳特接替保罗。

太夸张了！不可能！绝无机会。这个名字是：戴姆勒–奔驰。

墨菲又加上了一个名字：西门子。笑声更大了。

一个德国银行家站起来抗议："你的名单前两个是戴姆勒–奔驰和西门子，而你并不怎么清楚这两个公司的真实情况，所以我讲给你听，让你明白。德意志银行持有戴姆勒–奔驰30%的股份。德意志银行承揽了它所有的融资业务——德意志银行也对该业务保持着高度的警惕性。西门子也在你的单子上，它成立于1885年，已有100多年的历史，基本是由德意志银行创建的。西门子的总裁一般由德意志银行指派。"

不仅仅是高盛内的德国人认为墨菲失去了理智，过于鲁莽和武断，就连摩根士丹利和美林的总裁们也认为高盛选择了错误的方向及道路，因此它们完全没有必要担忧它们的竞争者——至少在德国是这样，即便在整个欧洲也不需要，不过他们很高兴看到高盛的这一选择。

德国银行家们坚持约翰·索顿所倡导的逐个突破的办法——这种方法在英国和斯堪的纳维亚非常有效——不适用于大型德国公司的结构化的官僚系统，德国公司的CEO们对财务一无所知，首席财务总监也不参与融资，大部分依赖于财务经理。这三个高级主管与所有的总监都有否决权。因此对于财务经理来说，聘用新公司提供投资银行服务会给其职业生涯带来极大的风险——特别是像高盛这样的外国公司。

墨菲不听。他已经拿定了主意。

几周以后，高盛在德国的投资银行家们，像他们在法国、意大利、德国的同事一样，在旅游胜地聚会，讨论战略计划，致力于将公司打造成最重要的公司，找出最好的办法。不论是在讨论中，还是在回办公室的途中，没有人提及高盛的传统优先目标：赢利性。现在的焦点是如何成为完全基于业务量统计的"承销排行榜"上的第一位，使高盛成为德国的第一名。排名靠前了——利润就会紧跟而来。公司的客户被划分为三种类型——超级大的、主要的、重要的，分组的依据是过去3年他们支付的佣金，以及未来可能会支付的佣金。

西门子是德国公司中第一个支付投资银行服务费用的公司，很快为高盛提供了大量收入来源。①高盛公司从西屋的收购案起开始与西门子一起工作。西门子花了18个月的时间才答应与公司签署费用协议，西门子的财务总监抵抗到最后："如果你坚持，我们就跟你签协议，但是如果不这样，我们就会把你从名单上划掉，不再跟你进行其他任何投资银行业务往来。"其他的投资银行听到这番话肯定会很沮丧。高盛非常幸运，因为投资者关系经理很快取代了现任财务总监，而这个人是蒂姆·普劳特一手提拔起来的人。科尔津那天给普劳特打电话承认："你简直在把西门子据为己有。②很久前我就知道，如果有人往你脸上吐口水，你不生气的话，通常会采取三种行动：第一，说这是在下雨；第二，把它擦干；第三，重申你的决定和使命。"

接下来的主要目标非常大：德国电信公司。在竞选德国电信公司主承销商的过程中，国际顾问汉斯·佛里德里克安排了公司与赫尔穆特·科尔（He Lmut Kohl）大臣的私下会面。后来，在国联邦议院的特殊会议中，高盛的投资银行家们给立法者详细讲述了德国电信公司私有化这一复杂交易的方方面面。这给高盛赢得私有化独家主承销商打下了坚固的基础，这也有力地证明了高盛在德国具有的优越性。

德国电信公司的地位非常突出：由高盛与德意志银行担任联合主承销商，是全球最大的IPO。这一胜利来自高盛长达6年的持续辛苦的工作，这次胜利也有着非常幸运的成分：德国电信公司未来的主席罗恩·萨默，以前曾经是高盛德国国家顾问克劳斯·拉夫特的手下。拉夫特有勇气和信心坚持使用两家平等的联合主承销商。"这宗交易主要得益于拉夫特的努力——离开拉夫特交易不可能成功，这就足够了，"史

---

① 西门子是第一家使用管理咨询的德国公司。20世纪80年代，以最优惠的价格同时聘用麦肯锡和波士顿咨询公司，然后比较哪家公司做得更好。

② 1999年2月——互联网泡沫的顶端，高盛帮助西门子分拆了半导体业务，首发募集了80亿欧元。每股价格35欧元，需求非常强烈——零售客户超额认购率为250倍，之后投资者将股价推升至100欧元。几年之后，股价跌至8欧元。"我早应该意识到泡沫的存在，"普劳特怯懦地说，"资本集团没有认购任何股票，富达也没有参与。"

蒂夫·弗里德曼说。①

德意志银行主席希尔莫·科珀盛赞高盛公司："没有其他公司能像高盛一样让我生气。我们从未料到你们能中标。"

索顿大胆规划商业发展战略的能力——成功地应用于英国和欧洲其他地区——在亚洲也大获成功。当他到达亚洲时，高盛在亚洲的公司已经约有1 000人，但是却处于亏损状态。索顿的优势非常突出：科尔津同意让他挑选两位领导人员——在中国香港的菲尔·墨菲和在东京的马克·施瓦兹。"我们开了三天会，列出了十件最重要的、急需完成的事情，"索顿回忆说，"中国是核心地区，由于我们在那里几乎什么都没有，所以操作起来将会是最困难的——因此我选择了中国。"

索顿对于重建高盛中国香港公司有非常重要的作用。"他担任负责人，设立了很高的目标，"合伙人迪娜卡·辛格（Dinaker Singh）回忆说，"给我们提出挑战，让我们找出合适的战略，然后让我们去寻找最需要的人才。幸运的是，因为我们早期裁减了规模，因此当竞争对手开始裁员时，我们已经在进行招聘了，所以我们有大量的选择空间，能够雇用到最优秀的人才。"索顿也在时刻遵循并践行自己的原则："在12小时的飞行途中，我与摩根士丹利的一名明星员工坐在一起。飞机着陆时，他同意来高盛工作。"

2003年离开公司之后，索顿担任中国最大银行中国工商银行的外部董事。②在第一次会议中，行长提议批准一项与高盛的业务协议。银行的其他所有董事都是中国政府官员，他们提出了很刁钻的譬如"精确的战略是什么"、"怎么收费"、"赢利如何分成"等问题，所有问题扑面而来，他们很快了解到高盛打算承揽该银行未来所有的业务，而并不打算与银行签订互惠协议。会后银行行长与索顿进行了私下的会面。他希望听听索顿的

---

① 克劳斯·拉夫特也给鲍勃·鲁宾安排了一项"无法完成"的任务：NCR对AT&T的反击战。

② 中国工商银行拥有2万个分支机构，1亿名零售客户，资产规模接近中国第二大银行的2倍。

建议。索顿建议中国工商银行就价格和价值的关系进行重新谈判。比如银行可以获得实质性、清晰的承诺，例如请杰里·科里根一年做几场风险管理方面的讲座（高盛的合伙人，曾任纽约联邦储备银行总裁）。其他高盛擅长的方面，中国工商银行也可以照搬。之后，高盛给中国工商银行提供了大量有价值的服务，双方关系应该建立在高度互惠的基础上。

然而，中国工商银行所强调的长期政策和规则与它公共事业部门的角色相冲突。它是否应该区分咨询师与投资者的角色？更重要的是，公司需要在个人投资方面实施正确的政策。作为个人，高盛合伙人购买了中国工商银行的股票，他们认为股价肯定会翻番——甚至会翻两番。如果这被中国人理解为投机，这会表明公司不值得长期信任。中国政府的精英官员们都在乎长期表现。就像一句中国谚语所说，"日久见人心"。

市场是神秘莫测的，公司可以匿名进行债券、商品与外汇的交易。你希望最优秀的人才助你成功，不需要去关注谁亏损或受伤。没有人知道你曾经在市场里面打拼过。这是隐姓埋名的时代。但是投资银行却完全不同，记录在不断累积，客户可以凭借长期的经验来进行选择。

## 29
# 史蒂夫辞职！

1994年2月，史蒂夫·弗里德曼请高盛总顾问兼合伙人鲍勃·卡茨在每周管理委员会会议之后留下来进行一次简短的私人谈话。到了家后，弗里德曼关上门，与卡茨进行了秘密谈话。在接下来的几个月中，除了芭芭拉·弗里德曼之外没有人知道弗里德曼到底跟卡茨说了什么（一个月后，弗里德曼在华盛顿的杰斐逊酒店与鲍勃·鲁宾就上次的议题再次进行了秘密对话）。

"鲍勃，在9月份的合伙人会议上……我将宣布一件重大事情……现在只能告诉你一个人，但是你必须保证绝对保密，发誓不会跟任何人提起这件事。"

卡茨表示理解。自从卡茨从沙利文-克伦威尔来到高盛开始，他向弗里德曼保证过对两人之间的对话内容保密——除非发生两种情况：谈话触犯了法律，或者发生严重危害到公司的事情。

"我今年下半年将从高盛退休，很可能是9月份。"他停顿了一下。"鲍勃，你已经发誓将严守秘密——这事只有你我两人知道。"

如果弗里德曼与卡茨知道高盛将面临何种困境，他们就应该知道这将把卡茨推向何等艰难的境地。作为首席顾问，他首先应该对公司忠诚，而不是对任何个人忠诚，即使是最高级别的合伙人。告别了伟大的1993年，他们预期1994年公司获利的势头仍然强劲。没有人预料到1994年有多么糟糕。弗里德曼相信公司的战略已经步入正轨。交易不仅仅达到了预期,而且发展迅猛。他的大部分工作都已经完成了。马克斯韦尔事件也基本上解决了。他觉得为了处理这些事情他已经在公司多待了一年。现在,很显然他已经拿定了主意。

卡茨问他是否已经决定了。

"完全确定。我已经跟芭芭拉保证过。这个工作像个杀手,如果我还继续的话会被杀死的——她也知道这一点。"

几周之后,时至早春,弗里德曼与卡茨共进午餐时,讨论过渡期间的具体安排。他们选择了位于第14街南端一家意大利的托斯卡纳风味餐厅以避开东部的高盛员工。但是很不走运。市政债券部的麦克·麦卡锡走过来跟他们打招呼。几天之后,具有讽刺意味的是,在4月1日,公司交易遭受到重创:亏损了3亿美元。

在1992年鲍勃·鲁宾宣布他将离开公司并加入克林顿内阁政府时,戴维·塞芬向史蒂夫·弗里德曼游说任命另外一位合伙人共同管理公司。① "史蒂夫,这没有任何攻击的意味,但是领导这家全球化公司已经成为非常艰巨的任务——对于任何人来说都非常困难。你不能同时出现在新加坡和法兰克福。如果你觉得一时拿不定主意,我向你推荐罗伊·朱克伯格。他拥有你需要的一切素质,并且非常善于与客户打交道。让他来帮助你巩固基业。即使公司的架构已经成型,这项工作也并不轻松。"掌管套利业务的合伙人弗兰克·布罗森斯也提出了同样的建议。弗里德曼想都没想就拒绝了这个提议。"我对管理公司不感兴趣,"塞芬说,"为了工作必须放弃所有的生活,我不愿意这样做。罗伊的能力非常突出,他可以承担史蒂夫身上大部分的担子。并且罗伊这个年纪不足以威胁到乔恩·科尔津或者马克·温克尔曼,或者任何其他有野心的合伙人。"几年之后,一些合伙人依然为弗里德曼拒绝帮助而感到困惑,大家猜测他可能是为了走

---

① 1994年10月迈克尔·卡洛发表在《机构投资者》上的文章《高盛内部的丑闻》对书有帮助。

出鲁宾的阴影，证明自己的实力。

　　弗里德曼已经决定了继任者的人选，但是他在杰斐逊酒店吃饭时跟鲁宾说："我还不能向委员会提起他的名字。"鲁宾也不能说服弗里德曼再在公司留任一段时间，弗里德曼的希望是"给其他人时间证明他们自己"，按照他说的，他布置了任务"从不同的方式检测他们的领导能力以及管理技能"。温克尔曼与朱克伯格的任务是寻找提升公司业务水平的方法，科尔津与保尔森一起被派往亚洲工作。

　　在康奈尔大学读书时，史蒂夫·弗里德曼获得了摔跤比赛的常青藤学校、东部院校及国家冠军，展示了他的强健体魄以及训练有素的定力。同样，法律意识也不是团队需要的素质。并购业务要遭遇对手的激烈竞争。成功者往往是自甘寂寞的孤独者。当弗里德曼的工作压力达到不能容忍的程度时，他知道只能信任一个人：史蒂夫·弗里德曼。

　　时间的把握对于摔跤比赛与并购交易来说同样重要——特别是组织的领导人更换频繁时，1994年对于史蒂夫·弗里德曼来说是个不利时机。没有任何开玩笑的意思，弗里德曼称在最后一年中他无法抽出时间和精力与另外一个公司领导人建立有效的工作关系——这说明公司新任领导人和睦共处的艰难程度，根本没有时间相互理解。只有7个多月的时间，在没有任何先兆的情况下，"自然地"推出继任者是不可能的事情。弗里德曼为了避免分裂公司的内部争端行为，决定夏末在一个星期之内选举出领导人，强行推出公司决议，但这一解决方案并未得到广泛认可。2月时，没有人预料到市场在1994年会变得多么糟糕，特别是在11月份接近高盛财年的时候。

　　可以理解的是，弗里德曼的一意孤行将自己逼入了死角。他告诉自己挑选一或两个候选人与他一起工作非常困难，他担忧个人之间的摩擦将会无休无止。公司之前从未有过潜在的领导人更迭期，弗里德曼的首要任务是避免这一马拉松过程。但是即使大家接受了这一听起来合理的决定，也没有人会认为他的决定是明智的或者正确的。这对公司来说是个错误，对史蒂夫·弗里德曼本人来说也是个错误，特别是第四季度来临之后。

1993年，公司大量抛售英镑，在外汇交易中取得了突出的利润，证明了弗里德曼的策略是正确的。他真的可以完全靠自己独当一面。弗里德曼的薪水是4 600万美元。但是了解市场的人知道，市场是一把双刃剑。1993年对公司来说是非常幸运的年份，而1994年正好相反，极其糟糕。

"到1993年底，"弗里德曼解释说，"我非常疲惫——真的非常累，决定12月退出公司。弗里曼与马克斯韦尔事件都是非常棘手的问题，占据了我大量时间。鲍勃·鲁宾曾与我分担长途出差的任务，但是现在我必须独自承担一切。利率不断攀升，我们的风险控制证明所有的比率及相关性都是正确的——但是即便如此，交易员们也做得非常糟糕，我们必须指导交易员减少风险头寸规模。我们担心被全球高成本结构困住，担心交易量太低，担心投资银行业务萎靡——结果会造成利润急剧下降。我们必须大规模削减成本。"

春天来临后，弗里德曼建议削减固定成本，但是管理委员会认为交易遇到的问题只是暂时的，投票决定不削减成本。1993年12月公司赢利3.75亿美元。1994年第一个月之后的几个月，公司的表现都非常糟糕——甚至出现了亏损——市场与公司头寸背道而驰。马克斯韦尔的保证金贷款案件没有解决，清算毫无疑问会给公司带来更多的负担——同时耗费管理层大量的时间和精力。科尔津从大型夏威夷捐赠基金毕晓普地产公司处筹到2.5亿美元资本金，[①]但是交易损失超出了所有人的想象。国债与日元上的大量头寸给公司带来了巨额亏损，同时，伦敦金边债券价格变化非常迅速。

弗里德曼被警告说他的冒险会受到惩罚，真实状况将不断显现出来，不断有人退出，但是他已经拿定主意，并坚持己见。1994年8月，管理全球证券业务的压力对公司财务造成了威胁，也扰了弗里德曼一家人在怀俄明州度假的兴致。从凌晨4点开始，弗里德曼给主要的债券、股票及全

---

① 毕晓普地产公司是债券销售员弗里德·斯泰克的客户，弗里德与其建立了亲密关系，双方讨论了与住友类似的投资项目。科尔津在达拉斯机场附近的万豪酒店会见了地产公司的高级人员，进行初步面谈之后，飞往夏威夷进行短期会晤。

球资本市场部门打电话,得知公司在伦敦的交易员刚刚亏损了5 000万美元;他接到了来自约翰·汉考克人寿保险公司CEO的电话,称他们对高盛挖走了他们的一名员工感到非常愤怒,将终止与高盛的所有业务,并且希望管理合伙人弗里德曼能够亲耳听到这一决定。弗里德曼从未听过这个人的名字,该公司甚至不在公司前1 000名最大的客户之列,但是这通电话让他愤怒到了极点——一名合伙人回忆说,这也是让他爆发的导火索:"这个工作糟透了!"

"我从来不想当什么管理合伙人。"弗里德曼说他一直希望能够早点儿退休,从事第二职业。"驱动我的是使命——变革的需求,这个使命基本上完成了。实际上,回溯到1990年,我们的战略前景是:固定收益虽然不够强大,但显然已经越来越优秀;全球组织架构的建设渐渐步入正轨;公司文化转型正在适应新的战略发展;自营投资业务非常突出——虽然冲突不断出现,但是完善的披露及正确的决策能够有效管理这些冲突。并且我们在赚钱——利润纪录不断被刷新。我在治理公司方面得心应手,除了一件事情:我并不享受这个过程。客户关系会议无处、无时不在。我必须从欧洲回来,参加三场客户会议——每个会议都非常急,并且是在周日。"

就像《华尔街日报》说的:"像华尔街的竞争伙伴一样,日元对美元的升值及全球利率上涨损害了高盛的利益(公司重赌日元贬值,当利率激增时,持有的大量债券库存急速贬值)。科尔津承认高盛在年初利率急剧上涨时'是个牺牲者'。'像其他公司一样,我们的行动并不完全符合市场的发展情况,'他说。"

乔恩·科尔津与马克·温克尔曼同意在公司自营交易账户中设立两个大型套利交易账户。一个是政府债券套利,另外一个在伦敦。两个账户很快设好,而市场依然在朝着反方向发展。科尔津知道应该怎么做:继续买入!"看起来越糟糕,实际情况越好。"他说,"如果我们坚持,或者增加我们的头寸,很有可能成为最成功的公司。"科尔津没有听信质疑。乔恩的理论固然没错,但是在现实世界中,在"确定性"发生之前,可能已经耗尽了资本金或者出现流动性枯竭。第四季度亏损越来越多，流动性没有出问题，而公司的资本金跌至证券交易委员会要求的最低水平。鲍勃·赫斯特回忆说，"科尔津拥有足够的胆量"。但是科尔津只是合伙人之一，其他合伙人——包括史蒂夫·弗里德曼——都没有这种市场经验、交易技能及临危不惧的能力。他们看到了大规模的不断亏损，他们非常担心，甚至感到恐慌。

"史蒂夫受到外界压力以及工作疲惫的双重折磨"，一位合伙人回忆。市场超常困难，弗里德曼不是经验丰富的风险管理者，因此他不能理解鲁宾以往是如何应对这种不确定性的。鲁宾能够营造信任的氛围，稳定人心，而弗里德曼则习惯问许多挑战性的问题，这只会加剧紧张气氛。一些人担忧弗里德曼的健康。人们发现他承受了很大的压力，跟他说"你看起来脸色不好"或者"史蒂夫，你脸色很苍白"。其他人很难相信他在56岁时出现了健康问题。一位合伙人回忆说："不可能！史蒂夫非常关注他的健康。他身上没有一盎司肥肉。他非常注意养生。西尔斯公司是我们最老的，也是最好的客户之一，我记得在普里马韦拉为西尔斯公司总裁及高级管理层举行的合伙人宴会上，史蒂夫迟到了45分钟。为什么？因为他坚持每天都要去健身！"

在1994年9月的前两天，鲍勃·卡茨召集所有的管理委员会成员，提醒他们周一召开的周会将改到9月7号周三举行，因为周一是劳动节，周二是犹太新年。像以往一样，所有成员必须参加会议，"不管你有什么计划，不管你是谁，你有什么事情，都必须到场！"这种绝对的坚持看起来非同寻常，特别是许多人刚从假期回到工作岗位上，劳动节前后的这段时间通常是一年最平静的时刻。鲍勃·赫斯特给他的朋友史蒂夫·弗里德曼打电话，问他是什么事情，没有得到任何回答——只是说这是强制性的会议，"必须到场！"

周日，弗里德曼在午餐的时候告诉了约翰·温伯格他准备离开的事实，然后给约翰·怀特黑德打电话也提到了此事。一些合伙人认为他也给乔恩·科尔津和汉克·保尔森打了电话。温伯格称合伙人能够接受这一切，但是员工们不能。第一天他控制住了自己的真实感受，但是后来的恶言恶语不断激起他的愤怒，"可鄙的胆小鬼！""他抛弃了他的部队！""在困难面前就是懦夫！"一连好几个月，只要碰到带点儿挑衅的字眼儿，他就会克制不住地发泄他的愤怒。他不能相信那些关心公司和合伙人的人能够轻易离开公司。当然，温伯格的感受也非常复杂。他视弗里德曼和鲁宾为他的继任者，认为他已经精心培养了他们一段时间，他们应该有丰富的经验，在公司内外获得了认可。顺利的交接是温伯格自己职业生涯的顶峰。但现在他却非常愤怒，因为这种粗暴的做法挑战了所有的忠诚——对合伙人的忠诚，对公司所有人的忠诚，对于他深深爱着的高盛的忠诚。

管理委员会会议于9月7日如期召开。当公司领导人们就座时，一切都非常正常。如往常一样，史蒂夫·弗里德曼脱掉外套，将袖子卷起来。然后，就像他8个月前告诉卡茨的那样，弗里德曼向重权在握的管理委员会宣布："作为一名高级合伙人，我将于11月底退休。这是最终的决定。"

安静。房间里悄无声息。

然后弗里德曼说："这件事情必须保密到下周——下周一是谜底揭晓之时。下周一，是合伙人的第12次月度会议。每个人都必须参加，这样每个合伙人都会同时得知这一信息。从现在开始到下周，必须严格保密。"弗里德曼继续解释离开的原因：他答应了妻子离开公司，因为他有严重的心悸问题。"我每分钟心跳高达160次，有一次在纽约医院躺了9个小时。"他和妻子都担心他快要死掉了，如果不停止工作，工作将会杀死他。弗里德曼没有说他一年前就向芭芭拉·弗里德曼承诺过离开高盛，也没有说出2月份鲍勃·卡茨已经得知这件事情。

这件事情需要的决策速度对于一家总是行动缓慢、深思熟虑、领导者变革非常有条理的公司来说非常陌生，即使是在部门级别也是如此，因此所有人都需要调整自己，适应这种节奏。5天的时间太短暂了。这种速度假设的前提是每个人已经完全理解他应该考虑的所有事情。管理委员会成员感觉这个决定不够尊重管理委员会或者说整个公司。突如其来的时间安排让他们感觉受到了极大的羞辱。

弗里德曼打破了公司提前甄选与培养未来领导人的传统。行业最有条理的公司在事先没有任何安排的情况下进行了最重大的变革——公司的领导层发生了变化。没有时间讨论选举领导人的战略或者政策，弗里德曼也没有与继任者交接的时间。弗里德曼说由于公司的银行家与交易员一直冲突不断，因此他选择给公司施加短期压力是为了"将权力纷争扼杀在摇篮里"。但是目前的快速变化完全不符合高盛以往深思熟虑、精心设计、不断适应一切的作风，这对高盛本身和其树立的形象非常重要。

一些人立刻开始考虑，退出者有什么权力说些什么，或者有什么权力决定大家听什么？然而，弗里德曼自信地表达了明确的想法，他说出了现在应该做些什么，特别是如何决定谁是他的继任者。这需要解决三个主要问题：新的交接领导人该如何确定？对内，如何向合伙人与员工解释这一变化？对外，如何向公司及机构客户解释这一变化？

最后，罗伊·朱克伯格，那个彬彬有礼的、亲切的、口齿伶俐的公司高级合伙人兼任公司管理委员会委员，情况完全崩溃了。朱克伯格的感受与其他人一样，一个小时后，他打电话给塞芬（由于家人有严重的过敏反应，他必须前往医院看护）："我非常惊讶，简直说不出话来。史蒂夫不干了。这个家伙曾经是管理委员会一员——事先什么都不告诉我们——他不干了！"

弗里德曼不打算由他指定继任者，他表示："我要离开公司了。你们将与自己选举出来的领导人一起工作，因此这是你们的选择。首先，需要解决三个问题：(1) 你们会选谁领导公司？选一个人。(2) 你们希望谁与选举出来的领导人一起工作？(3) 你们会选谁当候选人？"

之后，随着讨论逐渐深入，弗里德曼的观点表露无遗，他把一些人摒除在外，同时帮助另外一些人。

追溯过往，弗里德曼在周一时表达了一些观点："我希望能够避免权力纷争事件的发生，给我自己和管理委员会的其他成员以持续评价不同人一起工作的效果的机会。我们曾见过不少公司新老交替的过程被不断拖延，导致这种拖延的原因是权力与公司分裂——或者是太多人干预这个过程，导致交接时间过长。我们相信高盛能够避免这种情况的发生。"在追溯的过程中，弗里德曼讲述了没有董事会进行决策的困难。在他宣布之后，管理委员会会议在位于第85街的公司总部举行，从周三开到周五。在无休止的紧张会议中，公司这些巨人们——虽然科尔津与保尔森事先已经接到警告，但绝大部分人都毫无准备——试图就谁担任领导人达成一致。

近半个世纪来的第一次，公司失去了强有力的、被广为接受的领导者。权力欲望与个人野心很快显露出来，每个人都在寻求他们感兴趣的人选，很快形成并重新构建了各种各样的同盟，大胆地对自己进行定位。每个人都知道金融股权是巨大的，并且公司——如果不是被持续不断的交易问题伤害太严重——肯定会上市：虽然每个人都关注什么对公司是最好的，但他们知道，一旦上市，那些居于要位的领导人每人会得到1亿美元。这是非常时期。

在弗里德曼宣布离职后的一个星期，公司遭遇英国金边债券的巨额交易损失，英国财政大臣提高了利率，这预示着第四季度将会非常糟糕。

数年之后，弗里德曼仍认为他以最好的方式处理了该变革："在管理委员会会议决策之前不能向任何人透露口风，否则会激起一系列政治拉票活动，'我会支持你的，但是你需要一名经验丰富的副主席'或者'我确实对于领导投资银行非常感兴趣'等一系列交易手段。你会惊奇地看到这么多人有向上爬的愿望，或者说是梦想。"

戴维·塞芬非常清楚：他强烈希望完成成功的领导交替过程，但是他不在候选人之列。他表示："我非常失望——不是对决议失望，而是对在低迷时期做出如此重要的合伙人决定而感到失望。"

罗伊·朱克伯格非常有激情，但是他太老了——在朋友眼中，他是一名高级政治家，但是年事已高，不适合担任投资银行家或者交易员。他是高级公关经理——而诽谤者则认为他只是一名销售人员，更适合做一名外交官，而不是领导人。一些人怀疑他能否有能力处理那些令人头疼的电话，但是也许他能够担任3年或4年的替身，直到约翰·塞恩或约翰·索顿做好准备。而鲍勃·赫斯特又太年轻了，公司上下及管理委员会对他还不够熟悉。而且，他还未能从第一赫斯特的阴影中摆脱出来。他担心工作压力会危害到已经岌岌可危的婚姻，因此一个月前他对弗里德曼说："什么人会想得到你的工作？这份工作简直没法让人活！"因此他也不在考虑之列。

弗里德曼排除了马克·温克尔曼，认为他与公司的理念"格格不入"。他的意思是温克尔曼是个独行者，但是作为荷兰人，温克尔曼认为他的意思是"外国人"。排除温克尔曼的简单原因是主要竞争者乔恩·科尔津是一名债券交易员，而温克尔曼也是。温克尔曼的市场经验不够丰富，或者弗里德曼不能完全领会温克尔曼的特殊智慧，因此弗里德曼不能完全欣赏他的能力或者鼓舞他人的领导能力。温克尔曼非常理性、逻辑性强、精通数量系统，他从来没有意识到弗里德曼并不喜欢依赖于市场决策。荷兰人能够接受直率的、针锋相对的争执，信仰"忠诚反对"并且欣赏板着脸嘲弄对方——而这些弗里德曼统统不能接受。就像一些同事觉察到的那样，他与温克尔曼看起来注定生活在不同的轨道中。

在弗里德曼年前组织的管理委员会会议上，温克尔曼被要求就一个重要议题做演讲。在演讲中，弗里德曼知道温克尔曼明白他想要的答案，再三询问他同样的问题。但是温克尔曼认为这不是正确答案，不愿意屈服。弗里德曼不断被激怒，并表露无遗。而且，温克尔曼总是把精力集中在工作上，没有花时间努力成为公司的核心成员。在管理委员会中，他也没有铁哥们儿或者同盟。

相反，科尔津则是十拿九稳。他是公司最大的业务部门——固定收益部门的联席负责人。他同时还担任联席财务总监，对公司财务了如指掌。他非常聪明，是魅力型、天生的领导者，深受公司员工的欢迎。

科尔津在管理委员会的时间比任何其他候选人都长，作为联席财务总监，他对整个公司和各个部门的了解都非常透彻。他与毕晓普地产公司关系密切，熟识住友银行的核心员工。他被公认为伟大的债券交易员，在1993年为公司赚了一大笔钱。虽然巨大的亏损来自他创立的头寸，但是他比别人更了解这些。"我们都很认可科尔津，"塞芬回忆说，"他是固定收益部门的联席负责人,固定收益是公司巨额利润的引擎,对于整体风险非常重要,并且他是联席财务总监——虽然这种权力的分配不太符合直线型的管理方式,但是这是一贯的做法。"在第一轮投票中,虽然没有得到全部认可,但科尔津得到的选票最多。

弗里德曼决定担当最后的决策者。虽然他突然宣告离职给整个团队带来了很大困扰,但作为高级合伙人,多年来的辛苦工作以及对公司的全身心投入给他带来的美誉,他依然有很强的号召力。在一系列一对一的会议中,弗里德曼试图达成一致意见。由于一切都来得太突然,因此没人有时间形成像弗里德曼与鲁宾那样的联盟。一个人管理公司的负担太重了,每个人都认同这一点,但科尔津却不这么认为。如果科尔津成为主席,接下来的问题就是谁将与他一起工作,比如副主席的人选。几乎所有人都想成为副主席。弗里德曼推荐汉克·保尔森当联席副主席。其他人反对。有人建议朱克伯格、温克尔曼与保尔森三人共同担任联席副主席,但是保尔森说他不想为了区区一个联席副主席从芝加哥搬到纽约去。他与妻子都喜欢中西部地区,打算把家安在那里。

弗里德曼与管理委员会的每个成员单独进行对话,讨论"如果不是你,那你选谁"这个问题,搜集对最优管理架构的建议。他要求每个成员将自己的观点简要地写下来,然后传真给他。虽然管理委员会的每个成员私底下都偷偷地想过自己应该被选上,但是随着谈话的持续,弗里德曼强加给他们的观点是"投资银行家"应该为科尔津工作。

科尔津成为公认候选人的选择激怒了温克尔曼,多年来他与科尔津共同担任固定收益部门负责人,双方也建立了高度信任的关系,并共用一间办公室。温克尔曼说他不能同意突然成为科尔津的手下。"我不能这么做",温克尔曼说。虽然他知道科尔津肯定能被公司上下所接受,并且能够成功担任主席——并且在他的辅佐下,科尔津会更加出色。马克·温克尔曼与乔恩·科尔津非常了解对方。"但是,在委员会同意科尔津担任主席的情况下,马克根本没有机会选上,"塞芬回忆说,"因为我们不希望两个人都来自同一个部门,不管马克多么理性,多么训练有素。"

选择科尔津是因为科尔津比其他候选人更优秀，而不是他有绝对优势。科尔津最起码能够被所有人接受。"我们当时没有意识到乔恩一直都想成为高盛的高级合伙人，这种野心驱动他在高盛内部建立了联盟，并赢得了一些人对他的忠诚，他是一个天生的政治家，骨子里就如此。"温克尔曼说。事后，其他人认为他们之前应该询问一下温克尔曼与科尔津一起工作中碰到的困难，但是这些问题在联合国大厦酒店及弗里德曼位于贝克曼的家中举行的会议中从未被提及。

弗里德曼在他家进行的私人谈话中明确提出要挑选一名"投资银行家"与科尔津一起工作。他不需要特意指定是谁，因为这个人应该是汉克·保尔森，这是最常被提起的公司继任者的二号人选。弗里德曼认为只有保尔森才能辅佐好科尔津。这一对搭档让人回忆起怀特黑德与温伯格的成功，符合公司传统的致力于成为投资银行领袖的目标。毫无意外地，公司一致同意保尔森辅佐科尔津，成为公司的二号人物。

然而，这对搭档面临的主要问题是：科尔津与保尔森并不合拍，一些合伙人甚至怀疑他们能否和睦共处，成功担任公司的领导人。弗里德曼试图增进他们之间的友谊，任命科尔津掌管亚洲债券交易，而保尔森负责管理亚洲投资银行业务，但是这两个人发现就连协调日程表都非常困难，因此毫无进展。他们都多次前往亚洲，但是从来没有一起去过，也没有一起工作过。另外，一些人担忧保尔森说话过于生硬，语速太快，太强调自己的身份。而保尔森自己也担心是否值得为了一个副主席将家搬到纽约去。

9月10日，星期六，在弗里德曼位于贝克曼的公寓中召开的会议上，科尔津与保尔森发生了对峙，但是科尔津从来都认为他能够与所有人一起工作——任何承诺与他共事的人。因此他主动妥协："汉克，我们出去走走吧——就我们两个，看看我们能否建立相互理解的共同基础。"在散步的过程中，科尔津热情地说："汉克，能够与你一起工作让我非常高兴。我们将一起亲密工作。我们是真正的合作伙伴。"科尔津知道这是保尔森希望听到的话。一个小时后，在回去的路上，他们认为他们已经达成了合作的共识。

## 29 史蒂夫辞职！

虽然考虑过几种不同的架构，弗里德曼公开表示对公司领导的各种各样的要求使得公司只能有一个主席，就像他当初一样。几周之后，弗里德曼说："我们一直致力于找到科尔津与保尔森共事的方法并逐渐相信他们磨合得非常好，我对此非常乐观。他们也希望能一起工作。"但是妥协往往是非常不稳定的：这种不稳定指的不是一个总裁和两个平级的副总裁，而是科尔津担任高级合伙人兼管理委员会主席，保尔森担任副主席。

周日，管理委员会在联合国大厦酒店重新聚会，弗里德曼正式任命了科尔津与保尔森，为了给其他人讨论的机会，他让每个人都发言，回答他们的问题，然后才离开。（科尔津与保罗去看电视美国网球公开赛：安德烈·阿加西对迈克尔·斯蒂奇）。会议一致通过了这项决议，虽然管理委员会的几个委员，特别是朱克伯格对于科尔津能否与保尔森一起工作持强烈的怀疑态度。这个决议依然是保密的。星期一所有的合伙人都知道了这一决定。周二公司公开宣布了该消息。

科尔津与保尔森性格迥异，而且工作经历完全不同。保尔森47岁，在工作上非常自律。科尔津48岁，看起来有点儿散漫，了解公司运营状况，懂得控制大额头寸的风险。保尔森努力控制及消除风险，并不理解或者接受市场的不确定性。科尔津"看起来"非常开放与公正；保尔森则"就是"非常开放与坦率。虽然两个人都是热心的中东部居民，但保尔森是传统的共和党人，而科尔津则是民主党人。他们对每件事情的看法都不一样，彼此也看不惯对方的工作方式。在不同的部门工作；遵守不同的规则；在不同的城市生活；从未一起工作过，而合作在传统公司中是最有效的经验。科尔津比保尔森早几年进入管理委员会，并且在利润贡献方面，他的固定收益部门超出了保尔森的投资银行部门。

科尔津非常善于与人打交道，特别是告诉其他人坏消息时处理得非常得当。比如，他想告诉他已经决定不再让乔担任合伙人，他会给乔打电话，希望有机会见面，什么时候方便能一起吃饭，并且非常感激乔能够抽出时间。饭后，乔知道乔恩非常喜欢他，也许是到时候考虑在几年内离开公司了，当然离开的时间由他自己决定。

而保尔森则会给乔打电话,告诉他这是最终决定,强调这是乔在公司的最后一天,并与乔探讨周一发出的正式公告应该包括哪些内容。

彼得·萨瑟兰,自加入公司担任欧洲区主席时,就非常渴望成为管理委员会的成员。保尔森知道科尔津想告诉他这不可能。但是当科尔津跟萨瑟兰提起时,这个清楚、简单的信息变成了萨瑟兰一年后将被提名加入委员会。当科尔津的合伙人表达不满时,科尔津的说法又加剧了他们的不安:"别担心,一年中会发生很多事情。"

在9月12日的合伙人会议中,弗里德曼宣布他将退休——不是辞职,而是退休。第二天在给员工的备忘录中,弗里德曼写道:"去年年底,我向我自己和妻子保证,再干一年,就将接力棒交给年轻的下一任领导人。当我尽力完成工作后,我感到非常疲惫……1994年是非常令人沮丧的一年。"在采访中,他承认:"我非常喜欢创造新的利润纪录,但是如果你计算1993年和1994年的平均利润,这仍然是个纪录。"

"史蒂夫提出辞职时,需要做的两件事情他都没有完成,这等于是打开了合伙人辞职的大门,其他几个合伙人也在没有预先通知的情况下离职了——有几个人只提前一个或两个星期通知了公司。史蒂夫有两个更好的选择,"李·库珀曼说,"第一,当他告诉妻子这一决定时,他应该同时告诉合伙人——这样6个月前就可以选举继任者,并可以一起工作一段时间,然后他可以说:'这些人太棒了,我非常骄傲地宣布他们现在完全可以胜任,因此我打算提前离开。加油!'或者,他应该告诉管理委员会他必须辞职,选出继任者,然后与他一起工作6个月,发表同样的言论——'他们非常伟大,已经做好了准备,他们是当之无愧的领导者',然后提前离开。史蒂夫·弗里德曼的职业生涯非常辉煌,但是1994年他犯了大错——对于史蒂夫本人和公司来说都是错误。"

"史蒂夫突然离开公司的举动与我认识和敬仰的史蒂夫判若两人,"合伙人鲍勃·康韦回忆说,"他睿智、诚实,是伟大的心灵导师,要求每个人都全身心地投入工作,勇于担当'决策中心'。在我工作的第一年中,我需要进行公平估值，需要有人帮我检验我的推理及分析过程。我求助于史蒂夫，虽然这不是他的任务。他关上房门，花了一个半小时与我一起讨论估值的方方面面。在这一个半小时内，我学会了很多估值技巧，体会到了团队工作以及对公司的承诺，同时也了解到了史蒂夫的为人。"

《华尔街日报》以一种非常含蓄的方式描述了华尔街的震惊："高盛长期以来为其严格遵守领导人甄选制度的传统而感到骄傲，领导人被公开提名，并培养长达数年时间后才能就职。"公司自瓦蒂尔·卡钦斯时代起，从未有过强行换届的经历——特别是在亏损时期。这种时期没人有时间准备继任的大量问题，公司的业务显然处于困境，交易亏损越来越严重。弗里德曼的突然离去，使合伙人开始感到公司可能遭受分拆或者被巨额金融亏损撕裂的风险。很显然公司面临两方面的挑战：一是将高盛统一起来；二是维持客户的稳定。

弗里德曼还有什么没有告诉我们？这是许多合伙人心中的疑问。塞芬回忆说："许多合伙人来办公室找我，坐在沙发上。"尽管约翰·温伯格与其他高级合伙人尽力说服他们留在公司，还是有很多合伙人选择了离开，1994年离开的人数创下纪录：34名合伙人辞职，而一年前只有13名合伙人辞职。每个合伙人的离去都给现任合伙人施加了更大的压力。一些人也开始加入离开的队伍。许多人生平第一次开始不断接听猎头打来的电话。投资银行家们可能不明白市场是怎么亏钱和怎么赚钱的，他们也想不清楚。公司当年的利润肯定非常低，那些打算辞职的人明白一件事情是确定的：如果他们决定离开，那么他们分到的钱会很少。

1994年来，严重的交易亏损突然增加，打算退休的合伙人越来越多。弗里德曼从来没有意识到，他的突然退休打破了契约，使得其他合伙人的离去变得可以接受。一些人只提前一个星期或两个星期通知公司。他们对于未来及个人的财务损失感到恐惧，他们的财务也受到了限制。公司冻结了他们6年薪酬资金总额。"他还有什么没告诉我？"一名公司财务专家说，"如果事情继续朝着不利的方向发展，高盛可能在28天内就会破产，"然后他告诉鲍勃·赫斯特他决定辞职。

赫斯特反驳他:"如果你现在这么做,其他人也会这么做,那用不了28天,实际上,公司现在已经玩完了。"

当然,弗里德曼不同意他的看法:一方面,实际上,公司已经成型,战略清晰,流动性顺畅,不存在系统问题。另一方面,弗里德曼没有意识到其他合伙人有多么惊恐。如果约翰·温伯格没有挨家挨户地劝说合伙人留下来,并且非常幽默地对他们说"我们今天不会破产——明天也不会",提醒每个人公司总是能更加有效地挺过比现在更艰巨的时刻,那么恐惧将会更快地蔓延。

合伙人们不能容忍公司1994年的利润只有5.08亿美元,在支付完退休合伙人薪酬和对住友银行以及毕晓普地产公司的投资后,他们的资本账户缩水严重。虽然公司其他业务持续增长——比如并购业务在这一领域不景气的情况下仍保持繁荣,但是公司交易业务却亏损严重。合伙人的收入减少了1/3。第四季度是最糟糕的时期。日元和日本政府债券都开始贬值,伦敦自营业务遭受严重亏损,突然裁员几百人。这不仅瓦解了公司长期起来建立的"忠心耿耿"的企业文化,并且很多人都担心自己会被突然裁掉,过去的努力及成就都白费了。有一个被停职的人说,"人们像垃圾一样被抛弃了"。最直接的挑战是维持客户的稳定,特别是在领导人更迭、削减成本、公司财务困难、合伙人纷纷辞职的非常时期。

保尔森在接受采访时一般都遵从科尔津的意见,他说:"早期工作中,我们自然形成了一种合作方式。我们不限定任何一种形式。我对此非常满意。"

科尔津称:"汉克与我希望我们的领导基于共识和共同参与决定高盛的广泛业务。但是我们希望合作过程能够自然演化,而不是强迫在一天、一年或者两年内达到。"

保尔森同意与科尔津一起工作——保尔森以为是基于平等的合伙关系,但是总顾问鲍勃·卡茨告诉保尔森:"不,汉克,乔恩说的不是这个意思。"保尔森装作不知道。他不想成为二号人物。但是卡茨说的是对的。科尔津认为自己是总裁,打定主意要担任公司的总裁及高级合伙人。他认为高盛规模不够大，他也打定主意要采取大胆的战略举动。他对自己的决定超级自信，作为债券交易员这无可厚非，但是一旦拿定主意，他就听不进去别人的劝告。他这样做也并不完全错误。在公司最动荡的时刻，他能够坚守正道。在高盛陷入危机时刻，科尔津显示出巨大的——必需的——勇气和力量，包括说服别人的勇气。就像温克尔曼说的：″乔恩显示出无与伦比的勇气与能力。在动荡的黑暗时刻，公司非常需要他。″

1994年离开公司的合伙人提取的股权资本金达到了4亿美元，比毕晓普地产公司的资本金高出1.5亿美元。很少有公司能够在遇到如此灾难时还能生存下来，特别是合伙人匆匆离开的情况下。在感恩节前的星期二，吉姆·温伯格的儿子彼得·温伯格在回格林威治家中的车上告诉查克·戴维斯，他料想会有更多合伙人离开。第二天，戴维斯去彼得·温伯格的办公室：″没有提前告诉你，我刚跟约翰·温伯格讲过，我决定辞职了。″

这是最坏的时刻。

在感恩节后的周五，合伙人汤姆·塔夫特在彼得·温伯格办公室宣称：″这些人在犯大错！我们会让他们知道的！″两位年轻合伙人谈及此番话时，形势正在出现转机。合伙人重新联合起来，对合伙人制度及高盛公司的忠诚超出了以往任何时候。就像彼得·费伊说的：″史蒂夫的离职实际上巩固了合伙人制度。留下来的人希望证明他们能行。这是最正面的激励。″

# 30
# 网罗最优秀的人才

罗宾·纽斯坦因,后来成为高盛的合伙人,1982年时就职于芝加哥一家知名的商业银行,当她被告知需要下班后打印的东西必须在5点钟下班之前统一交给外面的打印社以便对方在第二天早上9点把材料送回到公司时,她决定换工作。对于纽斯坦因而言,这种按部就班的方式根本没有任何竞争力。纽斯坦因才华横溢,渴望成功,她在西北大学获得JD与MBA学位,拥有CPA资格。她就读于布朗大学时,父亲破产后身亡,这给她带来非常大的打击,她希望能够尽快获得成功:"我一定要赚够100万美元。"

一位朋友告诉她:"到华尔街去!"她给纽约信息中心打电话询问她在一本杂志上看到的顶级投资银行的电话。所罗门兄弟公司的接线员将她转接到人事部门。"对不起,今年的招聘已经结束了,你明年再打过来吧。"她打电话的第二家公司就是高盛。

"拜托,帮帮忙,"她向接线员请求,"我想找投资银行的主管。我需要一份工作,请不要给我转到人事部去。"接线员按照她的要求给她转接到投资银行家那里,电话里说,"我是汤姆·沙坦。"

"汤姆,我是被转到你这里的。我在找工作,非常希望在投资银行工作,希望为高盛工作。"

"费思·罗森菲尔德负责投资银行部门的招聘。我给你转到她那儿去。"

"费思，我是罗宾·纽斯坦因。汤姆·沙坦让我直接跟您说。"在半个小时谈话之后，一切看起来很顺利，但是她所在的银行是高盛的客户，因此必须要征得目前任职银行的同意。但是她所任职的银行拒绝了。

后来鲍勃·康韦看到了纽斯坦因的简历，对她非常感兴趣，安排她接受高盛私募与房地产金融部门20名同事的面试。吉恩·莫斯给她开出的工资是9万美元。这超出了她的预期，但是纽斯坦因说："有点儿少。我已经离开学校两年了。"

"你想要多少钱？"

纽斯坦因报出了一个数字，希望不会高得离谱，"10.5万美元。"

"我会再跟你联系。"

在纽斯坦因焦急等待了两天之后，她如愿以偿。

正如我们所看到的，高盛的杰出是建立在一系列出色业务、思想与覆盖全球的野心之上的。其中最关键之处在于能够吸引与留住最优秀的人才。在公司所有竞争优势中，招聘是最强调结果的。约翰·怀特黑德说："如果没有最优秀的人才，就不会成为最好的公司。而一旦召集到最优秀的人才，认真培训他们，将他们有效组织起来，鼓励他们，肯定会成为最好的公司。"

在大多数时候，投资银行的主要竞争者都是平等的。所有公司都致力于服务同样的客户；所有公司使用相同型号的电脑、电话，在同样市场打拼，构建同样的数据库，乘坐同一家航空公司的飞机，住同一家酒店，甚至连办公大楼都差不多；所有公司面对相同的监管条例；它们相互了解，能够迅速复制对方最新的服务。那么，面对这么多相似之处，一家公司如何才能在众多公司中脱颖而出呢？只有四种方法能够做到这一点并保持竞争优势：更加有效的招聘、更强大的公司文化、更好的战略，以及承担更多的使命。

当纽斯坦因加入高盛时，一般要经历12轮以上的面试，很多人还必须接受合伙人的面试。几十年前，面试经常是随机进行的。杰伊·特南鲍姆，后来成为公司最有影响力的招聘专家——一些未来的领导人都是他聘请来的，如鲍勃·鲁宾，罗伊·朱克伯格，戴维·塞芬，鲍勃·慕钦，鲍勃·弗里曼，史蒂夫·弗里德曼等——都是在20世纪50年代偶然加入高盛的。特南鲍姆的父亲曾经是圣路易斯一家只有两个员工的证券公司客服人员。他父亲在进行铁路共用事业控股公司套利交易时，认识了格斯·利维。在埃德加·巴鲁克去世之后，格斯·利维在佛罗里达的博卡拉顿与老朋友打高尔夫球时，提起西德尼·温伯格的儿子约翰刚刚拒绝担任他的助手。"为什么不考虑下我儿子杰伊呢？"就是啊，为什么不呢？特南鲍姆曾经在爱荷华州销售过女装，在阿肯色州担任过市政债券销售员。去纽约工作是义不容辞的事情，父亲见到他时说："收拾一下行李，杰伊！你要去高盛工作了！"特南鲍姆很快就开始在利维的套利部门工作。

招聘高层员工时不仅要为公司引入高级人才，也要考虑不犯错误。戴维·塞芬拒绝了领导公司原班人马开拓垃圾债券业务的邀请，特南鲍姆知道问题出在哪里："债券部门的比尔·伯兹尼克拒绝向优质客户再次出售这些垃圾债券，而我们必须保留部分垃圾债券以迎合部分客户的需求，因此我们要像其他人一样，求助于德崇证券的迈克尔·米尔肯。"几乎所有华尔街的交易员都与米尔肯打过交道，他很快控制了所有垃圾债券市场——米尔肯心里明白，任何人想要出售垃圾债券都离不开他的帮助以及他的报价。米尔肯在年仅24岁时就凭借沃顿商学院一位教授传授给他的技术分析方法，给高盛等公司打电话："我知道你们想卖出大量垃圾债券，你我心里都明白这不太可能。我想以70美元的价格买入你一半的头寸。"米尔肯的出价低于市场价格，但他本身就是市场。因此，他能够制定价格，而没有其他竞争对手。就像特南鲍姆回忆的那样："米尔肯显示出了他对市场的熟识程度——何时、以何种方式大胆出击。"

特南鲍姆邀请米尔肯共进早餐，但是他先征求了格斯·利维的老朋友，伯恩汉姆公司负责人伯恩汉姆的意见（在经过两次合并后，伯恩汉姆公司变为德崇证券公司）。伯恩汉姆对米尔肯的评价是这样的："他非常聪明，但是他的骨子里有阴暗的因子。如果能严加看管的话，他会取得非凡的成功。你确定希望他加入高盛吗？"

特南鲍姆说："我们能够看住他。"伯恩汉姆回应说："你最好仔细看管他。"特南鲍姆给米尔肯开出的条件非常优厚：公司提供资本金，他的工资也非常可观，并能够参与利润分成。非合伙人员工能够参与公司的利润分成并加上15%的超额利润，同时享受特殊奖金。这对后来加入公司的年轻员工来说，都是非常优厚的条件。

"不"，米尔肯说。他坚持两个条件：第一，他希望成立独立的部门；第二，他希望分得他赚取利润的30%。

"那不可能，"特南鲍姆说，"你开的条件太高了——我们请过一位股票交易员，知道除了分摊成本之外，其中的麻烦和争论有多少。"[1]于是米尔肯仍然留在原来的公司，为他的公司创造了惊人的利润，其报酬高达10亿美元。德崇证券公司卷入破产风波后，米尔肯被起诉触犯了州法律，支付了大量罚金，并遭遇牢狱之灾。

"不管你招聘时多么仔细地甄选候选人，一些本不应该进入公司的候选人还是能够混进来，"合伙人乔·埃利斯多年来一直担任零售行业的首席分析师，他说，"我非常高兴看到部分表现糟糕的人离开了公司，没有什么比这更能增强公司的实力了。"想增强公司的实力就要远离那些不够优秀的人。雇用糟糕的高级员工的成本是其报酬的10~20倍。合伙人兼前任研究总监史蒂夫·艾因霍恩说："雇用德才兼备的员工——品行优良、举止庄重、正直——对于专业公司的成功非常重要，但是这点经常被忽视。我们希望给研究员成功的机会，吸引到有才能的分析师，告诉他们如何成为行业中的第一名。如果他们工作足够努力，非常了解他们的行业，

---

[1] 几年之后，特南鲍姆的儿子致电给米尔肯——在他父亲推荐下找工作——当时米尔肯正处于垃圾债券事业的顶峰。米尔肯非常直截了当："如果你想来就来吧。我欠你父亲的。如果你打算在这工作，接下来5年中你需要每天早上4点开始与我一起工作，也就是纽约时间7点钟，工作到晚上5点或6点，每周7天，并且要随时等待我的电话。这段时间你必须听我的。之后，你会体会到商业的冷酷，也会赚到一些钱。"年轻的特南鲍姆没有接受这份工作。

精心服务客户,公司会给他们升迁的机会。他们知道如何凭借自己的才能和动力达到事业顶峰。"

艾茵霍恩以公司如何成功躲避网络泡沫冲击为案例,解释了这一政策的重要性。杰克·格鲁曼早期是经常被投资银行业证券分析师辱骂的信件投递员,后来曾经被高盛的投资银行家们考虑作为负责电信行业分析师的人选,并负责在这个日新月异的行业内的交易。格鲁曼具有投资银行家的视野,对于合规的看法与众不同。他希望能够脱离研究部的束缚,也不想对研究总监负责。艾茵霍恩回忆说,"将他引入到电信行业,凌驾于我们现有的分析师之上,而不是提拔我们培养起来的分析师,在我看来不够公平。并且,他是一个不太容易合作的人。"

艾茵霍恩解释自己为什么加入高盛:"高盛可以用三个关键词来描述——人性化、高强度、廉正,这也是我加入高盛的原因。除此之外,我没有考虑过别的。这听起来可能很老套,但是能够与你敬重并喜欢的人一起工作——不是部分人,而是所有人——是非常重要的。物以类聚,人以群分,同类人彼此互相吸引。在高盛28年的职业生涯中我非常满意。"

汉克·保尔森,鲍勃·赫斯特与其他人坚持公司应该聘请格鲁曼。乔恩·科尔津不想在这件事情上引起冲突,因此他退出了招聘过程。艾茵霍恩能够影响招聘结果,但是在第二轮面试中,艾茵霍恩的观点被驳回,公司给格鲁曼开出的条件非常诱人:2 500万美元。但花旗集团总裁桑迪·威尔开出的价格远远高出高盛的,因此高盛非常幸运,格鲁曼去了花旗。不久之后,他的雇主花旗所罗门斯密斯巴尼公司,支付了高达4亿美元的罚金,这是有史以来"分析师案件"中最高的罚金,严重的利益冲突在此案中被揭露出来。

从战略上看,怀特黑德认为招聘最优秀人才是成为最好的专业公司的唯一途径,他很早之前就开始系统规划招聘那些最有潜力成为投资银行家的人。为了确保成功,他亲自进行校园招聘,争取每年招聘一到两名新员工。20世纪五六十年代,很少有华尔街公司面试MBA,因此高盛的竞争者很少。致力于建造高盛坚固内部系统的使命感，怀特黑德招聘那些"强烈的"明确表示非常渴求成功的人。评选基于三个平等的标准：1/3 基于由成绩及 SAT 分数衡量的智力水平；1/3 基于课外活动中所展示出来的领导力；1/3 基于成功的野心。

招聘网络大范围铺开；公司面试每一个感兴趣的候选人，因为一些人未来可能成为公司的客户。公司故意开价很低——与今天的 15 万美元相比，只有区区 3 600 美元，即使通胀调整后还是非常低。怀特黑德坚持高盛支付的薪酬不能高于其他公司，甚至希望更低，因为公司能够以低薪聘请到最优秀的人才，这标志着高盛确实与众不同。怀特黑德执意聘请最出色的人才，对于那些自大的"明星"们不感兴趣——他在寻找那些能够坚持下来的团队成员。多轮面试——一些比较轻松，一些比较艰巨——是为了让候选人意识到高盛跨部门评选设定的标准，评估他心目中理想团队的概念，这很快成为高盛员工必备的与众不同的特性。

鲍勃·康韦回忆说："约翰·怀特黑德知道招聘是我们有史以来最重要的事情，如果我们能够更快更好地组织起来，更加勤奋，拥有更多技能，我们就能更准确地识别并吸引更加优秀的人才。如果能够持之以恒，我们将会成为更优秀的组织，成为美国乃至全世界最优秀的投资银行。约翰的真正意思是——'招聘是我们能做的最重要的事情。如果我们招聘做得不够好，那么在 5 年内，公司将会急速下滑，注定成为平庸之辈。'"

康韦对怀特黑德的话记忆犹新。按照原定计划，他应该去斯坦福商学院开招聘会，但是公司最重要的客户福特汽车公司出了件非常紧急的事情，康韦不知道该怎么办，他去找怀特黑德。"约翰，我不是全能的，也分身乏术。你觉得我该怎么办？去斯坦福还是去福特？"

怀特黑德想都没想，就脱口而出："去斯坦福！福特的事情我来处理。"

康韦说，"这类选择显示出领导者真正信仰的东西。就是这样的决定使得高盛的招聘非常高效。"公司招聘的关键因素在于任命合伙人担任考官。当康韦外出招聘时，他经常查看其他公司的名单，看看什么人代表公司出席。"每一次都一样:高盛总是派出最高级的团队"。高盛不是寻找MBA中的前1/4名——或者前1/10名。长期来看,前5%和紧随其后的5%肯定存在着巨大差异,因此公司只招聘那些最优秀的年轻专家,认真甄选那些具有领导力、激情及勤奋等工作特性的人。在最突出、最有能力的5%的候选人中,公司挑选出最能高效率合作的团队成员——开始是15~30轮面试,然后实习,通过直接观察,选出其中最优秀的1%或者2%的人。

高盛的招聘方法始于哈佛商学院,西德尼·温伯格在"二战"期间认识了后来成为商学院院长的唐纳德·戴维,当时戴维与哈佛财长、温伯格的最好朋友保罗·卡波特一起说服了温伯格开始在哈佛招聘。[①]温伯格很快同意每年招聘一名MBA。最早招聘进来的是约翰·怀特黑德,然后他开始负责投资银行的新人招聘。怀特黑德将全部精力放在哈佛商学院上,部分原因是他曾在哈佛读书,部分因为哈佛商学院是最优秀的商学院,曾经从公立学校退学的西德尼·温伯格是公认的"哈佛人"。

高盛希望招聘最优秀的学生,在其中寻找具有团队合作精神的机构领导者,他们必须具备某种特殊能力才能够从同龄人中脱颖而出。多年以来,哈佛大学一直都是公司优秀人才的重要来源,高盛的招聘范围也扩展到其他25家商学院。

在哈佛大学、哥伦比亚大学、沃顿大学、芝加哥大学、斯坦福大学与西北大学,高盛动用的招聘团队力量比任何其他公司都要强。任何一所学校,高盛一般都会派出12~15人的团队——通常由合伙人带队,每年都要拜访校方10次左右,因为校方最了解学生情况。这种持续的付出积聚了强大的能量。

衡量公司对招聘重视程度的最好指标是招聘负责人在公司的地位。约翰·怀特黑德在任时,他是招聘负责人。当弗雷德·克里门达尔负责公司财务时,他负责招聘。彼得·萨克斯也是如此。最重要的是,招聘从来不会分配给初级员工或者人力资源部门。高盛负责招聘的人员会与每家商

---

① 20世纪20年代,高盛是最早招聘哈佛MBA的公司。大衰退中止了招聘过程。

学院的教授及前一年在该校招聘到的员工一起，识别出最优秀的候选人，进行第一轮历时半个小时的面试。面试通常会持续一整天的时间。下午结束后，高盛的招聘团队集合起来，圈定最优秀的候选人，这样每个人都知道当晚在最高档酒店举行的鸡尾酒招待晚会上哪些候选人才是焦点。在晚会上，最优秀的候选人被精心介绍给那些专门乘飞机赶过来的合伙人。在两个小时酒会之后，高盛的招聘团队再次集合，决定哪些候选人将进入下一轮面试。第二天接到邀请的学生将参观高盛的办公室。

工资标准是认真确定下来的，标准基于该校前一年毕业学生的平均工资。公司严格遵守这个标准，从来没有过例外情况。高盛给的工资一般都低于其他公司。公司强调的是在高盛长期的职业发展机会，希望招聘进来的员工能够综合衡量各种因素，并且认为那些看重高薪的候选人将来会为了更高的工资离开高盛。对于公司而言，最坏的情况是将员工招聘进来，花几年时间进行培训，而其他公司开出的更高工资诱使这名员工最终离开高盛。

高盛是最先从顶级商学院招聘学生担任证券销售人员的公司。这对公司和招聘人员都能行得通，因为在高盛，经验丰富的销售人员的工资是华尔街其他公司销售人员平均工资的几倍。多年以来招聘销售人员是由理查德·门舍尔全盘负责的，他解释说："成功的秘诀总是相似的。仔细挑选优秀的人员，培养他们。"门舍尔花费了大量时间与精力挑选能力超强、善于团队合作的人才。优秀的员工能够遵守苛刻的守则，门舍尔负责每个员工的职业发展，使这些员工保持对他及公司的忠诚。

门舍尔是证券销售人员的最后一轮面试官。他靠这种方式掌控所有招聘的最终决策，并且清楚地表示，与其他部门负责人不同，他没有耐心卷入那些派系之争：如果某人被强加为证券销售人员的候选者，门舍尔肯定会拒绝这个候选人。为了显示出谁是最终的负责人，他可能会让候选人等很长时间。他的决定是至高无上的。甚至在选举伦敦地区的候选人时，门舍尔仍然坚持最终决策权，挑选出来的候选人被要求飞到纽约，进行一天或者两天的面试，但是实际上只是与门舍尔进行一个小时的会面。在

20世纪80年代最高峰时,门舍尔面试了来自35所商学院的900个候选人,但只选出了23个。他唯一的评论是:"优秀的人才加上高级培训,才能够生产出卓越的产品。"

费城地区的经理乔治·罗斯是一位卓尔不凡的观察员。他把主要精力放在沃顿商学院上,与院长建立了亲密的私人关系,院长告诉罗斯商学院最优秀的学生都是谁。罗斯招聘那些拥有"极高发展潜力的"员工,包括埃里克·施瓦茨,戴维·福特,埃里克·多布金,及约翰·麦克纳尔蒂。

卢·埃森伯格先后在达特茅斯大学及康奈尔大学获得了学士和硕士学位。1966年,他恳请吉恩·默西加入联合基金协会时,默西问他是否愿意与鲍勃·门舍尔讨论在芝加哥或者圣路易斯开设分支销售机构的事情。埃森伯格出生在芝加哥,因此他非常感兴趣。薪酬上是这样的:基本工资为6 200美元,加上20%的年终奖金,并且——以后可能会被安排到其他地方工作,因此他是纽约的"访客"——还有每周75美元在曼哈顿的生活费。当埃森伯格后来同意留在纽约时,门舍尔从埃森伯格的工资中扣除了之前用来偿还2 000美元学校贷款中的75美元——削减了工资的25%。如此吝啬的成本控制在20世纪60年代和70年代的高盛非常普遍。

大规模招聘已经成为公司的传统。即使在60年代,鲍勃·门舍尔与每一位合伙人都参与面试,因为作为一个"家族式公司",这是高盛的一贯作风。公司有很多机会评估应聘者的能力、兴趣与公司的匹配程度,并且应聘者能够在对公司有一定了解的基础上决定是否做出承诺。就像康韦所说:"当然,你可以说我们在面试上所做的努力有某种误导性。我们需要花很多时间完成多轮面试过程,在这一过程中,一些人才可能会流失,到其他公司工作,特别是那些拿到'紧急'邀请函的应聘者,如果不在短期内接受邀请函,那么就会作废。"面试通常是随机进行的,主题和内容千变万化——从各种方面评估应试者的能力与品德,从多个方面考察应试者是否适合公司。

20世纪80年代,像高盛其他新员工一样,彼得·萨瑟兰对于公司复杂的面试过程非常吃惊。"作为国际部主席,我得知自己是第32个面试官,面试一位没有经验的新人,并且之前我收到的有关这位新人的所有电子邮件都是面试的一部分,这是迄今为止,我见过的最复杂的面试。更吃惊的是:这种极端的行为在高盛非常普遍。为了得到最优秀的人才不惜一切。"

合伙人迈克尔·埃文斯补充说:"我们与其他公司最大的差异在于重视留住人才。高盛对于专家的关爱程度是行业中最高的。我们雇用最优秀的人才,通过培训与指导,努力留住他们。"公司对于团队合作的超常重视,形成了一种持续的不屈不挠的风格,埃文斯认识到其中潜在的问题:"我们这种方法带来的负面效应是公司不能容忍步调不一的行为。"

高盛非常理解最优秀的人才彼此之间强大的吸引力,才华卓越的员工在变幻莫测的、复杂的、具有挑战性的学习曲线上展示出迷人的魅力,并认为成为无往不胜的团队中的一员是那么激动人心和令人精力充沛的事。当然,巨额的金钱奖励也非常有效,多年以来高盛给员工支付的工资远高于其他公司。高盛很快认识到,高标准、努力工作、长时间的磨合像磁铁一样将优秀人才吸引过来,他们保持对成功的渴望,特别是在他们相信是公平竞争的前提下。在1990年的年度总结中,公司宣称:"我们将继续尽力招聘最优秀的人才,保证他们接受良好的培训,努力工作,创造支持与鼓励员工成长的公司文化。我们将全力提升员工的价值。这是在时间和精力上的巨大投资,但是必将硕果累累。"

当然,付出总要求有所回报。1990年MBA的职业指导提出:"虽然我们给员工各种机会,但我们也希望能得到更多。我们的员工在高压的环境中长时间工作,周末也是如此。许多人天天在外出差。工作要求使他们做出了巨大的牺牲。我们希望员工能够信守对公司的承诺,因为他们对公司的价值至关重要。"

合伙人彼得·费伊回忆说:"我们的招聘过程非常严格,因为我们致力于成为最优秀的公司——具备优良传统。招聘过程是不断完善的。"20世纪60年代,公司开始招聘哈佛大学一年级优秀新生,提供暑期实习机会。这提供了近距离观察每一位暑期实习生的态度、品行及进取心的机会。从每年招两名"暑期实习生"开始，80年代，公司实习生数量增加到几十人。招聘暑期实习生给公司带来低成本的甄选候选人的机会，也是一种长期评估候选人的有效方法。那些在高盛工作，然后回到研究生院继续读书的学生，成了帮助公司遍布各个学校，搜索其他优秀的、具有团队合作精神、在公司内谋求职业发展的人才的强大网络中的一分子。

70年代后期，招聘扩展到没有接受过研究生教育的本科毕业生。"高盛非常强调数据的精确度，"费伊说，"我们不轻信标准普尔等公共数据库，因此我们需要聪明的初级人员进行数据录入工作。所以出现了辅助项目，我们引入大量顶级学校的本科毕业生从事这项工作——很快发现他们能够做更多更有价值的工作。"

随着人才竞争的加剧，招聘甚至开始扩展到刚刚读完大学一年级、寻找暑期实习的学生。这些学生中的佼佼者被邀请参加三年的辅助项目工作，这些项目专门为那些希望进入商学院的大学生所设计的。那些在技能、工作动力、信守公司文化等方面表现最突出的学生将得到MBA培训生机会。表现最优异者将会被提升，承担更多责任。那些跟不上的学生将会被淘汰。公司会采用多种方式评估这些学生的能力、动力及责任感，最具有领导才能的那些人可能会成为合伙人，负责严格的、程序化的招聘过程。多种评估及直接观察方式相结合，出错的概率非常小，成功率出奇的高。这种系统化的招聘占据招聘总次数的75%~80%，另外20%~25%的机会留给那些"旁门左路"进来的人——比如罗宾·纽斯坦因。

在高盛，本科毕业生从早上8点工作到晚上6点，晚饭的时间非常短，然后继续工作到晚上9点或10点。直到凌晨——甚至早上2点时——办公室仍然非常繁忙。工作狂处处可见。

招聘本科生比招聘MBA的风险更高，如今绝大部分候选人在进入商学院之前已经有过3年参与辅助项目的工作经验，有一部分人本科时就已经在公司工作过一个或两个暑假了。即便如此，高盛还是会花大量时间面试与评估每位候选人。当新员工到高盛时，他们将被迅速灌输公司的文化与纪律，这是头等大事。

从公司内部提拔高层员工是高盛长期以来的传统,这对于团队合作的文化至关重要:忠心耿耿;把公司放在首位;为高盛奉献毕生精力。不管个人表现得多么优秀,高手云集的团队肯定不如经验丰富的团队优秀。团队合作需要时间与磨炼,谁适合担任哪种职能,谁担任团队的领导者能够使团队更好地运转。"优秀人才的流失具有极强的破坏性,"理查德·门舍尔说,"一方面是因为中断了与客户的关系,但更严重的是突然失去了彼此的亲密感、信任、团队间的协调等最优秀公司的标志性特点。"有能力与野心的员工应该认识到他们一旦对公司许下承诺,公司会保护他们的职业生涯不会被外来者干扰。只有当理智、智力与感情三者融合在一起时,才能构建整个公司。高盛一直都是从公司内部提拔人才,很少有例外情况发生——除了在非常环境下,比如进入新市场或者快速扩展新业务时。

对公司高度的忠诚有时会演化为挑衅性的行为,并且不止一次。70年代末在斯坦福大学的招聘会上,一名高盛招聘人员询问一位女性候选人:"假如你需要很长时间从事一宗复杂交易——这对你的职业发展非常重要,你会为了工作而离婚吗?"这个粗鲁的问题激怒了斯坦福大学的MBA们,这件事也很快传到了约翰·温伯格的耳朵里。

鲍勃·鲁宾为此辩解,"但是,约翰,他还很年轻。他只有25岁,不可能不犯错误。"

"嗯?我25岁时,已经率领海军打仗了。25岁的人应该足够庄重,拥有一定的判断力,而不是像个傻瓜一样说出那种话!"

这一事故是非同寻常的,但并不是唯一的一次。20世纪70年代,公司告知詹姆斯·小科菲尔德不能入选的理由是他是非裔美国人。科菲尔德起诉了公司,最后庭外和解。公司当年也因此被斯坦福大学拒之门外。持续的成功能够打造公司的优势,但也容易滋生出问题或者暴露出新的弱点。在70年代末的年度投资银行计划会中,约翰·怀特黑德非常担忧地强调:"我今晚脑子里只有一件事情。这让我非常困惑,我找不到解决问题的办法。它已经对我们的竞争对手造成了巨大伤害，也会危及高盛。我发现一种严重的流行病，甚至会摧毁一家专业公司。我们非常聪明，能够阻止它在我们公司的蔓延。这种流行病有个我们不喜欢的名字，但是我必须得说出来。这就是……骄傲自大。如果你们有任何能防止骄傲自大的方法，请告诉我。谁想第一个发言？"

有一个人举手。怀特黑德转过头去看着这位年轻的银行家。"你想说什么呢？"

"约翰，只有一种有效的方法能解除你的忧虑。"

"是什么？"

"招聘平庸的员工。"

# 31

# 乔恩·科尔津

很多高盛员工都很喜欢乔恩·科尔津身上那种随和、谦逊的风格，他留着络腮胡子、经常穿着毛背心、对篮球有着浓厚的兴趣，平易近人。人们习惯了他的这一形象。跟科尔津在一起让人感到很放松。当科尔津1994年就任新职位时，他的朋友们知道他实现了多年以来的心愿：成为高盛公司的高级合伙人。他给自己制定了一个时间表，并且按照计划行事。高盛公司上市战略是科尔津想成为高级合伙人的重要推动力。由于曾经担任过公司的首席财务官，他清楚地认识到如果公司不进行变革的话，就不可能在日新月异的全球金融市场中取得成功。作为一名成功的债券交易员，他曾经说过"我从未亏损过"——他明白如果公司资本金足够雄厚，加上严格的风险控制和多样化的投资策略，那么固定收益自营业务的赢利会非常可观。

如果没有上市给公司提供雄厚资本金，公司就会被竞争对手打败，尤其是那些庞大的商业银行和全能外资银行，都在拼命地向承销和证券交易领域进行疯狂的扩张。而且，公司也一直面临着不可预测的巨大风险，这些风险吞噬了许多一度非常著名的公司。凭借在市场多年摸爬滚打的经验，科尔津知道，如果高盛公司资本金非常雄厚，那么将在全球的自营交易中获取大量的利润。如果没有雄厚的资本金做支撑，那么在创造大量利润的同时也会增加大量不可预测的风险。对公司的发展全面评估后，他得出一个结论：公司的未来——是弱小或是强大——取决于资本金规模。

为了准备公司的公开上市发行，科尔津要做的第一件事情是削减成本，提高利润率。不祥的是，1994年第四季度公司出现了亏损。但是实际情况更糟糕：在提取了现任合伙人应得报酬、支付退休合伙人工资、向住友银行以及毕晓普地产公司注资之后，现任的合伙制公司全年出现了净亏损。

科尔津明白他的目标：高盛公司需要重返财务稳健的轨道上，获得新生力量。他对自己和公司的理念充满了信心，凭着对金融领域的深度了解，以及作为一名公认的成功交易员，科尔津成了公司危机之时的领导人，带领公司前进。他具备了一些特有的优势：工作狂、为了高盛的成功能全力以赴、毫不松懈、一旦确立目标就不再为其他事分心。但他的强项也是他的弱项。

为了增加公司利润，科尔津的第一步是摆脱自营债券交易的巨额亏损——亏损额共计25亿美元，将公司的运营与财务重新变得具有可控性；公司在地域和产品线的扩张过程中积累了高达36亿美元的运营成本，他的目标是将运营成本削减10亿美元以上。在前两年中，员工人数增加了1/3，从7 200人增加到9 400人。削减成本意味着裁员与减薪——无论在哪个地方这都是很困难的事情，尤其是对高盛而言，公司的传统是保障员工不被裁，而且史蒂夫·弗里德曼的离去、近40名合伙人的离职、赢利下降已经使公司士气十分低落。1994年10月，本润公司及固定收益部门在9个月内赢利下滑了约70%，公司意见达成一致，打算裁员450人，约为员工总人数的5%。不久裁员总数扩大到1 000人，接近员工总人数的10%。固定工资减少了一半，年底奖金从工资的30%削减至8%——这是20年来的最低水平。

但是科尔津不仅仅关注于削减成本。他非常渴望扩张，为个人发展创造机会，这将吸引与留住最出色的人才。10月，58名员工——迄今为止数量最多的一次，比1992年多出了2/3——加入到151名的合伙人队伍中。被提升为合伙人的员工数量的大幅增加，缓解了当年奖金剧减的负面影响，这有助于留住公司的人才。不论其所在部门业绩如何，新的合伙人都拿到了50万美元的奖金。

科尔津提倡重构高盛公司，大规模进行扩张。就像他解释的，若公司能维持一定水平的增长率，公司的利润将在10年内登上新台阶。在全公司计划会议上，他在幻灯片中提到公司的利润将达到100亿美元。当时许多人持怀疑态度。但是10年内高盛公司的净利润真的达到了100亿美元。

除了削减成本，科尔津遇到了另外一个挑战：使自己成为客户、合伙人以及掌握公司大权的管理委员会眼中的高级合伙人。每个主要部门都会有一个代表加入管理委员会。即使管理委员会的成员数量已经达到12人，也还是没有能够覆盖公司所有重要的业务部门，并且有些人认为批准部门代表加入管理委员会的进程太慢了。为了提高效率，科尔津做出了两个改变。为了提升公司决策效力，更好地履行公司代表的职能，管理委员会更名为执行委员会，成员人数从12名削减到6名：科尔津、汉克·保尔森、约翰·塞恩、罗伊·朱克伯格、戴维·塞芬和鲍勃·赫斯特（一年以后，当塞芬离任的时候，科尔津推举了约翰·索顿）。这个领导小组很快就向公司证明其决策速度得到了改善。索顿与塞恩曾在伦敦一起密切工作，塞芬与朱克伯格曾共同担任证券部门的负责人。

为了提高管理与领导的参与度，科尔津成立了两个新的委员会——每个委员会包含18名成员，其中包括新成立的执行委员会的部分成员。科尔津被任命为两个委员会之一——合伙人委员会的主席，负责管理合伙人政策和合伙人的甄选条例，以及检查与评估公司的资本结构。保尔森作为另外一个新委员会——运营委员会的主席，负责促进合伙人及部门之间的沟通，协调各部门的运作，准备年度预算报告，批准新业务计划，以及保证"引入外部战略合作伙伴"。科尔津解释说他希望合伙人之间的合作更加广泛，帮助推广公司文化以及公司的目标。三个委员会的成员都代表整个公司的利益，而不仅仅是他们自己部门的利益。但是怀疑论者对科尔津新成立的两个委员会的真实目的和掌握的权力忧心忡忡。

作为一个债券交易员，科尔津一开始对开发客户关系毫无兴趣是可以理解的，但作为一个敏锐的政治家，奇怪的是他很少关注新的执行委员会，也不把委员们放在心上，特别是汉克·保尔森总裁。第一年公司的成绩非常令人满意，两个人之间的关系明显变得紧张起来。"科尔津必须提拔保尔森，两人平起平坐，不然的话两人中肯定有一个要离开公司。"约翰·索顿解释说，"这个结构是不稳定的，特别是考虑到他们各自的性格。他决定提拔保尔森，但是并没有让两人的地位平等，因此注定了会有一个不开心的结局。"

不需要正式的宣布，每个人都知道科尔津打算将公司上市。他做的一切努力使得上市并不那么遥不可及。公司改制为有限责任公司。这意味着个人承担有限责任，就像住友银行及毕晓普地产公司一样，所需承担的最大债务是公司的资产（个人投资及房产理论上是安全的，但是由于高盛公司员工将超过85%的个人资产都投资到了公司，因此实际上对于绝大部分合伙人来说没什么区别）。合伙人领取奖金的期限延长了，年景好的时候，合伙人的部分奖金将会存入到期限长达8年的长期资本账户中，然后分3年发放。科尔津的主要目标就是推动高盛上市。他找合伙人逐个谈话，为他认为正确的事情赢取选票——对于高盛和他本人来说是正确的事。

科尔津也改变了职位称呼。他在向别人介绍自己的时候——特别向外界媒体介绍的时候——称自己为公司的CEO。最大的变化是去掉了合伙人的称呼，将所有合伙人和经验丰富的副总裁统称为董事总经理（MD）——这是已经上市的竞争对手经常采用的称呼。长期以来公司内部都有怨言，那些投资银行家们在跟客户开会的时候，"副总裁"的称呼显然没有"董事总经理"说起来更让人印象深刻，为此公司失去了很多业务机会。拥有董事总经理的职位后，这些副总裁的工资涨了，随之而来的还增加了一些福利：办公室跟合伙人的一样宽敞，可以去合伙人餐厅就餐，参加合伙人会议。在年报中，董事总经理按照字母顺序排列，不管他们过去是不是股票合伙人，都能够得到相应的股份，分享公司的利润。在公司内部，新的职位被嘲笑为"合伙人概念"，但是公司接受了这一实质性的变动，因为公司规模在扩大，产品线越来越多，向更多的市场渗透，这些都要求庞大的资本金和更加正式的组织架构（董事总经理内部分为两类："参与"董事总经理是合伙人；"执行"董事总经理不是）。董事总经理的称号也关系到横向招聘：相比合伙人的职位来说，候选人更容易升到董事总经理的职位，而其他公司的董事总经理也不会愿意为了区区一个副总裁的职位而跳槽。

1995年，合伙人已经清楚理解了上市意味着什么，并且更重要的是，他们已经接受了上市这一想法。一些竞争者纷纷上市，如摩根士丹利、美林、所罗门兄弟公司都通过上市获得了竞争优势。通过上市获取长期资本金的战略思想也得到了大家的认同。而上市带来的业务机会——在这个时代，这一点越来越重要，越来越有说服力，以及合伙人的规模、自营交易、昂贵的计算机系统、巨额长期自营投资等，都要求投入大量的资金。交易头寸增加的同时，风险也超越了以往任何时候。随着合伙人的稳定流动，巨额自营投资产生回报的时间一再延迟，投资的风险与收益之间的相关性不断被削弱。1995年公司利润反弹至13.7亿美元。合伙人与员工意识到最坏的时候已经过去，而且正在逐步好转，他们对公司的未来充满了信心。而最主要的问题是，高盛能否为不断扩张的目标与新的发展机会提供足够的资本金。

随着公司规模的不断扩大，业务更加多元化，地域分布更加复杂，合伙人之间见面或一起工作的机会越来越少。古老的"家族式"合伙人要求的紧密的个人联系显得不那么重要了。"在大量裁员又大规模招聘新员工之后，公司里出现了许多新面孔，员工之间相互不认识，对高盛文化形成了新的冲击。"合伙人罗宾·纽斯坦因回忆说，她一场又一场地宣讲公司的历史和价值观，希望能形成强大的凝聚力。法兰克福的合伙人可能不认识新加坡的合伙人，也完全不知道他为公司做了什么。可以理解，新的合伙人与那些退休或者即将退休的合伙人相比，对于神秘的合伙人文化了解不够深刻。一些变化产生了深远的影响：许多合伙人离职，约翰·温伯格，鲍勃·鲁宾，史蒂夫·弗里德曼都离开了公司；公司组织架构产生了新的最高权力机构；收购本润公司带来了全新的业务，也带来了几个新的合伙人；1987年住友银行及1989年毕晓普地产公司对公司注资。①业务及竞争的本质都在发生重大变化。在客户、竞争者以及市场方面，业务均实现了全球化，公司资产负债表规模不断增加。限制性的监管措施纷纷取消，科技将一度独立的市场联系起来，竞争者的规模在迅速扩大。

上市能够提供公司自营业务必需的资金，公司也需要足够的资本金来保护已形成的竞争优势：形势严峻的时候避免公司合伙人匆忙离开公司，保护公司资产负债表不被强大竞争对手所击败，避免重大交易损失等小概率事件的发生，或者是避免本润这样的大公司在发展过程中资金流失的情况。马克斯韦尔事件的巨额和解费用作为案例在公司内广为传播，就像是1994年公司出现的几十亿美元交易亏损一样。

1995年，科尔津花了很多时间说服合伙人，让他们认识到公开上市的重要性，并且依次向他们寻求支持。因此，所有的合伙人都知道了他的立场。1995年1月，科尔津和保尔森在运营委员会和合伙人委员会上正式提出上市计划。出人意料的是，这像是扔了一颗重磅炸弹。即使上市能给这些高级合伙人带来最多的金钱回报，但他们还是反对上市。如果高级合伙人不支持，上市计划也就不会得到所有合伙人的批准。但是科尔津已经把上市提上了全体合伙人会议的日程，合伙人会议将于两周内在纽约州拉伊市的箭木召开。

随着箭木会议的临近，内部的反对声音越来越多。继科尔津之后任财务总监的约翰·塞恩，凭其理性、聪明、客观判断而深受合伙人的尊敬，他公开反对公司上市。保尔森与索顿支持塞恩的立场，因此执行委员会内部被分成3∶3对立的两派。这不是一个好兆头。资深的全球股票发行定价专家埃里克·多布金指出，因为公司大部分利润来自交易业务，因此IPO的定价会低于市净率的2倍——远低于摩根士丹利市净率3倍的市场估值。就在包括执行委员会成员在内的其他成员强烈反对IPO时，多布金提出了这样的观点。他预测的低价打消了部分合伙人对IPO的积极性，也

---

① 唐·甘特负责1987年的谈判，乔恩·科尔津负责1989年的谈判。

给科尔津施加了很大的压力,科尔津未能打败传统的"精神上"的忧虑:尊重并保护合伙人的价值观,而这一价值观对于招聘优秀人才、保证客户信心、引导业务运营方面有重要的作用。

1996年1月,在箭木召开的为期两天的会议上,科尔津依然忙着有关上市工作。星期五他针对IPO做了详细的资本结构分析。他打算在星期六的会议上进行全体投票表决,届时将做出以"让我们开始吧!"为题的主题演讲。科尔津显示出其政治家的天分——这也是他后来成为议员及政府官员的先兆,他就IPO跟每一位合伙人进行了私人谈话,了解所有合伙人的想法。就餐时和餐后,他接着与合伙人密切交谈,特别是那些来自海外分支机构的不经常见面的合伙人。

合伙人对于IPO的讨论仍在继续,但是科尔津很清楚地认识到,虽然他整个周五都在尽力说服合伙人,但是离他周六需要的票数还差得远。执行委员会周五晚上召开的会议也印证了这一点。委员会会议于半夜两点结束,科尔津起身去酒吧喝饮料放松了一下,酒吧里已经聚集了一群银行家。醉醺醺的他们火冒三丈,对于IPO达成的一致意见是:没门儿!

几个小时以后,周六早上7点,鲍勃·赫斯特敲响了罗宾·纽斯坦因的房门,告诉她周五晚上发生的一切,让她一起去见科尔津。周六的日程已经提前安排妥当并告知了各位合伙人,科尔津将在早上发表演讲。这早已是敲定的事情了。为了打击反对的声音,他该说些什么呢?科尔津和纽斯坦因迅速地讨论哪些该说,哪些不能说,怎么说。科尔津在黄纸条上写下需要讲的一些关键句子、开场白及结束语。

当他到会议室的时候,科尔津发现年轻的合伙人们已经准备好了他们的反对词。他们一个接着一个起身发言,反对IPO。一个小时后,科尔津走到主席台,抛出了他和纽斯坦因商量好的措辞:"我们不准备IPO。以后不再讨论IPO的事情。结束了!"

他做得对。公司有史以来第一次,所有的合伙人都起身为他们的管理合伙人而欢呼。接下来的那些日子,祝贺的信件如潮水般涌来:"我们为你感到骄傲!""我从未感到如此热爱公司,谢谢你!""你曾经是——现在也是——一个伟大的领袖。"

但是那些了解科尔津的人知道IPO不会就这么结束的。虽然他不可能强迫大家这么做,但是他从没想过要放弃。即使没有正式投票,科尔津也会在这次议案中败北——但是他坚持打持久战,并取得了重大胜利。几乎每个人都感受到了这一点。"每个人都想分享利润,保护他们在公司的地位,并且赚上一笔,"一个较老的合伙人解释说,"每个人都做好了防御准备。整个公司的步伐变慢了,每个人都摩拳擦掌地想要保住自己的位置。这令那些想升职的低级别员工非常困惑。"

虽然IPO的计划破产了,但是科尔津成功地将公众持股的话题从"不能提及"转向公开及充分的讨论。越来越多合伙人意识到永久资本金对公司的重要性,一旦与个人追求更多财富与权力的意愿结合在一起,就会产生混合反应。与此同时,反对的声音逐渐消退。合伙人之间不再像以往那样亲密无间,传统的力量失去了魔力。在规模小、相互密切联系、风险资本金少的公司中,合伙人结构运行得非常有效——合伙人制度将高盛公司从不起眼的小公司打造为全球金融业的领导者,但随着公司规模的不断扩张,更多的合伙人开始在伦敦、巴黎、法兰克福、东京、中国香港、新加坡和其他很多合伙人并不熟悉但却有很多重要客户的市场中工作。

一些老的合伙人争辩说IPO不能做到对所有人保持公平。公司一部分的价值来自过去,另外一部分来自未来。过去的合伙人打造了公司的地位、信誉及商标,开发了大部分业务及客户,这些构成了现有利润的坚实基础。因此,如果IPO只是留给现任者——或当前在位者的话,对于已经离开公司的人并不公平,或者可以说是不对的。

另外一些人认为IPO投资者购买的是公司未来的赢利能力。将所有的财富出售给现在的投资者,意味着牺牲了合伙人的未来。这会减弱公司对最优秀人才的吸引力,这对于维持高盛公司在多种业务上的全球领导地位非常重要。对于这些人来说,IPO毫无疑问会剥夺公司的未来。这可能不会马上显现出来,但肯定会造成不可挽回的损失。

约翰·怀特黑德与约翰·温伯格给所有合伙人写了一封精心措辞的、

长达数页的信，表达了不希望上市的想法。科尔津大声地读给合伙人听。很显然他们看起来备受尊重，但是他们的时代已经一去不复返了。他们不再是掌握大权的领导者。实际上，他们的言论在公司里越来越没有分量——随着时间的流逝，更多的合伙人都意识到了这一点。当几年后怀特黑德被问到，他和温伯格作为资深的投资银行家，肯定经历过许多历史悠久的合伙制公司上市，为什么他们当权的时候，没有修订合伙人制度，以保证未来公开上市时对所有合伙人公平。对此，怀特黑德回答说："在公司上市的时候，有108个已经退休的合伙人。当我1984年退休的时候，只有80个在任的合伙人，12名退休的合伙人，因此情况发生了很大变化。这是我们从来没有慎重考虑过为假设的IPO修订制度的原因。"

IPO计划被推迟，但是依然还有一丝希望，在高薪面前，年轻人想成为合伙人的迫切希望使他们意识到他们急需找到一个领路人，寻求支持者，不犯错误，不与人为敌。那些渴望成为合伙人的员工努力增强自己的公关技巧、建立联盟及筹集资本。这种"政治"需要时间、精力及注意力——将占用构建客户关系及新业务的有限资源。公司上下，以前全部都放在客户身上的所有时间、精力与注意力，现在被一分为二：50%放在客户身上，50%用于提升自己的公司地位。"关注于公司内部更加重要"，一位著名的合伙人说。虽然IPO能给每位高级合伙人带来高达1亿美元、2亿美元，甚至3亿美元的现金，但他们都知道其中包含的风险也是非常巨大的。

合伙人之间的关系紧张起来。工作时间较长的合伙人成为有限合伙人后，工资远远低于他们培养起来的那些继任者，以及刚刚接替公司领导地位的合伙人。一直以来，推动上市的驱动力部分是公司的战略，部分是出于个人的财务考虑。将两者分开考虑是很重要的。就像摩根大通所观察到的那样："每个人做事情都有两个重要的原因：一个体面的原因，一个真正的原因。"

支持IPO的合理商业理由，掩盖了合伙人对于个人财富将会增长多少的猜想。另外一个推动力是有效的"现实"假设：如果我们不做，下一伙合伙人在遇到同样问题的时候，肯定会做。因此现实一点儿吧，你说"不"的同时就等于把你和家人即将到手到的财富拱手送人。其他没有任何变化。10年，也许5年以后，除了你和你的家人，没人会在乎这些，你送给他们钱的那帮家伙更加不会在乎。

科尔津一直在等待时机重提IPO计划，但是他不打算平静地等待。他一直催促合伙人支持IPO计划，特别是在一对一的会议中。"科尔津一个一个地拉票，"一名合伙人回忆说，"他把每个合伙人带到办公室，告诉这个人他能拿多少钱。"科尔津打了无数通电话，参加了多场会议，以各种方式提起IPO。他向很多合伙人通风报信，"IPO之后我们还将一起工作很长时间"。科尔津的话语间流露出高级合伙人支持他、与他合作的重要性——但是他从未做出任何正式承诺。公司内政治争斗日渐升温。"我告诉乔恩·科尔津，上市产生的公司内拉帮结派的现象可能要花10年的时间才会消失，"约翰·温伯格说，"大家有点儿太急于求成了。"支持IPO的人数不断增加。丰厚的利润率以及公司赢利的强劲增长，将使得估值的市盈率较高，这意味着如果公司上市，合伙人得到的将更多——而拒绝上市的话，等于是把到手的钱拱手送人了。

1997年，其他投资银行的扩张与合并严重威胁到高盛公司。摩根士丹利公司与零售股票经纪商添惠公司合并。所罗门兄弟公司与旅行者集团合并——一年后与花旗银行合并，成立了花旗集团。美林公司以52亿美元的价格收购了英国最大的基金管理公司——水银资产管理公司，该公司是欧洲最著名的基金管理公司之一，管理着1 750亿美元的客户资产，业务遍及整个欧洲。瑞士银行收购了华宝证券。德意志银行进行了一系列的战略收购，招聘优秀人才，向投资银行和证券交易领域疯狂扩张。其强大的金融资源——包括超过250亿美元的未披露储备金——能够轻松地承担大型投资损失。全球银行的资产负债表在向投资银行和证券交易领域渗透，全球监管方面的限制也在逐步放松。竞争的中心转向永久资本金及庞大的资产负债表。

"竞争在加剧，"科尔津观察道，"最前沿的技术、时刻把握住全球市场机会、创新型产品及服务的推出，以及致力于为客户提供贴心服务，都会产生溢价。如果公司打算在不可避免的经济下行周期中生存，特别是行业衰退已经出现苗头时生存下去，公司需要重新关注风险管理，以及财务健康。①平衡企业家精神及财务稳健之间的关系，这是成功的基础。"

竞争对手在变化，行业也在发生变化——更加国际化，需要更多资本金投入到交易与信息科技中，财务风险在增加，公司的业务与赢利方向正在从委托（代理业务）的投资银行转向以风险资本为主的自营交易商。历尽周折，合伙人从反对IPO转向支持IPO。50年前，公司在债券业务线上只有一名合伙人；而到1998年进行IPO投票时，固定收益部门有53名合伙人，他们以51:2的票数赞同IPO。公司沉浸在交易的文化中，交易的一切产品均按市值计价，他们转变为现实主义者，不再迷恋于传统。

1996年对于公司而言是个收获的年头，1997年更好一些。高盛公司在德国电信公司130亿美元的私有化过程中发挥了关键作用，中国电信的私有化并购成为当年最大的并购案，克莱斯勒与戴姆勒-奔驰公司进行了380亿美元的合并。公司利润超过了30亿美元，净资本回报率超过50%——远远高于行业36%的平均水平。

如往常一样，科尔津时刻关注全球市场的变化，他每天早上都要查看主要市场的行情：6点15分打电话给纽约的劳埃德·布兰克费恩，6点30分打电话给伦敦的帕特·沃德，6点45分会往亚洲办公室打电话。并且，如果需要做出重要决策，科尔津会在凌晨2点30分、3点30分、4点15分分别打电话给上述地区。自然而然地，需要做决策的分支机构都会打电话向科尔津求助，这提升了他的运营能力，以及在高盛公司的领导力。

并不是所有的电话都来自交易市场。1996年，科尔津收到了英国主要客户沃达丰（Vodaphone）的CEO克里斯托弗·詹特发来的一条愤怒的

---

① 科尔津要求合伙人鲍勃·利特曼研究风险管理，开发全面的风险管理系统，替代每天他收到的来自各个交易单位共20英寸厚的头寸报告。利特曼使用VAR矩阵为每笔头寸设置了风险限制。之前，交易员们一旦赚钱越来越多，自信心就会膨胀，从而肆无忌惮地扩大风险。令人惊奇的是，使用VAR之后，绝大部分交易员都希望了解他们的风险限制。

消息。沃达丰打算终止与高盛之间的业务关系，原因是高盛没有事先与沃达丰沟通，就承销了其主要竞争对手奥仑治（Orange）12亿美元的IPO。科尔津马上给詹特打电话致歉，詹特后来回忆说："之前我们已经就他们应尽的义务达成了共识。我希望他们忠于我们。"

虽然合伙人是一个法律组织，但是合伙人的效率依赖于合伙人之间的非正式的个人关系。随着合伙人规模的扩大，个人之间的联络减少，组织的活力发生了变化。之前的亲密无间蜕变为仅仅是相互熟悉；沟通也不再清晰、迅速与有效；合伙人之间的相互关怀也荡然无存。合伙人制度仍然存在，但个人之间的联系减弱了，并且关系紧张、产生误解、伤害感情、意见不合等现象经常发生。科尔津坚信他会最终战胜其他人，他把自己比做是花旗集团的桑迪·威尔，并立志成为华尔街公认的领导者。"他不仅仅认为自己是正确的；而坚信他自己是正确的，"鲍勃·赫斯特说，"这非常危险。"

科尔津就任高级合伙人时，所有人都认为他会任职很长时间。合伙人一致认为：未来几个月乔恩·科尔津将挑选他的领导团队。种种迹象表明科尔津在公司获得了强势地位：利润增长非常迅猛；对毕晓普地产公司获得股权投资担保；越来越多合伙人认识到在收购案或者嘉奖突出贡献员工时，使用永久资本金加上股票的效果甚至好于合伙人的职位。高盛资产管理公司的赢利激增，交易获得的利润非常丰厚，同时相应竞争对手的市盈率乘数处于高位，追求个人财富推动着更多合伙人支持IPO计划。而IPO的目标就是为了获得权力。

科尔津在公司内备受欢迎。但是在执行委员会内，重大的变化引发了正面冲突。

"科尔津的想象力太丰富了，"鲍勃·赫斯特回忆，"他认为高盛的规模还不够大。"

科尔津向众人宣布："我是一个扩张主义者！"他打算发动一系列规模较小的投资管理领域的收购，开始与荷宝（Robeco），惠灵顿

(Wellington)、格兰瑟姆-马友-奥特鲁(Grantham Mayo Van Otterloo)等几家公司进行谈判。科尔津预测将商业银行和投资银行分业经营的《格拉斯-斯蒂格尔法》将被废除,他与摩根大通公司的CEO、大通曼哈顿公司的CEO、美国信托公司的CEO,以及梅隆银行的CEO都进行了对话。[①]在主动与商业银行接触之后,科尔津经常会告诉合伙人其实都是对方主动与他联系的。科尔津视自己为公司的CEO,他认为这些战略举措符合他的地位与权力,但是他的合伙人们——特别是执行委员会的那帮家伙——强烈反对他这样做。就像他们认为的那样,他们才是高盛公司的最高权力,因为他们代表了整个公司,并且在委员会内奉行一人一票的平等制度。

其他人发现,科尔津整天都不在公司,而是穿梭于各家公司和银行,结识相关人士,就合作关系或是可能的并购探讨各种问题。他独立的战略主动性,以及随意、即兴的决策方式,都给人们留下了深刻印象。科尔津经常凭直觉办事,给人留下的印象是过于草率,不按程序办事,而保尔森经常会深思熟虑,提前将各种事情安排妥当。"科尔津经常是即兴而为,"鲍勃·斯蒂尔回忆说,"他不是有章可循的,因为他需要做的事情太多了——多得可能全部做不完"。

科尔津与梅隆银行的对话引起了执行委员会的强烈不满。当科尔津与梅隆的CEO弗兰克·科休特周末进行了秘密会谈后,一位合伙人称他感到非常震惊,因为科尔津没有权力这么做,并且他对并购的做法也说明他是多么天真。索顿回忆说:"作为公司的CEO,你不应该主动要求与对方见面。这是非常糟糕的策略。相反,你应该营造一种气氛,这样别人就会找上门来——并且来求你。一位技能高超的CEO最不应该做的就是独自出马而遭到别人拒绝。[①]你经验不够丰富,不懂得如何在并购中发挥CEO应有的作用。你应该自律,自我反省一下。你不懂规则。并且,乔恩,你不

---

[①] 由其他人组织的AIG与科尔津等人的午餐见面会。

[①] 科尔津说他不是孤军奋战。他曾与负责金融机构的银行家克里斯·弗劳尔斯一起工作,克里斯离开高盛后去了一家非常成功的私募基金公司。

是CEO——这是一个合伙制公司。你只是我们的高级合伙人,并不是我们的CEO。管理委员会——从格斯·利维年代开始——是合伙制公司的负责人。你不能自主决定与其他公司进行合并。而且,你没有并购方面的经验,不知道如何处理高层之间的探讨性问题。"

约翰·温伯格警告科尔津远离大通公司。"科尔津打算与大通曼哈顿合并,我告诉他:'如果你找比利·哈里森谈话,他会告诉你他现在癌症晚期,一年内就退休了,在他退休前他会推举你为公司的CEO。但是他已经跟至少50个家伙都说过同样的话了,但其他人都懂商业银行——而你对商业银行一无所知。你要是不懂商业银行的核心业务,他们会害死你的。而且,他们会将高盛的员工安排在各种工作岗位上,留下优秀的员工,将其余的解雇掉。没有人会支持你。商业银行将是合并后最主要的业务,因此下一任CEO会从熟悉商业银行业务的人选中产生——你是不可能的!'"

"打造最优秀的公司与利润最大化这两者之间的均衡关系发生了很大变化,"一位高级合伙人解释说,"二三十年前,我们知道如果要打造伟大的公司,利润肯定会下滑。如果我们是最优秀的公司,雇用了最优秀的人才,那么必然会带来高利润。但是上市公司需要披露季度报表,公司关注的焦点就要转移了。"

上市将使得薪酬制度变得更加灵活,因此塞芬开始倾向于上市。"给予表现最优秀的员工最好的奖励,"他说,"但是你需要留住那些对关键的交易或者开发新业务方式起到决定性作用的优秀人才,并奖励这些人。这是我为什么支持公司上市的原因——公开发行股票使所有人面对共同的利益目标。"

塞芬深深热爱着公司,他认识到,担任主要业务部门的联席负责人以及管理委员会的一员已经是他事业的顶峰。他赚的钱超出了他的想象,50岁的时候,他有足够的时间从事第二职业。作为一个熟知市场的现实主义者,他做了决定:是时候离开了。

塞芬向科尔津清楚地表述了自己的想法。这两个人一向不那么亲近。他们没有一起亲密地工作过——一个在股票部门,一个在固定收益部门,他们的个人风格也不相似。塞芬非常细心、专注、精细,而科尔津更加开放,是个爱冒风险的人。塞芬曾经希望科尔津会请求他留下来,甚至会给他更多的激励,但是科尔津连提都没提。他只是简单地说他理解。"你干得非常棒,戴维。当然,这是你的决定。没有问题。"塞芬离开公司对于科尔津没有什么直接影响,却间接导致了科尔津后来被赶出高盛的管理委员会。

上市将推动高盛成为行业的领导者,带动合伙人致富,执行委员会的委员们也会从中牟取暴利。具有讽刺意味的是,科尔津在推动公司完成上市过程中给公司施加的压力,成了他日后下台的重要因素。科尔津后来说:"卷入上市之争并不轻松。我不能将上市拖延到15年后,没有时间等待积累起更多的财富。"

# 32
# 长期资本管理公司

继1994年巨额亏损之后,1998年公司又面临灾难性的时刻。高盛在自营业务上损失了数亿美元,一家主要对冲基金破产又使公司亏损了近亿美元。同时,公司失去了赚钱的大好机会。结果,随着股票市场的下挫,高盛公司不得不一再推迟策划已久的上市计划,乔恩·科尔津为此投入了大量的个人政治资本。这也损害了他作为公司领导人的声誉。

长期来看,合伙人一致认为1998年是高盛发生巨大转变的时刻。本年发生的事件有力地证明了上市才能确保长期资本规模。这也说明自营交易对于高盛内部的重要性日益增强,正逐渐取代公司长期以来神圣不可侵犯的战略:作为关系投资银行家,以提供最优质服务赢取客户的信任和认可。在公司向自营业务加速转型的过程中,高盛的目标是成为重要的做市商及自担风险的金融中介服务商——从以服务为本的代理业务转向以资本为本的委托业务,致力于成为全球最强大的金融公司之一。

高盛越来越依赖资本运营,进行大规模的资本投资,使用复杂的计算机模型管理各种各样的风险——许多之前未知的风险,从全球金融市场中赚取风险可控交易的利润。公司的赢利来自其掌控的独特信息,以及组织交易的能力。一直遵从客户意愿、致力于维护客户关系的重要竞争优势,将被大胆使用公司资本金所削弱,甚至被超越。这些被公认为是公司潜在的阻碍,可能会发展成为公司劣势之一。该战略第一个主要的表现就是:

公司开始处理巨型高科技对冲基金,即长期资本管理公司的破产业务。

LTCM——长期资本管理公司——貌似发现了一种绝妙的新方法来管理巨额的低风险、高回报的投资组合对冲基金。只有经过认证的金融尖端科学家才能够真正明白该基金运作的具体方式,但是大家都知道长期资本管理公司——一个神秘的、荣耀的、金牌赚钱机器——取得了非凡的成就。该基金由约翰·梅里韦瑟于1993年创立,约翰被崇拜者称为J.M.,曾是所罗门兄弟公司高赢利自营交易部门极具魅力的领袖。在长期资本管理公司,不足200人的队伍管理着巨额私有资金,其中包括两名诺贝尔奖获得者,以及一群聪明绝顶的华尔街精英,拥有近100家客户。在金融创新领域,公司确实表现得异常突出。长期资本管理公司在四个方面非常突出:资产规模、杠杆率、委托人数量和利润。

长期资本管理公司的投资组合非常分散,由计算机程序构建的上千个分散的、小规模、"完美对冲"的头寸组成,其原理是先进的计算机程序能够识别全球债券市场中各类异常现象,或称为市场不完美状态。长期资本管理公司选择最具吸引力的赢利机会,构建的投资组合能够识别出各种特定风险。虽然长期资本管理公司的单个头寸规模比其他投资者的头寸大很多,但相对总的规模显得微不足道,并且每个头寸上的利润都很少。公司整体战略是重复使用小规模、高杠杆的投资组合来赚取全球市场中的每一分钱,而这些累计起来的利润将是惊人的,并且几乎不承担任何风险。

长期资本管理公司的战略一度非常完美。它取得了巨大的成功,每年利润增幅高达40%。这台训练有素的赚钱机器依赖于两个相互依赖的系统:一个是巧妙设计的计算机系统,能够从全球市场的数万种头寸组合中发现最具吸引力的部分,另外一个是来自全球银行及经纪人—交易商之间秘密、复杂的借款系统。长期资本管理公司大量使用杠杆,虽然投资者的资金仅为30亿美元,投资组合总额却高达1 000亿美元。除此之外,它与每家华尔街投资银行及交易商都签署了衍生品合约,市值高达10 000亿美元!高杠杆的秘密在于贷款者相信长期资本管理公司的投资组合能够完全分散各种可能出现的风险。

但长期资本管理公司与贷款人都忽略了一个事实：公司无法分散一种风险。在某种特定的、重要的、具有重大杀伤力的事件发生时，全球所有市场的反应是一致的——比如卢布突然贬值事件。

在基金管理费用方面，行业通用的费用标准是资产管理规模的1%加上利润的20%，而长期资本管理公司要收取资产管理规模的2%加上利润的25%。长期资本管理公司投资者不在乎管理费用的高低，因为基金表现得太优秀了。长期资本管理公司第一年的利润率是28%，1994年取得了58%的高额回报（实际上，剔除支付给成功管理基金合伙人的可观报酬，有限合伙投资者的回报率在1993年仅为20%，1994年为43%）。1995年底，随着"2%+25%"基金管理费用收入的逐年累积，长期资本管理公司的一般合伙人个人账户资产高达14亿美元。一般合伙人头寸规模在两年内投资金额从原来的1.5亿美元增长到15亿美元。好消息纷至沓来。

1996年，长期资本管理公司的利润高达16亿美元——57%的回报率，在支付完一般合伙人的薪酬后，投资者获得的净回报率是41%。除了16亿美元之外，还有一个少得惊人的数字：长期资本管理公司当年实际投资组合的回报率仅为2.45%。我们可以看到，投资者获得高额回报率的秘诀在于使用了大量的杠杆。[1]

除了16亿美元和2.45%这两个天壤之别的数字之外，另外一个年度数据也能够说明问题。长期资本管理公司大规模、超常的投资组合回报率给华尔街创造了巨额的交易量。每年支付超过1亿美元的交易费用、价差以及佣金，使得长期资本管理公司成为全球证券行业最大的客户。投资者希望能够从长期资本管理公司分得一杯羹，全世界的银行和交易商竞争非常激烈，争相为长期资本管理公司提供服务。他们看重的是每年1亿美元的丰厚现金流入。科尔津打造的自营交易平台与长期资本管理公司相似，两家公司甚至都是套利交易商，因此，高盛公司不仅是主要的交易商之一，高盛堪称长期资本管理公司的竞争对手之一。

---

[1] 罗杰·洛温斯坦的研究成果《当天才失败时》给本章提供了大量的素材。

长期资本管理公司组织结构设计巧妙,并且运营极其顺畅。长期资本管理公司代表了多方面的成功:投资者的成功、银行和经纪商的成功、长期资本管理公司管理合伙人的成功。难以置信的是,成功也带来了很多的麻烦:长期资本管理公司钱多得已经管理不过来了。考虑到市场的流动性及交易量,合伙人认为长期资本管理公司的规模过大。1997年,长期资本管理公司管理的客户资产规模为50亿美元。随着资产管理规模的持续扩大,1998年达到了70亿美元,长期资本管理公司的资本金超过了华尔街最大的公司——美林公司。规模是一个很大的问题,因为在不完美的市场中,长期资本管理公司的买卖行为会推动市场价格波动,减少赢利机会。

因此长期资本管理公司做出了非同寻常的决定:强迫投资者从投资金额中撤回27亿美元。长期资本管理公司的一般合伙人也采取了非同寻常的举措:虽然返还给投资者大额的资金,但是他们不愿意缩小长期资本管理公司投资组合的规模。相反,一般合伙人选择提高杠杆率,因此投资者能够获得的回报率更高,他们会变成巨富,赚取更多钱。他们确实做到了这一点——但是仅仅持续了几个月。

一个更深远的问题是长期资本管理公司显然不是独立行动的——这一基金有众多的模仿者。主要的投资银行及大型对冲基金的交易员们在同样的商学院接受教育,在相似的华尔街公司接受培训,使用相同的数量模型及计算机程序。他们寻找同样的交易,与其他人时刻保持联系,分享彼此的观点与数据。他们沉浸在发现新事物的愉悦中,不仅仅局限于窃取或者抄袭他人的观点——包括长期资本管理公司最好的策略。长期资本管理公司是最大的也是最好的投资公司,许多聪明的交易员以类似的理由,运用相同的策略进行头寸对冲交易。更多债券套利基金纷纷成立,采用的是长期资本管理公司擅长的瞄准市场无数微不足道异常事件的投资策略。虽然无法考证,但是华尔街许多人认为比长期资本管理公司更加活跃的交易对手是高盛公司。

长期资本管理公司所处的市场变幻莫测,再一次证明了杠杆是一把双刃剑——能瞬间引发巨大损失。1998年6月，长期资本管理公司经历了非常糟糕的一个月：损失了5亿美元。但是投资者认为"这是偶然事件"，梅里韦瑟坦率地跟投资者就损失的数额及原因进行了沟通。结果是：这不是什么大问题。

在接下来的8月，俄罗斯国家债券违约，改变了所有的一切。

市场重新关注质量与流动性，受到惊吓的投资者纷纷卖出流动性差的证券——就是长期资本管理公司持有的那种，买入高等级、流动性好的证券，而长期资本管理公司的套利头寸中持有的是高等级证券的空头。长期资本管理公司显然陷入了被动状态——持有的证券价格不断下跌，卖空的证券价格却在上涨。现在梅里韦瑟不再对投资者坦白，而是有选择性地披露业绩——而业绩远低于大部分长期资本管理公司投资者的预期。但是高盛意识到了这一点，因为自营交易使其有各种渠道获取关键的市场信息。

长期理性市场行为被推到了一边，在焦虑的投资者、交易商及对冲基金非理性行为追逐质量和流动性的推动下，市场短期表现是不可预测的。长期资本管理公司精心设计的多头—空头头寸之间的价差，与长期资本管理公司的模型计算出来的存在一定的差异，并且差异越来越大。突然之间，长期资本管理公司不再赢利了，取而代之的是数以千计的头寸开始亏损。一旦长期资本管理公司的交易员打算平掉一对头寸，其他对冲基金和交易员也会步其后尘。

市场流动性依赖于众多不同的买方和卖方观点之间的差异：差异越大，流动性越好。当投资者对于市场走势的观点趋于一致时，不管是理性还是感情用事，流动性将会迅速蒸发。对于市场走势看法越一致，特别是强烈的感情认同，将使得流动性迅速缩小。长期资本管理公司的计算机模型没有考虑到市场流动性的变化——特别是流动性突然消失的情况。

波幅，或者称为市场风险，是许多投资者和交易员衡量"质量"的指标。大部分投资者都不喜欢价格波动，因此他们希望能够规避它。他们可以按一定价格卖出波幅，其他的投资者按照这个价格接受或者"购买"波幅。波幅不能被直接买卖，但是可以间接通过卖空，购买股指期货，或者购买杠杆性更强的股指期货期权来实现。波动性的定价经常是错误的，因为大部分投资者都不喜欢市场风险，情愿以低于数学上的公平价值卖出波幅，以便他们能够有效地规避市场风险。当投资者集体担忧市场出现下跌，或者期望市场出现上涨时，期货和期货期权价格将在正常的范围内波动。担忧或者期望越多，对于市场波幅的正常价格偏离得就越远——这被交易员称作"vol"。因此，长期资本管理公司能够通过交易股指期货有效地买卖vol，这是组合运作的重要策略。

俄罗斯国家债券违约事件发生后，投资者开始抛弃长期资本管理公司持有的那些流动性差的证券，卖出长期资本管理公司持有的多头头寸，买入长期资本管理公司卖空的空头头寸。这使得市场价格越来越偏离长期资本管理公司计算机算出来的正常价格，而长期资本管理公司高杠杆的投资组合大量利用的是计算机模型识别出来的异常价格。突然，所有的事情都不一样了。现在市场与长期资本管理公司的发展背道而驰，虽然长期资本管理公司的投资组合以多种方式进行了分散化，但是仍然无法规避这种全球投资者追逐质量、抛售投机性债券的风险。

科尔津知道高盛的交易员也有大量的头寸暴露在同样的风险中，这种情况与梅里韦瑟和长期资本管理公司的其他人在几个星期内构建的复杂的、基于衍生品的组合类似。科尔津还知道——因为高盛一直在密切关注长期资本管理公司，并且自营交易头寸与长期资本管理公司雷同——长期资本管理公司一直以来依赖的价差交易正在朝着错误的反向发展。科尔津非常了解长期资本管理公司的高杠杆率。大胆的投资者会为他们投入的资金融入相同金额的资金，因此他们的杠杆率是50%，另外50%是自有资本。对冲基金借入的资金更多，所占比例高达80%，甚至有时候会达到90%。但是在长期资本管理公司，梅里韦瑟与他的团队们借入的资金量更大：自有资本不是50%或者10%，而是只有3%。长期资本管理公司使用极高的杠杆。仅有3%的自有资本意味着如果整个组合亏损3%的话，将使得长期资本管理公司全军覆没。

长期资本管理公司在开始的几年内严格对外保密公司的运营情况，

拒绝向贷款人或借款人提供任何内部运作的信息。外部对于透明度的要求呼声越来越高，但长期资本管理公司仍然坚持不透明的原则。因此梅里韦瑟发现"投资市值严重下滑"时，迫不得已走出他的神秘王国，给主要的交易商高盛打电话。此时的科尔津明白，情况已经非常严峻，不管梅里韦瑟做出什么样的口头保证都无济于事。

如果科尔津知道电话是从北京打来的，而梅里韦瑟刚刚为了这通电话推掉了晚宴并且已经订了最早的一班飞机，那么科尔津就应该能意识到长期资本管理公司的处境是多么严峻了。

全球市场青睐于高质量的证券，由于套利交易商们与长期资本管理公司在同样的市场中打拼，因此当更多市场中的价差越来越大时，他们平仓的压力就越来越大，特别是这些交易商的头寸与长期资本管理公司相似，他们都想尽早脱身。一些人遵从高级经理的指示抛售了股票，另外一些人收到了银行追加保证金的通知后不得不降低头寸。突然，所有的交易员都在卖证券。没有人愿意买入任何证券。他们卖出高等级、流动性好的头寸，不是因为他们想卖——实际上他们并不想，而是因为：他们必须卖出高等级证券来筹集现金，因为这个时候除了这个，别的都卖不出去。

在正常、理性的市场中，长期资本管理公司高度分散的套利组合应该能够规避短期的价格异常波动。在正常、理性的市场中，赚取几百万美元对长期资本管理公司来说是轻而易举的事情。但是长期资本管理公司的投资组合有两个关键的问题。在每个多头—空头组合对中，长期资本管理公司总是买入低等级证券，卖空高等级证券。绝大部分组合对都是在小规模、不同寻常的市场中进行复杂交易，市场的流动性相对有限，就像现在的事实所证实的一样，流动性非常有限。如今投资者的组合趋向于高等级证券，与长期资本管理公司的头寸背道而驰，这种特定风险不能规避，也无法进行有效的分散。长期资本管理公司的投资组合不再是高度分散的，所有的一切突然变得密切相关起来。

长期资本管理公司持有最多的低等级证券的流动性突然消失了。当然，如果时间充裕，市场与价格最终将回归理性，但是像乔恩·梅纳德·凯恩斯很早之前警告的：" 市场非理性状态持续的时间往往会超出你能忍受的极限。"当他们真的打算卖出时，价格是由买方而不是卖方来决定。而买方市场是长期资本管理公司最不想看到的。

当事情变坏时，聪明的借款人不会坐等贷款人来找他们，而是主动出击。因此约翰·梅里韦瑟主动打电话给高盛的乔恩·科尔津。

"我们的投资最近下滑得厉害……但是一切都还好"。语气听起来非常肯定，语调也很沉稳。但是约翰·梅里韦瑟一向是非常冷静、轻描淡写、宠辱不惊的，因此好像看不出什么端倪。但科尔津有足够的经验与理由知道事情并非这么简单。首先，电话不是打到办公室，而是直接打到了家里。其次，梅里韦瑟的口风很紧，不会透露任何关于长期资本管理公司头寸的事情，特别是"我们的投资最近下滑得厉害"这种负面的信息，这不是他一贯的做事风格。

作为一个经验丰富的债券交易商，在他的职业生涯内，科尔津曾经买卖过数十亿美元的债券，因此他对于信号非常敏感，特别是任何非同寻常的或出乎意料的信号，梅里韦瑟现在传递的信息虽然表面上看来非常平常，但是实际上非常不同寻常，甚至是出乎意料的，因此这是强烈的信号。

科尔津与梅里韦瑟是同行，他们彼此非常熟悉，尊重对方在行业中的地位，他们的交易风格和对市场的理解都很类似。对于全球资本市场变幻莫测的本质也有着相似的信念，都意识到自营投资赢利丰厚，特别是定息套利交易的吸引力将会日益增强。而且，两个人都出生于美国中西部地区，性格坦率，在公司内广受欢迎——并且都梦想成就一番大事业。

科尔津给梅里韦瑟回了电话，因为他想了解更多的情况。他像梅里韦瑟一样非常平静。他没有说"梅里韦瑟，你做事一向太保密了。我知道你现在遇到了大麻烦。因此你要跟我们坦白，否则我们将切断给你们的贷款限额"。相反，他只是简单地说："我们还不知道太多情况。这可能会危及你们的信用评级。"

科尔津与梅里韦瑟都知道情况的本质：长期资本管理公司是不可控的，必须改变以往的风格。严守秘密的时代已经过去了。现在长期资本管理公司必须要与贷款人分享公司内部重要的信息,这意味着贷款人将得知长期资本管理公司的交易头寸,并与他们对着干,而这注定会使现状恶化。

由于公司使用的杠杆率过高,长期资本管理公司产生的负面影响迅速蔓延。梅里韦瑟看起来非常平静,他迅速且安静地采取行动,寻找最优的解决方案。各种可能的方案他都考虑过,如向投资者寻求巨额注资,以及将长期资本管理公司出售给一个"白衣骑士"等。

周一早上,伯克希尔-哈撒韦公司(Berkshire Hathaway)的沃伦·巴菲特拒绝了收购长期资本管理公司整个投资组合的提议。晚些时候,乔治·索罗斯同意8月底给长期资本管理公司投资5亿美元,前提是梅里韦瑟能够在两个星期内从其他渠道筹集到另外5亿美元。梅里韦瑟与索罗斯的谈判是对手的角逐。梅里韦瑟是美国中西部人,不拘小节但固执己见;而索罗斯是东欧人,行事严谨且非常理性。梅里韦瑟的投资风格非常理性,基于精确的、可预测的数学模型,而索罗斯认为市场是随机的、灵活的、不可预测的。但是,索罗斯与梅里韦瑟现在面临同一件事情:索罗斯的基金刚刚在俄罗斯损失了20亿美元。

摩根大通公司打算投资2亿美元,一些银行家认为美林公司可能会投资3亿美元。但是美林公司在周三打电话表示不参与投资。由于需要快速的决定,长期资本管理公司再次向巴菲特求救,给出的条件是如果他肯投资的话,就将管理费减半。巴菲特再次拒绝了长期资本管理公司。

如果读者假设自己是一名长期资本管理公司的一般合伙人,经历过这些惊心动魄的时刻后,那么就应该能够更深刻地体会到情况的危急性:

- 就在周四巴菲特拒绝投资的那天,长期资本管理公司损失了2.77亿美元。仅一天的工夫,情况就变得更加糟糕。
- 银行要求长期资本管理公司偿还1.67亿美元贷款,称该基金的糟糕表现实际上构成了"违约事件"。但是长期资本管理公司无法履行,公司拿不出这么多现金。并且,作为"内部人",合伙人肯定不能提取现金,即便是为了偿还个人贷款也不行,特别是在业绩差强人意,并且他们还在请求别人增加投资的时候。
- 华尔街传言高盛的交易员正在卖出长期资本管理公司持有的高杠杆头寸。其他公司的交易员也在这么做。
- 长期资本管理公司与主要的清算商贝尔斯登公司在谈判中发生了冲突,长期资本管理公司拒绝签署正式的清算协议。因此长期资本管理公司没有拿到贝尔斯登为其进行交易清算的书面保证。这意味着贝尔斯登可以随时中止清算——如果贝尔斯登退出的话,没有哪个公司能够承接长期资本管理公司复杂的清算业务。

长期资本管理公司的合伙人有能力说服一家商业银行贷款给它,以偿还另外一家银行催缴的5 000万美元贷款。更重要的是,合伙人以个人的身份,刚刚从基金中借出了3 800万美元,用来支付年底可观的员工奖金。虽然这看起来非常巧妙并且在操作上是合法的,但从杠杆率非常高的账户中借款是非常不寻常的事情,这也暗示了长期资本管理公司合伙人的所作所为已经步入了灰色地带。华尔街的传言使合伙人陷入了困境。一旦公司发生违约,交易对手们会立刻要求现金支付。如果几家交易对手要求马上兑现交易,长期资本管理公司就会被摧毁。

几年前,所罗门兄弟因在卷入市政债券投资丑闻时未及时通知联邦储备银行而两度惹火上身。有了这个教训,梅里韦瑟致电美联储总裁威廉·麦克多诺先生,告诉他长期资本管理公司需要更多的现金。

周五,科尔津又接到了梅里韦瑟的电话,当时科尔津正在澳大利亚度假,这已经是第11个电话了。长期资本管理公司的资产已经跌到了5亿美元,低于贝尔斯登实施清算交易的最低资产要求,因此贝尔斯登打电话给长期资本管理公司:其检查小组打算星期天来检查长期资本管理公司的账簿。如果不是非常满意,贝尔斯登会立刻停止为长期资本管理公司的交易提供清算服务。没有清算经纪商,长期资本管理公司的业务将无法运作下去。为了留住贝尔斯登,长期资本管理公司需要更多的资本金。这是梅里韦瑟打电话给科尔津的原因:长期资本管理公司需要立刻拿到一大笔钱。

10亿美元太少了。长期资本管理公司需要20亿美元——并且是马上。科尔津和高盛是最优选择，也许也是唯一选择，是他们在最短时间内所能找到的救生船。

为了应对变幻莫测的市场与业务环境，高盛公司的战略正在转型，在向大规模资本金、承担风险的自营业务转型。科尔津一直致力于发展利润丰厚的自营业务。现在他发现了一个推动公司彻底转型的绝佳机会——这将推动公司成为毫无争议的领导者，并巩固他自己的地位。

科尔津知道，在跟梅里韦瑟的谈判中，他占据了强势地位。他现在给梅里韦瑟提出的条件非常苛刻，但是考虑到长期资本管理公司的艰难处境，这也算比较合理。高盛公司决定出资10亿美元——部分来自公司的自有资金支付，另外部分向客户筹集，并且保证向外部投资者再筹集10亿美元，换取长期资本管理公司50%的股权。有了高盛有力、慷慨及公开的支持，长期资本管理公司不仅获得了资金，也无形中获取了明显的竞争优势。作为交换，高盛公司不仅拥有长期资本管理公司50%的股权，而且能够设定交易风险敞口的限制（相当于全盘控制了基金的投资组合），完全掌握了长期资本管理公司的投资策略及分析模型，这些可以应用在高盛自己的自营业务操作中。

这个交易的前提是高盛注入资金及检查长期资本管理公司的账簿，因此双方立刻着手账簿工作。任何涉及动用合伙人资本的交易，都需要得到高盛公司新成立的执行委员会的批准，但科尔津从来不认为自己只是高级合伙人，而把自己当成掌握公司大权的CEO来看待。

长期资本管理公司一向坚持严格保密的原则，因此它的多头头寸和空头头寸分置在不同的银行中。银行不能确定套利组合能否正确配对，所以它们要求的保证金要高于绝对最低水平。如果同一家银行的头寸能够完全配对，多余的保证金会被释放出来，财务紧张状况也将有所缓解。理论上听起来不错，但是关键在于细节。长期资本管理公司的业务并不简单，而是通过大规模使用多元化的方式以减少任何单独的头寸或者某个特定头寸组合的风险。结果，长期资本管理公司一共持有3.8万对不同的头寸组合对——每对组合都是独立的，且构成组合的两方被放置在不同的银行中。因此，将这些组合对匹配起来就要花大量的时间。长期资本管理公司不仅仅缺少现金，也缺少时间。

具有讽刺意味的是：长期资本管理公司现在需要27亿美元，而几个月前公司却坚持要求投资者把相同金额的投资拿回去。贝尔斯登颇为熟悉情况的家伙对于长期资本管理公司提出了非常尖锐而又冷酷的评论："一切全完了。当你的投资跌去一半时，不会再有人投资进来。市场离你而去，你完蛋了。"长期资本管理公司的合伙人也感觉到长期资本管理公司很难翻身，因此开始着手保护个人财产。曾经身家千万的合伙人被迫动用妻子的银行账户支付其购买的豪华新屋。梅里韦瑟也悄悄地把他的房地产转移到妻子名下。

后来一些评论家称，高盛在伦敦和东京的交易员正在卖空他们了解到的长期资本管理公司持有的多头头寸，然后为了平掉空头仓位，打算以超低价格从长期资本管理公司买入相应的头寸。高盛公司的交易非常活跃，但是如果它的交易员超前于长期资本管理公司，其他公司的交易员也会效仿。在全球债券市场中，长期资本管理公司受到的压力主要来自波动率交易，所有主要的交易商都知道长期资本管理公司在大量卖空期货和期权的波动率。他们知道长期资本管理公司会越来越急于平掉空头头寸，这时肯定会向他们求救，要求将头寸全部出售给他们，这样会大大增加他们的利润。交易员们都深谙市场规则：如果了解机构调整头寸的动向，他们就会利用该市场信息从自营操作中谋利。这种赢利机会也解释了为什么高盛决定转型为自营交易商，并且告知合伙人，"要学会在利益冲突中生存"。

对于对冲基金而言，8月是个残酷的月份。绝大部分对冲基金都遭遇了严重亏损。但是长期资本管理公司的表现更加糟糕——公司的股东权益单月内减少了45%，即19亿美元。8月是有史以来信贷利差表现最糟糕的一个月。正如不理性状况可能在长期内发生一样，短期内利差扩大至历史最高水平，偏离长期资本管理公司复杂模型的"正态"假设越来越远。市场严重缺乏流动性，长期资本管理公司无法卖出所持证券以筹集所需资金。损失总额达到20亿美元。长期资本管理公司对于索罗斯的注资不再抱有任何希望。

梅里韦瑟在9月的月报中透露公司遇到了困难，月报被传真给长期资本管理公司的投资者。在媒体披露这一消息后，其他对冲基金的交易员开始卖出他们认为长期资本管理公司可能持有的多头头寸。9月，出乎长期资本管理公司的意料，利差持续扩大，因为其他公司交易员及对冲基金加大了长期资本管理公司的反向头寸，他们预测长期资本管理公司的头寸规模巨大，早晚都得向他们求救。

长期资本管理公司的头寸规模仍然惊人：1 250亿美元——是不断萎缩的资本金的55倍。并且，持有大量的衍生品组合。如果再亏损2%，公司就会破产。按数字计算，几个月前这种情况基本不可能发生。但是在真实市场中，交易员认为正态曲线存在"肥尾"——不可能发生的事情最终发生，造成巨大灾难，最近流行称这种情况为"黑天鹅"。非常不可能发生的事情现在已经威胁到整个公司的发展。

科尔津对于长期资本管理公司迅速恶化局面的担忧，也因为高盛自营业务的巨额亏损而日益加深。因为他们使用的模型和数据都相似，交易员们持有的仓位也与长期资本管理公司类似。自营债券交易的亏损会马上影响到科尔津的合伙人的利益。公司自营交易的亏损为上次高盛提出IPO造成了很大的障碍。

高盛公司计划已久的IPO即将于下个月推向市场。对于科尔津而言，IPO是他一生中最重要的交易——对他职业生涯最重要的检验，特别是自他成为管理合伙人以来，对他本人来说最重要的事情。虽然科尔津不在乎拥有多少财产，但是如果IPO成功推出的话，他的个人财产将达到2.5亿美元。他将成为年仅52岁就拥有巨额流动性资产的富翁，并且拥有自由选择去留的权利。但是如果IPO再次推迟——也许会推迟几年，科尔津在公司内的股权会减少，也许是大幅减少。如果公司现在不上市，下一次的时机成熟也许要等到多年以后。在拖延的这些年中，合伙人的股权比例肯定会改变，特别是有限责任的合伙人及退休合伙人——科尔津也会在这群人里面。科尔津有极大的动力去发现解决长期资本管理公司问题的方法，因为这已经成为推动IPO的关键。

科尔津知道，高盛能够求援的主要客户中，长期资本管理公司已经打过多次电话了。每个人都明白，其中有一个特殊的客户，那就是伯克希尔-哈撒韦公司的沃伦·巴菲特。巴菲特说他有兴趣以现有的低市场价格购买长期资本管理公司的整个投资组合，但是他不想收购长期资本管理公司的资产管理公司，也不想与长期资本管理公司的合伙人有任何瓜葛。

衍生品成为长期资本管理公司的另外一个隐患。它们很可能带来重大灾难。长期资本管理公司与几十家交易对手签订了几千个不同的衍生品合约。任何一个衍生品合约违约都将使所有合约陷入技术违约的困境。账面价值非常大——近1 500亿美元，平均每个美国人5 000美元——并且几乎包括美国所有的金融机构，而长期资本管理公司就是这个复杂的蜘蛛网的核心。

同时，9月的第二个星期，长期资本管理公司的亏损继续扩大：

- 星期四，损失了1.45亿美元。
- 星期五，又损失了1.2亿美元。

9月的第三个星期，虽然亏损额减少，但亏损仍在继续：

- 星期一，损失500万美元。
- 星期二，损失8 700万美元。
- 星期三，损失1.22亿美元。

星期四的少许赢利也无济于事：总计，长期资本管理公司在两个星期内亏损额超过5亿美元。一个月内公司股东权益减少近60%。波幅价差不断创下新高，导致了更多的亏损。

高盛公司是长期资本管理公司的唯一希望——长期资本管理公司需要的资本缺口从20亿美元增至40亿美元。公司财务总监约翰·塞恩，以及不断扩大的高级管理团队——拥有债券业务经验的理性市场专家们——正在成为公司决策的权力中心。他找不到为长期资本管理公司筹集这么一大笔钱的法子,但是公司还是决定试一试。

另外一种可能也被沃伦·巴菲特否决了:与勇于创新的保险业巨头AIG公司(AIG在衍生产品市场拥有丰富的经验)联手收购长期资本管理公司的整个投资组合,但不涉及基金公司。巴菲特对此不感兴趣。

科尔津拜会了纽约联邦储备银行总裁麦克多诺先生,麦克多诺召集了其他主要的银行。所有人都认为长期资本管理公司破产将会对美国及全球金融市场造成重挫。考虑到美联储长期以来对金融市场采取的放任政策,麦克多诺需要一名华尔街的领袖承担组建合伙企业的任务。但是他与高盛公司前任管理合伙人,现任纽约联邦储备银行主席约翰·怀特黑德认为,没有人有足够的动力担当这个角色。麦克多诺接受了科尔津的提议,周日将向美联储交代其投资组合,但是考虑到任何匆忙的举动都将冲击敏感的货币市场,因此他选择前往伦敦,而派代表前往美联储。在离开之前,麦克多诺打电话给美联储主席艾伦·格林斯潘以及财政部长罗伯特·鲁宾,告诫他们长期资本管理公司可能无法筹集所需的资本金。

科尔津仍然希望找到解决问题的方法,但是他不断地碰壁。他与瑞银证券的衍生品专家见面,问他们是否愿意帮忙,令他震惊的是,瑞银证券已经是长期资本管理公司的最大证券投资者。科尔津非常恼火,因为长期资本管理公司从来没有告诉过他这一点,他甚至被长期资本管理公司误导了。他只得再次向巴菲特求救。

碰巧,当时巴菲特正在阿拉斯加的游船上与比尔·盖茨一起度假,四周陡峭的山脉导致手机信号时断时续,有时信号中断长达一个小时。巴菲特告诉科尔津,只要把长期资产管理公司与约翰·梅里韦瑟排除在外,高盛就可以着手研究伯克希尔-哈撒韦公司对长期资本管理公司的收购方案。收购共需资金40亿~50亿美元。只有伯克希尔-哈撒韦公司手头上有这么多钱,也只有巴菲特才能做这样的决定。虽然如此,巴菲特可能还是会坚持与高盛共同投资。

残酷的现实不停地打击长期资本管理公司。一是市场中越来越多的投资者意识到长期资本管理公司高度杠杆化的投资组合并未完全对冲市场波动，同时，市场也开始追求高质量证券。二是即使市场持稳，长期资本管理公司在衍生品交易上的亏损额也将达28亿美元。三是全球市场并不平静，因此衍生品对手方的亏损将增加一倍至50亿美元。美联储担忧的是，如果长期资本管理公司违约，市场肯定会急剧下跌，甚至丧失交易功能，这会导致第四种情况发生：整个国家秩序混乱，陷入恐慌中，这种恐慌甚至会波及全世界。

周日，科尔津与巴菲特在阿拉斯加进行第二次谈判。科尔津仍然不能担保动用高盛的资本金。他的合伙人——特别是投资银行合伙人——对于已经产生的损失非常不满意，并且担忧高盛会卷入更多风险中，导致公司资本金紧张，甚至损失殆尽。科尔津给财政部打电话，让他们警惕私有板块紧急情况的发生。他鼓励财政部组建一个紧急银行联盟。

在全球市场中，交易员对于其他交易员反向操作长期资本管理公司头寸心有怨言。在这些抱怨中，高盛被称认为是非常大手笔的一个。星期一，也就是9月21日，长期资本管理公司亏损了5.53亿美元——是股东权益的1/3。投资组合价值高达1 000亿美元，这将公司的杠杆率推向了极端：负债是股东权益的100倍。任何一次微不足道的亏损都会将公司置于死地。

贝尔斯登坚持补充5亿美元资本金，这是必需的保证金，摩根大通公司同意在之前谈判的贷款协议基础上支付其所应当承担的部分。长期资本管理公司实际得到了4.7亿美元——而不是5亿美元，因为24家银行联盟中，法国农业信贷银行（Credit Agricole）拒绝提供资助。

作为债券交易员，科尔津在努力推进其他机构的计划的同时，对自己的计划非常保密。他与美林公司的总裁赫布·艾利森在打造华尔街领先投资银行的目标下共事多年，但是他依然希望能够独占这个机会，以高盛-伯克希尔的名义收购长期资本管理公司的整个投资组合。

9月22日，周二早上7点30分，纽约联邦储备银行邀请高盛的科尔津和塞恩、摩根大通银行的罗伯特·门多萨、美林公司的戴维·科曼斯基与赫布·艾利森共进早餐。艾利森身材并不高大，但是他的理性和聪明让人印象深刻。为了生存，长期资本管理公司需要注入40亿美元。如果失败，团队的损失将达到200亿美元。艾利森总结说："我们现在是一条船上的人。这个问题非常复杂，大家都明白，简单的方案才能解决复杂问题。并且，作为全国最有影响力的金融机构，难道我们不应该对公众负责吗？"

长期资本管理公司的危机引发了全球担忧。俄罗斯与南美洲一些国家正在走向衰退。美联储不会保护向长期资本管理公司提供贷款的银行。它的假设是，作为自由市场的参与者，每家公司应该能够独立承担3亿美元的损失。但是问题并不局限于长期资本管理公司。科尔津四天来彻夜未眠，"我被吓得魂飞魄散"。经过两个小时的讨论，银行家们同意接受摩根大通公司门多萨的提议，将长期资本管理公司的投资组合分拆为两个部分——债券和股票，然后将股票以投资者能够接受的折扣价格卖还给发行公司。这个方案使得银行联盟承受的损失变得更少。但是实施细节在这么短的时间内不可能完成，因此银行联盟转向剩下的唯一选择：艾利森所提议的将所有银行组成投资联盟。

现在科尔津面临着两方面的战略问题。一方面，长期资本管理公司已经陷入极度困境，急需一个解决方案。另外一方面，过去两个月内高盛的自营业务损失总额达到惊人的15亿美元。巨额损失加上不断下跌的股票价格，将迫使公司推迟科尔津花费了大量精力所筹划的IPO计划。并且，公司的损失大部分来自科尔津的海外债券投资，因此他在公司内的个人地位受到了影响。这些损失现在成为合伙人们个人的损失。几个月前，每个合伙人都"知道"一旦IPO成功，个人财富将大大增加；但现在合伙人遭受到了实实在在的损失。科尔津本人及其冒险交易给他们带来了双重打击。他们不喜欢所看到的一切，这一点可以理解。

周二，长期资本管理公司又亏损1.52亿美元。现在已经没有其他退路，每个人都开始指望美林公司的艾利森及他的联盟战略能够奏效。取得这么多家银行及公司必要合作的唯一办法是美联储召开所有银行的集会——即使美联储不应该支持任何计划。下午时分,达成了协议,十几家银行接到通知,美联储将在当晚8点召开紧急会议。四家最大的银行同意提前一个小时与美联储会面。美林提出的计划是16家银行各自投资2.5亿美元,共同注资约翰·塞恩认定的所需的40亿美元。如果总额不足40亿美元,投机者将会摧毁这家银行,就像十几年前,他们借英镑贬值之际摧毁了英格兰银行一样。

四大银行在为条款细节争论不休。40亿美元是全部以贷款的形式提供,还是部分用做股本?长期资本管理公司的合伙人能留下吗?谁拥有控制权?最后,科尔津坚持长期资本管理公司的控制权仍保持现状。晚上8点过后,争论依然没有停止,其他的银行家们被带进会议室,被告知虽然美联储保持严格的中立态度,但是它仍然希望银行们能够找出可行性方案,以保护系统的稳定。

艾利森将美林公司的计划总结在一张纸上。雷曼兄弟反对每家公司出资数额相同;它提议根据每家公司的情况决定出资多少。其他公司提出反对,因为每家银行都有自己的风险模型,因此估值——"公平比例"——在这么短的时间内,差异太大而无法达成一致。3个小时以后,银行家们召开正式会议,会议从晚上11点一直开到第二天上午10点,科尔津进行了简单总结。艾利森的计划是可行的——前提是每家公司都愿意合作,如果按照计划实施,这是有史以来第一次在一天内筹集到40亿美元。

第二天上午10点,45家银行被召集到纽约联邦储备银行。贝尔斯登的总裁吉米·凯恩一开始就说:"如果你们希望计划能通过,那就别按字母顺序进行表决。"——意思就是别从贝尔斯登开始。

刚刚从伦敦飞过来的纽约联邦储备银行总裁麦克多诺,迅速将会议推迟了3个小时,只是说,"我们并没有到穷途末路的地步"。他没有说出科尔津与塞恩将他叫到一边,悄悄地告诉他沃伦·巴菲特打算购买整个投资组合。麦克多诺致电巴菲特,在电话中巴菲特肯定了这个说法。银行家们得知此事时,并没有表现出丝毫的轻松,反而非常愤怒,因为科尔津在他们的背后玩把戏。之前,科尔津就曾以这样的行为惹怒过高盛的合伙人们。①

巴菲特的出价——与高盛和AIG公司联合出价——写在一张纸上于11点40分送达：以2.5亿美元购买长期资本管理公司，并立刻投资37.5亿美元到基金中，保证基金的流动性（40亿美元只是10个月前长期资本管理公司整个投资组合价值的5%）。在所需资金中，30亿美元来自伯克希尔-哈撒韦公司。直到12点30分，也就是最后期限前的15分钟，巴菲特的出价才得到认可。

但这已经不重要了。交易最终没能完成。因为牵涉太多的利益相关方，几十家衍生品合约对手方以及多家环环相扣的合伙人。不可能重新修订所有合约的条款。并且不幸的是，高盛负责与伯克希尔-哈撒韦公司接洽的投资银行家误解了长期资本管理公司的复杂结构，因此他没有给巴菲特提供出价所必需的具体指引。再一次，细节决定了成败。巴菲特所写下来的收购价是指长期资本管理公司这家基金管理公司，而不是长期资本管理公司的投资组合。即便这样，还有一个机会：如果高盛-伯克希尔-AIG的出价指的是对基金的投资，而不是基金管理公司，那么可能是可行的，因为巴菲特的团队能够解雇长期资本管理公司的合伙人。但是就在此时，巴菲特的游船行驶在阿拉斯加的山脉中，手提电话一直打不通。巴菲特出价的时间被限制了。时间一分一秒流走，半个小时过去了——也过了签署合约的最后期限。

现在的唯一选择是美林公司的艾利森所提议的银行家联盟。即使麦克多诺不能肯定所有的银行家都会来，但他还是给所有银行家都打了电话。他们都回来了，但是情绪显然被早上的事情弄得很糟。贝尔斯登银行拒绝参与其中，就像它说的那样：作为长期资本管理公司的清算商，它面临的风险已经够多了。在简短的休息中，麦克多诺请求贝尔斯登提供紧急援救，之后贝尔斯登向所有的银行承认，它并没有充分的理由不参与到联盟中来。

---

① 科尔津的回忆截然不同：他说他向所有参与联盟的银行完全公开了与巴菲特的讨论。

一家又一家银行愤怒地表示要自我保护后，气氛又紧张起来。大通曼哈顿银行的CEO——威廉姆·哈里森非常恼火："高盛正在与整个华尔街对抗！"摩根士丹利的菲尔·普赛尔之前加入了联盟——而后又退出了，直到艾利森说"给你资本市场的交易员打电话，问他们怎么回事"。普赛尔被告知"赫布是正确的。如果你们不这么做，不马上采取行动，后果将不堪设想！"然后这个法国人走了出去——后面跟着银行信托公司的总裁弗兰克·纽曼。在这紧张万分的时刻里，看起来每家银行都只关注着这个交易的某个细节。艾利森回忆说："他们不能统观全局——如果交易失败，整个华尔街将会变成什么样子。"

科尔津坚持签署协议锁定长期资本管理公司的合伙人，告诉他们什么该做，什么不该做——当然，这与之前梅里韦瑟联手救助的方案有所不同。科尔津打电话给梅里韦瑟确保长期资本管理公司会全盘接受他的强硬条款。美联储会议室里没有人知道或者怀疑科尔津在做什么，除了正在会议室里接电话的塞恩。塞恩把声音压得很低，其他人听不到任何内容，但是他的表情告诉大家他遇到了大麻烦。他虽然在会议室里，但很显然心不在焉。他正在向高盛执行委员会的其他三名成员讲述谈判的最新进展。这四个人不久将达成一项计划——驱逐科尔津。

美林公司的联盟计划要求16家银行各自出资2.5亿美元，但是有几家银行拒绝提供这么高的金额，很显然最大的几家银行需要更高的出资额度——每家3亿美元。唯一一个经验丰富的债券交易员科尔津，本打算担当领导角色，但是他的合伙人们并不太赞同联盟战略，而是对可能给高盛带来的潜在成本及损失更加担忧。他们在与塞恩的电话里非常清晰地传递了这个信息，并由塞恩小声地告诉了科尔津。汉克·保尔森说："立刻出来！"

没有执行委员会的批准，科尔津就拿不到2.5亿美元，后来执行委员会非常不情愿地批准了2.5亿美元的额度。但科尔津无法让他的合伙人再批准额外的5 000万美元。[①]科尔津一向把自己视为公司的CEO以及债券交易专家，但这件事情仍需要合伙人的批准，这使他非常尴尬。筹备IPO、近期债券交易的大幅亏损，以及公司领导地位等问题错综复杂，使他担心合伙人能否承受再一次的打击。考虑到IPO所带来的巨额个人金融股权，公司内的政治联盟仍在发挥作用，因为人们都在计算"他们的"IPO财富。虽然科尔津像以往一样在政治上保持高度敏感，但他也不知道他的合伙人会说什么，会怎么做。他知道大部分人会被激怒，他们非常厌恶投入巨额资本金去拯救长期资本管理公司。

现在需要向每家银行筹集3亿美元，艾利森在圆桌前走来走去，思考如何让每家银行遵守诺言，拿出3亿美元。如果高盛和其他主要机构每家拿出3亿美元，其他小银行每家少于这个金额，再加上长期资本管理公司剩余的资本金，联盟将会筹到必需的40亿美元。但是雷曼兄弟拿不出这么多，只有1亿美元。贝尔斯登又拒绝参与。而且每个人都知道摩根大通也不想蹚这浑水。

艾利森继续在圆桌边前行，督促绝大部分银行履行诺言——包括摩根大通，这时科尔津转向身旁的摩根大通公司主席桑迪·华纳。最近两家公司正在就可能的合并进行谈判，因此两人从中建立了良好的私人关系。科尔津小声说："我的合伙人真的不愿意这么做。如果我这么做了，说服他们几乎是不可能的事情——后果是我不得不离开高盛公司。"

最后，大部分银行都同意履行3亿美元的承诺。现在还剩下两家银行：摩根大通和高盛。

突然轮到了科尔津。"高盛呢？"

科尔津是最冷静的交易员，从不食言。就像是非常普通的一天的再平常不过的事务一样，他说："高盛将出资3亿美元。"

---

[①] 如今科尔津说管理委员会知道——至少罗伊·朱克伯格知道，他绝对是告诉了所有人。这种行为方式给科尔津赢得了"大概是这样先生"的称号，使得高级合伙人非常沮丧。

摩根大通最终也同意出资3亿美元——交易完成了。①赫布·艾利森后来估计如果不能解决长期资本管理公司的问题,金融系统的潜在损失将达到惊人的500亿美元。

许多细节问题仍然需要继续商讨并解决。高盛公司坚持派出沙利文-克伦威尔律师事务所的律师约翰·米德参与到接下来的谈判中,并且仅代表高盛公司,而银行联盟派出的是世达律师事务所的律师。检查委员会负责监督长期资本管理公司的投资组合。银行联盟将以1美元的价格收购资产管理公司50%的股权。长期资本管理公司的合伙人被迫签署雇佣合同,整个合伙人团队的工资是2.5亿美元,没有红利及奖金——大大地削减了现在的高工资。高盛的律师坚持长期资本管理公司的合伙人个人确保长期资本管理公司资产负债表的准确度,并且银行联盟投入的现金不受由过往事件所引起的未来法律诉讼所影响。

周日晚上,9月27日,高盛的首席顾问罗伯特·卡茨称除非摩根大通公司同意不要求偿还借给长期资本管理公司的5亿美元,否则高盛将退出银行联盟,这使得参与谈判的人大吃一惊。摩根大通公司已经做出了让步,但是对此并没有心理准备。当科尔津肯定了高盛公司的底线时,摩根大通公司简直暴跳如雷——最后,它非常不情愿地同意了长期资本管理公司不需要偿还5亿美元的借款。

高盛的执行委员会周一早上6点半开会进行最终决策。科尔津明白银行联盟不会坐等如此苛刻的决定,于是他与几个合伙人碰头,争取到他们的同意后,打算周日晚上宣布高盛公司肯定会履行支付3亿美元的承诺。

在新援助方案的前两个星期内,长期资本管理公司又损失了7.5亿美元——然后稳定下来。在接下来的两年中,长期资本管理公司的头寸大部

---

① 这几乎是美洲银行有史以来最大规模的救援行动。之前最著名的救援行动是1929年10月24日股灾时,由摩根大通的托马斯·拉蒙组织起来的银行联盟,当天筹集到2 000万美元(约相当于现在的2亿美元),第二天增加至每家银行4 000万美元。接下来的5周内,银行联盟一共购买了1.29亿美元的股票(约相当于现在的13亿美元),包括美国钢铁公司,AT&T,通用电气,American Can等公司的股票。

分得到了清算——对银行联盟来说利润可观，因为当市场重新回归理性时，完美对冲的头寸组合证明梅里韦瑟及他的阵营诺贝尔奖提名人像他们以往表现的那样，是正确的。但是凯恩斯也是正确的："市场非理性状态持续的时间往往会超出你能忍受的极限。"正态曲线的肥尾情况经常出现。

科尔津终究不是公司的CEO，他没有获得合伙人的许可，按照公司的规定，自西德尼·温伯格创建管理委员会以来，牵涉到合伙人资本金的重大决策都由委员会决定。资本金是高盛公司的稀缺资源，科尔津在固定收益遭受严重亏损时，已经动用过大笔资金。现在，资本金只能用于低收益率投资，与公司其他的投资机会相比，资本注入长期资本管理公司将更可能产生损失。

星期一，9月28日，在准备长达12年之后，高盛公司取消了上市计划。可以肯定的是，未来高盛一定会重拾上市计划，但是第四季度的赢利让人非常失望。等待IPO时机成熟，也许需要几年的时间。对于有限责任的高级合伙人来说，推迟IPO计划就像是从他们口袋里拿钱出来——而他们已经把这些钱当成自己的了。他们心里清楚罪魁祸首是谁。

# 33
# 政变

1998年10月，乔恩·科尔津正在伦敦出差，他打算与另外一位合伙人在萨伏伊酒店共进早餐。这件事情看起来有些不寻常：约的时间是早上7点，并且这天是星期天。伦敦《星期天早报》商业版中的一篇文章称，科尔津会被约翰·索顿与约翰·塞恩赶出高盛公司。①

"看到今天早上的报纸了吗？"在去餐厅的路上，这位合伙人问他。

"嗯，看到了。"

"你打算怎么办？"

"不知道。"

"你肯定知道怎么做，乔恩。你今天穿得很正式，我猜早上你肯定会参加另外一场会议，所以你应该这样做：取消你预约的所有会议。直接去希思罗机场，飞回美国去。在起飞之前，打电话给罗伊·朱克伯格和鲍勃·赫斯特，告诉他们今天在新泽西的家里与你会面，并且在周一早上召开执行委员会之前告诉其他所有人：塞恩和索顿因为公开玩弄政治，伤害了公司的名声，因此将被赶出公司。"

"如果你立刻采取行动，每个人都会理解并支持你。如果你不这样做

---

① 这个故事只刊登在第一次印刷中，接下来几次印刷中该文章很明显被删掉了。但是其他报纸在引用原文时注明了出处。

的话，你的麻烦就大了，因为6个月内他们会把你赶出公司。"

"我不能那么做，"科尔津回答说，"这将会伤害整个公司。"

具有讽刺意味的是，科尔津与他的朋友没能在萨伏伊的餐厅共进早餐。餐厅关门了。而且周日早上是不营业的。

四个月内，乔恩·科尔津被执行委员会的四名成员赶出了委员会——约翰·塞恩、约翰·索顿、汉克·保尔森，以及鲍勃·赫斯特。许多细小的部分如同拼图的构成一样组合起来赶走了科尔津。

科尔津单方面动用了3亿美元，将长期资本管理公司从困境中解救出来，而这一举动惹怒了公司的投资银行家们，因为科尔津最多只能动用2.5亿美元——并且争取这个额度颇费周折。对他们来说自营业务上投入巨额资本金已经够糟糕了，在资本金稀缺的情况下，动用这么大一笔资金去解救另外一家公司更是不可思议。在并购讨论会上，科尔津坚持己见，特别是与曼哈顿银行、摩根银行，以及1998年初与梅隆银行的私下接触更是触犯了众怒。科尔津任命高级管理人员时非常随意、完全凭个人喜好、毫无章法可循，这与上市公司CEO的角色非常不符。他过于集权的决策方式，与公司传承下来的"一人一票制"及管理委员会制度都显得格格不入，他的交易风格也过于激进。科尔津是个不可预测的人物。这样的例子有很多，在他担任主席的四年间举不胜举。一名委员解释说："在一件重要的事情上，科尔津总是拿不定主意——可能会不断改变决定。"另外一名委员回忆说："乔恩的做事风格——特立独行、拖沓又不可预测，他从来不感激执行委员会，甚至连尊重都谈不上。"另外一名委员说："高盛的行为准则是基于坦率与真诚之上的，但是从第一天开始，乔恩就把这些抛到了一旁，尤其是对待与他一起工作的同事时毫无坦率和真诚可言。"

公司每两年一次的合伙人选举，是管理制度化的体现。在这几个月中要占用每个人大量时间，做每件事情都要小心谨慎。并且，在最后一分钟还会增加或者删减人员名单。有一年，当管理委员会把候选合伙人名单张贴出来时，科尔津说，"噢，上帝！我忘了一件大事儿！帮帮忙吧，伙计们。希望你们再考虑一个人。在东京一起吃饭的时候，我答应过他今年一定升他为合伙人。拜托了，伙计们！就加这一个！"科尔津喜欢根据环境的变化即兴而变——这是交易员必备的技能，但是对于严谨的投资银行家来说，这未免显得太随意和草率了。

保尔森和科尔津的合作并不密切。实际上他们不喜欢对方，也不尊重对方的领导或管理方式，他们的业务范围截然不同。在执行委员会周会上，他们不仅不能赞同对方，而且争吵和发生口角的次数也越来越频繁。"他们就像十几岁的孩子一样"，朱克伯格说，他在联合国大厦酒店的会议中曾警告过科尔津。在执行委员会的其他成员看来，保尔森和科尔津无时无刻不在争吵，并且吵得越发厉害。合伙人对朱克伯格说，"你不能帮帮忙吗？你了解这两个人，并且他们都很信任你。"在一次执行委员会会议中，争吵达到了白热化的程度，甚至要打起来了，朱克伯格决定不再坐视不管，他把保尔森与科尔津留下来，关上房门，对他们说，"这个问题必须解决了！如果你们再这么继续的话，会伤害到整个公司。"保尔森非常愤怒，以至于1997年的时候他差点儿离开公司，后来又被劝回来了。执行委员会花了一个周末的时间，研究如何解决这一情况。

1998年5月，科尔津提出公司可以有联席CEO。朱克伯格非常严厉地说："接下来的6个月内，你们两个要证明可以在一起工作，到那时我再考虑你的想法。"回顾以往，朱克伯格非常惋惜地说："科尔津作为高级合伙人，保尔森作为公司总裁——一个是合伙人的头衔，一个是公司职位头衔——不合情理。甚至可以说是非常荒唐的。当科尔津说：'公司设两个CEO。我倒无所谓。我一点儿也不在乎。'他错了——错在认为他们可以一起工作，错在他根本不了解保尔森。"但是，委员会仍然决定接受科尔津和保尔森一起工作的想法。

就在同一年春天，公司决定于当年秋季上市。但是俄罗斯金融危机引发的市场动荡使公司不得不推迟了上市时间。

让科尔津离开公司的结论不是由一件事情决定的。拼图游戏的每个部分都是结构性的：首先，科尔津决定将执行委员会维持在6个人的规模内，而不是如以往一样更庞大的机构，他对别人的建议置若罔闻，然后孤立塞芬和朱克伯格，但是并没有安排忠诚的亲信加入执行委员会。其次，他不重视执行委员会，而是将权力集自己于一身，随心所欲。而执行委员会的其他成员认为委员会是合伙人的最终权力机构，所有的决策都应由执行委员会代表合伙人进行决定。第三，科尔津非常自信地认为他有坚实的力量后盾，但是他没有意识到小小的执行委员会能够颠覆这些力量。他逐渐失去了执行委员会的支持，他原本应该意识到，委员会有权力——如果他们想赶他走的话——撤掉他的高级合伙人及执行委员会主席的职位，并且也能把他从合伙人中驱逐出去。

在宣布上市的3个月后，公司停止了IPO进程，这对于投资银行家们来说无疑是非常难为情的事情。更痛苦的是，推迟IPO——特别是在向这些人展示了他们能得到多少钱之后——令受惠于公司公开发行的200名股东、345名管理总监，16 500位员工感到惊慌失措。与此同时，高盛公司的交易损失近10亿美元，与拖垮长期资本管理公司的持仓情况相似，这令公司的许多人都为之羞愧。当公司交易损失逐步扩大，吞噬了投资银行创纪录的佣金收入时，公司的投资银行家和交易员之间的关系变得紧张起来。

执行委员会的个别委员也开始跟科尔津对着干了。1996年，戴维·塞芬开始对这份工作失去兴趣，决定不再担任管理合伙人，他认为自己已经尽力将交易部门打造成为强大的赢利中心。因此除了对公司以及对合伙人的忠诚之外，他找不到任何留下来的理由。作为一个交易员，塞芬对业务的理解与科尔津相似，因此即使在他们关系不够融洽时，他们对于关键问题的看法也总是一致的，塞芬经常与科尔津站在一边。

同样地，朱克伯格与科尔津关系也不错，经常支持他的决策。作为股票部门的共同负责人，塞芬与朱克伯格经常分享专业上的心得及个人看法；他们曾经一起成功地重构了公司的组织架构，定位了公司主要的战略。1997年初朱克伯格当选为公司副主席，曾经打造了两条强劲的业务线，公司的业务和股权结构朝着他设想的方向发展，但是他年纪越来越大，并且经常被在管理委员会上保尔森和科尔津之间的争吵搞得筋疲力尽。1998年11月27日，朱克伯格成为有限合伙人——他签署了保护自己股权利益的协议，虽然一年内重启IPO是基本不可能的事情。他也给乔恩出主意："乔恩，我们是多年的老朋友了。你应该听听我这个老朋友的建议：你需要在执行委员会中安插一些自己的人——你能够愉快合作，并且能与你一起融洽工作的人。"

"谢谢你的建议，罗伊，我非常感激这么多年来的友情以及你对我一如既往的支持，但是我觉得现在不是大力变革的时候。我们没问题的。"

"乔恩，你真的应该好好想想。他们会置你于死地的。"

当塞芬退休的时候，他在管理委员会的职位被约翰·索顿所取代。科尔津启用索顿表面上显示出两人关系不错，但事实却复杂得多。索顿反对公开上市，他认为公开上市是"一个巴掌拍不响"；他认为公开上市将最终导致公司被大型商业银行兼并，并且认为公司会陷入老套的陷阱中：无视公司的整体发展战略而采取鲁莽的行动。

当1998年朱克伯格退休的时候，他的位子一直空着，执行委员会只剩下5个人：科尔津，保尔森，赫斯特，塞恩和索顿。

其他人对科尔津表现出越来越多的不满。1995年塞恩被派到伦敦接替科尔津成为公司的首席财务总监。科尔津在固定收益部门与塞恩共事多年。他们相互尊重并欣赏对方的才能，特别是在风险管理方面。科尔津很自然地相信塞恩，因此将他当作自己的"亲信"，派他去伦敦。但是塞恩不是科尔津的代表。塞恩认为自己是独立的，只为自己着想。

在伦敦时，善于与公司高级管理人员建立亲密关系的索顿结识了严谨的数理分析员塞恩。他们两个的理解能力超强，并且善于制定宏观战略。作为搭档，他们两个非常合拍：一个是富有远见的蓝海战略家、具有创造力的高层关系银行家、精通计算机的公司财务总监，另一个拥有交易、固定收益和风险管理方面的成功领导经验，以及丰富管理技能。两个人经验丰富，思想非常成熟，并且他们年纪都不大：索顿41岁，塞恩年仅39岁。对科尔津，他们并没有那么忠心耿耿。

1994年，布莱恩·格里菲斯，公司聘请的英国国家顾问，给索顿打电话说："约翰，你听到那个好消息了吗？"

"没有，你听到了什么？布莱恩？"

"乔恩·科尔津被选为公司新的高级合伙人。他确实很受人们的爱戴！"

"去死吧！这是个坏消息，布莱恩。我们并不需要什么受欢迎的人。公司需要一个真正的领导者。"

索顿从来没有见过科尔津，个人对他并没有什么偏见，但是公司处于危机当中，因此他认为挑选高级合伙人的首要条件是具有领导才能。

后来，成为执行委员会新成员之后，索顿迅速与科尔津划清界限，他这样告诉科尔津："乔恩，现在你是公司的当家人，因此对于执行委员会讨论的99%的议题，我会发表我的观点，但是最后由你来决定。但是1%的时间——在一些重大问题上——我会坚守合伙人协议上的管理规定，作为6人中的一员进行投票——就像我们应该的那样。如何？"

"完全理解，没有问题。"

对于前任高级合伙人多年来一直致力于与其他公司建立良好关系的公司而言，自营交易员出身的科尔津很出人意料地与众不同。他关注于市场，而不是客户关系。午餐后在公园大道上散步的时候，刚刚与IBM的CEO郭士纳进行了几个小时谈话的吉恩·法伊夫，闯进了科尔津的办公室，问他，"你认识郭士纳吗？"

"不认识。"

"那我安排一次会面如何？"原以为高盛公司的管理合伙人——或者任何一家投资银行的高级管理者——会跳起来抓住这个难得的机会，与美国最大公司的最有成就的CEO见面，法伊夫得到的回答却那么让人难以置信。

"我为什么要那么做？"很显然这背后的意思是：这种会面简直就是浪费时间。科尔津依然是自营债券交易员的思维模式。后来，当科尔津有更多机会与公司CEO们进行一对一见面的时候，他发现自己开始喜欢上了这种会面——用他非常热情、谦虚及直率的言谈举止,并且这种会面非常有效。他开始投入到与海外客户的联系中。

科尔津经常与其他合伙人举行"私人"会谈。"这件事别告诉汉克。这是我们两个之间的秘密——从现在开始。"

执行委员会最后达成了共识:科尔津不适合做高盛公司的领导人——特别是作为一家上市公司的CEO,并且他不愿意改变。他过于散漫的个性,不适合这家快速成长、拥有复杂组织架构的商业巨头。公司的核心需要严格自律。

塞芬与朱克伯格出局后,保尔森得到了索顿与塞恩的支持,现在只需再有一票就能赶走科尔津了。索顿与塞恩知道保尔森打算过两年将公司的领导权交给他们两人。赫斯特现在成为关键人物。他与科尔津一起领导投资银行业务时,就对其一直心存不满。有些人认为赫斯特与其他三个人不同之外在于他是犹太人,这对于曾经获得"犹太公司"称号的高盛来说至关重要。当科尔津与他的家人圣诞节在科罗拉多的特柳赖德滑雪的时候,保尔森、索顿、塞恩与赫斯特达成了共识:科尔津必须离开公司。

时机非常重要。执行委员会的规模亟待在几个星期内扩大。一旦公司上市,CEO人选的变动将由董事会决定,而不是由执行委员会做出决定。如果他们想要将科尔津赶出公司,那就必须现在动手。长期以来,决定合伙人去留的权力一直保留在执行委员会。根据修改后的合伙人协议,终止对科尔津的任期需要这5个委员中的80%通过——也就是4票。现在有了赫斯特的一票,那就一共是4票,80%的通过率。保尔森、赫斯特、塞恩和索顿同意免去科尔津高级合伙人的职务。

在构想公司组织架构的变革时,一些合伙人提到了鲍勃·赫斯特家中召开的晨会;另外一些人认为约翰·索顿"洗脑"的战略规划能力非常令人振奋;还有些人说,"不要低估汉克·保尔森"。公司内部员工认为塞恩关键时刻的决策已经使他成了合格的公司领导人。

塞恩认识科尔津的时间最久,也是科尔津孩子的托管人,于是由他来告诉这个决定:科尔津的任期将在公司上市之后结束——为了保证公司表面上的稳定——然后他必须离开公司。他不得不接受了这个决定。他们有投票权——如果他拒绝的话，他们有权力在IPO之前减少他持有的股票数量。

科尔津除了求救于所有的合伙人之外，别无他法，但是已经没有足够时间这样做了。就像一位合伙人说的那样，"如果需要所有合伙人共同决策，科尔津就不会丢掉他的职位；他在公司内非常受欢迎，很多人忠于他。但是在小组内，当他环顾四周，已经没有可以依赖的人。这就像是罗马帝国历史的重演。"[1]

得知这一消息时，科尔津的眼泪在眼圈中打转，但是他依然表现得非常像一个男子汉，他打电话给关键的客户及纽约联邦储备银行总裁威廉·麦克康纳，说他决定辞去公司CEO职务，但是依然会担任公司联席主席。

当所有风暴退去后，公司如过去一样，不断稳定成长并日益强大。科尔津坚持上市计划条款的变更应由200多个董事总经理来决定，而保尔森和索顿认为这应该由执行委员会决定。

保尔森为了赢得公众的认可，公开向媒体表示，"现在是一个管理变革的年代，将会对公司未来产生长远的影响。公司现在做得非常好，我们认为在上市之前推进变革是非常有意义的。这是一个真正的管理变革的年代。"5月9日，公司成功上市，5月18日乔恩·科尔津宣布辞职。科尔津的举止非常古怪，虽然他直接宣布辞职，但是离奇的故事迅速传播开来。例如，科尔津的豪华轿车有一天将他从新泽西的家中带去了位于曼哈顿的高盛公司总部。他一直待在车里。其间他接到了一个重要的电话，就在车里开始工作。在他接电话的过程中，他的司机给科尔津秘书打电话，让她来取一些资料。《纽约杂志》的记者将偶然撞到的这一幕演化成了一个故事——科尔津每天都会这么做，每天都将他的豪华轿车停在高盛总部旁边

---

[1] 执行委员会会议决定保尔森立刻接任公司副主席，6月份合伙人会议中选举保尔森为高级合伙人。

的路边，在车里工作一整天。

在集中精力上市的时候，科尔津还组织了一群投资者接管长期资本管理公司的工作。2000年2月，新泽西州议员弗兰克·劳顿伯格宣布他将不再考虑连任。这正是科尔津所梦寐以求的———一个全新的领域。他解释说："我喜欢竞争，我喜欢胜利。参与竞选，是我经历过最具挑战意义的事情。"科尔津花了6 000万美元，赢得了竞选。他为参议院服务过一段时间，然后成功地当选为新泽西州州长。

# 34
# 正确的投资管理

　　高盛历史上最有意义的一次讨论发生在汉克·保尔森和约翰·麦克纳尔蒂之间,那是1995年,讨论进行了几个星期。他们最终形成策略的基本思路可以用一个简单的例子来描述:我们用以装饰圣诞的小树从种子长到8~10英尺高需要20年时间,但我们买的树却只有6~7年的树龄:一些枝干从壮年树干上剪下来嫁接到根系发育完整的树干上,这样可以给嫁接出的树枝提供充足的养分,使之很快长成枝繁叶茂的大树。麦克纳尔蒂——这位因心脏病而离职休养的高盛资产管理公司顾问——说服保尔森,通过把高盛资产管理部的投资嫁接到高盛强大的分布网络中,这样将催生管理资产的快速增值,并带来强劲的、近乎无风险的利润增长。

　　保尔森安排麦克纳尔蒂和他的朋友戴维·福特到高盛资产管理公司工作。高盛资产管理公司很快有了新气象,因为福特和麦克纳尔蒂较之他们的前任有更多优势。一个关键性的优势是公司同意他们的工作业绩指标将基于其所管理资产的总市值——高盛资产管理公司未来的收益能力,而不是当期的报表收益。

　　"我当时灵机一动",麦克纳尔蒂说,"正确评价高盛资产管理公司的经济价值的方法不该是当期利润,而该是累积资产管理规模——这是获得未来利润和利润增长的源泉。"高盛的传统是,任何一个部门,不论内部工作流程如何复杂,在评价时只基于一个最简单的标准:今天帮你的合伙人赚到钱了吗？这是高盛习以为常的做法，也是它和那些传统华尔街合伙人打交道的通常方式。但在一些其他行业里事情却不是这样，比如石油天然气勘探，人身保险和养老金，投资管理等。在这些行业里，第一年的大幅成功意味着失败。评价这些行业的唯一方法是使用管理会计来计算那些长远投入所带来的长期经济收益的现值，比如钻了井，培养了客户，获得了专营权等，这些投入将带来持续很多年的未来收益。

幸运的是，对高盛资产管理公司和高盛来说，保尔森对麦克纳尔蒂足够欣赏和信任，并愿意听他的解释。当看到兼并收购的银行家们将资产管理公司以超高的赢利估价卖给金融大鳄之后，保尔森意识到麦克纳尔蒂和福特已经对管理高盛资产管理公司的最好方式有了突破性的理解。高盛资产管理公司的价值不在于当前的利润，而在于其旗下管理的资产总量。

改变整个评价成功的理念从一个看起来不太可能的途径得到了强有力的证据：投资银行部门。高盛曾在收购几家资产管理公司的案例中担任投资顾问和投资银行，从中理解到市场因何对这些资产公司如此高估。这种理解对于转变评价业绩和责任的标准来说非常关键，并最终使麦克纳尔蒂和福特得以改造高盛资产管理公司及其业务。这意味着反对和抱怨已经没有了基础——事实上对公司的长期发展来说这可能是最好的方案，高盛资产管理公司的业务可以在不挣什么钱的状态下发展几年，只要这种发展可以带来所管理资产的大幅增加。基于对资产管理收入的青睐，股市和债券评级机构会给予那些可靠的持续性利润相比交易赢利或投资银行业务收入来说更高的估值。

1994年从史蒂夫·弗里德曼手上接过高盛资产管理公司的时候，乔恩·科尔津和汉克·保尔森必须重新决定高盛资产管理公司应该做什么以及如何做的问题。经过协商，保尔森日后将集中在如何改善内部运营上，而科尔津则关注于收购。保尔森欣赏并信任麦克纳尔蒂，并愿意倾听他的意见，因为他知道麦克纳尔蒂是个聪明、有主见、进取心强、有着企业家头脑的实干主义者。麦克纳尔蒂则这样评价科尔津和保尔森："他们并不真的懂投资业务，但他们愿意问任何问题。他们的关注给了我成功的力量。"在私人客户服务业务启动之后,麦克纳尔蒂从一个部门转到另一个部门,一以贯之他的管理方式,并一如既往地取得了成功。他和保尔森时刻保持沟通,向他解释高盛资产管理公司业务的意义以及如何使之走向现实的成功。他关于评级机构更偏好资产管理费用收入而非交易收益的意见给科尔津和保尔森带来特别的影响,因为,作为一个没有永久资本的私有合伙人,高盛在评级上一直落后于它的竞争对手——那些主要的大投行。

作为一个公司策略的专业观察家,麦克纳尔蒂对他的职业这样自我解嘲,"这是我们在高盛的最后一份工作,戴维,"麦克纳尔蒂警告福特,"我们是先驱者。你知道这些人是干什么的:他们和印第安人开战,征服了这片土地,经历了所有大风大浪。多年以后,人们建起了纪念碑来纪念这些无名的先驱——有鸽子从远处飞来,在他们头上拉屎。所以,戴维,这是我们的宿命:鸽子屎。"

这个笑话背后是两个成功的伙伴,他们把所有精力都放在了把高盛资产管理公司从摇摇欲坠的业务变成高盛非常成功的一项业务上面。按福特和麦克纳尔蒂的看法,如果收费型资产管理业务可以大规模开展起来,高盛资产管理公司将在战略上对公司产生重要的影响,特别是对科尔津和保尔森而言,他们当时正集中力量使公司以尽可能高的价格公开发行上市。保尔森和科尔津在任命福特和麦克纳尔蒂担任高盛资产管理公司负责人时,曾明确表示"把资产管理业务建起来,至少可以让它加速转型"。麦克纳尔蒂告诉保尔森:"我会一直待到高盛资产管理公司赢利为止"——事实上他确实待到了2001年7月,那时高盛资产管理公司迎来了首个赢利高峰。

科尔津和保尔森联手给高盛资产管理公司罩了一层保护伞,使其免受来自其他部门,合伙人,甚至是管理委员会的非议。有了他们的支持,福特,麦克纳尔蒂和他们的团队可以安心起跑。苏珊娜·多纳霍从投行转过来，戴维·布拉德从约翰·塞恩领导的债券部转过来。①

　　麦克纳尔蒂和福特尽力为高盛资产管理公司寻找各种机会。麦克纳尔蒂说服保尔森公司该从竞争对手那里挖掘高级人才，即使这些公司可能是其他部门的客户，这样做可能会损害那些相关部门，也该这么做。这时科尔津和保尔森取消了曾束缚他们前任手脚的那些限制性规定。现在福特和麦克纳尔蒂不仅可以从竞争对手那里招人，而且可以投入公司资金用收购的方式壮大高盛资产管理公司的业务。现在高盛资产管理公司可以进一步在新的业务领域自由竞争，尽管这些业务——对高盛资产管理公司是种新东西——可能从高盛证券业务的客户们那儿抢走生意。保尔森说如果其他合伙人的客户抱怨公司或惩罚公司的话，他会代为受过。他信守了为高盛资产管理公司提供保护和资金支持的承诺。

　　令人鼓舞的是，公司很快认识到，机构投资者的实际动作比他们叫嚣的要少得多。虽然主要股票经纪客户威胁如果高盛资产管理公司对他们形成竞争，他们将削减合作，但几乎无一例外地，这些威胁——不管多么强硬和高调——都只停留在口头上。机构们需要高盛，而高盛所提供的流动性要超过它们中的任一家。另外，发出这种威胁的人在机构投资者中只是少数，而且绝大多数人也并不能代表他们整个机构。那些关注与公司进行大宗交易的机构交易者对在养老金开户上的竞争并不在意。由于在每个账户上的竞争者众多，他们不会仅仅为了减少这一家公司的竞争而弃用他们最重要的大宗交易公司。当压力来的时候，他们的高层也不会让他们这么做的。所以虽然有很多威胁的声音，但真正的行动却很少，也从来没有持续多久。

　　公司一向认为通过资产管理挣得的1美元，和通过交易、承销、套利

---

① 在投资银行中，苏珊娜·多纳霍曾经与米尔顿共同参与销售和购买投资管理公司。20世纪80年代中期，戴维·布拉德从哈佛商学院毕业后直接进入投资银行部门，很快被提升为副总裁。之前，他曾与戴维·乔治和乔恩·科尔津一起负责债券资本市场部。因为布拉德曾经在巴西生活过，会讲西班牙语和葡萄牙语，他在1989~1990年被指派负责拉丁美洲业务。1992年，他加入约翰·塞恩负责的债券部门，工作4年后迁往伦敦。

或是股票经纪等挣来的1美元没什么区别。但是就算表现平平，投资管理业务的市场估值也往往高达20~25倍，而交易业务的估值只是当期赢利的5~10倍。换句话说，由资产管理挣得1美元的市场价值是由交易收入所得1美元市场价值的4~5倍。显而易见，当下紧迫的任务是取得资产的控制权，理想的方式是通过优质投资部门收购，并动用公司强大的营销力量在市场上尽可能快速地积累资产。

麦克纳尔蒂，这个从来不会刻意谦虚的人，承认自己有发现天才的敏锐嗅觉，"我对天才的嗅觉非常灵敏"。从1996~1997年，高盛资产管理公司新增了200个雇员，规模上扩充了一倍，提高了应付各种业务的技能。同时，扩张也带来了压力，很多新人发现他们桌子上连个电话也没有，甚至要在办公桌上腾出一块儿位置都难。

福特、麦克纳尔蒂、多纳霍和布拉德实施了一个看起来相当大胆的计划，特别是对一个前途还不明朗的新业务来说。就像麦克纳尔蒂所说，"我们要复制高盛的模式，致力于全球化和多种产品经营。如果只是一家美国的资产管理公司，我们将永远无法和高盛的战略相适应。我们必须有和当前机会相适应的雄心和勇气"。

这些想法看起来如此大胆，或许只是个不太好笑的笑话，但也可能是深具洞察力的睿智之举。保尔森最终认为福特、麦克纳尔蒂、多纳霍和布拉德应该是对的。对他来说，科尔津已经开始寻找资产收购目标。就像麦克纳尔蒂看到的，"乔恩·科尔津已经对资产管理业务的收购迫不及待了——或者两家或者三家，总之，规模越大越好"。他先试着收购荷宝公司然后接触梅隆。和惠灵顿波士顿管理公司的正式合并讨论了几个星期，和普信集团（T. Rowe Price）的洽谈也启动了，虽然这一接洽最终只停留在了前期，因为普信集团只想多一个投资者，并不想改变公司的所有人。科尔津几乎已经拿到了格兰瑟姆（GMO），一个位于波士顿的运作相当成功的管理公司。如果成功，这个价格将使格兰瑟姆公司的杰里米·格兰瑟姆成为高盛最大的股东。但格兰瑟姆改变了主意，终止了谈判（后来，不顾客户的乐观估计，格兰瑟姆坚持认为互联网的繁荣只是泡沫，这使得他们在投资上采取了极为保守的策略。这种策略让他们失掉了互联网千禧牛市，其资产一度由8 000万美元跌至2 000万美元；然而不久以后，格兰瑟姆对互联网的态度被证明是明智的，它的资产旋即增长到1.5亿美元）。合伙人帕特·沃德和约翰·塞恩也与斯蒂芬·齐默尔曼和鲁宾·杰弗里接触，希望以50亿美元的价格购买他们的东家——水银资产管理公司，一家英国顶级的投资管理公司。但他们从高盛资产管理公司得到的支持有限，事实上很可能受到了强烈抵制。虽然科尔津致力于收购那些相对有实力的管理公司以增加资产总量，但业务前线的那些同事则不以为然；对他们而言，比较明智的做法是收购那些虽然小，但其经理人有能力管理更多资产的公司。"购买资产其实是购买过去，"布拉德说，"更加明智的收购应该是把那些顶级人才网罗进来，利用他们建立起自己的资产管理业务。"

麦克纳尔蒂、福特、多纳霍和布拉德采取的策略总结起来相当简明，但在雄心和想象力上却无与伦比："3×3×10"——三分大陆市场，三分市场渠道，十分投资"产品"。① 这种策略总结看起来简单，但其雄心却是将高盛资产管理公司从仅有10年重复变革的企业变成一个全球化的资产管理中心，像洒水车一样创造无尽的利润。

现在看来，他们的多元市场和多元产品战略可能被看作是理所当然的正确选择，但在当时，做出这种决定并不容易，特别是在权力中心层，占主导的业绩评价方式依然是当年利润。当麦克纳尔蒂、福特、多纳霍和布拉德拿出他们10年或15年的远景规划时，绝大多数合伙人嗤之以鼻，认为他们的这些雄心壮志根本就是无稽之谈。"那些高盛资产管理公司的家伙正在尽力鼓吹先赔两年钱再说！"

高盛的那些合伙人倾尽全力应付那些高难度的业务，而公司的实力从来都是从当前赢利能力中体现的。不是谈论当前赚取的能存入银行的利润——这些是管理委员会的每个人都津津乐道的，麦克纳尔蒂这些人事实

---

① 他们最初的战略是"2×2×2"——到2000年，资产规模为2 000亿美元，实现赢利2亿美元。

上在鼓吹高盛资产管理公司该接受至少几年的亏损。对那些一直被现金利润熏陶教化的管理委员会大佬们而言，这种说辞纯粹是在胡说八道。故意赔个10年的钱，只为了一个虚幻的从未听说过的"打造品牌"一样的东西，对这些管理高层而言是不可理喻的——没有比把损失叫成"投资成本"更荒唐的了。损失就是损失。

高盛资产管理公司的业务还在和微薄的利润纠缠争斗，在公司里和市场上依然没有地位。它有可能发展成为一个全球中心，一个世界上最大的、最赢利的、发展最迅速的资产管理公司吗？它可能为高盛带来巨额的、持续不断的利润吗？这些一贯大胆的家伙——特别是对那些奇怪"为什么不干脆关了高盛资产管理公司这个赔钱货"的人来说——麦克纳尔蒂有能力说服别人他们的雄心壮志是可行的。他对任何有耐心听他讲的人解释"3×3×10"这个战略：三个市场将同时起步：北美、欧洲和亚洲。三个市场渠道也将齐头并进，服务三类主要的客户群：通过直销和投资顾问为机构投资者提供服务；以第三方或顾问的角色，通过直销或顾问服务向具有分支机构的其他投资经理提供国际投资等特别领域的服务；为一些超级富豪提供私人理财业务。10种投资产品将被开发出来：货币市场基金（通过ILA），高等级债券，市政债券，量子策略，大市值成长型股票，大市值价值型股票，小市值股票，跨国股票，由其他基金公司转包的特别基金，通过基金中的基金衍生的对冲基金。

让人惊讶的是，公司的管理层花了整整10年的时间才理解投资管理的精髓。高盛资产管理公司的发展历史生动地体现了高盛的格言，"尝试，尝试，再尝试"。他们曾用这种方式建立了众多的新业务：选一个或两个有能力、有魄力、有前途但还没成为业务明星的年轻人，指着远处的小山对他们说，"恭喜，你被选中了，我们要你找到一个拿下那座小山的方法。这不容易——可能相当困难，但公司相信你会漂亮地完成任务。我们知道你行。现在，出发吧，去把那座山攻下！"当他们成功的时候，公司会为这些成功的年轻人庆祝，并让他们征服另一座或许更难攻下的小山。如果没有成功，公司会选另外两个有能力、有魄力、有前途的新人去做。如果还不行，就再选人，直到成功为止。

麦克纳尔蒂还在寻找收购的对象，最好是那种不大却有较好投资产品和交易能力的公司。这些公司只需要在销售上获得一些帮助就可以大有起色，而这正是高盛的优势所在。收购得到了合作伙伴米尔顿·柏林斯基主持的兼并收购业务的支持。他的身份是销售代表，专门在中小投资公司——高盛的机构销售人员已经和它们有过长期密切的合作——和大银行，保险公司和其他大机构之间牵线搭桥，将投资公司发展成为他们的"战略合作伙伴"。高盛在这个新兴市场中的位置恰如其分，它可以通过整合双方以得到更多的收益。

1995年，坐落在坦帕的自由资产管理公司（Liberty Asset Management）——一个曾把雷蒙-詹姆斯公司（Raymond & James Company）赶出零售代理领域的公司内，赫伯·埃勒正在和柏林斯基商谈其销售代表事宜。恰好有一次麦克纳尔蒂和柏林斯基共进午餐，麦克纳尔蒂问柏林斯基："你知道有哪些投资经理很有实力但在市场营销上比较弱的小公司可以让高盛资产管理公司收购吗？"除了高盛为何会在短时间内从代理人转换成为委托人这样一个明显有利益冲突的问题，这是个在恰当时候问的一个恰当的问题。自由资产管理公司和另一个大金融服务机构的谈判刚刚破裂，正处在水深火热中，高盛资产管理公司当然可以找上门谈条件，它已经确信自由资产管理公司处于待购状态，并已经了解到柏林斯基在做销售代表时所知道的所有信息。

合并谈判进行得很顺利，麦克纳尔蒂和埃勒也建立了很好的个人关系。埃勒认识到高盛募集资产的实力，麦克纳尔蒂也对自由资产管理公司投资的收益印象深刻。麦克纳尔蒂这样形容："自由资产管理公司开发了相当有实力的产品，并且有一支绝对热爱投资的队伍。如果你在周末早晨打电话给他们，他们正在做他们最喜欢的事——读年报！这是一种热情，一种个人的热情。他们是这样热衷于投资工作，你可以说他们都快上瘾了。"

福特补充说："我们当然也给对方带来了很多好处。首先，我们有很强的分销网络，可以为自由资产管理公司筹集到很多资金，让他们实现个人的梦想。其次，我们有相当专业和精密的风险分析和风险管理经验，可以教会他们如何防止不必要的投资风险。[①]再次，我们可以为他们提供安全可信任的后援支持，让他们安心做他们最感兴趣的事：投资。间接地，我们还可以帮助他们保持组织纪律性，因为我们手里有一根大棒：高盛资产管理公司可以把这样的权力写入合同：如果自由资产管理公司搞得不好，我们有权把所有人都从坦帕弄到纽约来。"

　　但签订最后协议并不容易。赫伯·埃勒看到草拟的法律文件后威胁说要取消协议。高盛的律师本应该弄明白合同法和收购法的区别，但他在确定一些条款的时候下手过重了，因为他不懂服务行业中并购成功的关键是双方的互相信任。高盛的银行家要求律师对合同认真审查，因为律师草拟的合同里所有地方都是对高盛有利的。每一条描述的都和埃勒预想的双方已经接受的内容大相径庭。埃勒认为高盛资产管理公司想欺骗他，他愤怒了——至少愤怒不比失望少，他公开声明："交易结束了。"

　　经过几周的沟通，麦克纳尔蒂已经对埃勒很了解了，出现这样的结果让他意识到一定是某些地方出了差错。他知道应该有可以挽回的余地，可是问题究竟出在哪儿？"对了！"麦克纳尔蒂自言自语，"犹太人的赎罪日。"埃勒知道柏林斯基，这个投行部的合伙人，再也不能主持这个谈判了，只要有他在，高盛资产管理公司就不能有效解决双方的问题。麦克纳尔蒂和埃勒必须亲自上阵了。对麦克纳尔蒂而言，这使他意识到埃勒是多么睿智："正因为他的聪明，我们必须赢得这次合作，因为一个如此有头脑的人将是高盛资产管理公司未来的支柱。"麦克纳尔蒂找到科尔津，解释了所有事情，但科尔津并不理解。他试图劝说麦克纳尔蒂冷静下来："你得到了不少，也失去了不少。我们会好起来的。"但麦克纳尔蒂无法

---

　　① 1995年，投资经理克里夫·阿斯纳斯获得了5 000万美元的奖励——非合伙人获得的最高金额——但是他知道这只是他为公司创造的利润的很小一部分，因此他辞职创建了自己的对冲基金，并带走了3名信贷分析员。乌云背后仍有一线希望：合伙人鲍勃·利特曼，负责公司的交易风险管理，为高盛资产管理公司开发了一种全球风险管理系统，称作PACS。这个系统将投资组合的构成与每个客户的特点投资目标相匹配，使用"循环误差"的"风险预算"特性，基本理念是每个客户能够接受的全部风险应该被用于获取超额长期利润。

冷静下来。

他接下来马上去找保尔森,对他说:"让我们赶下午7点从内瓦克出发的飞机。"保尔森同意了。到坦帕后,他们立马进入角色,语气坚定。"赫伯面前放着那份合同,上面他做了很多标记——每页都有。我们的想法是一条条地解释这些条款。"当埃勒指出一条他不喜欢的条款时,麦克纳尔蒂会问:"那么你觉得怎么样好,赫伯?"一条条地,埃勒说出他认为已经得到双方认可的想法。一条接着一条,保尔森只说一个字,"行!"保尔森说了一打这个字,"行!""行!""行!"当所有条款都解决完,埃勒说:"我们员工需要到另一个房间讨论一下,然后投票。"半个小时以后,埃勒的员工们带着笑容走出来。他们投票的结果是通过。

下一个紧要的问题是让自由资产管理公司的每位员工明白虽然他们还留在佛罗里达,但管理者是高盛资产管理公司。麦克纳尔蒂回忆他是这样做的,"我告诉自由资产管理公司的员工他们可以留在佛罗里达,但我也在我的大储藏室里预备好了暖和的棉衣。如果工作业绩不那么像样的话,我就会把这些棉衣送到坦帕去,因为他们都得北上到我这儿来——在这儿干。自然地,这使每个人清楚地理解他必须一如既往地取得好成绩。强调这一点对他们是不错的——当然对我们也不错。"

当距离收购日期还有一个星期的时候,福特打电话给埃勒说:"我想大家取得这样的共识很重要,即我们将来只有一个品牌。合并后,我会打电话给你的办公室,你们只能有两种接听声音,'高盛'或'高盛资产管理部'。你可能需要印些名片——不用很多,但该有,上面用大号字写着'自由资产管理公司',后面用小字加上'高盛资产管理部';之后我们会变成大字为'高盛',小字为'自由资产管理公司';最后我们会换上新名片,上面只有'高盛资产管理部(高盛资产管理公司)'。赫伯,你要时刻记着,我们是公司的品牌。"

几天后,埃勒来到了高盛位于纽约的办公室,福特带他来到那面朝南面向外港俯瞰曼哈顿的玻璃窗前,说:"告诉我你透过窗户看到了什么?"

"河、渡轮、自由女神像……还有布鲁克林。什么意思?"

"只关注布鲁克林，那是我们的目标。我会想办法把你送到那儿，用渡轮、隧道或直升机。你只要集中精力在布鲁克林，别管那条河。"福特的意思很明确：自由资产管理公司只关注投资即可，高盛资产管理公司会做好市场的事。

几年以后，发生了另一场关于自由资产管理公司5年支出的讨论。埃勒打电话给麦克纳尔蒂："我一直在阅读收入支出报表，认为它相当不公平。我们近年来做得相当漂亮，但如果市场——成长型股票——忽然之间不利于我们的话，那我们的状况就会很不妙，投资者也会一哄而散。而我们有可能因股票市场的波动而受到极大伤害。"

"我也觉得不太好。听我说，赫伯，你是所有者。你已经将自由资产管理公司卖过一次，后来又买回来，所以你该知道全部情况。如果你能拿出个公平的方案，我们会照着来的。"后来，埃勒果然拿出了一个更好的回购方案。麦克纳尔蒂回应道："我确实建议他们持有50%高盛的股票。他们同意了，而且干得相当出色。"高盛的股票因此翻了一番，并在2007年再翻一番。

高盛首次收购自由资产管理公司的交易发生在1995年，当时自由资产管理公司管理的资产规模是45亿美元。10年后，它旗下管理的资产规模已经达到230亿美元，并还在不断增长中，因为高盛资产管理公司的分销网络太强大了。高盛资产管理公司为收购自由资产管理公司曾付出8 000万美元，经过10年的资产强劲增长，埃勒团队的回购价格超过了20亿美元。

高盛资产管理公司也在寻找更多类似的公司。一个相当有可能的机会是罗森伯格资产管理公司（Rosenberg Captial Management），位于西海岸的一家优秀的投资公司。柏林斯基，帮高盛出售资产管理公司的银行家，忽然由罗森伯格的代理人变成了交易方，对他说"我们有兴趣买你的公司"，克劳德·罗森伯格大吃一惊。这再一次涉及利益冲突问题，但罗森伯格还是决定去会一会高盛资产管理公司。

高盛资产管理公司很快发现,收购罗森伯格资产管理公司潜在的问题是业务上是否能契合。罗森伯格资产管理公司有一个小型的国际投资产品,他们特别想继续做下去。但高盛已经是一家完备的国际投行,在每个主要的国家都有分部,位于伦敦、纽约、中国香港这样的区域总部对各个主要的经济部门和重要公司都有出色的研究。再多一个在旧金山的国际投行总部对高盛而言不好对客户交代。"那是个生活环境很不错的城市,"福特说,"但相对于伦敦,纽约或中国香港,旧金山并不适合做一个国际投资中心。"因此,保持罗森伯格资产管理公司的产品独立就会带来一系列问题。"我们正在买入一个我们将放弃——也应该放弃的业务。这不是个聪明的选择。"

更大的问题在于债券管理。高盛资产管理公司和罗森伯格资产管理公司都有债券管理部门,二者在投资方式上很相近。最显而易见的解决方案是把罗森伯格资产管理公司的债券资产和主要从业人员请到纽约来,和高盛资产管理公司的团队合二为一。但已经在旧金山安定下来的罗森伯格资产管理公司员工显然不同意这样做。而且,高盛资产管理公司也不会同意为一个重复性的债券业务全盘买单,特别是这样两个相似的部门会让客户们感到混乱,那些为机构投资者提供咨询服务的咨询师也会在选择经理人时感到不便。"那样我们处处都会碰上'渠道冲突',"福特说,"还有其他问题。旧金山离纽约太远了,而高盛资产管理公司的总部在纽约。虽然克劳德·罗森伯格在养老金市场上声望颇佳,但他已经退休了,目前还没人能顶替他的位置。另外,他们公司内部斗争严重,却没有产品创新的流程。"所以,经过慎重考虑,福特和麦克纳尔蒂决定放弃罗森伯格,转而继续寻找新的收购对象。① 很快,他们就有了新消息。

"你知道我在今天的《金融时报》上看到了什么?"那还是1995年的春天,乔治·沃克刚刚从投行部调入高盛资产管理公司。沃克一直被视为

---

① 后来柏林斯基与罗森伯格资产管理公司的最终购买者德国德累斯顿银行进行过谈判——后者还购买了克莱沃特-本森银行,伦敦最出色的商业银行,拥有大规模的资产管理业务,并参股克莱沃特-本森·麦考文。

一个战略思想家,他在1995~1996年影响了三桩重要的收购——这些收购的估值不是基于现有管理资产规模,而在于这些公司与众不同的投资能力。利用高盛强大的销售网络和商务拓展能力,这些并购带来了其后5~10年高盛资产管理公司旗下资产的增长。

沃克挥着手里的《金融时报》,笑着。英国政府已经决定将英国煤业委员会养老金管理私有化,这让沃克看到了机会。"英国煤业委员会养老金托管权的拍卖流拍了,没卖成。但这不是说没戏了。我觉得听起来好像比较不靠谱儿,但我敢打赌我们可以通过协商得到英国煤业委员会的授权,只要我们能快点儿给出足够优厚的条件。"经理们能够锁定收取未来几年管理费的权力,这些管理费由英国政府做担保,相当稳妥。

"但是,乔治,我们究竟要买什么?那只是管理两个大型养老金的合同——而且只有七八年。资产规模不够大,乔治。"

"是的——但你们还是错了。你们还没有意识到这里边的好处。这样想就清楚了:英国的养老金业务长期以来并不对外开放。四个大型英国投资公司——另有四个英国咨询精算机构负责对经理人的审查——控制了英国几乎所有的养老金业务。就像你们今天看到的,事实上我们根本无法进入。但是,如果我们可以赢得这个单子,马上就可以进入市场了。我们可以向那些咨询公司证明我们的能力——它们也必须注意,因为我们最终可以摆脱它们对于像高盛这样的非英国投资经理人的控制。至少我们可以先找个立足点,然后慢慢发展。如果我们表现得足够出色,就证明我们可以建立和管理大型投资机构,我们就可以发起一场销售战,拉拢这些投资精算机构,这样它们就会给我们带来越来越多的业务。最起码,当它们的客户要选经理人的时候,它们就会给我们各种机会,把我们列在它们的清单里,让我们可以赢得更多的商机。"

英国煤业委员会已经经历了两次流拍。高级投资经理们是反对英国买家收购的死结,因为他们知道这样一来他们就会成为多余的人,因为买家经理必然已经在所有重要岗位上安排好了人手。另外,因为涉及50万煤矿工人的养老金,英国政府显然想找一个有实力的买家,因为政府有义务为任何失败投资买单。这意味着风险控制成为重中之重,而这正是高盛的强项。

沃克声称如果得到这笔生意成为英国煤业委员会的投资经理人,这将是公司的入场券——是打开所有紧闭大门的钥匙。"250亿美元的资产将让我们初具规模。虽然规模不会真的很大,但显然有了位置。有了煤业委员会的佣金,我们可以在伦敦买下最好的投资研究机构。从和它们的经纪业务中我们已经知道煤业的哪些人有相当好的投资组合方案和投资研究。但他们不做任何市场营销,所以我们可以负责所有市场营销和商务拓展。我们可以这样宣称,买下这个小组是因为我们信任他们,因此投资者们也该顺势买入。"

高盛资产管理公司在欧洲只有25个人,却决定竞争这个长期合同,因为它知道煤业在从业人员上也有问题,在IT技术上有问题,在操作流程上也有问题,当然还有高盛资产管理公司也不知道的其他问题。高盛资产管理公司订下了三个两年计划:两年修复问题,两年基金运作并取得好收成,再有两年通过向其他投资者提供服务积累资产。

"英国煤业的高层在第一次会议就向我们保证可以让我们组建一支优秀的队伍",福特回忆,"我对他们说,'好!如果他们这些人确实像你们所说的那样优秀,这将是世上对他们最好的机会,因为我们有强大的市场组织,我们肯定会让他们的业务发展起来。'"

高盛资产管理公司有向投资顾问们推销的游说能力。它知道高盛已经很强大,并将这次交易视为向英国市场进军的确定步骤。投资顾问们曾担心投资业务发展太快,可能导致事实上的分裂。只有4位英国投资经理在这项业务上坚持了62年,坚持15年的也只有20位。因为仅存4家投资公司,顾问们实在害怕他们再有任何损失了。正如布拉德所说:"整个市场是为我们这些强势的新型经理人准备的。"福特很快意识到这里面的机会,并给以强力支持:"这看起来是自由选择。如果我们有一个上涨的股市,而我们表现得也不错的话,我们将取得巨大成功。如果是一个下跌的股市,我们至少可以通过佣金拿回我们付出的钱,不会有损失。"高盛资产管理公司为这个合同付出了7 500万美元,过了6年,仅佣金就收回了9 500万美元。

"这次收购我们犯了不少错误,"布拉德回忆,"但在整合过程中,这些错误一个个被纠正了。我们主要投资在了IT和人力上,并花了5年时间才达到盈亏平衡。但一旦我们成功之后,我们就在英国有了一个强大的商业基地,并形成了一个面向欧洲的商业平台。"有人评价说是麦克纳尔蒂为高盛资产管理公司开辟了土地,奠下了根基,建起了第一层楼,而建起上层的则是戴维·布拉德。

英国煤业委员会的交易是一个真正形成联姻的并购,因为它让高盛资产管理公司在市场上崭露头角并在客户服务上得到了最好的实践机会。收购英国煤业让高盛资产管理公司在几项资产组合管理上确立了规范。在以后的几年,这种正规化形成了高盛资产管理公司主要的竞争优势,因为大账户管理要求有一至两个主要的有丰富投资经验的经理人来处理多达一半基金资产的业务,同时要求有一些小型经理人可以管理他们眼前的业务。高盛资产管理公司的市场拓展着重于咨询精算师担任强大的看门人。最好的新业务模型是专业化管理,而不是英国传统的全能型管理——高盛资产管理公司正是基于多个专家的专业化管理。麦克纳尔蒂的团队建立了高盛资产管理公司至今仍令人瞩目的主要业务。

在其后的10年,由英国煤业收购扩展出的业务增长了40倍——资产管理规模由25亿美元增长到了1 000亿美元,得益于高盛资产管理公司强大的分销网络。两个外部变化对高盛资产管理公司相当有利:英国的主要基金管理公司——水银资产管理公司、戈特摩(Gartmore)、施罗德资产管理公司和菲利普斯-德鲁(Phillips & Drew)公司,都业绩表现不佳或遇到了内部管理问题,而高盛资产管理公司的煤业并购则表现良好。英国的养老基金和咨询精算顾问们正把注意力从"平衡"管理转移到专业化管理上来,而这正是高盛资产管理公司所展示出来的优势。这些顾问——这些饱受英国财产管理者鄙视的人——却是高盛资产管理公司的关注重点。经过两年的观察和频繁的恳求,这些顾问被说服了。因为他们在主要基金上的影响力，高盛资产管理公司的策略得到了相当大的回报。

内部变化也在进行。高盛资产管理公司的奖金和公司业绩分离，更多和个人表现挂钩。每个投资部门基于其业绩获得激励性奖金。布拉德和多纳霍招雇了一支强大的销售执行队伍，建立了激励性奖金，告诉每个员工带来新业务是重中之重。到1998年，高盛资产管理公司管理的资产规模已经增长到需要增加更多高效销售人员以覆盖欧洲大陆的程度——在那里，经理人在选择顾问公司的问题上依然强势，专业管理人员流行开来，牢牢控制着当地的竞争。之后，在亚洲的扩张就很简单：在本地组建一支强大的销售队伍和一个强大的服务机构，积累资产，交由伦敦或纽约那些已经成熟的投资团队来打理。

对"3×3×10"这一策略的实施结果，麦克纳尔蒂显然十分满意，他这样描述："每个产品都是一个独立的关注点，集约化的'生产'（投资管理）和本地分销造就了最好的商机。我们希望每个产品都有最好的投资管理队伍。在市场上，高盛资产管理公司像罗奇汽车旅馆一样，每天进来的资产都比出去的要多，每个部件之间形成了平衡，没有冲突，而每个运作系统都很小，每个小组都有它们自己的目标和任务。"

正像保尔森和科尔津很快认识到的那样，投资管理业务所揭示的规模是令人咋舌的：资产规模几乎是以每年7%~8%的复合增长率（因为股市平均了各种增长）自动增长；因为新资产被加入原有资产中，每年15%的增长率应该是可持续的——这种增长率下，每5年，资产就会增长一倍。即使20%的年增长率也并不新鲜，这在3年半内就将把增产总量提升一倍。

高盛资产管理公司还在不停地积累资产，越来越多，也越来越好。这在管理者看来是使收益和财富最大化的最可靠方式。当投资管理开始成为一个欣欣向荣行业的时候，对客户的服务承诺、投资的专业性、质量控制通常就开始不为人所重视。对公司所有者有益的事对客户未必就是有益的，特别是当商业驱动胜过专业原则以及产生利益冲突时。比如，在日本，共同基金曾因在美元-日元汇率风波中获胜而大举获利，连带高盛资产管理公司取得了爆炸式的成功，筹集到100亿美元的对冲基金。但不久以后，高比例的外汇杠杆逆转，日本股票经纪商催促倒霉的零售客户减仓寻找下一次"机会"，导致资产雪崩融解。可佣金依然很高。在全球债券型基金市场上，买入基金需要支付5%的佣金，另加每年1%的管理费、0.5%的托管费和3%的赎回费。投资者几乎无法获利：费用太高了，就算那些相对乐观的资产增值也是如此。

在日本的失误仍存一线希望，至少对高盛资产管理公司而言是如此。在日本第一只基金所带来的收益被用来打造高盛资产管理公司的全球架构。"我知道如果我们不将高盛资产管理公司全球化的话，"麦克纳尔蒂说，"公司的其他部门或本地代表处也会在我们没注意过的任何像样的市场里设立资产管理机构。所以我们必须要快，以避免来自公司内部同事们的竞争。任何一项业务都应该归于最有优势的一方，高盛的优势在于分销。我们想充分利用具有垄断性优势的资产管理公司的投资能力来获益，因为替其他投资管理公司筹资对于高盛资产管理公司来说是双输的局面。如果那些投资公司做得好，它们将会抛弃高盛资产管理公司，并使用它们的业绩记录筹集自身未来发行基金所需的资金，那样的话，高盛资产管理公司就会失败。如果它们的业绩不好，高盛资产管理公司也照样会受损。最佳的商务模式是与高盛资产管理公司共同组织一种基金中的基金，控制与客户的关系。"

麦克纳尔蒂认识到"另类投资"——包括私募基金及各种形式的对冲基金——也很重要，但他说："你不能把长期投资和对冲基金放在一个部门里，因为收费结构和赢利模式差别相当大。它们几乎是相对立的，对人的能力和技巧的要求也不一样。规模和收益方式差别太大，管理手段大相径庭，内部的考核指标也不同。你怎么能确信对冲基金对你有利，必须将其确定为你的首要目标呢？另外，把对冲基金放在一个庞大机构里对于那些热门的基金经理来说，出去单干的诱惑实在太大了。"

答案是招募一名"另类投资"基金经理——最好是在不同的城市里——独立运行他们的业务，但在市场上要互相合作。为此，高盛1997年收购了商品公司（Commodities Corporation），一个价值30亿美元的管理基金的基金公司,或用现在的话说,是基金的基金。①在70年代,商品公司的收益非常好,但它们只知道"业绩"是一切,不相信市场营销,拒绝招聘销售人员。结果,它无法筹集到本该有足够能力可以管理的资产总量,结果只有年投资回报率超过20%从而赚得大量收入提成的时候,它才能达到收支平衡。1998~1999年,投资业绩非常糟糕,因此它必须快点儿找个买家把自己卖出去。商品公司和高盛资产管理公司的结合是必然的。安妮·麦克纳尔蒂,凭借在麦肯锡的咨询经验,曾在商品公司做过IT和人力资源的咨询师。她的丈夫来找福特,笑着说:"戴维,你一直想雇用安妮,现在蛋糕就在眼前了,你可以吃了。"

商品公司在操作上打乱了戴维的投资清单,重组成很多子清单,每个经理人只负责他自己的那一部分。收益可以简单相加,但因为结构性的异化,风险却不能简单相加:它们互相抵消了,所以总风险相当小——这简直是投资者的圣杯。在基金中的基金(fund-of-funds)的业务中,收益变得相当有价值,因为风险被分散得极低。麦克纳尔蒂几年前就认识商品公司的总裁里克·希伦布兰德,他们两个互相欣赏和信任。

1998年后期,商品公司组织了一系列小型专业投资部门——跨越10种不同的资产类别,预期达到4个目的:研究投资组合和市场上的风险,然后只承担那些有目的性的风险,并大规模奖励那些成功的投资经理;通过上百个不同的风险—收益决策,更广泛地分散投资组合,而不是只依赖于一两个主要风险—收益决策的组合;在研究上,放弃旧有的模型,开发未来最好的模型;能放眼全球,因为世界上有无数的市场,理解和运用这些市场间的差异性可以进行真正的分散化。

"商品公司为我们提供了一个大平台,使我们可以进入对冲基金和私募股权领域,"麦克纳尔蒂微笑着回忆,"它在市场上的能力只能打零分,而那恰恰是我们的专长。一件事:我们买它的时候它正赔钱,所以我们出的价格基本上就是它的办公室和周围土地的价格,1 100万美元。"10年后,

---

① 商品公司的创建基于赫尔穆特·怀曼的投机市场获利理论。

商品公司的基金中的基金管理的资产规模已经达到了几十亿美元。

  从组织架构上看，像高盛资产管理公司这样具有双重领导的结构化部门，在高盛的文化中是被大力支持的。设置双重领导当然会增加成本，但这是值得的，因为产生的价值会高于成本。当一位领导在公司里做阿尔法研发时（高级投资结果并不直接和贝塔或市场风险相关），另一位领导可以出去和现有或潜在客户见面。像福特说的："小组工作会产生很好的效果，如果你相信它的话。"①

  1999年和2000年，高盛资产管理公司是亏损的。2001年，它赚了2 500万美元，这在高盛内部是个不值一提的小数目。但到了2002年，利润就上升到了1.2亿美元，到2003年，飙升到了2.5亿美元。2004年，所有人都知道高盛资产管理公司的利润达到了近10亿美元。高盛资产管理公司成了利润可持续增长的主要贡献者。

  麦克纳尔蒂曾开玩笑地说："枪打出头鸟。"即使在他的策略被证明是正确的时候，麦克纳尔蒂也承受得过多了。高盛资产管理公司的利润在他2001年退休以前对交易商而言增长得并不快，这些交易商越来越不耐烦，在公司里也越来越强势。麦克纳尔蒂并没有立即以教育竞选的方式苦口婆心地告诉每个人怎样理解高盛资产管理公司所做的事情以及它正在取得的成果。当大多数高层人士清楚地讲述国际经验的重要性并呼吁最优秀的年轻人在公司内不同领域的轮岗，积累从业经验时，大多数公司管理委员会的人士将更多时间花在了纽约，集中于公司某一方面的业务。这正依了那句老话，"别照我做的做，照我说的去做"。

  现在高盛资产管理公司的赢利能力非常惊人。蓬勃的赢利能力起初并不显眼，等到它显现出来时，改变基本战略已经不可能了，而此时所有的重要观念已经被卓越的执行能力所证明。2006年的战果相当辉煌。虽

---

  ① 高盛资产管理公司由福特与布拉德共同管理，直到福特成为有限合伙人，之后4年由布拉德负责管理公司。

然对冲基金表现不佳，但多空数量化基金获得的净收益率高达20%；而众多竞争者的基金不是下滑就是仅有个位数的增长。从客户需求看，公司预计在接下来的18个月里，高盛资产管理公司管理的资产会再增加20亿美元。在发挥经理人最大潜力方面，增加了20亿美元的对冲基金，因为其交易非常频繁，相当于增加300亿美元的长期股票投资。为了使有限的对冲基金管理能力得到更多回报，高盛资产管理公司调高了佣金，从原来1%的基本佣金和20%的收益提成，变为1.5%的基本佣金和20%的收益提成。高盛资产管理公司拥有1 000亿美元的数理化投资基金组合——其中的500亿美元配置于全球策略资产，由一位基金经理根据全世界范围的投资组合进行价格敏感度调整；另外500亿美元配置于"高级指数"基金。高盛资产管理公司相信它们还有能力再托管1 000亿美元的资产。就像合伙人鲍勃·利特曼所说的："公司跟踪交易成本——现在约为我们阿尔法的10%。当这些费用增加起来后，我们就要决定什么时候关闭这一部门，以开发新的商业机会。"

市场上热销的是保证收益型产品，通常要7~8年的存续期。比如一种零息债券，投资者可以投资70美元，得到100美元的"面值"，余下30美元则可择机进行投资。公司里其他部门想出售这种产品，它们坚持需要了解高盛资产管理公司的真实仓位，以便正确定价，但高盛资产管理公司的领导者们并不想把所有事情都透露给别人，因为他们知道自己的员工也会和高盛资产管理公司进行对手交易，尤其是在市场危机的时候。这是为什么高盛的高层被一次次地指责不应该将强势的交易部门和资产管理业务放在同一个公司里。资产管理是一种完全的信托责任，不是"货物出门，概不退换"的业务。

随着21世纪前6年业务的发展，公司必须小心，不能只关注报表利润的最大化，而更该关注利润再投资，创建更大更强的业务。"为了建立一个强大的资产管理业务，关键的决策人必须要热爱这种业务，"布拉德说，"这一点至关重要。"规模扩张的同时，挑战也随之而来。高盛资产管理公司依靠私人之间密切的朋友联系所建立起来的强势很难维系下去了，因为公司现在已经发展成一个真正全球化、拥有数十种投资产品的大规模资产管理公司，拥有上千的客户，这些客户分布于上百个城市，有着各种不同的需求。

在构造一个大型全球业务的过程中，高盛资产管理公司员工间人际关系也越来越让人惊讶，特别是那些在两位约翰在任时加入公司的员工之间。当20世纪90年代末，约翰·麦克纳尔蒂的父亲在因突发性心脏病去世的时候，麦克纳尔蒂对戴维·福特说，"我小时候没有那么多钱。我父亲13岁就成了孤儿，受的教育很少。他努力工作，但工资却很微薄。他从没见过安乐街。所以我想给我父亲办一个特别的葬礼，并在这里最好的俱乐部举行。你是梅里奥高尔夫俱乐部的会员。你能帮我——为我父亲安排一下吗？"

"好主意！我很愿意安排这件事。"

"戴维，那实在太好了。"

"那确实很棒，"福特回忆说，"梅里奥确实是个十分特别的地方。那天天气很好。约翰雇了爱尔兰最好的男高音罗南·泰南演唱爱尔兰歌曲。到处是鲜花，食物也不错。很多人来了，过得相当不错。"

只有到后来，当一切结束的时候，麦克纳尔蒂告诉福特一些他从未告诉过别人的事情，因为那已经无关紧要了：他的父亲曾当过多年的场地管理员——就在梅里奥高尔夫俱乐部。

# 35
# 保尔森的原则

对于组织的领导者和员工而言，最重要、最困难的决策是决定"不"。决定不跟爱丽丝或者萨姆结婚，决定不接受工作邀请，或者，在业务上，决定不收购或者不合并。对于汉克·保尔森也是如此，他决定不与摩根大通公司合并。在拿定主意之时，保尔森是公司的最高领导人。

高盛一些员工提出将公司与上市银行合并的战略，这样可以不用耗费精力去承受IPO所带来的压力和不确定性。曼哈顿银行是最常被提及的银行。但是乔恩·科尔津在几次试探之后，放弃了这一想法。在箭木会议中，约翰·索顿曾抗议公司在未来战略目标不清晰的情况下贸然上市，他接着称公司上市不可避免地将经历与大型银行的合并。然后，为了更具体阐述他的观点，他指出，这个大型银行很可能是摩根大通。

之后，当1999年高盛上市之后，公司曾经慎重考虑过与摩根大通的合并事宜。主流观点是所有投资银行都需要强大的资产负债表才能成功——甚至只是为了生存。合并的支持者引用了一系列实例来佐证自己的看法：大爆炸之后伦敦的商业银行如何控制了证券公司，以及花旗银行在收购斯密斯巴尼与所罗门兄弟公司后，近期又并购了旅行者集团。绝大部分国家中，商业银行都拥有或者购买了投资银行，动用它们强大的资产负债表，发动价格战抢占业务。许多人认为，这种趋势是不可阻挡的，传统的将投资银行和商业银行分离的方式显然是错误的，这种做法没有预见到未来的战略方向：强大的资产负债表。

科尔津与摩根大通的主席兼CEO道格拉斯·华纳，就可能的合并进行过初步探讨，并在一次专门的会议讨论中获得了多数人的支持。在上市之后，保尔森接受了与华纳一起在摩根大通进行私人午餐会的邀请，讨论如何使谈话内容生效。保尔森与华纳都非常兴奋，但是午餐会后却没有任何进展。几个月之后，保尔森邀请华纳在高盛共进早餐，之后一同前往保尔森的办公室。像往常一样，保尔森直接切入主题："我们对于未来的财务状况有过很多考虑，希望郑重地讨论合并的价值。如果，经过慎重考虑后确定这是我们想要的，我们就会正式发出邀请。"

7月和8月，两个三人团队展开了讨论：高盛派出了保尔森，塞恩和索顿；摩根大通派出了华纳，沃尔特·古伯特和罗伯特·门多萨。来自两个公司的其他人员参加了部门之间的讨论。没有交换任何数据与书面材料。在华纳的坚持下，双方就严禁挖角对方的员工达成一致。他担忧高盛会挖走摩根大通最优秀的员工，特别是银行的衍生品专家。

两个团队深入了解对方情况以及组织战略的契合度。就像华纳回忆的："通过合并审查，我们发现——对于双方——合并需求比预想的、所能想象的要大得多。塞恩与索顿看起来非常热情，认为合并简直就是本垒打。"对于华纳而言，高盛对于摩根大通所具备的一些能力非常感兴趣：衍生品研发、公司的国际地位、与政府的关系、在拉丁美洲的优势，特别是其强大的、声名远扬的投资银行业务。虽然保尔森的团队明确向华纳团队表示过这种兴趣，但是华纳团队对此却有所保留。

追溯过往，高盛一致认为谈判初始就将华纳当成自己的专家顾问、向对手摊牌，是一种错误的行为。更确切的是，保尔森的团队得知摩根大通在并购与证券交易上——债券和股票交易——花费的钱与高盛一样多，但收入却只有高盛的一半时，非常惊讶。他们也关心摩根大通的业务对衍生品和自营交易的依赖程度，特别关心合并后不可避免的大规模裁员情况。

两家公司都定在同一个星期召开常规董事会会议，日子越来越近了。"现在必须要具体化，"华纳说。他认为高盛与摩根大通合并是确凿无疑的事情，现在是时间确定收购价格了。为了显示对摩根大通股东的公平，这个价格将在摩根大通当前市场价格上有一定溢价。

在两家公司相互了解对方业务的同时，保尔森和华纳及其他人也试着去认识对方的员工及业务负责人。华纳非常着急选定董事会的人选。他给保尔森打电话，问他是否能去一趟高盛。之后，他提议保尔森和他共同担任新公司的联席主席。而保尔森要等合并最终决定后才能确定职位人选，但是他不想在高层管理架构上产生误解。他认为与塞恩共同担任主席，或与索顿共同担任总裁都是有可能的，但是有一件事情是确定的："我是公司的CEO。"华纳回答说："我知道合并和收购的区别。"保尔森回想起，"桑迪明白，将由作为CEO的我挑选领导团队"，他说：'但愿你能挑选一些我们的人加入你们公司的高级管理团队。'"

然后华纳问："为什么不是联席非执行主席呢？我们两个共同担任，然后任命塞恩和索顿担任联席CEO，解决所有的棘手的执行事宜，负责所有重构工作——用三四年艰难的整合时间，解决两家公司大量冗员的问题。为了使收购顺利进行，肯定会产生大量的冗员，也会大规模裁员。例如，高盛和摩根大通在东京分别都有1 500名员工。"

保尔森直接拒绝了这个提议："我还没做好准备，我们公司也没有考虑好。"

周一，两家公司都举行了董事会议，按原定计划会议将批准合并事宜。保尔森告诉华纳："我现在要去公寓——我自己——好好思考一下这个提议。给我点儿时间，我早上打电话给你。"

几年之后，保尔森回忆："我不断问自己：它们哪些业务比我们强？5年以后，它们比我们强在哪儿？最后——就在两家董事会议召开的当天，我早上与塞恩和索顿碰面，告诉他们我决定放弃合并计划。法律上讲，我们可能收购摩根大通，但是摩根大通比我们大得多，所以实际上是它们收购了我们，它们会葬送我们。我知道它们能做的事情，其实我们也能做。"一大早，保尔森打电话给高盛的管理委员会及所有的总监："我们的董事会没有施加压力。我已经充分表达了自己的想法，因此不管我做出什么选择,他们都会追随我的决定。"

9点钟,保尔森致电华纳。他们原本计划讨论具体的数字,因此当华纳听到下面的话时非常吃惊,"桑迪,我已经决定停止交易。我能告诉你的是,我在家考虑了我们的所有选择,问我自己:这是对高盛是最好的计划吗?我真正想要的是什么?问题的答案是否定的。就是这样"。保尔森再也没有打来电话。

对于保尔森来说,华纳除了感谢他致电之外,没再说别的。但是在挂掉电话后,为了促成交易而承受着不断加大的董事会压力的华纳感到非常沮丧。他感觉保尔森从来没有这么严肃过,不停地问各种各样的问题——"只是为了上床,根本没想过要结婚"。华纳非常困惑,"在此过程的每一个阶段,他们都说合并看起来很不错,甚至将此比做'本垒打'。老天爷,到底是什么发生了变化?"

华纳的沮丧溢于言表:"这就像是有人拿走了非常重要的东西——双方都有100多人参与其中,然后第二天说'不'。"两人之间的隔阂很快被报道出来。《华尔街期刊》中刊登的一则故事中说,高盛本来同意合并,后来食言了。华纳对这则故事做了解释:"保尔森曾告诉媒体,我们主动找到他们要求合并。这逼迫我们必须澄清事实。"保尔森否定了这个说法:"这都是从摩根大通泄露出来的,我们只是回应而已。"

实际上,保尔森的决策是他一个人决定的,他独自告诉塞恩和索顿:"希望不会让你们太失望。"支持这宗交易的塞恩和索顿分别打电话给摩根大通的人,说非常吃惊并将尽力挽回,但是他们改变不了保尔森的决策。

回溯过往,保尔森说:"管理委员会大部分人都支持摩根。"但是几年之后,摩根与曼哈顿银行进行了合并,包括华纳在内的一些人逐渐认识到保尔森的决定对高盛而言是正确的。高盛与摩根大通合并完成后的庞大的资产负债表是强大的价值储备。它们显示出过去的成就,能够用来创造新的收入、吸收风险与损失。但是,现代金融中介真正的优势不在于资产负债表的资本金到底有多少,而在于对资本市场的掌控能力。这取决于非常出色、拥有强大动力及具有战略眼光的员工的创造力和贯通性。这种资产伴随着高盛的成长在日益增加。

保尔森作为领导者所倡导的原则及作为招聘专家对人才的关注，使得高盛得以持续积累其竞争优势。公司进入全球资本市场，意味着可以根据自己的选择自由获得资产或者摆脱风险。公司不需要拥有强大的资产负债表，因为它总能找到金融机构并能轻松获得融资。同时，公司的竞争优势——共享价值观、团队合作、怀特黑德的原则及高度有效的激励机制——不断提升着高盛的声望，增加其利润。即使许多人相信合并是保尔森时代所能做出的正确选择，但是与银行合并，将会颠覆这些竞争优势——即使是与最大最好的银行合并。

注重实效、努力工作、严守纪律、非常果断，有着"铁锤"之称的汉克·保尔森在达特茅斯读书时就是实力强劲的守门员，他被评选为全校最优秀的24名足球运动员之一，曾获得美国大学优等生的奖励。他在五角大楼的戴维·派克德手下及尼克松政府的美国商务部任职时，都显示出了超强的能力；他是高盛芝加哥公司最强大的投资银行业务开发者，在以优异成绩从哈佛大学商学院MBA毕业后加入高盛；在开拓中国和日本业务时，他还亲自给每家客户打电话，非常令人敬佩。

传统上，投资银行家会与公司的财务管理人员建立联系，而不是公司的CEO或者总裁，因为华尔街的主要功能是募集资金，提供专业化的融资服务。但是70年代后期保尔森上任后，并购热潮改变了一切。投资银行家不再仅仅讨论钱；他们开始提供反收购这样的关系公司生存——以及CEO职业生涯的新服务。突然，过去建立起来的那种与财务总监之间的关系，被与CEO所建立起来的新的、更加注重战略的关系所取代。作为一个没有任何关系的新人，他必须投入大量时间维持客户关系，保尔森将所有的精力都放在开发长期客户关系，以及争取新业务的最好机会上。他确实做到了。政府服务的工作经历让他在与内阁高层人员打交道时非常自信，他能够从政府最高层官员那里获得内部信息，这使他在与公司的CEO联系时非常有优势。他利用自己绝大部分优势，在与卡特皮勒、凯洛格及希尔斯公司的CEO打交道时,将自己定位为CEO的心腹朋友,而不是年轻的投资银行家。

"保尔森非常坚韧",李·库珀曼评论。他总能充分表达自己的观点,总是那么咄咄逼人。他经常很晚在家里打电话给客服主管,如果觉得他们采取的行动不正确,就会与他们辩论。彼得·费伊也表达了同样的看法:"如果他认为'对于高盛或者自己不公平,就会毫不犹豫地停止与其他公司的交易。'他的竞争意识非常强。他比牛还要勤勉,他拥有与生俱来的魄力,是一个非常聪明、效率非常高的人。"

保尔森的高度自律使其成为硕果累累的投资银行关系家。保尔森经常会出于对客户公司自身利益的考虑而呼吁他们采取行动,客户会被保尔森的真诚和他不屈不挠的逻辑逼到角落里,对此他们非常吃惊。长期以来,保尔森坚持做正确的事情使他赢得了芝加哥商业领导组织的尊重和崇拜,该组织倡导率真,不鼓励非常圆滑的处世方式。

保尔森一个最大的优势是他求知欲很强——部分通过观察别人,部分是因为他从谏如流。弱势在于他无视办公室政治的重要性,会在不加考虑的情况下打击别人的诉求。

在与客户公司的CEO建立关系时,保尔森勇于标新立异。他在处理董事会构成及投资者关系等非投资银行业务时,总是能想办法证明高盛的价值以赢取更多业务。几年之后,曾经担任过玛格利特·撒切尔的内阁成员,之后又成为勋爵的高盛国际顾问布莱恩·格里菲斯将保尔森引荐给时任中国副总理的朱镕基,在演练评级会议时,保尔森向他简要介绍了回答问题的诀窍。会后,副总理问:"我表现得如何?"像往常一样,保尔森回答得非常直接:"第一个和第三个问题回答得不错,但是其他三个问题回答得不好。"中国代表团没有得到他们所期望的评级。

在中国代表团回去之前,再次进行了提问阶段的预演——得到了他们想要的评级。双方很快建立了重要的关系。在公司内部,保尔森表现得非常专业,非常商业化。

1982年,史蒂夫·弗里德曼指派他为公司的合伙人,并任命他和约翰·塞恩共同担任银行的战略规划负责人。作为年轻、有抱负的人才，他们的工作是新"思考"——新市场、新服务、新的做事方法，这一切所基于的简单理论是：与摩根士丹利相比，高盛有着"进攻者优势"，及其传统的"白鞋"①方式和建立的公司客户群。

保尔森认真学习做领导的技巧，思考为什么一些领导人比其他人更加有效率："我观察越多的高效领导人，就越相信领导秘诀是在组织中拥有更多合适的员工。"在高盛内部，他很快赢得了美誉，选择最优秀的人一起工作，服务客户，并能最先识别杰出人才。

1990年，约翰·温伯格准备退位时，保尔森正担任公司战略规划委员会的主席。当他被问到是否想担任投资银行的共同负责人，接任管理委员会委员时，保尔森非常迟疑，因为他不想住在纽约。史蒂夫·弗里德曼很快消除了他内心的矛盾："鲍勃·赫斯特和麦克·奥弗洛克将担任联席负责人。我们给你担任第一负责人的机会。你愿意为他们工作还是与他们一起工作？"保尔森很快接受了邀请，继续担任管理委员会委员。

保尔森每周日到周四住在纽约皮埃尔酒店的套房里，经常往返芝加哥（最后当他成为首席运营官时，他在曼哈顿买了公寓，搬到了纽约）。因为芝加哥距离亚洲较近，所以他负责亚洲业务，赫斯特负责美国业务，奥弗洛克负责欧洲业务。保尔森开始了多达75次的中国之旅。开始时，高盛中国香港公司只有5名员工，5年之后达到了1 500人。

一天天过去，保尔森完成了他的任务列表中一项项最重要，也可以说是最麻烦的任务。几年之后，他的主动性和守纪使他能在职业生涯中得到了迅速的提升。"他属于行动派，"鲍勃·斯蒂尔说，"从观察人们想完成什么目标开始，寻找方法，然后朝这个目标努力。"他坚守长期的原则——永无止境的客户服务，一切以业务为导向，强大的商业伦理精神，坚持识别并培养未来的领导者——保尔森排除偏见，乐于接受各种建议，

---

① 白鞋（White-shoes），指特权的，享有特殊地位的。——编者注

这使得他能够与各种不同的人一起高效合作。他非常真诚，但很少被看成是同伴、有魅力或者迷人的人。他勇于打破常规，非常率真。他的衣服不那么合身，衬衫总是长出来一截，但是他能与客户建立亲密的关系。他给客户提供最直接的建议，积极争取业务。

保尔森找到了一个理想的导师，公司最伟大的关系银行家及天才培养者——吉姆·戈特。当被派到芝加哥时，保尔森被告知："一般情况，我们不会派像你这么年轻的员工负责重要的客户关系，但因为你是秃顶，看起来比实际年龄要大，因此你应该没问题。"戈特给保尔森提供建议："重要的不是你完成交易的速度，而是你做得怎么样。确保每件事情都是正确的——永远。不要盲目追求短期交易。要注重长期。正确做事，你们的业务就会发展壮大。关系银行不是口头上的，这是个马拉松。"戈特也给保尔森传递重要的经验："确保把功劳正确地归于团队的其他人。"保尔森强烈地体会到了这一点，那些贪功的合伙人——有时比他们应得的要多——严重损害了他们长期的职业发展。

甚至在戈特退休之后，他还在给担任CEO的保尔森提供咨询。戈特谨慎地说："当然，我不再直接参与业务，不应该这样，但是我生性如此……"然后继续给出他的明智建议。他私底下非常坦率地说自己是精明的"热爱公司的人"，经常将自己深思熟虑后的想法告诉保尔森。

保尔森也从史蒂夫·弗里德曼那里得到了很多关于组织和战略决策的建议，特别是在发展自营投资方面。最终，虽然温伯格和其他人强烈反对，保尔森还是把弗里德曼引入了董事会。

保尔森与并购小组都认为公司在"恶意收购"上的政策传统将会阻止高盛发展大规模的业务，而这些业务来自给有野心的、具有攻击性的大公司提供收购建议。他们认为传统的政策不能反映全球资本市场的发展，并且已经为客户选择了小型收购目标。在另外一种个人政策的冲击下，作为公司管理层最可靠的朋友，科尔津反对任何与公司树立起来的"好人"形象相冲突的改变。保尔森决定改变现状，并称"PR因子"被过分渲染了。

作为妥协，公司同意进行试验。公司将在两种情况下提供恶意收购咨询服务：试验将在美国以外的地方进行，不牵涉任何美国公司。并且，给公司带来的收益能够弥补对公司声誉带来的风险损失，交易数额和费用都要足够多。跟往常一样，客户公司的质量、成功的可能性以及竞争激烈程度都是项目选择的标准。

试点交易是1997年克虏伯（Krupp）对蒂森（Thyssen）的恶意收购——市值高达几十亿美元，可能给高盛带来近1 000万美元的佣金。虽然一些客户"非常吃惊"，但欧洲公司的反应却非常平静；没有引起吃惊的原因是"每个人都是这么做的"。长期来看，克虏伯的行动非常明智。乌尔里希·米德曼提议进行收购，他当时负责克虏伯的公司战略路线，现在是公司的副总裁。米德曼认为克虏伯正面临着业绩下滑的现状，除非采取重大变化，否则公司的业绩将继续下滑——与蒂森的合并将提升运营规模，造就持久的巨人。

克虏伯听取了高盛详细的建议，出其不意地进行出击，时机掌握得非常好。在德国，复活节周末假期一共有4天时间，包括周五及复活节当天的周一。绝大部分高级主管都计划这个周末全家出游，并且下令不要打电话打扰他们，许多人都前往德国著名的旅游胜地，因为这些旅游胜地之间颇有一段距离——经常是星期四下午就出发。他们的助手也跟各自的家人一起"消失"了。周四下午晚些时候，克虏伯宣布了股权收购意向，在蒂森完全没有任何准备的情况下发动了袭击。蒂森的高管们连续4天都在"不知道"的地方，总部也没有助手值班，相互之间的通讯中断了，难以联系到对方。

闪电战！不可能组织任何反击。之后所有的报纸、杂志、广播与财经新闻都按照克虏伯希望界定的方式进行了报道。对于一家防守了这么长时间的公司，高盛所发起的出击成绩斐然——这证实了保尔森的观点。

保尔森接替公司CEO之后，使高盛上市的过程——在经历过所有的焦虑和期待之后——变成了常规事情。科尔津非常庄严地行使着主席的职责。路演组织得很好，接待工作也非常有成效。分析员有各种各样的担忧。他们担忧合伙人薪酬制度将变为工资和期权。他们担忧一旦完成了3年的服务，拿到所有退休金后，"IPO合伙人"将弃公司而去；分析员注意到合伙人平均薪酬为6 600万美元——或者，假设股价开盘上涨得更多，他们怀疑许多人是否会留下来，承担长期紧张的工作。考虑到交易在利润中占有大部分份额，对高盛最重要的斥责是说高盛实际上是一家对冲基金，而投资银行业务是非主流业务。公司一开始是反对这种说辞的，但是在与其他投资银行对比后，发现这是无法推翻的，于是公司很巧妙地从驳斥转为更加合理的辩驳：如果你追求赢利平稳增长，你应该投资其他公司；而我们的赢利更加集中，可预测性不强，因为我们总是关注于长期赢利的增长。这种听起来更真实的说法被广为接受。

IPO非常成功，筹集到了36亿美元，使其成为有史以来第二大规模的IPO，并比其他项目造就了更多的亿万富翁。[①]第一天，高盛新股价格从53美元涨到76美元，收盘价为$70\frac{3}{8}$美元。从保尔森和他同事的立场出发，最妙的事情是合伙人和管理委员会仍然控制着公司：87.4%的股票掌握在合伙人、退休合伙人、其他高盛雇员、住友银行及毕晓普房地产公司的手里。合伙人的精神仍然存续。

高盛的领导理念在过去50年中发生了天翻地覆的变化。西德尼·温伯格是一位领导，但是他领导下的高盛应该算是自营交易商。虽然格斯·利维一直希望发动所有人的主观能动性发展公司，但毫无疑问，他是

---

① 福特公司的总裁威廉·福特分到了高盛配售的40万股股票——遭到福特一名股东的诉讼，该股东称此配售是对福特和高盛合作的奖赏，股票利得应归福特公司所有。虽然福特公司委员会认为福特先生行为不当，2004年11月，公司同意解决这个问题，高盛同意支付1 340万美元——1 000万美元给福特慈善基金（将福特从之前一桩诉讼中解脱出来），其他是律师费用。公司否认有任何过失，称福特先生是他们需要的那种长期投资者。福特立刻将股票售出，将450万美元利润上缴给公司。约翰·索顿是福特公司总监，在霍奇基斯（Hotchkiss）学校曾帮助过福特。（珍妮·安德森，《福特解决高盛上市诉讼案》，《纽约时报》，2004年11月4日，C-4版。）

公司的领导人——决定了公司的步伐、前进方向以及每天发生的几十宗交易。怀特黑德与温伯格将决策责任与可信度授权给部门领导者。鲁宾与弗里德曼的权力和责任与管理委员会的职责相当。保尔森接替了决策领导者的职位，通过中央集权增强了与业务部门的协调：风险控制，商业规划，以及对越来越小、更加灵活、更贴近特殊市场的部门的业绩评价。

"当我加入高盛高级管理团队时，"保尔森说，"约翰·怀特黑德告诉我，高级管理团队最重要的事情就是招聘。如果我们拥有高素质人才，所有的高级管理人员需要做的就是研究公司的战略及正确地配置现金与资源。"

在西德尼·温伯格和两个约翰时代，所需领导的数量增长了10倍；在鲁宾和弗里德曼时代又增长了10倍；科尔津和保尔森时代再次增长10倍，公司及其业务越来越有竞争力、越来越专业。公司从300人增加到30 000人，随着技术的迅速变革、地理分布与顾客市场的分割更加细化、竞争日趋激烈，以及公司越来越希望占据主导地位，公司的分权行为更加普遍，对领导的需求也与日俱增。

保尔森强调他所观察到的成功领导人的经验。"成为好的领导人的要素是要敞开心扉，愿意寻求和接受建议，展示出谦逊的品质——并且善于用人。"他对于自己评价别人与任人唯贤的能力非常自信。"业务上的失败可以归结为用人的失败。我努力寻找优秀员工，帮他们找到适合的岗位，并在各自的岗位上有所成就。我经常跟他们说——他们总是非常感谢我的直率——'我不知道这份工作是否适合你。让我们来看一下你做得怎么样'。"

保尔森强调领导的重要性。每个人，不管其职位多么低，都希望被领导。就像保尔森所说的："像其他专业服务公司一样，我们是全球化、文化多元化的公司，并且我们的资本金非常多，需要管理巨额风险。这需要数目众多的领导。高盛需要众多领导的合作。"公司的规模过大，非常分散，市场时刻在发生着巨变，各级富有技巧的领导者对公司的发展非常重要，必须完全依赖于公司传统的学徒式的学习和培训过程。1999年，在约翰·索顿与约翰·塞恩的呼吁下，保尔森指派了一个发展顾问委员会，对更加系统化的培训需求进行评估，以提升公司1 000多名执行总监的领导力。

管理委员会花了6个月的时间从不同方面搜集信息。通过网络调查与访谈的方式搜集公司内部对于管理和领导力拓展的意见：进展得如何？是否有效？能否满足不断变化的需求？拜访世界各地"表现最优秀的人"，看看他们做了什么，效果如何。最后，对专家和顾问进行访谈，了解管理拓展的最新概念。在研究中，管理委员会深刻地认识到，随着公司的复杂性和全球化规模的扩大，对于接受过系统培训的领导人的需求会更大。各个部门的规模都已达到了10年前公司的总规模。

这个培训项目命名为松树街，其规模不断扩大，又囊括了近100名被视为"加速领导者"的被快速提升的副总裁。其传递的信息与两个约翰30年前对新任合伙人的讲话相同：祝贺你们得到了提升。我们现在对你们的期望更高了，所以要加快步伐，成为一名真正的领导者。

高盛不喜欢正规的培训。公司传统上依赖于一对一的培训。管理委员会认识到主要的问题：公司的文化，职业道德，奖励机制都是完全商业化的，因此管理培训项目这些被看作软性、纲领性的东西，一直以来被交易业务所覆盖，特别是这个项目非常新，而其效果又尚未被证实的时候。新项目的负责人非常关键。谁会比通用电气公司克罗顿维尔领导力培训中心的负责人史蒂夫·克尔更合适呢？塞恩与索顿花了一年的时间说服他，2001年3月他同意加入高盛。他在正式上任之前，甚至在仍对在培训项目上的时间和精力投入感到困惑时，就已经参加了早上6点钟的策划会议。

鲍勃·斯蒂尔提供了一种解释："我们将此当作高盛文化的一部分，但是现实地说，这也是一种经济关系。如果高盛不赚钱，我们就不会围着篝火边唱边跳，还能捉一只萤火虫带回去了。最终，员工会相信这类培训能够帮助他们在公司内做得更好，无论是从职业发展角度，还是从对个人的提升方面来看都如此。"为了确保项目能够嵌套到公司内，并成为高盛不可分割的一体，公司放弃了在校园内培训的做法，将松树街活动扩展到公司日常部门中，使公司的领导力得到了强烈认同，并与公司的成功紧密联系在一起。

2005年，公司引入了2~25人的小单位工作部门。包括如何使领导力在新业务中得到飞跃，对于远景及战略发展的实质性规定，如何使业务运营更加有效，如何将远景与战略转换为实际行动，个人角色与特定工作职责，以及如何解决可能限制业务发展的问题。

保尔森总是非常忧虑：担心公司的纪律，担心业务的争取，担心能否一如既往地服务好客户、培训员工及做决策——忧虑多得让人无法承受。他的合伙人总是不断骚扰他，给他找难题——特别是当他们认为保尔森在侵犯他们的领地和妨碍他们职责时更是不会让步。在担任公司首席运营官的那些年里，保尔森曾希望检查公司在伦敦的经纪业务的赢利情况，因此他召集业务负责人合伙人威尔特·波特和帕特·沃德开会。一向以掌控会议的主导权著称的保尔森之前曾表示过他对伦敦的赢利状况非常不满意。波特与沃德不甘愿受到指责，因此他们事先达成一致，抓住主动性，向保尔森提出各种各样的问题——部分是为了搞乐子，部分是为了占据上风。难缠的荷兰天主教信奉者波特一开始的提问就把保尔森逼向了防守地位："你为什么召开这次会议？"

"我希望了解你们是如何管理这块业务的。"

"我知道你有一些担忧，甚至有点儿焦急。好，到底是什么使你如此担忧呢？"保尔森，本以为自己是提问题的人，对此没有任何准备。他开始的回答有些不确信。波特迅速地反击："汉克，伦敦哪个业务规模更大？股票还是私人客户服务？"

"我不知道。"

"你不知道，好吧。合并后我们的业务规模有多大？"

"我不记得确切的收入数据。"

"你不知道收入是多少。那么，我们一共有多少名分析员、交易员和销售人员呢？"

这样的问题不断抛向保尔森，直到最后波特说："让我们总结一下。作为公司的首席运营官，你召集会议——很显然有些人偷偷告诉你我们出问题了——但是你不了解我们的规模和业务结构,我们与竞争者的收入比较情况,我们的员工人数,或者其他关于我们竞争地位和业务运作方式的问题。简单来说,你召集会议,而你却毫无准备。"保尔森一败涂地。他将此作为教训,从此之后再也没在会议中犯过这类错误。

高盛在寻找收购机会,并借此在传统的批发和机构市场优势的基础上加强在零售投资者中的优势,保持战略的平衡。摩根士丹利与添惠公司和美林公司进行了合并,美林公司是高盛在公司和机构业务方面最大的竞争对手之一,与美林公司的合并无疑建立了摩根士丹利在零售业务上的优势也帮助它们开始向公司和机构市场扩张。雷曼兄弟收购了希尔斯的零售业务后获得了强势和动能。公司慎重考虑了约翰·塞恩与约翰·索顿提出的通过收购嘉信理财公司进入零售市场的建议。

为了增加订单流量,更贴近于"价格发现"(供求平衡下的市场价格),2000年公司支付了65亿美元——44亿美元的股票和21亿美元现金——收购了一家纽约交易所大型专业公司斯皮尔·利兹·凯洛洛(Spears Leeds & Kellogg)公司,并同意再留出9亿美元帮助挽留斯皮尔·利兹·凯洛洛的员工。保尔森显然是执行决策的重要推动力,他多次给关键人物打电话,表示支持股票部门的战略。该部门一直挣扎在亏损边缘,担心缺少零售业务会使其在竞争上处于严重不利的位置。他认为斯皮尔·利兹·凯洛洛的文化与高盛的相近。其他人则对于斯皮尔·利兹·凯洛洛有过证券违规的记录而感到担忧。曾经发生过的股票冲突事件,包括1998年纳斯达克惩罚该公司为了获利而推迟发布交易报告对其下了95万美元的罚单。斯皮尔·利兹·凯洛洛对此的回应是考虑到交易量,"这不奇怪,我们并不是完美的"。在收购时,保尔森坚持认为:"我们对该公司的员工和规章非常满意。"

在高盛内部,对于收购的看法存在很大的分歧。反对者称65亿美元太贵,专门公司的业务只代表过去,肯定会遭到拆分,两个公司的文化并不是互补的。支持者认为收购能够增加零售订单流量,这在新网络时代,对于承销来说非常重要。现在市场的一致看法是：收购斯皮尔·利兹·凯洛洛在战略上是错误的，不是一宗成功的交易。

斯皮尔·利兹·凯洛洛有三种不同业务：纽约和美国交易所最大的专业化公司；主要为当地经纪商提供清算及交易服务；为纳斯达克的3 000多只股票提供做市功能——而高盛只提供380只股票做市。斯皮尔·利兹·凯洛洛为20 000个账户提供服务，因此可能与高盛的服务有交叉。交易中肯定有增增减减的情况。

就像保尔森说的："我们担心没有零售渠道而无法进入零售业务。这个交易对股票业务部门非常重要。在快速变化的时代，我们想扩展战略选择。"问题在于高盛在没有完全弄清楚市场走势之前，就收购了斯皮尔·利兹·凯洛洛。当时的股票市场结构正处于动荡和不确定中，利差承受了很大的压力。

回溯过往，即使当收购已经损害到公司的声望时，保尔森的看法依然乐观："虽然专门业务带来的损失比我们预期扩散得要迅猛得多，纳斯达克和柜台市场都非常令人失望，但我们在清算业务上获得的伟大的科技交易平台运营良好，如今已经成为全球最大的电子交易网络中枢之一。因此收购虽然没有提高我们的声望，但还是不错的。"其他人却没有这么高的热情。一些人埋怨说"蒸发了几十亿美元"。不管清算业务有多少价值，斯皮尔·利兹·凯洛洛的高管们都非常惊诧于他们的风险控制手段相比高盛来说是多么低级。另外一些人则称收购是傻瓜的报复行为。

对公司声誉的更大损害来自IPO市场。1999年和2000年上半年，互联网泡沫热潮兴起，高盛是领头承销商，承销了56单业务。然而，质量上没有任何胜利：40%的承销跌破了发行价，包括发行价为21美元的Flowers.com公司，跌至5美元以下；以及e-tailers公司，跌到发行价格的42%，而其竞争对手摩根士丹利的网上发行仅为11%。高盛与其他公司随后在联邦法庭上被指控违反行业通行的行为准则，以及臭名昭著的"分析师案件"违反了证券法。在后来的"全球和解"中，高盛支付了1.5亿美元。

保尔森率领公司重新定位高盛的战略及其在全球金融市场中的特权。这种变化产生的原因是高盛的水街"秃鹰"基金的问题,以及掩盖在这些问题下的事实。当水街复苏基金被关闭时,保尔森,弗里德曼和彼得·撒切尔多蒂相信私募股权投资对于高盛有巨大吸引力。如果正确设计和管理,它能够与公司建立公司客户联系中介的战略相契合。

保尔森决定在私募股权与房地产领域设立主要业务——不是作为代理商,而是作为委托投资人。虽然摩根士丹利将其自营业务在地域上独立出来作为解决利益冲突问题的方法,但保尔森拒绝了这类行动:"你可以将自营业务放在南极,但是如果你做错事情或者某一行动被理解为冲突,也一样会伤害到客户。"

在其他银行放弃私募股权投资的年代,保尔森却正好相反:"我们不希望与客户竞争。"他的行动一向都很直接,他拜访了所有私募股权公司,并解释:"如果我们积累相关经验,我们将成为更加理智、优秀、高效的银行。我们要为自己的账户进行自营投资——很多时候,我们希望作为合伙人与客户一起投资,作为顾问,帮助客户完成目标。我们相信我们知道如何管理差异,避免直接的利益冲突。我们希望你们能理解我们经常会为自己的账户进行一定规模投资的行为。"没有必要再问高盛是否需要得到许可。

保尔森的执着遭到了高盛内部和外部的一致反对。高盛高层员工——特别是那些有限责任合伙人——对保尔森说,"汉克,你在毁坏高盛的文化,"接着解释说,"我们不能与客户竞争!"保尔森不买这个账,"他们的意思是他们不知道或者不愿意适应变化。"事实是我们客户获得资本金并且分担风险的期望使我们成了委托商。业务在发生变化,因为我们的客户希望变化。如果你不改变,你的战略、习惯和计划都不是最好的。市场和世界都在发生变化,作为中介商,我们必须改变。"

保尔森在约翰·麦克纳尔蒂、彼得·撒切尔多蒂以及其他合伙人的帮助下——转变了公司战略:同时从事自营和代理业务。客户不再期望公司只担任代理商,或者期待公司在自营投资中优先考虑客户的利益,自营业务主要依赖于公司的资本、专家和搜集信息能力。如果公司强调客户关系，为客户服务的员工肯定会尽力超额完成工作目标，包括在自营业务中利用资本金。但是高盛也会尽力，并且尽可能巧妙且富有创造性地管理自己的账户。

"如果我们像以往一样，有效地管理业务选择及利益冲突，避免直接冲突，我们就能做好投资银行和自营业务，"保尔森说，"如果你与客户公开交易，这将同时满足各方利益，使我们成为更加强大、更富有经验的公司，未来能够为客户提供更好的服务。"高盛的领导负责管理差异，因此他们不会——也不会被发现——陷入冲突中。当然，这种定位给高盛带来的主要挑战是：对界定什么是正确的负责，以及对其他人怎么理解公司的决策、政策和行动负责。

战略定位的转变也包括引导客户明白成为客户的真正意义。高盛投资了住友银行——完全是自己的账户，购买其20年到期的4%的可转换优先债券，附带相当大的转股折扣，但给全球最大的、最复杂的投资者新加坡政府投资公司提供的投资条件却截然不同：2%可转债，到期日仅为2年，有稍许溢价。最高级的投资官黄国松给约翰·塞恩打电话抗议："难道你们就是这样对待重要客户吗？"

"给你们的是公司提供的条款。当然，是否进行这笔交易，完全取决于你们自己的决定。我们的责任是通知你们及其他主要的公司客户。公司自营账户的投资是完全独立的。"高盛正在重新定位客户关系，以及主要客户的角色。

"提前充分披露战略和目标，这样客户能够知道他们应该期望什么，这点非常重要，"保尔森说，"充分披露和充分探讨不会给客户带去惊喜。公司的战略坚决不能伤害客户的利益。概括性的描述比在特定环境下的执行要容易得多。"两人领导或者三人领导（的商业群体）确实能够提供不同的角度或者观点，帮助解决复杂问题。

70年代以来，自从他第一次在客户办公室的计算机屏幕上看到时刻更新的债券价格图表，保尔森一直都相信高科技及其对证券业务的影响。

高盛当然不是早期的科技领导者。高级管理层在1996年才首次体会到互联网的影响，包括如何回答基本问题：什么是互联网？

这改变了一切。保尔森相信公司进入到了电子科技革命的时代。"对于那些能够接受变化的人，成长的机会非常多。而不能接受变化的人很快就会掉队。"公司在5年内花费50亿美元，到2005年，自营交易运算每天能够处理2万种衍生品交易，以及公司70%的财政债券交易——每秒钟更新200次价格，自动执行交易额累计可达1亿美元。

"最好的保护方法是持续自我改进，这样就没人能够对我们造成威胁，"保尔森说，"让我晚上从梦中惊醒的不是我们的传统竞争者在做些什么，而是我们没有预见到的那些可能利用高科技成长起来的巨大竞争对手。"保尔森的战略是覆盖所有方面，使得公司能够紧跟科技变化，一旦确定方向，就能够迅速朝这一方向发展。"我们有24个电子交易柜台，跟我们的室内交易形成了对比。"例如，基于复杂的量化价格模型及几何算术进行衍生品交易的赫尔集团（Hull Group）公司，以5.5亿美元被高盛收购，并且迅速扩展到股票期权交易。市场波动越大，赫尔的交易速度越快，准确定价增加了公司利润和市场份额。在东京，赫尔的专利使其占据了50%的期权交易份额。

在纽约股票交易所担任总监的艰难时期里，保尔森仍然坚持追求同样的目标。2003年，交易所总经理理查德·格拉索告诉他："我的薪酬计划还没有提上议程。"因此保尔森感觉没有必要为此改变去阿根廷的计划，但后来他却因此错过了格拉索的超级薪酬会议。"汉克，他在撒谎，"一名资深的同事对他说，"你应该弄懂一切然后辞职。"但是其他人坚持他应该留下来：这是他的公众责任。因此保尔森在个人付出了相当大代价的同时，继续留下来解决这些问题。他留下来对交易所来说是正确的选择。在过去几年里，纽约股票交易所古老的、过时的交易模型被重新改造了，增添了限价指令功能，能够将所有通道收到的限价指令组合起来，并且与群岛电子股票交易公司（Archipelago）进行了合并，改变了运作方式，为双方都创造了巨大收益。

保尔森决定不与主要银行合并，这留给他一个无法回答的问题：高盛怎么能够与全球领先的"全能型"银行竞争？所有的全能型银行都在通过贷款资本金进入投资银行业务。它们通过辛迪加贷款协议，极大地加强了借贷能力，但它们主要的竞争武器是灵活的条款，以及能够根据特定借款人和价格量身打造业务的能力。如果那些提倡高盛与大银行合并的人预见到这些发展，他们会坚持进行并购。

2002年，保尔森发现一个机会，在不与大型商业银行合并的情况下，仍能获得可观的资本金。机会来自公司在日本的大客户：住友银行。住友与三井进行了合并，然后再次决定扩张，特别是在美国。保尔森策划了一个协议，高盛因此获得了该银行的大规模注资，住友－三井将担任高盛发行的商业票据的备兑担保人。有了这次变革，公司能够迅速发行大量低成本贷款——规模达到10亿美元，通过一个名为威廉·斯特的团体。现在保尔森拥有高盛能够随时支配的强大资产负债表。这个协议也为在日本发展投资银行业务提供了主要机会。

此时此刻，保尔森发表了其作为CEO的最重要讲话。在国家新闻俱乐部，他讨论了美国公司目前所处的状态，以及从财务报表造假和公司职业道德滑坡，从安然、世界通信公司（WorldCom）等其他公司的丑闻中吸取的教训。在一个竞争日益加剧的环境，与公司某些顾问的观点不同，保尔森对于财务、公司治理和职业道德问题进行了透彻的分析，这些因素合并起来导致了信心危机。"在我的人生中，美国公司从来没有接受过如此详细的检查。说得难听点儿，这是它们罪有应得。"他接着说，"我把这当成重新评估我们的制度，更新公司信条，重建信任的机会，这是市场的基本要求，也非常重要。"

几家公司总裁的初始反应让保尔森开始担忧如此慷慨陈词是不是犯了大错，但是很快他得到了广泛的、强有力的正面回应。保罗·萨班斯议员对于保尔森的言论进行了褒奖，认为他的发言在支持《萨班斯－奥克斯利法案》中起到了关键的作用。

当安然、世界通信公司及华尔街研究员案件开始淡出人们的视线时，保尔森仍然表露出他的失望之情，公司没有能在互联网泡沫时代将高盛进行充分的差异化。在接下来为期一年的主席论坛项目中，保尔森强调了要让所有管理总监显示出强大的领导力并且培养他们对优秀业务的判断力，从而提升公司的声望。保尔森的个人投入是他的原则和使命的典型表现：2005年上半年，他在全球主席论坛上的演讲高达26次。保尔森认为公司没有真正将自己的行为与其他公司区别开来，也没有引领各个团队展开应该完成什么的讨论，而这些本来是高盛应该做到的。

自我管理一直是高盛所提倡的，继西德尼·温伯格对那些他认为非常骄傲的人说："你非常聪明……"之后约翰·温伯格告诫同事："客户只是托管在你这里。之前有人确定了客户关系，后来的人将会继续完成这一使命。"

如果公司的新人说："我是这么做的。"合伙人就会说："再说一遍？"

"我刚刚完成了大笔交易。"新人回答。

"停，错了。我们刚刚完成了大笔交易。再说一遍。"

就像鲍勃·斯蒂尔所解释的："第一人称只能用于描述错误，而不是成绩。这听起来有点儿傻，但是诸如此类的小事情非常重要。我从来没有听过高盛的老板说，'我做了……'如果我是这么说的，我肯定会感到非常尴尬。"

保尔森一直都记得他从吉姆·戈特取回第一个高盛备忘录时的情形：最上面写着"记得不错！"——每个"我"都被划掉，换成了"我们"。

考验保尔森用人能力最直接的测试——董事会成员肯定在密切观察他的能力——在于建立高级领导团队和挑选继任者。他担任CEO以来，最直接的目标就是稳定公司的高层管理团队。

保尔森在他挑选的联席首席运营官塞恩和索顿的帮助下，非常出色地完成了该任务，并且他们认为他只能在公司待两年。他们早年合作得非常好。但是他再次考虑应该在公司停留多长时间——以及继任者应该是谁时，问题又会转回到他的任期问题上。一些合伙人并不满意索顿和塞恩共同担任首席运营官，认为他们太自以为是。约翰·麦克纳尔蒂认为塞恩和索顿存在的问题是："他们看起来就像是公司所有者的儿子！"同时，保尔森得出的结论是："我曾经非常天真地认为我只能担任两年的工作。但一旦我们决定IPO，我肯定不会离开。"

关于索顿将接替CEO的消息在公司内散布开来。他被认为公司有史以来最有创造力的战略家，以及最伟大的关系构建者。但是，一名合伙人总结说："他非常有魅力，具有远见卓识，能够把握全局，但是他与其他合伙人的关系不够深入。他在担任联席首席运营官期间，工作做得还不够。在他和塞恩划分全球业务，将公司的业务分拆时，索顿看起来毫无兴趣，放弃了一些他应该负责的区域。"虽然一些人认为他应该是一个伟大的非执行主席，他对具体细节的实施、成本控制及组织制度等方面都没有表现出应有的兴趣。

索顿本应捕捉到保尔森希望他成为继任者的信号，他知道在公司内很多人对他心存抱怨。索顿能够为公司、客户、自身职业发展构建不平凡的战略。他意识到保尔森越来越倾向于留下来，只是问："按你想的办，汉克，但是请告诉我们，这样我们能够采取自己的计划。"当保尔森在公司内的时间超出了他的预期，再也不提要走的事情时，索顿不想再等下去了。几家美国大型公司都已经跟他谈过担任CEO的事情，他通过将投资银行业务迅速扩散到中国去，在那里不断提升他的个人名望。

对于保尔森而言，作为CEO，选择一名不把认真实施计划放在首要位置的继任者是一件很麻烦的事情。他应该考虑过索顿聪明的概括以及表达能力有一天会给他带来惊喜，就像是曾经在管理委员会中给科尔津带来的惊奇一样。不管什么原因，保尔森告诉索顿他会留下来。两人进行了谈话，这导致索顿宣布将离开公司。保尔森给所有的总监打电话通知他们，想了解他们是否能接受他的想法。BP的约翰·布朗尼看到索顿要下台了，并且没有挽留的余地，因此支持让他走——但是一年以后，为他在英特尔公司争取到了董事的位置。

索顿认为分开的过程截然不同。中国的学术机构比美国更加著名，更接近核心，因此当观察家得知索顿答应担任清华大学经济管理学院教授，教授领导学高级教程时，一点儿都不应该吃惊，回过头看更是如此。他们本来应该明白或者感激中国政府这一指定的重要性。全职教授必须经过国务院的认可，这个过程相当于美国联邦法院的决策议程。这需要6个月的时间。索顿是被提升到该位置的第一个外国人。结果是：虽然保尔森在1月就知道他将失去索顿——3月公布，生效日期为2003年7月，而索顿在前一年的10月份就已经在安静地准备这次分别了。

离开之后，索顿与塞恩共进午餐，建议他重新考虑目前的形势，特别是劳埃德·布兰克费恩可能被提拔到相同位置。虽然塞恩一直从事内部运作和组织工作，但是布兰克费恩为公司创造了大量的利润。从本润在石油和外汇交易大胆扩张开始，他就一直管理固定收益部门，然后是股票部门。他的部门为高盛创造了80%的利润，从历史经验来看，控制利润的人就控制了整个公司。布兰克费恩非常受欢迎——他很聪明。他与索顿的关系不好。

保尔森有一个计划。在索顿出局之后，他将指派董事会成员布兰克费恩担任联系首席运营官。保尔森回忆他们1994年在运营委员会共事时，"我认为劳埃德非常有能力"。在2003年12月的一次晨会上，保尔森完成了他规划已久的变化，并且已经与董事会进行过组织事宜的沟通。

保尔森就共同担任领导的事情与塞恩进行了几个星期的沟通，但是塞恩一直强烈抵触。这就是为什么保尔森决定要求塞恩签署备忘录，向公司宣布布兰克费恩将被提升为联席负责人的原因。保尔森可能是认为，他所掌握的证据表明，留下来、接受现实、适应变化是塞恩的最好选择。实际上，他没有更好的选择了。

但是塞恩有其他选择。他在为麻省理工学院公司提供相当于信托董事服务时，认识了约翰·里德。里德告诉塞恩纽约交易所负责人将会发生新变化。纽约股票交易所的变化是肯定的，这是塞恩的强项。当理查德·格拉索的天价薪酬被公之于众时，交易所公共服务职能遭到了强烈的质疑，纽约股票交易所两个领域非常落后——自动化和全球化，这些正是塞恩的强项。并且，塞恩认为他能够胜任CEO，且天生就有为公众服务的热情。塞恩和里德进行了严肃认真的讨论，里德已经准备好进行正式宣布。因此在面对选择的情况下，塞恩关上房门，拿起电话，给里德打电话说："我决定选择纽约交易所，现在的时机也不错。如果你现在能够给出肯定的邀请，我们就签协议。"

里德在几个小时内就搞定了这件事情。塞恩告诉了保尔森。保尔森知道塞恩非常清楚他没有机会让他改变主意——因此他试都没试。虽然他开始很震惊，但迅速恢复了常态，并且采取了一贯以来的行动：高盛又诞生了另外一位为公众服务的领袖，他深感骄傲。

仔细的观察家将从所有的变化中看到真相：保尔森选择了索顿，但是索顿离开了公司。他选了塞恩，塞恩也离职了。保尔森不想失去任何仔细考虑与甄选继任者的机会。他不想失去布兰克费恩。但是布兰克费恩明白他只有永远让保尔森保持信心，才能进行持续的变革。尽管开始有些分歧，但公司的高层管理人员很快被替换成为他们需要的人才。布兰克费恩主管高盛的日常运营，但是布兰克费恩知道他必须符合标准。保尔森已经准备好进行艰难的决定——包括决定管理继任者。

布兰克费恩进入董事会，被提拔为首席运营官，保尔森挑选了适当的继任者。他与董事会认真审视着公司的25个领导者，并且对在每个高级职位上安插什么人选达成了一致。他非常有信心，布兰克费恩能够胜任复杂的、公众所有的、全球化的、稳定的高盛的CEO。随着环境的变化，他认为布兰克费恩也能够适应得很好。就像保尔森所表示的："人们喜欢劳埃德，说他是一条变色龙——随时在变换颜色。但是他们反过来也应该承认他学习和成长得非常快。劳埃德是个奇特的天才。12年来，我看着他一步步成长为一名领袖。"

2006年5月，保尔森接到了白宫打来的电话，这已经不是第一个白宫打过来的电话了,问他是否愿意担任财政部长。他告诉合伙人他不打算接受这份工作,约翰·怀特黑德建议他放弃:"这个政府非常失败。你会发现取得任何成就都非常艰难。"

5月20日,周日,保尔森再次会见了白宫首席职员乔希·波尔顿——曾经在高盛工作过——讨论保尔森同意加入的先决条件。波尔顿是这样开始谈话的:"我们花几分钟时间讨论一下你对这份工作想了解的方面——假设你同意接受,因为这些方面都是你希望的工作方式。"这两个人用电子邮件列出了一个备忘录清单,包括"与总统频繁的直接接触;与国防部地位相当;担任所有经济和财长问题的首席发言官——即使是那些不汇报给财政部的事宜;担任白宫经济政策会议主席,能够挑选自己的手下"。在达成共识之后,保尔森与总统进行了会谈。

他们的谈话集中于家庭层面——保尔森的家庭和小布什的家庭——以及其他个人事宜,而后讨论保尔森提出的"指导原则和目标",在常规的、直接接触、担任周会政策主席,以及担任所有财政事宜管理的发言人等事项上均达成了共识。谈话进展到一定程度后,总统邀请保尔森加入内阁。保尔森明白"在获得了真正的信任之前,所有的协议都是没有意义的",他把问题留待第二天解决。第二天早晨,他致电表示接受。

在他担任CEO八年的时间里,保尔森通过完成期待已久的IPO实施了从私有到公有的平稳过渡,有效的董事会运营使得高盛成为遵纪守法的公共公司,构建了国际业务,特别是在中国,将业务扩展到高盛资产管理公司和私募投资领域,培育了有能力的领导者,将公司的战略重新定位,使得政策和目标能够被理解并广为接受。当他离开之后,高盛被认为是国务卿的"方案提供商"。他与大量的公司、政府、机构投资者、银行和私募股权投资者建立了良好的合作关系;掌握了公司、行业、经济和市场的大量信息;能够承担各种类型的风险,拥有使用巨额资本金的能力;最强大的招聘项目;最高的薪酬——以及广为接受的未来战略。保尔森引领了高盛的变革,领导经验也改变了他本人。

"CEO所接受的最终测试是,"保尔森说,"他致力于担保没有糟糕的事情发生——留下了已经成型的业务以及平稳的领导过渡。我认为我留给高盛的实质性改造比我刚成为CEO时更好，不管是内部还是外部。"更让人高兴的是，高盛的同事、客户及竞争者都能够认同这点。

虽然他加入布什政府为国家服务这一决策可能会损害个人声誉，但具有讽刺意味的是，就像一些人看到的，接受这一职位给保尔森带来的金钱利益远远高于美国历史上的任何一位政府官员。高盛长期以来的政策是当合伙人接受联邦政府高级职位时，所有的递延薪酬立刻可以支付。国会在1983年前过了一项法律，规定接受任命的联邦高级官员，可以将投资转换为指数基金或者某种信托产品，在出售投资产品后，享受豁免资本利得税的待遇。如果保尔森利用这些有利条款，就能够在不引起任何公众的质疑、不用交税的条件下出售高盛的股票，将他巨额的个人投资一次兑现。保尔森在两年时间内节省下的个人收入税就达2亿美元。但保尔森没有兴趣分散其投资，也从来没有出售过一股高盛的股票。因此这些"利益"只是假设的。

还有另外一件具有讽刺意味的事情。保尔森虽然曾经鼓励其他人分散投资，留在公司，但他之前从来没有出售过一股高盛的股票。他以他认为被深度低估的150美元的价格出售了他的股票，因为2006年是增长非常强劲的年份，他估计这次出售所选择的时机给他带来的成本高达2亿美元。他也必须清空所持有的大量私募股权——包括价格已经翻了4倍的中国工商银行的巨额头寸。税收对于保尔森不是个问题——他计划将绝大部分资产捐给他的慈善基金会。

慈善事业和公共服务对于高盛非常重要——特别是其校友会——与其他任何团体相比。这非常合理，因为他们取得了巨额财富，一直都是文化、教育、医疗机构的捐款人。并且，没有其他任何组织能够带来如此多的大学信托人、艺术博物馆、基金会、图书馆和医院，这一点给人们留下了非常深刻的印象。高盛提倡服务和奉献，而领导人负责付诸行动。

# 36
# 风险控制部主管劳埃德·布兰克费恩

虽然很多合伙人非常头疼如何平衡高盛的代理业务与自营业务的问题，但是劳埃德·布兰克费恩认为这是一次战略性的机遇。在2005年伦敦召开的内部会议中，他表达了这个观点。这是对于弗里德曼和鲁宾时代所提出的战略构想的伟大延伸，在保尔森时代得到了验证，并且可以追溯至格斯·利维时代的套利业务和大宗交易业务。多年以来，高盛公司在客户代理业务与自营投资业务上都做得很好，并且发展均衡。而这一切均建立在对公司客户及公众负责的基础上，发展投资代理业务、投资银行业务、以研究为基础的经纪业务，以及风险管理业务。代理业务与自营业务齐头并进的现象之所以能够持续，是因为自营业务的规模相对较小，大部分时间并未与代理业务冲突。因此到底是选择自营业务还是代理业务一直悬而未决，并且如何达到利润最大化的问题也被搁置起来。

但现在两种业务都发生了变化。代理业务不再增加利润率，为了维持市场份额，公司需要投入更多的资本金，更加冒险。经纪业务佣金率被机构投资者一再挤压，特别是共同基金和养老基金，基金经理们称信托职能的增加及竞争的加剧迫使他们必须在谈判中降低佣金率。商业银行在贷款方面的竞争日趋激烈，它们将贷款证券化后出售给投资者，为争取更多业务机会，竞相压低并购咨询及承销业务的价格，特别是债券承销业务。这种情况持续了几年，虽然交易量增加了，但是仍不能抵消竞争带来的负面影响。

同时，自营业务规模不断扩大，利润率非常可观，因为很少有公司能够参与自营业务的竞争，而且主要的竞争对手都足够聪明，它们不打价格战来破坏这种竞争局面。作为巨大的市场，房地产已经从私下讨价还价的市场演变为私人交易与公共市场并存的市场。高盛在自营与公开市场两方面的强势得到了发挥。私人交易方式可以利用自有资金进行投资，也可以利用公司管理的基金（向个人投资者以及机构投资者募集资金）进行投资。这两种方式的利润率更高，竞争较少，高盛上市所获得的资金使得合作的规模更大。

高盛公司的竞争者，包括巨型商业银行如花旗银行、摩根大通深蒂固银行、德意志银行、瑞士银行等，不仅通过扩大信贷规模，而且通过承销股票和债券发行、利用信贷关系提供杠杆、获得并购机会等来扩大资产负债表规模。布兰克费恩认为高盛公司在新时代中要做出明确的选择，不然的话早晚会丧失自由选择的机会。分析员们在重复着一个问题："在花旗和摩根大通成为巨人的时代，高盛怎么生存呢？"几乎没有人认为，高盛公司仅仅依靠提供咨询服务的代理业务，就能够成为独树一帜的成功的投资银行。

公司不仅需要做出慎重的选择，还需要快速做出抉择。考虑到金融业的瞬息万变，如果高盛公司要对公司优势做出取舍，那就是立刻，否则永远不会再有机会。

布兰克费恩做出了选择：高盛公司的战略机会——正如他所看到的，公司最迫切的战略——就是成为集咨询、融资，以及投资为一体的投资银行：提供及时的投资建议，致力于提高资本金。《格拉斯-斯蒂格尔法》废除后，投资银行业正在经历着重构的过程：集信贷业务与咨询业务为一体的摩根大通的商业银行模式，再一次成为主流。高盛公司拥有全球最好的金融咨询业务的口碑，但是仅仅提供咨询服务是不够的。客户一直希望投资银行能够为他们的交易提供融资。现在公司必须更加主动使用自有资金，为客户的交易与自营账户提供资金。

正如布兰克费恩有一天在伦敦时提到的,高盛公司拥有悠久的历史,其发展不再依赖于某个人或者某一件事情。凭借全球化的运营模式,多元化业务范围,对于经济、产业及公司的深入了解,广泛的客户关系,以及对于风险的承受力,公司已经形成了独有的战略。公司每一项优势都是无可比拟的,而统一起来更是不可战胜与不可匹敌的。受益于多年来的发展以及前任者的艰苦努力,高盛公司现在能够自由地使用资本金。

但是失败也是可能的。

当然,如果公司滥用自己的声誉,或者不能参加、理解与管理潜在的冲突,或者不能超越主要的经纪业务竞争对手,公司就会失败。如果公司的战略仍然延续之前的成功经验,全力投入于传统的股票经纪业务,公司也会失败。即使高盛能够保持稳定与顽强,它也会一点点失去它最宝贵的资产,那就是自由选择的权力。利润率的萎缩意味着无法延续华尔街获奖次数最多的雇主的称号。而随着时间的流逝,这意味着无法吸引华尔街最优秀的人才。公司一些优秀的员工已经流向了对冲基金和私人股权公司。众所周知,高盛公司拥有优秀的招聘与培训机制,因此高盛公司的员工被其他公司竞相挖角。并不是每一名员工都喜欢这种夜以继日的高强度工作,因此在公司工作两到三年之后,在获得高额报酬的诱惑下,员工会考虑离开高盛公司。

布兰克费恩告诉他的同事们,未来未必灰暗。还有一种选择——更好的、利润率更高的选择。"我们拥有超凡的资本及投资能力;我们有全球成长最快的资产管理业务;我们通过与数千家公司以及数十家私募股权公司的联系,制定了规范的交易流程;我们了解全球主要金融市场;我们的风险管理能力卓越;我们的员工更有创造力;因此我们能够抓住每一次机会,利用客户以及公司的传统优势,来重塑我们的业务。"假设只能选择一种:公司明智地认为,战略选择要么是经纪业务,要么是自营业务。最优选择是将经纪业务和自营业务结合在一起,打造成一个无法超越的组织。

布兰克费恩解释说:"我们需要继续培育与公司、央行、基金以及投资者的关系,因为他们能提供给我们更多的交易机会,我们还需要尽可能地维护与打造这种优势。保持赢利,以及吸引杰出的人才加入公司,这是非常关键的。代理关系对公司也很重要。但是不要忘记:只有与自营业务结合起来,形成咨询、融资与投资一体的战略目标才能够帮助我们招聘与留住最优秀的人才,将我们打造成为全球最杰出的投资银行。但是如果我们坚持将公司改造成为纯粹的代理商,我们将会发现,公司不再是行业的领导者,并且会变得一无是处。"

高盛公司关键的区别优势,也是外部人士感到吃惊的地方:公司多元化的业务过于复杂,肯定会带来很多冲突。布兰克费恩称,高盛公司能够包容这些冲突。如市场风险一样,冲突的风险会将众多竞争者隔离开来,但是通过与客户的不断联系,高盛公司将更好地理解冲突并解决冲突。布兰克费恩(花费了大量时间来解决真实或者潜在的冲突)称:"如果主要的客户——政府、机构投资者、公司,以及富裕的家庭——相信我们对市场的判断,那么我们可以邀请他们一起合作,并分享他们的快乐。"

在发表此番言论的同时,布兰克费恩正在向高盛的最高职位迈进。这是一个漫长、曲折的过程。1978年,在获得哈佛商学院学位后,布兰克费恩又获得了哈佛法学院学位——两个都靠奖学金支持,因为他父亲只是布鲁克林邮政系统一名普通职员,他向高盛递交了求职申请,但是被拒绝了。他在多诺万公司(Donovan & Leisure)工作了一段时间,当猎头打电话向他推荐本润公司的职位之后,他离开了这家律师事务所(被合伙人称为离职后唯一被经常想起的合作伙伴)。布兰克费恩渴望成功,虽然拥有哈佛大学的两个学位,但他认为他的律师生涯仍然受限,并且创造的财富屈指可数。

他希望从事商业管理的工作,并且对市场非常着迷。当得知赫布·科因正在招聘法学院的学生,培训他们解决复杂问题并向客户解释方案时,他接受了在本润的工作。当时多诺万公司的发展已经步入正轨,本润才刚刚起步——几乎可以用荒凉的西部地区来形容。布兰克费恩极具幽默感,并且善解人意,因此很快成为一名优秀的客户服务人员。他非常聪明,凭着流利的口才,开发了很多客户。但最难得的是,他虽然聪明,但却从来不会表现出一丝傲慢。相反，他非常平易近人，因此客户能够倾听他的想法、分析以及判断。他也是一个非常诙谐幽默的人。

当本润公司被收购以后，布兰克费恩自然地成为高盛公司的员工。幸运的是，马克·温克尔曼没有按照鲍勃·鲁宾的建议解雇他，反而鼓励他从销售人员转为交易员。本润的业务触角逐渐延伸到货币、石油以及其他风险更大的交易品种，布兰克费恩也从中得到了锻炼，提升了在公司的威信。

布兰克费恩依然清楚地记得，在早期主要机构投资者不断压缩代理业务佣金率时，他选择了与对冲基金做生意。对冲基金关注于赚钱，而不是节省成本；他们反应迅速，并全力以赴，因此能获得更高的利润率；虽然它们的资产规模小于其他金融机构，但高周转率使得它们在高盛的账户赢利更多。远远好于其他证券公司的是，高盛知道如何在共赢的基础上满足对冲基金的需求。

当嵌套期权产品产生之后，自营业务逐步由承担风险的货币交易扩展到衍生品领域，以及定息产品领域。同时，大型商业银行的竞争压低了投资银行的利润，并对投资银行投入的资本金提出了更高的要求。结果，高盛的传统战略优势迅速减弱，核心利润来源也受到了限制。随着传统代理业务的萎缩，风险自担的自营交易对于公司规模和利润更加重要。公司业务的稳定增长，也渐渐提升了布兰克费恩的人气。

公司超越了一个个竞争对手，布兰克费恩巩固了权力，并显示出非凡的政治才能、客观与公正的判断力、优秀的学习能力、快速的反应能力，以及不畏艰难的开拓力。他与保尔森的合作越来越默契，也清晰地将公司的远景呈现给员工。布兰克费恩具有超凡的远见，他清楚地认识到什么对公司以及高层最重要。他的管理技能非常纯熟，早期的一个同事回忆说："公司的高层都认为他棒极了。"当本润公司要求每个部门的负责人进行季度业绩评估时，布兰克费恩把这当成一项很重要的任务，非常出色地完成了这个任务，并且打破了常规。而其他部门的人都没有把这个放在心上。

以前的同事称："在我们眼里，在这些聪明、负责任的年轻专家里面，劳埃德是最出色的。""他非常聪明，反应敏捷，并且富有幽默感。他的认知和分析能力超人。随着时间的变化，他能够不断突破自己，改变自己的想法。马克·温克尔曼则有些不同，他不苟言笑，看起来总是很严肃，而劳埃德总是非常幽默。但是这两个人能够完全理解对方，从一开始合作就非常愉快。"

布兰克费恩的理性赢得了尊重，也给高盛的员工带来了恐慌——公司要削减无法创造利润的成本。他在参观一间海外办公室时问："这些人在干什么？"首先公司不再提供鲜花和新鲜水果，然后免费饮料也没了，紧接着裁掉了20%的员工，然后又裁掉了20%的人。成本不断下降，人员减少——就像是取消供应水果和饮料一样。这些都是成本。

布兰克费恩身边围绕着共事多年、深得他信任的人。由于曾经是一名律师，他喜欢对事情刨根问底。了解他的人说他喜欢接受挑战——不是证明自己是正确的，而是寻求正确答案。其他人却不这么认为。"布兰克费恩非常聪明，他也深知这一点，"前任合伙人说，"他希望下属能够预测市场趋势以及客户需求，并且希望下属知道他想怎么做。劳埃德总是正确的，但是他的集权决策方式让我不能接受，所以我选择了离开。"

布兰克费恩看起来总是处于一种焦灼的状态，"我只是看起来自信而已，实际上我是世界上最没有安全感的人"。他并不是孤军奋战。即使在成就卓然与权力在握的今天，公司10年前为了获得认可而经历过的焦虑以及不安的情绪——进入欧洲或者亚洲市场时，或者推出创新业务时——又隐约出现在公司内。布兰克费恩将高盛的文化总结为："自信与追求卓越的混合体，充斥着员工忘我工作的不安全感。我们总是害怕客户不再喜欢我们。高盛的员工离开公司很长时间后，在就职于其他商业机构时，仍然经常提起自己曾在高盛工作过。他们为在高盛工作过而感到骄傲。"

理性使得布兰克费恩能够抓住机会，改正公司过去延续下来的习惯性的"小"错误，如将退休的合伙人视为外来者——合伙人令人敬佩的才能陡然变得黯然失色。虽然这可能被理解为野心与不安全感的正常反应，但这也浪费了大量的机会。大部分合伙人在40多岁时发展就受到了限制——而未来20年正是利用他们的经验、技能，以及人脉的时候，他们能够在任何地方发挥才能，眼见着他们被服务了这么多年的公司抛弃，人们都会感到惋惜。

布兰克费恩采用了汉克·保尔森的做法——与前任合伙人举行年度聚餐，简要陈述公司取得的进步——同时进行了创新。现任的合伙人会与每一个前任合伙人进行面谈，了解他们需要公司为他们做些什么，以及他们希望为公司做些什么。这一举动取得了很好的效果，也提升了相关业务的利润。这种做法还成为松树街领导力培训项目的案例。衣着光鲜的机构投资者抛出的问题经常会惹怒布兰克费恩。其他公司的领导人一般会准备好演讲材料，然后再回答问题，而布兰克费恩会直接切入到问答时段，对具有挑战性的问题做出精彩的解答。

风险是复杂的，令人困惑的。已知与未知的风险并存。风险不能完全被量化。风险管理不是科学，看起来更像是一门艺术，依赖于过往经验与判断。这就是为什么摩根大通公司在扩张信贷业务的同时如此注重风险控制的原因。

现代金融学建立在一个简单假设之上：市场是有效的，市场价格能够反映已知的信息。因此，多元化、整体的投资组合将会显示出"市场有效性"。当然，每个定理都有例外的情况发生——例外的情况反过来能够证明这个定理，因此当进行新产品投资时，投资者应该尽量更加分散化，增强投资组合的安全性——当然也有例外的以及不能预料的小概率事件发生。

过于相信市场的有效性是不理智的。很多情况下，小概率事件会发生。作为高盛审计委员会成员，曾任惠普公司总裁的约翰·布朗尼负责公司的风险管理。布朗尼对高盛对于风险的讨论非常满意，高盛会公开、诚实地告知客户证券业务中复杂的、晦涩难懂的风险，并对风险认识得很透彻。高盛上市后，布朗尼面临的挑战是将"家族式"的合伙人风险管理制度转变为公司制下的正规制度——同时不能失去个人承担警惕风险责任的优势。审计或风险管理的常见风险是：负责人在相应的岗位上工作时间太久，因为对各位员工非常了解而过于信任或者容忍他们。还有一个风险是，员工们对于新事物的了解通常都要经历由了解不够，到了解足够，再到自以为知道得比做得多这样一个过程。经验丰富的人都知道，像风险价值（VaR）之类的分析模型作为新事物虽然得到了风险管理界的广泛认可，能够发现一般风险，但不能发现"致命的"风险——致命的黑天鹅以六西格玛的概率落到正态分布的"肥尾"上。

几乎每一种风险因素——不管是有害的或是有益的——都在2007年冲击美国及全球经济的次贷危机中显露无遗。在高盛，由16名交易员组成的结构性产品小组负责为住房抵押贷款证券交易市场提供做市功能。交易同时并独立进行，交易员小组成员如果看到了一个比较好的交易机会，或者为完成做市商职责，他们会用公司自有资金，或者作为客户交易的对手完成投资。这些业务是独立的，所有人都认为高盛没有义务告知客户自营业务都在买卖些什么——即使像2007年那样，一边为客户账户在处理买入指令，一边自营账户在卖出。

两年以前，高盛还担任了另外一条业务线，即次级贷款抵押证券的主承销商。因为次级贷款抵押证券只是偶尔进行私下交易，市场上开发了ABX指数，来反映基于贷款违约掉期产品的债券价值。如果抵押贷款支持证券价格下跌，借款人违约，该衍生产品的买方就会获利。衍生品比债券的交易更为活跃，价格随着投资者对抵押贷款违约风险的变化而波动。公司的抵押贷款部门认为ABX指数的推出对交易员是重大利好：公司第一天就赢利了100万美元，但是交易较为清淡，因此公司不得不动用了自有资金参与到大部分交易中去。

2006年12月，戴维·维尼亚，这位备受尊重的加入公司多年的非常镇定的财务总监发表了对于次级贷款的负面看法。[①]他希望公司能够冲销

---

① 戴维·维尼亚曾就读于布朗克斯高级科学联合学校，1980年从哈佛商学院毕业后加入高盛，1992年成为合伙人。他在约翰·塞恩手下工作，1999年被任命为财务总监。

其承销的担保债务凭证（CDO）以及其他结构产品上的多头头寸，卖空部分ABX指数，或者购买违约贷款掉期。当交易员抱怨说他们不知道怎么给投资组合定价时，布兰克费恩让他们卖掉了10%的头寸："这就是市场价格。要按市场价格计量。"市场如此萎靡，因此公司花了几个月的时间才完全对冲掉公司敞口。2007年2月，公司持有大规模空头头寸，头寸集中在ABX最高风险的部分。[①]指数也从90快速下跌至60的水平。

2007年4月下旬，贷款抵押部门负责人丹·斯帕克，与乔希·伯恩鲍姆、迈克尔·斯文森两名交易员以及高级经理们召开会议，指出公司高达100亿美元的CDO头寸存在很大的隐患。斯帕克希望公司能够停止承销任何CDO产品，尽可能地卖掉现有头寸，卖空ABX产品。斯帕克的建议得到了采纳。到仲夏时，由于公司削减了大量头寸，自营业务获得了巨额利润——而贝尔斯登旗下的对冲基金破产，市场传言其他公司在CDO上也遭遇了巨额损失。到第三季度，仅仅贷款抵押部门就赚了10亿美元。

业务部门之间相互隔离——并且分开考核——使得公司对于全球机会基金与全球阿尔法基金的亏损反应完全不同。全球机会基金是纯粹的"量化股票策略"基金，全球阿尔法基金是"宏观策略"基金。全球阿尔法基金被认为是高盛资产管理公司的旗舰型产品，两种基金都是数量型基金，都要按照计算机计算出来的交易信号进行交易。它们结合了公司风险管理的技能，以及在全球股票、债券、货币及商品市场上的领导地位。全球阿尔法基金经常被描述为风险厌恶型及保值型基金，其波动率或者风险与标准普尔500指数相似，但是收益率却与标准普尔500指数毫不相关。这只基金创造了良好的业绩，管理的资产规模增长迅速，以至于基金经理提出要限制现金流入，以保护现有基金的高赢利能力。突如其来的是，2007年第三季度的一个星期，全球阿尔法基金损失了30%的市值，全球机会基金下跌得更多。2007年全年，全球阿尔法基金的跌幅为37%。

同样在第三季度，高盛的利润增长了79%。毋庸置疑的是，两只基金

---

[①] 主要产品是ABX 06-2，连接最差等级贷款的证券产品。

的亏损与公司整体赢利强劲增长都与市场对抵押贷款支持债券危机的反应有关,而这要追溯到信贷提供者与监管者的疏忽大意。①

全球阿尔法基金流动性很好,能够通过出售投资,减少债务。全球机会基金流动性稍逊,因此为了防止进一步亏损,需要立刻投入大量现金,而募集所需资金的时间非常有限。高盛注资20亿美元,从伊莱·布罗德等富人中筹集到了另外10亿美元,部分用做应对迫在眉睫的自身投资。公司财务总监维尼亚解释说:"这不是为了应急。我们认为这是一个很好的投资。"并且事实也证明了这一点——在市场低迷时期的投资。第一个月内注入的资金产生了3.7亿美元的利润。

一位合伙人会议说:"只有回顾历史,才能让我们认识到真正的风险——自大的风险。当时我们没有认识到风险在悄悄地滋生,因为高盛的那些门外汉已经不再是门外汉了。公司达到了顶峰。我们一直是最好的——最顶尖的学生、最优秀的运动员,以及最出色的领袖。现在我们是最杰出的公司——我们自己认为。自大的情绪开始蔓延。"布兰克费恩也得出了同样的结论:"我们不比那些损失惨重的同行们聪明多少,我们不能自满下去。"

虽然全球阿尔法基金与其投资者遭受重挫,公司所承销的证券很不令人满意,但是公司及其投资者依然沉浸在公司持有次贷市场大量空头头寸所带来的巨额利润的喜悦中。虽然有些人质疑公司能否实现公平对待所有客户,高层管理者非常清楚:每条业务线都要尽量完成自己的目标,对自己的客户负责。没有任何一条业务线会维护别人的利益。每条业务线都会以自己的利益为先。

公司致力于为客户寻找解决问题的方案。公司拥有技能丰富、聪明、富有经验的员工,与全球的公司、政府、机构及专家保持密切联系,具有

---

① 次级贷款证券市场的产生和倒塌对原始借款人造成的危害及金融机构承担的巨大损失,生动地提示了在监管者或者政府放松管制时,金融市场是多么不堪一击。次级贷款的影响非常深远。对于大型金融机构造成的伤害——花旗、UBS、美林、摩根士丹利等公司——非常巨大、迅速与明显。虽然家庭受到的伤害有限,但是它摧毁了无数家庭的梦想。

强大的风险管理能力,因此能依赖世界上其他公司所不具有的独特优势,为自有业务及客户的问题发掘解决问题的方案。公司的战略目标是成为全球公认的最好的方案提供商,因此它永远能够第一个接到电话,得到最及时的信息,抓住最好的机会进行创新——并保持高额的利润率。

当代理服务成为商品或者被标准化之后,能够而且致力于成为风险承担者、提供多种市场方案解决者的重要性日益突出——对于利润也是如此。如果通用电气公司10年前遇到了疑难问题,高盛也会开发出最好的解决方案,赚取1 000万美元的佣金。如今,解决不同市场各种需求的知识不断丰富,公司会从几个方面采取行动——纯粹的代理业务、纯粹的自营业务,或者两者兼顾,风险特征多样,合作伙伴的范围更广,可能是很多10年前闻所未闻,并且至今还不为绝大部分竞争对手所知的伙伴。

高盛将自己转型成为广泛独立的金融机构——不依赖于某一种或两种业务,不依赖于单一市场,不依赖于单个公司或者机构的声誉,也不依赖于单项科技。

过去的合伙人解释说:"代理业务与承担风险的自营业务并向发展之后,自营业务对公司赢利起到了主要的推动作用。我喜欢过去的高盛,但更尊重新的高盛。对高盛而言,尊重比喜欢要重要得多。"但是另外一位合伙人称:"高盛毫无疑问是客户的第一选择,知名度最高,市场份额最大,能够吸引最杰出的人才。公司也一直致力于更好地服务客户。"

但是布兰克费恩独有的危机感,甚至他一贯的偏执个性依然继续。与私有化公司相比,合伙制公司能更自由地选择未来——但是,在全球市场表现不佳或遭受重挫时,很难保持利润的增长。这将限制高盛吸引、激励、留住金融界最优秀人才的优势,也会成为其战略发展的阻碍。

合伙人制度比以往取得了更大的成功,为更多员工提供了更广阔的发展空间,公司将做得越来越好。这就是非凡的、能力超群的、雄心勃勃的人选择加入高盛的原因。这也是布兰克费恩作为高盛的领袖,肩负最艰巨任务的原因。而他的继任者会面临更加艰巨的挑战。

## 译后记

当此书的译稿已经基本成型，翻译组的成员们正细细回味这个艰苦但是却充满乐趣的过程时，各大媒体正在争相播报伦敦G20金融峰会的消息。镜头前，国家元首们交谈甚欢，一片精诚合作、和谐共赢的景象；镜头后，抗议的人群堵塞了伦敦的街道，苏格兰皇家银行（RBS）总部的茶色玻璃窗早已被愤怒的群众砸得粉碎，有人高举着抗议的标语："银行都是邪恶的！"

果真如此吗？2008年9月21日，美联储批准了高盛和摩根士丹利提出的转为银行控股公司的请求。此举，加上之前雷曼兄弟的破产，美国银行收购美林，以及贝尔斯登的倒闭，意味着华尔街前五大投行已不复存在。它们的终结真的是源于自身的邪恶吗？

不同的人会给出不同的答案，但是我们相信任何读者在阅读本书之后都能看到一家经营有方的投资银行——高盛——是怎样成功避免破产的噩运，并且在整个金融风暴的风口浪尖避免成为众矢之的的。这本书写的是金融机构，其受众群也是金融机构，特别是投资银行。

中国现有的本土投资银行受诸多条件限制，基本上都还没有脱离"靠天吃饭"的证券公司赢利模式。根据我公司常务副总经理程博明先生在《证券业发展思考与案例解析》中的分析，"1993年《中国证券市场年报》中登录的49家证券公司中，到目前仍保留商号的仅有5家；2001年证券公司目录中100家公司，至今保留原商号的仅有33家。初步推测，中国证券公司15年生存率低于30%，中国证券公司10年生存率低于50%，最长寿命为20年。"要打破这个纪录，在中国做成一家百年老店，那么高盛所代表的华尔街专业精神、合规体系、风险控制制度以及投行文化都是十分宝贵的财富，是我们可以借鉴学习的最好的教科书。

本书在纵向上跟踪了高盛的历史发展脉络，从1885年戈德曼与萨克斯家族创设合伙制公司开始讲述；随后由于个人原因导致了原创始家族的分裂；再之后，在公司诸多精英合伙人的通力合作下，最终打造出华尔街的旗舰投行：20世纪早期，它们承担了西尔斯以及福特等大企业的IPO主承销；在70年代主导了机构大宗交易；80年代主导了固定收益业务和杠杆收购；到90年代已经成为全球金融巨鳄。在描述其成就的同时，作者并没有遗漏任何高盛曾经经历的艰难时刻，其中包括大萧条时期，后续的多次市场大幅下滑，以及多次内幕交易的丑闻。此书最有价值的地方在于，埃利斯把视线延伸到了最近的次贷危机，介绍了高盛是如何在早期就预料到危机的来临，并且巧妙地躲过这次灾难的。

在横向上，读者应该能透过埃利斯的笔触，借助高盛这块棱形镜看到美国社会在不同历史时期的发展状况。从19世纪下半叶开始，作者通过高盛与社会各界的接触，向读者展示了包括政客、企业家、金融从业者，甚至大楼看门人在内的芸芸众生相。当然，在这个过程中，我们看到的更多的是这些人物所代表的机构，上到美国政府，下到机场的报摊。这种著述的方式使得身处金融行业的我们更深切地体会到：金融与社会各行业、各阶层存在着不可分割的紧密联系。同时，我们也体会到金融业的发展有其特定的历史背景，任何滞后于时代发展的公司都避免不了被淘汰的

## 译后记

命运，而任何过于激进的创新也势必带来难以驾驭的风险。

此书记述了高盛作为华尔街一流投行的成长历程，其主要内容与之前埃迪里奇撰写的《高盛文化》有很多不谋而合的主题，但是二者的行文风格颇有不同。从马库斯·戈德曼于1869年从事第一笔短期融资券业务到公司目前所取得的成就，埃利斯的描述惟妙惟肖，引人入胜。相比之下，埃迪里奇的著作虽然更为精准，但却略显呆板和枯燥。埃利斯主要通过对人物对话等交互场景的巧妙运用，以及对人物思维、情感的细腻把握表现出一幅幅生动的画面，他自己在后记中将这些元素称为精彩的润色。由于埃利斯本人缺乏在投行业务中的历练，很多董事会激烈的辩论有时会在他的笔下沦为类似家庭柴米油盐式的拌嘴，但是，这本书仍然是对高盛历史的精彩记述。对任何怀着好奇心，想要更深入接触高盛的人，了解高盛理念的读者来说，此书仍然是一本不可多得的读物。

非常荣幸的是，我们的翻译工作从一开始就得到了领导们的关心和支持，中信集团总经理常振明先生欣然同意担任本书的推荐人，中信证券股份有限公司董事长王东明先生也在百忙中为本书撰写了中文版序言；我们也要感谢中信证券董事会秘书谭宁先生给予的大力支持。

这本书从最早有理念开始，直到最后译稿成型经历了大约半年的时间。这个时间安排一方面是为了能与时事保持一致，一方面也是为了保证我们的翻译质量。翻译组的三位成员在前期分别完成了不同章节的翻译：束宇（第1~9章、第11~13章）、卢青（第10章、第14~25章、第27章）、张玲（第26章、第28~36章）。初稿完成之后，我们在中信证券专业团队的帮助下，对书中涉及业务及运营管理专业操作的部分进行了修改。在此，我们要特别感谢交易与衍生品部汪定国、企业购并部孙垚、债券销售交易部唐庚、投行专家组何亮以及法律部杜鹏等同事给予的鼎力支持。特别值得一提的是，由于译者们都有本职工作需要完成，所以在整个翻译的过程中，总经理办公室和董事会办公室的同事们为我们分担了很多工作，没有他们的支持，这本书的中译本就不可能如此顺利地与读者们见面。

翻译是一种没有标准答案的工作，在翻译的过程中，我们秉承忠实原文的原则，以追求最具可读性为目标，为读者们还原一张张鲜活的面孔，讲述一个个生动的故事。但过程中难免会出现疏漏和不当的地方，我们欢迎读者提出宝贵的意见及建议，希望我们能在回顾历史的同时找到未来的方向。